군중과
MASSE UND MACHT
권력

군중과 권력

MASSE UND MACHT

엘리아스 카네티 지음 | 강두식 · 박병덕 옮김

바다출판사

Masse und Macht
by Elias Canetti
All rights reserved by the proprietor throughout the world
in the case of brief quotations embodied in critical articles or reviews.
Korean Translation Copyright ⓒ 2002 by Bada Publishing Co.
Copyright ⓒ 1960 by Ullstein Heyne List GmbH & Co. KG, Munchen
First published in 1960 by Claassen Verlag, Hamburg
This Korean edition was published by arrangement with Ullstein Heyne List GmbH & Co. KG, Munchen
through Bestun Korea Agency Co, Seoul

이 책의 한국어판 저작권은 베스툰 코리아 에이전시를 통한
저작권자와의 독점 계약으로 바다출판사에 있습니다.
저작권법에 의해 한국 내에서 보호를 받는 저작물이므로
무단 전재와 무단 복제를 금합니다.

이 글을 읽는 독자에게
35년 걸어온 내 사상의 뒤안길

　이 책은 진정한 의미에서 내가 필생의 역작으로 생각하는 저서이다. 나는 이 일로 35년이라는 세월을 보냈다. 따라서 독자에게 이 책이 씌어진 배경을 밝히는 것이 나의 의무라고 생각한다.
　나는 소년 시절을 유럽의 몇몇 나라에서 보냈으며 영국, 오스트리아, 스위스, 독일 등지에서 학교를 다녔다. 그 중 최초의 3학년을 영국에서 보냈으며, 이 나라에서 읽기를 배웠고 점차 영어로 된 서적들을 애독하게 되었다. 여덟 살 때 나는 오스트리아로 가서 빈의 학교에 다니기 위해 독일어를 배웠다. 영어책 외에 독어로 된 책들이 내 서가에 꽂히기 시작했다. 빈에 도착하고 난 1년 후인 1914년, 제1차 세계대전이 일어났다. 오스트리아와 영국은 서로 적국이 되었으며 빈 거리에는 수많은 사람들이 모여들어 '영국놈들을 죽여라!' 하고 절규했다. 이 모습을 보면서 나는 그들을 이해할 수 없었다. 나는 새로운 언어에 친근감을 느끼기 시작하고 있었으나 한편으로는 옛날 내가 살던 나라에 대한 추억을 지워버릴 수 없었다. 그 무렵, 이 두 나라는 나의 내면에 동시에 존재하고 있었다. 전쟁이 시작된 후

2, 3년 동안 빈의 학교에서는 적개심을 선동했다. 내게 언어를 가르쳐준 이 두 국민들 사이의 적대관계, 그것은 내 인생에 최초로 고통스러운 균열을 불러일으켰다.

　아직 전쟁이 한창이던 1916년, 이러한 균열이 소년의 마음에 미칠 영향을 겁낸 집안 식구들은 나를 스위스로 보냈다. 스위스는 중립국이었다. 이 나라에서는 아무도 전쟁에는 관심이 없었다. 그 당시 내가 다니고 있던 중립적인 학교에서는, 영어와 독어에 대해 계속 친근감을 갖고 또다시 프랑스어 공부를 시작하는 나에게 비난을 보내는 분위기는 조금도 없었다. 누군가를 증오하도록 은근히 나를 부채질하는 일도 없었다. 나는 그 누구에게도 방해받지 않은 채 공부를 계속할 수 있었다. 덕분에 나는 참으로 많은 것을 배울 수 있었다. 이 나라는 내게는 마치 천국과 같은 곳이었다. 나는 이곳에서 5년간을 충실하게 보냈으며, 이것은 훗날 내 정신세계의 기반을 형성해주었다. 이어 나는 독일에서 학교를 다녔다. 열여섯 살 되던 해, 취리히에서 프랑크푸르트로 옮겨갔던 것이다. 독일은 전쟁에 패해 군대를 모두 잃어버린 상태였다. 불안과 동요가 들끓는, 인플레이션의 시대이기도 했다. 독일 마르크화는 그 가치가 1조 분의 1까지 하락하였다. 스위스에서의 평화로운 생활과 이곳 독일에서의 기아, 궁핍이라는 너무나 대조적인 차이는 참으로 강렬한 것이었다.

　패전과 전멸한 군대를 결코 잊을 수 없어 괴로워하는 국수주의자들과, 전혀 다른 새로운 독일을 원하는 사회주의자들의 대립은 일촉즉발의 위기에 있었다. 국수주의자들에 의한 독일 외상 라테나우(Walter Ratherau) 암살(전쟁 배상 총액 1,320억 마르크는 독일의 지불능력을 훨씬 뛰어넘는 것이었다. 연합국에 간청한 지불연기도 받아들여지지 않자 독일은 라테나우의 주장에 따라 1922년 4월 연합국과 소련의 대립 관계를 이용해 소련과 외교 및 통상 관계를 맺고 서로의 채무와 권리를 포기했다. 이에 대한 반동으로 국수파 장교에 의해 라테나우가 암살되는 사건이 일어났다-역주) 사건이 있은 후, 나는 이에 항의하기 위해 조직된 노동자들이 벌이는 최초의 대규모 시위운동을 지켜보았다. 이 군중은 예전에 내가 보았던 군중과는 전혀 다른 것이었다. 나는 내 피부로

이 군중을 느꼈고, 이 군중의 일부가 된 것처럼 느끼는 나 자신을 발견하고서 깜짝 놀랐다.

나는 그때까지 군중을 마치 나를 향해 습격해오는 것 같은 위협적인 것으로 생각해왔다. 그런데 이때에는 정반대 현상이 일어나 어떤 저항하기 힘든 힘에 의해 군중 속으로 빨려들어가 나 자신이 군중의 일원이 되어가는 것을 느꼈다. 데모가 끝나 군중이 해산하고 각자 집으로 뿔뿔이 흩어져 갈 때, 나는 나 자신이 지금까지보다 가련한 존재가 되고 무언가 귀중한 것을 잃고만 듯한 기분에 사로잡혔다.

이 순간부터 군중의 이미지는 나의 뇌리를 떠나지 않았다. 나는 다종다양한 형태를 지닌 군중이 틀림없이 존재한다는 사실을 직감하고, 가능한 한 여러 군중을 관찰해보려 애썼다. 나는 때때로 내 자신의 육체 속에서 군중을 강렬히 느꼈다. 그러나 선뜻 동화하기 어려운 어떤 잔재가 언제나 내부에 남아서, 그것이 나 스스로에게 군중이란 무엇인가, 군중은 어떻게 형성되는가, 군중을 구성하는 것은 무엇인가 하고 질문해오곤 했다.

1924년, 나는 빈 대학에 입학했다. 나는 그 무렵 시인, 철학자가 되려고 결심하고, 언제나 글을 쓰며 지냈다. 그러던 어느 날, 거리에서 군중을 연구하고자 하는 생각이 뇌리를 스쳐갔다. 그때 내 나이는 스무 살이었다. 그것은 마치 영감과 같은 것이었다. 그때, 나는 내 생애를 군중 연구에 바치기로 결심했다. 그 어떤 것도 나를 이 생각에서 벗어나게 할 수 없었다. 내게 다른 기대를 갖고 있던 수많은 사람들의 간섭을 따돌리면서 나는 끈기 있게 이 연구를 고집했다. 이 연구를 진행시켜 나가는 도중에 있었던 최대의 외적 경험은 1927년 7월 15일에 일어났다. 그날 빈의 법무성 건물이 불타버렸던(사회민주당계의 집회가 있은 후 노동자들은 대규모 시위운동을 벌이며 권력의 상징으로 보였던 법무성에 들어가 서류에 불을 지르고 건물을 불태웠다-역주) 것이다.

나는 장기간에 걸친, 인내심 강한 연구가 필요하다는 사실을 알고 있었다. 나는 이전에 존재했던 모든 종류의 군중을 파악하고 고찰하려고 생각했다. 즉, 정치적 군중과 종교적 군중, 현대의 군중과 역사상의 군중 등 모든 문화(원시 문화에서부터 동서양의 최고도로 발전된 문화에 이르기까지)에 나타나는 군중을 고찰, 파악하고자 했다. 나는 많은 학문 영역으로부터 자료를 수집하기 시작했고, 동시에 집에 있을 때나 여행을 할 때나 시간을 아껴가며 시대의 여러 현상을 고찰했다.

  2, 3년 후 나는 군중의 연구만으로는 불충분함을 깨달았다. 이 연구는 권력에 대한 포괄적이고도 철저한 연구에 의해서 보충되지 않으면 안 되었다. 군중과 권력은 서로 극히 밀접하게 관련되어 있어서 둘 중 어느 한 편이 결핍되면 나머지를 이해할 수 없었다. 이렇게 연구가 확대됨에 따라, 그에 소비되는 시간 역시 현저하게 길어질 수밖에 없었다.

  그러나 내가 빈에서 생활하고 있는 동안(1938년까지) 이 일이 내 생활의 전부였던 것은 아니다. 나는 동시에 시인으로서 산다는 자부심을 가지고 있었다. 따라서 시인으로서의 나는 구상에 빠져들어 어지럽게 변하는 허구의 세계에 현혹되면 몇 주일이고 몇 달이고, 어떤 경우에는 1년 동안이나 현실 세계를 잊어버리고 마는 것이었다.

  그러한 상황을 변화시키는 계기가 됐던 것은 1938년 히틀러의 빈 입성이었다. 그 무렵 전쟁, 그것도 전 세계가 이제껏 경험한 것 중 가장 무서운 전쟁이 곧 터지리라는 것은 누구의 눈에도 확실했다. 나는 가능한 한 오랫동안 빈에 남아 있었다. 그것은 나치즘을 직접 눈으로 보고 연구하기 위해서였다. 1938년 11월 말까지 나는 빈에 있었다. 내가 그곳에서 눈으로 확인한 것은 내 연구에 더할 나위 없이 귀중한 것이었다. 유태인인 나로서는 더 이상 그곳에 머무는 것이 불가능해졌기 때문에(11월 7일 파리에 망명 중인 한 유태인 소년이 독일 대사관의 3등 서기관을 사살함으로써 나치가 들어선 이후 독일 내에서 최대 규모의 유태인 학살이 행해졌다—역주) 나는 영국으로 이주했고 그 이후 계속 영국에서 살고 있다.

  영국으로 이주하고 난 후의 20년 동안도 나는 거의 대부분의 시간을 군중과 권력 연구에 바쳤다. 세계정세는 사색적인 모든 인간에게 고뇌에 찬 책임을 지우고 있었다. 해가 감에 따라 이 과제에 대한 해결이 점점 더 긴급한 것처럼 보였다. 나는 몇 번이고 새로운, 즉 다른 관점에서 고찰해보았다.

 이 책을 계획하는 데 도움이 될 만한 참고서적은 전혀 없었다. 모든 수단을 구사하여 나는 군중과 권력이라는 두 가지 현상에 접근하려고 노력했다. 그 노력은 헛되이 끝나지 않았다. 일단 중지할 수밖에 없게 된 작업은 언제나 전혀 예기치 못한 순간에 의해 도움을 받곤 했다. 나는 여러 가지 사건들을 통찰할 수 있었는데 그 통찰은 단순한 예감 이상의 것이었다. 즉, 그 통찰의 증거는 모든 방면에서 보였으며, 손에 잡힐 듯이 명백했다. 이러한 시대의 흐름 속에서 참으로 많은 자료가 모였다. 나는 이 책의 마지막 원고에서는 그 자료들 중 극히 일부만을 이용했다. 새로운 여러 가지 인식의 유효성을 확고히 하기 위해서는 명료함과 읽기 쉬움을 제1의 모토로 삼지 않으면 안 되었기 때문이다.

 인류가 직면해 있는 위기 상황은 이 책의 집필이 끝난 후에도 전혀 수그러들 기색이 없다. 이 책이 사색적인 독자들에 의해 비판적으로 섭취된다면, 이런 종류의 사색을 앞으로 계속 더 깊이 파고들어 갈 내 자신에게도 큰 의미가 있을 것이다.

엘리아스 카네티

군중과 권력

이 글을 읽는 독자에게 - 35년 걸어온 내 사상의 뒤안길 · 5

군중

접촉 공포의 전도 · 17 / 열린 군중과 닫힌 군중 · 18
방전(放電) · 20 / 파괴욕 · 23
분출 · 25 / 추적 감정 · 28
세계종교들의 군중 길들이기 · 30 / 심리적 공황 · 32
고리로서의 군중 · 35 / 군중의 특징 · 36
율동 · 39 / 정체(停滯) · 44
완만함, 혹은 목적지의 요원함 · 50 / 보이지 않는 군중 · 54
품고 다니는 감정에 따른 분류 · 62 / 추적 군중 · 63
도주 군중 · 69 / 금지 군중 · 72
역전 군중 · 75 / 축제 군중 · 81
이중 군중 : 남과 여. 산 자와 죽은 자 · 82 / 이중 군중 : 전쟁 · 88
군중결정체 · 96 / 군중 상징 · 98

무리

무리와 무리의 종류 · 123 / 사냥 무리 · 129
전투 무리 · 131 / 애도 무리 · 138
증식 무리 · 143 / 성찬식 · 151
내향 무리와 평온 무리 · 153
무리의 확정성. 무리의 역사적 항상성 · 156
아란다족의 조상 전설에 나오는 무리 · 158
아란다족의 각종 의식에 나타난 여러 가지 대형들 · 163

무리와 종교

무리의 변환 · 171 / 카사이 레레족의 숲과 사냥 · 173
지바로족의 전리품 · 178 / 푸에블로 인디언의 비의 춤 · 182
전쟁의 역학 : 첫번째 전사자. 승리 · 185
전쟁의 종교로서의 이슬람교 · 189
애도의 종교 · 191 / 시아파의 무하람 축제 · 195
가톨릭과 군중 · 207 / 예루살렘의 성화(聖火) · 212

군중과 역사

여러 국민의 군중 상징 · 223 / 독일과 베르사유 · 237
인플레이션과 군중 · 242 / 의회 제도의 본질 · 249
분배와 증가. 사회주의와 생산 · 252 / 크소사족의 자멸 · 255

권력의 내장

붙잡기와 흡수 · 269 / 손 · 280
먹기의 심리학 · 292

살아남는 자

살아남는 자 · 301 / 살아남음과 불사신 · 303
열정으로서의 살아남는 것 · 305 / 살아남는 자로서의 권력자 · 308
플라비우스 요세푸스의 구원 · 313
살아남는 자에 대한 권력자의 혐오감. 통치자와 후계자 · 324
살아남음의 형태 · 329
원시 민족의 신앙에 나타난 살아남는 자 · 336
죽은 자들의 원한 · 351 / 전염병 · 367
묘지에 대한 느낌 · 371 / 불멸성 · 373

MASSE
UND
MACHT

권력의 요소

폭력과 권력 · 379 / 권력과 속도 · 381
질문과 대답 · 383 / 비밀 · 391
판단과 악평 · 398 / 용서의 권력. 사면 · 401

명령

명령 : 도주와 가시 · 405 / 명령의 길들임 · 410
반동과 명령 불안 · 411 / 다수에 대한 명령 · 413
명령의 기대 · 416 / 아라파트에서 순례자들이 기대하는 명령 · 419
명령의 가시와 규율 · 420 / 명령. 말. 화살 · 422
종교적 거세 : 스콥치 종파 · 425 / 거절증과 정신분열증 · 429
역전 · 433 / 가시의 해소 · 437
명령과 사형집행. 만족한 사형집행인 · 440 / 명령과 책임 · 442

변신

부시먼족의 예감과 변신 · 447
도피 변신. 히스테리, 조병과 우울증 · 453
자기 증식과 자기 소비. 토템의 이중 형상 · 461
진전섬망증에서의 군중과 변신 · 475
모방과 위장 · 490 / 실상과 가면 · 495
변신 행위의 박탈 · 501 / 변신에 대한 금지 · 503
노예제도 · 508

권력의 양상

인간의 여러 가지 자세와 권력 · 513 / 지휘자 · 522
명성 · 526 / 시간의 질서 · 527
궁정 · 529 / 비잔틴 황제의 성장하는 옥좌 · 531
진행성마비 환자들의 위대함이라는 관념 · 533

지배와 편집증

아프리카의 왕들 · 545 / 델리의 술탄 : 무하마드 투글락 · 562
쉬레버의 병례. 제1부 · 576 / 쉬레버의 병례. 제2부 · 594

에필로그 · 613

원주(原註) · 623

참고문헌 · 633

작가연보 · 643

옮긴이의 말 · 646

군중
Die Masse

군중은 생겨나는 그 순간부터 더 많은 사람들이 거기에 가세하길 바란다.
군중의 내부에는 평등이 지배하고 있다.
그들은 평등으로부터 벗어난 어떤 것에 대해서도 관심을 갖지 않는다.
군중은 밀집상태를 사랑한다. 군중에게 과밀이란 있을 수 없다.
그 어느 것도 군중의 내부 틈새로 끼어들거나 군중을 갈라놓을 수 없다.
군중은 하나의 방향을 필요로 한다. 군중은 항상 동적이다.

접촉 공포의 전도

모르는 것에 의한 접촉보다 인간이 더 두려워하는 것은 없다. 우리는 무언가가 우리를 붙잡으려 하면 그것을 확인하고자 하고 식별하고자 하며, 아니면 적어도 사태의 가닥이라도 대충 잡을 수 있기를 바란다. 인간은 언제 어디서나 낯선 것과의 접촉을 피한다. 밤에 또는 어둠 속에서, 전혀 예기치 못한 접촉에 대한 두려움은 심리적인 공황 상태로까지 치달을 수 있다. 옷을 입은 정도로는 결코 충분한 안전감을 느끼지 못한다. 옷은 너무 쉽게 찢어질 수 있어서, 무언가가 옷을 뚫고 들어와 매끄럽고 무방비 상태인 맨살에 와 닿는 것이 너무 쉽기 때문이다.

인간이 주변 공간에 대하여 거리를 두는 것은 이 접촉에 대한 공포 탓이다. 우리는 아무도 못 들어오게 문을 닫아걸고 자기 집 안에 있을 때에만 어느 정도 안전감을 느낄 수 있다. 강도에 대한 불안감은 재물을 강탈당하지나 않을까 하는 두려움만이 아니라, 어둠 속에서 갑작스럽고도 난데없이 누구한테 붙들리지나 않을까 하는 두려움이기도 하다. 맹수나 맹금의 발톱처럼 움켜쥔 모양을 한 손은 언제나 변함없이 이런 공포에 대한 상징으로 사용된다. 이것은 'angreifen'이라는 동사의 이중 의미 속에 잘 드러나 있다. 무해한 접촉과 위험한 공격, 이 두 가지 의미가 그 단어에는 동시에 포함되어 있는데, 앞의 의미에는 항상 뒤의 의미가 어느 정도 들어 있다. 하지만 명사인 'Angriff'는 그 말의 나쁜 의미, 즉 오로지 '공격'이라는 의미로 한정되어 버렸다.

접촉에 대한 이러한 혐오감은 우리가 사람들 사이를 걸어갈 때도 사라지지 않는다. 길거리에서, 많은 사람들 사이에서, 음식점에서, 기차나 버스에서 우리가 어떻게 움직이는가 하는 방식은 이 두려움에 의해 좌우되고 있다. 심지어는 우리가 다른 사람들 곁에 아주 가까이 서서 그들을 유심히 쳐다보고 자세히 관찰할 수 있을 때조차도 우리는 그들과 접촉하는 것은 가급적 피하려 한다. 이와 반대의 행동, 즉 접촉을 하는 경우는 우리가 누군가에게 호감을 느꼈을 때이다. 이 경우에 우리는 자발적으로 접근한다.

의도하지 않은 접촉에 대한 즉각적인 사과, 사과를 기다릴 때의 긴장감, 사과하지 않을 경우 때로는 행동으로까지 나타나는 격렬한 반응, 접촉을 가해 온 자가 누군지 확실히 모를 때조차도 그 나쁜 짓을 저지른 "범인"에 대해 우리가 느끼는 반감과 증오. — 낯선 것의 접촉에 대한 이 모든 극단적으로 불안정하고 신경질적인, 매듭처럼 뒤얽힌 심적 반응은 마음 아주 깊은 곳에서 항상 깨어 있는 상태로, 항상 곤란에 처할 수 있는 양상으로 나타난다. 이러한 일종의 두려움 때문에 마음 푹 놓고 잠잘 때조차도 누가 한번 건드리기만 하면 쉽게 깨어나는 것이다.

인간이 접촉의 공포로부터 해방될 수 있는 유일한 경우는 군중 속에 있을 때뿐이다. 이때는 두려움이 오히려 정반대의 감정으로 변한다. 이때 인간은 '밀집된 군중(die dichte Masse)', 즉 몸과 몸이 밀착되어 누가 누구를 밀고 있는지 알 수 없을 정도로 물리적으로 빽빽이 들어찬 군중을 필요로 한다. 군중 속에 놓이는 순간 인간은 닿는 게 두렵지 않게 된다. 이상적인 경우에 거기서는 모두가 평등하다. 어떠한 구별도 없으며 성별 차이조차 존재하지 않는다. 민 자가 곧 밀린 자요, 밀린 자가 곧 민 자인 것처럼 느끼게 된다. 갑자기 모두가 한 몸이 되어 행동하는 것 같아진다. 군중이 서로 밀착하려고 하는 것은 바로 이러한 이유 때문인 것 같다. 즉 군중은 개개인이 갖고 있는 접촉 공포를 가능한 한 완전히 지워버리려고 한다. 밀고 밀리는 것이 격렬할수록 인간은 더 큰 안전감을 느낀다. 접촉 공포의 전도(顚倒), 이것은 군중의 본질에 속한다. 군중의 밀도가 높을수록 그 구성원의 안도감도 그만큼 커진다.

열린 군중과 닫힌 군중

아무것도 없었던 곳에서 갑자기 생겨난 군중, 이것은 신비스럽고도 보편적인 현상이다. 몇 사람(다섯, 열 또는 열둘, 그 이상은 아니다) 정도야 서로 가까이 서 있을 수도 있는 일이다. 아무런 발표도 없었고, 무언가가 기대되었던 것도 아니다. 그런데 사람들이 갑자기 새까맣게 운집하고, 더욱 많은 사람들이 마치 모든 길은 그쪽으로만 통한다는 듯이 사방에서 도도히 흘러들어 온다. 그들 대부분은 무슨 일이 일어났는지 모른다. 무슨 일인가 물어보았자 대답을 못한다. 그러나 그들은 서둘러 그곳에 모인다. 그들의 움직임 속에는 어떤 결의가 있다. 이 결의는 일상적인 호기심의 발로 따위와는 사뭇 다르다. 그들 일부의 움직임은 물결처럼 다른 자들에게 번져간다. 그러나 또 다른 특징이 있다. 그들에게는 아직 말로는 나타낼 수 없지만 하나의 목표가 있다. 대부분의 사람들이 모여 가장 새까만 점을 형성하는 곳이 바로 그 목표이다.

이것이 자생적 군중의 가장 극단적인 형태인데, 이것은 나중에 상술하고자 한다. 겉으로 보기와는 달리 이 군중의 핵심적 내부는 자생적이지 않다. 그러나 군중의 시발점이 되었던 다섯, 열 혹은 열두 명을 제외하고는 모든 것이 자생적이다.

군중은 생겨나는 그 순간부터 더 많은 사람들이 거기에 가세하길 바란다. 성장하려는 욕구, 이것이야말로 군중의 가장 중요한 특성이다. 군중은 손에 닿는 모든 자를 붙잡으려고 한다. 인간의 형상을 가진 자라면 모조리 가담시키려 한다. 그래서 자연적 군중은 '열린 군중(die offene Masse)'이다. 이 군중의 확장에는 한계가 없다. 이 군중은 집도, 문도, 자물쇠도 인정하지 않는다. 빗장을 채우는 자는 수상한 자이다. 여기서 '열린'이란 단어는 가장 완전한 의미로 이해되어야 한다. 어느 방향, 어느 곳으로도 다 열려 있다는 뜻이다. 열린 군중은 그 자체가 성장하는 한 존재한다. 성장을 멈추는 그 순간부터 열린 군중은 와해된다. 군중은 갑작스럽게 생겨난 것처럼 갑작스럽게 와해된다. 군중은 자생적인 형태를 취한 까닭에 매우 취약한 일면을 지닌다. 군중의 확장을 가능케 했던 개방성은 동시에 군중의 존속을 위협하기도 한다. 무서운 와해의 조짐이 군중 속에 항상 존재하고 있다. 그래서 군중은 급속한 성장을 통해 가능한 한 이 와해를 피하려 든다. 군중은 가능한 한 모든 자를 받아들인다. 그리고 바로 이 때문에 궁극에 가서는 산산조각이 나지 않을 수 없다.

어디서나 생길 수 있는 보편적인 현상이며, 무한히 확장 가능한 '열린 군중'과 대조되는 것이 '닫힌 군중(die geschlossene Masse)'이다. 닫힌 군중은 성장을 포기하고 영속성에 역점을 둔다. 닫힌 군중에 관하여 첫째로 주목할 점은 그것에는 한계가 있다는 사실이다. 닫힌 군중은 정주(定住)한다. 닫힌 군중은 자기가 채울 공간에 대해 미리 한계를 설정한다. 비유적으로 말해, 여기서의 공간은 액체를 담는 그릇 같은 것으로 용량이 이미 정해져 있다. 이 공간에는 일정 한계 이상의 인원이 입장할 수 없다. 우선 울타리가 고려된다. 그것은 돌담일 수도 있고 단단한 벽일 수도 있다. 어쩌면 특별한 입장 허가나 입장료가 요구될지도 모른다. 어쨌든 공간이 완전히 채워지고 나면 아무도 더 들어올 수 없다. 공간이 흘러넘칠 때도 있겠으나, 언제나 닫힌 공간 안에 빽빽이 들어선 자들이 중요하며, 밖에 있는 자들은 사실상 닫힌 군중에 속하지 않는다.

울타리는 무질서한 증가를 막기도 하지만, 일단 형성된 군중의 해산을 어렵게 함으로써 이를 지연시키는 역할도 한다. 닫힌 군중은 이런 방법으로 확장의 기회를 희생시키는 대신 영속성을 획득한다. 닫힌 군중은 적대적이거나 위험할 수도 있는 외부의 영향으로부터 보호된다. 그들은 특히 반복에 대한 기대를 갖는다. 그 구성원들은 언젠가 다시 모일 기약이 있으므로 서로 흩어짐을 용납할 수 있다. 그들을 수용할 집이 항상 그들을 기다리고 있다. 집은 그들을 위해 존재한다. 그것이 있는 한, 그들은 동일한 방식으로 거기 모일 수 있으리라. 그들이 빠져나가고 없는 동안에도 그 집의 빈 공간은 그들의 것이다. 빈 공간은 곧 가득 채워질 것이라는 기대를 안겨준다.

방전(放電)

군중 내부에서 일어나는 가장 중요한 사건은 '방전(entladung은 방전 외에도 폭발, 방출, 해방 등으로 번역될 수 있다. 이 책에서 방전은 "구속 상태로부터의 해방, 에너지의 폭발과 방출" 현상을 포괄적으로 함의하고 있다—역주)'이다. 방전이 일어나기 전의 군중은 본질적으로 군중이 아니다. 방전이 있어야만 비로소 군중이 생성된다. 방전의 순간에 군중의 모든 구성원은 그들간의 차이를 제거하고 평등을 느끼게 된다.

여기서 차이란 주로 외부로부터 주어진 것들, 즉 계급, 신분, 재산 따위의 차이를 말한다. 개별적 존재로서의 인간은 항상 이런 차이를 의식한다. 이 차이는 개개인들에게 중압감을 주고 그들이 상호 고립되도록 강요한다. 인간은 일정하고 안전한 위치에 고고하게 선 채, 온갖 몸짓으로 마치 자신이 남들과 거리를 유지할 권리를 가진 것처럼 주장한다. 인간은 광활한 평원 위에 우뚝 서 인상적으로 움직이는 풍차와도 같다. 그리고 이때 그 풍차와 이웃 풍차 사이에는 간격이 있을 뿐, 다른 것은 아무것도 없다. 모든 삶이 이 간격 속에서 펼쳐진다. 인간이 자기 자신과 재산을 넣어두는 집, 그가 차지한 지위, 그가 바라는 계급, 이 모든 것들이 간격을 만들고, 확고하게 하며, 확대시킨다. 타인을 흥분시키는 자유는 금지되어 있다. 그런 충동이나 반(反)충동은 사막의 물방울처럼 순식간에 사라진다. 누구도 남의 곁으로 다가가거나 남의 지위를 넘볼 수 없다. 인간 생활의 모든 영역에 위계질서가 확립돼 있어서 인간은 자기보다 고귀한 자를 건드릴 수도, 자기보다 미천한 자로 내려올 수도 없게 되어 있다. 사회마다 이 위계 간의 간격은 제각기 고유의 균형을 취하고 있다. 대부분의 경우 출신의 차이에 역점이 주어지지만 때로는 직업이나 재산의 차이에 중요성이 부여되기도 한다.

나는 여기서 위계질서의 성질을 자세히 논의하려는 것은 아니다. 그렇지만 어디에나 그것이 있다는 사실, 그리고 그것은 어디에서나 인간의 마음을 결정적으로 붙들어매고 있으며 인간 상호간의 행동을 규정한다는 사실은 꼭 알아두어야 한다. 그러나 자기가 남보다 높은 위계에 있다는 만족감이 움직임의 자유를 잃어버린 것에 대한 보상은 되지 못한다. 인간은 스스로가 만든 상호간의 간격 속에서 경직되고 음울해진다. 그는 이 간격이라는 질곡에 질질 끌려가기만 할 뿐 스스로 움직일 수 없다. 인간은 이것이 자승자박임을 잊어버린 채 이것으로부터 해방되기를 갈망한다. 그러나 어떻게 혼자 힘으로 자신을 자유롭게 할 수 있을까? 인간이 아무리 의지를 굳게 하고 다가서더라도, 결국 자신이 자기의 노력을 방해하는 타인들 사이에 놓여 있음을 발견하게 된다. 타인들이 간격을 고수하는 한, 인간은 그 타인들에게 가까이 갈 수 없다.

인간은 함께 모임으로써만 간격의 질곡에서 해방될 수 있는데, 이것이 바로 군중 속에서 일어난다. 방전을 통해 온갖 괴리가 사라지고 모든 구성원이 평등감을 느끼게 된다. 몸과 몸이 밀고 밀리는, 틈이라곤 거의 없는 밀집 상태 속에서 각 구성원은 상대를 자기 자신만큼이나 가깝게 느끼게 되며, 결국 커다란 안도감을 느끼게 된다. 아무도 남보다 위대할 것도 나을 것도 없는, 이 축복의 순간을 맛보기 위해 인간은 군중을 형성하는 것이다.

그러나 그토록 염원하였고 그토록 행복한 이 방전의 순간은 자체 내에 위험성을 안고 있다. 방전의 순간은 근본적으로 환상에서 비롯된 것이다. 사람들은 갑자기 평등감을 느끼지만 그들이 실제로 평등한 것은 아닐뿐더러 영원히 평등해질 수도 없다. 그들은 결국 각자의 집으로 돌아가 각자의 침대에 누울 것이며, 각자의 소유물을 지니며, 자신의 이름을 결코 버리려 하지 않을 것이다. 그들은 자신들에게 딸려 있는 권속을 버리지 않는다. 그들은 가족을 이탈하지 않는다. 진정한 전환이 일어나야만 인간은 낡은 결합에서 벗어나 새로운 결속체를 형성한다. 이러한 결속체는 그 본질상 제한된 수의 인간들만을 가입시킬 수 있으며, 엄격한 규범에 의해서만 그 지속성이 확보될 수 있다. 이런 집단을 나는 '군중결정체(Massenkristalle)'라고 명명한다. 군중결정체의 기능에 대해서는 나중에 자세히 설명하겠다.

어쨌든 군중은 와해된다. 군중은 와해될 것이라는 예감 속에 늘 두려워한다. 군중은 새로운 가담자들이 계속 생기고 그 내부에서 방전 과정이 계속 진행되어야만 비로소 유지될 수 있다. 이처럼 군중은 계속 성장해야만 그 구성원들이 각자의 짐에 짓눌려 이탈하는 것을 방지할 수 있다.

파괴욕

 군중의 가장 현저한 특성은 파괴욕이라고 흔히 지적된다. 어떤 나라, 어떤 문화권에서나 군중의 파괴욕이 발견되고 있음을 부인할 수 없다. 이 특성은 항상 논란과 비난의 대상이 되어왔지만 아직까지도 이 특성에 대해 해명이 되지 않고 있는 실정이다.
 군중은 가옥이나 물건들을 파괴하기를 특히 좋아한다. 물건 중에서도 유리창, 거울, 조각품, 도자기같이 깨지기 쉬운 물건이 문제가 되기 때문에, 사람들은 이들 물건의 깨지기 쉬운 특성이 군중의 파괴욕을 유발하는 자극제라고 생각하는 경향이 있다. 파괴될 때의 군중의 만족감을 높여주는 건 사실이다. 도자기가 박살나는 소리, 유리가 쨍그랑거리는 소리는 확실히 신선한 삶의 소리이며, 무엇이 새로 태어나는 외침같이 들린다. 이 소리는 쉽게 군중을 자극하며 만족감을 높여준다. 그것은 물건까지도 합세하여 외쳐댄다는 느낌, 또는 물건이 보내는 찬성의 갈채인 양 생각된다. 아직 군중의 규모가 작은 상태이거나 이렇다 할 사건이 일어나지 않았을 때, 어떤 사건을 촉발시키기 위해서는 이런 소음이 특히 필요하다. 이 소음은 군중이 그토록 바라던 보강(補强)을 약속하는 것이며, 앞으로 일어날 사건의 상서로운 징조가 된다.
 쉽게 깨질 수 있는 물체만이 군중의 파괴 대상이 되는 것은 아니다. 돌로 만든 조각품까지 형체를 알아볼 수 없을 정도로 부서진다. 기독교도는 그리스 신상(神像)의 머리와 팔을 부서뜨렸다. 개혁파와 급진주의자들은 성자의 동상을 끌어내려 내동댕이쳤다. 때로는 동상이 너무 높아 위험했지만 군중은 아랑곳하지 않았으며, 때로는 파괴하고자 하였으나 너무 단단하여 반파(半破)에 그친 적도 있었다.
 상징적인 동상을 파괴하는 것은 더 이상 수긍할 수 없는 위계질서를 파괴하는 것이다. 그것은 보편적으로 확립되고, 육안으로 볼 수 있으며, 어디에서나 통용되는 여러 가지 간격을 타파하는 행위이다. 동상의 견고함은 그것이 영속성을 지니고 있다는 한 표현이다. 동상은 영원히 의연하고 요지부동으로 거기에 서 있는 것처럼 보인다. 이전에는 그것에 적의를 품고 접근한다는 생각조차 할 수 없었다. 그런데 이제 그 동상이 끌어내려져 산산조각이 나는 것이다. 이 파괴 행위에서 방전이 성취된다.

그러나 파괴욕이 항상 그렇게 극단적으로 치닫는 것만은 아니다. 지금까지 언급한 통상적인 파괴 유형은 각종 한계에 대한 공격에 불과하다. 창문과 문은 집의 외양 중에서 가장 취약한 부분이다. 일단 그것이 파괴되면 집은 그 개성을 상실하게 된다. 그렇게 되면 아무나 드나들 수 있게 되며 집 안에 있는 사람이나 물체가 보호되지 못한다. 파괴의 목표가 되는 집에는 군중이 적으로 여기는 자들이 살고 있다. 그들은 군중과 격리되려고 애썼지만, 이제 그들을 군중과 격리시켜주었던 경계는 파괴되었고, 따라서 군중과의 사이엔 아무런 장벽도 존재하지 않는다. 그들은 밖으로 나와 군중에 합류할 수도 있고, 아니면 끌려나갈 수도 있다.

그러나 여기서 그치는 것이 아니다. 군중 속에서, 구성원 개개인은 자신의 고유한 인격의 한계를 초월하고 있다는 느낌을 갖는다. 개개인을 자신의 울타리 속으로 폐쇄시켰던 간격이 제거되었기에 그는 안도감을 느낀다. 간격이라는 질곡에서 풀려남으로써 그는 자유를 느낀다. 그의 자유란 간격이 만들어놓은 울타리를 뛰어넘는 것이다. 그는 이런 현상이 타인에게도 일어나길 원하며 또 틀림없이 일어나리라고 기대한다. 그는 흙으로 빚은 항아리에 안달을 한다. 항아리는 완벽한 테두리를 가진 것이기 때문이다. 문을 보아도 자극을 받는다. 제사나 의식(儀式)같이, 간격을 유지하려는 모든 것은 그를 위협하며 견딜 수 없게 만든다. 그는 어떤 힘이 작용해서 조만간 군중을 와해시키고, 앞서 있었던 용기(容器) 속으로 개개인을 되돌아가게 할까봐 두려워한다. 그 용기는 항상 감옥으로 느껴져왔다. 그래서 군중은 그 미래의 감옥을 증오한다. 적나라한 상태에 있는 군중에게는 모든 것이 바스티유 감옥으로 보인다.

파괴의 모든 수단 중 가장 인상적인 것이 불이다. 이것은 멀리서도 보이며 다른 사람들을 끌어 모은다. 불은 돌이킬 수 없는 파괴를 가져온다. 불이 난 후에는 아무것도 전과 같을 수 없다. 무엇엔가 불을 지르는 군중은 불가항력적인 어떤 것을 느낀다. 불길이 번져가는 한, 모든 사람은 군중에 가담할 것이며, 적대적인 모든 것은 파괴되고야 말리라. 일단 파괴가 끝나면 군중도 불길도 모두 사라져버린다.

분출

열린 군중은 진정한 군중, 즉 자신의 모든 것을 자연적인 성장 욕구에 일임해버린 군중이다. 열린 군중은 그 자체가 가지게 될 크기에 대해 뚜렷한 느낌이나 생각이 없다. 이 군중은 스스로 채워야 할 용기나 정원 따위가 없다. 그 크기는 미리 결정되어 있지 않다. 이 군중은 무한정 커지려 한다. 이 군중에게는 점점 더 많은 사람이 필요할 뿐이다. 이런 적나라한 상태에서 군중은 우리의 주의를 끈다. 그러나 군중은 또한 끊임없이 와해되기 때문에, 우리의 일상적인 생활과는 무관한 것으로 여겨져서 별로 진지하게 주목받지 못했다. 근대에 들어와 인구가 증가하고 도시가 급속히 성장하면서 군중의 형성이 점점 빈번해지지만 않았다면 아마 인간은 군중에 대해 별 관심 없이 지내왔을 것이다.

나중에 자세히 언급하겠지만, 과거의 닫힌 군중은 우리가 익히 알고 있는 제도로 발전했다. 닫힌 군중 구성원이 지닌 특유한 심적 상태는 자연스러워 보인다. 그들은 항상 종교적, 군사적 또는 축제라는 특수한 목적을 가지고 모인다. 그리고 이 목적의 특수성이 그들의 심적 상태를 신성하게 만든다. 설교를 듣기 위해 참석한 자는 자기의 관심사가 진실로 설교 그 자체라고 믿고 있다. 그러나 만일 설교 그 자체보다도 설교회에 운집한 다수의 청중이 그에게 더 큰 만족감을 주고 있다고 설명해준다면, 그는 깜짝 놀라다 못해 분노할 것이다. 이런 제도의 모든 예배 의식과 종규(宗規)는 군중을 사로잡는 데 그 기본 의도가 있다. 이들 예배 의식과 종규는 불안정한 세계 전체보다도 우선 교회에 가득 찬 안정된 군중을 확보하고자 한다.

규칙적으로 교회에 다닌다거나 예배 의식을 정확하고도 익숙하게 반복함으로써 군중은 일종의 안도감을 느낀다. 이러한 의식과 종규의 실천 및 주기적인 반복은 무언가 더 거칠고 더 폭력적인 것에 대한 욕구를 진정시켜주는 효과가 있다.

만약 인류의 수가 일정 불변하다면 이러한 제도들은 적절한 것으로 입증되었을지도 모른다. 그러나 점점 많은 사람들이 도시를 채웠다. 그리고 지난 몇 세기 동안의 가속적인 인구 증가는 새롭고 더 대규모적인 군중을 형성시키는 새로운 유인을 계속 마련해주었다. 아무도, 가장 노련하고 교묘한 지도자들조차도 이런 상황에서 그런 새로운 군중이 형성되는 것을 막을 수 없었다.

종교사에서 언급되는 전통적 의식에 대한 모든 반란은 자꾸만 성장하려는 군중을 제약하려는 데 대한 항거였다. 신약에 나오는 산상수훈(山上垂訓)을 생각해보자. 그것은 열린 상태에서 실시됐다. 수천 명이 그것을 들을 수 있었다. 의심의 여지없이 그것은 공식적인 교회의 제한된 격식에 대항한 것이었다. 우리는 사도 바울이 전도했던 기독교가 유태 민족 내지 종족적 울타리를 타파하고 모든 인간에게 공평타당한 신앙이 되고자 하는 경향이 있었음을 기억한다. 우리는 또 불교가 당시 인도의 카스트 제도를 경멸했음을 알고 있다.

몇몇 세계종교의 내부 역사를 보면 유사한 의미를 지닌 사건들이 많이 있다. 사원과 카스트 및 교회는 언제나 너무 비좁다. 십자군은 당시의 어떤 교회 건물로도 다 수용할 수 없는 대규모의 군중을 형성했다. 그 후 고행자는 온 마을 사람들을 구경꾼으로 모으면서 이 마을 저 마을을 돌아다녔다. 18세기 영국의 존 웨슬리(John Wesley, 감리교의 창시자)는 자신의 운동의 기초를 옥외 설교에 두었다. 그는 자신의 설교를 듣는 군중의 크기가 얼마나 중요한가를 완벽하게 알고 있었다. 그는 이따금 일기에다 자신의 설교를 들을 수 있는 청중의 수가 어느 정도인가 계산해보곤 했다. 이처럼 닫힌 장소를 뚫고나오는 분출 현상은 군중이 갑작스럽고도 신속하게 무한정 커지는 데서 얻을 수 있는 군중 본연의 즐거움을 다시 만끽하고자 함을 의미한다.

　닫힌 군중이 갑작스럽게 열린 군중으로 전이하는 현상을 나는 '분출'이라고 명명하겠다. 이것은 빈번히 일어나는 일로, 공간적인 것으로만 이해해서는 안 된다. 잘 비호된 어떤 공간으로부터 군중이 넘쳐흘러 자유로운 행동이 가능한 도시의 광장이나 길거리를 채우는 경우는 흔히 있는 법이다. 이렇게 된 군중은 모든 것에 자기를 노출시킨 셈일 뿐만 아니라 모든 것을 유혹하는 셈이기도 하다. 그러나 이런 외적 사건보다도 중요한 것은 이에 상응하는 내적 과정이다. 내적 과정이란 참가 인원의 제한에 대한 불만, 인원을 끌어들이려는 돌발적 의지, 모든 자에게 손을 뻗치고자 하는 정열적인 결의를 말한다.

　프랑스혁명 이래 이 분출들은 우리가 근대적이라고 느끼는 하나의 형태를 취해왔다. 군중은 전통적 종교의 질곡으로부터 괄목할 만큼 해방되었다. 그래서 우리는 쉽사리 적나라한 군중(die nackte Masse), 말하자면 항상 강요되던 초월적 원리나 목표가 배제된 생물학적 상태의 군중을 관찰할 수 있게 되었다. 지난 150년간의 역사는 그러한 분출의 홍수가 절정을 이룬 때였다. 이제 전쟁조차 분출의 한 현상이 되었다. 현대의 모든 전쟁은 집단 전쟁(Massenkrieg)의 성격을 띠게 되었다. 군중은 이미 종교가 내거는 경건한 약속이나 조건에 만족하지 않는다. 군중은 스스로의 힘으로 자신의 동물적 힘과 열정을 강하게 느끼고 싶어한다. 그리고 이 목적을 위한 수단으로, 드러나 있는 온갖 사회적 핑계와 요구를 모조리 이용하려 든다.

　무엇보다도 중요한 점은 군중이란 결코 포만감을 느끼지 못한다는 사실이다. 군중은 제가 집어삼키지 못한 인간이 단 한 명이라도 남아 있는 한 배고파한다. 군중의 식욕은 마지막 남은 한 명마저 삼킨 후에도 여전할 것처럼 생각될 정도로 대단하다. 그러나 군중의 존속을 위한 노력은 비교적 무력한 면이 있다. 군중의 존속을 가능하게 하는 유일한 희망은 한 군중이 다른 한 군중과 힘을 겨루는 '이중 군중(Doppelmasse)'의 형성에 있다. 이 두 라이벌은 힘과 열기 면에서 백중하면 백중할수록 그만큼 둘 다 오랫동안 존속하게 될 것이다.

추적 감정

 군중의 내면적 특질 가운데 가장 두드러진 것의 하나로서 '추적 감정'을 들 수 있다. 이것은 하나의 특이한 분노 혹은 흥분의 감정으로, 군중이 자신의 영원한 적으로 규정한 자에 대하여 일어난다. 여기서 적은 여러 가지 형태로 행동할 수 있다. 군중에 대해 강압적이거나 회유적일 수도 있고, 냉담하거나 동정적일 수도 있으며, 가혹하거나 온건할 수도 있다. 적이 군중에 대해 어떻게 행동하든지 군중은 그 행동이 요지부동의 악의, 즉 군중을 공개적으로 또는 은밀하게 파멸시키려는 계획된 의도에서 나온 것이라고 해석한다.

 이 적개심 내지 추적 망상을 이해하기 위해서는, 일단 형성된 군중은 급속히 성장하려고 애쓴다는 근본적 사실로부터 출발할 필요가 있다. 군중이 뻗어나가는 힘과 결의는 아무리 강조해도 지나치지 않는다. 계속 확장하고 있는 동안에(예를 들면 소수이지만 고압으로 충전된 군중에 의해 시작되는 혁명의 경우) 군중은 자신의 확장에 장애가 되는 것은 무엇이건 부당한 억압으로 간주한다. 이때의 군중은 경찰력에 의해 해산될 수 있으나, 그것은 일시적인 효과밖에 없다. 마치 모기 떼 속을 손으로 한번 탁 친 정도에 불과하다. 그러나 군중은 내부로부터도 공격당할 수 있다. 즉, 군중을 형성시켰던 욕구가 일단 충족되면 군중은 와해된다. 군중 가운데 취약한 부분은 떨어져나가고 합류하기 위해서 있던 자들도 등을 돌린다.

 '외부로부터의 공격'은 군중을 강화시킬 뿐이다. 이때 서로 흩어져 있던 군중은 보다 강력하게 다시 합쳐진다. 여기에 반해서 '내부로부터의 공격'은 정말 위험하다. 파업의 경우, 약간의 이득을 얻고 나면 처음의 결속력은 눈에 띄게 무너져버린다. 내부로부터의 공격이란 다름 아닌 개인적 욕구로의 끌림이다. 군중은 이 욕구를, 이를테면 뇌물 같은 '부도덕'으로 취급한다. 왜냐하면 이 욕구는 군중이 가진 선명한 근본 신조에 위배되기 때문이다. 군중의 개개 구성원은 누구나 내부에 먹고, 마시고, 사랑하고, 혼자 있고 싶어하는 조그만 반역자를 품고 다니는 셈이다. 그가 이런 반역자적 행동을 은밀하고 별 잡음 없이 해나가는 한 군중은 그를 그대로 방치한다. 그러나 그가 조금이라도 소란을 일으키면 즉시 군중은 그를 미워하고 두려워하게 된다. 그리고 그가 적의 유혹에 빠져 있다고 생각하게 된다.

군중은 항상 두 겹으로 포위된 성곽과도 같다. 군중은 안팎에 모두 적을 갖고 있다. 전투가 벌어지는 동안 군중은 점차로 동조자를 많이 끌어들인다. 이 새로운 동조자들은 성문 앞에 모여들어 자기들을 들여보내 달라고 힘차게 문을 두들긴다. 운이 좋을 때는 그들의 지원이 받아들여진다. 아니면 그들은 스스로 성벽을 넘어 성곽 안으로 들어오기도 한다. 이런 식으로 도시는 날마다 새로운 방어 병력이 늘어간다. 그렇지만 이 지원자들도 각자의 내부에, 앞서 말한 보이지 않는 조그만 반역자를 가지고 있다. 그래서 이들은 도시 안에 들어오기가 무섭게 이미 잠복해 있던 반역자들의 지하실로 달려가 그곳에 합세한다. 이 동안에도 포위는 여전히 계속된다. 포위군은 늘 공격 기회를 노릴 뿐 아니라 성곽 수비군 쪽으로 지원자가 접근하는 걸 막으려고 노력한다. 그러기 위해 오히려 포위군이 바깥쪽에서 수비벽을 계속 강화한다. 이 묘한 포위전에서 성곽은 수비군보다도 포위군에게 더 중요하다. 한편, 포위군은 수비군에 가담하러 온 지원자들을 매수하여 물러가게 만들기도 한다. 두 가지 다 실패로 돌아갔을 때는, 성곽을 넘어 도시로 잠입한 지원자들 내부에 잠재해 있는 반역자를 활성화시키기 위해 노력한다.

군중이 느끼는 추적 감정이란 이러한 이중의 위협, 즉 바깥쪽 성곽은 점점 더 조여오고 안쪽의 지하실은 점점 더 잠식당한다는 위협에 대한 느낌 바로 그것이다.

성곽 외부에 있는 적의 활동은 공개돼 있으므로 감시할 수 있지만 지하실에서의 활동은 숨겨진 채 진행되는 음흉한 것이다. 그러나 이러한 비유는 언제나 진리의 일면만을 보여줄 뿐이다. 밖에서 안으로 들어가는 흐름은 새로운 지원군이나 보강자의 유입일 뿐만 아니라 군중의 식량도 된다. 증가하지 않는 군중이란 단식 상태에 있는 것과 같다. 이러한 단식을 견디어내는 몇 가지 방법이 있는데, 종교는 이 방법들을 발전시킨 대가라고 할 수 있다. 그러면 세계종교가 어떻게, 군중이 격렬하고 신속한 성장 상태에 있지 않을 때조차 그 군중을 유지하는 데 성공했는지를 알아보기로 하자.

세계종교들의 군중 길들이기

종교는 일단 보편성을 승인받고 나면 이내 얻고자 하는 것의 역점을 바꾼다. 맨 처음 종교는 세력이 닿는 범위의 인간을 하나도 놓치지 않고 모조리 획득하려고 애쓴다. 갓 시작된 종교가 염두에 두는 군중은 보편적인 군중이다. 영혼 하나하나를 소홀히 하지 않으며 모든 영혼을 다 소유하려 한다. 그러나 투쟁을 계속해나가는 가운데 종교는 이미 제도를 갖추고 있는 적대 세력에 대해 점차 은근한 존경심을 품게 된다. 종교는 터전을 확보한다는 것이 얼마나 어려운가를 알게 되고, 결속과 영속성을 확보해주는 제도의 중요성을 점점 더 절감하게 된다. 적대 세력의 제도에 자극을 받아 종교는 자기 나름의 제도를 도입하기 위해 비상한 노력을 기울인다. 일단 제도의 도입이 성공적으로 이루어지면, 시간이 흐를수록 그 중요성이 커진다. 제도가 그 자체의 생명력을 가진 후 자체 중량을 지니게 되면, 종교가 원래 지녔던 수적 증가를 위한 노력은 점차 약화된다. 기존의 신도만을 수용하기 위해 교회가 세워지며, 교회의 확장이나 증축은 여간해서 없다. 꼭 필요할 때만, 그것도 지나치게 신중한 나머지 거의 마지못해 확장이나 증축이 이루어진다. 이 경우 산산이 흩어진 단위체들을 결합시키려는 강한 경향이 존재한다. 신도 수가 많아지면 와해될 위험이 있으므로 이 점에 대하여는 늘 경계하지 않으면 안 된다. 소위 군중의 반역성이라는 것은 모든 세계종교 역사의 맥락에 존재한다. 구속적 성격을 띠는 종교적 전설들을 살펴보면 종교가 얼마나 갑작스럽게 성장했는지를 알 수 있다. 대량 개종의 이야기들은 마치 기적처럼 보인다. 아니, 사실상 기적이었다. 그러나 교단이 두려워한 나머지 박해하는 이단 운동에서도 마찬가지의 기적이 일어나 기성 종교가 피해를 받게 된다면 교단으로서는 견디기 힘든 고통이 될 것이며, 이 고통은 영원히 잊혀지지 않을 것이다. 초기의 급성장 경험에 비추어, 훗날의 급속한 쇠퇴 역시 염려하지 않을 수 없기 때문에 종교는 언제나 군중에 대해 불신을 갖게 된다.

그러면서도 교단은 순종하는 양떼를 원한다. 신도를 '양'이라고 부르는 것은 하나의 관습이며 신도는 순종할수록 칭찬받는다. 교회는 군중의 기본 속성인 급속한 성장을 전적으로 포기한다. 교회는 신도간의 허구적이고 잠정적일 뿐인 평등에 만족한다(사실상 이런 평등조차도 결코 엄격하게는 성취되지 않는다). 그리고 적절한 한계 내의 일정한 밀도와 엄격한 방향 설정에 만족한다. 종교는 저 먼 곳에다 목표를 설정한다. 그 목표란 인간이 살아있는 한 도달할 수 없는 피안이며, 끊임없는 노력과 복종에 의해서만 얻어질 수 있는 것이다. 이 방향 설정이 결국은 가장 중요한 것이 된다. 목표가 멀면 멀수록 양떼가 지속될 전망은 밝아진다. 필수불가결의 원리로 보이던 확장은 사뭇 다른 어떤 것, 즉 반복으로 대체돼 버린다.

신도들은 약속한 장소에서 약속한 시간마다 모여 언제나 같은 의식을 치름으로써, 그들을 위태롭게 하지 않으면서도 충분히 감동시킬 수 있는 온순한 상태의 군중 감정이 주입되고 또 거기에 젖도록 길들여진다. 그들이 느끼는 일체감은 알약으로 조제되어 각자에게 분배된다. 교회의 존속은 이 투약의 적정도에 달려 있다.

그 장소가 교회이건 사찰이건 정확하게 반복되고 제한되는 경험에 젖어 버리고 나면, 신도들은 그 후부터는 도저히 이 경험의 반복 없이는 살 수 없게 된다. 그것은 하루 세 끼의 음식처럼 생존의 일부를 이루는 필수품이 된다. 신도들의 종교를 갑작스럽게 억압한다거나 국가의 법령으로 금지한다면 중대한 결과가 발생한다. 겨우 균형을 유지하고 있던 군중 조직은 사소한 방해만 받아도 필연적으로 순식간에 '열린 군중'으로 분출하게 된다. 그리고 이 열린 군중은 우리가 이미 알고 있는 기본적 속성들을 갖는다. 그렇게 되면 이들은 급속히 확장하여 허구적 평등 대신 진정한 평등을 실현하려 들며, 나아가 새롭고도 더욱 **빽빽한** 밀도의 군중이 되고자 한다. 이 군중은 지금껏 배워왔던, 도무지 멀기만 하고 도달 가능성이 희박했던 목표를 당분간 포기한다. 그리고 바로 현세에, 즉 구체적인 삶의 현장에다 하나의 목표를 설정하게 된다.

갑자기 금지당한 모든 종교는 일종의 세속화를 통해 응어리진 한을 푼다. 광란적인 분출 현상을 겪음으로써 신도들의 믿음도 그 성질이 완전히 달라진다. 그러나 신도들은 이 사실을 자각하지 못한다. 그들은 여전히 자기들의 옛 믿음과 확신을 그대로 간직하고 있다고 생각하며, 그것들을 계속 간직하는 것이 자신들의 유일한 의도라고 생각한다. 그러나 사실상 그들은 갑자기 전혀 다른 인간이 되어버린 것이다. 그들은 이제 열린 군중 특유의 격한 감정에 가득 차서 어떤 희생을 무릅쓰고라도 열린 군중의 일원으로 남아 있으려고 발버둥치게 되는 것이다.

심리적 공황

극장 안에서의 심리적 공황(Panik)은, 이미 자주 지적되었듯이, 군중의 와해이다. 공연을 계기로 사람들이 서로 결합된 정도가 크면 클수록 그리고 극장 형태가 폐쇄적이면 폐쇄적일수록 더 격렬한 와해가 일어난다.

공연이라는 하나의 사실만으로는 진정한 의미의 군중을 만들어내기에 충분치 못할 수도 있다. 관중은 공연에 매혹되어서가 아니라, 단지 우연히 거기 있었기 때문에 모여 있는 것일 수도 있다. 그런데 연극이 해내지 못하는 것을 불은 즉각적으로 해낼 수 있다. 불은 동물에게뿐만 아니라 인간에게도 위험하다. 불은 가장 오래 되고 가장 강한 군중 상징이다. 관중에게 아무리 군중 감정이 없었더라도, 불을 보는 그 순간 군중 감정이 갑자기 머리에 꽉 차게 된다. 불가해한 공동의 위험이 닥쳤을 때 공동의 두려움이 일어난다. 이 공동의 두려움이 일어나는 잠시 동안, 관중은 진정한 의미의 군중이 된다. 만일 이 관중이 극장 안이 아니고 옥외에 있었더라도, 들판에서 위험에 직면한 짐승 떼처럼 집단으로 도주했을 것이며, 집단 도주는 같은 동작의 동시 발생으로 인해 그 신속성이 증가되었을 것이다.

이런 종류의 집단적 두려움은, 자신의 안전을 도주 행위의 신속성에 의존하는 모든 군서류(群棲類) 동물들이 공통적으로 체험하는 집단적 경험이다.

옥외에서와는 달리 극장 안의 군중은 가장 격렬한 방식으로 와해된다. 출구는 동시에 한두 사람밖에 통과할 수 없기 때문에 도주 에너지는 필연적으로 서로 밀고 밀리는 에너지로 전환된다. 개개 좌석은 질서 있게 오와 열을 갖추고 있지만 그 사이로 지나갈 수 있는 인원은 한 명밖에 안 된다. 모든 사람은 각자의 자리에 앉거나 서 있도록 되어 있다. 정상적인 극장은 대개 관중을 각자의 자리에 못박아두고, 단지 두 손과 목소리만 자유로이 사용할 수 있도록 설계되어 있으며, 다리의 사용을 가급적 제약한다.

화재가 일어나 대피해야 할 절박한 필요성이 대두하지만 이것은 집단적 도주의 불가능성이라는 장애에 즉각 부딪치게 된다. 따라서 각자는 자기의 탈출구를 찾는다. 각자는 다른 모든 사람과 단절된 상태에서 홀로 탈출을 모색해야 한다. 이것이 순간적으로 관중들의 뇌리를 지배하게 되는 사고틀이다. 이리하여 조금 전만 해도 절정에 달했던 군중은 격렬하게 와해되지 않을 수 없다. 그리고 군중의 변질은 모든 사람이 사방으로 밀고 때리고 차는 격렬한 개인적 행동 속에 드러난다.

각자가 자기 생명을 보전하기 위해 격렬하게 싸우면 싸울수록 확실해지는 것은 각자가 자기를 둘러싼 모든 타인들을 적으로 하여 싸우고 있다는 사실이다. 타인들은 의자, 난간, 닫혀진 문 따위와 마찬가지로 거기에 서 있으면서 동시에 그것들과는 달리 살아 움직이며 적대적이기도 하다. 타인들은 자기들에게 편리한 방향으로, 아니면 자기들이 밀리는 방향으로 한 개인을 이리저리 밀어댄다. 여성이건 노약자이건 보호되지 않는다. 그들 역시 건장한 남자와 똑같이 취급된다. 이렇게 개인은 이미 자기가 '군중'이라는 느낌을 가지고 있지 않은데도 불구하고 여전히 군중에 의해 완전히 둘러싸여 있는 것이다. 공황이란 군중 속에서의 군중의 와해이다. 개인은 군중으로부터 이탈해서 도피하려고 한다. 왜냐하면 전체로서의 군중이 위기에 빠져 있기 때문이다. 그러나 그는 물리적으로 군중 속에 갇혀 있기 때문에 그 군중을 공격할 수밖에 없다. 자기를 군중에게 내맡겨 버린다면 그것은 자기 파멸을 승인하는 결과가 된다. 왜냐하면 군중 자체가 파멸의 위협을 받고 있기 때문이다. 이러한 상황에서 한 인간은 자신의 고립을 아무리 강하게 고집해도 지나치지 않다. 남을 때리고 떠밂으로써, 그는 남들로부터 얻어맞고 떠밀리는 것을 자초한다. 그리고 주먹질을 가하고 더 많은 주먹 세례를 받을수록 더욱 더 자기 자신에 대해 선명하게 느끼게 된다. 자신의 고유한 인격의 한계가 다시금 더 선명하게 인식되는 것이다.

군중과 싸우는 자에겐 군중이 불의 속성을 아주 강하게 띠고 있는 것으로 여겨진다는 점은 주목할 만한 사실이다. 군중은, 갑자기 불꽃이 눈에 띔과 더불어 혹은 "불이야" 하는 외침과 더불어 발생하여 그것으로부터 달아나려는 인간을 마치 불꽃이 그렇게 하듯이 희롱한다. 그가 밀어 제치고 있는 군중은 그에게는 불타는 물체이다. 그것은 적의에 차서 그의 몸 각 부분을 건드리고, 그를 몸서리치게 만든다. 누구든 그의 길을 가로막는 자는 불의 일반적 속성인 적의에 가득 차 있다. 불이 점점 번져나가서 한 사람을 완전히 휩싸버리는 과정은 군중이 한 사람을 모든 방향으로부터 위협하는 것과 유사하다. 군중 내부에서 일어나는 무수한 동작들(팔, 주먹, 다리 따위를 불쑥 내뻗는 것)은 갑자기 사방에서 솟아오르는 불길과 같다. 불 중에서도 숲이나 초원에서 일어나는 대화재 같은 것은 하나의 적대적인 군중이며, 어떤 인간이나 이를 두려워하게 마련이다. 불은 군중 상징으로서 인간의 전체 감정 체계 속에 들어와 확고한 자리를 차지하고 있다. 공포의 경황 중에 흔히 관찰되는 사람을 짓밟는 현상은 무지막지한 짓이기는 하지만 불을 밟아 끄는 행위 바로 그것이다.

공황으로 인한 와해를 회피할 수 있는 유일한 방법은 집단적 두려움으로 일체화되어 있는 원상태를 연장시키는 길뿐이다. 교회에 불이 났을 경우 이러한 원상태를 연장시키는 방법이 있다. 즉, 신도들이 공동의 두려움 속에서 기적을 행하여 불을 끌 수 있는 공동의 하느님에게 기도를 드리는 것이다.

고리로서의 군중

 원형 경기장은 이중으로 닫혀 있는 군중을 수용한다. 이러한 기묘한 특질이 있기 때문에 경기장을 검토해보는 것이 결코 무가치한 일은 아닐 것이다.
 경기장은 외부 세계와 잘 구분되어 있다. 경기장은 멀리서도 잘 보이며, 도시 안에서의 경기장의 위치, 즉 그것이 차지하고 있는 공간은 잘 알려져 있다. 경기장을 염두에 두지 않은 경우일지라도, 사람들은 항상 그것이 어디 있는지 감지하고 있다. 경기장의 외침 소리는 멀리까지 들린다. 노천 경기장인 경우 진행되는 경기의 생생함이 경기장 주변으로 전달된다. 그러나 이 전달 내용이 제아무리 흥미진진하더라도 관객이 경기장에 무제한으로 입장할 수는 없다. 좌석 수에는 한계가 있다. 밀도의 상한선이 미리 정해져 있는 것이다. 경기장의 좌석은 관객이 지나치게 밀집될 수 없도록 배치되어 있다. 좌석의 임자는 각자 자기 자리에 편히 앉아 상호 구애받지 않고 경기를 구경하게 되어 있다.
 도시 쪽을 향해서 바깥쪽으로는 경기장의 생명 없는 담장이 있으며 안쪽으로는 사람들로 형성된 벽이 있다. 관중들은 도시를 등지고 앉아 있다. 그들은 도시의 구조물이나 길거리로부터 빠져나와 거기에 올라와 있다. 경기장에 앉아 있는 동안만은 그들은 도시에서 일어나는 모든 일을 잊게 된다. 그들은 자신이 속한 모든 부류와 자신의 규칙 및 습관을 떨쳐버리고 온 것이다. 그곳에서는 정해진 시간 동안 대규모로 함께 모여 있는 것이 보장되어 있고, 공동의 흥분이 약속되어 있다. 그러나 경기장 내부에서 방전이 일어나야 한다는 한 가지 명백한 조건하에서만 그렇다.
 좌석은 경기장을 빙빙 돌면서 층층으로 배열되어 있다. 따라서 전원이 아래쪽에서 무슨 일이 생기는가를 볼 수 있다. 이것은 군중이 서로 마주보며 앉게 되는 결과를 가져온다. 그들 각자는 자기 앞에 수천 개의 머리를 마주하고 있다. 한 명이 거기에 있는 한, 수천의 모든 다른 자들도 역시 거기에 있다. 한 명을 흥분시키는 것은 동시에 다른 모든 자들도 흥분시킨다. 그리고 그는 흥분한 다른 모든 자들을 본다. 다른 모든 자들은 그로부터 상당한 거리를 두고 앉아 있기 때문에 그들의 개개인으로서의 윤곽은 희미하게 뭉개져 버리고 그저 그 수천의 얼굴이 다 같아만 보이며, 그들의 행동 역시 비슷하게 보이게 된다. 그가 타인들로부터 발견하는 것은 자기 자신을 충만시키고 있는 바로 그런 것들뿐이다. 그는 타인들의 흥분된 모습으로 인해 자기 자신의 흥분을 더하게 된다.

이런 식으로, 서로 마주하며 앉아 있는 군중에는 빈틈이 있을 수 없다. 이런 군중은 닫힌 고리(環)의 형태를 이루고 있으며, 누구도 이를 벗어날 수 없다. 경기에 매혹된 얼굴들이 층층이 고리를 이루는 이 군중에는 이상할 정도의 동질성이 깃들어 있다. 이 군중은 스탠드 아래에서 일어나는 모든 일들을 포용한다. 군중 가운데 아무도 이 광경에서 눈을 떼지 않으며 아무도 이탈하려 하지 않는다. 고리의 어느 부분에 빈틈이 생긴다면 이 군중은 와해된 연후에 뿔뿔이 흩어질 수도 있으리라. 그러나 여기에는 빈틈이 없다. 이것이 이중으로 닫혀 있는 군중, 즉 외부 세계에 대해 그리고 그 자체에 대해 닫힌 군중이다.

군중의 특징

군중을 분류하기 전에 군중의 특징을 간략하게 요약해볼 필요가 있을 것 같다. 군중의 중요한 특징으로 다음의 네 가지를 들 수 있다.

1.군중은 언제나 성장하기를 원한다. 군중의 성장에는 원래부터 한계란 있을 수 없다. 인위적으로 어떤 한계를 설정한다 해도(예를 들면, 닫힌 군중을 보존하기 위해 각종 제도를 설립하는 것) 군중의 분출현상은 언제고 일어날 수 있으며 또 실제로 이따금 일어난다. 군중의 성장을 영원히 막을 수 있는 절대적 수단으로서의 제도란 있을 수 없다.

2.군중의 내부에는 평등이 지배하고 있다. 이 점은 절대적이며 이론(異論)이 있을 수 없다. 군중 자체조차도 이 점에 의문을 제기하지 않는다. 이

점은 근본적인 중요성을 갖는다. 그래서 우리는 군중을 절대 평등의 상태라고 정의해도 무방하다. 머리는 머리이고 팔은 팔이다. 머리와 팔의 생김새가 각기 다른 것은 하등 문제가 되지 않는다. 군중이 형성되는 것은 사실은 바로 이 평등을 얻기 위해서이다. 그리고 그들은 이 평등으로부터 벗어난 어떤 것에도 관심을 갖지 않으려는 경향이 있다. 정의를 위한 모든 요구와 평등에 관한 모든 이론은, 군중의 일원이 되어본 자들이 그들 나름대로 알고 있는 평등의 실제적 체험에서 그 에너지를 얻는다.

  3. 군중은 밀집 상태를 사랑한다. 군중에게 과밀(過密)이란 있을 수 없다. 그 어느 것도 군중의 내부 틈새로 끼어들거나 군중을 갈라놓을 수 없다. 모든 것은 군중 그 자체이어야 한다. 밀집감은 방전의 순간에 가장 강하다. 앞으로 언젠가는 이 밀도를 좀더 정확하게 측정해서 수량화할 수 있을지도 모르겠다.

  4. 군중은 하나의 방향을 필요로 한다. 군중은 항상 동적이다. 군중은 어떤 목표를 향해 움직인다. 모든 구성원에게 공통인 이 방향은 군중의 평등감을 강화시킨다. 개개 구성원의 바깥에 존재하며 전원에게 공통인 이 목표는 군중 자체에 치명적인 모든 상이한 개인적 목표들을 땅 밑으로 쫓아낸다. 군중의 존속을 위해서는 방향이 필수적 요소이다. 군중은 늘 와해를 두려워하므로 어떤 목표라도 받아들이려 한다. 군중은 도달하지 못한 목표를 가지고 있는 한 항상 존재한다. 그렇지만 군중 속에는 또 하나의 숨은 경향이 있다. 이 경향에 의해 새롭고도 우월적인 종류의 조직이 형성되는 것처럼 보인다. 이 조직들의 성질은 종종 예측이 불가능하다. 군중에 따라 정도의 차이가 있지만, 어떤 군중이고 모두 이 네 가지 특징을 지닌다. 네 가지 중 어느 특징이 더 강하냐에 따라서 군중의 분류가 이루어진다.

  앞서 열린 군중과 닫힌 군중을 언급한 바 있지만, 이 분류는 군중의 확장을 기준으로 한 것이다. 그 확장에 장애가 없는 한 열린 군중이고 확장에 일정한 제한이 가해져 있으면 닫힌 군중이다.

  군중의 또 다른 분류는 '율동적 군중(die rhythmische Masse)' 과 '정체(停

滯)된 군중(die stockende Masse)'이다. 이것은 평등성과 밀도 두 가지 속성을 동시에 고려해서 행해진 분류이다.

정체된 군중은 방전을 목표로 살아간다. 정체된 군중은 방전을 확신하고 그것을 뒤로 미룬다. 이 군중은 방전의 순간을 준비하기 위해 비교적 긴 밀집 기간을 원한다. 말하자면 워밍업을 하여 밀도를 높이고, 가능한 한 방전을 지연시킨다. 이 군중은 평등에서 출발하는 게 아니라 밀도에서부터 출발한다. 평등이란 마지막에 가서야 달성될 군중의 주요 목표가 된다. 모든 외침, 모든 발언은 공히 이 평등의 확실한 표현인 것이다.

이에 반해 율동적 군중의 경우, 예를 들어 무도회의 군중은 밀도와 평등이 처음부터 병존한다. 여기서는 모든 것이 움직임에 의존한다. 모든 물리적 자극이 사전에 정해진 방식으로 일어나며 모든 것이 춤 속에서 진행된다. 밀도는 후퇴와 접근이 규칙적으로 반복되는 가운데 구체화되고, 평등은 그 움직임들 자체 속에서 명백히 나타난다. 이런 식으로 밀도와 평등이 교묘하게 실현됨으로써 춤추는 자들은 군중 감정을 느끼게 된다. 이러한 율동적 군중의 형성은 순식간에 일어나며, 이 군중이 소멸하는 것은 그들이 육체적으로 지쳤을 때뿐이다.

그 다음 분류는 '느린 군중(die langsame Masse)'과 '급한 군중(die rasche Masse)'이다. 이 분류는 순전히 목표의 본질에 의한 것이다. 평소에 늘 언급되며 항상 눈에 잘 띄는 군중은 모두가 급한 군중이다. 급한 군중은 우리가 일상적으로 보는 정치적 군중, 스포츠 군중, 호전적 군중 등 현대 생활의 기본적 일부를 이루고 있다. 이들 급한 군중과는 판이하게 자신들의 목표를 하늘나라에다 두고 있는 종교적 군중이나 순례자들로 구성된 군중 같은 것이 이른바 느린 군중이다. 이 군중의 목표는 저 멀리 떨어진 곳에 있다. 그리고 이 군중은 그들의 참된 군중 형성을 어떤 머나먼 나라 혹은 피안의 세계에 맡겨놓는다. 이 느린 군중에게서 우리가 정말로 볼 수 있는 것은 단지 흐름뿐이다. 왜냐하면 느린 군중이 추구하는 목표는 결코 눈에 보이는 것이 아니며, 비신도들은 결코 이 목표에 도달할 수 없기 때문이다. 느린 군중은 느리게 모이며, 스스로를 저 멀리서 영속하는 존재로 본다.

이상의 모든 설명은 각종 형태의 군중이 지니는 본질에 관해 단순히 암시한 데 불과하다. 이 형태에 관해 보다 상세히 고찰해보자.

율동

율동이란 본래 발의 율동이다. 모든 인간은 걷는다. 인간은 두 다리로 걸으며 두 발을 교대해서 땅을 딛기 때문에, 그리고 이 동작을 계속해서 반복하기 때문에, 의도적이든 아니든 인간이 걸으면 율동적인 소리가 뒤따르기 마련이다. 두 발은 결코 똑같은 힘으로 땅을 내딛지는 않는다. 개인의 체질과 기분에 따라서 내딛는 힘에 차이가 생긴다. 인간은 빨리 혹은 천천히 걸을 수도 있고, 달리거나 갑자기 정지할 수도 있으며 점프를 할 경우도 있다.

인간은 항상 타인의 발자국 소리를 들어왔다. 자기 발자국 소리보다는 남의 발자국 소리에 더 많은 신경을 써왔던 게 분명하다. 동물 역시 그들 나름의 걸음걸이가 있다. 그들의 걸음걸이의 율동은 때로는 인간의 그것보다 더 풍부하고 더 잘 들린다. 발굽이 있는 동물들은 마치 무수한 북이 울리는 것 같이 요란스러운 소리를 내며 떼지어 달아난다. 인간을 둘러싸고 있고, 인간을 위협했으며 때로는 인간의 사냥 목표이기도 했던 동물들, 이 동물들에 대한 지식은 인간이 보유해온 가장 오래 된 지식이었다. 인간은 동물이 움직이는 율동을 통해 동물을 식별하는 법을 배웠다. 인간이 맨 처음 읽었던 글씨는 동물의 발자국이었다. 이것은 부드러운 땅 위에 찍혀진 일종의 율동적 악보였던 것이다. 인간은 그 발자국들을 읽는 순간 그것이 찍혀질 때의 소리를 연상했을 것이다. 이 발자국들은 무수히 밀집해 있었다. 원래 소규모로 무리지어 살던 사람들은 이 발자국들을 조용히 목도함으로써 자신들의 적은 수와 동물 떼의 엄청난 수 사이의 현격한 차이를 깨닫게 되었다. 그들은 항상 허기져 있었고 늘 사냥감을 찾고 있었다. 사냥감이 많으면 많을수록 그들에게는 유리했다. 그러나 또한 그들은 자신들의 수가 늘어나길 원했다. 자신의 수를 증가시키려는 욕구는 늘 강렬했다. 이 욕구는 결코 후손을 번식시키려는 충동으로만 이해되어서는 안 된다. 사람들은 먼 훗날이 아닌 바로 그때 거기에서 수적으로 많아지기를 원했다. 그들의 감정 내부에는 사냥 목표였던 동물들의 굉장한 수와 그들 자신의 적은 수가 뒤섞여 있었고, 그들은 자신들의 수적 증가를 염원했다. 그들은 이 염원을, 내가 '율동적' 혹은 '박동적(拍動的)' 군중이라 부르는, 특수한 공동체적 흥분 상태 속에 표현하였다.

위의 상태를 달성하는 수단으로는 무엇보다도 우선 발의 율동을 반복, 중첩시키는 일이 있다. 발자국 소리를 빠르게 연달아 내서 실제 거기 있는 수보다 훨씬 많은 인원이 있는 듯이 마술을 부린다. 사람들은 흩어지지 않은 채 동일한 지점에서 계속 춤을 춘다. 그들의 발자국 소리는 끊임없이 반복되어 사라지지 않는다. 오랫동안 그들은 요란하고 활발하게 소리를 낸다. 그들은 격렬한 행위를 통해 수의 부족을 보충하는 것이다. 그들이 열심히 밟으면 밟을수록 그들의 수효가 실제보다 더 많은 것처럼 들리는 것이다. 계속 춤을 추는 동안, 그들은 모든 이웃에 대하여 호소력을 발휘한다. 소리가 들리는 범위 내에 있는 자는 모두 그들에게 합세하여 함께 있게 된다.

새 사람들이 계속해서 그들에게 가담하는 것은 지극히 자연스런 일이다. 그러나 주위의 모든 사람이 다 합세하고 나면, 춤추는 사람들은 자신들의 수가 실제보다 많은 것처럼 마술을 부려야 한다. 그들은 자신들이 훨씬 더 많이 있는 것처럼 춤을 추어댄다. 그들의 흥분은 점점 열기를 더해 광란의 경지에까지 이르게 된다.

실제로는 불가능한 인원의 증가를 그들은 어떻게 메워나가는가? 첫째, 그들 전원이 동일한 행위를 하는 게 중요하다. 그들 전원이 땅을 쾅쾅 밟는다. 모두 똑같은 방식으로 말이다. 전원이 팔을 앞뒤로 휘두르고 머리를 흔든다. 춤추는 사람들의 동질성은 그들의 손발의 동질성으로까지 번져나간다. 움직일 수 있는 신체 부위는 모두가 그 나름의 생명을 가지고 독립된 개체인 듯이 움직이지만, 실은 모든 동작이 동일하기 때문에 각자에게 꼭 같은 손발이 붙어 있는 것처럼 보이는 것이다. 춤추는 사람들은 서로 밀착되어 있어서 때로는 한 사람이 다른 사람에게 기대기도 한다. 그래서 평등의 상태 위에 밀도가 첨가된다. 이제 밀도와 평등은 하나가 된다. 결국 춤추는 하나의 단일한 생물체, 즉 50개의 머리와 100개의 팔다리가 모두 동일한 목표를 가지고 꼭 같은 방식으로 움직이는 하나의 생물체가 나타나는 것이다. 흥분이 절정에 달했을 때 그들은 정말로 일체감을 느끼게 되고, 신체적인 탈진 이외는 그 무엇도 그들을 막을 수 없다.

율동의 지배력이 워낙 크기 때문에 모든 박동적 군중은 외견상 유사한 모습을 가지게 된다. 그런 춤에 관한 다음 설명은 19세기 초엽에 씌어진 것인데, 원래 전투 무용이었던 뉴질랜드 마오리족의 하카(Haka)에 관한 것이다.[1]

"마오리족은 긴 4열 횡대로 정렬했다. 하카라고 불리는 이 춤은 그것을 처음 구경하는 이방인에게 극도의 경계심과 두려움을 느끼게 한다. 춤에 참가하는 일체의 인원은 남자건 여자건 노예이건 자유인이건 공동체 내에서 그가 차지하는 신분에 관계없이 함께 뒤섞여 있었다. 남자들은 몸에 부착된 실탄이 든 탄약통을 빼면 거의 나체였다. 그들은 모두 구식 보병총이나 칼끝을 매단 창 혹은 막대기를 휴대하고 있었다. 젊은 여인들은, 춤에 참가한 추장의 첩들까지 포함해서 모두 허리 부분까지 알몸이 드러나 있었다.

춤출 때 부른 노래는 박자가 정확하게 지켜졌다. 이 박자는 하카에서 보여지는 여러 가지 기민한 동작들에서도 마찬가지로 정확하게 유지되는데, 특히 춤에 참가한 전원이 한꺼번에 충격을 받은 듯 동시에 똑같은 동작으로 행하는 수직 점프에서는 더욱 그러했다. 동시에 그들은 가지고 있던 무기를 휘둘렀다. 그리고 남녀 모두의 치장물인 긴 머리채를 드리운 그들의 일그러진 표정들로 말미암아 그들은 흡사 고르고(그리스 신화의 세 자매 괴수. 이들은 모두 추악한 얼굴, 뱀으로 된 머리카락, 돼지처럼 커다란 이빨, 거대한 날개를 지녔다–역주)의 무리처럼 보였다. 땅바닥으로 떨어짐과 동시에 그들은 두 발로 크게 쿵 소리를 냈다. 그들은 이러한 공중 도약을 점점 더 급속하게 자주 되풀이했다.

그들의 얼굴은 인간의 안면 근육이 일으킬 수 있는 온갖 뒤틀림을 다 보여주었다. 새로운 표정이 생기면 이는 즉각 전원에게 한결같이 받아들여졌다. 마치 새로 생긴 악덕이 사회에 번져가듯이, 누가 이맛살을 찌푸리기 시작하면 즉각 전원이 비슷한 얼굴 표정을 지었다. 이따금 눈동자를 앞뒤로 굴려 눈에 흰자위만이 보이게 했다. 그들은 튀어나올 정도로 눈알을 돌렸고, 망치머리상어처럼 입을 귀에서 귀까지 쫙 벌렸다. 그리고 유럽인은 도저히 흉내낼 수 없을 만큼 혀를 입 밖으로 길게 내밀었다. 이것은 어릴 때부터 오래도록 연습을 해야만 가능한 일이었다. 어쨌든 그들의 표정은 너무나도 무시무시했기 때문에 나는 그 광경으로부터 시선을 거두어 겨우 마음을 진정시켰다.

그들의 신체는 각 부분—팔다리뿐 아니라 손가락, 발가락, 눈, 혀까지—이 제각기 놀았다. 그들은 반듯하게 편 손바닥으로 자신의 왼쪽 가슴이나 넓적다리를 쳤다. 그들의 노래 소리는 귀를 멍하게 할 정도로 시끄러웠다. 적어도 350명 이상이 하카에 참여하고 있었다. 전투 중에 이 춤을 추었을 경우, 용기를 북돋우고 교전 중인 쌍방의 적개심을 고조시키는 데 얼마나 효과적이었을지 쉽게 상상할 수 있었다."

눈알을 굴리는 것과 혀를 내미는 것은 무시와 도전의 표시이다. 전쟁은 통상 남자, 그것도 자유인 남자들의 일이지만, 모든 이들이 자기 자신을 하카의 흥분 속에 내맡긴다. 여기의 군중은 나이와 성별, 계급까지 잊은 채 모두가 평등하게 행동한다. 이 춤이 유사한 목적을 가진 다른 종류의 춤들과 다른 점은 평등의 극단적인 분화에 있다. 마치 각자의 몸이, 팔다리만이 아니고 손가락, 발가락, 혀, 눈알까지 각기 따로따로 떨어져 있는 것 같다. 그런데 모든 혀들이 일치되어 똑같은 순간에 똑같은 동작을 했고, 모든 손가락과 모든 발가락이 동일한 의도하에 평등해졌다. 춤추는 각 개인의 신체 각 부분이 평등감에 사로잡히는데, 이것이 점점 난폭해지는 행동 속에 드러난다. 350명이 일시에 점프를 하고, 일시에 혀를 내밀고, 일시에 함께 눈알을 굴리는 광경을 보면 누구나 틀림없이 무적의 단결이라는 인상을 받게 된다.

여기서의 밀도는 사람들의 밀도일 뿐만 아니라 이와 동등하게, 그들 각 수족의 밀도이기도 하다. 손가락들과 혀들이 신체로부터 분리된 채 제각기 움직임으로써 전투에 대비한다는 상상을 할 수도 있다. 하카의 리듬은 이들 평등 하나하나에 실체를 부여한다. 개별적인 평등이 고조되어 공동의 평등을 이루게 되면 그 어떤 것도 저항하기 어려운 막강한 힘을 지니게 된다.

왜냐하면 모든 일이 적에게 보여진다는 전제하에 일어나기 때문이다. 하카는 적에 대한 위협을 공동으로 강하게 느끼는 데서 생겨난다. 그러나 춤이란 일단 생기고 나면 춤 이상의 어떤 것이 되기도 한다. 춤이란 옛날부터 추었던 것이고, 다양한 형식을 지니는 것이며, 기회만 있으면 추는 것이다. 여행자들을 환영하는 의식에도 이 하카 춤을 자주 추었다. 앞에서 인용한 이야기도 이런 기회에 씌어졌던 것이다. 서로 우호적인 집단이 만나면 하카로써 서로 인사를 나눈다. 그러나 이것은 너무 심각한 광경이기 때문에 순진한 구경꾼은 두 집단 간에 당장이라도 전투가 벌어지지 않을까 하는 두려움을 갖게 된다. 대추장의 장례식에서, 격렬한 애도의 절차와 마오리족 풍습인 자해 행위가 끝난 다음, 혹은 풍성한 음식으로 잔치를 치르고 난 다음, 갑자기 전원이 점프를 하며 그들의 구식 소총을 치켜들고 하카 대형을 형성한다.

모두가 참가할 수도 있는 이 춤에서 부족들은 자신들을 하나의 군중으로 느끼게 된다. 그들은 하나의 군중이 될 필요성을 느낄 때, 또는 외부집단에 대하여 하나의 단일체로 보이고 싶을 때에는 이 춤을 이용한다. 하카의 율동이 극치에 달할 때, 그러한 의도는 어김없이 달성된다. 하카 덕분에 그들의 단결은 결코 내부로부터 심각하게 위협받지 않는다.

정체(停滯)

정체된 군중은 빽빽하게 압축되어 있다. 그것은 스스로 자유롭게는 움직일 수 없다. 이런 상태의 군중에는 뭔가 수동적인 면이 있다. 이 군중은 기다린다. 이 군중은 어떤 지도자나 명령의 출현을 기다리거나, 혹은 전투를 기다린다. 이 군중에게 진실로 문제가 되는 것은 밀도뿐이다. 군중의 개개 구성원이 주위로부터 느끼는 압력은 바로 그가 가담해 있는 대열의 힘의 크기를 재는 척도가 된다. 더 많은 사람들이 그 대열에 유입될수록 그가 받는 압력도 강해진다. 발을 움직일 틈조차 없어지고, 팔을 움직일 수도 없다. 보고들을 수 있도록 오직 머리만이 자유롭다. 모든 충동은 몸에서 몸으로 직접 전달된다. 각 개인은 그곳에 많은 사람들이 있다는 걸 안다. 그러나 그들은 너무나 빽빽하게 들어차 있기 때문에 마치 하나인 것처럼 느낀다. 이런 종류의 밀도는 서서히 계속되어 일정 기간 항구적인 효과를 미친다. 그러나 이 밀도는 형체가 없으며, 숙달된 율동의 지배를 받지 않는다. 오랫동안 아무 일도 일어나지 않지만 행동에 대한 욕구는 축적되고 증가되어, 급기야는 고조된 폭력으로 터져나온다.

밀도감이 정체된 군중에게 얼마나 중요한 것인지를 절실히 깨달은 자는 정체된 군중의 인내에 대해 그다지 놀라지 않을 것이다. 정체된 군중은 밀도가 높으면 높을수록 더 많은 사람들을 끌어들인다. 이 군중의 밀도는 그 군중의 크기를 재는 척도가 되며 또한 그 군중을 더욱 확장시키는 자극제가 된다. 밀도가 높은 군중일수록 그만큼 빨리 성장한다. 방전이 일어나기 전의 정체 상태는 이 밀도의 과시가 된다. 군중은 정체 상태를 오래 지속하면 할수록, 자신의 밀도를 더욱 오랫동안 느끼고 천명하게 된다.

군중을 형성하는 각 개인의 시각으로 보면, 정체 상태로 있는 기간은 아무리 잠시일지라도 도무지 이해가 안 되는 의혹의 기간이다. 여느 때 같으면 각자 그것으로 무장하고 서로 적대 행동을 할 모든 무기는 다 버려져 있다. 그리고 서로 몸이 닿아도 속박감을 느끼지 않는다. 붙잡혀도 이제 더 이상 붙잡히는 것이 아니다. 그들은 서로 상대방을 두려워하지 않는다. 그들은 출발하기 전에, 어느 쪽으로 출발하든 그들이 결국은 함께 있게 될 것이라는 사실을 다짐하고 싶어한다. 그들은 함께 성장하기를 바라는데 이를 위해서는 방해를 받지 않아야 한다. 정체된 군중은 자신의 통일성에 대해 완전히 확신하고 있지 않기 때문에 가능한 한 오랫동안 묵묵히 참고 기다린다. 그러나 이 인내심에도 한계가 있다. 언젠가 방전은 일어나고야 만다. 방전이 없다면 정말로 군중이 있었다고 말할 수 없다. 공개 처형장에서 형리가 죄수를 참수할 때 들려오는 외침과 오늘날 스포츠 경기장에서 들려오는 외침은 바로 군중의 소리이다. 그러나 이 외침은 반드시 자발적인 것이어야 한다. 미리 연습을 해서 규칙적으로 반복되는 고함소리는, 군중이 그 나름의 생명을 가지고 있다는 것에 대한 증거가 되지 못한다. 이 고함소리가 그런 증거가 된다고 할지라도 그것은 군대의 훈련처럼 외적인 것에 불과할 뿐이다. 그런 고함소리와 대조적으로, 자발적이고 불시에 일어나는 외침은 틀림없는 진짜이며 그 효과도 엄청나다. 이 외침은 어떤 종류의 감정이라도 모두 표현할 수 있다. 그러나 여기서 중요한 것은 그 감정의 종류라기보다 그 감정의 힘, 다양성, 그리고 그 결과로서 생기는 자유이다. 군중에게 정신적 공간을 제공해주는 것이 바로 이 감정들이다.

그런데 이 감정들은 너무나도 격렬하고 집중적이어서 군중을 즉각 분열시키는 경우도 있다. 이런 경우는 공개 처형 시에 이따금 일어난다. 동일한 죄인을 두 번 죽일 수는 없다. 만약, 신성불가침으로 여겨지던 인물이 죄인으로 참수대에 섰다면 그 형장에는 마지막 순간까지도 그가 정말로 참수를 당할 것인지에 대한 의혹이 남을 것이고, 이 의혹은 그 군중의 내적인 정체감을 더욱 강화시킬 것이다. 잘려진 목의 모습은 더욱 자극적이고 효과적일 것이다. 잇달아 터져나오는 외침은 참으로 무시무시할 것이다. 그러나 이 외침을 마지막으로 군중은 더 이상 외치지 않게 된다. 따라서 이 경우, 군중은 그들이 오랜 정체 상태 속에서 기대하던 가장 강렬한 순간을 즐긴 즉시 대가로 그 자체의 파멸을 지불한다고 말할 수 있다.

현대의 스포츠 시설은 더 합목적으로 되어 있다. 관중들은 앉을 수가 있다. 관중들 모두의 인내는 저절로 보여진다. 관중들은 자리를 떠나지 않은 채 마음대로 발을 구를 수 있으며, 마음대로 손뼉을 칠 수 있다. 일정한 시간이 그 경기에 할애되어 있으며, 보통 관중들은 함께 있을 수 있다. 그러나 그 시간 동안 온갖 일이 다 일어난다. 언제 어느 팀이 골을 넣을지는 아무도 모른다. 그리고 기다려 마지않는 사건 외에도 그들을 소란스런 환호와 탄성으로 이끌어갈 많은 사소한 사건들이 있으며, 군중이 그 자신의 목소리를 듣게 될 많은 기회가 있다. 이 군중의 와해와 해산은 사전에 이미 결정되어 있기 때문에 고통이 덜한 편이다. 또한 패배자에게는 후일 복수할 기회가 보장되어 있다. 만사가 영원히 끝나버린 것은 결코 아니다. 군중은 스포츠 구경에서 정말로 쾌적감을 누릴 수 있다. 우선 군중은 출입구를 꽉 메울 수 있으며 그 다음 각자 좌석에 앉을 수 있다. 기회가 생기면 외쳐댈 수 있으며, 경기가 종료된 후에도 앞으로 비슷한 기회를 갖게 될 거라는 기대를 걸 수 있다.

더 수동적 형태의 정체된 군중은 극장에서 형성된다. 공연이란 극장이 만원인 상태에서 하는 것이 이상적이다. 즉, 바라는 관객 수는 처음부터 정해져 있는 셈이다. 관객들은 제각기 스스로 모여든다. 매표소 앞에 소규모의 인파가 몰리는 예외가 있긴 하지만 공연장에는 따로따로 입장한다. 그들은 각자 자기의 자리를 잡는다. 모든 것은 고정되어 있다. 그들이 보려는 연극도, 연기할 배우들도, 막이 오를 시간도, 각자 좌석에 앉아 있는 관객들도 모두 이미 고정되어 있다. 늦게 온 사람은 약간의 적의 속에서 입장이 허용된다. 그들 모두는 마치 잘 훈련된 짐승 떼처럼 무한한 인내력을 가지고 거기에 조용하게 앉아 있다. 그들 각자는 자신의 개별적 존재를 잘 인식하고 있다. 각자는 돈을 지불하고 자신의 좌석에 앉았으며, 옆 좌석에 누가 앉아 있는지를 살핀다. 연극이 시작될 때까지 그는 한가한 기분으로, 오와 열을 지어 앉아 있는 머리들을 관찰한다. 그 머리들이 그에게, 수긍할 만은 하지만 그렇게 절박하지는 않은 밀도감을 일깨워준다. 관객들의 평등은 그들이 실제로 동일한 공연을 보게 되는 경우에만 성립한다. 그러나 그들이 공연에 대해 보일 수 있는 개별적, 임의적 반응의 가능성은 제한되어 있다. 박수조차 미리 예정된 횟수만이 허용되며, 박수 칠 기회도 일반적으로 미리 예정되어 있다. 그들이 하나의 군중이 된 정도를 알아낼 수 있는 실마리는 오직 박수의 강도뿐이다. 이 강도가 유일한 측정 수단이고, 따라서 배우들은 이 강도를 소중히 여긴다.

　극장에서의 관객의 정체 상태는 너무 의식화되어 있기 때문에, 관객 개개인은 담담한 정도의 외적 압력만을 느낀다. 이것은 관객을 깊이 감동시키지 못하며, 더구나 그들에게 내적 일체감이나 공속감(公屬感)을 주진 못한다. 그러나 그렇게 되고자 하는 기대감이 그들 가운데 실재하고 있다는 사실, 그리고 이러한 기대감은 공연이 행해지는 동안 집요하게 지속된다는 사실을 잊어버리거나 과소평가해서는 안 된다. 관객은 공연이 끝나기 전에는 거의 극장을 나가지 않는다. 구경에 흥미를 잃었더라도 대체로 계속 앉아 있게 되며, 이는 적어도 공연 시간 동안만은 그들이 함께 있다는 것을 의미한다.

　음악회에서는 청중의 고요함과 청중에게 가해지는 악기의 시끄러움이 한층 더 두드러진 대조를 보여준다. 여기서 모든 것은 전혀 동요하지 않고 있는 청중을 전제로 한다. 조금만 움직여도 눈살을 찌푸리며, 어떤 소리를 내건 터부시된다. 연주되고 있는 음악은 그 생명력의 상당한 부분을 율동으로부터 얻지만, 청중들에게 미치는 율동의 효과가 감지되어서는 안 된다. 음악에 의해 방전되어 끊임없이 교체되는 감정들은 지극히 다채롭고 강렬한 종류의 것이다. 거기에 있는 대부분의 사람들은 그 감정들을 동시에 모두 함께 느끼지 않을 수 없다. 그러나 어떤 반응도 겉으로 나타내서는 안 된다. 사람들은 거기에 마치 아무것도 듣지 않은 듯이 꼼짝 않고 앉아 있다. 정체 상태에 익숙해지는 데는 장기간의 인위적 훈련이 필요했음이 확실하다. 우리는 이 훈련의 결과에 이미 익숙하게 되었지만, 이런 선입관을 배제한다면 우리들의 문화생활 가운데 음악회의 청중처럼 기묘한 현상도 별로 없을 것이다. 자연스런 방식으로 음악에 몸을 맡기는 사람은 음악회의 청중과는 전혀 다르게 행동한다. 그리고 음악이라고는 생전 처음 듣는 자라면 제멋대로 흥분 상태를 드러내 보일 것이다. 프랑스 수병(水

兵)들이 타스마니아 섬의 원주민들에게 〈라마르세예즈〉를 연주하자, 원주민들은 몸뚱이를 괴상하게 비틀면서 자기들의 만족감을 표시했는데, 그 꼴이 얼마나 우스꽝스러웠던지 수병들은 배꼽을 잡고 웃었다. 원주민 중 어떤 젊은이는 너무 감동한 나머지 머리칼을 쥐어뜯고 두 손으로 자기 얼굴을 할퀴며 큰 소리로 찢어질 듯한 고함을 되풀이해서 질렀다.

그러나 음악회에서도 비록 미약하기는 하지만 물리적인 방전의 잔재가 남아 있다. 연주자에 대한 감사의 표시로서 행해지는 박수가 그것이다. 박수는 장시간에 걸친 잘 조직화된 소음, 곧 음악에 대해 바치는 짧고도 혼란스런 소음인 것이다. 만일 박수갈채가 억제되고 청중들이 앉아 있었을 때처럼 조용하게 흩어져 버린다면, 그것은 그들이 종교적 귀의의 영역 안에 있다고 느끼기 때문이다.

음악회의 고요함은 원래 이 종교적 귀의의 영역에서 유래한다. '신 앞에 다 같이 선다(das gemeinsame Stehen vor Gott)' 는 것은 수많은 종교의 공통된 관습이다. 이러한 관습 역시 세속적 군중이 갖는 특징의 하나인 정체감을 가지고 있으며, 갑작스럽고 폭발적인 방전으로 나아갈 수도 있다.

이것의 가장 인상적인 경우는 메카 순례의 절정을 이루는 저 유명한 '아라파트 평원 위에 서 있기'[20]일 것이다. 의례에 의해 정해진 날에 60만 내지 70만의 순례자들이 메카로부터 몇 시간 거리에 있는 아라파트 평원에 운집한다. 순례자들은 평원 복판에 솟아 있는 황량한 언덕인 '자비의 산(Bergder Gnade)' 주위에 원형으로 집결한다. 그들은 햇볕이 가장 심하게 내리쬐는 오후 2시경에 위치를 정한 다음 해가 질 때까지 서 있다. 머리에는 아무것도 쓰지 않고 옷은 흰색 순례자복을 입는다. 열정적인 긴장 속에서 그들은 언덕 꼭대기에서 설교를 하는 설교자의 말을 듣는다. 그의 설교는 신의 영광을 기리는 내용으로 일관되어 있다. 그리고 순례자들은 수천 번이고 반복되는 다음 구절로써 응답한다. "오 알라신이여, 우리는 당신의 명령을 기다리나이다. 당신의 명령을 기다리나이다." 어떤 사람들은 흥분한 나머지 울부짖고 또 어떤 사람들은 자기 가슴을 두드리기도 한다. 많은 자들이 더위를 못 이겨 졸도한다. 그러나 그들에게는 성스런 평원에서 태양이 작열하는 기나긴 시간을 견뎌내는 일이 무엇보다도 중요하다. 해가 져야만 비로소 출발 신호가 떨어진다.

뒤이은 사건들은 알려진 모든 종교 의식 중 가장 불가사의한 것들 가운데 하나인데 추후 적당한 대목에서 상세히 설명하겠다. 여기서 우리가 관심을 가져야 할 것은 그 몇 시간에 걸친 정체 상태이다. 점증하는 흥분 상태 속에 수십만의 사람들이 그 평원에 운집해 있다. 그들은 알라신 앞에 서 있으며, 그들에게 무슨 일이 일어나더라도 자신들의 위치를 결코 떠나서는 안 되며 떠나지도 않는다. 그들은 다 함께 자리를 잡고 다 함께 출발 신호를 받는다. 설교는 그들을 불지르고, 그들 자신들의 목소리도 그들을 불지른다. 그들이 고대하는 것은 그들이 계속해서 되뇌는 공식적인 기도의 말 속에 담겨 있다. 식별이 불가능할 정도로 느릿느릿 기울어가는 태양은, 모든 것을 바로 그 이글거리는 햇빛의 휘황찬란함 속에 감싼다. 따라서 태양은 정체의 화신이라고 불러도 좋을 것이다.

종교적 군중들 속에는 온갖 단계의 긴장감과 침묵이 감돈다. 그러나 군중이 가질 수 있는 최고의 수동성은 외부로부터 강제력에 의해 그 군중에게 부여된 것이다. 전투에선 두 군중이 맞닥뜨리는데, 이 두 군중은 서로 상대방보다 강하기를 원한다. 함성을 지름으로써 각 군중은 서로 자기가 상대보다 강하다는 걸 자타에게 입증시키려고 한다. 전투의 목표는 상대방을 침묵시키는 데 있다. 상대방의 거세고 단합된 목소리는 과연 두려워할 만한 위협이지만, 그들의 목을 모두 베고 나면 이 위협도 영원히 사라진다. 가장 고요한 군중은 바로 이 적들의 시체이다. 적이 위협적이면 위협적일수록 그 적이 꼼짝도 하지 않고 무더기로 쌓여 있는 것을 보고 싶어하는 욕망도 커지는 법이다. 무방비 상태인 시체의 무더기로 화한 적을 보면 강렬하고도 기묘한 정동이 되살아난다. 바로 조금 전까지만 해도 그들은 피를 부르며 맞싸우던 살아있는 군중이었기 때문이다. 옛날에는 이 '침묵의 군중'을 결코 생명이 없는 것으로 여기지 않았다. 그들은 어디에선가 다시 함께 모여 그들 나름의 삶을 계속하며, 그 삶은 생전의 삶과 동일한 것이라고 간주됐다. 그래서 전장에서 시체로 나뒹구는 적들은, 그것을 보는 자의 눈에는 정체 군중의 극단적인 경우로 생각되었다.

그러나 이런 생각은 한 걸음 더 나아갈 수도 있다. 즉, 죽은 적들 대신에 함께 땅 속에 누워서 부활을 기다리는 모든 죽은 자에까지 생각을 확대해 볼 수 있다. 죽어서 묻히는 모든 자는 죽은 자의 수를 하나씩 늘려준다. 지상에서 살다간 사람은 누구나 죽은 자에 소속된다. 그러므로 그 수는 실로 헤아릴 수 없다. 그들이 함께 누워 있는 땅은 그들에게 밀도를 준다. 따로따로 누워 있기는 하나, 그들은 피차 밀접해 있다는 느낌을 가질 것이다. 그들은 최후의 심판의 날까지 무한정 누워 있어야 한다. 부활의 그 순간까지 그들의 생명은 정체 상태로 있다가 바로 그 부활의 순간에 그들은 하느님 앞에 일제히 함께 모여 심판을 받는다. 그들이 하나의 군중으로서 거기에 누워 있는 것, 그들이 또 하나의 군중으로서 다시 일어나는 그 사이에는 아무 일도 생기지 않는다. 그러므로 부활과 최후의 심판이라는 개념을 전개시키면 우리는 정체 군중의 실재성과 그 의미에 대한 가장 웅대한 증명을 얻게 되는 것이다.

완만함, 혹은 목적지의 요원함

느린 군중은 목적지의 요원함이 그 특징이다. 이 군중은 어떤 부동의 목적지를 집요하게 추구하는, 그리고 어떤 환경하에서도 단합을 유지하는 사람들로 구성된다. 길은 멀고, 미지의 장애물이 있으며, 사방으로부터 위협이 도사리고 있다. 목적지에 도착할 때까지 방전은 허용되지 않는다.

느린 군중은 기차의 형태를 취하고 있다. 어떤 경우에는, 이스라엘 자손들의 출애굽처럼, 아예 처음부터 가담하고자 하는 자 전원으로 시작되기도 한다. 그들의 목적지는 약속된 땅이며, 이 목적지를 믿는 한 그들은 군중이었다. 그들의 유랑 이야기는 곧 이 믿음의 이야기였다. 때때로 난관이 너무나 엄청나서 그들은 회의에 빠지기도 했다. 그들은 허기와 갈증을 느겼다. 불만이 누적될 적마다 와해의 위협에 직면했다. 그들을 이끌어가는 지도자는 그때마다 일일이 그들의 믿음을 재확립시키기 위해 애써야 했다. 그때마다 지도자는 성공한다. 설혹 그가 성공하지 못할 때에는 적의 위협이 그들의 믿음을 소생시켜주었다. 40년이 넘게 지속된 이 유랑의 역사에서 느린 군중보다 더 급하고 절박한 성질을 띤 군중들이 개별적으로 형성되었는데, 이 군중들에 관해서는 나중에 기회가 주어지면 이야기해야 할 것이 많이 있다. 하지만 여기서 지금 다루어야 할 요점은 이들은 약속된 땅으로 간다는 목표 아래 움직이는 느린 군중이라는 더 포괄적인 개념에 모두 종속된다는 점이다. 이 느린 군중 속에서 어른들은 늙어서 죽어가고, 아이들은 태어나 어른이 된다. 그러나 개개인은 모두가 다를지라도 그 전체는 동일하다. 거기에 합류하는 새로운 집단이란 없다. 거기에 소속되어 약속의 땅에 대한 권리를 가질 수 있는 사람은 처음부터 결정되어 있다. 이 군중은 급속도로 성장할 수 있는 성질의 군중이 아니다. 그러므로 그들이 유랑하는 동안 내내 어떻게 하면 와해를 면할 수 있을까 하는 하나의 주요한 의문이 따라다녔다.

    느린 군중의 두번째 형태는 강물의 흐름에 비유될 수 있다. 이 군중은 점점 합류되는 실개천으로부터 시작된다. 실개천이 시냇물을 이루고 이 시냇물에 다른 시냇물들이 합쳐져서 이것이 어느 정도 흘러가다 보면 강이 된다. 강은 바다를 목적지로 하여 흘러간다. 해마다 있는 메카에의 순례는 바로 이 두번째 형태의 느린 군중의 가장 인상적인 본보기이다. 이슬람 세계의 가장 먼 곳으로부터 순례자의 카라반들이 모두 메카를 향해 출발한다. 대부분의 카라반은 초라한 소규모이지만, 어떤 카라반은 왕후 등에 의해 장엄하게 꾸며져서 출발 당시부터 자기들 나라의 자랑거리가 된다. 그러나 이 모든 카라반은 순례의 여정 중에 목적지가 똑같은 다른 카라반과 상봉하게 되어 그들은 점점 더 큰 규모로 성장한다. 그리하여 목적지에 가까이 다다랐을 때에는 거대한 흐름이 된다. 메카는 그들이 흘러들어 가는 바다인 것이다.

    이런 순례자들은 여행의 본래 목적과는 무관한 온갖 평범한 일상의 체험을 하게 될 여지가 매우 많다. 그들은 같은 일과를 되풀이하며, 위험과 싸운다. 그리고 그들은 대부분 가난하기 때문에 식량과 음료수조차 걱정해야 한다. 그들은 낯설고 끊임없이 변하는 환경 속에서 살아간다. 그들은 고향에서보다 훨씬 더 많은 위험에 부딪친다. 그러나 그들이 하려는 일에 반드시 위험이 따르는 것만은 아니다. 사람 사는 곳이면 어디에서나 그렇듯, 그들도 집단이라기보다는 상당한 정도로 개인의 특성을 지니면서 다른 사람과 떨어져 독립적으로 생활해 나간다. 그러나 대부분의 순례자는 자신들의 목적지에 집착하는데, 그들이 목적지에 집착하는 한 그들은 또한 항상 느린 군중의 한 부분이다. 이 느린 군중은 일부 구성원들이 어떻게 행동하든 존재하는 것이며, 또 목적지에 도달할 때까지 존속할 것이다.

느린 군중의 세번째 형태는 눈에 보이지 않는, 그리고 이승에서는 결코 도달될 수 없는 그런 목적지를 두고 형성된 군중이다. 구원을 받아 천국에 가 있는 복된 자들이 자기들처럼 천국의 자리를 차지할 만한 자격이 있는 모든 이를 기다리고 있는 저 세상은 하나의 뚜렷한 목적지이며 오로지 믿는 자들에게만 허용된다. 믿는 자들은 이 목적지를 자기들 눈앞에서 명확하고도 뚜렷하게 목격할 수 있으며 결코 모호한 상징에 만족해버릴 필요가 없다. 인생이란 저 세상으로 가는 순례의 길이며, 그들과 저 세상 사이에 죽음이 가로놓여 있다. 이 길은 일일이 표시되어 있지 않기에 알기가 어렵다. 많은 사람들이 길을 잃고 헤맨다. 그러나 저 세상에 대한 희망이 여전히 믿는 자들의 생활을 깊숙이 물들이고 있기 때문에, 우리는 신앙의 추종자들이 공동으로 소속되어 있는 하나의 느린 군중에 대해 말할 수 있는 것이다. 그런데 이 군중의 익명성은 특히 인상적이다. 왜냐하면 이 군중의 구성원은 서로를 알지 못하며 그들은 여러 도시, 여러 나라에 흩어져 살고 있기 때문이다. 그러면 이 느린 군중은 내부로부터 보면 어떤 모습일까? 그리고 급한 군중과는 어떻게 다를까?

느린 군중에게는 방전이 부인되어 있다. 이 점이 느린 군중의 가장 중요한 특징이라고 말할 수 있다. 느린 군중이라는 명명 대신에 무방전(無放電)

의 군중이라는 용어를 써도 무리가 아닐 정도이다. 그러나 역시 전자를 사용함이 더 바람직하다. 왜냐하면 아무리 느린 군중이라도 방전을 전적으로 배제할 수는 없기 때문이다. 느린 군중이라도 마지막 상태에 가서는 항상 방전을 내포시켜 생각해야 한다. 멀리 떨어져 있는 곳에 이를 때까지 방전이 연기될 뿐이다. 목적지가 있는 바로 그곳에 방전도 있다. 방전에 대한 강렬한 환상은 있지만 방전이 확실하게 보장되는 것은 마지막에 이르러서이다.

느린 군중은 방전에 이르는 과정을 길게 늘이는 경향이 있다. 위대한 종교들은 이 지연 작업에서 대가다운 솜씨를 보여주었다. 이 종교들의 관심은 자기들이 획득한 추종자들을 유지하는 일인데, 이를 위하여, 그리고 새로운 추종자를 신규로 획득하기 위하여 종교들은 이따금 그 추종자들을 집결시켜야 한다. 이 집결이 일단 방전으로 이끌려가게 되면, 이 방전은 되풀이되어야 하고 또 가능한 한 더욱 더 격렬해져야 한다. 최소한 신도들의 단결이 상실되지 않기 위해서 방전의 규칙적 반복은 필수적이다. 율동적 군중이 행하는 것과 같은 유의 예배 중에 일어나는 일들은 원격 조종이 되지 않는다. 세계종교의 중심 과제는 세계 각지에 흩어져 있는 신도들을 지배하는 것이다. 이 지배는 오직 군중 사건을 의식적으로 늦출 경우에만 비로소 가능해진다. 멀리 떨어져 있는 목적지는 중요시되는 반면 가까이 있는 목적지는 점점 중요성을 잃게 되어 무가치한 것으로 보일 수밖에 없다. 이 세상에서의 방전은 순간적이지만, 저 세상으로 옮겨진 방전은 영속성을 갖는다.

이런 식으로 목적지와 방전이 서로 부합된다. 그리고 목적지는 신성불가침이다. 지상에 약속된 땅은 적에 의해 점령되거나 유린될 수 있고, 그 땅을 약속받은 자가 오히려 축출되는 수가 있다. 메카는 카르마트(Karmat)파에 의하여 정복되고 약탈당했으며 카바 신전의 신성한 돌마저 도난당했다. 그리고 오랜 세월 동안 메카로의 순례가 봉쇄됐다.

그러나 저 세상에 있는, 축복받은 자들의 천국은 어떤 종류의 파괴로부터도 안전하다. 이 천국은 오직 믿음에 의해 그 존재가 유지되며 믿음이 쇠퇴할 때만 상처받을 수 있다. 기독교에서 느린 군중의 와해는 저 세상에 대한 믿음이 퇴락하는 그 순간부터 시작되었다.

보이지 않는 군중

인류가 존재하는 곳이면 어디서나 '보이지 않는' 죽은 자들에 관한 표상이 존재한다. 아마 이것은 인류의 가장 오래 된 표상이라고 할 수 있을 것이다. 세상의 어느 집단, 부족, 민족을 보더라도 모두 죽은 자들에 관한 풍부한 생각을 가지고 있다. 인간은 죽은 자들에게 사로잡혀 있다. 그들은 인간에게 엄청나게 중요한 존재들이다. 산 자에 대한 죽은 자의 작용은 산 자의 삶 자체의 본질적인 한 부분이다.

죽은 자들은 산 자들과 마찬가지로 집단생활을 하는 것으로 생각되었다. 그리고 보통 죽은 자들의 수는 엄청나게 많은 것으로 상상되었다.

"옛날의 베추아나(Bechuana)인들은, 모든 남아프리카 토인들과 마찬가지로, 모든 공간이 자기들 조상의 귀신들로 가득 차 있다고 믿었다. 땅, 공기, 하늘을 가득 채운 이 귀신들은 자의적으로 살아있는 자들에게 해로운 영향을 끼칠 수 있었다."[3]

"콩고의 볼로키(Boloki)족은 틈만 나면 자기들을 방해하고 밤낮으로 해악을 가하려고 드는 귀신들에게 포위되어 있다고 믿는다. 강이나 개천은 그들 조상의 귀신들로 충만되어 있으며, 삼림과 수풀에도 그 귀신들이 가득하다. 어둠에 쫓기면서 육로나 수로로 여행을 하는 사람들은 위태롭게 될지도 모른다. 마을과 마을을 갈라놓고 있는 삼림을 밤중에 통과할 만한 용기를 가진 사람은 아무도 없다. 거액의 상금을 건다 해도 아마 나설 자는 역시 없을 것이다. 그들은 한결같이 이렇게 응답할 것이다. '숲 속에는 귀신들이 너무 많다' 고."[4]

사람들은 죽은 자들이 먼 나라 땅 속, 혹은 외딴섬이나 하늘나라에 집단을 이루어 살고 있는 것으로 믿고 있다. 다음은 가봉의 피그미족이 부르는 노래의 일부이다.

> 동굴의 문은 닫혀 있네.
> 동굴의 문은 닫혀 있네.
> 죽은 이들의 넋은 파리 떼처럼,
> 밤이 오면 춤추는 파리 떼처럼,
> 그 속에 떼지어 들끓고 있네.
> 어둠이 내리고, 태양이 사라지고
> 밤이 오면
> 춤추는 파리 떼
> 울부짖는 폭풍 속
> 마른 잎들의 소용돌이.[5]

그런데 죽은 자의 수가 계속 증가하고, 그들의 밀도감도 높아진다는 사실만으로는 충분한 설명이 못된다. 죽은 자들은 움직이기도 하고 공동으로 원정을 나가기도 한다. 그들은 평범한 인간에겐 보이지 않는다. 그러나 특별한 재능을 부여받은 사람들, 즉 무당은 주술을 부리고 귀신을 다룰 줄 알며, 그 귀신을 하인으로 삼아버리기도 한다. 시베리아의 추크첸(Tschuktshen)족을 보면 "뛰어난 무당은 인간에게 도움을 주는 모든 귀신들을 거느리고 있는데, 그가 그들을 호출하면 굿판이 벌어지는 조그만 텐트를 사방에서 벽처럼 둘러쌀 수 있을 만큼 많은 귀신들이 모인다."[6]

무당은 자신이 본 바를 말해 준다. 감격에 북받쳐 떨리는 음성으로 눈으로 지은 움막 안에서 이렇게 외친다.

"천공(天空)은 벌거벗은 자들로 가득 차 있다. 이들은 바람을 타고 달려간다. 사람들, 벌거벗은 남자들과 벌거벗은 여자들이 공중을 달려가며 폭풍과 눈보라를 일으킨다.

저 으르렁거리는 소리가 들리는가? 하늘 높이 뜬 큰 새가 날개를 치는 것 같은 저 소리. 그것은 벌거벗은 사람들의 불안이다. 그것은 벌거벗은 사람들의 도주이다. 공중의 귀신들이 폭풍을 내뿜고 있다. 공중의 귀신들이 대지 위에 눈보라를 뿌리고 있다."[7]

도망가고 있는 벌거벗은 귀신들에 관한 이 장엄한 환각은 에스키모족으로부터 유래한 것이다.

많은 민족은 죽은 자들, 또는 죽은 자들 중의 일정수를 전투 부대로 상상한다. 스코틀랜드 고원 지대의 켈트족은 죽은 자의 군대를 뜻하는 특별한 단어까지 가지고 있다. 'sluagh'가 그것인데, '귀신의 대군'이라는 뜻을 가진다. "귀신의 군대는 지표 위를 날아다니는 찌르레기처럼 거대한 구름 속을 이리저리 떠다니다가 결국 저들이 이승에서 죄를 범했던 장소로 되돌아온다. 백발백중인 그들의 독화살은 사람들이 키우는 고양이, 개, 양 그리고 소를 살해한다. 그들은 인간이 땅위에서 서로 싸우듯, 공중에서 자기들끼리 싸운다. 맑고 서리가 내리는 밤이면 그들이 서로 밀고 당기고 하는 것을 보고들을 수 있다. 싸움이 끝나고 나면 돌과 바위에 선혈이 낭자한 걸 볼 수 있다."[8]

'gairm'이라는 단어는 함성 또는 외침을 뜻한다. 그래서 'sluagh-gairm'은 죽은 자들이 전투 시에 지르는 함성이라는 뜻의 단어가 된다. 이 단어는 훗날 표어 구호를 뜻하는 '슬로건(slogan)'이라는 단어가 되었다. 현대 군중이 지르는 함성을 의미하는 이 단어는 바로 스코틀랜드 고원 지대의 죽은 자들의 함성으로부터 유래한 것이다.

서로 멀리 떨어져 살고 있는 두 북방 민족, 유럽의 라프(Lapp)족과 알래스카의 트링키트(Tlinkit) 인디언은 북극광[9]에 대해 똑같이 전투의 이미지를 갖고 있다. "콜라 반도의 라프족은 북극광을 보고 전쟁에서 사망한 자들이 유령이 된 후에도 공중에서 서로 싸우는 것이라고 상상한다. 소련계 라프족은 북극광에서 피살자의 유령을 본다. 이 유령들은 한 집에 살며 이따금 모여서 서로 찔러 죽이고, 그 바람에 마루바닥은 피바다가 된다. 북극광은 피살자들의 영혼이 전투를 시작했음을 알려준다. 알래스카의 트링키트 인디언들은 전사하지 않고 병사한 모든 사람은 지하 세계로 간다고 믿는다. 하늘에는 전쟁터에서 죽은 용감한 전사들만이 있다. 하늘은 이따금 문을 열고 이 새로운 유령들을 받아들인다. 이들은 완전 무장한 전사의 모습으로 무당에게 현신한다. 이 전사자들의 영혼은 북극광으로 나타나는데, 북극광 중에서도 특히 화살이나 다발(束) 모양으로 이리저리 움직이며 여러 번 서로 스쳐 지나가기도 하고 서로 위치를 바꾸기도 해서 트링키트의 전투 방식과 흡사한 그런 모양의 빛살로 나타난다. 강하게 비치는 한 줄기 북극광은 대규모 유혈을 예고하는 것이라 믿어진다. 바로 그 곳에서는 죽은 전사들이 동료들에게 구원을 요청하고 있기 때문이다."

게르만족은 발할(Wallhall)에 무수한 수의 전사들이 모여 있다고 믿는다. 천지가 개벽한 이래 전쟁터에서 쓰러진 모든 남자들은 발할로 간다. 전쟁은 끝이 없으므로 발할의 인구는 줄곧 늘어나기만 한다. 죽은 전사들은 그 곳에서 한없이 먹고 마시며, 식사와 음료는 끊임없이 새것으로 제공된다. 그들은 매일 아침 무기를 들고 싸우러 나간다. 그들은 장난삼아 서로 죽인다. 그러나 실제로 죽는 것은 아니기 때문에 곧장 다시 일어선다. 그들은 한 줄에 800명씩 늘어서서 640개의 문을 통과하여 발할로 되돌아온다.

그러나 살아있는 보통 사람들의 눈에는 보이지 않는 다수로 상상되는 것이 죽은 자의 유령들뿐만은 아니다. 오래 된 유태 경전에는 이렇게 씌어 있다. "하늘과 땅 사이에 빈 곳은 없다. 모든 곳은 온갖 무리들로 가득 차 있다. 인간은 이 사실을 알아야 하고 반드시 명심해야 한다. 이 무리들 중 일부는 순수하고, 은총과 온화함으로 충만해 있지만, 또 일부는 우리를 해치고 괴롭히는 불순한 피조물들이다. 모두가 허공을 배회한다. 이들 가운데 어떤 것은 평화를 희구하고 어떤 것은 전쟁을 갈구한다. 어떤 것은 선을 행하는 반면 어떤 것은 악을 지향한다. 어떤 것은 생명을 가져오지만 어떤 것은 죽음을 가져온다."[10]

고대 페르시아 종교를 보면 악마들은 그들 나름의 명령 체계를 가진 독특한 군대를 형성하고 있다. 그 경전인 『젠드아베스타(Zend-Avesta)』에는 악마의 수가 많음을 일컫는 상투어가 있다. "수천에 수천, 수만에 수만, 무수한 악마들."[11]

중세 기독교는 마귀의 수에 관해 진지하게 연구했다. 캐자리우스 폰 하이스터바흐(Cäsarius von Heisterbach)의 『기적에 관한 대화(Dialog über die Wunder)』[12]에는 마귀들이 어느 교회의 성가대를 꽉 메우는 바람에 수도승들의 찬송을 방해했다는 이야기가 보고되어 있다. 수도승들은 『시편』 제3편, "주여, 나를 괴롭히는 자 왜 이리 많사옵니까?"를 시작했다. 마귀들은 성가대의 한쪽에서 다른 한쪽으로 날아다니며 수도승들과 서로 뒤섞였다. 수도승들은 자기들이 무슨 노래를 부르는지도 알 수 없게 되었고, 혼란의 와중에서 그저 서로 더 큰 소리를 내려고만 애를 썼다. 한 번의 예배를 교란시키기 위해 이처럼 많은 수의 마귀들이 한 장소에 모일 수 있다면, 온 지구상에는 얼마나 많은 수의 마귀들이 있겠는가! 하지만 복음서에 따르면 일개 군단의 마귀도 한 사람 속에 들어갈 수 있는 것이라고 캐자리우스는 덧붙인다.

어떤 방탕한 사제가 임종하는 자리에서 곁에 있는 그의 친척 여인에게 이렇게 말했다. "우리 건너편에 저 큰 창고가 보이지? 그 지붕 밑에 있는 지푸라기 수만큼이나 많은 수의 악마가 지금 내 주변에 모여 있다." 마귀들이 그의 영혼을 거둬다가 벌을 주려고 매복해 있는 것이었다. 마귀들은 경건한 신자의 임종 자리에도 찾아가 기회를 노린다. 어느 훌륭한 수녀원장의 장례식 때는 커다란 숲 속의 나무들에 달린 나뭇잎보다 많은 수의 악마들이 모여들었다. 죽어가는 한 수도원장의 주위에는 바닷가의 모래알보다도 많은 수의 마귀가 모여들었다. 이러한 얘기들은 몸소 현장에 있었던 한 마귀가 어떤 기사(騎士) 수도사와의 대화에서 털어놓은 것이다. 그 마귀는 자신의 노력이 헛수고로 끝나버린 데 대한 실망을 굳이 감추려 하지 않았고, 예수가 처형될 때도 그 십자가의 가로 막대에 앉아 있었다고 고백했다.

마귀는 뻔뻔스러움도 대단하지만 그 수도 정말 대단하다. 시토(Citeaux) 회 수도원장, 리칼름(Richalm)은 눈을 감을 때마다 티끌처럼 빽빽하게 자신을 둘러싸고 있는 마귀들을 목격했다. 마귀의 수에 관해서는 정확한 계산들이 있는데 나는 그 중 두 가지를 알고 있다. 이 둘은 큰 차이가 있다.

하나는 44,635,569마리라 하고, 다른 하나는 110억 마리라고 한다.
　천사와 성인들에 대해 우리가 가지고 있는 생각은 마귀들에 대한 생각과는 당연히 큰 대조를 이룬다. 천사와 성인들에게는 모든 것이 평온하다. 이미 목적지에 가 있으므로 더 이상 얻으려고 애 쓸 것이 없다. 그러나 그들 역시 모두 모여 있다. 그들은 '무수히 많은 천사, 장로, 예언자, 사도, 순교자, 신앙 고백자, 동정녀, 의인' 들[13]로 이루어진 천상의 군대인 것이다. 그들은 거대한 원형을 그리며 왕을 둘러싼 신하처럼 주님의 왕좌를 질서정연하게 둘러싼다. 그들은 빽빽이 밀집해 있으며, 주님 가까이 있음으로 해서 지복을 얻는다. 주님은 항상 그들을 받아들였으며, 그들은 주님을 떠나지 않을 것이고 그들이 서로 헤어지는 일은 없을 것이다. 그들은 주님을 명상하고 주님을 찬미한다. 이 일만이 그들이 아직도 행하고 있는 유일한 일이다. 그리고 그들은 이 일을 공동으로 행한다.
　신자들의 마음속엔 언제나 이들 보이지 않는 군중들의 영상이 꽉 차 있다. 그 군중이 죽은 자들이건, 마귀들이건, 천사들이건 모두 대규모의 농축된 무리로 상상되어진다. 실로, 종교란 이들 보이지 않는 군중과 더불어 시작된다고 말해도 좋다. 보이지 않는 군중들은 제각기 상이한 자리를 차지하고 있지만 개개의 종교적 믿음 안에서는 서로 독특한 균형을 이루고 있다. 보이지 않는 군중을 취급하는 방식에 따라 종교를 구분해보는 것은 가능한 일일 뿐만 아니라 매우 바람직한 일이리라. 더 높은 수준의 종교, 즉 보편적 가치를 획득한 모든 종교는 이 보이지 않는 군중을 취급하는 데 탁월한 확실성과 명확성을 보여준다. 보이지 않는 군중들은 종교적 가르침에 의해 생명이 유지된다. 인간의 근심과 소망이 모두 이 보이지 않는 군중과 긴밀하게 연결되어 있다. 이 보이지 않는 군중들은 종교적 믿음의 보혈인 것이다. 보이지 않는 군중이 퇴색하면 종교적 믿음도 곧장 약화된다. 그리고 종교적 믿음이 차츰 소멸하고 있는 동안, 퇴색해버린 그 군중을 대신하기 위해 또 다른 무리의 군중이 등장하게 된다.
　이러한 군중들 가운데 아직 언급되지 않은 것이 하나 있는데, 아마 이것은 가장 중요한 것일 게다. 이 군중 역시 보이지 않는 것임에도 불구하고 우리 현대인에게까지도 자연스럽게 느껴지는 유일한 군중, 즉 후손이다. 인간은 2대, 잘하면 3대째까지 자손을 직접 볼 수 있다. 그 이후부터는 완전히 미래의 인간들이다. 먼 훗날 자손이 무수히 늘어났을 무렵을 미리 볼 수 있는 자는 아무도 없다. 자손은 처음엔 조금씩 늘어나다가 나중엔 점점 기하급수적으로 늘어난다. 모든 종족과 민족의 조상을 거슬러 올라가면 단일 조상에 이른다. 그 조상은 그가 원하던 대로 영광스럽게도 바다의 모래알처럼 하늘의 뭇별처럼 무수히 많은 자손을 번식시킬 수 있는 축복을 약속받은 위인이었다는 설화가 으레 있게 마련이다.

중국의 고대 시가집 『시경(詩經)』〈주남(周南)〉편에 보면 자손의 번성을 메뚜기 떼에 비유한 시가 있다.

메뚜기 떼지어 나니 / 네 자손도 번창하리라
메뚜기 줄지어 날아드니 / 네 자손이 끊이지 않으리라
메뚜기 한데 모여드니 / 네 자손도 모여서 살리라[4]

수가 많고, 끊임없이 대(代)가 이어지고(이것은 시간적인 밀도라고 할 수 있겠다) 그리고 일체성을 가지라는 세 가지 축복이 이 시에 나타나 있다. 자손이라는 군중의 상징으로 메뚜기 떼를 든 것이 특히 인상적이다. 왜냐하면 메뚜기는 해독이 없는 데다 그 엄청난 증식력은 가히 타의 모범이 될 만한 동물이기 때문이다.

자손에 대한 감정은 오늘날에도 여전히 존속하고 있다. 그러나 번성에 대한 표상은 개개인의 자손이라는 규모를 벗어나 전 인류의 미래라는 추상적인 전체로 바뀌었다. 우리들 대부분에게 죽은 자의 무리는 공허한 미신에 불과하다. 그러나 아직 태어나지 않은 자손, 즉 미래의 군중을 염려하고 노력을 기울이는 일은 고상한 일이며, 그들의 행복을 빌고 그들의 삶이 더 나아지고 올바르게 되도록 준비하는 것은 매우 보람 있는 일이다. 지구의 장래에 대한 범세계적인 불안에 처한 지금, 아직 태어나지 않은 자들에 대한 이러한 감정은 매우 중요하다. 우리 자신에 대한 불안감보다는 오히려 기형아 출생에 대한 혐오감, 우리가 오늘날처럼 새로운 양상의 전쟁을 계속할 경우 우리의 자손들이 어떻게 될까 하는 우려감, 이런 감정들이 현재와 같은 전쟁, 아니 모든 종류의 전쟁을 퇴치하는 데 훨씬 더 효과적으로 기여할 것이다.

이제, 지금까지 언급해온 보이지 않는 군중들의 운명을 상기해볼 때, 우리는 그것들 중 어떤 것들은 완전히 소멸했고 어떤 것들은 거의 소멸한 상태라고 말할 수 있다. 후자의 예로서 악마들을 들 수 있다. 전에는 그토록 수가 많았음에도 우리는 예전 모습 그대로의 악마를 이제는 볼 수가 없다. 그러나 악마들은 그들의 자취는 남겨 두었다. 악마가 한창 번성하던 시절의 사람이었던 캐자리우스 폰 하이스터바흐가 제시한 놀라운 예로써 악마들의 크기가 작다는 사실은 그 시대에 이미 입증된 바 있다. 그 이후부터 악마들은 인간을 닮은 모습을 견지하려는 노력을 포기하였고, 그 수도 훨씬 더 줄어들었다. 그런데 19세기에 들어와서는 굉장한 변화를 일으켜 악마들의 크기와 모습은 세균이라는 미세한 것으로 변하였으나 수적으로는 오히려 전보다 훨씬 늘어나기에 이르렀다. 그리고 이제는 영혼 대신에 인간의 육체를 공격하고 있다. 인간의 육체에 대해서는 이것들이 대단히 위험한 존재가 될 수 있다. 극소수의 인간들만이 현미경을 통해 이것들을 보고 실재를 확인했을 뿐인데도, 대부분의 인간들은 세균의 이야기가 바로 악마의 실재성을 증명하기라도 한 것처럼 인식함으로써 이 세균이라는 악마들과의 접촉을 피하기 위해 온갖 노력을 기울이고 있다. 하지만 악마들의 불가시성을 고려할 때, 접촉을 피하려는 노력이 과연 실효가 있을지는 의심스럽다. 그처럼 작은 국소에 그토록 엄청난 수의 세균이 집중적으로 모일 수 있으며 또한 인간을 해칠 수 있다는 사실로 인해, 인간들은 세균을 악마의 현신, 다시 말해 소위 병마라고 믿어 의심치 않는다.

유사 이래 항상 존재해 왔으면서도, 현미경이 발명되기 전까지는 그 존재를 몰랐던, 보이지 않는 군중이 바로 정충(精蟲)의 군중이다. 2억 마리가 넘는 이들 극미동물들은 다 함께 동일 목적지를 향해 출발한다. 그것들은 각기 평등하며 굉장한 밀도로 밀집되어 있다. 전원이 동일한 목적지를 향해 가되, 오직 한 마리만이 성공하고 나머지는 도중에 전멸한다. 그것들은 인간이 아니므로 우리가 사용해 온 군중이라는 의미와는 부합되지 않는다고 이의를 제기할 수도 있을 것이다. 그러나 이러한 이의는 문제의 본질을 간과한 데서 비롯된 것이다. 이들 정충들은 우리 조상에 의해 면면히 보존되어 왔던 모든 것을 계승하고 있다. 정충 속에 조상이 보존되어 있으며, 정충이 곧 조상이다. 우리의 조상이 한 인간에서 다른 인간으로 이어질 때 놀라울 정도로 변화된 모습으로, 그것도 단 한 마리의 극미한 생물체 속에 내재해 있으며, 이 극미한 생물체가 그 무수한 선대 조상들을 통틀어 대표하고 있다는 사실에 생각이 미칠 때 우리는 기묘한 놀라움을 금할 수 없다.

품고 다니는 감정에 따른 분류

지금까지 언급한 여러 가지 군중들은 저마다 온갖 종류의 감정을 마음속에 품고 다닌다. 그런데 이 감정들의 종류에 대해서는 별로 언급한 바가 없었다. 앞서 행한 군중의 분류는 열린 군중 또는 닫힌 군중, 느린 군중 혹은 급한 군중, 보이는 군중 혹은 보이지 않는 군중 등으로 형태상의 원리에 의거하여 이루어졌기 때문에 그 군중이 품고 다니는 감정 상태가 어떠하며, 그 군중이 느끼는 감정의 내용이 무엇인가를 밝힐 수 없었다. 그런데 이 감정의 내용은 항상 순수한 상태로는 파악이 불가능하다. 군중은 때때로 온갖 다양한 감정을 급격하게 연속적이고 복합적으로 체험할 기회를 맞는다는 것은 이미 알려져 있다. 가령 극장의 관객을 예로 들 때, 그들은 거기에 앉아 있는 몇 시간 동안 각양각색의 감정들을 느끼게 된다. 특히, 음악회의 경우에는 더욱 그래서 청중은 그야말로 극도로 다양한 감정 상태를 체험한다. 그러나 이런 기회는 인위적인 것으로, 그 다양성은 복잡한 고급문화의 최종적인 산물이라고 할 수 있다. 이때 일어나는 극단적인 감정들은 상호 지양되어, 전체적으로 볼 때, 청중의 감정 상태는 온건해진다. 다시 말해서, 청중 개개인 혼자로는 그것의 노예가 될 수밖에 없는 격정들이 부드럽게 완화되는 것이다.

군중의 주요한 감정 형태의 기원은 아주 먼 옛날까지 거슬러 올라간다. 이러한 감정 형태들은 아주 일찍부터 나타났다. 인간의 역사와 같을 정도이며, 그 중 두 종류는 오히려 더 유서가 깊다. 또한 이러한 감정들 모두가 동질적인 색채를 띠고 있다는 점이 두드러지게 나타난다. 즉, 이 감정들은 단일한 격정에 의해 지배된다. 그러나 일단 이것들을 올바르게 파악하고 나면 다시는 이것들을 혼동하는 실수를 범하지 않게 된다.

군중은 그들이 지니는 감정 내용에 따라 다섯 가지 형태로 구분될 수 있다. 그 중에서 가장 유서 깊은 형태는 추적 군중(Hetzmasse)과 도주 군중(Fluchtmasse)이다. 이 두 형태는 인간만이 아니라 동물에게서도 발견된다. 인간은 이 형태의 군중 형성에서 수시로 동물들의 실례를 참고했음이 거의 틀림없다. 이에 비해 금지 군중(Verbotsmasse)과 역전 군중(Umkehrungsmasse) 그리고 축제 군중(Festmasse)은 인간에게만 고유한 군중 형태이다. 이 다섯 가지 주요 형태에 관해서는 꼭 서술하지 않으면 안 되고, 그러한 해석을 통해 군중이 지니는 현저한 영향력을 인식할 수 있을 것이다.

추적 군중

추적 군중은 재빨리 달성할 수 있는 목표를 고려함으로써 형성된다. 그 목표는 군중에게 이미 알려져 있고, 뚜렷이 드러나 있을 뿐만 아니라 또한 가까이에 있다. 이 군중은 살생을 위해 출현한 군중이며, 그들이 죽이고자 하는 자가 누구인가를 이미 알고 있다. 이 군중은 확고한 결의를 가지고 목표를 향해 간다. 따라서 이 군중을 속인다는 것은 불가능하다. 목표를 공포하는 것, 즉 죽어야만 할 자가 누구인가를 널리 알리는 것만으로도 이 군중은 충분히 형성된다. 이러한 죽음에의 집중은 유례없이 특이하고도 강렬한 것이다. 누구나 이 군중에 가담하려 하며 누구나 한 대 치기 위해 조금이라도 제물에게 가까이 가려 한다. 자기 손으로 직접 못 칠 때는 남이 치는 거라도 보려고 한다. 마치 한 마리 동물의 무수한 팔들처럼 팔이란 팔은 모두 내민다. 그러나 실제로 제물을 친 팔들이 더 큰 가치와 비중을 지닌다. 목표가 가장 중요하며 목표란 바로 제물이다. 목표는 가장 밀도가 높은 점이다. 그곳에선 모든 참가자의 행동이 통일된다. 목표와 밀도가 한 곳에 집중된다.

추적 군중이 급속하게 성장하는 중요한 이유의 하나는 이러한 기도에 아무런 위험이 따르지 않기 때문이다. 목표물에 비해 군중이 엄청나게 우세하므로 위험 부담이 전혀 없는 것이다. 제물은 군중에게 아무런 해도 끼칠 수 없다. 그는 묶여 있거나 도망 중이므로 반격할 여지는 전혀 없다. 그는 무방비 상태의 꼼짝없는 희생물일 뿐이다. 그는 또한 군중의 파괴욕을 만족시키기 위한 숙명적인 대상물일 뿐이므로 그를 죽이면 제재가 따를지도 모른다는 두려움을 갖는 자는 아무도 없다. 살인이라는 범법에 대해 가해질 처벌이 두려워 자제했던 모든 살인 행위가 그를 상대로 유감없이 수행될 수 있도록, 그를 죽이는 행위가 아예 공식적으로 허용되는 것이다. 공동으로 참여하는 이 살인은 안전할 뿐만 아니라 허용, 아니 사실은 권장되고 있는 것이다. 그러므로 대부분의 사람들은 이 유혹을 뿌리칠 도리가 없다. 여기에 덧붙여 주목할 것은, 인간은 누구나 죽음의 위협을 느끼며, 죽음이 어떤 모습을 띠고 나타나든 간에 심지어 죽음이 망각되고 있을 때조차 인간은 죽음의 영향을 받는다는 사실이다. 그러므로 인간은 죽음을 타인에게 전가시키려는 필요성을 느낀다. 추적 군중의 형성은 이러한 필요성에 부응할 것이다.

그것은 너무나도 쉬운 일이며 모든 일이 아주 신속하게 일어나므로 추적 군중을 구성할 자들은 서두르지 않으면 안 된다. 추적 군중의 성급함, 의기양양함, 그리고 확신은 기분 나쁠 정도이다. 그것은 장님이 갑자기 볼 수 있다고 믿는 순간에 느끼는 흥분과 같다. 이 군중은 제물을 향해 전진하여, 그를 처형함으로써 군중 전원이 일거에 각자의 죽음을 영원히 벗어나려 한다. 그러나 실제로 생기는 결과는 예기했던 바와는 정반대이다. 살생을 하고 나면, 군중은 오히려 전보다도 죽음의 위협을 느낀다. 그리고 군중은 와해되어 흩어진다. 이것은 일종의 도주이다. 제물이 커다란 것이었을수록 군중이 느끼는 공포감도 커진다. 동일한 사건들이 빠르게 연속적으로 일어날 경우에만 군중은 와해되지 않고 함께 머물 수 있을 것이다.

추적 군중은 대단히 유서 깊은 군중이다. 그것은 인류가 알고 있는 가장 원시적인 활동 단위인 사냥 무리에서 유래한다. 무리(Meute)에 관해서는 장(章)을 달리하여 상술하겠지만, 그것은 우선 군중보다 규모가 작으며 기타 여러 면에서도 군중과 다르다. 여기서는 단지 추적 군중의 형성을 야기하는 몇 가지 일반적인 경우에 관해 고찰하고자 한다.

한 유목민의 무리 또는 민족이 한 개인을 사형시키는 경우 두 가지 형태가 특히 현저하게 나타난다. 그 첫번째 형태는 추방이다. 개인을 내쫓아 무방비 상태에서 야수에게 잡아먹히게 하거나 굶어죽게 만드는 것이다. 그가 속했던 군중은 그를 위해 아무 조치도 취할 수 없다. 피신처를 제공해서도 안 되고 음식을 주어도 안 된다. 그와 내통하는 것은 신성 모독이며 죄악이다. 극한적인 형태의 고립, 이것은 가장 엄중한 처벌이다. 집단으로부터의 격리는, 특히 원시 사회에서는 살아나기 힘든 징벌이다. 죄인을 적에게 넘겨주는 제도는 추방의 변형된 한 형태이다. 적과 싸워보지도 못하고 이 벌을 받는 자로서는 이 벌이 각별히 잔인하고도 모욕적이다. 그 자에게 이것은 이중의 죽음을 의미한다.

두번째 형태는 공동 살해다. 사형을 선고받은 자는 들판으로 끌려나가 돌팔매질을 당한다. 누구나가 그를 살해하는 데 한몫 낄 수 있다. 모든 사람들이 던진 돌에 맞아 죄인은 쓰러진다. 처형자가 따로 임명되는 게 아니고, 공동체 전체가 처형에 가담한다. 돌들은 공동체를 상징한다. 돌들은 공동체의 결의와 그 실천의 징표인 것이다. 돌로 쳐 죽이는 관습이 없는 곳에도 이런 공동 살해의 경향은 존속하고 있다. 화형이 공동 살해와 동일시된다. 불은 죄수의 죽음을 원하는 다중(多衆)을 상징한다. 희생자는 사방으로부터 화염의 공격을 받는다. 결국 이 화염은 그를 덮쳐서 죽여버린다. 지옥의 종교는 한술 더 뜬다. 여기서는 불에 의한 공동 살해에다(불은 일종의 군중 상징이다) 추방, 즉 지옥으로의 추방과 지옥의 원수들에게 넘겨준다는 생각까지 결부된다. 지옥의 불꽃은 땅 위까지 뻗쳐 올라와 벌받을 만한 이단자를 데려간다. 죄수의 몸에 화살을 박거나 일개 소대의 병사들이 사형수를 총살하는 데는 항상 공동체 전체의 대표자로서의 형 집행단이 있다. 아프리카 등지에서는 사람을 개미둑에다 매장하는데 여기서 개미들은 수많은 다중을 상징한다. 형사 처벌이 개미들에게 위임되는 것이다.

공개 처형은 어느 것이나 옛날의 공동 살해와 연루되어 있다. 진짜 집행인은 교수대 부근에 운집한 군중이다. 그 군중은 미리 대단한 구경거리인 줄 알고, 열정적인 흥분에 차서 멀리서 혹은 가까이서 모여들어 처음부터 끝까지 이 광경을 바라본다. 군중은 처형이 실시되기를 원하되, 처형될 자가 풀려나는 걸 바라지 않는다. 그리스도의 처형에 관한 기록은 사태의 본질에 적중하고 있다. "예수를 십자가에 달아라!"라는 외침은 군중으로부터 나온다. 군중은 참으로 능동적인 것이다. 다른 때였다면 군중은 온갖 짓거리를 다 해보고 그리스도를 돌로 쳐 죽였을지도 모른다. 보통 제한된 수의 사람들을 앞에 두고 개최되는 재판은 공개 처형 시에 참가할 다중을 대리하는 것이다. 사형 선고는, 그것이 법정에서 법의 이름으로 언도될 때는 추상적이고 비현실적으로 들리지만, 군중의 면전에서 공개리에 집행될 때는 구체성과 현실성을 갖게 된다. 법이란 본래 다중의 입장을 변호하는 것이며, 법의 공공적인 성격은 군중을 연상하게 만든다.

중세의 사형 집행은 위풍당당하게 그리고 가능한 한 천천히 실시되었다. 때로는 도리어 죽는 자가 구경꾼을 상대로 교훈적인 연설을 하기도 한다. 그는 그들에게 자기를 그 자리에 서게 한 그의 인생 편력을 장황하게 늘어놓으면서 자기를 타산지석으로 삼아 달라고 말한다. 군중은 그의 이야기에 기분이 우쭐해지고 자신의 과거를 그들과 더불어 비판하고 저주함으로써 다시 한 번 그들과 마찬가지로 선량하고 평등한 인간, 즉 군중의 일부가 되는 최후의 만족을 누린다. 성직자들이 최선을 다해 애쓴 결과, 죄인이나 이단자들은 죽음에 임박해서 참회를 한다. 이 참회는 소위 영혼의 구제라는 것 외에도 또 다른 의미를 갖는다. 이 참회로 말미암아 추적 군중이 장차 축제 군중으로 변할 것이라는 사실을 예감케 하는 것이다. 현장에 모인 모든 자들은 자신들의 선한 마음씨를 확인하게 되며 하늘나라의 보상이 자기들에게 주어질 것으로 믿어 의심치 않는다.

혁명적 시기에는 처형이 가속화된다. 파리의 처형관 상송(Samson)은 자기의 부하들이라면 "두(頭)당 1분"이면 족하다고 자랑한다. 그런 시기에 나타나는 광적인 흥분은 대개 수많은 처형이 신속하고 연속적으로 일어나기 때문이다. 형리가 죽은 자의 머리를 보여주는 것은 군중에게 매우 중요한 일이다. 방전의 순간은 오직 이때뿐이다. 그 머리의 임자가 누구였건, 이제 그는 격하되어 버렸다. 절단된 머리가 군중을 응시하는 그 짧은 순간, 그 머리는 다른 모든 사람의 머리와 조금도 다를 바 없다. 그것이 왕의 어깨 위에 달려 있던 것일 수도 있다. 그러나 모든 사람이 보는 앞에서 전광석화 같은 격하의 절차를 밟아 그것은 다른 사람들의 머리와 균등하게 되어버린다. 잘려진 머리를 응시하는 다른 수많은 머리들로 이루어진 군중은 그 잘려진 머리가 자기들을 마주 응시하는 그 순간에 평등감을 획득한다. 처형된 자의 종전 권력이 크면 클수록, 그 자를 군중과 격리시켰던 간격이 크면 클수록 방전의 흥분은 그만큼 더 강렬하다. 그 자가 왕, 또는 그에 유사한 권력을 가졌던 자라면 군중은 여기에 더해 위치가 역전되었다는 만족감까지 얻게 된다. 그토록 오랫동안 그만이 누렸던 피비린내 나는 처형의 권리가 이제는 반대로 자신에게 행사되는 것이다. 그가 죽였던 자들이 이제는 그를 죽이는 것이다. 이 역전(Umkehrung)의 의미는 아무리 중시해도 지나칠 수 없다. 오로지 역전 한 가지만으로 형성되는 군중이 있을 정도이다.

죽은 자의 머리를 군중에게 보여줌으로써 발생하는 효과는 방전에 국한되지 않는다. 군중은 엄청난 폭력으로 그를 군중의 일원으로 만든다. 말하자면 그는 그들 가운데로 떨어져서 그들보다 더 이상 높지 않게 되고 또 그들 모두가 서로 평등하게 만들어준다. 그러는 가운데 그들은 그의 모습에서 자신의 모습을 발견한다. 잘려진 머리는 하나의 위협인 것이다. 그들은 죽은 두 눈을 뚫어지게 쳐다본다. 그 머리가 군중의 수중에 떨어지자, 군중은 그의 죽음에 큰 충격을 받는다. 어떤 신비스런 질병에 걸리거나 겁에 질린 듯 군중은 와해되기 시작한다. 군중은 흩어져서 그로부터 일종의 도주를 행하는 것이다.

추적 군중은 일단 제물을 쟁취하고 나면 아주 급속히 와해된다. 위기에 처한 지배자는 이 점을 잘 알기 때문에, 군중의 성장을 방지하기 위해 제물을 군중에게 던진다. 정치적 처형은 대개 오로지 이런 목적만을 위해서 꾸며진다. 그러나 다른 한편, 급진파 정당의 지도자는 위험한 적의 공개 처형이 적대 정당보다는 오히려 자기 당의 몸을 더 깊게 찌르는 결과가 될 수도 있다는 사실을 제대로 이해하지 못하는 경우가 자주 있다. 그런 처형이 끝나면 급진파의 군중이 흩어지고 그 후 그런 군중을 다시 규합하려면 오랜 시일이 소요될 것이며, 어쩌면 다시는 모이지 않을지도 모른다. 이러한 사태의 급변에 관해서는 무리, 특히 애도 무리에 대해 언급할 때 더 많은 설명이 있을 것이다.

공동 살해에 대한 혐오감은 극히 최근에야 일어나기 시작했다. 그러나 아직도 이것이 근절되었다고는 할 수 없다. 오늘날에도 신문을 통해 만인이 공개처형에 참여하고 있다. 신문을 통해서 하는 참여는 여러 모로 과거보다 편리하다. 사람들은 조용히 집 안에 앉아서 접하는 수백 가지 상보(詳報) 중에서 가장 흥미로운 것을 골라 세밀하게 읽는다. 사람들은 모든 것이 끝난 후에야 박수를 친다. 죄의식은 전혀 느끼지 않는다. 사람들은 형의 선고에 대해서도, 그 처형을 보도한 기자에 대해서도, 그 기사를 게재한 신문에 대해서도 아무런 책임감을 느끼지 않는다. 그런데도 오늘날엔 처형에 관해 오히려 더 많은 것을 알 수 있다. 옛날에는 처형을 보기 위해 몇 시간씩 걸어와야 했고 제대로 보지 못하기 일쑤였다. 추적 군중은 오늘날 신문 독자라는 형태로 존속하고 있다. 그것은 더 온건하고, 또 현장으로부터의 거리 때문에 더 무책임해진 추적 군중이다. 가장 비열한 동시에 가장 안정된 군중이라 해도 좋을 것이다. 이 군중은 집합할 필요가 없으므로 와해의 두려움도 없다. 게다가 매일매일 신문에는 다양한 처형 기사가 실린다.

도주 군중

도주 군중은 위협을 느끼는 데서 생겨난다. 달아나는 자는 모두 여기에 속한다. 모든 자가 함께 도망한다. 모든 사람이 동일한 위험에 직면한다. 위험은 어떤 특정한 장소에 집중되며 무차별적으로 작용한다. 그 위험으로 인해 위협당하는 대상은 한 도시의 거주자들일 수도 있고, 특정 종교의 신도일 수도 있으며, 특정 언어를 사용하는 자들일 수도 있다.

사람들은 공동으로 도주한다. 그것이 가장 좋은 도주 방법이기 때문이다. 그들은 모두 같은 흥분을 느끼고 있으며, 어떤 한 사람의 에너지는 다른 사람의 에너지를 상승시켜 준다. 사람들은 서로서로 동일한 방향을 향해 밀어붙인다. 함께 달아나는 한, 그들은 위험이 분산된다고 느낀다. 위험이란 한 곳으로만 몰린다는 생각이 원시 시대부터 있었다. 적이 그들 중 하나를 붙잡으면 나머지 전원은 무사히 달아날 수 있다. 도주의 대열은 옆구리가 노출되어 있지만 길게 늘어서 있으므로 대열 전체가 동시에 공격당할 리는 없다. 그래서 아무도 자기가 희생물이 되리라고는 전혀 생각지 않는다. 모두 목숨을 건지겠다는 일념으로 달아나고 있는 와중에도 각자 자기만은 살아날 것이라고 믿어 의심치 않는다.

군중 도주에서 가장 특이한 점은 그 방향이 가지는 힘이다. 군중은 위험으로부터 벗어날 수 있는 방향으로 온통 쏠린다. 중요한 것은 안전이 확보되는 목표와 그 목표까지의 거리뿐이므로 사람들 사이의 간격은 문제시되지 않는다. 전에는 조금도 서로 가깝지 않았던, 낯설고 어느 모로나 상이한 개체들이 갑자기 일체화된다. 도주하는 가운데 그들 상호간의 차별이 없어지는 것은 아니지만, 그들 사이의 간격은 해소된다. 도주 군중은 모든 형태의 군중 중에서 가장 포괄적인 것이다. 이 군중은 모든 사람을 무조건 참가시키기 때문에 매우 잡다한 모습을 더욱 혼란스럽게 만든다. 그들 가운데는 어린애도 있고 노인도 있다. 강한 자도 있고 약한 자도 있으며, 약간의 짐을 짊어진 사람도 있다. 그러나 도주 군중의 잡다한 모습에 현혹될 필요가 없다. 그것은 우연적인 것이며, 그 방향의 힘에 견주어보면 전적으로 무의미한 것이다.

다른 사람들도 자기와 함께 달아나고 있다는 것을 알게 되면 도주 에너지는 더욱 증가한다. 그가 다른 사람들을 앞으로 밀치기는 하더라도 옆으로 밀어내지는 않는다. 그러나 그가 자기만을 생각하고 자기 주변의 타인들을 순전히 장애물로 여기기 시작하면 군중 도주의 성격은 완전히 뒤바뀌고 만다. 각자가 길을 가로막는 다른 모든 사람을 상대로 싸움을 벌이고 있다는 공포감이 생긴다. 도주의 방향이 자꾸만 방해를 받을 때 이런 변화는 아주 빈번하게 발생한다. 군중이 가는 방향이 봉쇄되면 군중은 쉽사리 새로운 방향으로 향한다. 그러나 이 새 방향이 또 봉쇄되면 군중은 그 방향을 어디로 돌려야 할지 혼란을 일으켜 방향의 불일치를 가져온다. 방금 전까지만 해도 그들을 일체화시키고 그들에게 도망의 날개를 달아주던 위험은, 이제는 개개인을 다른 개개인에 대한 적으로 만들어버린다. 모두가 자기 일신의 안전에만 급급해 한다.

공포감을 유발시키지 않는 군중 도주의 에너지는 군중의 단결에서 나온다. 군중이 흩어지거나 갈라지지 않고 하나의 줄기찬 흐름으로 남아 있는 한, 공포라는 것도 그럭저럭 견딜 만한 것이다. 군중이 일단 도주를 시작하면 모든 사람이 함께 움직이고 있다는 감격이 생겨난다. 모든 사람이 다 마찬가지로 위험하다. 그리고 각자 자신의 안전을 위해 사력을 다해 뛰거나 말을 달릴지라도 그는 온통 소란스러운 가운데서도 전체 속에서 자신의 자리를 고수해 나간다.

도주는 며칠, 혹은 몇 주일씩 계속되기도 한다. 그 사이 많은 사람들은 힘이 떨어지거나 적에게 피격되어 낙오를 한다. 쓰러진 자는 다른 사람들을 더욱 멀리 도망가게 하는 박차의 구실을 한다. 쓰러진 자를 덮쳤던 운명에서 그들은 일단 제외되는 것이다. 쓰러진 자는 위험 앞에 바쳐진 제물이다. 쓰러지기 전에 그는 어떤 한 사람에게만 동료로서 소중했을지 모르지만, 이제 쓰러지고 나면 그는 모든 사람들을 위해 중요한 역할을 수행한다. 지친 사람들이 그를 보고 새로운 힘을 얻는 것이다. 그는 다른 사람들보다 약했고 그래서 위험이 그를 노렸다. 그가 처해 있는 고립 상태를 잠시만 보고도 그들은 자신들의 단결이 얼마나 값진 것인가를 깊이 깨닫게 된다. 쓰러진 자가 도주 군중의 단결에 대해 갖는 중요성은 아무리 강조해도 지나치지 않는다.

도주는 목적지에 도달하면 자연적으로 종료된다. 도주 군중은 안전을 확보했으므로 다시금 와해된다. 그런데 위험은 그 근원에서부터 제거될 수도 있다. 만약 휴전이 선포되면 사람들이 도망쳐 나왔던 도시는 더 이상 위협받지 않게 된다. 그들은 모두 함께 도주했지만 돌아올 때는 따로따로 돌아온다. 그리고 모든 것이 예전처럼 분리된다. 그러나 제3의 가능성도 있다. 물이 모래 속으로 스며들 듯 서서히 소멸돼 가는 것이라고 말할 수 있는 그런 도주 말이다. 목적지는 너무 멀고 주변 환경은 적대적이다. 사람들은 굶주려서 기진맥진한 상태이다. 몇 명이 아니라 수백, 수천 명이 낙오한다. 이러한 체력의 붕괴는 아주 서서히 나타나며, 원초적인 운동력은 무한정 오래 지속된다. 목숨을 건질 가망이 전혀 없는데도 사람들은 여전히 앞으로 기어간다. 모든 형태의 군중 가운데서 도주 군중은 가장 끈질긴 것이다. 최후의 순간까지도 마지막으로 남은 몇 사람은 함께 모여 있다.

군중 도주의 예는 얼마든지 있다. 우리 시대에 들어와서도 그것은 마찬가지이다. 2차 세계대전 이전의 유명한 예라면 모스크바로부터 퇴각하는 나폴레옹의 '위대한 군대(Grande Armée)'를 들지 않을 수 없다. 나폴레옹의 원정군은 언어와 종족이 각기 다른 여러 병력들로 구성되어 있었고, 무시무시하게 추운 겨울에 엄청난 거리의 대부분을 맨발로 횡단해야 했다. 그러다보니 그들의 퇴각은 당연히 군중 도주가 되고 말았다. 이것은 잘 알려져 있는 예이다. 세계적인 대도시로부터 상당한 규모의 군중 도주가 일어난 것은 아마도 1940년 독일군이 파리로 진격했을 때가 처음일 것이다. 그 유명한 파리 시민의 대탈출은 곧 휴전이 성립됐기 때문에 그렇게 오래 지속되진 않았다. 그러나 그 범위와 열기가 너무나도 대단했었기 때문에 프랑스인들의 2차 대전에 관한 집단적 기억 가운데서 핵심 부분이 되고 있다.

여기서 구태여 최근의 예를 열거할 필요는 없다. 사람들의 뇌리에 아직도 생생하게 떠오를 터이기 때문이다. 그러나 군중 도주는 인류가 소규모로 군집을 이루고 살던 아득한 옛날부터 이미 존재했던 것이라는 사실을 지적하고 넘어가는 것은 충분히 가치 있는 일이다. 군중 도주는 실제로 그만한 수효의 사람들이 없었을 때조차도 상상 속에 존재하고 있었다. 앞서 인용한 바 있는 에스키모 무당의 환각이 기억날 것이다.

"천공은 벌거벗은 자들로 가득 차 있다. 이들은 바람을 타고 달려간다. 사람들, 벌거벗은 남자들과 벌거벗은 여자들이 공중을 달려가며 폭풍과 눈보라를 불러일으킨다. 저 으르렁거리는 소리가 들리는가? 하늘 높이 뜬 큰 새가 날개를 치는 것 같은 소리. 그것은 벌거벗은 사람들의 불안이다! 그것은 벌거벗은 사람들의 도주이다."

금지 군중

금지에 의해 생겨나는 특수한 종류의 군중이 있다. 수많은 사람들이 지금까지 개별적으로 해왔던 일을 더 이상 하지 않겠다고 집단적으로 거부한다. 금지는 갑작스러운 것이며, 군중이 스스로 부과하는 것이다. 이 금지는 망각 속으로 사라졌던 오래 된 금지일 수도 있고, 수시로 되살아나는 것일 수도 있다. 때로는 전혀 새로운 어떤 것일 수도 있다. 그러나 어떤 것이든, 이 금지는 엄청난 강제력을 가지고 작용한다. 이것은 절대적인 명령으로, 부정적인 성격이 결정적인 역할을 한다. 겉으로 보이는 것과는 달리 이것은 외부로부터 가해지는 것이 아니라, 이것을 따르게 되는 자의 내적 필요에 의해서 생겨나는 것이다. 금지가 선언됨과 동시에 군중이 형성되기 시작한다. 군중 속의 모든 사람들은 외부 세계가 기대하는 바를 행하기를 거부한다. 지금껏 마치 조금도 어려울 게 없으며 극히 당연한 일인 것처럼 아무 소란 없이 수행하던 일을, 그들은 갑자기 여하한 경우에도 이를 수행하기를 거부하는 것이다. 이 거부의 단호함은 그들의 결속력의 척도가 된다. 이 군중은 탄생과 동시에 그 금지가 가지는 부정성에 감염된다. 그리고 이 기본적 성질은 군중이 존재하는 한, 끝까지 존속하게 된다. 따라서 우리는 이 군중을 부정적 군중이라고까지 말할 수 있다. 이 군중은 저항에 의해 탄생한다. 금지는 넘을 수 없는 경계선이자 제방이다. 그들은 각자 상대방이 제방 안쪽에 남아 있는지 아닌지를 감시한다. 태만하고 금지를 어기는 자는 범법자로 지탄받는다.

우리 시대의 부정적 군중, 다시 말해 금지 군중의 가장 단적인 본보기는 동맹 파업이다. 대다수의 노동자들은 일정 시간 동안 규칙적으로 노동을 하는 데 익숙해져 있다. 그들의 업무는 사람에 따라 각기 다르다. 그러나 그들은 동일한 시각에 일을 시작하고 동일한 시각에 일을 마친다. 같은 시각에 일을 시작하고 또 마친다는 점에서 그들은 모두 평등하다. 또 그들 대부분은 손으로 노동을 하고 그 노동의 대가로 임금을 받는다는 점에서도 비슷하다. 그러나 그들의 임금은 그들이 맡은 직무에 따라 차이가 있다. 일반적으로 볼 때 노동자들간의 평등은 그다지 철저하지 못하며, 그런 정도의 평등으로는 군중이 형성되기에 미흡하다. 그러나 파업이 일어나면, 노동자들이 계속 일하기를 거부하는 가운데 그들을 결합시키는 평등이 확장된다. 이 거부는 한 인간을 온통 사로잡아 버려서 신경질적이고 저항적인 태도를 낳는다. 일손을 놓고 있는 순간은 위대한 순간이다. 노동자의 노래는 이 순간을 찬양한다. 파업이 시작될 때 노동자들은 여러 가지 것들로 인해 안도감을 얻게 된다. 그때까지 그들이 들어왔던 평등이란 그들 모두가 손으로 노동을 한다는 의미밖에 없는 허구적인 평등이지만 이제 그것이 별안간 현실적인 것으로 변한다. 그들이 일을 하고 있을 때는 그들은 서로 다른 일들을 했고, 이 모든 것은 지시에 의한 것이었다. 그러나 그들이 노동을 중지하면 그들은 모두가 같은 일을 하는 셈이 된다. 이때 그들 모두가 일시에 일손을 내리고는 가족들이 굶주려도 이에 개의

치 않고, 내렸던 손을 다시 올리지 않으려고 혼신의 힘을 기울이고 있는 것처럼 보인다. 노동의 중단이 노동자들을 평등하게 만들어준다. 이런 순간이 가져다주는 효과에 비하면 그들이 내건 요구 사항이란 별로 중요하지 않다. 파업의 목표가 가령 임금 인상이라고 하자. 그들은 이 점에 모두 일치된 의견을 가지고 있다. 그러나 이 일치만으로는 그들을 군중으로 형성시키기에 충분치 못하다.

일손을 놓는 행위는 다른 일손들에게로 전염되어 간다. 이들의 파업에 모든 노동자가 참가한다. 공감을 얻음으로써 확산되는 파업은 일손을 놓는다는 것을 생각지도 않았던 다른 노동자들마저 일상적인 업무에 종사하지 못하게끔 만든다. 파업의 본래 의미는 노동자들이 일손을 놓고 있는 동안에는 어느 누구도 일을 해선 안 된다는 데 있다. 그들의 이러한 의도가 성공적일수록 파업을 성공으로 이끌 가능성은 커지는 것이다.

실제로 파업을 수행하는 내부에서, 각자가 일을 하지 않겠다는 금지의 약속을 지키는 것은 매우 중요하다. 이를 위하여 군중의 내부에서부터 저절로 어떤 조직이 형성된다. 이 조직은 생명이 짧다는 걸 스스로 알고 있고, 또 엄격하게 지켜지는 몇 개의 법률만이 통용되는 그런 국가와 같은 기능을 갖고 있을 뿐이다. 행동이 시작된 그 장소의 입구를 공고문이 지키고 있다. 일터 그 자체는 이제 금지된 지역이다. 일터에 내려진 금령(禁令)은 일상적인 일터를 아주 특별한 권위를 지닌 장소로 변하게 한다. 사람들은 그곳을 공동의 재산으로 지켜야 할 책임을 지고 있다. 그곳은 있는 그대로 보존되고 중대한 의미를 가지게 된다. 텅 비고 고요한 일터는 이제 성스러운 곳이다. 그곳에 접근하는 사람은 누구나 어떤 속셈을 품고 있는지 검사받는다. 일을 하겠다는 속된 의도를 가지고 오는 자는 적이나 배신자로 취급된다.

조직은 금전과 식량이 공정하게 분배되도록 최선을 다한다. 그들이 가진 것은 최대한 오랫동안 버틸 수 있어야 하므로 각자가 평등하게 조금씩 받아야만 한다. 강자라 해서 더 많이 받아야 한다는 논법은 아예 있지도 않으며, 아무리 욕심쟁이일지라도 제 몫만으로 만족해야 한다. 통례적으로 각자의 몫이란 항상 적게 마련이다. 그러나 그 분배가 공개적으로 공정하게 이루어지므로 평등감을 느끼고 있는 군중은 이에 대해 자부심을 갖는다. 이러한 조직에는 엄숙하고도 존경스런 그 무엇이 있다. 군중의 야만성과 파괴욕에 대해 언급하더라도 그 군중 내부에서 자발적으로 생겨난 그러한 조직의 책임의식과 존엄성에 대해 생각하지 않을 수 없다. 금지 군중에 대한 관찰은 이 군중이 여타 군중에 비해 이처럼 전적으로 다른, 다시 말해 반대되는 성질을 가진다는 면에서 매우 중요하다. 이 군중은 본래의 성격을 지속하는 한 어떤 것의 파괴도 거부한다.

그러나 이와 같은 상태를 그대로 유지하기가 쉽지 않다. 사태가 악화되거나 궁핍이 참을 수 없을 지경에 이르게 되면, 특히 습격당하거나 포위당하게 되면, 이 부정적 군중은 적극적이고 공격적인 군중으로 변하는 경향이 있다. 파업자들은 손의 습관적인 활동을 갑자기 거부한 자들이기 때문에 얼마간 시간이 흐르고 나면 아무 일도 하지 않고 손을 내려놓고 있기가 무척 힘들어진다. 그들은 자기들의 일체성이 위협받는다고 생각하는 즉시 파괴로 기운다. 제일 먼저 자기들이 평소에 활동하던 영역에서 파괴가 일어난다. 여기에서 조직의 가장 중요한 임무가 시작된다. 그 임무란 금지 군중의 성질을 순수하게 유지하고, 적극성을 띤 개별 행동을 방지하는 것이다. 또한 이 조직은 군중의 형성을 야기했던 금지를 해제해야 할 시점에 당도했는지 여부를 알아내야 한다. 만약 이 조직의 통찰이 군중의 감정과 일치된다면 이 조직은 금지를 해제하고 스스로를 해체시켜야 한다.

역전 군중

"애야, 늑대는 늘 양떼를 잡아먹고 살았단다. 그런데 이제는 양떼가 늑대를 잡아먹을 차례인가 보다."[15] 프랑스혁명 중 줄리앙 부인이 아들에게 보낸 편지의 한 구절이다. 이 구절은 역전(逆轉)의 핵심을 잘 표현한다. 이제까지는 늑대가 양떼를 지배해왔다. 그러나 이제부터는 수많은 양들이 몇 마리 안 되는 늑대에게 대드는 시대가 될 것이다. 물론 양은 육식동물이 아니다. 앞의 구절은 이런 모순에도 불구하고 자못 깊은 의미를 갖는다. 혁명이란 역전의 전성기이다. 장기간에 걸쳐 무방비 상태에 있던 자들이 갑자기 이빨을 갖는다. 그들은 그들에게 결여된 영악한 술수들을 수적인 우세로 보충한다.

역전은 계급화된 사회를 전제로 한다. 한 계급이 다른 계급보다 더 많은 권리를 향유하는 그런 계급 구분이 한동안 계속되고, 이것이 일상생활 속에서도 감지되다가 상황을 역전시켜야 할 필요성이 대두한다. 내부적 사건의 결과로서, 아니면 정복에 의해 정복자가 토착민을 지배함으로써 상위의 집단이 하위의 집단에 명령을 내릴 권한을 갖게 되는 새로운 사회적 계층이 형성된다. 모든 명령은 이를 따라야 할 사람들에게 고통스런 가시를 꽂는다. 이 지독한 가시의 성질에 관해서는 뒤에 자세히 다루겠다. 상습적으로 명령을 받으며 살아온 자는 가시로 뒤덮여 있다. 그리고 이 가시를 뽑아버리고 싶은 강렬한 충동을 느낀다. 이들은 두 가지 방법으로 이 가시로부터 해방될 수 있다. 하나는 자기가 하달받은 명령을 남에게 전가하는 것이다. 그러나 이렇게 하기 위해서는 자기의 하위자가 있어야 하고, 이 하위자가 전가된 명령의 수행을 수락할 태세로 있어야 한다. 다른 하나는 상위자에게 그때까지 받은 수모를 몽땅 되돌려주는 것이다. 그러나 무력하고 의지할 데 없는 개인은 이런 행운을 얻을 기회가 거의 없다. 그러나 그런 자들끼리 모여 군중을 형성한다면 그들은 개인적으로는 불가능했던 일을 성취할 수 있다. 함께 함으로써 그들은 이제까지 그들에게 명령을 내려온 자들에게 대항할 수 있다. 혁명적 상황이란 이런 역전의 상황이라고 말할 수 있다. 그리고 명령이라는 가시로부터 집단적으로 해방하는 데서 방전이 일어나는 이 군중을 가리켜 역전 군중이라고 부를 수 있을 것이다.

프랑스혁명은 흔히 바스티유 감옥의 파괴와 더불어 시작되었다고 말한다. 그러나 실은 더 일찍 토끼의 대량 학살로 인해 시작되었다. 1789년 5

월 베르사유에서 삼부회가 소집됐다. 여기서 봉건적 특권의 철폐 문제가 검토되었는데 그 특권 중에는 귀족들의 수렵권도 포함돼 있었다. 6월 10일, 바스티유 감옥이 부서지기 한 달 전에, 삼부회의 대표로 참석 중이었던 카미유 드믈랭(Camille Desmoulins)은 그의 부친에게 이렇게 편지를 보냈다. "부르타뉴 사람들은 자신들이 낸 진정서의 몇몇 조항을 승인도 나기 전에 실천에 옮기고 있습니다. 그들은 비둘기와 사냥감을 죽이고 있습니다. 또 바로 이 지방에서 50명의 청년들이 토끼들을 모조리 없애버릴 준비를 하고 있습니다. 소문에 의하면 그들은 생제르맹 평원에서 산지기들이 보는 앞에서 사오천 마리의 사냥감을 죽였다고 합니다."[16] 감히 늑대를 공격하기에 앞서 양떼는 토끼를 먼저 공격해본다. 저보다 우세한 자를 겨냥한 역전을 일으키기에 앞서 사람들은 가장 열등한 사냥감을 상대해보는 것이다.

그러나 진짜 사건은 바스티유 사건의 날에 일어난다. 온 시내가 무기를 든다. 군중 봉기는 왕의 사법권을 상징하는 바스티유를 향했다. 바스티유는 파괴되고 정복되었다. 수감자들이 풀려나서 군중에 가담했다. 바스티유 수비를 책임지고 있었던 사령관과 그의 부하들은 처형되었다. 또한 도둑들도 가로등에다 목을 매달아 처형시켰다. 바스티유는 벽돌이 한장 한장 뜯겨져서 마침내 평지로 변해버렸다. 사형을 선고하고 사면을 내린다는 사법권의 두 가지 으뜸가는 권리가 시민들의 수중으로 넘어갔다. 이제 역전은 완결된 것이다.

이런 종류의 군중은 여러 가지 상황하에서 형성될 수 있다. 노예들이 주인에게 반란을 일으킬 때, 아니면 사병들이 장교에 대해, 또는 유색 인종들이 그들 가운데 거주해온 백인들에 대해 반란을 일으킬 때 이런 군중이 형성될 수 있다. 어떤 경우이건, 한 집단이 장기간에 걸쳐 다른 집단의 명령을 받아왔다는 공통점이 있다. 그리고 반란자들은 가시로부터 벗어나기 위해 행동하며, 이러한 행동이 가능하기까지에는 긴 시간이 필요한 법이다.

그렇지만 혁명의 표면적 활동의 대부분은 추적 군중의 그것으로 나타난다. 특정의 사람들이 사냥감인 양 추적당한다. 그러다가 잡히는 날이면 재판의 절차를 거치거나 아니면 아무런 재판도 없이 군중에 의해 죽음을 당한다. 그러나 이런 활동만으로는 혁명이 이루어지지 않는다. 재빨리 그들의 자연적 목표를 성취하는 추적 군중들이 혁명의 전체일 수는 없기 때문이다. 역전은 일단 시작되면 계속 번져간다. 모든 사람이 가시로 뒤덮여 있고, 모든 사람이 가시로부터 벗어날 수 있는 지위를 얻으려고 애쓴다. 역전 군중이란 사회 전체를 장악하는 사건의 한 과정이다. 처음엔 성공을 거두면서 시작했을지라도 그것은 서서히 그리고 힘겹게 목표를 향해 나아간다. 표면상으로는 추적 군중이 재빨리 달려가고 있지만, 내면적으로는 깊은 곳에서부터 역전이 서서히 밀려 올라오고 있는 것이다.

그러나 역전은 이보다도 훨씬 느리게 진행될 수도 있다. 역전은 천국에 가서나 약속돼 있을 수도 있다. "꼴찌가 첫째가 되고 첫째가 꼴찌가 될 것이다."(마태복음 20장 16절-역주) 차안과 피안 사이에 죽음이 놓여 있다. 인간은 저 세상에 가서 다시 살게 될 것이다. 현세에서 가장 가난하게 살면서도 나쁜 짓을 하지 않은 사람은 저 세상에 가서는 가장 높은 자리에 앉을 것이다. 그는 전혀 새로운 인간, 그것도 더 높은 지위를 가진 인간으로 삶을 계속할 것이다. 이런 식으로 믿는 자는 가시로부터의 해방을 약속받는다. 그렇지만 이 해방의 정확한 상황에 관해서는 아무 말도 없다. 그리고 훗날 저 세상에서 모든 사람이 함께 모이더라도 이 군중으로부터 또 역전이 발생할 것이라는 직접적인 언급은 없다.

이런 종류의 약속의 중심에 부활에 대한 생각이 있다. 복음서에 보면 그리스도에 의해 현세에서 부활한 사람들의 이야기들이 있다. 앵글로색슨계 국가에서는 소위 '부흥회'라는 게 성행하는데, 부흥회 연사들[17]은 죽음과 부활이 주는 효과를 최대한 이용한다. 그들은 부흥회에 모여든 죄 많은 사람들을 지옥에서의 무시무시한 고통[18]으로 협박하여 말할 수 없는 공포의 도가니로 몰아넣는다. 그들을 집어삼키려고 입을 벌리는 유황불이 이글거리는 늪이며, 그들을 그 무시무시한 나락으로 내던지려고 손을 내미는 전능하신 분의 손 따위를 상상하도록 만든다. 부흥회 연사들은 또한 잔인한 독설과 벽력같은 고함, 그리고 독기 어린 얼굴 표정으로 그들의 공포감을 더욱 고조시킨다. 그런 강사들의 설교를 듣기 위해 40~50마일 심지어는 100여 마일이나 떨어진 곳에서도 사람들이 모여들었다. 일가족이 며칠 간 먹고 잘 시설을 갖춘 마차를 타고 온 경우도 있었다. 1800년경 켄터키 주의 어느 지방은 이런 종류의 집회로 인해 열병과 같은 흥분에 휩싸인 적이 있었다. 그 당시 미국에는 이런 엄청난 수의 군중을 수용할 건물이 없었으므로 집회는 노천에서 열렸다. 1801년 8월 케인 리지(Cane Ridge)의 집회에 모인 군중의 수가 2만 명이었는데, 100년이 지난 다음에도 켄터키 주에서는 이 집회의 기억[19]이 생생하게 남아 있었다.

부흥회 연사들은 청중을 공포에 떨다 못해 마치 죽은 듯이 땅에 쓰러지도록 만들곤 했다. 사람들은 하느님의 명령에 겁을 먹고 도주해서 일종의 가사상태에서 도피처를 찾으려 했다. 사람들을 넘어뜨리는 것은 부흥회 연사들의 의도적이고 공공연한 계획이었다. 마치 전쟁터에서처럼 이쪽저쪽에서 한 열 전체가 모조리 땅바닥에 쓰러지기도 했다. 연사 자신들도 전쟁터라는 비유를 사용했다. 원하는 도덕적 역전을 실현하기 위해 강사들은 이 극단적이고도 궁극적인 공포의 조성이 반드시 필요하다고 보았던 것이다. '쓰러진 자'의 수는 설교의 성공 여부를 평가하는 척도가 되었다. 며칠간 계속된 집회의 증인이 정확히 기록한 바에 따르면, 그때 3,000명이 버틸 힘이 없이 쓰러졌는데, 이 수는 참석자 전체의 거의 6분의 1이었다. 또한 쓰러진 자들은 모두 부근의 강당으로 운반되었는데, 순식간에 강당 마루의 반이 그런 사람들로 꽉 찼다. 대부분은 몇 시간이고 말을 하거나 움직일 힘도 없이 조용하게 누워 있었다. 그들은 이따금 제정신이 들어서 깊은 신음소리나 찢어지는 고함소리를 내기도 하고 은총을 비는 열렬한 기도를 드리거나 함으로써 그들이 아직 살아있음을 알려주었다. 어떤 사람들은 발꿈치로 마루바닥을 두드렸고, 또 어떤 사람들은 단말마의 괴로움 속에서 울부짖으며 산 채로 잡혀온 물고기처럼 펄펄 뛰었다. 많은 사람들이 몇 시간이고 바닥 위를 뒹굴기도 했다. 갑자기 연단과 좌석을 뛰어넘어 "끝났다! 이젠 끝났다!"고 외치면서 숲 속으로 뛰어드는 사람들도 있었다.

쓰러진 자들은 제정신을 차리고 나면 전혀 다른 사람이 되었다. 그들은 몸을 일으켜 "구원을!" 하고 소리쳤다. 그들은 새로이 태어나서 선하고 깨끗한 삶을 시작할 수 있게 된 것이다. 이제 과거의 죄 많은 삶은 떨쳐버렸다. 그러나 이 회개는 죽음이 선행되어야만 확실한 것이 된다.

최종 목표는 같지만 이보다는 덜 극단적인 성질의 부흥회도 있었다. 모인 사람 전체가 갑자기 울음바다를 이루는 것이다. 많은 사람들이 참기 힘든 경련에 사로잡혔다. 너덧 명씩 모여 있는 다른 어떤 사람들은 개처럼 짖기 시작했다. 몇 년이 지나 흥분이 보다 온건한 형식을 취하게 되면 먼저 몇 사람이 시작해서 급기야 전원이 합창으로 '성스런 웃음', 즉 울음을 터뜨렸다.[20]

그런데 이런 모든 일은 군중 속에서 일어난 것이다. 부흥회보다 더 흥분에 차고 더 긴장된 형태의 군중을 우리는 알지 못한다.

이러한 부흥회가 의도하는 역전은 혁명이 의도하는 역전과는 다르다. 부흥회에서는 신의 명령에 대한 인간의 자세가 문제시된다. 인간은 신의 명령에 거역하는 행동을 해왔고 이제는 신의 벌이 두려워 공포를 가지게 되었다. 부흥회 연사가 온갖 수법으로 고조시켜놓은 이 공포는 인간을 일종의 실신 상태로까지 몰아넣는다. 그래서 인간은 마치 도주하는 짐승처럼 죽은 체해보지만 공포감이 워낙 크기 때문에 그는 정말로 의식을 잃고 만다. 의식을 회복하고 나면 그는 신의 명령과 금지에 충실하겠다고 맹세한다. 이로써 신이 직접 내릴 벌에 대한 극도의 공포감은 가라앉게 된다. 이것은 말하자면, 순치(馴致)의 과정이라 할 수 있다. 인간은 부흥회 연사에 의해 길들여져서 비로소 신의 충복이 되는 것이다.

그런데 혁명에서는 이와 정반대의 과정이 일어난다. 앞서 고찰한 바와 같이 혁명의 핵심은 어떤 지배에 대한 장기간의 복종으로 인해 잔뜩 짊어지게 된 가시로부터의 해방에 있다. 그러나 부흥회에서는 신의 명령에 대한 새로운 복종과 이 명령이 가져다줄 온갖 가시를 감수하겠다는 각오가 중요하다. 양자간의 공통점은 둘 다 역전 현상이라는 사실과, 이 역전이 일어나는 정신적 무대가 둘 다 군중이라는 사실뿐이다.

축제 군중

　다섯째 형식의 군중은 축제 군중[21]이다. 제한된 공간에는 먹을 것이 풍부하게 있고 근처에 있는 자는 누구나 여기에 한몫 낄 수 있다. 온갖 수확물이 무더기로 쌓여 있고, 돼지 수백 마리가 줄지어 누워 있다. 과일이 산더미처럼 쌓여 있고 맛좋은 음료가 거대한 그릇에 담겨 있어 누가 마셔주기를 기다리고 있다. 모두 모여들어 함께 먹어치워도 남을 만큼 많다. 이를 다 먹어치우기 위해 사람들은 자꾸만 모여든다. 사람들은 있는 대로 마구 먹어대지만 음식물은 끝이 없는 것처럼 보인다. 남자에게는 여자가 넘쳐흐르고, 여자에게는 남자가 넘쳐흐른다. 어느 누구로부터 혹은 그 무엇으로부터 위협을 받고 도주하는 따위의 일은 없다.

　축제가 열리는 동안에는 삶과 향락이 모두 보장되어 있다. 온갖 금지와 차별은 철폐되어 평소엔 전혀 없던 상호간의 접근도 허용되고 환영받는다. 개개인이 느끼는 분위기는 방전이 아니라 이완된 분위기다. 모든 사람이 함께 협동해서 도달해야 할 공동의 목표 같은 것은 없다. 축제 자체가 목표이며, 그들은 이미 그 목표에 도달한 것이다. 밀도는 매우 높지만, 평등은 대체로 방종과 향락의 평등이다. 사람들은 일정한 방향으로 함께 나아가지 않고 제멋대로 뒤섞여 있다. 누구나 한몫을 차지할 수 있는 산적한 물건들은 밀도의 아주 중요한 부분, 아니 그 핵심이라고 할 수 있다. 먼저 그것들이 거기에 쌓이고 그런 다음에 비로소 그 주위에 사람들이 모인다. 이 모든 물건들이 마련되기까지는 몇 년이 걸릴 수도 있다. 사람들은 짧은 풍요를 향유하기 위해 오랜 궁핍을 참아내야 할지도 모른다. 그들은 이런 순간을 위해 살고, 그 순간을 현실화시킨다. 그런 기회가 아니면 서로 대면조차 하지 않았을 사람들이, 정중하게 집단적으로 초대된다. 도착하는 사람들마다 열렬한 환영을 받으며, 이는 모든 이들의 기쁨을 한껏 고조시켜 준다.

　이러한 상태에서 사람들은 축제를 함께 즐김으로써 나중에도 수많은 축제들이 열릴 것이라는 느낌을 갖게 된다. 제의적인 춤들과 연극 공연들을 통해 예전에 있었던 똑같은 종류의 축제 경험이 되살아난다. 그 전통이 현재의 축제 속에 간직되어 있는 것이다. 사람들은 자신들이 환호하고 있는 이 모든 훌륭한 행사를 처음으로 만든 신화적 창시자들 또는 자기 조상들, 아니면 후대의 더 냉혹한 사회에서 그러는 것처럼, 단순히 부유한 기부가들을 떠올릴 수도 있을 것이다. 축제에 참석한 사람들이 누구를 떠올리든지 간에 그들은 이와 비슷한 축제가 미래에도 틀림없이 계속 반복되리라고 확신한다. 축제는 축제를 부르며, 사물들과 사람들의 밀도에 의해 축제의 생명력이 커진다.

이중 군중 : 남과 여, 산 자와 죽은 자

군중이 자신을 존속시킬 수 있는 가장 확실한, 그리고 때로는 유일한 가능성은 그와 관련된 제2의 군중이 존재하는 데 있다. 두 군중이 운동 경기의 경쟁자로서 힘을 겨루건, 아니면 서로 심각한 위협을 주고받건 간에, 제2의 군중을 목격하는 것, 혹은 단지 그 강한 이미지를 떠올리는 것만으로도 제1의 군중의 와해가 저지된다. 한쪽 편에 사람들이 빼빽하게 서 있고 그들의 눈은 모두 상대편에 서 있는 사람들의 눈을 마주본다. 그들의 팔이 공동의 율동에 따라 움직이고 있는 동안 그들의 귀는 상대편에서 들려올 외침에 온 신경을 쓴다.

사람들은 자기편 사람들과 육체적으로 서로 가까이 있게 됨으로써, 그들과 하나의 친근하고 자연스런 단위를 이룬 가운데 행동하게 된다. 한편, 모든 호기심과 기대 또는 모든 공포는 명백한 간격을 두고 떨어져 있는 제2의 집단에게로 향한다. 제2의 집단을 보면 사람들은 거기에 사로잡혀 버린다. 설사 보지 못하더라도 들을 수는 있다. 사람들의 모든 행동은 이 제2의 집단이 어떻게 행동하고 무엇을 의도하는가에 달려 있다. 양편의 대치 상태가 양편의 내부에 영향을 미친다. 비상한 주의력을 요하는 이 대결로 인해 두 집단의 내부는 특별한 방식으로 집중된다. 상대편이 뿔뿔이 흩어지지 않는 한, 다른 한쪽의 사람들은 함께 모여 있어야 한다. 두 집단 간의 긴장은 양편의 사람들 모두에게 압박으로 작용한다. 만일 운동 경기장에서 긴장이 발생한 경우, 그 압박감은 일종의 수치감 같은 것으로 표출되기도 한다. 사람들은 상대방의 면전에서 자기편이 굴욕을 당하는 것을 회피하려고 온갖 노력을 경주한다. 그러나 적의 위협에 목숨이 위태로울 때, 이 압박감은 단호하고 일치단결된 방어의 갑옷으로 바뀐다.

그러나 어떤 경우든, 양쪽의 크기나 강도가 거의 비슷하다면, 두 군중은 서로를 생존하게 한다. 군중이 유지되려면 너무 우세한 적이 없어야 하며 설령 있다고 하더라도 그 적이 지나치게 우세한 것으로 간주되어서는 안 된다. 맞설 수가 없다는 열패감(劣敗感)이 일단 들고나면 사람들은 군중 도주로써 목숨을 건지려 한다. 이것마저 가망이 없다면 군중은 공황 속에서 와해되어 각자 뿔뿔이 도망쳐버린다. 그러나 이것이 우리의 관심사는 아니다. 복수(復數) 군중 체계—그 이름이야 어떻게 명명하든 상관없다—의 형성에서 중요한 것은 양쪽 군중이 서로 엇비슷한 힘을 가지고 있다고 느껴야 한다는 점이다.

이 체계의 기원을 이해하려면 우리는 세 가지 기본적인 대립 관계로부터 출발해야 한다. 이 세 가지는 인간이 존재하는 곳이면 어디에나 있으며 우리가 아는 모든 사회 안에 널리 알려져 있는 것이다. 첫째로 가장 두드러진 것이 남과 여의 대립이고, 둘째는 산 자와 죽은 자의 대립이다. 셋째는 친구와 적의 대립인데, 이것은 오늘날 사람들이 서로 대치하고 있는 두 군중을 이야기할 때, 항상 마음속에 떠올리는 것이다. 우선 남녀의 대립 관계를 보면 이것은 특정 군중의 형성과 뚜렷한 관련성이 없어 보인다. 남자와 여자는 가족을 이루어 함께 살고 있다. 각자 다른 활동을 하고는 있지만 서로가 분리되어 긴장된 집단으로 대한다고 생각하기는 곤란하다. 이 대립 관계가 가지는 의미를 제대로 파악하기 위해서는, 옛날 원시 시대의 생활 상태에 대한 보고서를 검토할 필요가 있다.

프랑스의 젊은 위그노 교도였던 장 드 레리(Jean de Léry)는 1557년 브라질에 있는 투피남부(Tupinambu)족의 큰 축제를 목격했다.[22]

"우리는 여자들이 있던 집에 머물도록 명령받았다. 우리는 그들이 무슨 짓을 하려는지 도무지 알 수 없었다. 그때 갑자기 남자들이 있던 집에서 나지막한 소리가 들려왔다. 그곳은 우리와 여자들이 있던 곳에서 30보도 안 떨어진 곳이었다. 그 소리는 마치 중얼거리는 기도 소리 같았다.

약 200명이던 여자들은 이 소리를 듣자마자 펄쩍 뛰며 자신들의 귀를 쫑긋 세우고는 서로 밀착하여 한 덩어리가 되었다. 조금 후 남자들의 목소리는 더욱 높아졌다. 우리는 확실하게 들을 수 있었다. 그들은 모두가 합창을 하고는 흥을 돋구기 위해 '헤, 헤, 헤, 헤!' 라는 고함소리를 끝없이 되풀이하고 있었다. 여자들도 '헤, 헤, 헤, 헤!' 하며 똑같은 소리로 그들에게 대답하는 것을 보고 우리는 깜짝 놀랐다. 거의 15분 이상을 그토록 울부짖으며 외치는 통에 우리는 어찌할 바를 몰랐다.

울부짖는 동안 그녀들은 격렬하게 공중으로 뛰어오르곤 하였으며, 젖가슴은 털썩거렸고, 입에는 거품이 흘렀다. 어떤 여자들은 의식을 잃고 마치 간질병에 걸린 사람처럼 바닥에 쓰러졌다. 내가 보기엔 마귀가 여자들의 몸 속에 들어가 그녀들을 미치게 한 것만 같았다.

다른 방에 격리되어 있던 아이들이 소동을 벌이는 소리까지 아주 가까이서 들려왔다. 반년이 넘도록 토인들과 함께 살았고, 그들과 잘 어울릴 수 있었던 나였지만, 솔직히 말해 그때 나는 공포에 질려 있었다. 나는 사태가 어떻게 될 것인가를 자문해보았다. 속히 요새로 되돌아가고 싶은 심정뿐이었다."

드디어 마녀의 안식일이 끝나고 여자와 아이들이 잠잠해지자 남자들은 멋지게 합창을 했다. 장 드 레리는 그 멋진 노래 소리에 매료된 나머지 그냥 있을 수 없었다. 여자들은, 자기들은 남자들에게 가담할 수 없다는 걸 익히 알고 있었으므로, 그를 애써 만류하였다. 그러나 그는 남자들이 있는 곳에 잠입할 수 있었다. 별 다른 일 없이 그는 다른 두 명의 프랑스인과 함께 축제에 참석했다.

여기서 보면 남자와 여자는, 각각 다른 가옥 안에 엄격하게 격리되어 있다. 그들은 서로 볼 수 없지만 바로 이 때문에 그들은 상대방 집단의 소리를 들으려고 더욱 신경을 쓰게 된다. 그들은 상대방과 동일한 소리를 지름으로써 자신들의 흥분을 양쪽에 공통인 군중 흥분의 상태로 상승시킨다. 본격적인 사건은 남자들 속에서 일어나지만 여자들도 함께 군중으로 촉발된다. 여자들이 남자들의 집에서 들려오는 소리를 듣고 한 덩어리로 밀착되어 남자들의 난폭한 소리에 대해 더욱 난폭한 소리로 응답하는 것은 주목할 만한 가치가 있다. 이 여자들은 절대로 바깥으로 나갈 수 없도록 갇혀 있기 때문에, 그리고 또 남자들에게 무슨 일이 벌어지는지 모르기 때문에, 완전히 공포에 질려 있다. 이 여자들의 흥분은 특이한 색채를 띠고 있다. 이들은 밖으로 튀어나갈 듯이 펄쩍펄쩍 뛴다. 이러한 신경질적 모습은 군중 도주가 방해를 받을 때 나타나는 것이다. 남자들에게로 도주하는 것은 여자들의 자연적인 본능이다. 그러나 여기엔 엄중한 금지가 있기 때문에 여자들은, 말하자면 갇혀 있는 바로 그 장소에서 도주를 감행하는 것이다.

드 레리 자신의 느낌도 주목할 가치가 있다. 그도 여자들의 흥분을 함께 느끼지만, 그는 여자들의 군중에 속할 수 없다. 이방인인 데다가 남자이기 때문이다. 여자들 가운데 있으면서도 여자들과는 구분되는 그로서는, 당연히 자기가 그 군중의 제물이 될지도 모른다는 두려움을 느낀다.

이 보고서의 다른 부분을 보면 여자들이 제멋대로의 방식으로 참여하는 것이 허용되지 않는다는 사실을 알 수 있다. 이 부족의 마술사들(드 레리는 그 부족의 마술사를 Caraib라고 불렀다)은 여자들이 집을 떠나는 걸 엄격하게 금지한다. 그러나 그들은 여자들에게 남자들의 노래 소리를 경청하라고 명령을 내린다.

비록 서로 아주 멀리 떨어져 있더라도 여자들의 집단은 남자들의 집단에 대해 중요한 영향을 미친다. 여자들도 때때로 원정(遠征)의 성공을 위해 어떤 기여를 해야 한다. 아시아, 아메리카, 아프리카에서 세 개의 예를 인용해 보겠다. 여기 나오는 세 부족은 상호간에 아무런 접촉이 없었으며 서로 영향을 주고받은 일도 없었다.

힌두쿠시에 사는 카피르(Kafir)족의 여자들은 남자들이 원정을 가고 없는 동안 마을에 남아 전투 무용을 한다. 여자들은 이런 식으로 전사들에게

힘과 용기를 불어넣고 경각심을 일깨워 그 전사들이 교활한 적으로부터 기습을 당하지 않도록 해준다.[23]

남아메리카의 지바로(Jivaro)족의 경우에는 남자들이 전쟁터에 나가 있는 동안 여자들은 매일 밤 한 집에 모여 달팽이 껍질로 만든 방울을 몸에 달고 악귀를 쫓는 춤을 춘다고 한다. 이 춤은 그녀들의 아버지나 남편 혹은 아들들을 적의 창이나 탄알로부터 보호하며, 적을 짐짓 안심시켜서 위험에 빠져 있는 것을 깨닫지 못하게 만든다. 그리고 쓰러진 적이 반격을 가해오지 못하도록 만든다.[24]

미라리(Mirary)는 옛날 마다가스카르 섬에서 여자들이 전투 시에만 출 수 있었던 춤의 이름이다. 전투가 임박하면 사자(使者)가 여자들에게 이 사실을 알렸다. 그러면 여자들은 머리채를 풀어 내리고 이 춤을 추기 시작했다. 이런 식으로 여자들은 남자들과 연결되었다. 1914년, 독일군이 파리로 진격할 때 타나나리바(Tananariva)의 여자들은 프랑스 군인들을 보호하기 위해 미라리를 추었다. 그 여자들은 그 먼 거리에서도 이 춤이 효과가 있었다고 여겼다.[25]

남자와 여자가 별개의 그룹으로 나뉘어져 있되 서로 마주 볼 수 있고 또 서로 다가갈 수도 있는 가운데 춤을 추는 축제는 세계 어디에서나 발견된다. 이런 축제는 널리 알려져 있으므로 상론할 필요가 없다. 나는 의도적으로 남녀의 분리와 그 간격, 그리고 흥분의 도가 유별나게 극단적인 몇몇 경우만을 예로 들었다. 이런 경우에 깊은 뿌리를 박고 있는 이중 군중이 언급될 수 있다. 여기에서는 두 군중이 서로 매우 호의적이다. 한 쪽의 흥분은 다른 쪽의 안녕과 번영을 촉진한다. 그리고 남자와 여자는 같은 종족에 속해 있으며 상호의존적이다. 아마존족의 전설에서는(이런 전설은 고대 그리스에만 나타나는 것이 아니라 남아메리카 토착민의 전설 속에도 나타나곤 한다) 반대로 여자들이 영영 남자들로부터 분리되어, 마치 적대적인 종족을 대하듯, 남자들을 상대로 전쟁을 벌이기도 한다.

이중 군중의 피치 못할 위험스런 핵심이 가장 격렬하게 표현된 현상인 전쟁에 대하여 분석을 시작하기 전에, 산 자와 죽은 자 사이의 유구한 대립 관계를 간략하게 검토해보는 게 바람직하다고 생각한다.

죽은 자 또는 죽어가는 자의 모습을 보면 우리는 항상 그가 죽어서 속하게 될, 저승에 살고 있는 막대한 수의 귀신들의 집단을 머리 속에 떠올린다. 살아있는 자들의 편에서는 자기편 사람을 쉽사리 죽음에 내어주려 하지 않는다. 한 사람의 죽음은 살아있는 자들을 약화시킨다. 만약 한창 때의 남자의 죽음이라면 살아있는 자들에겐 특히 고통스러운 일이 된다. 살아있는 자들은 최대한 저항해본다. 그러나 그들은 그 저항이 별 소용이 없다는 걸 알고 있다. 저승의 군중이 그들보다 훨씬 크고 강하다. 그 남자는 결국 저승 쪽으로 넘어가고 만다. 이를 막기 위해 어떤 시도를 하건 사람들은 저승의 군중이 우월하다는 것을 충분히 깨닫고 있다. 저들을 자극하는 일은 무조건 피해야 한다. 저들은 살아있는 자를 해칠 권능을 가지고 있다. 어떤 종족들은 죽은 자의 군중이란 그 속에서 새로 태어난 자의 영혼이 나오는 일종의 저수지라고 믿는다. 그래서 여자의 임신 여부도 그 군중에게 달렸다고 한다. 이 귀신들은 구름의 모습으로 와서 비를 내리게 한다. 이들은 사람들이 먹고사는 동식물을 지탱시켜 주기도 하고, 또 살아있는 자 중에서 새로운 제물을 잡아들이기도 한다. 살아있는 자들의 거센 저항 끝에 결국은 저승으로 넘겨진 죽은 자는 이제 저승에 있는 저 막강한 군중의 일원으로 흠향을 받는다.

결국, 죽음이란 일종의 전투, 힘이 대등하지 않은 두 군중 간의 전투이다. 찢어질 듯한 절규, 슬픔과 절망 속의 몸부림으로 인한 자해 행위, 이런 것들은 아마 이 전투의 외적 표현일 것이다. 죽은 자는 산 자들이 자기를 가볍게 포기했다고 생각해서는 안 된다. 살아있는 자들이 그를 위해 전투를 했으나 역부족으로 졌다고 생각해야 한다.

이 전투는 특이한 전투이다. 아무리 용감하게 싸워도 항상 질 수밖에 없는 전투다. 살아있는 자는 애초부터 도주하고 있었다. 그들이 적과 싸우는 체하는 것은 뒷전에서 슬그머니 달아나려는 희망에서이다. 또한 이 전투는 머잖아 적의 일원이 될 죽어가는 자에 대한 일종의 아첨이기도 하다. 그들은 저승에 간 죽은 자가 그들을 호의적으로 여기기를, 아니면 적어도 너무 나쁘게 생각하지는 않기를 바란다. 만약 그가 화가 난 상태에서 저승에 갔다면 그는 저승의 죽은 자들을 선동해서 새로운 제물을 잡아오도록 할지도 모르기 때문이다.

산 자와 죽은 자 간의 전투의 요체는 간헐적이라는 데 있다. 아무도 이 전투가 언제 또 일어날 것인지 알 수 없다. 어둠 속에서 불시에 타격이 가해지기 때문이다. 선전포고도 없다. 단 한 사람의 죽음이 있은 후 아무 일이 없을 수도 있고, 괴질이나 전염병이 만연할 때처럼 상황이 장기간 계속될 수도 있다. 살아있는 자는 언제나 후퇴만 하며, 이 후퇴는 완전히 끝나는 법이 없다. 나는 살아있는 자와 죽은 자 간의 관계에 관해서 나중에 다시 언급하겠다. 여기서는 다만 양자가 이중 군중을 형성해서 끊임없이 상호작용하고 있다는 점만을 지적하겠다.

이중 군중의 세번째 형태는 전시에 형성되는 것이다. 이 형태는 오늘날 우리의 관심을 가장 많이 끄는 것이기도 하다. 20세기를 경험한 사람이라면 이 군중들을 파악하고 해소하는 데 지대한 관심이 있을 줄 믿는다.

이중 군중 : 전쟁

전쟁에서는 죽이는 것이 중요한 일이다. 이를테면 '적군의 대열을 성기게 만드는 것이다.' 죽여도 무더기로 죽여야 한다. 가능한 한 많은 수의 적이 쓰러져서 살아있는 적들의 위협적인 군중이 시체더미로 변해야 한다. 적군을 더 많이 죽이는 편이 이긴다. 전쟁에서 대치하는 적이란 바로 이웃에서 성장하고 있는 군중이다. 이웃의 증가는 그 자체가 두려운 것이다. 이웃의 성장 속에 함축된 위협만으로도 공격적인 군중이 형성되어 전쟁이 일어난다. 전쟁을 수행할 때 양편은 서로 수적인 우위를 차지하려 든다. 그리고 적의 수가 증가되기 전에 적의 약점을 찾아내어 십분 이용하려 든다. 하나하나의 세부적인 전투 상황만 보더라도 우리는 양편이 모두 자기편은 더 많이 살아있는 자들의 군중이고 상대편은 더 많은 시체더미이기를 바라는 전쟁 전체의 성격을 정확하게 파악할 수 있다. 증가하는 군중 쌍방 간의 이러한 대립적 경쟁 관계, 이것은 전쟁의 본질적인, 어쩌면 가장 심각한 원인이다. 전쟁에서는 적을 죽이는 대신 노예로 삼을 수도 있다. 특히 여자와 아이는 자기편 종족의 군중을 증가시킨다. 그러나 전쟁은 그 일차적 목표가 적의 시체더미에 있을 때에만 진정한 의미의 전쟁이다.

고대어를 보나 현대어를 보나 전쟁에 관한 사건을 묘사해놓은 글귀들은 모두 위와 같은 점을 정확하게 표현한다. 학살, 도륙, 궤멸이라든가, 강물이 선혈로 물들었다든가, 최후의 한 놈까지 베어버렸다든가, 사지를 찢어 죽였다든가 따위가 그것이다. 여기에는 결코 관용이 있을 수 없다.

그런데 죽은 자의 시체더미는 하나의 단위로 느껴지며 이에 해당하는 특수한 단어까지 있다는 사실은 중요하다. 싸움터라는 뜻의 독일어 'Walstatt'라는 단어의 어근 'wal'은 '싸움터에 버려진 자'라는 뜻이다. 고대 북방 게르만어의 'valr'는 '싸움터의 시체들'을 의미한다. 따라서 'Valhall'은 바로 '죽어 쓰러진 전사들의 거처'란 뜻이 된다. 'wuol'은 '패배'란 뜻인데 고대 남부 독일어 'wal'에서 모음 전이를 일으킨 단어이다. 이에 대응하는 영어 'wol'은 '흑사병, 괴질'을 뜻한다. 싸움터에 버려진 자를 뜻하든, 패배를 뜻하든, 흑사병이나 괴질을 뜻하든, 이 모든 단어들은 공통적으로 죽은 자들로 이루어진 하나의 더미라는 표상을 함축하고 있다.

이런 표상은 게르만족에게 국한된 것이 아니라 세계 어디에서나 발견된다. 예언자 예레미야는 환각 속에서 온 세상이 썩어가는 시체의 들판으로 변한 것을 보았다. "그날에 나 여호와에게 살육을 당한 자가 땅 이 끝에서 땅 저 끝에 미칠 것이나 그들이 슬퍼함을 받지 못하며 염습함을 입지 못하여 매장함을 얻지 못하고 지면에서 분토가 되리로다."[26]

예언자 마호메트도 죽은 적군의 시체더미로부터 얼마나 강한 느낌을 받았던지 일종의 승전 축하 설교를 하는 가운데 그것에 대해 말하기도 했다. 메카의 적에 대해 처음으로 큰 승리를 거두었던 베들(Bedr) 전투가 끝난 다음, "마호메트는 살육된 적군을 구덩이에 던지라고 지시했다. 그런데 그

중 하나만은 흙과 돌로 덮어놓았다. 그 시체는 워낙 부풀어 있어서 갑옷을 벗겨낼 수 없었기 때문이다. 그래서 이 시체만이 쓰러진 자리에 그대로 방치되었다. 나머지 시체들을 모조리 구덩이에 던져버리고 나자 마호메트는 일어서서 말했다. '오, 구덩이 속의 인간들아! 신의 약속이 참됨을 알겠느냐? 나는 알라신이 내게 약속하신 대로 된 것을 깨달았느니라.' 그를 따르는 자들이 물었다. '신이 보내신 이여, 저들은 시체에 불과하나이다!' 마호메트가 대답했다. '하지만, 저들은 알라 신의 약속이 실현되었음을 알고 있느니라.'"[27]

이렇게 마호메트는 일찍이 자신의 말을 듣지 않으려 했던 자들을 집합시켰다. 그들은 구덩이 속에 감금되어 모두 빽빽하게 모여 있는 것이다. 나는 적의 시체더미가 지니는 잔여 생명과 그 군중적 성격에 관하여 이보다 더 절실한 예를 찾을 수 없다. 그들은 더 이상 아무도 위협할 수 없지만, 위협을 당할 수는 있다. 그들에게 대해서는 무슨 짓이든 안심하고 행할 수 있다. 그들이 실제로 느끼든 말든, 승자는 그들이 일단 느낀다고 간주하고 행동함으로써 그의 승리감을 더욱 높인다. 그들은 구덩이 속에 워낙 빽빽하게 들어차 있어서 그 안의 누구도 움직일 수 없다. 그들 중 누군가가 되살아난다면 그는 자기 둘레가 온통 죽은 자들뿐임을 발견할 것이다. 그래서 그는 그의 동족들에 의해 다시 질식당하고야 말 것이다. 그가 되돌아온 세계는 생시에 가장 친근했던 사람들의 시체로 뒤덮인 세계인 것이다.

고대인들 가운데서 이집트인들은 실제로 호전적인 민족은 아니었다. 그들의 구(舊)왕조는 원정보다는 피라미드 건설에 국력을 소모했다. 그러나 이 시대에도 이따금 전쟁은 있었다. 페피(Pepy) 왕에 의해 베두인족 정벌의 총사령관으로 임명받았던, 고등재판관 우네(Une)는 다음과 같은 전쟁 기록을 남겼다. 그의 무덤에 새겨진 그 기록은 아래와 같다.

무운(武運)이 승(勝)하였도다. 우리 군대, 베두인의 땅을 난도질했도다.
무운이 승하였도다. 우리 군대, 베두인의 땅을 파괴하였도다.

무운이 승하였도다. 우리 군대, 그 탑을 무너뜨렸도다.
무운이 승하였도다. 우리 군대, 그 무화과나무와 포도나무를 베었도다.
무운이 승하였도다. 우리 군대, 그 마을에 불을 질렀도다.
무운이 승하였도다. 우리 군대, 그 군대를 학살하였도다, 수만 명을.
무운이 승하였도다. 우리 군대, 그 포로를 잡아왔도다, 커다란 무리를.[28]

이 강력한 파괴자의 이미지는 적군 수만 명을 학살했다고 하는 대목에서 그 절정에 이른다. 신 왕조 시대에 들어와서 이집트인들은, 오래 계속되진 않았지만, 침략 정책을 계획적으로 실시했다. 람세스 2세는 히타이트족과 지루한 전쟁을 치렀다. 그를 찬양하는 송가는 이러하다.

"그분은 히타이트의 땅을 짓밟으시고, 한번 노여움을 사면 페스트를 불러일으키는 세크메트(Sechmet)와 같이, 그 땅을 시체의 산으로 만드신다."[29] 일찍이 신화에는 사자 머리를 한 여신 세크메트가 반란자들을 도륙한 이야기가 있었다. 그녀는 전쟁 및 학살의 여신이다. 이 송가의 시인은 히타이트족의 시체더미를 페스트로 죽은 시체더미와 연결시켰는데, 이런 비유는 우리들에게도 새로운 것은 아니다.

람세스 2세는 그의 유명한 카데슈(Kadesch) 전투 보고서에서 어떻게 해서 자신이 부하들로부터 떨어져 나가, 또 어떻게 초인적인 힘과 용기를 발휘하여 히타이트족과의 전투를 승리로 이끌었는지 적어놓고 있다. 그의 기록에 따르면 그의 부하들은 다음의 사실을 인정했다. "내가 그 속을 꿰뚫고 지나간 사람들은 모조리 살육되어 피를 흘리며 뻗어 있었다. 히타이트의 뛰어난 전사들이나 그 왕족의 자식과 형제들도 예외는 아니었다. 나는 카데슈 들판을 온통 흰빛으로 만들어버렸다. 시체가 얼마나 많았던지 발디딜 틈도 없었다."[30] 들판의 색이 변한 것은 수많은 시체들이 흰옷을 입고 있었기 때문이다. 전투의 결과에 대한 참으로 무시무시하고도 선명한 묘사다.

그러나 이러한 전투 결과는 오직 군인들만이 볼 수 있는 것이다. 전투가 아주 먼 곳에서 벌어질 경우 본국의 국민들도 적의 시체더미를 보고 싶어

할지 모른다. 그들의 소원을 만족시킬 수 있는 방법이 있다. 람세스 2세의 아들 메렌프타(Merenptah)는 리비아인들과의 전투에서 대승을 거두었다. 왕족과 그들의 보석을 포함해서 적진이 모두 이집트인의 수중에 떨어졌다. 이집트인은 먼저 약탈을 한 후 불을 질렀다. 전리품 중에는 9,376명의 포로가 포함돼 있었지만 이것만으론 부족했다. 본국의 국민들에게 죽인 자의 수효를 과시하기 위하여 전사자의 성기를 잘랐다. 할례 받은 자인 경우엔 대신 손목을 잘랐다. 이 모든 전리품은 노새에 실려 본국으로 운반되었다.[31] 람세스 3세도 리비아인과 싸웠는데 이번에는 전리품이 1만 2,535점이 넘었다[32]. 이 무시무시한 짐들은, 필시 수송하기 좋게 그리고 모든 사람들이 볼 수 있게 만들어진, 시체 더미의 축소판이었을 것이다. 전사자는 누구나 자신의 신체의 일부분을 이 축소판 시체더미에 보탰을 것이다. 여기서 중요한 것은 그 축소판이 전리품 전체와 동일시된다는 점이다.

다른 민족들은 머리를 특히 좋아했다. 아시리아인들은 적군의 머리를 베어오면 상을 주었다. 그래서 병사들은 적군의 머리를 될 수 있는 대로 많이 노획하려고 애를 썼다. 앗수르바니팔(Assurbanipal) 왕 시대의 부조를 보면, 서기가 대형 천막 속에서 절단된 머리 수를 세는 장면이 있다.[33] 병사마다 제가 벤 머리들을 들고와서 공동의 더미에 던지고 자기의 소속 부대와 성명을 신고하고 간다. 아시리아의 왕들은 이 머리 더미에 각별한 열정을 가졌다. 그들이 군대와 함께 있을 때는 전리품의 운반을 지휘하고 병사들에게 상을 나누어주었다. 군대와 함께 있지 않을 때는 머리들을 모두 가져오게 하였고, 이것이 불가능하면 적 지휘관들의 머리만이라도 들여오게 하였다.

이상으로 전쟁의 직접적이고 구체적인 목표가 무언지 확실해졌으므로 이제 더 이상의 예화는 불필요하다. 역사에는 이러한 예화가 필요 이상으로 풍부하다. 역사는 그런 주제를 가장 애호한다는 인상을 줄 정도다. 그래서 역사에서 인간사의 또 다른 국면을 보려면 우리는 많은 노력을 기울여야 하는 것이다.

교전 중인 쌍방을 동시에 관찰해보면, 전쟁이 이중으로 엇갈린 두 개의 군중상을 제공함을 알 수 있다. 한쪽 군대는 가능한 한 커진 상태에서 적군의 시체더미를 최대한 크게 쌓기로 작심하고 있다. 다른 편 군대도 이와 똑같은 생각을 하고 있다. 전쟁에 참가한 모든 자가 항상 두 개의 군중에 동시에 속한다는 사실로부터 이러한 엇갈림이 발생한다. 한쪽에서 살아있는 전사로 계산되는 자들이 다른 쪽에서는 잠재적으로 죽은, 즉 죽었으면 하고 여겨지는 전사에 속한다.

전투 의욕을 유지하기 위해서 쌍방은 자기편이 얼마나 강력한지를, 다시 말해서 자기편이 얼마나 많은 수의 군사를 배치해놓고 있는가를, 그리고 또 얼마나 많은 수의 적이 죽었는가를 재차 확인해야 한다. 아주 옛날부터 전황 보고란 것은 늘 두 가지 통계 숫자, 즉 자기편 생존자의 수와 죽은 적군의 수로 구성되어 있었다. 그리고 여기엔 항상 과장이 따른다. 특히 죽은 적군의 수에 대해서는 더욱 그렇다.

전쟁에 참가한 사람들은 살아있는 적군의 수가 자기편에 비해 너무 많다는 것을 인정하려 들지 않는다. 이 사실을 알고 있더라도 여기에 대해서는 아무 말도 하지 않는다. 그리고는 전투 요원의 기술적인 재배치로써 수적 열세를 모면하려고 한다. 앞서 본 바와 같이 군부대의 독립성과 기동성을 증가시키는 등 해당 전장에서의 우세를 확보하기 위한 모든 가능한 조치가 취해진다. 그들이 자기편의 사상자 수를 공표하는 것은 반드시 전쟁이 끝난 후이다.

전쟁이 그토록 오래 계속될 수 있으며, 심지어는 패전 후에까지도 계속될 수 있는 것은, 절박한 상태를 지속하면서 와해되지 않고 군중으로 계속 남아 있으려는 깊은 내적 충동에서 연유한다. 이 충동은 너무나도 강렬한 것이어서 사람들은 패배를 자인하고 군중의 와해를 체험하느니 차라리 눈을 뜬 채 함께 파멸해버리는 길을 찾는다.

그러면 전쟁 군중은 어떻게 형성되는 것일까? 무엇이 매순간마다 이 무시무시한 응집력을 만들어내는가? 무엇 때문에 사람들은 갑자기 자신의 모든 것을 걸어버릴까? 이 수수께끼 같은 현상에 접근하기 위해 우리는 상당히 신중을 기해야 한다.

전쟁은 놀라운 기도(企圖)이다. 사람들은 자기들이 육체적 파멸의 위협에 직면해 있다고 결론을 내린다. 그리고는 이 사실을 온 세상에 널리 공표한다. 그들은 말한다. "나는 죽을지 모른다." 그리고 속으로 덧붙여 생각한다. "그것은 내가 아무개를 죽이고 싶기 때문이다." 그러나 제대로 한다면 강조돼야 할 것은 뒷문장이다. "나는 아무개를 죽이고 싶다. 그러므로 나 자신도 죽을 가능성이 있다." 그러나 당면 과제가 전쟁의 시작 또는 전쟁의 도발일 때, 그리고 자기편 사람들 사이에 호전적 분위기를 고취시킬 필요가 있을 때, 용인될 수 있는 것은 "나는 죽을지 모른다."는 문장뿐이다. 그래서 실제로는 어느 쪽이 먼저 공격을 하든 간에 쌍방은 항상 자기편이 위협을 받고 있다는 허구를 날조하려 든다.

어떤 사람이 자기는 다른 사람을 죽일 권리가 있다고 스스로 주장하는 데서 위협이 발생한다. 이 위협은 어느 한쪽 편에 소속되어 있는 모든 사람들 각자에 대해 똑같이 작용해서 그들 모두를 서로 평등하게 만든다. 위협은 모든 사람을 노리고 있기 때문이다. 선전포고의 순간과 같은, 모든 사람에게 동일한 어떤 특정의 순간부터 모든 사람들 각자에겐 똑같은 위협이 실제로 다가올지도 모른다. 보통의 경우, 사회 안에서의 생활은 사람들을 육체적 파멸로부터 보호해준다. 그러나 지금은 오히려 그 사회에 속해 있기 때문에 육체적 파멸에 직면한다. 위협은 특정의 종족에 속하는 사람들 모두에게 똑같이 닥쳐온다. 그리고 수천 명의 사람들이 동시에 "너는 죽을 것이다"라는 말을 듣고, 이 죽음의 위험을 물리치기 위하여 단결한다. 그들은 재빠르게 동일한 위협을 받을 가능성이 있는 사람들을 끌어들여 밀도 높은 군중을 형성한다. 그리고 공동방어를 위해 행동을 통일시킨다.

쌍방은 각기 물리적 행위면에서나 상상력 또는 감정면에서 급속하게 한 곳으로 모아진다. 전쟁의 발발은 원초적으로 두 군중의 분출이다. 이 두 군중은 일단 형성되기만 하면, 각각 신념과 행동을 통해 그 존재를 지속하는 것을 지상의 목표로 삼는다. 군중을 버리는 것은 목숨 자체를 포기하는 짓으로 간주된다. 교전 중인 군중은 그 군중을 이탈하면 모두 죽는 것처럼 행동한다. 수많은 전쟁을 겪으며 살아남았던 사람도 새로운 전쟁을 맞을 때마다 번번이 그 같은 환상에 또다시 사로잡혀 버린다.

실제로 죽음은 시시각각 개개인을 위협하고 있다. 이 죽음이 어떤 집단 전체에 대하여 집단적으로 선고되면 그 개인은 죽음 앞에 능동적으로 대처할 수 있다. 임의로 선택된 특정 집단을 향하여 죽음을 선포하는 시대가 있었다. "프랑스인에게 죽음을!" 또는 "독일인에게 죽음을!" 따위의 구호가 나오던 시대 말이다. 사람들이 이런 구호를 열광적으로 받아들이는 것은 죽음에 임한 개인의 비겁함에 그 뿌리가 있다. 인간은 누구도 혼자서는 죽음과 대면하기를 원치 않는다. 두 적이 서로 상대방에게 사형 선고를 집행하려 할 경우 죽음은 더 용이한 것이 된다. 그리고 수천 명이 함께 죽음에 대처할 경우엔 죽음은 전혀 다른 성질의 것이 되어버린다. 자기편 모두가 몰살을 당하는 최악의 사태에 도달하더라도 사람들은 그토록 두려워하던 개개인으로서의 죽음을 면할 수 있다.

그러나 그들은 이 최악의 사태가 일어나리라고는 결코 믿지 않는다. 그들에겐 자신들에게 내려진 집단적인 사형 선고를 회피해서 다른 데로 전가시킬 가능성이 있다. 이때 그 죽음을 맞아들이는 피뢰침이 바로 적이다. 그들이 해야 할 일은 적에게 선수를 치는 것이다. 이것은 신속하게 행해져야 한다. 죽이는 일은 일순의 주저도 용납되지 않는다. 먼저 '죽여라'고 말했던 적이 마치 사형 선고를 받고 호출된 것처럼 다가온다. 그가 상대편에게 돌렸던 것이 바로 자기 자신에게로 되돌아온 것이다. 그가 처음으로 발설하지 않았다 해도 계획은 했을 것이다. 계획도 하지 않았다면 생각은 했을 것이다. 만약 생각도 하지 않고 있었다면 지금 당장이라도 생각해낼 것이다. 죽음을 보고자 하는 욕구는 어디에나 드러나 있으므로 그것을 들춰내기 위해서 인간의 마음속을 깊이 파헤칠 필요는 없다.

전쟁 전체를 일관하는 특징인 고도의 명백한 긴장은 두 가지 원인에서 유래한다. 하나는 사람들은 자기가 먼저 죽이기를 원한다는 점이고, 다른 하나는 사람들이 군중으로 행동한다는 점이다. 이 두 원인 중 후자가 없이는 전자의 여하한 성공도 불가능하다. 전쟁이 계속되는 한, 사람들은 군중으로 남아 있다. 그들이 더 이상 군중이 아닐 때 전쟁은 즉시 끝난다. 전쟁은 일정 기간 동안 사람들이 군중으로 행동할 수 있도록 보장해준다. 이 점은 전쟁이 인기가 있는 이유 중의 하나다. 현대에 들어와서 전쟁들이 밀도와 지속성을 가지는 것은 호전적인 분위기로 가득 찬 거대한 규모의 이중 군중과 관련이 있다.

군중결정체

군중결정체란 한계가 뚜렷하고 영속성을 지니고 있는, 소규모의 견고한 집단을 뜻한다. 이것은 군중을 환기시키는 역할을 한다. 이 집단은 한눈에 파악될 수 있는 것이어야 한다. 여기서 중요한 것은 집단의 규모보다는 통일성이다. 집단은 사람들과 터놓고 일을 진행해야 하며 사람들은 집단의 존재 이유를 잘 알고 있어야만 한다. 사람들이 이 집단의 기능에 대해 의문을 갖기 시작하면 군중결정체는 무의미해지고 만다. 군중결정체는 언제나 동일성을 지녀야 하고, 다른 것과 혼동되어서는 안 된다. 유니폼의 착용이나 일정한 활동 지역의 설정은 이런 면에서 큰 도움이 된다.

군중결정체는 항구적이다. 이것은 크기를 바꾸지 않는다. 구성원들의 행동이나 소신은 모두 훈련된 것이다. 그들은 오케스트라에서처럼, 각자 다른 임무를 분담할 수도 있다. 그러나 그들은 하나의 전체로 보여진다. 그들을 보거나 체험하는 자는 필시 그들이 결코 따로따로 떨어져 있지 않다는 느낌을 받을 것이다. 결정체 바깥에서의 그들의 삶은 무의미하다. 오케스트라 단원들처럼 단지 직업상 어떤 결정체에 속해 있을 경우에도 그들의 사사로운 생활은 전혀 주목을 받지 못한다. 오케스트라 단원들은 그냥 오케스트라 단원일 뿐이다. 어떤 경우에는 군중결정체 구성원들은 유니폼을 입는다. 그리고 그들은 유니폼을 입고 있을 때에만 단체로 사람들 앞에 나타난다. 유니폼을 벗고 나면 즉각 그들은 전혀 다른 인간이 된다. 이런 유형의 가장 뚜렷한 예가 군인과 수도승이다. 이 경우 유니폼은 군중결정체의 구성원들이 함께 기거하고 있다는 사실을 나타내준다. 그래서 그들을 개인적으로 따로 만나더라도, 우리는 그들이 소속되어 있는 수도원이나 군부대와 같은 확고한 단체를 연상하게 된다.

군중결정체의 명확성, 고립성, 그리고 불변성은 군중의 흥분된 상태와는 엄청난 거리가 있다. 통제 불가능한 급성장의 과정과 와해의 위협, 이 둘로 말미암아 군중은 독특한 불안정성을 가지게 되지만, 결정체 안에는 이런 것들이 작용하지 않는다. 엄청난 흥분의 소용돌이 속에서도 결정체는 초연하다. 그것이 어떤 성질의 군중을 야기하든, 그리고 표면상으로는 그 군중에 용해된 것처럼 보일지라도 결정체는 자신의 고유한 특성에 대한 감각을 완전히 상실하는 법이 없으며, 와해되더라도 즉시 재결합한다.

'닫힌' 군중은 규모가 크다는 점에서뿐만 아니라 자체에 대한 감정이 더 자연발생적으로 생긴다는 점, 그리고 역할의 진지한 분담 같은 것이 없다는 점에서 군중결정체와 다르다. 공통점은 뚜렷한 한계가 있다는 점과 규칙적인 반복이 있다는 점, 두 가지뿐이다. 그러나 한계로 말하자면, 결정체에서는 모든 것이 한계이다. 즉, 결정체에 소속된 모든 사람 각자가 한계를 형성하고 있는 것이다. 반면에 닫힌 군중에서는 제일 바깥쪽에만 하나의 한계가 설정되어 있다. 이 한계는 대개 군중이 집결해 있는 건물의 크기 및 형태와 일치한다. 이와 같은 한계 내에서 모든 구성원들이 빽빽하게 모여 있는 가운데, 닫힌 군중은 항상 유동적인 상태이며, 따라서 언제고 뜻밖의 놀라운 변화가 일어날 가능성이 있다. 닫힌 군중은, 일정한 한계 내에 갇혀 있기는 하지만, 분출을 일으킬 만한 밀도와 강도를 언제고 획득할 수 있다. 이에 비하면 군중결정체는 철저하게 정적(靜的)이다. 그 활동의 성질은 미리 정해져 있고, 스스로 자신의 말과 행동을 정확하게 의식하고 있다.

이 군중결정체들에 관하여 또 하나 놀랄 만한 것은 그들의 역사적 영속성이다. 새로운 형태의 군중결정체가 계속 생겨나는 것이 사실이지만, 기존 군중결정체들도 집요하게 새것들과 나란히 남아 있으려 한다. 군중결정체들은 당분간 뒤로 후퇴하여 그들의 날카로운 면이나 존재의 불가피성을 상실할 수도 있다. 이런 경우에는 이들에 소속된 군중도 와해돼 없어지거나 완벽하게 억압되어 버릴지도 모른다. 그러나 외부에 아무런 영향도 미치지 않는 무해한 집단으로서 군중결정체는 스스로 자신의 존재를 지속해나간다. 한 나라 전체가 종교를 바꾸어버린 경우에도 그 나라 안에는 예전의 소규모 종교적 공동체들이 여전히 남아 있다.

이 소규모의 공동체들이 필요해지는 순간이 다시금 온다는 것은 새로운 종류의 군중이 또 출현할 것이라는 사실만큼이나 확실하다. 그 공동체들은 새로운 종류의 군중을 자극하고 환기시키는 데 기여할 것이다. 이런 공동체들과 같이 은퇴 상태로 경직되어 있던 모든 집단들이 표면화되고 다시금 활성화된다. 이들은 새로운 활력을 부여받아, 체질상의 사소한 변화만 가해져도 군중결정체로 복원된다. 거의 예외 없이 대규모의 정치적 혁명은 오래도록 잊혀져 있던 그런 집단들을 기억하고 찾아내어, 도금을 입히고 철저하게 이용해서 완전히 새롭고 위태로울 정도로 활동적인 것으로 보이도록 만들어버린다.

나는 추후에 군중결정체들의 기능을 하나하나 고찰하겠다. 그들이 실제 어떤 방식으로 군중을 환기시키느냐 하는 것은 오직 구체적인 실례에 의해서만 설명이 가능하다. 결정체들이 다양한 만큼 그것들이 야기하는 군중들 또한 가지각색이다. 우리는 앞으로 행할 이 고찰을 통해 부지중에 여러 가지 군중결정체들을 알게 될 것이다.

군중 상징

군중 상징이란 비록 그 구성원이 사람은 아니지만 그래도 군중처럼 느껴지는 '집합적 단위'들에 대해 내가 붙인 이름이다. 곡식, 숲, 비, 바람, 모래, 불, 바다 이런 것들이 그런 단위들이다. 이 현상들 모두는 한결같이 군중의 기본 속성을 내포하고 있다. 비록 사람들로 구성되어 있지는 않지만 이것들은 군중을 연상시키며, 신화나 꿈, 연설, 또는 노래에서 군중의 상징으로 나타나고 있다.

여기서 우리는 이런 상징들과 군중결정체를 명백하고 분명하게 구별해서 생각하는 것이 좋다. 군중결정체란 사람의 집단으로 이루어져 있으며 응집력과 통일성이 현저한 것이 특색이다. 그것은 하나의 단위로 상상되고 체험되지만 본래 군인이나 수도승, 또는 오케스트라 단원들처럼 실제로 어떤 역할을 분담하고 있는 사람들로 합성되어 있다. 반면에 군중 상징은 사람들로 구성된 것이 아니고 단지 군중인 것처럼 느껴질 뿐이다.

군중 상징은 얼핏 보기에는 상세하게 분석해볼 만한 가치가 없는 것처럼 보이기도 한다. 그러나 이것을 통해 우리는 새롭고 유익한 방법으로 군중 자체에 접근할 수 있을 것이다. 군중 상징의 관찰은 군중의 모습을 드러내주는 자연적 빛을 투사한다. 이 빛을 무시하는 것은 우둔한 짓이다.

불 Feuer

불에 관하여 우선 말해야 할 것은 불은 언제 어디서나 동일하다는 것이다. 불은, 그것이 크든 작든 켜지는 곳이 어디이든 그리고 얼마나 오래 지속되든 어떠한 경우에도 하나의 동일한 영상을 우리의 상상 속에 남긴다. 불의 이미지는 마치 낙인처럼 뚜렷하고도 강렬하며 지워지지 않는다.

불은 번지는 성향이 있다. 즉 그것은 전염성이 강하며, 결코 만족할 줄을 모른다. 그것이 숲이나 초원이나 도시 전체를 엄습할 때의 난폭성은 불이 가지는 가장 인상적인 특징 가운데 하나이다. 불의 내습이 있기 전까지 나무는 나무로서, 집은 집으로서 서로 거리를 두고 다른 것과 분리되어 서 있다. 그러나 불은 이런 분리된 것들을 가장 짧은 시간 내에 결합시킨다. 분리되어 있던 다양한 물체들 모두가 하나의 같은 불길에 휩싸여 타오른다. 그들은 너무나도 동일화된 나머지, 타서 사라짐으로써 최후마저 함께한다. 불은 집, 나무, 동물, 이 모두를 가리지 않고 엄습한다. 고도의 전염성을 발휘하는 불에 맞서는 물체의 저항력은 놀라울 정도로 미약하다. 보다 많은 생명력을 가진 물체일수록 불에 대한 저항력은 약하다. 불에 대항할 수 있는 것은 가장 생명력이 없는 것, 즉 광물뿐이다. 불의 곤두박질치는 무자비함에는 한계가 없다. 불은 모든 것을 삼키려 든다. 불은 결코 포만감을 느끼지 않는다.

불은 돌발적인 성향이 있다. 그것은 어느 곳에서나 발생할 수 있다. 화재 자체에 대해 놀랄 사람은 아무도 없다. 왜냐하면 불은 언제나 예상할 수 있기 때문이다. 그럼에도 불의 돌발성은 항상 인상적이며 사람들은 반드시 그 원인을 규명하려고 한다. 그러나 그 결과 아무것도 발견할 수 없게 되면 불의 이미지와 결부된 두려움은 더욱 커진다. 불은 불가사의한 편재성(遍在性)을 가지고 있다. 즉, 그것은 언제 어디서나 출현할 수 있다.

불은 중첩적이다. 불은 동시에 헤아릴 수 없이 많은 여러 장소에서도 일어날 수 있을 뿐만 아니라, 개별적인 하나의 불 그 자체도 중첩적이다. 말하자면 하나의 불에는 불꽃도 있고 혀도 있다. 『베다(Veda, 옛 인도 브라만교의 성전)』에서는 불을 "하나의 아그니(Agni, 불의 신)가 여러 갈래로 타오른다"[34]고 묘사한다.

불은 파괴적이다. 그러나 대항해 싸워 길들일 수 있고, 심지어는 꺼버릴 수도 있다. 불에겐 천적이 있다. 소위 강이나 소나기의 형태로 불에 맞서는 물이 그것이다. 그들간의 적대성은 공지의 사실이다. '불과 물' 이라는 표현은 도저히 화해할 수 없는 극단적인 상극 관계를 지칭한다. 세계의 종말에 대한 고대의 신화를 보면 불 아니면 물이 최종적 승리를 거둔다. 대홍수가 일어나 물이 온 생물을 전멸시키던가, 대화재가 일어나 불이 세계를 말살시킨다. 때로는 이 두 가지가 적절히 배합되어 하나의 신화에 동시에 등장하기도 한다. 어쨌든 현세에 살고 있는 인간은 불을 지배하는 방법을 알게 되었다. 인간은 가축을 기르듯 불을 기르기도 한다. 즉 불을 굶기기도 하고. 원하면 질식사시키기도 하는 것이다. 여기서 우리는 끝으로 하나 남은, 불의 중요한 특징을 알 수 있다. 즉, 불은 생물처럼 다루어진다. 불은 불안정한 삶을 살며 꺼지기도 한다. 그러나 한 곳에서 완전히 질식해 죽더라도 다른 곳에서는 계속 살아남는다.

지금까지 살펴본 불의 속성을 종합해보면 다음과 같은 놀라운 상(像)을 얻게 된다. 불은 어디서 발생하든 동일하다. 불은 신속하게 번져간다. 불은 전염성이 강하고 만족할 줄을 모른다. 불은 어디서나 돌발적으로 일어난다. 불은 중첩적이다. 불은 파괴적이다. 불에겐 천적이 있다. 불은 꺼지기도 한다. 불은 마치 살아있는 것처럼 행동하며 또 그렇게 취급된다. 이 모든 점이 군중과 동일하다. 이보다 더 정확하게 군중의 속성을 표현할 수는 없을 것이다. 이번에는 군중의 속성을 설명해보자. 군중은 어디서나 동일하다. 군중은 어떤 시대, 어떤 문화권에서든 그 구성원들의 교육 정도와 출신 및 언어에 구애받지 않고 본질적으로 동일하다. 일단 형성된 군중은 무시무시한 격렬성을 가지고 성장한다. 군중의 전염을 막을 수 있는 것은 거의 없다. 군중은 언제까지고 계속 성장하기를 바란다. 군중에게 성장의 내적 한계란 있을 수 없다. 군중은 사람들이 함께 있는 곳이면 어디서나 발생할 수 있다. 군중의 자생력과 돌발성은 무서울 정도이다. 군중은 구성이 다양하지만 그러나 응집력이 있다. 군중은 많은 수의 사람들로 구성돼 있지만, 그 숫자를 정확히 아는 사람은 아무도 없다. 군중은 파괴적일 수 있다. 군중은 진압되어 순치되기도 한다. 군중은 하나의 적을 가지고자 한다. 군중은 생겨날 때와 마찬가지로 신속하게 소멸된다. 그리고 분명히 군중은 그 특유의 불안정하고도 격렬한 생명을 지니고 있다. 이상에서 본 바와 같이 군중과 불은 서로 너무나 닮았기 때문에 상호 치환이 가능할 정도다. 불은 인류의 역사 속에서 끊임없이 작용하고 있는 군중 상징들 가운데서도 가장 중요하고 또 가장 변화무쌍한 것이다. 이제부터 우리는 불과 군중의 관계를 좀더 상세하게 고찰해볼 필요가 있다.

군중은 위험한 기질을 가진 것으로 이야기되는데, 이 중 가장 현저한 것이 군중의 방화 성향이다. 이 성향은 산불에 그 뿌리가 있다. 그 자체가 하나의 유서 깊은 군중 상징이기도 한 숲은 주거 공간의 확보를 위한 인간에 의해 방화되었다. 그리고 인간이 불을 다룰 지혜를 얻게 된 것도 이런 불을 통해서였다고 믿을 만한 충분한 근거가 있다. 선사시대부터 불과 숲 간에는 깊은 관계가 있었다. 경작지는 대개 숲을 태운 그 자리에 있었으며 경작지를 확장할 필요가 있을 때는 주변의 숲을 더 태워야 했다. 동물들은 불타는 숲으로부터 도망을 친다. 대화재에 대한 집단 공포는 동물들의 자연스럽고 어쩌면 영원한 반응일 것이며 인간도 한때는 그런 반응을 보였다. 그러나 인간은 불을 지배하게 되었다. 인간은 손에 화상을 입기도 하지만 불을 두려워할 필요는 없다. 불에 대한 해묵은 공포 위에 불을 제압할 수 있는 새로운 힘이 덧붙여지고 이 두 가지가 놀라운 결합을 이룬다.

불을 보면 달아나기만 했던 군중이 이제는 오히려 불에 강한 매력을 느낀다. 주지하다시피, 모든 종류의 화재가 인간에게 마술적인 영향력을 미친다. 사람들은 가정마다 설치해 놓고 있는 난로나 아궁이만으로는 만족하지 못한다. 그들은 멀리서도 볼 수 있고, 함께 모여 그 주위를 둘러쌀 수 있는 그런 불을 원한다. 그 화재가 아주 클 경우, 옛날의 집단 공포가 기묘하게 반전되어 사람들은 모두 화재가 난 현장으로 급히 달려간다. 그리고 거기서, 이전에 그들을 단합시켰던 이글거리는 따스함을 느낀다. 평화 시에 그들은 이런 경험이 없이 장기간을 지낼 수밖에 없다. 그러나 군중이 일단 형성되고 나면, 즉시 불을 일으키고 또 이 불의 매력을 이용하여 자신이 점점 더 성장하려 드는 것은 군중의 가장 강한 본능 가운데 하나이다.

오늘날 사람들이 주머니에 넣고 다니는 성냥갑은 불에 대한, 이와 같은 옛날부터의 뜻깊은 연상 작용의 조그만 자취라고 할 수 있다. 성냥갑 속의 성냥개비들은 숲 속에 빽빽이 들어선 나무줄기들을 뜻한다. 그리고 성냥개비마다 그 끝에 인화성 물질이 묻어 있다. 사람들은 몇 개의 성냥개비나 아니면 모든 성냥개비에 불을 붙여 인위적으로 산불을 일으켜 볼 수도 있다. 사람들은 이 일을 하고 싶은 유혹을 느끼지만 좀처럼 실행에 옮기지는 않는다. 왜냐하면 그런 조그만 규모의 불은 그 옛날 대화재의 장엄함을 도저히 흉내조차 내지 못하기 때문이다.

그러나 불의 매력은 이뿐만이 아니다. 불을 향해 달리고 그 주위를 에워쌀 뿐만 아니라, 아예 불을 자신들과 동일시하기까지 하는 오래 된 관습도 있다. 그 가장 멋진 본보기 중의 하나가 나바호 인디언의 저 유명한 불의 춤이다.

"멕시코 북부의 나바호족은 거대한 불을 지피고, 그 둘레에서 밤새도록 춤을 춘다. 해가 지고 이튿날 해가 뜰 때까지 열한 가지의 다양한 장면이 연출된다. 둥근 해가 넘어가면 그들은 거의 벌거벗은 채 숲 속의 빈터에 모여들어 거칠게 춤을 추기 시작한다. 몸에는 더덕더덕 칠을 했고 긴 머리채는 풀어 헤쳐져서 제멋대로 흩날린다. 그들은 양쪽 끝에 깃털타래가 달린 막대기를 들고 난폭하게 뛰면서 치솟는 불길에 접근한다. 반쯤 웅크리고 반쯤 기면서 엉거주춤 춤을 춘다. 사실 불의 열기가 너무 뜨겁기 때문에 땅을 기다시피 하지 않고서는 불가에 다가가 깃털 막대기에 불을 인화시킬 수 없다. 태양을 상징하는 원반이 높이 들려져 있으며 그 주위에서 춤이 계속된다. 이 원반이 내려졌다가 다시 올려질 때마다 새 춤이 시작된다. 해가 뜰 무렵 이 신성한 의식도 막바지에 이른다. 몸을 희게 칠한 사내들이 등장해서 꺼져가는 불길로 얇은 나무껍질에 불을 붙인 다음, 돌연 다시 불 주위에서 난폭하게 서로 쫓기 시작한다. 이때 그들은 불똥과 연기와 불꽃을 서로 상대방의 몸에다 뿌려댄다. 그들은 몸에 칠한 백토(白土)가 중화상을 막아줄 것이라 믿고 실제로 불길 한가운데로 뛰어들기도 한다."[35]

나바호 인디언은 바로 불 그 자체를 춤추는 것이다. 그들 자신이 바로 불이 된다. 그들의 동작은 불꽃의 동작이다. 그들의 손에서 타고 있는 나무껍질은 흡사 불타고 있는 그들 자신인 것처럼 보인다. 마지막으로 그들이 잿더미 속에서 불똥을 끄집어내어 공중에 마구 뿌리는 것은, 해질녘에 그들이 태양으로부터 인계받은 불을, 이제 곧 떠오를 태양에게 다시 인계해 주려는 뜻이다.

또한 여기서의 불은 하나의 살아있는 군중이기도 하다. 다른 인디언들이 춤을 추는 가운데 들소가 되듯, 이들은 춤을 추는 가운데 불이 된다. 나바호족이 그들 자신의 변신한 모습으로 삼았던 이 살아있는 불은, 후대에 내려가면 단순한 군중 상징이 되어버린다.

모든 군중 상징에서 우리는 그 배후에 있는 구체적인 군중을 찾아낼 수 있다. 여기서 우리는 추측에만 의지할 필요는 없다. 실제로 불이 되고자 하는 인간의 충동, 즉 이 오래 된 상징을 다시 활성화하려는 충동은 후대의 더 복잡한 문화들 속에서도 여전히 강하게 남아 있다. 구조될 가망이 전혀 없는, 포위된 도시는 이따금 스스로 불을 질러 자멸하였다. 최후의 곤경에 처한 왕들이 궁전에 불을 질러 최후를 맞는 일도 있었다. 이런 사례는 고대 지중해 문화권에서만이 아니라 인도나 중국 역사에서도 자주 발견된다. 지옥의 불을 믿었던 중세에는 모인 사람들 전체 대신에 몇몇 이단자들을 불에 태움으로써 만족했다. 모인 사람들은 말하자면 대표자들을 뽑아 지옥에 파견하고 그 대표자들이 실제로 불에 타는 광경을 구경했던 것이다.

불이 여러 종교에서 차지했던 의미들을 분석해보면 매우 흥미롭다. 그러나 이 분석은 매우 소상하게 다루어지지 않고서는 별 가치가 없을 것이므로 다른 기회에 설명하기로 하고 일단 보류하자. 하지만 여기서 충동적 방화의 의미만은 언급하고 넘어가는 것이 옳을 것이다. 여기서의 방화는 이를 저지르는 개인, 특히 종교적 또는 정치적 신념과는 무관하게 전적으로 고립된 개인적 입장에서 불을 지르는 방화범과 관련된 충동적 방화를 말한다.

독일의 정신병리학자 크레펠린(Emil Kräpelin)은 어렸을 때부터 시작해서 평생 20여 차례의 방화를 저지른 어떤 외로운 노파의 경우를 설명하고 있다.[36] 그 노파는 방화죄로 6번이나 기소되었고 일생 동안 24년 간을 교도소에서 보냈다. 그녀는 늘 "이거든 저거든 아무거라도 불에 타버렸으면 좋을 텐데" 하는 생각을 한다. 그녀에게 방화는 일종의 고정 관념 같은 것이었다. 특히 주머니에 성냥이 있을 때 이 성냥은 마치 보이지 않는 힘처럼 그녀에게 방화 충동을 불러일으켰다. 그녀는 확실히 불을 보기를 좋아했다. 또한 그녀는 자신이 저지른 일에 대해 자백하기를, 그것도 아주 상세하게 자백하기를 좋아했다. 그녀는 어린 시절 사람들의 눈길을 끄는 수단으로 불을 체험했음에 틀림없다. 아마도 불을 둘러싸고 벌어진 소란, 그것이 그녀의 첫 군중 체험이었을 것이다. 불은 쉽사리 군중 그 자체를 대신할 수 있다. 모든 이가 자기를 쳐다보았으면 하는 기대감에서 그녀는 스스로 범인이라고 털어놓는다. 그녀는 기꺼이 범행을 자백하고, 그러는 가운데 스스로가 사람들이 구경하고 싶어하는 불이 되는 것이다.

그녀와 불의 관계는 이중적이다. 첫째로, 그녀는 불을 응시하고 있는 군중의 일원이 되고자 한다. 불은 모든 사람의 눈에 동일한 모습으로 비쳐서 그들을 강력한 힘으로 일체화시킨다. 그녀는 어린 시절부터 소외되어 왔던 자신의 불행한 과거 때문에 군중 속에 끼일 기회를 전혀 갖지 못했다. 길고 긴 수감 시절에도 마찬가지였다. 둘째로, 불이 꺼지고 군중이 또 그녀 곁을 떠나려 하면 그녀는 돌연 자기 자신을 불로 변화시킴으로써 그 군중을 유지시키려 한다. 이것은 아주 간단하다. 스스로 방화범이라고 자백만 하면 되는 것이다. 그녀의 자백이 장황하면 할수록 그녀는 더욱 오랫동안 다른 사람의 주목을 받고 더욱 오랫동안 스스로 불이 될 수 있는 것이다.

이런 사례는 결코 우리가 생각하는 것처럼 그렇게 드문 게 아니다. 극단적이지 않아서 그렇지 이런 예는 상당히 많다. 고립된 개인을 보더라도 이런 사례들은 불과 군중 간의 관련성을 입증하는, 재론할 여지가 없는 증거가 된다.

바다 Meer

바다는 중첩적이고 동적이며, 밀도가 높고 응집력이 강하다. 바다의 중첩성은 파도에 있다. 파도는 바다를 형성한다. 파도는 그 수가 무수히 많다. 항해자는 완전히 바다에 둘러싸여 있다. 파도의 움직임은 파도의 크기에 상관없이 다 같다. 파도가 완전히 잠잠해지는 법은 없다. 외부로부터 불어오는 바람이 파도의 방향을 결정한다. 파도는 바람이 시키는 대로 이쪽저쪽으로 밀린다. 파도의 밀도 높은 결합 상태는 군중에서 느낄 수 있는 그 무엇을 생각나게 한다. 파도는 자타의 구별이 없는 것처럼 서로 양보를 한다. 파도는 아무것도 빠져나갈 수 없을 정도로 서로 예속되어 있다. 그리하여 파도는 그 하나하나가 힘과 활력에 넘쳐 있다. 사람들은 이런 독특한 성질의 응집력을 잘 모른다. 바다도 명백하게 설명해주지는 않는다. 그러나 바다는 그것을 나타내 보여준다.

바다의 중첩성을 말해주는 것은 파도만이 아니다. 물방울도 그것을 말해준다. 물이 방울이 되는 것은 고립 상태, 즉 서로 간에 분리되어 있을 때뿐이다. 방울 상태의 물은 왜소하고 외로우며 무력해 보인다. 방울들은 결국 무(無)에 가까우며 보는 자로 하여금 측은함마저 일으킨다. 물에 손을 담갔다가 들어보라. 물방울이 하나하나 무력하게 손가락 아래로 흘러 떨어진다. 이때 당신이 그 물방울들에 대하여 느끼는 측은함은, 희망 없이 고립돼 있는 개체로서의 인간에 대한 동정심과 그 성질이 일치한다. 그들이 의미를 가지기 시작하는 것은 더 이상 개개의 방울로 존재하지 않을 때, 즉 다시금 물이라는 전체로 돌아가 합쳐졌을 때부터이다.

바다는 소리를 가진다. 이 소리는 변화가 많고 거의 언제나 들을 수 있다. 이 소리는 수천 가지로 들리는 소리이다. 이 소리의 성질에 관하여 많은 의견이 있다. 인내라고도 하고, 고통이라고도 하고, 분노라고도 한다. 그러나 이 소리의 성질 중 가장 인상적인 것은 그 집요함이다. 바다는 결코 잠자는 일이 없다. 낮이나 밤이나 소리를 낸다. 해가 가고 세기가 바뀌어도 계속 소리를 낸다. 들끓고 있는 그 커다란 바다를 보노라면 우리는 이런 성질들을 똑같은 정도로 나누어 가지고 있는 단 하나의 피조물, 즉 군중을 생각한다. 그러나 바다는 군중에게는 결여되어 있는 속성을 추가로 가지고 있다. 그것은 항구성이다. 바다는 언제나 거기에 있다. 바다는 때에 따라 없어지거나 사라지는 것이 아니다. 지속적으로 존재하려는 소망은 결코 달성될 수 없는 것이지만, 군중이 가지는 최대의 욕망이다. 그런데 바다는 이 욕망을 이미 달성하고 있다.

바다는 모든 것을 수용한다. 바다는 무한하다. 모든 시냇물과 강물, 그리고 구름, 기타 이 지구상의 모든 형태의 물이 그 속에 흘러 들어가더라도 바다는 더 커지지 않는다. 바다는 변하지 않는다. 바다는 언제나 같은 바다라는 느낌을 준다. 바다는 그 엄청난 크기로 인해, 끊임없이 커지려 하는 군중에 대하여 하나의 모델이 된다. 군중은 언제나 바다처럼 무한정 커지기를 열망하여 이를 위해 점점 더 많은 사람을 끌어들이려 한다. 대양이라는 단어는 바다의 엄숙한 권위를 최종적으로 표현한다. 대양은 보편적이다. 어디에나 가 닿는다. 모든 육지는 대양에 둘러싸여 있다. 고대인은 지구가 대양 위에 떠 있는 줄로 알 정도였다. 바다가 무한하지 않다면, 군중은 무한히 커지겠다는 생각을 갖지 않을 것이다. 군중은 결코 사람들을 더욱 더 많이 끌어들이겠다는, 저 깊은 곳에서 우러나오는 어두운 충동을 그렇게 심하게 느끼진 않을 것이다. 그러나 군중의 눈앞에 펼쳐져 있는 무한한 대양은 군중의 억제할 수 없는, 보편성을 향한 충동을 신비스럽게 정당화시켜 준다.

바다는 그 감정에서도 가변적이다. 바다는 고분고분할 수도 있고, 사나울 수도 있다. 때로는 폭풍이 일기도 한다. 그러나 바다는 언제나 거기에 있다. 사람은 누구나 바다가 있는 곳을 안다. 바다는 숨어 있지 않고 열려 있다. 바다는 아무것도 없던 곳에서 홀연히 출현하는 그런 것이 아니다. 불은 마치 맹수처럼 아무것도 없던 곳에서 갑자기 튀어나와 사람을 습격하며, 또 어디에서든 생겨날 수 있는 것이지만 바다는 불처럼 비밀스럽거나 돌발적이지 않다. 바다는 사람들이 확실하게 알고 있는 장소에서만 존재한다.

그렇지만 바다에도 비밀은 있다. 바다의 비밀은 그 돌발성에 있는 것이 아니라 그 내용물에 있다. 바다에서 번성하는 생명체들은 바다의 항구성, 개방성과 더불어 바다의 중요한 일부이다. 바다의 숭고함은 그것이 포용하는 엄청난 양의 동식물의 존재에 의해 한결 드높여진다.

바다에는 경계가 없다. 인종이나 영토도 분리되어 있지 않다. 언어도 어디서나 공통인 단 한가지뿐이다. 따라서 바다는 단 한 사람도 권외로 밀어내지 않는다. 바다는 너무나 포용력이 크기 때문에 우리가 아는 어떤 종류의 군중도 그 포용력에서 바다에 미치지 못한다. 그러나 바다는 모든 생물을 불러들여 자신 속에 간직하고 있기에, 고요하게 멎어 있긴 하지만, 군중의 어떤 본보기를 제시해준다.

비 Regen

비는, 강우량이 적은 지역에서는 특히 그렇지만, 어디서나 내리기 전까지는 하나의 덩어리로 느껴진다. 비는 구름으로 다가와서 우선 하늘을 뒤

덮는다. 비가 내리기 직전, 하늘은 점점 어두워져 모든 것이 회색으로 변한다. 막상 그것이 떨어질 때보다도 떨어지기 직전에 사람들은 더욱 일체감을 느낀다. 왜냐하면 사람들은 비를 간절하게 바라고 있기 때문이다. 이런 때는 이따금 비가 사활의 문제가 되기도 한다. 간절히 바란다고 해서 비가 항상 내리는 것은 아니다. 그래서 마술의 도움을 받기도 하는데, 비를 부르는 여러 가지 방법이 수없이 개발되어 왔다.

비는 무수히 많은 빗방울로 떨어진다. 우리는 그 빗방울뿐만 아니라, 특히 그것들이 움직이는 방향도 똑똑히 볼 수 있다. 어떤 나라의 언어이든 비의 움직임을 가리켜 '떨어진다'고 표현한다. 비는 무수한 평행선을 그리며 떨어진다. 떨어지는 빗방울의 수가 워낙 많기 때문에 그 운동 방향의 통일성은 더욱 두드러진다. 모든 운동 방향 가운데서 떨어지는 것만큼 인상적인 것은 없다. 이에 비하면 여타의 모든 운동방향은 이차적이고 파생적인 것에 불과하다. 아득한 옛날부터 사람들은 떨어지는 것을 가장 두려워했으며, 떨어지는 것을 막는 것이 가장 우선이었다. 아이들은 어려서부터 떨어지지 않도록 교육을 받는다. 그리고 일정한 나이가 지나서 떨어지거나 넘어지면 창피를 당하거나 아니면 위험한 사고를 당하게 된다. 이러한 인간의 경우와는 반대로 비는 떨어져야만 할 운명에 처해 있다. 삼라만상 가운데 비처럼 자주, 그리고 많이 떨어지는 물체는 없다.

비는 무수히 많은 빗방울로 떨어지기 때문에 떨어질 때의 무게와 타격은 감소된다고 할 수 있다. 우리는 빗방울이 지면에 부딪치는 소리를 듣는데 이 소리는 유쾌하다. 우리의 피부에 와 닿을 때도 역시 유쾌한 느낌을 준다.

비에 대한 체험은 적어도 세 가지 감각-시각, 청각, 촉각으로 이루어진다. 이 모든 감각들은 비를 중첩적인 것으로 받아들인다. 사람은 비를 쉽게 피할 수 있다. 비가 심각한 위협으로 등장하는 경우는 극히 드물다. 대체로 비는 은혜로운 어떤 것이며, 인간을 밀도 있게 감싸는 존재이다.

빗방울들이 주는 충격들은 균등하다. 빗방울이 떨어지며 긋는 평행선들과 빗방울이 떨어지며 내는 소리의 유사성, 그리고 빗방울이 피부에 주는 촉감의 균질성, 이 모두가 빗방울들의 동일성을 더욱 강조한다.

비는 많이 올 수도 있고 적게 올 수도 있다. 비의 밀도는 가변적이다. 빗방울의 수효는 이 밀도의 변화에 따라 달라진다. 비가 계속 내릴 수는 없다. 비에 끝이 있다는 것을 사람들은 알고 있다. 이 끝이란, 빗방울이 흔적도 없이 땅 속으로 스며드는 것을 뜻한다.

군중 상징으로서의 비는, 불처럼 격렬하고 억제할 수 없는 증가의 국면을 나타내진 않는다. 또한, 바다처럼 항구성과 무한성을 가지지도 않는다. 비가 상징하는 군중은, 방전 순간의 군중과 와해 순간의 군중이다. 비를 내리기 위해 구름이 모인다. 그리고 더 이상 함께 모여 있을 수 없게 된 물방울들이 떨어진다. 빗방울들이 다시 결합할 것인지 아닌지, 결합한다면 언제 결합할 것인지, 이것은 분명치 않다.

강 Fluβ

강의 가장 현저한 특징은 방향이다. 강은 움직이지 않는 강변 사이로 움직인다. 강변에 서면 강의 흐름을 끊임없이 볼 수 있다. 쉬지 않는 강물의 움직임, 사소한 변화는 있겠지만 주된 방향의 확정성, 바다로 가겠다는 단호한 결의, 여타의 작은 지류들을 흡수하는 모습, 이 모든 점은 의심할 여지없이 군중의 특징이다. 그래서 강은 비록 군중 일반의 상징은 못 될지 모르지만, 일부 특수 형태의 군중에 대해서는 필경 상징의 역할을 한다. 하지만 강의 폭은 제한되어 있고, 무한정 커지거나 갑자기 커질 수는 없다. 그렇기 때문에 강은 군중 상징으로는 항상 미흡한 점을 갖는다. 강은 사람들의 행렬과 아주 유사하다. 행렬이 지나가는 걸 보도에서 구경하고 있는 자들은 강변의 나무들과 같고, 행렬의 흐름은 움직이지 않는 시가지 사이로 움직인다. 대도시에서의 시위는 강과 흡사하다. 시위에서는 여러 지역에서부터 지류들이 모여들어 주류가 형성된다. 강은 특히, 군중이 형성되고 있는 그때, 즉 군중이 달성해야 할 목표를 아직 달성하지 못하고 있는 그때를 상징한다. 강은 불의 전염성이나 바다의 보편성을 가지고 있지 않다. 그러나 그 대신에 강은 일정 방향으로의 지칠 줄 모르는 추진력을 갖는다. 이 추진력은 애초부터 항상 존재하는 것이다. 그래서 강은 발원지가 도착점보다도 더 심각하게 취급되기도 한다.

강은 허영심에 찬 군중, 다시 말해 자기 자신을 과시하고 있는 군중이다. 자신을 과시한다는 점은 방향 못지않게 중요한 요소이다. 강변이 없다면 강도 없다. 그 강변의 식물들은 행렬을 보려고 늘어 서 있는 사람들과 같다. 강은 보여지길 바라는 피부를 가지고 있다고 말할 수 있다. 행렬이든 시위든 강과 유사한 형태의 모든 것들은 자신의 표면을 가능한 한 많이 노출시키려고 한다. 그들은 최대한 길게 뻗치려 하고, 많은 수의 구경꾼들에게 자신을 보여주려 한다. 그들은 경탄이나 외경의 대상이 되고 싶어한다. 그들에게는 잠정적인 목적지가 있다. 그러나 이 목적지는 실제로 중요하지 않다. 중요한 것은 그 목적지와 그들 간의 간격의 크기 그리고 그들이 늘어 서 있는 도로의 길이이다. 참가자간의 밀도는 그렇게 높을 필요가 없다. 오히려 구경꾼들의 밀도가 더 높을 수도 있다. 그리고 구경꾼과 참가자 간에는 특이한 밀도가 생겨난다. 그 밀도는 마치 길다란 몸을 가진 두 동물이 애무하다가 서서히 포옹을 푸는 것과 같은 정도의 밀도이다. 강은 그 발원지에서부터 성장을 시작하지만, 이 성장은 공간적으로 미리 정확하게 규정되어 있는 지류들을 통해서만 이루어진다.

동질적인 물 이외에도 강은 다른 온갖 것들을 운반한다. 강이 운반하는 이런 것들은, 망망대해에 떠 있는 화물선이 바다의 모습을 변하게 하는 것보다 훨씬 더 심각하게 강의 외관을 변모시킨다.

요컨대 강은 제한적인 의미에서만 군중 상징이며, 그런 면에서 불, 바다, 숲, 곡식 따위와 매우 다르다. 강은 아직 통제가 가능한, 분출 및 방전 이전의 상태, 그러니까 분출과 방전이 현실화되지 않고 아직 잠재적 위협으로 남아 있는 상태를 상징한다. 즉, 강은 느린 군중의 상징이다.

숲 Wald

숲은 사람보다 키가 크다. 숲은 외부로부터 차단되어 갖가지 덤불로 뒤덮여 있을 수도 있다. 이때 숲 속으로 들어가기는 힘들고, 숲을 뚫고 지나가기는 더욱 힘들지도 모른다. 그러나 숲의 진짜 밀도, 즉 숲을 참으로 숲이게 하는 것은 바로 상층부에 있는 잎사귀들이다. 나무줄기마다 붙어 있는 잎사귀들은 서로 서로 포개지고 연결되어 일종의 지붕을 만든다. 이 때문에 빛의 대부분이 차단되고 거대한 그림자가 생긴다.

나무처럼 직립하는 인간은 뭇 나무들과 더불어 한 줄에 설 수 있다. 그러나 나무들이 인간보다 훨씬 더 크다. 인간은 나무를 올려다 볼 수밖에 없다. 주위에서 일어나는 자연현상 가운데, 이처럼 항상 인간의 키보다 높은 곳에 있으면서도 동시에 이처럼 근접해 있고 또 이처럼 중첩적인 현상은 숲뿐이다. 구름은 지나가버리고, 비는 말라버리며, 별은 너무 멀리 떨어져 있다. 먼 곳에서부터 여러 모로 인간에게 영향을 주고 있는 이 모든 자연현상 중에서 숲처럼 늘 가까이 있는 것은 없다. 나무의 높이는 도달 가능한 것이다. 인간은 나무에 기어 올라갈 수 있고, 거기서 열매를 딸 수도 있으며, 아예 거기서 살 수도 있다.

숲을 보는 인간의 눈은 항상 숲이 자라나는 방향을 향한다. 숲은 꾸준히 위로 자란다. 나무들은 크기는 조금씩 다르지만 방향에서는 모두 평등하다. 숲 속에 들어오면 인간은 보호받고 있다는 느낌을 받는다. 그는 성장을 계속하고 있는 나무 꼭대기에 올라 서 있는 것도 아니고, 그렇다고 해서 숲에서 가장 밀도가 높은 잎사귀들이 어울려 있는 부분에 자리를 잡고 있는 것도 아니다. 그는 바로 그 밑에 서서 보호를 받고 있다. 그래서 숲은 예배의 대상이 된다. 보호받고 있는 것에 대해 감사를 느끼는 인간에게 숲은 올려다 볼 것을 요구한다. 숲은 기둥과 기둥 사이에서 신 앞에 서 있는 듯한 교회의 분위기를 예비하고 있다. 숲의 가장 조화 있고, 완벽한 표현은 수많은 나뭇가지들이 하나로 뒤엉켜 만들어진 활 모양의 지붕이다.

숲이 갖는 또 하나의 중요한 단면은 숲의 중첩적인 부동성이다. 모든 나무는 굳게 뿌리박고 있으며 외부로부터의 어떤 위협에도 굴복하지 않는다. 숲의 저항은 절대적이다. 단 한 치도 물러서지 않는다. 잘리어 쓰러질 수는 있어도 이동하지는 않는다. 이래서 숲은 군대의 상징이 되었다. 군대는 일단 위치를 잡으면 웬만한 경우에도 달아나지 않으며, 최후의 일인까지 쓰러지기 전에는 한 뼘의 땅도 양보하지 않는다.

곡식 Korn

　곡식은 여러 면에서 숲의 축소판이다. 곡식은 전에 숲이었던 곳에서 자란다. 곡식은 숲보다 더 높게 자라지는 못한다. 곡식은 전적으로 인간의 힘과 노동에 종속된다. 인간은 곡식을 파종하고 거두어들인다. 그리고 인간은 재래의 의식을 행함으로써 풍년을 기원한다. 곡식은 풀처럼 유연하여 어떤 바람에도 영향을 받는다. 곡식의 줄기들은 바람이 부는 대로 따라 움직인다. 온 들판이 동시에 고개를 숙이기도 한다. 폭풍우가 불면 완전히 쓰러져 오랫동안 누워 있다. 그러나 곡식에는 신비스런 복원력이 있어서, 아주 심하게 다루지만 않으면, 다시금 꼿꼿이 선 곡식이 언젠가는 홀연히 온 들판을 가득 메운다. 여문 이삭은 무거운 머리와 같다. 바람이 부는 대로 곡식은 고개를 끄덕이기도 하고 가로젓기도 한다.

　곡식은 대체로 인간보다 키가 작다. 혹시 크더라도 여전히 인간의 지배를 받는다. 모든 곡식은 인간에 의해 씨가 뿌려지고, 재배되고, 수확된다. 인간에게 쓸모가 없는 잡초들도 늘 곡식과 함께 있다. 그러나 잡초와는 달리 곡식은 파종, 수확, 운반, 타작, 그리고 저장에 이르기까지 놀라울 정도로 운명을 함께 한다. 곡식은 자라는 동안 내내 한곳에 뿌리를 내리고, 옆에 있는 다른 곡식 줄기를 떠나는 법이 없다. 무슨 일이든 모든 곡식은 함께 그 일을 겪는다. 곡식은 빽빽하게 밀집해 있으며, 그 크기도 사람들만큼 심하게 차이가 나지 않는다. 전체적으로 보면 곡식의 크기는 거의 평등하다. 바람에 일렁이는 곡식들의 율동은 단조로운 춤의 율동과 같다.

　사람들은 곡식의 모습에서, '죽음 앞에 선 사람들의 평등'을 즐겨 찾아낸다. 곡식은 동시에 쓰러지고, 여기서 우리는 어떤 독특한 죽음을 상기하게 된다. 한 열 전체가 쓰러져 버리는 전투의 집단적 죽음 말이다. 이런 의미에서 곡식이 심어진 들판은 바로 전쟁터이다.

　곡식 줄기들의 유연함은 복종성을 나타낸다. 곡식은 저항이라고는 꿈에도 생각해볼 수 없는 충성스런 신하들의 집합 같다. 그들은 바람에 떨며 무슨 분부에라도 어김없이 복종할 자세로 들판에 서 있다. 적이 내습해오면 그들은 무자비하게 짓밟혀버릴 것이다.

곡식의 씨앗은 그 씨앗으로부터 생겨난 곡식만큼이나 중요하다. 씨앗은 열매가 된 낱알더미 못지않은 중요성을 가진다. 일곱 배로 늘어났든 백 배로 늘어났든 창고에 저장되는 곡식더미는 씨앗의 더미보다는 훨씬 크기 마련이다. 함께 심어져, 함께 자라남으로써 곡식은 증가한다. 이 증가는 곡식이 누리는 축복이다.

바람 Wind

바람의 강도는 수시로 변한다. 그 변화에 따라 소리도 변한다. 그 소리는 울부짖음일 수도 있고 호탕한 웃음일 수도 있으며, 고함일 수도 있고, 부드러운 속삭임일 수도 있다. 바람은 무슨 소리라도 다 낼 수 있다. 따라서 바람은 다른 자연현상이 생기를 상실한 연후에도 살아있는 어떤 것으로서 사람들에게 영향을 미친다. 소리를 제외하면, 바람의 가장 두드러진 특성은 역시 방향이다. 바람에 이름을 붙이려면 그것이 불어오는 방향을 알아야 한다. 인간은 상하좌우 모두 공기에 둘러싸여 있기 때문에 바람이 와 닿으면 특이한 신체적 감각을 느끼게 된다. 사람은 바람에 온통 휩싸이는 느낌을 받는다. 바람은 모든 것을 끌어 모은다. 폭풍이 일 때면 바람은 사로잡은 모든 것을 온통 휘저어버린다.

바람은 눈에 보이지 않는다. 그러나 바람은 구름, 파도, 나뭇잎, 그리고 풀잎을 움직임으로써 현상으로 나타난다. 이러한 현상은 매우 다양하다. 『베다』의 찬가에 나오는 폭풍의 신 마루트(Maruts)는 항상 복수(復數)이다.[37] 그들의 수는 7의 3배 또는 60의 3배이다. 그들은 동갑내기 형제들로서, 태어난 곳도 사는 곳도 같다. 그들이 내는 소리는 천둥과 바람의 으르렁거림이다. 그들은 산을 뒤흔들고, 나무를 넘어뜨리며, 사나운 코끼리처럼 숲을 집어삼킨다. 그들은 바람의 노래를 부르므로 때때로 가수라고도 불린다. 그들은 힘이 세고, 사나우며, 사자처럼 무섭지만 또한 아이들이나 송아지처럼 장난꾸러기이기도 하다.

옛날부터 바람과 호흡을 동일시해온 것을 보면 사람들은 바람을 매우 집중적인 것으로 느끼고 있다는 사실을 알 수 있다. 바람은 호흡과 마찬가지의 밀도를 갖는다. 그리고 또한 바람은 그 불가시성으로 인해 보이지 않는 군중의 상징으로 쓰인다. 그래서 바람이 곧 귀신들을 뜻하기도 한다. 귀신들은 마치 폭풍처럼 떼를 지어 와글거리며 몰려온다. 아니면 귀신들은 에스키모 무당의 환각에서처럼 도주를 하고 있다.

'깃발'은 가시화된 바람이다. 그것은 잘리어져 나온 구름 조각과 같다. 깃발은 구름보다 가까이에서, 더 다양한 색채를 띠고, 주어진 도형을 영원히 유지하며 줄에 매여 휘날린다. 깃발이 진정으로 사람의 눈을 끄는 것은 그것이 휘날릴 때이다. 사람들은 마치 깃발이 바람을 구획지워 줄 수 있는 것처럼 국기를 게양함으로써 자기 나라의 영공을 표시한다.

모래 Sand

모래는 두 가지 중요한 특성을 가지는데 그 둘 사이의 연관 관계는 매우 중요하다. 첫째는 그 왜소함과 구성 분자들의 동일성이다. 두 가지는 사실은 하나이다. 왜냐하면 개개 모래알들이 동일하게 느껴지는 것은 그것들이 워낙 왜소하기 때문이다. 둘째는 모래의 무한성이다. 모래는 가이없다. 모래는 언제나 사람의 육안으로 볼 수 있는 양보다 많이 있다. 조그만 모래더미 따위는 별로 눈에 띄지 않는다. 모래가 정말로 사람의 눈을 끄는 것은 바닷가나 사막처럼 모래가 무한정 널려 있는 곳에서이다.

모래는 끊임없이 움직인다. 따라서 군중 상징으로서 모래는 대략 유동적인 군중 상징과 고형적인 군중 상징의 중간을 차지한다. 모래는 바다처럼 물결을 일으키며, 구름 높이까지 휘말려 올라가기도 한다. 또한 더욱 가늘어져서 먼지가 되기도 한다. 모래에 관해 또 하나 중요한 사실은 그것이 개별적인 인간에 대한 적대적이고도 공격적인 위협이라는 점이다. 사막의 단조로움과 광막함과 무생명성은 압도적인 힘으로 인간을 엄습한다. 바다가 그렇게 하듯, 모래도 인간을 질식시킨다. 그러나 모래는 더욱 잔인한 방식으로 서서히 인간을 질식시킨다. 사막의 모래와 인간의 적대적 관계는 인간이 언젠가 치르게 될 거대한 떼의 조그마한 적들과의 싸움을 예견케 한다. 메뚜기 떼는 모래처럼 식물을 말려 죽인다. 경작자인 인간은 메뚜기를 모래만큼이나 두려워한다. 왜냐하면 메뚜기들은 들판을 사막으로 만들어놓기 때문이다.

모래가 자손의 상징으로 사용되었다는 사실은 좀 의외라는 느낌이 든다. 그러나 이 사실은(성경에 그 실례가 자주 나타난다) 후손이 무수히 많이 번성하기를 바라는 인간의 강렬한 욕망을 증명한다. 여기서 강조하고자 하는 것은 질(質)에 관한 것이 아니다. 물론 사람들은 강인하고 올바른 자식들이 태어나길 원한다. 그러나 그들이 더욱 더 원하는 것은, 먼 미래까지 여러 대에 걸쳐 후손이 수적으로 번성하는 것이다. 그들은 그들의 후손이 하나의 거창한 군중이 되기를 바란다. 이것을 모래에 비유하는 것은 그들이 알고 있는 가장 대규모의 무제한적이며 다수인 군중이 모래이기 때문이다. 자녀의 수에 비할 때 그 자질이 얼마나 소홀하게 취급되느냐 하는 것은 자손을 메뚜기 떼와 동등시해서 취급한 중국인들의 상징적 어법에서도 엿볼 수 있다. 중국인들은 메뚜기 떼의 수와 응집력을 인간의 후손이 본받아야 할 모범으로 찬양했던 것이다.

성경이 자손의 상징으로 삼았던 것 중에는 또 별이 있다. 여기서도 역시 수적인 무한함이 핵심을 이룬다. 개별적으로 특출한 어느 별, 유달리 밝은 어느 별 따위에 관해서는 언급이 없다. 그리고 중요한 점은 별은 항상 존재한다는 사실이다. 별은 죽지 않는다.

더미 Haufen

인간이 쌓아놓은 모든 더미는 인간의 손으로 모은 것이다. 과일 혹은 곡식 낱알이 합쳐져서 쌓인 더미는 어떤 활동의 결과이다. 그것들을 줍고 거두어들이기 위하여 무수히 많은 일손이 동원되었다. 이러한 수확에는 특정한 계절이 있고 아주 옛날엔 이 계절에 따라 월력(月曆)이 형성되었다. 사람들은 축제를 벌여 쌓인 더미에 대한 기쁨을 축하한다. 사람들은 그 더미들을 자랑스럽게 전시한다. 때로는 바로 그 더미 주변에서 축제가 벌어지기도 한다.

수집된 것들은 모두가 같은 것들, 이를테면 같은 종류의 과일 또는 같은 종류의 곡식이다. 이것들은 최대한 밀집되어 쌓인다. 수는 많을수록, 밀도는 높을수록 좋은 것이다. 과일이나 곡식은 손 가까이에 있어서, 멀리서 가져올 필요가 없다. 더미는 산더미처럼 커야 좋다. 그래야 자랑할 수 있다. 더미가 커야만 더 많은 사람이 더 오랫동안 먹고 살 수 있다. 사람들은 이들 더미를 쌓는 데 일단 익숙해지고 나면 그 다음부터는 자꾸만 더미를 더 크게 만들려고 노력한다. 그들은 수확이 가장 많았던 해를 기쁜 마음으로 기억한다. 연대기가 작성되면서부터 이런 해는 그들의 가장 행복했던 해로서 기록되었다. 어느 해가 수확이 많은지 또는 어느 곳이 수확이 많은지 하는 식으로 수확량은 서로 비교된다. 산출물의 더미들은, 그것들이 공동체에 속하든 개인에게 속하든, 항상 본받아야 하고 소중히 간직되어야 할 어떤 것이다.

그러나 이런 더미도 결국 소모되어 버리고 만다. 어떤 경우에는 특별한 일이 있어서 아주 급속히, 또 어떤 경우에는 필요한 분량만큼씩 천천히 소모된다. 더미의 항구성은 제약을 받는다. 더미는 그것이 생길 때부터 이미 줄어들어 없어질 것이라는 운명을 내포하고 있다. 더미를 쌓는 일은 계절의 율동에 따라 반복된다. 모든 수확은 율동적으로 반복되는 더미의 축적이며, 이 율동에 발맞추어 축제가 거행된다.

돌무더기 Steinhaufen

앞의 것과는 전혀 다른 먹을 수 없는 더미가 있다. 그것은 돌로 이루어진 더미, 돌무더기이다. 돌무더기를 세우는 것은 그것이 파괴되기 힘들기 때문이다. 돌무더기는 일종의 영원성을 가진다. 돌무더기는 결코 줄어들지 않으며, 항상 그대로 있다. 돌무더기는 사람의 뱃속으로 들어가지도 않으며, 사람이 그 속에 들어가 살 수도 없다. 아주 먼 옛날에 만든 돌무더기의 경우, 그 하나하나의 돌은 한 사람이 운반할 수 있는 크기이다. 후대에 오면 그 낱개의 돌의 크기와 무게가 늘어나서 여러 사람이 힘을 합치지 않으면 움직일 수 없을 정도가 된다.

이러한 돌무더기가 무엇을 의미하든 그 속에는 돌을 옮기는 데 소요되었던 헤아릴 수 없이 많은 어려움과 노력이 집중적으로 담겨 있다. 때때로 이런 돌무더기가 어떻게 세워질 수 있었는지가 수수께끼로 남기도 한다. 이를 설명할 수 없으면 없을수록, 세워진 내력이 오래면 오랠수록, 그 돌을 세운 자들의 수도 여러 명이었을 것으로 상상되며, 그 돌이 후대 자손들에게 주는 인상도 그만큼 강렬하다. 돌무더기는 다수의 사람들이 주기적으로 반복한 피땀어린 수고를 표상한다. 그러나 다수가 애쓴 흔적은 이제 다 사라져버리고 남아 있는 거라고는 오로지 그 파괴 불가능한 기념비뿐이다.

보물 Schatz

보물 역시, 다른 모든 더미들과 마찬가지로, 수집되었다. 그러나 과실이나 곡식 낱알과는 달리 먹을 수가 없고 절멸될 수가 없는 단위들로 이루어진다. 보물에 관하여 핵심적인 것은 이 단위들이 특별한 가치를 가져야 한다는 점이다. 사람들이 보물을 축적하는 것은 보물이 지속적 가치를 지닌다고 믿기 때문이다. 하나의 보물더미란 방해받음이 없이 계속 높이 쌓여야만 하는 그런 것이다. 한 권세가가 소유하고 있는 보물은 다른 권세가들로 하여금 그것을 약탈하도록 충돌질한다. 이렇듯 보물은 그 소유자의 위신을 세워주기도 하지만 그 소유자를 위험에 빠뜨리기도 하는 것이다. 보물을 둘러싸고 수많은 결투나 전쟁이 있었다. 그의 보물더미가 조금 더 작았더라면 그만큼 더 오래 살았을 사람들이 적지 않다. 따라서 보물은 비밀리에 간수될 필요가 있다. 보물의 특이성은 사람들의 눈앞에서 휘황찬란한 광채를 발해야 하는 동시에 비밀리에 간수되어야 한다는 모순된 두 측면 사이의 긴장에 있다.

개수를 비약적으로 늘리고자 하는 인간의 욕망은 보물에 대해 가장 뚜렷한 형태로 나타난다. 그 숫자가 최대한 커지기를 바라는 다른 어떤 계산도(예를 들면, 가축이나 사람의 계산) 보물만큼 단위의 집중을 보여주진 못한다. 남몰래 보물을 헤아려보고 있는 보물 임자의 상(像)은 인간의 마음속 깊이 새겨져 있다. 이것은 너무도 잘 숨겨져서 그 숨겨진 곳에 잊혀진 상태로 누구에게도 속하지 않고 그대로 있는 보물을 자기 혼자서만 발견했으면 하는 희망처럼, 지워지지 않는 상으로 인간의 마음속에 새겨져 있다. 기강이 잘 서 있던 군대조차도, 보물에 대한 탐욕 때문에 부식되고 정복당한다. 그래서 이길 전쟁을 지기까지 한다. 전투를 앞둔 군대가 보물 차지 패거리로 변해버린 이야기가 플루타르크에 의해 전해져 내려온다.[38]

"폼페이우스가 그의 함대를 이끌고 카르타고 부근에 도착하자, 7,000여 명의 적군이 그에게 투항하여 왔다. 폼페이우스 자신의 군대는 6개 군단으로 이루어진 막강한 군대였다. 그런데 전해지는 바에 의하면 여기서 예기치 못했던 우스꽝스런 사건이 일어났다. 그의 병사 중 몇 명이 우연한 기회에 숨겨졌던 보물을 발견하여 거액의 돈을 벌게 되었던 모양이다. 이 소문이 퍼지자 다른 병사들도 이 지방에는 어떤 재난을 당했을 때 카르타고인들이 몰래 묻어두었던 보물이 많이 있을 것이라는 망상을 품게 되었다. 이래서 그 후 며칠간 모든 병사들이 보물을 찾아 헤매는 소동이 일어났고, 폼페이우스는 그의 군단들을 도저히 통제할 수 없었다. 폼페이우스는 수천 병사들이 땅을 파고, 뒤집어엎는 모습을 냉소를 띠고 쳐다볼 수밖에 없었다. 결국 병사들은 지쳐서 폼페이우스에게 그가 가고 싶은 대로 자기들을 인도해달라고 요청했다. 병사들은 그들이 어리석었음을 뒤늦게야 깨달았던 것이다."

그러나 이처럼 숨겨져 있기 때문에 저항할 수 없는 욕심을 불러일으키는 보물더미와는 달리, 한 사람 또는 몇 사람의 수중으로 들어간다는 것을 알면서도, 자발적으로 내는 세금처럼 완전히 공개적으로 수집되는 보물더미도 있다. 모든 종류의 복권이 여기에 속한다. 복권은 보물의 신속한 축적이다. 축적의 완료가 선언됨과 동시에 복권의 보물은 행운의 당첨자에게 전달된다. 당첨자의 수가 적으면 적을수록, 그래서 그들이 차지하는 보물이 크면 클수록 복권의 매력은 점점 더 강렬해진다.

그런 경우에 사람을 결속시키는 탐욕은 보물을 구성하는 단위들에 대한 절대적인 신뢰를 전제로 한다. 이 신뢰의 강도는 아무리 과장해도 지나침이 없을 만큼 대단하다. 사람은 자기가 가진 돈의 단위를 자기 자신과 동일시할 만큼 중시한다. 화폐 단위에 대한 의심은 소유자의 기분을 상하게 한다. 그 단위의 가치가 흔들리면 자신에 대한 믿음마저 흔들려버린다. 그는 자기의 화폐단위가 평가절하되면 모욕감과 멸시당한 기분을 느낀다. 이 평가절하가 가속화되어 인플레이션이라도 일어나면 화폐와 마찬가지로 평가절하된 사람들이 도주 군중과 동일한 어떤 군중을 형성하게 된다. 사람들은 잃는 것이 많으면 많을수록 더욱 더 강하게 공동의 운명으로 결합된다. 다행스럽게도 자기만은 무언가를 가지고 있는 소수의 몇몇 사람들에게는 공황으로밖에 보이지 않는 현상이, 화폐 소유를 상실함으로써 평등하게 된 나머지 모든 사람들에게는 군중 도주가 되는 것이다. 앞으로 다른 장에서, 특히 우리 시대에 매우 중요한 역사적 의미를 지니는 이 현상의 결과에 대해 다룰 것이다.

무리
Die Meute

영국의 여우사냥 풍속, 불과 몇 사람을 태운 조그만 보트로 하는 대양 횡단, 수도원에서의 기도하는 공동체, 미지의 땅을 찾는 탐험대, 그리고 몇 사람과 함께 인간의 노력이 없어도 모든 것이 잘 자라는 자연의 낙원을 찾아가 거기서 살고 싶다는 꿈 — 이러한 모든 고대적 상황들에는 한 가지 공통점이 있다. 우리 시대의 점증하는 중압감과 속박으로부터 해방되어 소박한 자연 속의 존재로 돌아가고자 하는 향수, 바로 무리로 복귀하고자 하는 염원이다.

무리와 무리의 종류

 군중결정체와 군중은, 어휘의 현대적 의미에서 볼 때, 둘 다 더 오래 된 어떤 단위 집단(Einheit)에서 기원하고 있다는 점에서 일치하는데, 그 오래 된 단위 집단이 바로 무리(Meute)이다. 무리는 인간이 10명, 20명씩 소규모의 떼를 지어 돌아다니는 곳에서는 어디서나 볼 수 있는 공동체적 흥분의 형식이다.

 무리의 특징은 성장할 수 없다는 점이다. 무리의 바깥쪽은 완전 공백이며, 거기에는 추가로 가담해줄 사람이 하나도 없다. 그러나 무리는 더 많아지고자 하는 강렬한 욕구에 휩싸인 사람들의 집단이기도 하다. 그들은 사냥이건, 전투이건 함께 해야 할 일에서 그들의 수가 좀더 많았더라면 더 잘 해낼 수 있었을 것이라고 생각한다. 그들은 워낙 수가 적은 집단이므로, 단 한 명만 추가되어도 현저한 실질적 차이가 나타난다. 그가 추가로 가담함으로써, 전체의 힘은 어김없이 10분의 1 또는 20분의 1씩 증가한다. 모든 구성원은 그가 가담함으로써 차지하게 되는 지위를 명백하게 인정하지 않을 수 없다. 다시 말해, 그는 집단 전체의 운영에서 오늘날 우리가 도저히 상상할 수 없을 정도로 실질적인 한몫을 행사하는 것이다.

 이러한 집단들은 때때로 강력한 일체감을 발휘하는데, 이 경우의 집단이 바로 무리이다. 그러나 무리에 속한 개개인은, 오늘날 현대인이 그가 속한 군중 속에서 그런 것처럼, 자기를 결코 완전히 상실하지는 않는다. 차라리 무리 속에서 개개인이 차지하는 위치는 춤출 때 다르고 여행할 때 다르듯 상황에 따라 변전(變轉)할 뿐이라고 보아야 한다. 그는 무리의 가장자리에 설 수도 있고 한가운데 설 수도 있으며, 또 그러다가 먼저와는 반대위치에 서게도 된다. 불을 중심으로 둥글게 무리를 이루었을 때, 개개인은 좌우에 이웃을 가지지만 그의 등 뒤에는 이웃이 없다. 그의 등 뒤에는 아무도 없으며 그대로 들판에 노출되어 있다. 무리에서 밀도란 언제나 환상에 지나지 않는다. 구성원들은 서로를 밀착시키고 전통적인 율동으로써 수가 아주 많은 것처럼 가장할 수는 있었지만 실제로 다수는 아니었다. 오히려 소수에 불과하여 이 수적인 열세를 강도(強度)에 의해 보완해야 했다.

우리가 앞서 살펴본 군중의 네 가지 특징 중에서 두 가지는 무리의 경우에서는 허구적인 욕심에 불과하다. 그런데도 무리는 그 두 가지 특징도 마저 가지기를 원하며, 그래서 마치 그것들을 갖춘 듯이 연기를 한다. 그렇게 할수록 나머지 두 가지 특징은 더욱 더 현실적인 것으로 나타난다. 즉, 성장과 밀도는 그저 연기될 뿐이고, 평등과 방향성은 현실로 존재한다. 뒤의 두 가지 중 더욱 현저한 것은 결코 빗나가는 법이 없는 방향이다. 한편 평등은 무리를 구성하는 모든 개개인이 동일 목표(예를 들면 그들이 죽이고자 하는 어떤 사냥감의 탐색 따위)에 다함께 노심초사한다는 사실에서 드러난다.

무리는 여러 가지 방식으로 제약을 받는다. 무리는 그 구성원 총수가 비교적 적을 뿐만 아니라 서로를 잘 알고 있다. 그들은 항상 함께 살아왔으며, 날마다 서로 만나고 여러 가지 일을 함께 해내는 동안 서로가 상대방의 가치를 정확히 알게 된다. 무리는 인원의 추가를 기대할 수 없다. 추가될 만한 여건하에 살고 있는 사람의 수가 워낙 적은데다가 그나마 너무 널리 흩어져 있기 때문이다. 이처럼 무리는 군중과 달리 무제한 성장할 수 없다. 그러나 다른 한 가지 면에서는 군중보다 훨씬 우세하다. 즉, 무리는 서로 잘 아는 자들로만 구성되기 때문에, 비록 적대적인 환경이 그들을 일시 흩어놓더라도 그들은 언제고 다시 모여 무리를 이룰 수 있다. 다시 말해, 무리는 구성원들이 생존해 있는 한 재회라는 방법을 통하여 그 지속이 보장된다. 이래서 무리는 특유의 의식(儀式)과 제의를 발전시켜 나갈 수 있고, 이 거듭되는 행사에 현재의 구성원들이 미래에도 참여할 것이라고 믿을 수 있다. 무리의 구성원들은 자신이 어디에 소속되는가를 잘 알고 있으며, 유혹 같은 것은 받지 않는다. 무리를 잃을 유혹 따위에는 넘어가지도 않지만, 이런 유혹을 받는 경우가 참으로 드물기 때문에 무리의 구성원이 유혹에 넘어가 무리에서 이탈, 미아가 되는 현상은 거의 발생하지 않는다.

무리의 규모가 더 커지는 경우도 없지는 않은데, 소집단끼리 양자(量子)처럼 나뉘어진 상태로 결합하는 것을 당사자 쌍방이 합의할 때 가능하다. 어떤 제2의 소집단으로 이루어진 무리가 그와 대립적인 제1의 소집단 무리와 우연히 마주쳤을 때, 만약 쌍방간에 교전이 일어나지 않는다면 그들은 잠정적인 목적을 위해 하나로 뭉칠 수도 있다. 그러나 이런 경우에도 결합되어 있는 쌍방은 서로가 양자(量子)처럼 분리되어 있다는 의식을 항상 마음속에 가질 것이다. 이러한 의식은 협력 행위의 열기 속에서 잠정적으로 사라질 수도 있겠지만 그 기간은 길지 않다. 이 의식은 서로 경의를 표하거나 의식을 거행할 때 언제고 다시 마음의 전면에 나타난다. 무리의 이러한 자의식은 개개인이 무리로부터 유리되었을 때의 개별감보다 항상 강하다. 그러므로 인간의 공동체 생활이 어느 단계에 이르게 되면, 무리의 양자 감정(Quantum-Gefühl)은 결정적이고도 확고부동해진다.

나는 여기서 부족, 혈족, 씨족 등의 통상적인 개념들을 이들과는 전혀 다른 단위, 즉 무리와 대립시켜서 고찰하고자 한다. 위 세 가지가 지니는 사회학적 개념들은 중요하기는 하지만 하나같이 정태적(靜態的)이다. 반대로 무리는 행동의 단위이며, 그 실체는 구체적이다. 군중 행동의 기원을 탐구하려면 우리는 무리의 연구에서 출발해야 한다. 무리는 군중의 가장 오래 된, 그리고 가장 제한된 형태이며 현대적 의미로서 알려진 군중보다 까마득하게 오래 전부터 존재해온 단위이다. 무리는 다양한 형태로 나타나며 어느 것이나 쉽게 파악할 수 있다. 그리고 무리는 수만 년을 내려오며 그 활동이 대단히 두드러졌기 때문에 어디에나 그것의 자취가 남아 있다. 옛날과는 전혀 다른 세계인 현대에도 그 당시의 무리가 취했던 다양한 대형(隊形)들이 엄연히 존재한다.

무리는 발생의 초기 단계에서부터 네 가지 다른 형태, 다시 말해 기능이 있다. 이 네 가지는 모두 유동적이고, 서로가 다른 것으로 쉽게 변화한다. 그러나 우선은 그들 각자가 개념적으로 어떻게 다른지를 확실히 해두는 것이 중요하다. 가장 자연발생적이고도 순수한 무리 형태는 무리의 어원에 해당하는 사냥 무리(Jagdmeute)라 할 수 있을 것이다. 이 무리는 한 사람 단독으로는 포획하기가 매우 위험한 맹수를 목표물로 하는 인간들이 있는 곳이면 어디서나 형성된다. 이것은 또한 사냥감이 대량으로 있으리라고 예상될 때, 그래서 가능한 한 놓치지 않고 많은 포획 실적을 올리고자 할 때 형성된다. 만일 포획한 동물이, 예컨대 고래나 코끼리 같은 거대한 동물일 때는, 설사 그것을 한두 명의 개인이 잡았더라도, 공동 작업에 의하여 운반하고 분배할 수밖에 없다. 이리하여 사냥 무리는 분배라는 단계로 접어들게 된다. 분배가 언제나 사냥이라는 전(前)단계를 필요로 하는 것은 아니다. 그러나 이 두 단계 또는 상태는 상호 밀접한 관련이 있으므로 함께 검토해야 한다. 이 두 단계의 목적은 포획물이다. 그리고 이 포획물이 살아있든 이미 죽었든, 오로지 이 포획물만이 그리고 그것의 행동과 성질만이, 이 포획물을 목표로 형성된 무리의 행동을 결정한다.

무리의 둘째 형태는 전투 무리(Kriegs-Meute)이다. 이 무리는 사냥 무리와 공통점이 많다. 그리고 그것이 다른 형태의 무리로 전이하는 과정에서 더욱 더 사냥 무리와 밀접한 관계가 있다. 전투 무리는 당연히 적대적인 제2의 무리를 전제하고 있다. 설령 제2의 무리가 아직 형성되지 않은 상태일지라도 그런 무리가 마치 존재하는 것처럼 느끼고 이 가상의 적에게 맞서려 한다. 가장 초기 형태의 전투 무리는 대개 보복을 필히 감행해야 할 한 개인을 제물로 삼았다. 살해되어야 할 제물이 누구인가를 확실히 알고 있다는 점에서 전투 무리는 사냥 무리와 특히 유사하다.

셋째 형태는 애도 무리(Klage-Meute)이다. 이 무리는 구성원 중의 하나가 죽음으로 인해 집단에서 떨어져나갔을 때 형성된다. 이 집단은 소규모이므로 단 한 명의 손실도 만회 불능의 중대한 것으로 느끼게 된다. 그러한 경우에 이 집단은 하나의 무리로 결속된다. 애도 무리는 주로, 죽어가는 자를 되살리려는 데, 다시 말해서 그자가 완전히 죽어 없어지기 전에 그자로부터 가능한 한 많은 양의 생명력을 낚아채서 섭취하는 데 관심이 있다. 다시 말하자면, 애도 무리는 죽어가는 자가 장차 죽은 자들이 있는 저승에 갔을 때 살아 있는 자의 적이 되지 않도록, 죽어가는 자의 영혼을 위로하려 한다고 말할 수 있다. 아무튼, 애도 무리는 죽어가는 자에 대해 종류 여하를 불문하고 어떤 행위가 꼭 필요하다고 느끼게 된다. 그리고 그런 행위를 하지 않는 인간은 어디에도 없다.

넷째로, 나는 그 모든 다양성에도 불구하고 하나의 공통성, 즉 증식되려는 욕망을 가진 일련의 현상들을 하나로 요약하고자 한다. 이것이 증식 무리(Vermehrungs-Meute)이다. 이 무리는 동물이든 식물이든 의도하는 각종 생물들이 더 늘어나게 하기 위해서 형성된다. 증식 무리는 확고한 신비적 의미가 부여돼 있는 어떤 춤에서 여실히 모습을 드러낸다. 다른 무리와 마찬가지로 증식 무리는 항상 그 구성원의 수에 불만을 나타낸다. 이런 의미에서 현대 군중의 기본적 속성 중의 하나인 성장 욕구는 대단히 일찍, 그 자체로서는 성장 능력이 없는 무리의 상태에서부터 나타났다고 보아야 한다. 그리고 이런 것들이 소기의 성과를 거두었든 못 거두었든 간에, 시간이 흐르고 나자 축제와 의식들은 결국 대규모 군중 형성이라는 결과를 낳게 되었다.

위에서 든 네 가지 상이한 형태의 무리를 검토해보면 놀라운 결론에 이르게 된다. 이 네 가지는 하나가 다른 하나로 바뀌려는 경향이 있는데 이 무리의 변환(Umschlag)만큼 엄청난 결과를 초래하는 것은 없다. 규모가 작고 비교적 고정적인 인적 구성 양식인 무리에서 이미 군중의 특징인 불안정성이 엿보이는 것이다. 무리간의 변환이 이따금 특이한 종교적 현상을 일으킨다. 나는 사냥 무리가 어떤 식으로 애도 무리로 변했는지 그리고 이 과정에서 어떤 식으로 특수한 신화와 제의가 형성되는지를 밝히려 한다. 그런 경우에 애도자들은 자신이 사냥꾼이었다는 사실을 잊어버리려고 한다. 그들이 애도하는 희생자는 사냥으로 피에 물든 그들의 죄의식을 씻어내는 데 공헌한다.

더 오래 된 형태이며 더 제약이 가해진 상태의 군중인 이 인적 단위에 대해 '무리' 라는 용어를 선택한 것은 인간 세계에 무리가 생기게 된 기원이 동물들의 본보기, 즉 떼를 지어 사냥을 하는 동물들에게서 나온 것임을 상기시키려는 의도이다. 인간이 즐겨 기르는 개의 원조이며 우리가 잘 아는 동물인 이리는 아주 초기부터 인간에게 깊은 인상을 주었다. 많은 인간들 사이에서 신비적인 동물로 취급된다는 사실, 이리 인간(Werwolf)의 이미지, 이리로 변장하고 다른 사람들을 공격하여 손발을 자른 사나이들의 이야기, 이리에 의해 양육된 어린이의 전설, 이 모든 것들과 그 밖의 사실들이 이리가 인간과 얼마나 가까운 존재인가를 증명한다.

사냥 훈련을 받은 사냥개의 무리는 인간과 이리 사이의 오래 된 유대 관계를 보여주는 살아있는 유물이다. 인간은 이리에게서 많은 것을 배웠다. 사람들이 추는 춤 가운데, 말하자면 이리 떼가 되는 연습이라고 볼 수 있는 춤까지 있다. 물론 다른 동물들도 수렵민들 간에 이와 비슷한 능력을 개발시키는 데 공헌을 했다. 내가 동물의 집단을 지칭하는 단어인 'Meute'를 인간 집단의 개념으로 차용하는 까닭은, 이 단어가 무리를 지어 사냥하는 동물 떼들의 동작의 집단성과 민첩성을, 그리고 눈에 보이는 사냥 목표물의 구체성을 잘 나타내주기 때문이다. 사냥 무리는 제물을 원한다. 사냥 무리는 제물의 피와 죽음을 원한다. 사냥 무리는 그가 원하는 것을 획득하기 위해서는 속도와 민첩성과 인내심을 가져야 하며 방향이 빗나가서는 안 된다. 사냥 무리는 목소리를 모아 외침으로써 스스로를 독려한다. 모든 개개인이 단결하여 지르는 이 소리의 중요성은 결코 무시되어서는 안 된다. 이 소리는 고조될 수도 있고 점점 약화될 수도 있다. 그러나 결코 사라지지는 않는다. 그리고 공격성을 내포한다. 그리하여 제물을 잡아 살해한 후 무리의 성원 전체가 나누어 먹는다. 무리의 모든 성원에게는 관습적으로 자기 몫이 할당된다. 무리의 성원 간의 포획물 분배는 동물 사회에서도 마찬가지이다. 나는 사냥 무리 이외의 세 가지 기본적인 조직에 대하여도 무리라는 용어를 사용하고자 한다. 이 세 가지 형태에 대응하는 동물 세계의 모델을 찾아보기는 어려운 일이지만, 나는 무리라는 단어 이상으로 구체성과 직접성과 함축성을 가진 적절한 용어를 알지 못한다.

이 단어의 역사를 보더라도 이런 의미로 사용하는 것이 정당함을 알 수 있다. 'Meute'는 '움직임'을 의미하는 중세 라틴어 'motiva'에서 나온 것이다. 'motiva'에서 유래한 고대 프랑스어 'meute'는 두 가지 뜻이 있는데, 하나는 '반란 또는 모반'이라는 뜻이고 다른 하나는 '사냥'이라는 뜻이다. 여기에는 인간적인 요소가 전면에 두드러지게 나타난다. 'meute'라는 이 고어는 여기에서 Meute라는 단어를 어떻게 이해해야 하는가를 정확하게 나타내주는데, 중요한 것은 바로 이 단어가 지니는 이중 의미이다. '반란자'라는 의미의 'Meutmacher'나 '선동'이라는 의미의 'Meuterei'는 고대 프랑스어 meute에서 유래한 단어로 이미 1500년경에 나타났던 반면, Meute가 '한 줄에 맨 사냥개 무리(Koppel Jagdhund)'라는 제한된 의미로 사용된 것은 훨씬 후의 일로, 독일어에서는 18세기 중엽에야 비로소 이런 의미로 사용되기 시작하였다.

사냥 무리

사냥 무리는 살해하여 그들의 몸속에 흡수시키고자 하는 살아있는 목표물을 향해 전력을 다해 질주한다. 그들의 목표는 항상 살해이다. 추적을 하거나 포위를 하는 것은 이 목적을 위한 수단일 뿐이다. 사냥 무리는 한 마리의 큰 동물, 혹은 함께 달아나는 여러 작은 동물들을 추적한다.

제물은 언제나 움직이고 있다. 그러므로 쫓아가서 잡아야 한다. 따라서 중요한 것은 무리의 속도이다. 사냥 무리가 그 사냥감을 지쳐 떨어지게 하기 위해서는 사냥감보다 빨리 뛸 수 있어야 한다. 추적하는 동물의 수가 많고, 또 무리가 포위에 성공하면 사냥의 대상이 되는 동물들의 군중 도주(Massenflucht)는 공황 상태로 돌변한다. 개개 동물들은 그들을 포위한 적으로부터 피신하기 위하여 각각 제 나름대로 시도하게 된다.

사냥은 이곳저곳 장소를 옮겨가며 넓은 지역에서 이루어진다. 사냥감이 단 한 마리의 동물일 때, 사냥 무리는 그 동물의 목숨을 뺏기 위한 싸움이 끝날 때까지 존속할 것이다. 사냥을 하는 동안에는 흥분이 고조된다. 사냥꾼들이 주고받는 외침소리는 피에 주린 갈증을 더욱 증가시킨다.

끊임없이 이동하는 목표물, 시야에서 사라졌다가 갑자기 다시 나타나는, 그리고 때때로 놓쳐버리곤 하지만 어떻게든 다시 찾아내야만 하는, 그래서 사냥 무리의 결사적인 추적으로부터 피할 길이 없으며 죽음의 숙명에서 결코 헤어날 길이 없는 목표물에 대한 집중적인 관심, 그것은 사냥 무리의 전원이 '함께' 나누는 관심이다. 사냥 무리의 개개인은 동일한 목표물을 주시하며, 그 동일한 목표물을 향해 접근하여 포위한다. 무리와 사냥감 사이에 점점 축소되는 거리는 무리 성원 개개인에 대하여도 동일하게 축소된다. 사냥 무리 전원에게는 적을 살려서는 안 된다는 공통된 심장의 긴박한 박동이 있고, 그것은 동물을 추적하는 데 따라 장소를 이동하면서 오랫동안 지속된다. 그것은 시간이 갈수록, 사냥감에 접근해 갈수록 점점 더 격해진다. 사냥감이 공격권 내에 들어와 일단 공격이 가해지면 각각의 사냥꾼들은 그것을 죽일 기회를 얻게 되며, 또 그렇게 하려고 한다. 사냥꾼 개개인의 창과 화살이 '하나의' 동일한 목표물에 집중된다. 그 창과 화살들은 사냥꾼들이 사냥하는 동안 사냥감에 대하여 쏟아부은 탐욕스런 시선이 실물로 연장되어 나타난 것이다.

이런 종류의 모든 과정은 어느 때나 자연스런 종말을 맞게 된다. 일단 목표가 달성되고 나면 사냥 무리는 돌연 변화를 나타낸다. 이 변화는 사냥의 목표물만큼이나 확실하고 뚜렷하게 나타난다. 사냥의 소용돌이가 살생이 실현되는 순간부터 가라앉는 것이다. 길게 뻗어 누운 제물의 주변에 모든 자가 조용히 둘러선다. 이곳에 둥글게 둘러섰던 자들 모두는 당연히 사냥으로 잡은 짐승의 일부를 몫으로 받게 될 것이다. 그들은 마치 먹이를 산 채로 아귀 다투어 물어뜯듯이 짐승에게 달려들 수도 있지만 사람들은 이 섭취 행위를 뒤로 미룬다. 엄격한 규칙에 따른 평화적인 방법으로 '분배'가 이루어지는 것이다.

그 사냥물이 한 마리의 큰 짐승이든 아니면 몇 마리의 조그만 짐승이든 만일 그것을 추적하여 때려눕힌 자가 하나의 무리였다면, 분배는 반드시 그 무리의 성원 모두에게 이루어져야 한다. 그리고 엄밀한 의미에서 보면 이 분배과정은 집단이 형성된 과정의 정반대 형태를 취한다. 이제는 저마다 자기만의 것을 그것도 가능한 한 많이 가지기를 원한다. 이때의 분배가 혹시 정확하고 공평하게 이루어지지 않거나, 유경험자가 집행과정을 지켜보는 가운데 옛날부터 전해 내려오는 법칙에 의하여 엄격하게 규제되지 않은 채 실시됐을 경우에는 필연적으로 피의 난투극으로 변하게 된다. 이 때문에 분배에 관한 법은 법 중에서 가장 오래 된 법이다.

이 법에는 기본적으로 다른 두 가지 유형이 있다. 하나는 분배가 실제 사냥에 참가한 사냥자들에게 대해서만 이루어진다. 다른 하나는 사냥에 직접 관여한 바가 없는 다른 남녀까지도 분배에 참여한다. 분배 작업의 책임을 지고 그것이 질서정연한 방법으로 실시되도록 돌보는 자는 원래 그 직위로 어떤 이득도 얻을 수 없다. 오히려 고래잡이 에스키모 사냥꾼들의 경우처럼 그는 명예를 위하여 자기 몫을 포기하기까지 한다. 잡은 사냥물에 대한 공유감은 굉장히 오랫동안 지속되기도 한다. 시베리아의 코르자크족들은 자기가 잡은 것을 다른 사람들이 먼저 가져가게 하고 자기는 남은 것만으로 만족하는 자를 이상적인 사냥꾼으로 여긴다.[1]

분배의 법칙은 복잡하고도 가변적이다. 사냥감에게 치명타를 가한 자에게 특히 큰 명예가 주어지는 때가 많다. 그러나 먼발치에서 살생 광경을 그저 구경했을 뿐인 자들도 사냥물에 대한 몫을 주장할 수 있다. 다시 말해, 구경꾼도 모두가 공동 행위자의 자격으로 사냥물에 대한 책임과 권리를 함께 나누게 된다. 내가 이런 극단적인 흔치 않은 예를 드는 것은 사냥 무리로부터 뻗어나오는 일체감의 강도를 입증하기 위해서이다. 어떤 원칙에 입각하여 분배를 규제하든 간에 여기서의 두 가지 결정적 요소는 사냥감의 목격과 살해이다.

전투 무리

사냥 무리와 전투 무리의 본질적인 차이는, 후자는 늘 적대적인 무리를 갖는다는 사실에 있다. 그 무리가 단지 어떤 한 사람을 처벌하기 위해서 그 자의 추격에 흥분한 한 집단의 문제에 불과한 것이라면, 우리는 그 조직체를 사냥 무리와 유사한 것으로 취급해야 한다. 그러나 추격당하는 그 자를 결코 포기할 의사가 없는 어떤 다른 집단이 있을 경우에 이 문제는 급속하게 발전하여 무리 대 무리의 문제로 변한다. 이렇게 서로 적이 되는 두 무리는 서로 다를 것이 별로 없다. 양쪽 모두 인간들, 남자 그리고 전사들이다. 그 옛날 이러한 쌍방간에 전투가 벌어졌을 때는 피차가 상대방을 식별할 수조차 없을 만큼 서로 비슷했다. 공격 방법이라든가 무기 따위는 서로 비슷했다. 쌍방 모두 야만적이고 위협적인 고함을 질렀고, 이 고함이 의도하는 바도 쌍방이 다 같았다. 이에 반해, 사냥 무리는 '일방적'이다. 추격당하는 동물들은 인간을 포위한다거나 사냥하지 못한다. 그 동물들은 오로지 달아날 뿐, 혹시 반격을 해오더라도 그것은 살생이 일어나는 마지막 단계에서의 일이다. 대개의 경우에서 보더라도 동물들은 달아나는 편이지, 인간에 대항하여 자신을 지키려는 편은 아니다.

　전투 무리의 고유한 외양과 특징은 서로가 서로에게 똑같은 짓을 저지르려고 나선 두 무리라는 점이다. 전투 무리의 양분(兩分)은 의문의 여지가 없다. 그리고 이 둘 간의 균열은 교전 상태가 존속하는 한 절대적으로 남아 있게 된다. 이 둘이 서로 상대방에 대하여 하려고 하는 바가 무엇인지는 다음 보고서에 잘 나타나 있다. 이 보고서는 남아메리카의 타울리팡(Taulipang)족이 그들의 적 피샤우코(Pishauko)족을 정벌한 이야기를 타울리팡족의 남자가 상세히 묘사한 기록이다.[2] 여기에는 전투 무리에 관하여 우리가 알아야 할 모든 내용이 담겨 있다. 기록자는 그들의 원정에 희열을 느끼면서 자기편의 입장에서 원정의 내용을 진실되게 기록한 것이다. 이런 유의 기록으로 이것에 필적할 만한 것은 아마 없을 것이다.

　"원래 타울리팡족과 피샤우코족은 서로 우호적이었다. 그런데 여자를 놓고 다툼이 일어났다. 먼저 피샤우코족이 숲 속에서 타울리팡족 몇 명을 습격하여 살해했다. 그런 다음 젊은 총각 한 명과 부인 한 명을, 그리고 그 후 타울리팡족 세 사람을 숲에서 또 죽였다. 그래서 타울리팡족은 피샤우코족 전체를 없애버리고 싶은 열망이 점점 강해졌다.

그때 타울리팡족의 사령관, 마니쿠자(Manikuza)가 그의 부하들을 불러모았다. 타울리팡족 전사들에게는 세 명의 지도자가 있었다. 마니쿠자가 사령관이었고, 부사령관이 둘이었는데 한 사람은 아주 작고 뚱뚱했지만 대단히 용감했다. 그리고 다른 한 사람은 그의 형제였다. 이 사람들 위에 원로 추장이 있었는데, 그는 마니쿠자의 아버지였다. 그런데 이 부족 중에는 이웃 부족인 아레쿠나(Arekuna)족 출신인 작고 용맹스런 남자가 하나 있었다. 마니쿠자는 발효시킨 카쉬리(Kashiri)를 다섯 개의 커다란 표주박에 나누어 담았다. 그리고 여섯 척의 카누를 마련했다. 피샤우코족은 산간에 살았다. 타울리팡족은 두 명의 여인을 대동하고 갔다. 그들은 피샤우코족의 집들에 불을 지를 계획이었다. 그들은 강을 저어 갔는데, 어느 강이었는지는 알 수 없다. 그들은 아무것도 먹지 못했다. 후추도, 큰 물고기도, 짐승도……. 전쟁이 끝날 때까지 오로지 잔 물고기밖에 먹을 수 없었다. 그들은 몸에 칠하기 위해 염료와 백토(白土)를 가지고 갔다.

그들은 피샤우코족의 부락에 접근해갔다. 마니쿠자는 부하 다섯을 피샤우코족의 집에 보내서 그들이 거기 있는지 정탐하게 했다. 모두 그곳에 있었다. 그 집은 방책이 둘려져 있었고 많은 사람들로 붐비고 있었다. 정탐꾼들은 돌아와 이 사실을 사령관에게 보고했다. 그러자 원로 추장과 세 사령관들은 발효시킨 카쉬리 덩어리에 대고 숨을 훅 불었다. 또한 백토와 염료와 전투용 곤봉들에도 숨을 훅 불었다. 늙은이들은 총포류는 없었고 오직 활과 끝이 쇠로 된 화살을 가지고 있었다. 다른 자들은 총과 탄환을 가지고 있었다. 그들 각자는 탄환 한 포대와 화약 여섯 상자씩을 휴대하고 있었다. 그들은 이 모든 것들에도 숨을 불었다(숨을 부는 것은 마력을 불어넣음을 의미한다). 그 다음에는 온 몸을 흰 줄과 붉은 줄로 채색했다. 이마부터 시작하여 위는 붉게 밑은 희게 얼굴 전체를 가로줄 무늬로 채색했다. 가슴에도 세 개의 가로줄을 그렸는데 이 역시 줄줄이 윗부분은 붉게 밑 부분은 희게 칠했다. 그들은 팔뚝 위쪽도 마찬가지로 칠했다. 이로써 전사들은 서로를 식별할 수 있게 된 것이다. 여자들도 마찬가지 방법으로 몸을 칠했다. 그 다음에 마니쿠자는 카쉬리 덩어리에 물을 부으라고 명령했다.

정탐꾼들은 집에 사람들이 많았다고 말했다. 한 채는 대단히 큰집이었고, 거기서 조금 떨어져서 좀 작은 집이 세 채가 있었다. 피샤우코족은 타울리팡족보다 수적으로 훨씬 우세했다. 타울리팡족은 아레쿠나족 출신 한 명을 빼고 겨우 15명뿐이었다. 아무튼 그들은 각자 한 표주박씩 카쉬리를 마셨다. 그 양이면 그들을 용감하게 만들 수 있었다. 마니쿠자가 말했다. '여기 네가 먼저 쏘아라! 그리고 그가 장전하는 동안 네가 쏘아라. 교대로 쏘아라!' 그는 그의 부하들을 3개조로 나누어 1조 5인씩 그 큰 집을 원형으로 둘러싸게 했다. 그는 명했다. '쓸데없이 쏘지 말아라! 쓰러지는 자는 내버려두고 서 있는 자들을 쏘아라!'

그리고서 그들은 3개조로 분산되어 전진했다. 여인들은 표주박 가득 카쉬리를 들고 전사들을 뒤따랐다. 그들은 초원의 경계점에 도착했다. 마니쿠자가 말했다. '이제 어떻게 할까? 저들은 다수이다. 혹시 되돌아가서 원군을 데려오는 게 낫지 않을까?' 그러나 아레쿠나족이 말했다. '아니오! 전진합시다! 나는 많은 사람들 속에 뛰어들어도 죽일 자가 없습니다(이 말은 나는 워낙 신속하게 죽이기 때문에 많은 적군도 내 곤봉의 성능에 비하면 오히려 너무 적은 수라는 뜻이다). 마니쿠자가 대답했다. '전진! 전진! 전진!' 그는 전원 진격하라고 독려했다. 그들은 집으로 접근해갔다. 밤이었다. 그 집에서는 마술사 한 명이 어떤 환자에게 마술로 시술 중이었다. 그 마술사가, '적이 온다!' 고 말해 주민들을 경각시켰다. 피샤우코족의 추장인 그 집 주인은 대답했다. '오게 놔둬라! 나는 그가 누군지 안다! 그는 마니쿠자이다! 그러나 놈은 여기서 되돌아가질 못할 것이다!' 그러나 마술사는 계속 경고를 했다. '적군이 쳐들어왔다!' 추장도 말했다. '놈은 마니쿠자다! 놈은 되돌아갈 수 없다! 놈은 여기서 죽을 것이다!'

이때 마니쿠자가 방책을 엮어 묶은 리아나(열대산 덩굴식물)를 가르고 침투했다. 두 여자도 침입해 들어와 집에 불을 질렀다. 한 여자는 입구에, 다른 여자는 출구에. 집 안에는 굉장히 많은 사람들이 있었다. 두 여자는 방책 밖으로 물러났다. 집은 불길에 휩싸였다. 한 늙은이가 불을 끄려고 기어올랐다. 많은 사람들이 집 밖으로 뛰어나오면서 총을 쏘아댔지만, 그들은 아무도 볼 수 없었기 때문에 조준 없는 난사에 불과했고 적에게 겁을 주는 것 이상의 효과는 거두지 못했다. 타울리팡족의 노추장이 화살로 피샤우코족 하나를 맞히려 했으나 실패했다. 그 피샤우코족은 땅굴에 숨어 있었다. 노추장이 제2의 화살을 재는 동안 그 피샤우코족은 총으로 노추장을 쏘아 죽였다. 마니쿠자는 아버지가 죽는 걸 보았다. 그러자 그의 전사들이 쉴새없이 쏘아댔다. 그들은 집 전체를 포위했으므로 피샤우코족은 달아날 길이 없었다.

이때 에와마(Ewama)라고 하는 타울리팡족 전사가 길을 뚫고 집으로 들어갔다. 그의 뒤를 따라 부추장 한 명이, 그 뒤에는 다른 부추장이, 또 그 뒤에는 사령관 마니쿠자가, 그리고 또 그 뒤에는 아레쿠나족이 들어갔다. 나머지 전사들은 밖에서 대기하며 피샤우코족의 탈출을 막았다. 적진에 뛰어든 다섯 전사는 곤봉으로 적을 때려눕혔다. 피샤우코족은 총을 쏘며 대항했지만 아무도 명중시키지 못했다. 마니쿠자는 피샤우코의 추장을 죽였다. 부추장은 피샤우코의 부추장을 죽였다. 다른 부추장과 아레쿠나족은 민첩하게 많은 사람을 죽였다. 단지 두 명의 처녀만이 탈출에 성공하여 타울리팡족과 결혼하여 아직까지 강 상류 쪽에서 살고 있다. 그 밖에는 모두가 피살되었다. 그 후 그들은 집에 불을 질렀다. 아이들이 울고 있었지만 그 아이들도 불 속으로 던져버렸다. 죽어 쓰러진 피샤우코족 시체 가운데는 아직 살아있는 자도 있었다. 그 자는 온 몸에 피를 범벅으로 바르고 죽은 자 가운데 누워서, 죽은 자인 양 위장하려 했던 것이다. 그러나 타울리팡족은 쓰러진 피샤우코족을 하나하나 잡아서 나무 베는 칼로 모두 두 동강을 내었다. 그들은 살아있는 피샤우코족도 잡아내어 죽였다. 그런 후 그들은 죽은 피샤우코 추장을 일으켜 세워 나무에 팔을 벌려 묶은 다음, 남은 탄환으로 그 추장이 갈기갈기 헤질 때까지 총을 쏘았다. 그 다음엔 죽은 여자 하나를 잡았다. 마니쿠자는 그 여자의 음부(陰部)를 손가락으로 잡아늘이더니 에와마에게 보이며 말했다. '이봐, 여기 네가 들어가기에 좋

은 곳이 있구나!'

그때까지 다른 세 채의 집에 있던 나머지 피샤우코족들은 달아나 그 일대의 산간에 흩어졌다. 그들은 오늘날도 거기에 살면서 그 일대 부족들의 적으로, 특히 타울리팡족을 노리는 자객으로 살고 있다.

타울리팡족은 자기네 노추장을 그 자리에 매장했다. 그 외 부상자는 두 명뿐이었는데, 그들도 복부에 산탄(散彈)을 맞은 가벼운 부상이었다. 그리고 나서 그들은 '헤이-헤이-헤이-헤이!' 하고 외치며 집으로 돌아왔다. 집에 돌아오자 이미 그들을 위한 조촐한 자리가 마련되어 있었다."

여자를 두고 싸움이 시작된다. 몇 명이 살해당한다. 다른 종족이 누군가를 죽였다는 사실만 오직 주목을 끌 뿐이다. 이 순간부터 적들이 자기 타울리팡족을 모조리 멸종시키려 한다는 확고부동한 믿음이 지배한다. 그러자 자기 부족원들을 잘 아는 추장은 전사들을 불러모은다. 전사들은 많지 않다. 이웃 부족 출신을 합해 모두 16명인데, 그들은 전투시 서로가 상대방에 대하여 기대할 수 있는 것이 무엇인지 잘 알고 있다. 그들은 엄격하게 단식을 한다. 먹을 수 있는 것이라곤 형편없이 작은 물고기뿐이다. 그 대신 도수 높게 발효된 음료가 있고 그들은 '용맹해지기 위하여' 전투에 앞서 그 음료를 마신다. 그들은 '전사들이 서로를 식별할 수 있게 하기 위하여' 염료로 칠을 함으로써 일종의 제복을 갖춘다. 모든 것이 전투와 관련되어 행해지며, 특히 무기들은 '입김을 쏘여서' 마력과 축복을 부여받는다.

그들 타울리팡족은 적 마을 어귀에 이르자 염탐꾼을 파견하여 적이 모두 거기에 있는지를 확인했다. 적을 일거에 전멸시켜야 하기에 염탐은 대단히 중요하다. 커다란 집은 그 안에 굉장히 많은 수의 적들이 있었기 때문에 그들보다 더 우세하고 위험했다. 16인의 전사는 어느 모로 보나 음료를 마셔 용기가 팽배해 있지 않을 수 없었다. 사령관은 제법 군 장교처럼 지시를 내렸다. 일단 적의 집에 도착하자 사령관은 자신의 책임을 느끼기 시작했다. 그는 "적은 다수이구나"라고 말하며 망설인다. 전력을 보강하기 위해 회군해야 하지 않을까? 그러나 그의 부대원 중에, 도대체 죽여야 할

적이 너무 많다는 일은 있을 수 없다는 부하가 나타난다. 이 부하의 결의가 사령관에게도 이입되어 사령관은 진격령을 내린다.

밤이지만 집안의 적군은 깨어 있다. 마술사가 모임을 주재하고 있다. 환자를 치료 중이다. 그리고 환자 주변에는 사람들이 둘러앉아 있다. 마술사는 다른 자들보다 의심이 많은지라 민감하다. 그래서 위험을 감지한다. "적이 온다"고 말한 그는 잠시 후, "적이 왔다"고 외친다. 그러나 추장은 그게 누구인지 정확히 알고 있다. 그의 적은 하나뿐이며, 그는 그의 적의 원한이 무엇인지도 확실히 안다. 또한 그는, 그의 적은 감히 와 보았자 목숨을 잃을 것이라고 확신하고 있다. "놈은 되돌아갈 수 없다. 놈은 여기서 죽을 것이다"라고. 멸망하게 될 자의 무분별함, 그리고 그런 자를 공격하려는 자의 쓸데없는 망설임이 주목할 만하다. 아무튼 위협에 직면해 있는 그는 재앙이 이미 눈앞에 닥쳐왔는데도 아무 대책도 취하지 않는다.

그 집도 곧 두 여자에 의해 방화되어 불길에 싸인다. 그리고 안에 있던 자들이 애써 밖으로 탈출하려 한다. 그러나 그들은 어둠 속에서 쏘아대는 적을 볼 수 없다. 반면에 자신들은 불빛에 환히 드러난 표적이었다. 적군은 쇄도해 들어와 그들을 곤봉으로 내리친다. 이런 식으로 이야기가 진행되면서, 그들은 완전히 파멸하고 만다. 그 파멸은 전투의 패배 정도가 아니라 철저한 전멸이었다. 우는 아이들이 불 속에 던져졌다. 하나씩 하나씩 시체들이 토막났다. 몸에 피를 바르고 시체들 속에 숨어 도망할 기회를 노리던 생존자마저도 다른 시체들과 운명을 함께 했다. 죽은 추장은 나무에 묶여 산산이 찢길 때까지 사격당했다. 한 죽은 여인을 유린함으로써 살육은 무시무시한 절정에 달했다. 그리고 모든 것이 불더미 속에서 완전히 멸망했다.

근처의 조그만 집에서 도주한 극소수가 산 속에 숨어 '자객' 생활을 하고 있다.

이 전투 무리의 묘사에 대해서는 더 보탤 것이 없다. 무수히 많은 이런 유의 보고서 중 이것은 가장 적나라하기 때문에 가장 진실된 기록이라고 생각한다. 이 보고서에는 첨가한 내용이 없다. 기록자가 꾸며대거나 윤색을 가한 흔적도 없다.

16인은 아무런 전리품도 없이 돌아왔다. 승리는 했지만 어떠한 부도 얻지 못했다. 그들은 단 한 명의 여자도 아이도 남겨두지 않았다. 그들의 목표는 적대적인 상대방 무리를 말살, 문자 그대로 아무것도 남김없이 싹 쓸어 없애는 것이었다. 그들은 자신들의 행위를 흥이 나서 설명했다. 살인자였으며, 또 살인자로 낙인찍혀 남게 된 자들이 마치 남인 것처럼.

애도 무리

애도 무리에 관한 가장 인상 깊은 설명은 중앙 오스트레일리아의 와라뭉가(Warramunga)족에게서 볼 수 있다.[3]

"고통받는 자가 그의 마지막 숨을 거두기 전부터 이내 애도와 자해 행위가 시작되었다. 임종이 임박했다는 것이 알려지자, 모든 남자 주민들이 현장으로 재빨리 달려왔다. 이미 여기저기서 남자들보다 먼저 모여든 여자들 가운데 몇 명은 죽어가는 자의 몸뚱이 위에 아예 엎드려 누워 있었고, 나머지는 주위에 서거나 무릎을 꿇고서 삼으로 만든 막대기의 날카로운 끝으로 자기들의 머리통을 찔러대고 있었다. 정수리로부터 피가 흘러내려 얼굴을 뒤덮었다. 그녀들은 내내 큰소리로 울었다. 현장으로 황급히 달려온 남자들 중 여러 명이 그 죽어가는 자에게 뒤죽박죽으로 엉겨붙었다. 이 바람에 여자들은 일어나 남자들에게 자리를 내주었다. 그러나 병자의 몸뚱이를 놓고 사람 몸뚱이의 더미를 이루는 소동은 여전히 계속되었다. 이윽고 한 사나이가 비명을 지르며, 돌칼을 휘두르며 달려왔다. 현장에 도착하자 그는 돌연 그 칼로 양 넓적다리를 가로로 베어 근육을 절단시키는 것이었다. 그래서 도저히 서 있을 수 없게 되자 그도 몸부림치는 몸뚱이들 더미 위에 쓰러졌다. 그러자 그의 어머니와 아내가 그를 버둥대는 몸뚱이들의 더미에서 끌어냈다. 그리고는 즉각 벌어진 상처에 입을 갖다대었다.

그 동안 그 사나이는 기력을 잃고 땅바닥에 가련하게 뻗어버렸다. 그 후 난장판을 이루었던 몸뚱이들의 더미가 점점 풀어헤쳐지면서 불행한 병자의 모습이 다시 드러났다. 주위 사람들이 선의에서 한 일이라곤 하지만, 그 병자는 애통과 비탄의 표시로 인해 오히려 피해를 입은 셈이었다. 그가 과거에도 이런 일을 당한 적이 있었다면 그의 친구들이 이렇게 애도를 베풀고 떠나갔을 때는 필시 전보다도 병세가 더 악화됐을 것이다. 정말이지 그 병자는 오래잖아 죽을 것임이 확실해졌다. 흐느낌과 울음이 여전히 계속되었다. 해가 지고 어둠이 막사를 덮었다. 그날 밤 그 병자는 죽었다. 그러자 통곡은 한층 더 심해졌다. 그리고 남자고 여자고 모두 비탄에 젖은 나머지 칼이나 끝이 예리한 꼬챙이로 자해 행위를 감행하기 시작했다. 여자들은 곤봉으로 상대방의 머리를 두들기기도 했다. 그들은 칼질이나 곤봉질을 피하려는 기색조차 보이지 않았다.

한 시간 후, 횃불이 어둠을 밝히는 가운데 장례 행렬이 출발했다. 행렬은 1마일쯤 떨어진 숲으로 갔다. 거기서 그들은 시체를 나지막한 고무나무 덤불 속, 나뭇가지로 만든 단 위에 놓았다. 다음날 먼동이 터올 무렵 그 병자가 죽은 움막 부근에는 사람이라곤 기척도 보이질 않았다. 죽음의 장소를 외로이 남겨둔 채, 모두가 자기들의 움막을 거두어 멀리 옮겨버렸던 것이다. 왜냐하면 틀림없이 그 부근을 배회하고 있을 죽은 자의 유령과 만나기를 원치 않았기 때문이다. 뿐만 아니라 거기에는 나쁜 마술로 그 병자를 죽게 만들었던 어떤 살아있는 자의 요기가 서려 있으며, 어쩌면 바로 그자가 동물의 겉모습을 하고 현장에 나타나 자기가 저지른 죄악의 장소를 흡족한 눈초리로 음흉하게 쳐다볼지도 모르기 때문이다.

그러나 새로 옮겨간 야영지 움막들에는 자해 행위로 넓적다리를 크게 다친 남자들이 가득 누워 있었다. 그들은 죽은 자 곁에서 의무를 완수한 것이다. 넓적다리에 생긴 깊은 흉터는 앞으로 그들의 일생 동안 명예의 배지 노릇을 할 것이다. 어떤 사나이는 기회 있을 때마다 자해를 감행하여 흉터가 자그마치 스물세 군데나 있었다. 그 동안 여자들은 애도의 의무를 계속 수행했다. 40~50명의 여자들이 5~6명씩 패를 지어 앉아서 서로서로 팔짱을 끼고 미친 듯이 울부짖었다. 그리고 죽은 자의 아내들, 어머니들, 장모들, 딸들, 여동생들, 할머니들, 손녀들은 풍습에 따라 삼 막대기로 다시 한 번 머리통을 찔렀고, 특히 과부가 된 아내들은 여기에 더하여 머리의 상처를 뜨거운 불등걸로 지지기까지 했다."

위의 설명에서 즉시 눈에 띄는 한 가지 사실이 있다(위의 예화와 비슷한 예화들은 많이 있다). 그것은 바로 흥분(Erregung)이다. 위의 사건 속에는 여러 가지의 의도들이 개입해서 작용을 하고 있을 것이고, 그리고 또 우리는 마땅히 그것들도 검토해보아야 하겠지만, 그러나 본질적인 것은 애도 그 자체, 무리의 모든 구성원이 함께 애도해야 할 어떤 것을 가지고 있는 상황이다. 애도 행위의 광폭성과 지속성, 이튿날 다른 새 움막에서 애도가 재연된다는 점, 애도가 놀라운 리듬으로 점차 심해지는 점, 완전히 지치고 난 후에도 또다시 새로 시작된다는 점, 이 모든 것들이 여기서 중요한 것은 공동체적 애도의 흥분이라는 사실을 분명히 보여준다. 한 전형적인 오스트레일리아 원주민의 이 예화 하나만으로도, 어째서 지금 내가 말하는 흥분이란 것이 무리 단위의 애도이며, 어째서 애도 무리라는 용어가 나와야 하는지를 쉽게 이해할 수 있을 것이다.

모든 것은 죽음이 임박했다는 소식으로부터 시작된다. 남자들이 소식을 듣고 최대한의 속도로 질주해 현장에 와보니 이미 여자들이 거기 와 있었다. 죽어가는 자와 가장 절친했던 자들은 그 자의 몸 위에 더미를 이루어 엎드린다. 중요한 점은 애도는 죽고 난 다음에야 시작되는 것이 아니라는 사실이다. 애도는 환자가 소생할 가망이 없다고 포기하는 순간부터 즉시 시작된다. 그들은 그가 죽을 것이라고 속단하므로, 아직 목숨이 붙어 있더라도 도저히 그때까지 기다릴 수 없어 애도가 시작된다. 바로 이 시점에서 그들은 기다렸다는 듯이, 그리고 그 애도의 대상을 놓칠 수 없다는 듯이, 애도 무리로 돌변하는 것이다. 애도 무리가 대상을 대하는 엄청난 난폭성은 그 대상 자체의 운명을 정해버린다. 죽음의 고비에 이른 병자가 애도 무리의 그러한 행동에 의해 회복되리라고는 도저히 생각할 수 없다. 주변 인물들의 광적인 몸부림에 파묻혀 그는 오히려 질식할 지경에 이른다. 그

와중에서 실제로 질식사한 환자가 틀림없이 있었을 것이다. 어쨌든 그는 급격히 죽음에 이르게 된다. 인간은 평온 가운데 자기의 최후를 맞도록 해야 한다는 생각이 우리에게는 지극히 당연하지만 이 부족들에게는 전혀 납득이 가지 않는 억설일 것이다. 그만큼 그들은 자신들의 흥분에 휩싸여 있는 것이다.

죽어가는 자의 몸뚱이 위에 형성되는 사람들의 더미(Haufen), 다시 말해 죽어가는 자의 몸에 가급적이면 가까이 있으려고 엎치락뒤치락하는 이 몸뚱이들의 일대 혼란은 무엇을 의미하는가? 우리는 앞서 거기 있던 여자들이 뒤에 온 남자들에게 자리를 양보했음을 안다. 여자들은 이 남자들도, 최소한 그 중 몇 명쯤은 죽어가는 자의 몸에 가까이 갈 당연한 권리라도 있다는 듯이 자리를 양보한다. 원주민들은 그들이 만드는 사람들의 더미를 어떻게 설명할지 몰라도, 실제로 일어나는 일은 단지 죽어가는 자를 한 번 더 자기 속으로 흡수하고 싶다는 것이다.

애도 무리 소속원들의 육체적인 근접, 즉 그들의 밀도는 더 이상 조밀해질 수 없다. 그들은 죽어가는 자와 함께 하나의 덩어리로 된 더미를 이룬다. 다시 말해, 그 죽어가는 자는 아직 그들 무리의 일원인 것이다. 그들은 그를 자기들 가운데 붙잡아두려 한다. 그 자가 일어나 그들과 함께 서 있을 수 없기 때문에 그들도 그 자와 함께 눕는 것이다. 그 자에 대하여 권리가 있다고 믿는 모든 사람들이, 그를 중심으로 하여 더미의 일부가 되려고 서로 아귀다툼을 하는 것이다. 그들은 마치 그 자와 함께 죽기를 바라고 있는 것처럼 보인다. 그들의 자해 행위, 더미나 또는 그 밖의 아무 데나 몸을 내던지는 모습, 상처 입은 자가 쓰러지는 모습 이런 모든 것이 그들의 의도가 진지함을 보여준다. 그들은 그 자와 '평등' 해지기를 원한다고 말해도 틀림이 없을 것이다. 그렇지만 그들이 그 자를 따라 같이 죽고 싶어하는 것은 아니다. 그들이 원하는 것, 그들이 그들의 행동으로 확보하고자 하는 것은 그 자가 속해 있는 더미의 상태를 지속하는 것이다. 애도 무리의 본질은 죽음이 실제로 일어나기 전까지는 죽어가는 자에게로 동화(Angleichung)되려고 하는 데 있다.

그러나 또 하나의 본질이 있다. 그것은 죽어가는 자가 정작 죽었을 때, 애도 무리가 그의 주검을 유기(遺棄)하는 방법에 관한 것이다. 애도 무리는 죽어가는 자에게는 열광적으로 달라붙어 그 자를 이승에 잡아두려고 안달한다. 그러나 그 자가 정작 죽으면 그들은 두려움에 차서 그를 거부하며 시체를 버려둔 채 멀리 떠나간다. 이러한 태도의 돌변에서 애도 무리의 특유한 긴장감을 엿볼 수 있다. 그래서 그들은 황급히 서둘게 된다. 바로 그날 밤에 시신이 서둘러 치워진다. 그의 유적이 될 만한 것은, 연장이고 움막이고 무엇이고간에, 그의 소유물이었던 것은 모조리 파괴돼 버린다. 심지어는 그가 살던 움막 주변의 모든 것까지 파괴하고 불태워 없애 버린다. 갑자기 그리고 단호하게 애도 무리는 그에게서 등을 돌리는 것이다. 그 자는 그들을 떠나갔기 때문에 이제는 위험한 존재이다. 그는 죽었기 때문에 살아 있는 자들을 질투할지도 모른다. 그래서 앙갚음을 할지도 모른다. 그들이 보였던 연민도 신체적 근접도 모두 그를 이승에 잡아두는 데 실패했다. 그가 품고 떠나간 한이 그를 그들의 적으로 만들지도 모른다. 무수한 트릭과 책략으로 그들 가운데 잠입해 들어올지도 모른다. 따라서 그들은 그에 대응하여 그에 못지않은 영악함으로 그들 자신을 보호해야 한다.

그들은 새 움막으로 가서도 애도를 계속한다. 그들에게 강한 일체감을 주었던 흥분은 즉각 가라앉지 못한다. 그들은 위기에 봉착했으므로 오히려 더욱 흥분이 필요하다. 그들은 자해를 계속함으로써 고통을 과시한다. 마치 전쟁 같다. 그러나 여기에서는 적이 가해자가 아니라 자신들이 가해자이다. 제 몸에 스물 세 개의 흉터를 가진 사나이는 그것들이 마치 전쟁에서 받은 훈장이기라도 한 양 뽐낸다.

우리는 그들의 자해로 인한 중상의 의미가 오직 이뿐인가를 검토해야 한다. 자해라는 면에서 여자들은 남자들보다 한 수 더 떠서, 끈질기게 애도를 계속하려 한다. 이 자기 상해에는 강한 분노가, 죽음에 대한 인간의 무력감에서 오는 분노가 서려 있다. 그들은 마치 자해로써 죽음에 벌을 주려는 것 같다. 그들은 마치 개개인이 자신의 육신을 손상시킴으로써 무리 전체의 손상을 표명하려는 것 같다. 그러나 이런 파괴 행위는 육신만이 아니라 그들의 빈약한 주거(住居)에도 자행된다. 이런 면에서 그들의 파괴는, 앞에서 고찰한 군중의 파괴욕을 상기시킨다. 모든 고립된 물체들을 파괴함으로써 애도 무리는 스스로를 충족시키며 자신의 존재를 연장한다. 또한 그들의 파괴 행위는 커다란 불행이 다가왔음을 알고 이 때문에 고통을 겪던 전과는 전혀 다르다. 파괴는 새로운 돌파구인 것이다. 이로써 모든 것이 새롭게 시작된다. 그들은 다시 애도 무리로서의 공동체적 흥분(gemeinsame Erregung)을 새롭게, 힘차게 시도하기 시작한다.

애도 무리가 변해가는 본질적인 측면을 다시 한 번 요약하면 이렇다. 첫째는 죽어가는 자에게로 성급히 달려와서 생과 사의 중간 기로에 서 있는 그 자를 둘러싸고 일어나는 이상야릇한 더미 현상이며, 둘째는 죽은 자 및 그 자가 한 번이라도 손을 댔음직한 모든 물체로부터 겁에 질려 달아나는 현상이다.

증식 무리

원시 부족들의 생활을 관찰해보면, 우리는 금방 사냥 무리나 전투 무리 또는 애도 무리가 그들의 생활의 중심을 이루고 있음을 알게 된다. 이 세 가지 무리는 원시 부족의 생활에 뚜렷하게 나타난다. 그리고 이 세 가지는 모두 원소(元素)적인 어떤 불변의 요소를 지니고 있어서, 설사 그 중 어느 한 가지가 생활의 뒷전으로 후퇴하는 경우에도 여전히 그것의 어떤 기본적인 잔재는 남게 된다. 이 사실에서 우리는 그 후퇴한 무리의 유형이 과거 생활의 정면에 표출돼 있었을 때 얼마나 중요한 의미를 가진 것이었던가를 알 수 있다.

그런데 증식 무리는 여러 가지 복합적인 형태를 취하면서 나타나는 것이다. 증식 무리야말로 대단히 중요한 의미를 가진다. 왜냐하면 증식 무리는 인간의 확산을 가져온 특수한 추진력이기 때문이다. 증식 무리는 인류를 위해 지구를 정복하였고 더 풍요한 문명으로 인류를 인도했다. 증식 무리가 가져오는 온갖 효과들이 제대로 이해되지 못한 까닭은 번식(Fortpflanzung)이라는 개념이 증식의 실상을 왜곡했고 흐려놓았기 때문이다. 증식의 실상은 애당초 변신(Verwandlung) 과정들과의 연관 속에서만 비로소 이해될 수 있다.

초기의 인류는 방대하고 때로는 텅 빈 공간을 소수의 패거리를 지어 헤매면서, 압도적 다수인 동물들과 대치하곤 했다. 그러나 모든 동물들이 다 적대적인 것은 아니었으며, 오히려 대부분은 위험하지 않았다. 하지만 그들은 대개 엄청난 다수로 존재했다. 그 동물이 들소의 떼였건, 영양의 떼였건, 물고기 떼였건, 아니면 메뚜기나 꿀벌 또는 개미의 떼였건, 그 동물의 수에 비하면 인간의 패거리는 보잘것없었다.

인간은 수태 기간이 길고 다산성이 아니기 때문에 자손이 귀하다. 따라서 더 다수이기를 바라는 욕망, 소속 인원의 수가 점점 커지기를 바라는 욕망은 언제나 심각하고 절박했을 것이며, 게다가 시간이 흐를수록 점점 더 강렬해졌을 것이다. 무리가 형성될 때마다 다수가 되기를 바라는 그들의 욕망은 한층 강해졌을 것임에 틀림없다. 사냥 무리가 다수이면 다수일수록 더 많은 사냥감을 추적할 수 있었다. 그 옛날에는 사냥감이 흔했다고는 결코 말할 수 없다. 왜냐하면 흔하다가도 갑자기 몽땅 사라져 버리기 일쑤였기 때문이다. 그러므로 사냥꾼은 되도록 여러 명이어야 했고, 그래야 동물이 흔할 때 기회를 놓치지 않고 사냥을 할 수 있었다. 또 전쟁시에는 언제나 자기편이 적의 무리보다 강하길 원했을 것이고, 항상 소수이면 위험하다고 생각했을 것이다. 어떠한 구성원의 죽음도 애도의 대상이었으며, 특히 경험 많고 용감한 남자의 죽음은 엄청난 손실이었다. 수가 적다는 것, 그것이 인간의 약점이었다.

인간에게 위험한 동물들도 때때로 외톨이로 혹은 인간처럼 소규모의 집단을 이루고 살았다. 그 동물들처럼 인간도 육식동물이었다. 그러나 인간은 홀로 사는 맹수처럼 외롭게 지내는 것을 결코 원하지 않았다. 아마도 초기의 인간은 이리 떼 정도의 규모로 떼를 지어 살았을 것이다. 이리는 그 규모로 만족했지만 인간은 그렇지 않았다. 그리하여 작은 규모로 떼를 지어 기나긴 세월을 살아오는 동안, 인간은 그가 아는 모든 동물들을 '변신'을 통해 자기화하였다. 인간은 이 변신의 수련을 거듭 쌓으면서 진정한 인간이 되었다. 변신은 인간의 천부적 재능이며 쾌락이었다. 초기의 인간들은 다른 동물로 변신할 때, 자신들의 수를 다수인 것처럼 보이게 할 수 있는 여러 방법들을 동원하여 연기하고 춤추었다. 자신들의 동물 연기가 완벽에 가까우면 가까울수록, 인간들은 그 동물의 다수성에 강렬한 인상을 받았을 것이다. 인간은 다수로 존재한다는 것이 무엇을 뜻하는지, 그리고 소수의 집단으로 갈래갈래 분리되어 존재한다는 것이 무엇을 뜻하는지를 절감했을 것이다.

인간은 본래 인간이었던 순간부터 '더 다수가 되기를' 원했음이 틀림없다. 인간의 모든 신념, 신화, 축제, 그리고 의식들이 이 욕망으로 가득 차 있다. 이 점에 관한 한 얼마든지 예를 들 수 있으며, 앞으로 검토가 진행됨에 따라 수많은 예와 접하게 될 것이다. 증식을 지향하는 모든 것이 인간에게 이토록 큰 힘을 발휘하는 것이라면, 내가 왜 이 장 첫머리에서 증식 무리의 복합성을 강조하는지 여러분은 의아해 할지도 모른다. 그러나 조금만 생각해보면 증식 무리가 왜 그렇게 다양한 형태로 나타나는지를 이해할 수 있을 것이다. 우리는 증식 무리를 어디에서나 발견할 수 있다. 증식 무리는 우리가 있으리라고 기대하는 곳에는 틀림없이 있다. 그러나 증식 무리는 비밀의 은신처를 가지고 있어서, 생각지 않았던 곳에서도 홀연히 나타난다.

원래 인간은 다른 피조물의 증식과 동떨어진 자신만의 증식은 생각하지 않는다. 인간은 증식 욕구를 주위의 모든 것에 전이시킨다. 자신의 무리가 출산에 의해 증식되기를 바라는 것만큼 사냥감과 과실들이 많아지기를, 가축과 곡식이 많아지기를, 그 밖에 먹고사는 모든 것들이 다 증식되기를 바란다. 인간이 번성하고 증식하기 위해서는 살아가는 데 필요한 모든 것이 풍부해야 한다.

비가 안 오면 인간은 비를 내리게 해보려고 애쓴다. 인간은 동물 중에서도 물을 가장 필요로 하는 편이다. 그래서 세계 도처에서 증식을 염원하는 축제와 비는 동일시된다. 푸에블로 인디언처럼 기우(祈雨) 춤을 추거나 혹은 비가 내리게 하는 주문을 외우고 있는 마술사를 둘러싸고 애태워하는 종족들, 이런 모든 경우에서 그들의 상태는 증식 무리의 상태라고 할 수 있다.

증식과 변신 사이의 밀접한 관계를 이해하기 위해 우리는 오스트레일리아 원주민의 제사 의식들에 관해 고찰할 필요가 있다. 이 의식들은 이미 반세기 전에 탐험가들에 의해 철저하게 조사된 바 있다.[4]

원주민들의 전설에 등장하는 그들의 '조상들'은 참으로 괄목할 만한 존재들이다. 그 조상들의 성격은 이원적이어서, 반은 인간이고 반은 동물과 같다. 아니, 더 정확하게 말하면 동시에 두 성격을 겸하고 있었다. 이 의식들을 고안한 것이 조상들이고 또 그들이 명한 바 때문에 원주민들은 이 의식들을 엄수한다. 그런데 이 의식에 등장하는 조상들이란 인간과 어떤 특정 동식물의 결합체이다. 캥거루 조상(Känguruh-Ahne)은 인간인 동시에 캥거루이며, 에뮤 조상(Emu-Ahne, 에뮤는 오스트레일리아 특산의 타조 비슷한 큰 새-역주)은 인간인 동시에 에뮤이다. 그러나 하나의 조상이 한꺼번에 두 동물을 대표하지는 않는다. 그러니까 인간은 언제나 그들의 반신이고, 나머지 다른 반신은 특정의 동물이다. 거듭 강조하거니와 인간과 특정 동물, 이 둘이 동시에 하나의 인물로 등장하며, 이 둘의 특징은 우리가 보기에 가장 순수하고 놀라운 방식으로 이 하나의 인물에 혼합되어 있다.

이 조상들이란 곧 변신의 소산임이 분명하다. 반복해서 캥거루처럼 보여지고 느껴지는 데 성공한 사람들은 결국 캥거루 토템이 되었다. 자주 실행되고 이용되는 특정의 변신은 일종의 재산과 같은 것으로, 극적인 신화라는 형식을 통해 한 세대에서 다음 세대로 계승되었다.

인간의 주변에서 살아가던 진짜 캥거루의 조상은, 동시에 자신들을 캥거루라고 칭하는 인간 집단의 조상도 겸하게 된다. 이처럼 이중의 자손을 거느리게 되는 시발점인 변신은 공동체 행사가 있을 때 공개리에 연출된다. 한두 사람이 캥거루로 분장하고 나머지 사람들은 구경꾼으로 전래적인 변신 의식에 가담한다. 구경꾼들은 다음 기회에 스스로 캥거루가 되어 춤을 출 수 있을 것이다. 이 변신의 즐거움, 세월의 흐름에 비례하여 변신에 주어지는 각별한 비중, 변신이 새로운 세대들에 대하여 지니는 소중한 가치 등등은 변신 의식이 거행되는 동안의 성스러운 분위기 속에 저절로 잘 나타난다. 성공적인 변신은 천부적 재능에 해당한다. 그것은 언어라는 무형의 재물처럼, 또는 무기, 향료, 성스러운 제기(祭器) 따위의 손으로 만질 수 있고 눈으로 볼 수 있는 유형의 재물처럼 소중하게 간직된다.

소중한 전통으로 계승돼온 변신은 토템으로서 특정의 사람들과 캥거루 사이의 근친 관계를 표시한다. 또한 그 변신은 캥거루들의 '수'와의 연계를 의미하기도 한다. 캥거루의 수는 언제나 인간보다 많았다. 그리고 인간은 캥거루와 근친 관계에 있었으므로, 인간은 캥거루가 증식되기를 바랐다. 캥거루가 증식되면 인간도 증식된다. 토템 동물의 증식은 인간 자신의 증식과 동일시되었던 것이다.

이래서 증식과 변신 사이 연계의 강도는 아무리 과대평가해도 지나치지 않을 것이며, 이 둘은 항상 손을 잡고 다닌다. 변신이 일단 확정되면 그 형태는 고스란히 전통으로 간직된다. 변신은 그 속에서 하나가 된, 나눌 수 없는 두 피조물 모두의 증식을 보증하게 된다. 물론 두 피조물 중 하나는 언제나 인간이다. 토템 하나하나마다 인간은 또 다른 동물의 증식을 확보하는 것이 된다. 여러 개의 토템을 가진 부족은 그 토템들에 상응하는 여러 가지 동물의 증식을 자기 소관하에 두는 셈이다.

오스트레일리아의 토템은 대다수가 동물들이나, 그 중에는 식물들도 있다. 하지만 모두 인간의 식량이 되는 식물들이므로 식물의 증식을 위한 의식이 있다는 것은 결코 놀랄 만한 일이 아니다. 인간이 자두나 호두를 좋아하고 또 그것들이 많아지기를 바라는 것은 당연하다. 우리가 독충이라고 생각하는 곤충들 가운데 어떤 유충, 흰개미, 메뚜기 따위는 오스트레일리아 원주민들에게는 별미에 속하며, 그래서 그들에게는 이것들도 토템으로 등장한다. 그러나 전갈, 이, 파리, 또는 모기를 토템으로 모시는 부족들을 접하게 되었을 때 우리는 어떻게 말해야 할까? 이런 경우에는 실용성이라는 말의 세속적인 의미로 이야기한다는 것은 불가능하다. 왜냐하면 이 피조물들은 우리에게나 원주민들에게나 마찬가지로 성가신 해충이기 때문이다. 그 부족들의 관심을 끈 것은 오직 이 벌레들의 막대한 수뿐이었을 것이며, 인간이 그들과 하나의 근친 관계를 확립하려 한 것은 그들의 수를 자기 것으로 확보하려는 의도에서였을 것이다. 모기 토템을 가진 부족의 후손들은 그들의 종족이 모기처럼 무수히 번성하기를 원할 것이다.

오스트레일리아 원주민의 이중적인 형상에 관한 나의 고찰은 매우 간략하고 단편적이다. 그러나 그들의 또다른 토템에 관해 마저 언급하지 않고서는 결론을 맺을 수 없다. 다음에 열거하는 것들은 우리들을 놀라게 할 것이다. 왜냐하면 그것들은 다른 각도에서 이미 우리들이 잘 알고 있는 것들이기 때문이다. 이 다른 종류의 토템이란 바로 구름, 비, 바람, 풀, 불타는 초원, 불, 모래, 바다, 별 등이다. 이것들은 앞서 내가 장황하게 풀이한 바 있는 자연현상으로서의 군중 상징들일 뿐이다. 이 상징들의 역사성과 중요성은 그것들이 오스트레일리아에서 토템으로 존재했다는 사실을 통해 가장 잘 증명된다고 하겠다.

그렇지만, 증식 무리 모두가 다 토템과 연계되어 있다고 가정하거나, 오스트레일리아 원주민들의 경우처럼 증식 무리는 언제나 토템에만 시간을 소비하고 있다고 가정하는 것은 잘못이다. 세상에는 이보다 더 간편하고 단순한 수단이 있다. 이 수단을 쓰면 원하는 동물을 직접 그리고 곧바로 매혹시킬 수 있다. 다음 설명은 19세기 전반부에 쓰여진 것으로, 북아메리카의 인디언인 만단(Mandan, 노스다코타 주에 살고 있는 평원 인종에 속하는 인디언-역주)족의 유명한 들소춤 이야기이다.[5]

"들소는 떠도는 동물로, 때때로 거대한 무리를 형성하여 대륙을 동서로 남북으로 방랑하며, 때로는 기분 내키는 대로 때로는 낯선 환상에 사로잡혀 떠돌아다닌다고 한다. 이러다보니 유감스럽게도 만단족은 잡아먹을 것이라곤 아무것도 없는 상태로 혼자 남게 되는 수가 있다. 만단족은 소규모의 부족이며, 그래서 고향을 떠나 강력한 적들이 우글거리는 먼 곳까지 나돌아다니기를 원치 않는지라, 혼자 남아 거의 아사지경에 이르는 경우도 있다. 이런 위기에 당면했을 때 만단족 남자들은 모두 이런 때를 대비하여 각자가 항상 가지고 있도록 의무화되어 있는 가면(뿔까지 그대로 달린 들소 가죽으로 만든)을 가지고 나와 집합한다. 그들은 들소춤을 추기 시작하는데, 이 춤의 목적은 들소가 오게 하는 데 있다. 다시 말해, 유랑하는 들소 떼가 행진 방향을 바꾸도록 유인하여 만단족의 마을로 향하게 하는 데 있다.

들소춤은 마을 한복판 광장에서 춘다. 한꺼번에 10~15명이 참가하며, 물론 각자 가면, 즉 뿔까지 달려 있는 들소의 머리 가죽을 자신의 머리에 쓰고 있고, 손에는 자신이 들소 사냥 때 즐겨 사용하는 활이나 창을 들고 있다.

이 춤은 언제나 소기의 목적을 달성한다. 실패하는 법이 없다. 아니 실패할 수가 없다. 왜냐하면 이 춤은 밤이고 낮이고 '들소의 도착'이 이루어질 때까지 계속되기 때문이다. 구경꾼들은 자신의 가면을 머리에 쓰고 무기를 손에 들고, 현재 춤추는 자가 지쳐서 춤의 대열에서 이탈될 때 교대하기 위해 서 있다.

이 거족적 흥분의 기간 중에도, '감시인'이 마을 부근에 있는 언덕에 올라간다. 그 자는 들소 떼를 발견했을 때는 마을에서도 다 보일 수 있고 모두 알 수 있도록 미리 약속한 신호인 '옷 집어 던지기'로 마을에 알린다. 이 마을에서는 이런 들소춤이 한 순간도 중단됨이 없이 2~3주간 계속되는 일이 흔하다. 2~3주 후에 들소가 나타나는 순간 춤은 환희와 함께 끝난다. 따라서 들소춤에는 실패가 없다. 만단족은 들소를 불러들이는 효과가 있는 유일한 방법은 들소춤이라고 생각한다.

만단족의 머리에 씌워진 가면에는, 일반적으로 들소의 몸뚱이 가죽의 일부가 길게 매달려 있고 그 끄트머리에는 들소의 꼬리가 그대로 달려 있다. 그래서 그것을 쓰면 꼬리 부분은 땅에 질질 끌리게 되어 있다. 춤을 추다가 지치면 그는 등을 앞으로 꾸부정하게 숙여서 지쳤다는 신호를 한다. 그러면 다른 자가 무딘 화살을 재서 그 지친 자를 쏜다. 들소처럼 그 자는 완전히 땅에 쓰러지고 이어서 구경꾼들이 그를 춤의 대열 밖으로 힘껏 끌어낸 후 단도를 휘두르며 사냥에서처럼 가죽을 벗기고 살을 토막내는 흉내를 낸 다음 그를 누워 있게 한다. 그리고는 즉시 그자 대신 다른 자가 자기의 가면을 쓰고 춤의 대열로 들어간다. 이처럼 교대가 계속됨으로써, 들소춤은 밤이고 낮이고 어렵지 않게 계속되어 소위 '들소 도착'이라는 소기의 목적은 결국 달성된다."

여기서 춤추는 자들은 들소와 사냥꾼을 동시에 나타낸다. 그들은 들소로 가장하고 있지만 손에 든 활과 화살과 창은 그들이 사냥꾼임을 뜻한다. 춤을 추고 있는 한, 그들은 들소로 간주되며 스스로도 그렇게 행동한다. 그가 지쳤을 때는, 한 마리 들소가 지친 것이다. 그는 피살되어야만 비로소 들소 떼를 이탈하게 된다. 그는 지쳤기 때문에 쓰러지는 것이 아니라, 창이나 화살에 맞았기 때문에 쓰러지는 것이다. 맞아 쓰러진 후에도 그는 한사코 들소 떼 중에 남아 있으려 하나, 주위의 사냥꾼들이 그를 끌어내다가 도살을 시작한다. 그는 처음엔 '들소 떼'였고, 나중에는 포획물이 된다.

격렬하게 그리고 굉장히 오랫동안 계속되는 춤에 의해 한 무리가 진짜 들소 떼를 유인할 수 있다는 생각은 여러 가지 것들을 전제로 한다. 군중은 성장한다는 것, 그리고 군중은 부근에 있는 모든 같은 종을 군중의 범위 내로 끌어들여 하나로 만들려 한다는 것을 만단족은 경험에 의해 알고 있다. 많은 수의 들소들이 있는 곳이면, 그곳이 어디이든 다른 들소들이 모여들게 마련이다. 또한 만단족은 들소춤의 흥분이 춤을 추는 무리의 강도를 증가시킨다는 것도 알고 있다. 그 무리의 힘은 그 춤의 율동적 동작이 격렬해짐에 따라 상승하며, 그 무리가 수적으로 부족하다는 사실을 춤의 격렬함으로 보상하는 것이다.

용모와 행동이 이미 잘 알려져 있는 들소는 춤을 좋아한다는 면에서는 인간을 닮아, 들소로 위장한 그들의 적이 마련한 거짓 축제에 유혹당하고 만다. 춤은 장기간 계속된다. 왜냐하면 아주 먼 곳에까지 춤의 효과가 전해져야 하기 때문이다. 아주 먼 곳에서도 들소 떼는 이 들소춤의 무리를 자기들과 동류인 한 무리로 인식하고, 춤이 계속되는 한 그 무리의 유혹에 따라온다. 만일 춤이 중단되면 이 무리는 없어진 셈이며, 들소들이 설사 이쪽으로 방향을 잡는다 하더라도 워낙 먼 거리이므로 오는 도중에 아무 쪽으로나 가버리기 십상이다. 왜냐하면 들소 떼가 합류해 오기를 바라는 이 들소춤의 무리말고도, 부근에는 크고 작은 들소 떼들이 수없이 널려 있으므로 그들 중 어느 쪽으로 방향을 틀어 가버릴 것이기 때문이다. 그러므로 그들의 들소춤은 누구보다도 강력한 매력을 계속해서 발휘해야 한다. 그리고 강력한 흥분이 계속되는 상태에 있는 증식 무리는 강도가 없이 엉성하게 결합되어 있는 느슨한 다른 진짜 들소 떼보다도 강한 매혹을 발산하기 때문에 들소 떼는 어쩔 수 없이 그들의 궤도 안으로 끌려들게 된다.

성찬식

'회식(das gemeinsame Mahl)'에서 우리는 특수한 형태의 증식 행위를 발견할 수 있다. 독특한 의식에 따라 참가자 각자에게 도살된 동물의 한 조각이 전해진다. 그들은 함께 잡은 동물을 함께 먹는다. 동일 동물의 각 부위가 무리 전체의 몸속으로 흡수된다. 동일 동물의 같은 신체 부위가 그들 모두의 뱃속으로 들어가기도 한다. 그들은 같은 것을 쥐고, 물어뜯고, 씹어서 삼키는 것이다. 이들은 이제 그들이 먹는 한 마리 동물을 통하여 일체가 되며, 그것은 그들 모두의 내부에 존재한다.
이러한 공동 섭취의 의식이 성찬식(Kommunion, 여기서의 성찬식은 기독교의 성찬식을 포함한 모든 의례적 회식을 지칭한다-역주)이다. 여기에는 특별한 의미가 부여된다. 그것은 먹히는 동물에게 명예가 주어지는 방법으로, 그리고 장차 동류를 많이 데리고 다시 살아서 돌아올 것이라는 전제하에서 거행된다. 동물의 뼈는 버릴 것이 아니라 고스란히 남겨져 잘 보존되어야 한다. 정해진 대로 모든 일이 끝나고 나면, 그 골격에 다시 살이 돋아날 것이며, 그 동물은 부활하여 또 다시 사냥의 목표물이 되어줄 것이다. 그러나 이 성찬식이 잘못 거행되면, 그 동물은 모욕감을 느껴 부활하지 않는다. 그 동물은 자기의 무리들 모두를 이끌고 달아나버릴 것이며, 다시는 나타나지 않아 인간은 굶어죽게 될 것이다.

어떤 종족은 그들이 먹는 동물이 성찬식에 친히 참석한다고 상상하면서 이 의식을 거행한다. 그래서 어떤 시베리아 부족들은 곰을 식탁의 손님으로 취급한다. 그들은 곰의 가장 별미에 속하는 부위를 그 곰의 몫으로 대접함으로써 그 곰을 최고로 예우한다. 그들은 그 곰에게 엄숙히 인사하고 그의 동포들에게 잘 말해 달라고 부탁까지 한다. 그들은 그 곰과 친구가 될 수만 있다면 그들 자신이 그 곰에게 잡아먹혀도 좋다고 생각할 정도이다. 이러한 성찬식은 사냥 무리에게 일종의 확대를 가져온다. 여자들과 사냥에 참가하지 않았던 남자들도 성찬식에는 참여하기 때문이다. 그러나 성찬식의 참가 인원은 사냥에 직접 참가했던 사냥꾼들만으로 한정될 수도 있다. 아무튼 성찬식 참가자들의 성격을 두고 이야기하는 한 그들의 내적 과정은 동일하다. 즉, 그들은 사냥 무리에서 증식 무리로 이행하고 있는 것이다. 그날의 사냥에 성공하여 그 무리가 잡은 동물을 지금 먹는다고 치자. 이때 성찬식이라는 엄숙한 의식의 순간에 그들의 마음은 앞으로 있을 모든 사냥에 대한 생각으로 가득 할 것이다. 따라서 성찬식에 참가한 자들은 모두 그들이 원하는 보이지 않는 동물 군중의 영상을 마음속에 그리며 그것이 현실로 나타나기를 간곡히 원할 것이다.

사냥 무리의 원시적인 성찬식은 사냥과는 전혀 다른 종류의 증식을 갈망하는 농경 단계 무리에게서도 볼 수 있다. 농경민족은 그들의 일용 양식인 곡식의 증가를 염원하지만 그들도 동물을 놓고 회식하는 자리에서는 그 옛날 그들이 오로지 사냥으로만 먹고살던 시절의 엄숙한 성찬식을 답습한다.

더 고등한 종교에서는, 이 성찬식에 새로운 요소가 추가된다. 즉, 그것은 신도 수의 증가라는 것이다. 만일 성찬식이 완전하고 적절하게 지켜지면 믿음은 계속 번져나갈 것이고 따라서 점점 더 많은 신도들을 끌어 모으게 될 것이다. 그러나 이보다 더 중요한 의미는, 물론 소생과 부활의 약속이다. 사냥꾼들이 예를 갖추어 먹는 동물은 되살아날 것으로 믿었고, 다시 살아나서 사냥의 목표물이 될 것으로 생각했다. 더 차원 높은 성찬식에서는 이 부활의 이념이 본질적 목표가 된다. 단, 여기서 먹히는 것은 동물이 아니라 신의 몸이며, 신도들은 이 신의 부활을 자기들의 부활과 결부시킨다.

성찬식의 이런 측면에 관해서는 앞으로 애도의 종교(Klage-Religion)를 다룰 때 자세히 논의하겠다. 여기서 지금 내가 지적하고자 하는 것은 사냥 무리에서 증식 무리로의 이행에 관해서만이다. 즉, 특별한 종류의 식사는 그 음식물의 증식을 확실하게 해주는 것이다. 그리고 여기의 음식물은 처음부터 살아있는 생물로 상정되어 있다. 그런데 여기서 또 하나 확실한 것은, 무리는 자신의 소중한 정신적 실체를 새로운 어떤 것으로 대치시켜 버림으로써 그 실체를 보존하려는 성향을 가진다는 사실이다. 이 실체가 무엇이든 간에〔아마 실체(Substanz)라는 용어가 부적절할지도 모르겠다〕무리의 와해 혹은 분산을 막기 위해서라면, 이 경향을 무슨 조치라도 감행할 것이다.

그런데 회식과 음식물의 증식과의 관련성은, 몇 조각의 빵과 몇 마리의 물고기로 수천 명의 굶주린 사람을 배불리 먹인 신약성서의 기적처럼, 소생이니 부활이니 하는 다른 요소가 개입되지 않은 직접적이고 즉각적인 것일 수도 있다.

내향 무리와 평온 무리

무리의 네 가지 중요한 형태들은 다른 여러 가지 방법으로 분류될 수 있다. 먼저 '내향 무리(die innere Meute)'와 '외향 무리(die äußere Meute)'로 나눌 수 있다.

외향 무리는 외부에 있는 목표를 향하여 움직이므로 특징이 뚜렷하고 알아보기 쉽다. 이 무리는 활동 반경이 넓고, 활동의 강도가 일상생활에서보다 매우 높다. 사냥 무리와 전투 무리는 둘 다 외향 무리이다. 그들은 사냥할 짐승을 발견해서 잡아야 하며 싸울 적을 색출해야 한다. 전투 무용이나 사냥춤은 제한된 공간 내에서만 이루어지므로 흥분의 열기가 대단하기는 하지만, 외향 무리들의 진정한 활동 영역은 외부, 즉 먼 곳에 있다.

내향 무리는 동심원적이다. 이 무리는 죽어서 매장되어야 할 자를 중심으로 그 주위에 형성된다. 이 무리의 충동은 뭔가를 붙잡아두려고 하는 것이지, 가서 잡으려는 것은 아니다. 죽은 자에 대한 애도는 가능한 모든 수단을 다 써서, 그가 자신의 시체 주위에 둘러 선 자들에게 속한다는 사실을 강조하려 한다. 그는 홀로 멀리 길을 떠나간다. 그것은 위험하고도 무서운 여행이다. 이 여행은 결국 다른 죽은 자들이 있는 곳에 도착하여 그들의 영접을 받아야만 끝난다. 그를 붙잡아둔다는 것은 불가능하며, 말하자면 그는 하나의 몸에서 바깥으로 떨어져나가는 것이다. 그를 애도하는 애도 무리는 하나의 몸과 같은 것을 형성하고 있는데, 그는 이 몸으로부터 어렵게 벗어나서 멀어져가는 것이다.

증식 무리 또한 내향 무리이다. 여기 여러 명의 춤추는 자들이 하나의 핵을 형성하고 있다고 하자. 이 핵은 아직은 나타나지 않았지만 언제고 외부로부터 추가로 참여해올 자들이 꼭 있을 것이라고 기대한다. 이미 모여 있는 사람들에는 더 많은 사람이, 식사로 제공되었거나 방금 잡힌 동물들에는 더 많은 동물이, 과일을 수집해놓은 더미에는 더 많은 과일들이 증대되기를 말이다. 그 경우 지배적인 감정은, 지금 현재 눈에 보이는 이 끔찍하게 소중한 단위에 속하는 모든 같은 종류의 것들이 반드시 모여 함께 있게 될 것이라는 철석같은 믿음이다. 이 동류들은 보이지는 않으나 어디엔가 반드시 있다. 이러한 동류의 것들을 모조리 이쪽으로 끌어들일 참이다. 여러 가지 증가 의식은 비록 눈에는 보이지 않지만, 이러한 동류들이 대규모의 다수로 존재하고 있다고 추측되는 장소에서 개최된다.

'성찬식'은 외향 무리가 내향 무리로 전이하는 중요한 전환점이다. 사냥에서 잡은 특정 동물을 몸속에 흡수시킴으로써, 그 고기를 먹은 모든 자에게 그 동물의 일부가 들어가 있다는 사실을 엄숙하게 인식시킴으로써, 무리는 자기 내부로 침잠한다. 이런 상태에서 이 무리는 그들이 먹은 동물의 소생을 그리고 무엇보다도 그 무리의 증식을 고대하게 된다.

또 한 가지 구별은 '평온 무리(die stille Meute)'와 '소요 무리(die laute Meute)'이다. 소요 무리는 애도 행위가 얼마나 요란스러운가를 상기하는 것만으로 충분하다. 애도는 가능한 한 귀에 거슬리는 큰소리를 내지 않고서는 아무런 의미가 없다. 소요가 가라앉으면 애도 무리는 곧 와해된다. 그리고 그들은 다시 자기 자신으로 되돌아간다. 사냥이나 전투도 그 자체의 성질상 소란스럽다. 적을 속여넘기기 위해 때때로 침묵이 필요하기도 하다. 그러나 이런 때일수록 나중의 공격은 훨씬 더 시끄럽다. 개 짖는 소리, 스스로 흥분을 돋우기 위해 사냥꾼들이 지르는 고함소리, 피에 굶주린 갈증, 이런 것들은 모든 사냥의 결정적 요소들이다. 그리고 격렬한 도전과 적의 요란스러운 위협은 전쟁에서 빼놓을 수 없는 요건이다. 전쟁터의 외침소리, 전투의 소음, 이런 것은 인류의 역사를 통해 메아리쳐 왔으며, 오늘날에도 폭발음 없는 전쟁은 생각할 수 없다.

평온 무리는 기대의 무리이다. 이 무리는 인내심으로 충만해 있다. 이런 식으로 모여 있는 무리에서 인내심은 각별하다. 평온 무리는 무리의 목표가 신속하고 집중적인 행동에 의해서도 달성되지 못하는, 그런 목표를 가진 경우에 생기는 무리이다. '평온'이란 단어는 어딘가 부적당하다. 차라리 '기대 무리(Erwartungs-Meute)'라고 명명하는 편이 명확할 것이다. 왜냐하면 이런 유형의 무리는 실제로는 여러 가지 활동, 예컨대 송가를 부른다든가 굿을 한다든가 제사를 드린다든가 하는 따위의 활동을 하고 있는 것으로 특징지을 수 있다. 그리고 이런 활동들의 공통점은, 노리는 목표가 요원하기 때문에 그 목표는 당분간은 현실로 실현될 수 없다는 사실이다.

피안에 대한 믿음을 가지고 있는 종교에서 볼 수 있는 것이 이 기대와 평온이다. 그러므로 후에 있을, 더 나은 세계에 대한 희망을 가지고 기대와 평온 속에서 생을 살아가는 사람들이 있는 것이다. 그러나 평온 무리의 예를 가장 잘 설명해주는 것은 역시 성찬식이다. 성찬식의 일체화 과정이 완벽하게 거행되려면 평온과 인내가 반드시 필요하다. 성스럽고 심오한 의미로 가득 차 있다고 생각되는 것을 자기 몸 안에 가졌을 때 일어나는 경외심은 개인이나 집단으로 하여금 한동안이나마 침착하고 위엄 있게 행동하도록 만든다.

무리의 확정성, 무리의 역사적 항상성

사람이 죽었을 때 그의 죽음을 애도하는 자들은 그가 누구인지를 '알고 있다.' 그와 가까웠던 자들만이, 또는 그가 누구였는가를 정확히 알고 있는 자들만이 애도 무리에 참여할 권리를 가진다. 그들의 고통은 그에 대한 친밀도에 비례해서 증가하며, 그를 가장 잘 알던 사람이 가장 슬퍼한다. 그 중에도 가장 슬픈 사람은 자기의 자궁으로부터 그를 나오게 한 그의 어머니이다. 낯선 자의 죽음은 누구도 애도하지 않는다. 그리고 원래 애도 무리는 아무나 죽었다고 해서 형성되는 것이 아니다.

대상과 관련된 이 확정성은 모든 무리의 특성이다. 하나의 무리에 속하는 자들은 서로를 잘 알고 있을 뿐만 아니라 그들의 목표가 무엇인지도 잘 안다. 사냥을 나갈 때는 사냥감이 무엇인지를, 전쟁터에 나갈 때에는 적이 누구인지를, 애도를 할 때에는 그 애도를 받는 자가 누구인지를, 증식의 의식을 거행할 때는 증식되어야 할 것이 무엇인지를 그들은 잘 알고 있다.

무리의 확정성은 무서울 정도이며 변하지 않는다. 그러나 여기에는 또한 친밀감이라는 요소가 담겨 있다. 우리는 원시시대의 사냥꾼들에게서 사냥감에 대한 동정심을 볼 수 있다. 애도 행위나 증식 의식 중에 동정심이나 친근감이 형성되는 것은 당연하지만, 이런 감정은 적에 대한 두려움이 가시면 때로는 적에 대해서까지도 일어난다.

무리가 설정해놓은 목표는 언제나 동일하다. 이 끝없는 반복성은 인간의 모든 생활 과정을 특징짓는 것이기도 하지만, 무리 자체의 특징이기도 하다. 이 확정성과 반복성은 놀라울 정도로 엄격한 항상성(Konstanz)을 가진 인적 조직 형태, 즉 무리를 탄생시켰다. 이 조직체들이 항상 거기에 상존하면서, 이용되기 위한 만반의 준비를 갖추고 대기 중이라는 사실이 의미하는 것이 바로 항상성이며, 이 항상성으로 인해 조직체들은 매우 복합적인 현대 문명사회에서도 당당히 한 몫을 해내게 되었다. 앞의 장에서 군인이나 수도승의 단위 집단을 예로 들면서 군중결정체를 설명한 바 있다. 실제로 이런 군중결정체에 의한 군중의 신속한 형성이 필요할 때는 거듭 무리가 이용된다.

오늘날 우리의 현대 문명 생활 속에서도 무리의 본질과 연관된 많은 고대적인 요소들이 표출되고 있다. 우리 시대의 점증하는 중압감과 속박으로부터 해방되어 소박한 자연 속의 존재로 돌아가고자 하는 향수는 바로 그것을 의미하며, 이것은 '고립된 무리(die isolierte Meute)'로 복귀하고자 하는 염원이다. 영국의 여우사냥 풍속, 불과 몇 사람을 태운 조그만 보트로 하는 대양 횡단, 수도원에서의 기도하는 공동체, 미지의 땅을 찾는 탐험대, 그리고 몇 사람과 함께 인간의 노력이 없어도 모든 것이 잘 자라는 자연의 낙원을 찾아가 거기서 살고 싶다는 꿈, 이러한 모든 고대적 상황들에는 한 가지 공통점이 있다. 즉, 이들은 서로 잘 아는 사이인 소수의 사람들끼리 고도의 확정성과 한정성을 갖는 명백하고도 분명한 사업을 하겠다는 상상을 공통적으로 지니고 있다.

이에 더하여 오늘날까지 남아 있는 뻔뻔스러운 원시적 무리가 있으니, 그것은 바로 '사형법(私刑法)'이라는 이름 아래서 활동하는 무리이다. 사형법은 말이 좋아 법이지 사실 도저히 법이라고 할 수 없는 것이다. 실제로 일어나는 행동은 법의 부정이다. 이 경우 피해자는 법의 보호를 받을 가치가 없다고 생각된다. 그는 인간에게 주어지는 관례적인 죽음의 절차를 거치지 않고 동물처럼 죽어간다. 살인자들은 희생자가 자기들과 용모도 다르고 행동도 다르다고 생각한다. 양자 간의 이러한 균열이 살인자들로 하여금 그를 쉽게 동물처럼 취급하도록 해준다. 그가 더 멀리 달아날수록 살인자들은 점점 더 탐욕스런 무리가 된다. 사력을 다해 달아나는 자는 그들에게 한바탕의 흥분을 돋우는 사냥의 기회를 제공한다. 이런 종류의 추적은 그 성질상 자주 생기는 것이 아니다. 희소가치로 인해 이런 사냥에 대한 매력은 더 커진다. 린치를 가하는 자들이 보여주는 야수성은 그들이 그 희생자를 '먹지는' 못한다는 데서 기인한다. 아마 그들은 그 희생자에게 그들의 이빨을 들이대지 않음으로써, 자신들이 인간임을 충분히 확인할 수 있다고 생각할 것이다.

성관계에 관한 고발(이로 인해 사형(私刑) 무리가 흔히 발생한다)은 피의자를 위험스런 존재로 만들어버린다. 피의자의 실제 또는 가상적인 불륜 행위를 자꾸 상상하게 된다. 가령 흑인 남자와 백인 여자의 성교를 상상할 경우, 복수를 하고자 하는 고발자의 눈에 떠오르는 그 남녀의 육체적 접촉 광경을 생각하면 할수록 여자는 더욱 희게 그리고 남자는 더욱 검게 보인다. 남자가 강자이므로 그녀는 상대적으로 무고하다. 그녀가 성교에 동의했더라도 그것은 그녀가 그의 우월한 힘에 압도되었기 때문이다. 그런데 복수자들이 도저히 용납할 수 없는 것, 그리고 그에 대하여 복수자들을 단결시키는 것은 바로 그의 이러한 우월성인 것이다. 그는 육식동물처럼(그는 야수처럼 여자를 범했으니까!) 추적당하고, 결국은 모두의 손에 잡혀 죽는다. 그를 죽이는 것은 허용될 뿐만 아니라 명령으로 위임받은 의무라 여겨진다. 그들은 노골적으로 만족을 표하면서 이 일을 해치운다.

아란다족의 조상 전설에 나오는 무리

오스트레일리아 원주민들에게는 무리란 것이 어떻게 보였을까? 아란다(Aranda)족의 조상 전설 중 두 가지가 명료한 상을 보여준다. 첫째는 운구트니카(Ungutnika)라는 신화시대의 유명한 캥거루 이야기이다. 다음은 그가 들개들과 함께 한 모험담이다.[6]

"그는 아직 채 자라지 않은 작은 캥거루였는데, 얼마 후 어느 곳으로 가게 되었다. 한 3마일쯤 가니까 탁 트인 평원이 나왔는데, 그곳에는 한 떼의 들개들이 있었다. 그 들개 떼는 굉장히 몸집이 큰 어미개 가까이에 누워 있었다. 들개들을 보자 캥거루는 뛰어 달아났지만 그를 발견한 들개들은 추격하였다. 있는 힘을 다해 뛰었으나 다른 들판에 이르러 드디어 잡히고 말았다. 들개들은 그를 갈가리 찢어 먼저 그의 간을 빼먹었다. 그 다음 가죽을 벗겨 한쪽에 던져버린 후, 모든 살점을 뼈에서 발라내었다. 들개들은 포식한 후 다시 드러누웠다.

운구트니카는 그렇지만 완전히 파괴된 것은 아니었다. 왜냐하면 가죽과 뼈대는 남아 있었던 것이다. 그래서 들개들의 면전에서 가죽이 뼈대를 덮어씌우자, 그는 되살아 일어나서 다시 달아나기 시작했다. 들개들이 또 추격했다. 이번에는 울리마(Ulima)라는 언덕에서 또 잡혔다. 울리마는 간이란 뜻이다. 왜 이런 뜻의 이름이 이 언덕에 붙여졌는가. 들개들이 캥거루의 간을 먹지 않고 던져버리자 그 간이 어둠침침한 언덕이 되어 우뚝 솟았기 때문이다. 똑같은 과정이 또 한 번 되풀이되고 다시 되살아난 운구트니카는 또 도주했다. 이번에는 풀푼자(Pulpunja)까지 달아났다. 풀푼자는 작은 박쥐의 소리를 흉내낼 때 생기는 특이한 음향을 지칭하는 명사이다. 이 지점에 이르자 운구트니카는 되돌아서서, 깔보는 듯이 조롱하며 그 소리를 내었다. 그러나 그는 곧 잡혔고, 도살되었고, 그리고 다시 살아났다. 이러자 들개들은 몹시 놀랐다. 운구트니카는 이번에는 운디아라(Undiara) 쪽으로 곧장 달렸다. 들개들은 또 추격했다. 그가 물구덩이 부근의 어느 지점에 이르렀을 때 들개들은 그를 덮쳐 또 잡아먹었다. 그리고 꼬리를 잘라내서 땅 속에 파묻었는데, 지금도 그 꼬리는 그곳에 돌의 형태로 남아 있다. 그것이 바로 캥거루 꼬리 추링가(Churinga)이다. 증식 의식이 있을 때는 늘 이것을 파내서 널리 보인 다음 조심스럽게 문지른다."

캥거루는 네 차례나 들개들의 무리에게 추격당하고 피살되어 갈가리 찢긴 후 먹힌다. 세번째까지는 가죽과 뼈대가 손상되지 않고 남아 있다. 가죽과 뼈가 성하게 남아 있는 한 그는 되살아날 수 있다. 살이 금방 자라나 뼈를 덮는다. 그러면 다시 개들이 추격한다. 이런 식으로 같은 동물 한 마리가 '네 번씩이나' 먹힌다. 다 먹어 없어져버린 살이 돌연 되살아나는 것이다. 한 마리의 캥거루가 네 마리, 그것도 동일한 네 마리가 된 것이다.

추격 역시 마찬가지이다. 단지 장소만 바뀔 뿐이다. 기적이 일어난 장소는 그 자체가 원래 특이한 지점이거나, 특이한 곳으로 자연 경관 속에 영원히 표시된다. 피살된 동물은 끝까지 포기하지 않는다. 번번이 되살아나서 그때마다 그 무리를 비웃는다. 그리고 그때마다 그 무리는 새삼스럽게 놀란다. 그러나 무리는 그 사냥감을 죽여야 한다. 한번 잡아먹었더라도 또 잡아먹어야 한다. 무리의 확정성과 그 행동의 반복성이 이보다 더 간단명료하게 표현될 수는 없을 것이다.

여기서는 일종의 부활을 통해서 증식이 이루어진다. 그 동물은 다 자란 짐승이 아니어서 새끼를 낳지는 못했다. 그러나 그 대신 스스로 네 배로 늘어났다. 증식과 번식은 어느 모로나 같지 않다. 뼈대와 가죽이 도로 합쳐져서, 추격자가 보는 앞에서 다시 일어남으로써, 그 동물은 재추격을 선동한 것이다.

파묻힌 꼬리는 돌이 되어 거기에 남아 부활의 기적을 기념하고 또 그것을 입증해준다. 이제는 네 차례에 걸친 부활의 힘이 그 돌에 들어가 있으므로, 마치 의식을 거행하듯이 잘만 다루면, 그 돌은 앞으로도 몇 번이고 새로운 증식을 가져다줄 것이다.

두번째 전설은 한 사나이가 혼자서 몸집이 크고 힘이 센 한 마리의 캥거루를 추적하는 이야기로 시작된다.[7] 그는 그 캥거루를 발견하자 잡아먹고 싶어한다. 그는 그 동물을 쫓아 아주 먼 곳까지 갔다. 그것은 매우 힘겨운 추적이어서 쌍방이 모두 여러 장소에서 야영을 하지 않으면 안 되었다. 그들은 피차 일정한 거리를 두고 야영하곤 했다. 그 동물이 머문 곳마다 머무른 자취가 남아 있었다. 어느 야영지에선가 그 동물은 어떤 소음을 듣고 뒷다리로 일어섰다. 이 일을 표시하는 8미터 높이의 돌이 아직도 그 장소에 남아 있다. 그 후 그 동물은 물을 얻기 위해 땅바닥을 긁어 구멍을 팠는

데, 이 물구멍 역시 지금도 남아 있다.

그러나 드디어 그 동물은 완전히 기진하여 길게 누웠다. 이때 몇 사람이 올라오다가 그 사나이를 만났다. 그들이 그에게 물었다. "당신 큰 창을 가지고 있소?" 그가 대답했다. "아니, 작은 것밖에 없소. 당신들은 큰 창이 있소?" 그들이 대답했다. "아니, 우리도 작은 것뿐이오." 그러자 그가 말했다. "당신들의 창을 땅바닥에 내려놓으시오." 이에 그들이 대답했다. "그럽시다. 당신도 내려놓으시오." 이래서 모두 창을 내려놓고 그들 전원은 함께 캥거루를 향해 진격했다. 단, 처음부터 캥거루를 추격했던 사나이는 그의 손에 방패와 자신의 추링가, 즉 신성한 돌을 들고 있었다.

"그렇지만 캥거루는 여전히 힘이 강해서 그들을 내동댕이쳐 버렸다. 그들은 또다시 캥거루를 함께 덮쳤다. 이때 그 '최초의 사냥꾼'은 밑에 깔려서 그만 죽고 말았다. 캥거루 역시 죽은 듯했다. 그들은 그를 방패와 추링가와 함께 묻어주었다. 그리고는 캥거루의 시체를 운디아라로 가지고 내려왔다. 그때만 해도 캥거루는 숨이 붙어 있었지만 내려오자 곧 죽었다. 그러나 그들은 캥거루를 먹지 않고 굴 속에 두었다. 그런데 캥거루를 넣어둔 동굴에 바위 선반이 튀어나왔다. 캥거루가 죽자 그것의 영혼이 시체를 떠나 그 선반 속으로 들어갔던 것이다. 그 후 곧 그 사람들도 죽었는데, 그들의 영혼은 동굴 근처의 연못으로 들어갔다. 전설에 의하면, 그 후에 캥거루들이 큰 무리를 지어 동굴에 와서 땅 속으로 들어갔으며, 이때 그들의 영혼은 그 선반으로 들어갔다고 전한다."

이 이야기에서는 단독 사냥이 무리 전체의 사냥이 되고 있다. 사람들은 무기도 없이 동물을 공격한다. 동물은 사람 더미 아래에 묻히게 되며, 사냥꾼들의 합쳐진 몸무게가 그것을 질식시키려 한다. 그러나 캥거루는 워낙 힘이 세어 그들을 내동댕이친다. 사냥꾼들은 목표를 달성하기가 어렵게 된다. 이 와중에서 최초의 사냥꾼이 더미의 바닥에 깔리게 되고, 깔려 죽는 것은 캥거루가 아니라 바로 그 자가 돼버린다. 그는 그의 방패와 신성한 추링가와 함께 매장된다.

어떤 특정 동물을 추적하는 사냥 무리에서 동물 대신 무리의 우두머리 사냥꾼이 죽고 마는 그런 이야기는 전 세계적으로 흔히 있다. 그런 이야기는 죽은 자에 대한 애도로 끝이 난다. 즉, 사냥 무리가 애도 무리로 변한다. 이 변환은 널리 퍼진 중요한 여러 가지 종교들의 핵심을 이룬다. 여기의 아란다족의 전설에서도, 희생자의 매장은 큰 의미가 있다. 방패와 추링가가 함께 매장된다. 여기서 추링가가 언급되는 것은, 그것이 성스러운 것이기 때문에, 이야기 전체에 어떤 장엄한 색조를 주기 위해서이다.

그리고 곧이어 그 동물이 죽자, 다른 장소에 매장된다. 그것이 매장된 동굴은 캥거루들의 중심지가 된다. 그 후 수많은 캥거루가 몰려와 바위 속으로 들어간다. 이른바 운디아라라고 불리는 그곳은 캥거루 토템을 모시는 자들이 의식을 거행하는 거룩한 장소가 된다. 그들은 이 동물의 증식 의식을 거행한다. 잘만 거행하면, 언제나 충분한 수의 캥거루들이 부근에 나타나줄 것이다.

이 전설은 그 안에 두 가지 매우 뚜렷한, 그리고 둘 다 핵심적인 종교적 과정을 하나로 통합하고 있어서 주목할 만하다. 첫째는 우리가 이미 본 바와 같이, 사냥 무리의 애도 무리로의 변환이다. 둘째는 동굴에서 일어난 것으로서, 사냥 무리의 증식 무리로의 변환이다. 오스트레일리아 원주민들로서는 두번째 과정이 훨씬 더 중요하다. 이 과정은 그들의 종교 의식의 중심을 이룬다.

이 두 과정이 서로 잇달아 일어난다는 사실은 본 연구의 주요 테마 중의 하나를 입증한다. 무리의 네 가지 근본 유형은 태초부터 인간들이 있는 곳 어디에서나 존재했다. 무리는 언제나 나머지 셋 중 어느 한 유형의 무리로 변환될 수 있다. 어떤 변환이 강조되느냐에 따라서 각기 다른 종교적 근본 형식들이 발전한다. 그 두 가지 가장 중요한 형태로서, 나는 애도의 종교와 증식의 종교를 들고자 한다. 그러나 앞으로 언급하겠지만, 사냥의 종교와 전쟁의 종교 역시 존재한다.

앞서 인용한 전설 속에는 전쟁의 암시도 들어 있다. 첫 사냥꾼과 나중에 나타난 한 패의 사람들이 창에 관해 주고받은 이야기는 전투의 가능성을 내포하고 있다. 전원이 그들의 창을 내버림으로써 그들은 이 가능성을 포기했다. 그리고 그렇게 함으로써만 그들은 단합하여 캥거루를 공격할 수 있었다.

그 다음, 이 전설에서 나의 주목을 끄는 두번째 사실은 캥거루 위에 자신들을 내던진 사람들의 더미이다. 이러한 사람 몸뚱이의 더미로써 캥거루를 질식시키고자 한다. 이것은 오스트레일리아 원주민들에게서 흔히 일어나는 현상이다.[8] 그들은 여러 가지 의식에서 이런 일을 거듭 실시한다. 청년들에 대한 할례 의식을 거행할 때, 할례 받고자 지망한 자는 땅바닥에 눕는다. 그러면 몇 명이 그의 몸 위에 덮쳐 눕는데, 이때 그 지망자는 이들의 몸무게 전체를 지탱해야 한다. 어떤 부족에서는 많은 자들이 죽어가는 자의 몸을 덮쳐 온 사방으로부터 그를 압박하는 하나의 사람 더미를 이룬다. 이 현상은 이미 설명한 바 있지만 각별한 흥미를 끈다. 이것은 이 책의 여러 곳에서 자주 언급되는, 살아있는 자가 죽어가는 자 및 죽은 자의 더미로 옮겨감을 나타낸다. 다음 장에서 이런 밀집된 사람 더미들의 예를 몇 가지 더 들기로 한다. 여기서는 살아있는 자들의 밀집된 더미가 의도적으로 그리고 격렬하게 형성되는 현상이, 죽은 자의 더미 못지않게 중요한 의미를 가진다는 사실만 지적하면 충분하다. 만일 후자, 즉 죽은 자의 더미만이 우리에게 낯익은 현상이라면, 그것은 죽은 자의 더미가 인류 역사의 전개 과정에서 엄청나게 넓은 면적을 차지했기 때문일 뿐이다. 거대한 수의 인간은 죽어서만이 서로 밀집될 수 있을 것처럼 생각되기도 한다. 그러나 사실은 살아있는 자의 더미도 실재하며, 죽은 자의 더미와 마찬가지로 우리에게 익히 잘 알려져 있다. 군중은 그 핵심적인 본질상 살아있는 자의 더미, 바로 그것이다.

아란다족의 각종 의식에 나타난 여러 가지 대형들

앞장에서 얘기한 전설들은 스펜서(Spencer)와 길렌(Gillen)이 쓴 아란다족에 관한 저술에서 발췌한 것이다. 이 책에서 그들은 부족을 아룬타

(Arnuta)라고 부르고 있다. 이 유명한 저서는 상당 부분을 이 부족의 축제와 의식들을 묘사하는 데 할애하고 있다. 이들 축제와 의식들은 상상도 할 수 없을 정도로 다양하다. 그 중 특히 눈에 띄는 것은 의식의 진행 도중 참가자들로 형성되는 풍부한 물리적 대형(隊形)이다. 그 중의 어떤 것들은 오늘날까지도 중요성을 간직하고 있으며, 우리에게도 익숙하다. 그러나 어떤 것들은 극도로 낯선 기이한 것들이어서 우리를 놀라게 한다. 이런 각종 대형 중 중요한 몇 가지만 간략히 살펴보기로 한다.

침묵 속에서 진행되는 비밀 의식의 도중에 빈번히 형성되는 것이 일렬종대이다.[9] 그들은 일렬종대로 행진하여 동굴이나 다른 은밀한 곳에 숨겨둔 성스러운 추링가를 가지러 간다. 한 시간쯤 가면 그들은 목적지에 도착한다. 이 행렬에 발탁되어 끼인 젊은이들은 질문을 해서는 안 된다. 그들의 지도자인 노인이 그 부족의 조상 전설과 관련해 자연경관의 특징을 젊은이들에게 설명해주고 싶을 때에는, 손짓이나 몸짓을 사용한다.

실제로 의식이 진행되는 동안, 사실상 의식을 거행하는 자는 몇 명 되지 않으며, 이 거행자들은 토템의 조상으로 분장해서 연기를 한다. 일반적으로 거행자의 수는 두세 명이며 때로는 한 명일 수도 있다. 젊은이들은 원형으로 둘러서서 빙빙 돌며 춤을 추고 특별한 소리를 지른다. 이 원형 윤무의 대형은 매우 자주 볼 수 있고 자주 언급된다.[10]

아란다족이 그들의 생애에서 가장 중요하고 엄숙하게 생각하는 행사가 있는데, 그것은 엥구라(Engwura) 의식이다. 이 의식에서 젊은이들은 머리를 길고 낮은 둔덕에 올려놓고 한 줄로 땅바닥에 납작하게 눕는다. 그리고 이런 자세를 몇 시간이고 말없이 그대로 유지한다. 이 '한 줄로 눕기'는 자주 거행되며, 한번 시작하면 밤 9시부터 새벽 5시까지 8시간이나 계속된다.[11]

다른 경우 훨씬 더 밀집된 대형을 이루기도 한다. 이 대형은 매우 인상적이다. 남자들이 모여들어 밀집된 더미를 이룬다. 노인은 중심부에, 청년은 외곽에 자리잡는다. 이 원반 꼴의 대형은 참가자들 간의 사이가 최대한으로 좁혀진 상태에서, 만 두 시간 동안 빙빙 돈다. 이때 모든 참가자는 끊임없이 노래를 부른다. 그 다음 그들은 그 대형과 밀도를 그대로 유지하면서 주저앉는다. 그리고는 또 두 시간 동안 노래를 계속한다.[12]

또 어떤 경우에는 서로 마주보는 2열을 이루고 노래를 부르기도 한다.[13] 엥구라 의식을 마감하는 결정적 절차로, 청년들은 사각형의 대형을 이루고 노인들의 뒤를 따라 여자들과 아이들이 기다리고 있는 건너편 강바닥으로 행진하기도 한다.[14]

엥구라 의식은 상세히 이야기하자면 한이 없다. 다만 여기서 우리의 관심사는 참가자들이 형성하는 대형이므로, 이번에는 '땅 위의 더미'를 얘기하겠다. 여기에는 남자 전원이 참가한다. 먼저, 노인 세 명이 가장 성스러운 물건(이것은 먼 옛날 어린 아이를 넣는 자루를 상징한다)을 지니고 땅바닥에 엎드린다. 노인들은 몸으로 그 성물을 덮어 감춘다. 여자들과 아이들은 이 성물을 쳐다보는 것이 금지돼 있다. 그 다음에는 다른 모든 남자들이, 특히 이 의식이 축복하고자 하는 청년들이 세 노인의 몸뚱이 위에 덮치고 덮쳐 엎어진다. 그리하여 모든 남자가 무질서하게 사람의 더미를 형성한다. 아무것도 식별할 수 없을 정도로 뒤엉킨 모습이다. 그러나 오직 세 노인의 머리만은 이런 사람 더미 밖으로 튀어나와 확실하게 보인다. 이런 상태로 전원이 몇 분간 계속 있다가 일어서서 뒤엉킨 더미를 해체한다. 이와 유사한 '땅 위의 더미' 대형은 다른 경우에도 가끔 형성되지만, 내가 인용한 글의 관찰자들이 본 바로는, 이것이 가장 거대하고 중요한 경우라고 한다.[15]

불의 시련 의식에서는 청년들이 벌겋게 단 나무토막 위에 몸을 쭉 펴고 눕는다.[16] 물론, 이때는 층층으로 더미를 이루어 눕지는 않는다. 불의 시련 의식은 그밖에도 여러 가지 다른 형태를 취하기도 하는데, 그 중 가장 빈번한 예는 이렇다. 즉, 청년들이 강바닥 저편의 땅으로 간다. 그곳에는 여자들이 두 집단으로 나뉘어 청년들을 기다리고 있다. 여자들이 전면으로 나와 불타는 나뭇가지를 우박처럼 내던지며 청년들을 공격한다. 또 다른 경우에는 청년들이 일렬횡대로 길게 늘어서서, 여자와 아이들로 구성된 일렬횡대와 마주 본다. 그리고 여자들은 춤을 추고, 청년들은 불타는 막대

기들을 그녀들의 머리 위로 내던진다.[17]

어떤 할례 의식에서는 남자 여섯 명이 땅바닥에 누워 일종의 수술대를 형성한다. 그러면 할례 받을 사람이 그 위에 눕는다. 그런 상태에서 할례가 실시된다. 우리는 앞장에서, 이와 반대로 할례 받을 사람이 밑에 깔리고 그 위에 여러 사람이 눕는 풍습도 본 바 있다.[18]

지금까지 살펴본 여러 가지 대형들의 이면에 숨은 의미를 구명해보면 대체로 다음과 같이 말할 수 있을 것이다.

'일렬종대'는 방랑을 표현한다. 아란다 부족의 전통 중에서 이것은 대단히 중요한 것이다. 그들의 조상들은 때로는 땅 속까지 방랑했던 것으로 생각되었던 것 같다. 이 대형은 젊은이들이 나란히 서서 그들의 조상의 발자국을 뒤따라 걸어야 한다는 것을 암시한다. 행진 도중의 침묵과 그들의 움직임은 그들이 가는 신성한 길과 그들이 향하고 있는 신성한 목표물에 대한 외경심의 표현이다.

'원형 윤무'는 원형 내부에서 벌어지는 공연에 안정감을 주려는 의도에서 실시되는 것으로 보인다. 이 내부의 공연은 원형 밖의 어떤 것으로부터도 보호된다. 공연은 원형으로 둘러싼 자들로부터 박수갈채와 존경을 받으며 그들의 소유물이 된다.

'일렬로 눕기'는 죽음을 연기해보는 것일 수 있다. 청년들은 완전한 침묵 상태에서 그것도 장시간 동안 미동도 하지 않는다. 그러다가 갑자기 벌떡 일어남으로써 되살아난다.

마주보는 '두 열'은 두 적대 무리간의 균열을 상징한다. 때로는 이성(異性)이 적대적인 무리로 등장하기도 한다. '사각형'의 대형은 사방으로부터의 보호를 위한 대형이다. 이 대형은 적대적 환경 속에서의 움직임에 적합한 것이고, 후세에도 잘 알려져 있는 대형이다.

그런데 처음부터 훨씬 고밀도인 대형들이 있다. 그것은 남자들이 빽빽이 들어 찬, 춤추는 '원반꼴' 대형과 무질서한 '땅 위의 더미' 대형이다. 원반꼴 대형은 그것의 움직임을 볼 때, 율동적 군중의 극단적인 본보기이다. 그리고 군중 중에서도 가장 밀폐되고 구성원간의 틈이라곤 전혀 없는 그런 군중이기도 하다.

  '땅 위의 더미'는 소중한 비밀을 보호한다. 이 대형은 뭔가 가려져야 할 것, 전력을 다해 잡아두어야 할 것이 있음을 의미한다. 이러한 더미 한가운데에는 죽어가는 자가 놓여질 수도 있다. 바로 그가 죽기 직전에 그의 장례식을 거행하는 것이다. 그는 더미를 형성한 다른 사람들에게 소중한 인물이다. 그를 한가운데 놓고 형성된 더미는 죽은 자의 더미를 상기시킨다.

무리와 종교
Meute und Religion

종교의 핵심은 언제나 똑같다. 그것은 애도이다.
사람들은 남을 박해하는 존재로서 살아왔고 계속 그렇게 살아갈 것이다.
그들은 타인의 살[肉]을 추구한다. 그들은 더 약한 사람들을 괴롭힘으로써 먹고산다.
그러나 죄와 불안은 끊임없이 자라나고 부지불식간에 그들은 구원을 열망하게 된다.
그래서 그들은 그들을 위해 죽은 사람에게 자신들을 결부시키고,
그 사람을 애도하는 가운데 자기들이 박해를 받는 자라고 느낀다.
인간들이 무리들 안에서 살육을 그만 두지 않는 한,
애도의 종교는 인간의 영혼을 다스리기 위해서 불가결한 것이다.

무리의 변환

앞서 설명했듯이 모든 형태의 무리는 서로 모습을 바꾸는 경향이 있다. 일반적으로 무리는 반복성이 있어서 매번 재현될 때의 모습이 이전의 모습과 매우 비슷하게 나타나지만, 어떤 하나의 무리가 이루어지는 과정 중에는 반드시 무엇인가 유동적인 것이 있게 마련이다.

무리가 추구하는 목표에 도달한다는 것 자체는 필연적으로 그 무리의 구조상의 변화를 야기하게 된다. 공동 사냥은 성공할 경우 분배를 낳는다. 적을 살육하는 것이 목표인 '순수한' 경우를 제외하고는, 승리는 약탈이라는 것으로 변질된다. 애도는 죽은 자를 치움으로써 끝난다. 사람들이 원하는 장소로 죽은 자를 옮기고, 그래서 그들이 죽은 자로부터 다소 안전하다고 느끼게 되면 무리의 흥분은 가라앉고 무리의 구성원들은 흩어진다.

그러나 그들과 죽은 자의 관계는 여기서 끝나는 게 아니다. 사람들은 죽은 자가 어딘가 다른 곳에서 삶을 계속한다고 여기므로, 자기들을 돕거나 충고해줄 수 있도록 다시 불러올 수도 있다고 생각한다.

이를테면 죽은 자를 불러오는 의식에서 애도의 무리가 재형성된다. 그러나 이제 무리의 목표는 원래의 목표와 정반대가 된다. 앞서 추방된 죽은 자는 이런저런 형식으로 사람들 앞에 불려온다. 만단(Mandan)족의 들소춤은 들소들이 도착하는 것과 더불어 끝난다. 성공적인 증식 무리는 분배의 축제를 하게 된다.

무리의 모든 형태는 장차 변모될 형태와 반대의 모습을 지니고 있음이 분명하다. 그러나 자연스러워 보이는 반대 형태로의 이같은 변화 외에도 전혀 다른 종류의 움직임이 있다. 독특한 무리 형태로의 상호 변화가 그것이다.

이것은 앞에 인용된 아란다족 전설에서 엿볼 수 있다. 한 마리의 힘센 캥거루가 많은 사내들에 의해 짓밟혀 죽는다. 그때 최초의 사냥꾼은 그의 동료들의 희생물이 되어 그들에 의해 엄숙히 매장된다. 사냥의 무리가 애도의 무리로 바뀌는 것이다. 성찬식의 의미에 관해서는 이미 상세하게 말했는데,

거기서는 사냥 무리가 증식 무리로 변한다. 그런데 전투가 시작될 때는 다른 하나의 변화가 있다. 어느 한 사람이 살해되면 그의 종족 구성원들은 그를 애도한다. 그런 다음 그들은 전투대형으로 형성되어 동료의 죽음에 대해 적에게 복수를 한다. 애도 무리가 하나의 전투 무리로 바뀌는 것이다.

무리의 변환은 하나의 특별한 과정이다. 그것은 모든 곳에서 발견되며 인간 행동의 영역이 아무리 다양하다고 하더라도 탐지될 수 있는 것이다. 그 변환을 정확히 알지 못하고서는 어떠한 종류의 사회적 사건도 제대로 이해할 수 없다.

이같은 변환 중 어떤 것들은 더 광범위한 맥락에서 추출되어 고정된 것도 있다. 그런 변환은 특별한 의미를 얻어 의식(儀式)이 된다. 의식은 똑같은 방법으로 계속해서 재현된다. 여기서 의식은 모든 중요한 신앙 행위의 핵심이 된다. 무리의 동태성(動態性) 및 무리들 사이의 상호작용의 독특한 종류가 세계종교의 발생 기원을 말해준다.

여기서 종교에 대한 철저한 해석을 할 수는 없다. 그것은 별도의 연구 주제가 될 것이기 때문이다. 다음에서 주류를 이루는 무리를 토대로 형성된 사회 구조 혹은 종교 구조들이 고찰될 것이다. 그래서 사냥의 종교, 전쟁의 종교, 증식의 종교, 애도의 종교가 있다는 것을 밝힐 것이다. 이전 벨기에령 콩고의 레레(Lele)족에서는 사냥이라는 것이 빈약한 생산성에도 불구하고, 사회생활의 중심이 되었다. 에콰도르의 지바로(Jivaros)족은 오로지 전쟁을 위해 살았다. 미국 남부의 푸에블로족은 전쟁과 사냥을 하지 못하며, 놀라울 정도로 애도를 억제한 것으로 유명하다. 이들은 오로지 평화로운 증식을 위해 살았다.

유사 이래 전 지구상에 확산되어 지구를 통합시킨 애도의 종교를 이해하기 위해 이슬람교의 한 종파와 기독교를 살펴보자. 이슬람교 시아파의 무하람(Muharram) 축제는 이같은 종교 형태에서의 애도의 중심적 위치를 확인시켜 준다. 예루살렘 성묘 교회에 부활절 성화(聖火)가 강림하는 데 대해서는 이 장의 마지막 부분에서 다루어질 것이다. 그것은 기독교적 애도와 그 의미 및 정당화가 함축되어 있는 부활의 축제이다.

카사이 레레족의 숲과 사냥

　영국의 여성 인류학자 매리 더글러스(Mary Douglas)는 최근의 한 연구에서 어떤 아프리카 종족의 삶과 종교의 일치를 찾아내는 데 성공을 거두었다.[1] 이 연구는 관찰이 명확하고, 내용이 허심탄회하고, 편견이 없는 것이 특징이다. 그녀의 연구에 대한 최대의 찬사를 표하기 위해 여기에 그 내용을 요약, 인용하고자 한다.

　약 2만 명에 달하는 종족인 레레족은 벨기에령 콩고의 카사이 강 유역에 살고 있다. 20채에서 100채까지의 오두막으로 구성된 그들의 마을은 한결같이 숲에서 멀리 떨어져 있지 않은 초원에 세워져 있다. 그들의 주식은 옥수수인데, 주로 숲에서 재배한다. 새로운 개간지가 매년 조성되지만, 이들은 이 개간지에서 한 번 이상 수확하려 들지 않는다. 개간지에서는 라피아 야자도 재배되며, 이 야자의 수확물들은 거의 모두 이용된다. 라피아 야자의 어린잎은 레레족이 라피아 천을 짜는 원료를 제공해준다. 이웃의 다른 종족들과는 달리 레레족의 모든 사람들은 천을 짤 줄 안다. 이 원료로 짜서 만든 천을 가지고 그들은 통화를 대신하기도 한다. 이 야자로부터 아주 값비싼 비(非)발효주도 얻는다. 야자와 바나나는 숲에서 가장 잘 자라지만 마을 주변에서도 재배된다. 땅콩은 마을 주변에서만 재배된다. 그 밖의 다른 모든 것들은 숲에서 나오는데 물, 땔감, 소금, 옥수수, 타피오카, 기름, 어류, 육류 등이 그런 것들이다. 남녀 모두 많은 시간을 숲에서 일하면서 보내지만 레레족은 숲을 거의 남성만의 영역으로 생각한다. 매 3일마다 여성은 숲 속에 들어가는 것이 금지되며, 전날 식량과 땔감과 물을 비축해놓아야만 한다.

　"숲의 권위는 막대하다. 레레족은 그것에 대해 거의 시적인 열광을 가지고 말한다. ……그들은 곧잘 마을과 숲을 비교한다. 한낮에 먼지 이는 마을이 후덥지근해지면 그들은 시원하고 그늘진 숲 속으로 피신하기를 좋아한다. 숲 속에서의 일은 흥미와 즐거움이 넘치지만, 다른 곳에서의 일은 고되다. 그들은 '마을에 있으면 시간이 더디 가지만 숲에서는 시간이 빨리

지나간다'고 말한다. 남자들은 숲 속에서는 배고픈 줄 모르고 하루종일 일할 수 있지만, 마을에서는 언제나 식량 걱정을 한다."

그러나 숲은 위험이 도사리고 있는 곳이기도 하다. 상(喪)을 당한 사람은 숲에 들어갈 수 없다. 악몽을 꾼 사람도 그곳에 들어갈 수 없다. 악몽은 다음날 숲에 들어가지 말라는 경고로 해석된다. 그것을 무시하는 사람은 온갖 자연의 재앙을 만나게 될지도 모른다. 나무가 그 사람의 머리 위로 넘어질지도 모르며, 칼에 손을 베거나, 야자나무에서 떨어질지도 모른다. 남자가 당하는 재앙은 한 사람만의 재앙에 그치지만, 숲에 들어가지 말라는 명령을 어기는 여성은 마을 전체를 위험에 몰아넣을지도 모른다.

"숲의 위대한 권위에 대해서는 세 가지의 분명한 이유가 있는 것 같다. 그것은 식량, 음료수, 오두막, 의복 등 생활필수품의 원천이며, 신성한 의약품의 원천이기도 하다. 셋째로 그것은 레레족에게는 더없이 중요한 활동으로 보이는 사냥의 무대이다."

레레족은 고기를 무척 좋아한다. 손님에게 채식을 대접하는 것은 큰 모욕으로 간주된다. 사회적 사건에 대한 그들의 대화 내용 중 많은 부분이 그들이 얻는 고기의 양과 종류에 관한 것이다. 그럼에도 불구하고 남부의 이웃 종족들과는 달리 그들은 염소나 돼지를 기르지 않는다. 마을에서 사육된 동물의 고기를 먹는다는 것은 그들의 비위에 맞지 않는다. 영양이나 산돼지 같은 깨끗하고 위생적인 훌륭한 식량은 숲에서 얻어야 한다고 그들은 말한다. 쥐와 개는 청결하지 못하며, 고름이나 대변을 일컫는 말인 '하마(hama)'라는 말로 불린다. 염소와 돼지도 불결한 것으로 여겨지는데, 그것들이 마을에서 사육되기 때문이다. 레레족이 고기를 아무리 좋아한다고 해도 그들은 숲에서 얻은 것이나 그들이 사냥해서 얻은 것 이외의 고기는 먹지 않는다.

"여성과 남성의 구분, 숲과 마을의 구분, 마을의 숲에의 의존, 숲으로부터 여성 제외 등이 그들의 반복되는 의식의 주요 내용이 된다."[2]

초원은 권위가 없다. 그곳은 메마른 불모지로 숲과 마을의 중간 지대를 형성한다. 그리고 그곳은 오로지 여성만의 영역이다.

레레족은 사람, 동물, 강물 같은 천지만물을 창조한 신을 믿는다. 그들은 또한 귀신을 믿는데 그 귀신을 두려워하며, 그에 대해 조심스럽게 말하거나 아예 말하기를 꺼려한다. 귀신은 결코 사람이 아니며, 사람의 눈에 띄는 일도 없다. 만일 누군가가 귀신을 똑바로 쳐다본다면 그 사람은 눈이 멀고 종양에 시달리다가 죽게 될 것이다. 귀신은 깊은 숲 속, 특히 강물의 수원지에서 산다. 귀신은 낮에 잠자고 밤에 돌아다닌다. 죽지도 않으며 병에 걸리지도 않는다. 귀신은 여성의 생식 능력을 관할하며 남성의 사냥을 잘 되게 해준다. 귀신은 마을을 병으로 뒤덮을 수도 있다. 물돼지는 귀신의 힘을 가장 많이 갖고 있는 동물로 간주되는데, 그 이유는 물돼지들이 대부분의 시간을 귀신이 좋아하는 곳인 수원지에서 보내기 때문이다. 돼지는 귀신이 기르는 개 같은 존재로 귀신과 함께 살며, 귀신의 말에 복종한다. 어떤 동물이 복종을 하지 않을 경우, 귀신은 그 동물이 사냥꾼에게 죽임을 당하도록 하여 벌을 준다. 그와 동시에 귀신은 사냥꾼에게 그 죽은 동물로 보상을 하는 것이다.

귀신은 온갖 것들을 사람에게 요구한다. 그 중에서도 특히 마을에 살고 있는 사람들이 서로 화목하기를 요구한다. "풍성한 사냥은 마을이 평화롭게 잘 되어가고 있다는 분명한 표시이다. 산돼지 한 마리가 잡혀서 남녀노소에게 겨우 몇 점의 고기가 돌아갔을 경우, 그것은 그들이 몇 주일을 두고 이야기할 만한 즐거움이 될 수는 없다. 사냥은 일종의 영적(靈的) 바로미터로서 그 상승과 하강을 온 마을 사람들이 열심히 관찰한다."

사냥과 임신을 남녀의 서로 대응하는 기능인 것처럼 한데 묶어 언급하는 것은 주목할 만한 사실이다. "마을이 타락하면 사냥은 실패하고 여자는 임신하지 못하며 모든 사람이 죽어간다"고 레레족은 말한다. 그러나 반대로 일이 잘 되어가면 그들은 이렇게 말한다. "우리 마을은 이제 잘 되고 있다. 우리는 세 마리의 산돼지와 많은 영양을 잡았으며, 네 명의 부인들이 임신했다. 우리는 모두 건강하고 튼튼하다!"

가장 권위 있는 활동은, 개개의 사냥꾼이나 덫 놓는 사람이 동물을 잡는 데 성공하는 경우가 아니라 공동 사냥의 경우이다.

"활과 화살로 무장한 남자들이 숲의 특정 지역에 늘어서 있고 몰이꾼과 사냥개가 숲을 훑어 나아간다. 어린 소년들과 제대로 걷기도 힘든 노인들도 사냥에 참여하려고 애쓴다. 가장 높게 평가받는 사람들은 개 주인들로 그들은 숲 속을 헤치고 다니며 개에게 명령을 내리느라 소리를 지른다. 깜짝 놀란 사냥감은 숲 속에서 뛰어나와 대기 중인 사냥꾼들의 화살에 맞아 죽는다. 이것이 울창한 숲에서 할 수 있는 가장 효과적인 사냥법인지도 모른다. 사냥감을 기습해서 단거리에서 재빠르게 활을 쏨으로써 성공을 거둘 수 있다.

사냥을 자랑하는 사람들에게 특이한 점은 일반적으로 개인적인 기술이 부족하다는 것이다. 무엇인가를 잡기 위해 혼자 숲에 들어가는 사람은 활과 화살을 가지고 가지만, 그것은 새나 다람쥐를 잡기 위해서이다. 혼자서 커다란 사냥감을 잡을 생각은 하지 않는다. 그들은 혼자서 하는 사냥 기술을 전혀 알지 못한다. 그들은 사냥감을 몰래 뒤쫓을 줄도 모르며, 동물의 소리를 흉내낼 줄도 모른다. 그들은 혼자서는 숲 속 깊이 들어가는 일이 별로 없다. 그들의 관심은 공동 사냥에 집중되어 있다. 숲 속을 걷고 있던 사람이 웅덩이 속에서 우글거리는 산돼지 떼를 발견하면 그는 산돼지의 숨소리까지 들릴 만큼 가까이 접근하기도 한다. 그러나 그는 위험을 무릅쓰고 화살을 쏘지는 않는다. 살금살금 그곳을 빠져나와 마을 사람들을 불러모은다.

레레족은 건기가 되어 초원에 불을 지를 때에만 초원에서 사냥을 한다. 이 연례적인 행사에는 몇 개의 마을이 연합해서 불타는 초원 주위를 에워싼다. 어린 소년들은 이때 처음으로 동물을 죽이는 경험을 하게 된다. 숲에서의 사냥에는 남자만이 참가할 수 있지만 초원에서의 사냥은 여자들도 참가하는 유일한 사냥이 된다. 마을 전체가 하나의 사냥 단체를 이루기 때문에 결국 마을은 하나의 정치적, 의식적 단위가 된다. 레레족이 자기네 문화를 무엇보다도 사냥 문화라고 생각하는 것은 놀라운 일이 아니다."[3]

사냥감의 분배는 특별한 의미가 있다. 사냥감은 사냥의 종교적 의미를 강조하는 엄격한 규정에 따라 몫이 나누어진다. 레레족은 세 개의 제사 집단(Kultgesellschaft)으로 나누어지는데, 세 집단은 다른 집단에게는 금지된 특별한 고기를 먹을 수 있는 특권이 있다. 첫째 집단은 생산자 집단으로 아이 하나를 생산한 남자들로 구성된다. 이들은 사냥감의 가슴 고기와 모든 어린 동물의 고기를 얻을 자격이 있다. 또 남자 아이 한 명과 여자 아이 한 명을 생산한 남자들이 있는데, 이들은 더 독점적 성격의 두번째 집단으로 선별된다. 이들이 천산갑(穿山甲) 남자의 집단인데, 이들만이 천산갑의 고기를 먹을 수 있기 때문에 그렇게 부른다. 셋째 집단은 점쟁이 집단으로 이들은 산돼지의 머리와 내장을 받는다.

어떤 큰 동물이 살해된 경우, 그것은 반드시 그 분배에서 종교적 행위의 대상이 되어야 한다. 모든 동물 가운데 산돼지가 가장 큰 의미를 갖는다. 그것은 다음과 같은 방법으로 몫이 나누어진다. 즉 머리와 내장은 점쟁이 집단의 몫이 되고, 가슴 부분은 생산자 집단에게 돌아간다. 어깨 부분은 그것을 운반한 사람들에게, 목 부분은 개 주인들에게, 한쪽 엉덩이와 앞다리 한 개는 그것을 쏘아 맞힌 사람에게 돌아가고, 배 부분은 화살을 만든 마을 대장장이에게 돌아간다.

레레족의 사회 구조는 이를테면 매번의 사냥에 의해 재확인되는 것이다. 사냥 무리의 흥분은 확산되어 전체 공동체를 지배하는 감정이 된다. 메리 더글러스가 발견한 사실들을 왜곡시키지 않고서도 여기서 우리는 사냥의 종교를 그 낱말의 가장 본래적 의미에서 살펴볼 수 있다. 일찍이 사냥의 종교에 대해서 이처럼 설득력 있고 분명하게 설명된 적은 없었다. 또한 여기서 우리는 숲이 군중 상징으로서 어떻게 전개되는가에 대한 값진 통찰을 얻을 수 있다. 숲은 모든 귀중한 것들을 간직하고 있으며, 가장 귀중한 것들이란 전체 무리가 협력해서 숲으로부터 가져온다. 사냥 무리의 목표물이 되는 동물들은 숲 속에 살며, 사람들로 하여금 사냥을 할 수 있도록 관용을 베푸는 무서운 귀신 또한 숲 속에 살고 있다.

지바로족의 전리품

에콰도르의 지바로족은 오늘날 남미 전체에서 가장 호전적인 민족이다. 전쟁과 전리품이 그들의 관습과 의식에서 차지하는 역할을 검토해봄으로써 많은 것을 알 수 있다.

그들에게는 인구 과잉이라는 문제는 없다. 그들은 새로운 땅을 정복하기 위해 전쟁을 하지는 않는다. 오히려 그들의 생활공간은 너무 광대하다. 6만 평방킬로미터에 달하는 지역에 주민은 2만 명에 불과하다. 그들에게는 대규모 정주(定住)도 없고 마을이란 것도 없다. 각각의 대가족은 최고령자를 가장으로 하여 한 집에서 거주하며, 이웃 가족은 수 킬로미터씩 떨어져 있는 것이 보통이다. 그들에게는 아무런 정치적 조직도 없다. 평화시에 아버지는 아무에게도 책임을 지지 않는 가족의 최고 권위자이다. 적대적인 의도에서 서로를 찾아 나서지 않는 한, 지바로족의 한 무리가 광대한 처녀림 속에서 다른 무리를 만나는 일은 거의 없다.

피의 복수 혹은 살인이 바로 그들을 결합시키는 요인이다. 그들의 눈에는 자연사(自然死) 같은 것은 없다. 한 사람이 죽는다면 그것은 적이 먼 곳으로부터 그에게 마술을 걸었기 때문이라고 여긴다. 그 사람의 죽음이 어떤 마술사 때문인가를 알아내어 복수를 하는 일이 친척들의 의무이다. 모든 죽음은 이처럼 하나의 살해로 간주되며, 대응 살해에 의해서만 원수를 갚을 수 있다. 그러나 죽음에 이르게 하는 적의 마술이 먼 곳에서도 효과를 거둘 수 있는 반면, 의무로 부과되는 피의 복수는 실제로 적을 잡음으로써만 가능해진다. 지바로족은 복수를 하기 위해서 서로를 찾아 나서기 때문에 피의 복수야말로 그들 사회의 접합제라고 부를 수 있다.

한 집에 동거하는 가족은 매우 밀착된 하나의 단위를 형성한다. 한 남자가 떠맡을 일도, 가족 중 다른 남자들과 공동으로 함께 한다. 더 규모가 크고 위험한 원정을 위해서는 가까운 곳에 사는 남자들이 연합하게 되는데, 그들이 추장을 선출하는 것은 이때뿐이다. 그들은 대개 나이가 많고 경험이 있는 사람을 추장으로 선출하며 전쟁 기간 동안 자발적으로 그에게 복종한다.

따라서 전투 무리는 지바로족의 진정한 동태적(動態的) 단위가 된다. 가족이라는 정태적인 단위를 빼면 전투 무리는 유일하게 중요한 단위이며, 그들의 모든 축제는 전투 무리를 중심으로 이루어진다. 그들은 출정하기에 앞서 일주일 동안 한데 모여 있다. 그리고 전쟁에서 승리를 거둔 다음에는 일련의 대규모 축제를 벌이는 가운데 다시 함께 모인다.

전쟁은 순전한 파괴 행위이다. 몇 명의 젊은 여인과 어린 아이를 제외한 모든 적이 살해된다. 이 몇 명의 젊은 여인들과 아이들은 자기편 가족으로 받아들여진다. 적의 보잘것없는 재산과 가축, 경작지, 가옥 등은 모두 파괴된다. 지바로족이 진정으로 원하는 것은 적의 잘린 머리뿐이다. 그들은 이것을 진정으로 원하며, 모든 전사의 최고 목표는 적어도 한 개의 잘려진 머리를 들고 집에 돌아오는 것이다.

그 머리는 독특한 방법으로 처리되어 오렌지만한 크기로 줄어든다. 그렇게 된 머리는 찬차(Tsantsa)라고 불린다. 찬차를 소유하고 있는 사람은 특별한 권위가 주어진다. 약 1~2년이 지난 다음에 커다란 축제가 열리면 그 축제의 중심은 이런 머리이다. 모든 사람이 축제에 초대되어 엄격한 의식 절차에 따라 모두가 먹고 마시고 춤을 춘다. 그 축제는 성격상 완전히 종교적인 것으로, 세밀하게 관찰해보면 증식의 욕망 및 그것을 성취하는 수단이 축제의 핵심을 이루고 있다는 것을 알 수 있다. 여기서 그것에 관한 상세한 내용들을 모두 설명할 수는 없다. 이러한 내용은 카스텐(Karsten)의 저서 『지바로족의 피의 복수, 전쟁과 승리의 축제(Blutrache, Krieg und Siegesfeste bei den Jivaros)』[4]에 자세하게 설명되어 있다. 여기서는 그들이 잡은 모든 동물들에 대해 차례로 격렬한 주문을 외운 다음, 증식에 기여하는 인간의 성(性) 행위에 대해서조차 주문을 외우는 가장 중요한 춤 한 가지를 소개하는 것으로 충분할 것이다.

이 춤이야말로 대축제의 진짜 시작이다. 모든 남녀가 집의 중앙에 있는 기둥 주위에 둥그렇게 늘어서서 손에 손을 맞잡고 천천히 돌아간다. 처음에는 날카로운 휘파람 소리를 내고, 이어서 그들이 즐겨 먹는 동물들의 이름을 외운다. 그들은 생활에 필요한 물건이나 스스로 생산한 몇 가지 물건도 여기에 덧붙인다. 그리고 그 이름 다음에 그들은 "헤이"라는 소리를 넣는다.

> 헤이! 헤이! 헤이!
> 울부짖는 원숭이, 헤이!
> 붉은 놈, 헤이!
> 갈색 원숭이, 헤이!
> 검은 원숭이, 헤이!
> 꼬리말이 원숭이, 헤이!
> 회색 원숭이, 헤이!
> 산돼지, 헤이!
> 초록빛 앵무새, 헤이!
> 꼬리가 긴 놈, 헤이!
> 집돼지, 헤이!
> 살찐 놈, 헤이!
> 계집의 옷, 헤이!
> 허리띠, 헤이!
> 바구니, 헤이!

이 주문은 약 한 시간 동안 계속되며 춤추는 사람들은 왼쪽으로 돌다가 오른쪽으로 돌면서 계속 방향을 바꾼다. 방향을 바꾸기 위해 회전을 멈출 때마다 그들은 주문의 지속성을 유지하기라도 하려는 듯 큰 소리로 휘파람을 불며 "치, 치, 치"라는 소리를 외친다.

또 하나의 주문은 여자와 여자의 다산(多産)과 관계 있는 것이다.

> 헤이! 헤이! 헤이!
> 계집, 헤이! 계집, 헤이!

교접, 헤이!

찬차여, 헤이!

찬차여, 교접을 허용하라!

짝맞춤, 헤이! 짝맞춤, 헤이!

계집, 헤이! 계집, 헤이!

진짜가 되게 하사, 헤이!

우리가 그것을 하겠나이다, 헤이!

그 일이 잘되게 하소서, 헤이!

충분하게, 헤이!

이 주문의 중심과 축제의 여타 모든 행동의 중심에는 오그라든 적의 머리인 찬차가 위치하고 있다. 귀신은 언제나 머리 가까운 곳에 있고 지극히 위험한 것이다. 그것을 제압하기 위해 가능한 모든 방법이 동원된다. 그러나 일단 예속되기만 하면 매우 유용한 것이 된다. 그것은 돼지와 가금과 타피오카의 증식을 보살펴주고 온갖 종류의 번영을 약속한다.

그러나 그것을 완전히 노예화하기는 쉽지 않다. 처음에 그것은 원한에 가득 차 있다. 그것이 사람에게 할 수 있는 일들은 상상을 초월한다. 그것을 복종하게 만드는 데는 놀랄 만큼 많은 의식과 규율의 준수가 필요하다. 며칠 동안이나 계속되는 축제가 끝날 무렵이면 머리와 머리에 속하는 귀신을 지배할 수 있는 막강한 힘을 갖게 되는 것이다.

더 잘 알려진 전쟁의 관습에서 보면, 찬차는 우리가 전리품이라고 부르는 것을 대신하고 있다는 것을 알 수 있다. 지바로족이 전쟁을 하는 것은 머리를 얻기 위해서이다. 머리가 그들의 유일한 전리품이며, 그것은 마침내 오렌지만한 크기로 줄어들어 조그맣게 보이지만 그것은 그들에게 중요한 모든 것을 포함하고 있다. 머리는 그들이 원하는 모든 증가, 즉 그들의 식량이 되는 동물과 식물의 증가, 그들이 만들어내는 물건의 증가, 나아가서 그들 자신의 증가를 가능하게 해준다. 그것은 엄청나게 압축된 전리품이다. 그러나 그것의 획득만으로는 충분하지 못하다. 그것을 올바른 것으로 만들기 위해 여러 가지 처리법을 써야 된다. 이같은 과정은 축제의 공동적인 열광 속에서, 특히 요란한 주문과 춤 속에서 절정에 이른다. 찬차 축제는 대체로 증식 무리로 변한다. 하나의 무리에서 다른 무리로의 변환이 지바로족 종교의 진정한 동력인 것이다.

푸에블로 인디언의 비의 춤[5]

비의 춤은 비를 얻기 위한 증식의 춤이다. 그것은 말하자면 발을 굴러 땅에서 비가 솟아나게 만드는 것이다. 춤추는 사람들의 발 구르는 소리는 빗방울 떨어지는 소리와 흡사하다. 만일 춤추는 동안에 비가 오기 시작하면 그들은 비를 맞으면서 계속 춤을 춘다. 비를 표현하는 춤이 마침내 비가 되는 것이다. 약 40명에 달하는 하나의 무리가 비로 변하는 것이다.

비는 푸에블로족에게 가장 중요한 군중 상징이다. 그것은 어딘가 다른 곳에서 살았을지도 모르는 그들의 선조들에게도 중요했지만, 그들이 건조한 고원 지대에 정착한 이래 그 중요성은 더욱 증대되었으며, 그들의 종교의 성격을 근본적으로 결정지어 주었다. 그들이 주식으로 삼는 옥수수와, 옥수수가 자라는 데 필수적인 비가 그들의 모든 의식의 중심에 있다. 비를 부르는 데 사용되는 모든 마법적인 방법들이 뭉뚱그려져서 그들의 비의 춤으로 승화된다.

관찰자들은 비의 춤에는 난폭한 것이 전혀 없다는 사실을 강조한다. 그것은 비 자체의 본성에서 연유하는 것이다. 비는 우선 그것을 품은 채 저 멀리 높다랗게 떠 있는 부드럽고 하얀 덩어리의 구름이다. 이것을 가까이서 보면 사람들의 가슴속에는 부드러운 느낌이 움튼다. 그런데 이 구름 덩어리에 방전이 일어나면, 그것은 즉시 와해되어 사람에게 떨어지고 땅속에 스며드는 하나하나의 빗방울이 된다. 따라서 비의 모습으로의 변형을 통하여 비를 부르고자 하는 이 춤은 군중의 형성보다도 군중의 해체와 도주를 나타낸다.

춤추는 사람들은 구름이 생기기를 염원하지만, 이 구름은 하늘에만 모여 있을 것이 아니라 땅에 비를 뿌려야 한다. 구름은 선조들과 동일시될 만큼 다정한 군중이다. 죽은 자들은 비구름을 타고 돌아와서 축복을 내린다. 여름날 오후, 하늘에 구름이 모이면 사람들은 자기네 아이들에게 "너희들의 할아버지가 오신다"고 말하는데, 이 말은 그 가족의 선조만을 두고 하는 말이 아니라 모든 선조들을 통칭하는 것이다.

비를 기원하기 위해 격리된 사제들은 8일 동안 제단 앞에 꼼짝 않고 앉아서 묵상을 하고는 다음과 같이 비를 부른다.

> 그대들이 어디에 살든
> 그대들은 거기에서부터 길을 떠나리라.
> 바람이 몰고 온 그대들의 작은 구름,
> 그대들의 얇은 구름 조각을
> 살아있는 물로 가득 채우리라.
> 비가 우리와 함께 있도록 그대들은
> 대지를 어루만지는 멋진 비를 보내리라.
> 여기 이티와나(Itiwana),
> 우리 아버지들과
> 어머니들이 사는 곳,
> 우리보다 앞서 살았던 이들의 땅에
> 그대들은 많은 물을 가지고
> 한꺼번에 오리라.[6]

사람들은 많은 양의 물을 바란다. 그러나 구름 속에 모인 이 많은 양의 물은 물방울로 해체된다. 비의 춤이 강조하는 것은 이 해체인 것이다. 사람들이 바라는 것은 온화한 군중이지, 잡아야만 하는 위험한 동물이거나 싸움을 해야만 하는 불쾌한 적이 아니다. 그런 군중은 그들에게 자비로운 조상들의 군중과 동일시된다.

빗방울이 땅에 내리는 축복은 그들의 주식이 되는 다른 군중, 즉 옥수수에까지 미친다. 모든 수확물과 마찬가지로 옥수수는 무더기로 한데 쌓이게 된다. 그러나 비는 역(逆)의 과정이다. 비구름은 빗방울로 흩어진다. 이에 반해 수확된 한 자루의 옥수수는 이미 낟알의 안정된 집합체인 것이다.

이 식량을 먹고 남자는 힘이 세어지고 여자는 다산(多産)을 한다. '아이들'이라는 말이 그들의 기도문 속에 자주 나온다. 사제가 쓰는 '아이들'이라는 말은 그 종족의 살아있는 구성원들을 일컫는 말이기도 하지만, 모든 소년들과 소녀들, 즉 '앞날이 창창한 모든 사람들'을 일컫는 말이기도 하다. 이들이 소위 그 종족의 미래라는 것이다. 사제는 더 정확한 이미지를 가지고 그들을 앞날이 창창한 모든 사람들로 보는 것이다.

이처럼 푸에블로족의 생활에서 핵심적인 군중은, 선조와 어린 아이와 비와 옥수수이다. 이들을 전후 관계로 연결시켜 배열하면 선조, 비, 옥수수, 어린아이의 순서가 된다.

무리의 네 가지 형태 중 두 가지, 즉 사냥 무리와 전투 무리는 이들 사회에서 위축되어 있다. 그러나 토끼의 공동 사냥이 없는 것은 아니다. 그리고 무사 집단도 있다. 그러나 무사의 기능은 경찰의 기능에 불과할 뿐이며, 그것도 우리가 알고 있는 것과 같은 경찰의 기능이 필요한 경우는 거의 없다. 애도 무리는 놀라울 정도로 억제되어 있다. 그들은 죽음에 대해 별다른 동요를 보이지 않으며, 죽은 자는 가능한 한 빨리 잊어버리려고 노력한다. 사람이 죽은 후 4일이 지나면 추장은 사람들에게 더 이상 그 사람을 기억해서는 안 된다고 말한다. "그가 죽은 지 이미 4년이 지났다"고 말한다. 죽음은 과거 속으로 밀어붙여지며 슬픔은 진정된다. 푸에블로족은 애도 무리를 대수롭게 여기지 않는다. 그들은 슬픔을 격리시킨다.

증식 무리는 고도로 발달되어 활발한 상태로 남아 있다. 그들의 공동생활은 증가를 강조한다. 그들은 오로지 증가를 위해 생존한다고 말할 수도 있다. 많은 종족에게 공통적인 야누스의 머리(한편으로 자기 자신을 증가시키고, 다른 한편으로 적을 감소시키는)는 그들에게 알려져 있지 않다. 그들은 전쟁에 관심이 없다. 비와 옥수수가 그들을 온순하게 만든 것이다. 그들의 생활은 전적으로 그들 자신의 선조들과 그들 자신의 어린아이들에게 의존한다.

전쟁의 역학 : 첫번째 전사자. 승리

내면적인 것이든, 혹은 무리에 관계되는 것이든 전쟁의 역학은 기본적으로 다음과 같다. 죽은 자의 주위에 모인 애도 무리로부터 복수를 목적으로 하는 전투 무리가 형성되며, 전쟁이 승리로 끝날 경우 전투 무리로부터 의기양양한 증식 무리가 형성된다.

모든 사람에게 위협감을 느끼게 하는 것은 첫번째의 죽음이다. 전쟁을 촉발시키는 데 첫번째로 죽은 자의 역할은 아무리 과대평가해도 지나치지 않다. 전쟁을 일으키고자 하는 지배자들은 그들이 첫번째의 희생자를 내거나 만들어야 한다는 사실을 아주 잘 알고 있다. 첫번째 희생자는 반드시 특별히 중요한 인물일 필요는 없으며, 전혀 알려져 있지 않은 사람이 될 수도 있다. 그의 죽음만이 문제가 되는 것이다. 그리고 그의 죽음에 대해 적이 책임이 있다고 믿어져야만 된다. 그의 죽음에 대한 가능한 모든 이유는 단 하나, 즉 죽은 자는 자기가 속해 있는 집단의 구성원이었다는 이유 하나만을 제외하고는 모두 억제된다.

재빠르게 형성된 애도 무리는 군중결정체로 작용한다. 그것은 자신도 그와 똑같은 위협을 받고 있다고 느끼는 모든 사람들을 받아들인다. 애도 무리의 정신 상태가 전투 무리의 그것으로 바뀌는 것이다.

전쟁은 한 사람, 혹은 기껏해야 몇 사람의 죽음에 의해 촉발되지만 그것은 엄청난 수의 죽음을 초래한다. 승리를 거두었을 때 죽은 자들에 대한 애도는 처음의 애도와는 달리 매우 억제된다. 승리는 적의 전멸은 아니라 하더라도 최소한 적의 극심한 감소를 나타내기 때문에 자기 편 죽은 자들에 대한 애도의 마음을 줄여준다. 그들은 죽은 자의 영토 안에 선봉으로 파견되어 더 많은 적을 거기에 끌어들인 사람들이다. 따라서 그들은 종족의 두려움을 제거해준다. 그들이 없었더라면 승리를 얻을 수 없었을 것이다.

적이 패하면 사람들을 단결시켰던 위협은 사라지며, 따라서 집단은 다시 개개인의 성격이 강해진다. 사냥 무리가 사냥감의 분배 단계로 바뀌는 것과 마찬가지로 전투 무리는 약탈을 위해 분산의 단계에 도달하는 것이다. 위협당하고 있다는 느낌이 보편적이지 못할 경우 사람들로 하여금 전쟁에 참여하도록 만드는 것은 전리품에 대한 약속이다. 이럴 경우 사람들에게는 전리품이 할당되어야만 한다. 옛날의 전쟁 지휘관이라고 하더라도 감히 전사들에게 전리품 할당을 거부하지는 못했을 것이다. 그러나 약탈 과정을 통한 군대의 완전 해체의 위험이 매우 높기 때문에, 지도자들은 전투 사기를 재확립하기 위한 수단을 찾는 데 항상 고심해왔다. 이 목적을 위한 가장 효과적인 방법이 승전 축제이다.

승전 축제의 진정한 의미는 자신의 증가와 적의 감소를 대비시키는 것이다. 남녀노소 할 것 없이 모든 사람들이 모여든다. 승리자들은 그들이 전쟁에 나설 때와 똑같은 대열로 행진한다. 사람들에게 자신들을 과시함으로써 그들은 승리의 정신을 고취시킨다. 점점 더 많은 사람들이 모여 마침내 집에서 걸어나올 수 있는 모든 사람들이 참여하게 된다.

그러나 승리자들은 자신들을 과시하는 데 그치는 것이 아니다. 그들은 많은 물건도 함께 가져온다. 말하자면 그들은 증식시킨 자들이며, 그들의 전리품은 사람들에게 전시된다. 사람들이 원하거나 귀중히 여기는 것들이 그득히 쌓여 있으며 누구나가 그것을 조금씩 받게 될 것이다. 의기양양한 지휘관이나 왕은 사람들에게 커다란 몫을 명령할 수도 있으며, 아니면 세금 감면이나 상금을 베풀 수도 있다. 전리품은 금과 물건들만이 아니다. 포로들이 밖으로 끌려나온다. 포로들의 숫자는, 적의 감소에 대한 눈에 보이는 증거이다.

스스로 문명을 뽐내는 사회에서는, 포로가 된 적들을 전시하는 것만으로도 족하다. 그러나 그들의 눈에 야만적으로 보이는 다른 사회에서는 그 이상을 원한다. 그들은 적의 감소를 직접 경험하기를 원한다. 여기서 많은 호전적인 종족의 승전 축제에서 흔히 볼 수 있는 포로들의 공개 처형이 일어난다.

이같은 처형이 다호메이(Dahomey) 왕국의 수도에서 엄청나게 큰 규모로 실시되었다.[7] 며칠 동안 계속되는 연례 축제에서 왕은 백성들에게 피비린내 나는 광경을 보여주었다. 모든 사람이 보는 앞에서 수백 명의 포로의 목이 잘렸던 것이다.

왕은 단 위의 귀족들 사이에 자리 잡고 앉아 있고, 사람들은 그 아래 빽빽이 모여 있었다. 왕이 눈짓을 보내면 형리들은 처형을 시작했다. 처형당한 포로들의 머리가 무더기를 이루었다. 그런 무더기를 여러 개 볼 수 있었다. 교수대에 매달려 처형된 적의 발가벗은 시체를 일렬로 세워서 거리를 행진하는 절차도 있었다. 수많은 왕비들의 정숙을 위해, 시체의 한 부분은 절단되어 있었다. 축제의 마지막 날 궁정 대신들이 단 위에 다시 모여서 백성들에게 커다란 선물을 하사했다. 조개껍질 돈이 사람들 사이에 뿌려졌다. 손이 묶인 포로들도 던져졌는데, 이들 역시 목이 잘려 있었다. 사람들은 시체를 차지하기 위해 싸움을 벌였다. 열광한 나머지 그들이 시체를 먹었다는 이야기도 있었다. 모든 사람들이 죽은 적의 살 조각을 얻기를 원했다. 가히 승리의 성찬식이라고 할 수 있었다. 인간의 살을 먹은 후 동물의 고기도 제공되었지만, 가장 중요한 것은 적의 살 조각이었다.

이 축제를 목격한 유럽인들이 18세기에 작성한 보고서들이 남아 있다.[8] 당시 백인 국가들은 해안 무역 거점에 대표를 파견하고 있었다. 거래 품목은 노예였으며, 대표들은 왕으로부터 노예를 사기 위해 수도인 아보메이(Abomey)로 갔던 것이다. 왕은 자기의 포로 중 일부를 유럽인들에게 파는 데 익숙해졌으며, 이 목적을 위해 전쟁을 수행하기도 했다. 당시 유럽인들은 끔찍한 대량 학살을 목격해야만 했다. 유럽인들은 처형 대상으로 결정된 포로들도 노예로 팔도록 왕을 설득하려고 노력했다. 그것은 자신들을 자비롭게 보이게 할 뿐 아니라, 사업상으로도 이득이 되는 일이었다. 그러나 놀랍게도 왕은 그의 탐욕에도 불구하고 그것을 거절했다. 유럽인들은 노예가 부족하고 사업이 잘 안 될 경우, 왕의 고집에 분노를 느끼기도 했다. 그들은 왕에게는 재산보다 권력이 더 중요하다는 것을 이해하지 못했던 것이다. 왕의 백성은 포로 처형을 구경하는 데 익숙한 사람들이었다. 잔인한 방법으로 적을 공개적으로 감소시킴으로써 자신들의 증가를 확신할 수 있었다. 이것이 왕권의 직접적인 원천이었다. 공개 처형 광경은 이중의 효과가 있었다. 그것은 백성들로 하여금 그 왕의 지배하에서 자신들의 증가를 확신하게 하고, 그들을 종교적으로 헌신적인 군중의 상태로 유지시키는 분명한 방법이었다. 또한 그것은 왕이 내리는 명령이 두렵다는 것을 실감하게 해주었다. 처형은 왕이 몸소 지시한 결과였던 것이다.

로마인들에게 가장 성대한 공개 행사는 개선식이었다. 온 도시의 사람들이 승리를 축하하기 위해 모두 모여들었다. 그러나 로마 제국이 권력의 정점에 이르렀을 때, 그래서 계속적인 정복의 필요성이 의미를 잃었을 때, 승리는 그 자체로 하나의 제도가 되었고, 이 제도는 달력상의 날짜에 맞춰 정기적으로 반복되었다. 이제는 싸움이 경기장 안에서, 집합된 군중이 보는 앞에서 일어났다. 그것은 정치적으로는 중요성이 없었으나, 승리감을 소생시키고 그것을 생생하게 유지하는 수단으로서 의미가 있었다. 관객으로서 로마인들은 직접 싸움을 하지는 않았으나, 군중으로서 그들은 승리자를 뽑고 과거처럼 그에게 환호를 보냈다. 중요한 것은 승리감뿐이었다. 그 결과 더 이상 필요치 않은 것으로 여겨진 전쟁 그 자체는 의미를 잃어버렸다

이런 종류의 역사상의 종족에게 전쟁은 증가의 실질적인 수단이 된다. 전쟁이 그들에게 전리품을 안겨주든, 노예를 제공하든, 그들은 보다 끈기가 필요한 다른 증가 수단을 거부하며, 그런 수단은 경멸받아 마땅한 것으로 여긴다. 이렇게 해서 일종의 국가적인 전쟁의 종교가 가장 신속한 증가를 목표로 형성된다.

전쟁의 종교로서의 이슬람교

독실한 이슬람교도들은 네 가지 방법으로 모인다.
1. 저 높은 곳에서 들리는 목소리에 따라 매일 수차례씩 기도를 위해 모인다. 이때 형성되는 율동적인 소규모 집단들은 기도의 무리(Gebetsmeute)라고 부를 수 있다. 각각의 동작은 엄밀하게 규정되어 있고, 메카 쪽으로만 방향을 잡아야 한다. 일주일에 한 번, 금요 기도회 때에는 이들 무리들이 군중으로 성장한다.
2. 이교도를 상대로 한 성전(聖戰)을 위해 모인다.
3. 대규모 성지 순례 기간 동안 메카에서 모인다.
4. 최후의 심판일에 모인다.

모든 종교에서와 마찬가지로 이슬람교에서도 보이지 않는 군중이 가장 중요하다. 그러나 이 보이지 않는 군중은 다른 어느 세계종교에서보다도 이슬람교에서 더욱 뚜렷하게 상호 대립하는 '보이지 않는 이중 군중'의 성격을 갖는다.

최후의 심판의 나팔 소리가 죽은 자들을 깨우면 모든 사자(死者)들은 각자의 무덤에서 일어나 심판장으로 달려간다. 그곳에서 그들은 믿는 자와 믿지 않는 자로 나뉘어 신 앞에 두 줄로 늘어서서 한 사람씩 신의 심판을 받는다.

모든 세대의 사람들이 이처럼 함께 모이게 되는데, 각자는 마치 자기가 그날 아침에 묻혔던 것처럼 생각한다. 자기가 무덤 속에 누워 있던 무한한 시간적인 공간을 아무도 깨닫지 못한다. 그들의 죽음은 꿈도 없고 기억도 없는 것이었기 때문이다. 그러나 나팔 소리는 모든 사람이 다같이 듣는다. "그날 사람들은 떼(Schar)를 지어 올 것이다." 『코란』에서는 저 위대한 순간의 떼에 관해 끊임없이 반복하여 언급되고 있다. 이러한 떼는 독실한 이슬람교도라면 누구나 상상할 수 있는 가장 포괄적인 군중 개념이다. 아무도 인간의 수에 대해서, 일찍이 살았던 인간의 수보다 더 많은 수를 상상할 수 없다. 이들은 한 지점에 빽빽하게 모여 있다. 이들은 더 이상 자랄 수 없는 유일한 군중이다. 그리고 이들은 모두 한 장소에 심판관을 마주보고 서 있어야 하기 때문에 가장 밀도가 높은 군중이기도 하다.

그러나 그 규모와 밀도에도 불구하고 군중은 시종 둘로 구분되어 있다. 각자는 자기에게 찾아올 것을 알고 있다. 어떤 사람들에게는 희망이 있고 다른 사람들에게는 공포가 있다. "그날 환하게 미소 짓고 즐거움이 가득 찬 빛나는 얼굴들이 있을 것이다. 그날 어둠이 깔리고 먼지로 뒤덮인 얼굴들이 있을 것이다. 이런 얼굴들은 악하고 믿지 않는 자들의 얼굴일 것이다." 심판의 공정성은 절대적인 것이기 때문에(각자의 모든 행동은 기록되어 글자로 증명될 수 있기 때문에) 아무도 자기의 대열에서 도망칠 수 없다.

이슬람교에서 군중의 양분은 절대적인 것이다. 믿는 자들과 믿지 않는 자들은 영원히 분리되어 서로 싸우도록 운명지워져 있다. 종교 전쟁은 신성한 의무이며, 따라서 최후 심판일의 이중 군중은 덜 포괄적인 형태이기는 하지만 속세의 모든 전투에서도 그 성격이 나타난다.

이슬람교도들은 또 하나 이에 못지않게 신성한 임무인 메카 순례를 생각할 때는 전혀 다른 이미지를 마음속에 품는다. 이것은 여러 다른 나라로부터 출발하는 순례자들에 의해 점차적으로 형성되는 하나의 느린 군중이다. 메카로부터의 거리에 따라 성지 순례의 대열은 몇 주일, 몇 달, 심지어 몇 년에 걸쳐 계속될 수도 있다. 적어도 일생에 한 번은 해야 하는 이 성지 순례의 의무는 한 인간의 속세에서의 전 생애에 영향을 준다. 성지 순례를 하지 않은 사람은 진정으로 인생을 살았다고 할 수 없다. 성지 순례의 경험은, 말하자면 이슬람교가 전파된 전 영역을 통합하며, 그 발상지로 신자들을 집합시킨다. 성지 순례자들은 평화로운 군중이며, 목적지에의 도달에만 전념한다. 그 군중의 임무는 이교도들을 정복하는 것이 아니라, 단순히 약속된 장소에 도달하여 거기에 있으면 되는 것이다.

메카만한 크기의 도시가 수많은 순례자들을 모두 수용할 수 있다는 것은 특별한 기적이라고 여겨진다. 12세기 말경 순례자로서 메카를 방문하고 상세한 순례기[9]를 남긴 무어인 이븐 주바이르(Ibn Jubayr)는, 세계에서 가장 큰 도시라고 하더라도 그렇게 많은 사람들을 수용할 수는 없을 것이라는 견해를 밝혔다. 그러나 메카는 특별한 확장 능력을 가지고 있어, 태아의 크기에 따라 더 작아질 수도 더 커질 수도 있는 자궁에 비유되어야 한다는 것이 그의 생각이었다.

성지 순례의 가장 위대한 순간은 아라파트 평원에 서는 날이다. 70만 명의 사람들이 그곳에 모이도록 되어 있다. 숫자가 여기에 미치지 못할 경우 사람들 사이에 보이지 않게 서 있는 천사들이 나머지를 채운다.

그러나 평화의 시절이 끝날 때 성전(聖戰)이 일어나게 된다. 어느 탁월한 이슬람교 전문가는 이렇게 말한다. "마호메트는 전투와 전쟁의 예언자이다…… 그가 아랍 세계에서 처음으로 행했던 것을 그는 자기 사회의 장래에 대한 성약(聖約)으로 남겨놓고 있다. 그것은 이교도들을 상대로 한 싸움, 즉 신앙의 확장이라기보다 알라신의 힘의 영역을 확장시키는 일이다. 이슬람교를 위한 전사들에게 중요한 것은 이교도들을 개종시키는 것보다도 그들을 정복하는 것이다."[10] 신의 영감을 받아 만들어진 예언서인 『코란』은 이 점을 분명히 밝히고 있다.

"신성한 달들이 지나면 이교도들을 죽여라. 어느 곳에서 그들을 발견하더라도, 그들을 체포하라, 그들을 포위하라. 그들을 매복하여 습격하라."[11]

애도의 종교

애도의 종교들은 지구의 얼굴을 스케치한다. 애도의 종교는 기독교에서 보편적인 타당성을 획득했다. 애도의 종교를 유지시키는 무리는 지속 기간이 짧다. 그렇다면 그런 종교들을 견고하게 하는 것은 무엇인가? 애도에서 출발하는 이런 종교들에게 수천 년의 지속성을 부여하는 것은 무엇인가?

종교 형성의 전설은 부당하게 죽음을 당한 한 인간이나 신에 대한 전설이다. 그것은 항상 추적이나 사냥과 같은 박해의 이야기이며, 거기에 또한 부당한 중간 과정이 끼어든다. 사냥의 경우, 추적당하는 동물이 아니라 엉뚱하게도 일류 사냥꾼이 화살을 맞게 된다. 아도니스(Adonis)와 멧돼지의 이야기에서처럼, 이 동물이 몸을 돌려 사냥꾼을 공격해서 그에게 치명상을 입히는 수도 있다. 이것은 일어나지 않았어야 하는 죽음이며, 그것이 불러일으키는 슬픔은 이루 측량할 수 없이 큰 것이다.

아프로디테(Aphrodite)가 아도니스를 애도하듯, 어느 여신이 희생자를 사랑하고 애도할 수도 있다. 바빌로니아 판(版) 이야기의 경우 이 여신의 이름은 이슈타르(Ischtar)이며, 타무즈(Tammuz)는 요절한 미소년이다. 프리지아의 전설에서는 모신(母神) 키벨레(Kybele)가 젊은 정부(情夫) 아티스(Attis)를 애도한다. "그녀는 미쳐 날뛰며, 수레에 죽은 자를 메고 그녀 자신만큼이나 미쳐 날뛰는 코리반트(Korybant)들을 대동해서 이다(Ida) 산을 올라간다. 그녀는 아티스를 위해 통곡한다. 코리반트들 중의 한 명은 칼로 자기의 팔뚝을 베고, 또 한 명은 머리카락을 내려뜨리고 산을 달려 올라간다. 또 한 명은 뿔피리를 불고, 다른 한 명은 북을 치고, 또 다른 한 명은 심벌즈를 울린다. 이다 산 전체가 광란의 상태다."[12]

이집트 전설에서는 이시스(Isis)가 남편 오시리스(Osiris)를 잃는다. 그녀는 지칠 줄 모르고 남편을 찾아 헤맨다. 슬픔에 가득 차서 곳곳을 돌아다니며 그를 찾기 위해 쉬지 않고 헤맨다. "당신의 집으로 돌아와 주오"라고 말하며 그녀는 통곡한다. "당신의 집으로 돌아와 주오…… 당신이 보이지 않지만, 나의 가슴은 당신을 그리워하고 나의 눈은 당신을 갈망하오. 당신을 사랑하고 또 사랑하는 여인에게 와주오. 당신의 누이에게 와주오. 당신의 아내에게, 당신의 아내에게 와주오. 가슴이 조용하게 멎어 있는 당신의 아내에게 와주오. 나는 당신의 누이요. 같은 어머니로부터 태어난 당신의 누이요. 나에게서 먼 곳에 계시지 마오. 신들과 인간들이 당신에게 얼굴을 돌리고 당신을 위해 울고 있소. 내 외침 소리가 하늘에 들릴 때까지 나는 당신을 부르며 통곡하오. 그러나 당신은 나의 외침 소리를 듣지 못하오. 그러나 나는 지상에서 당신을 사랑한 당신의 누이요. 당신은 나만을 사랑했소. 나의 오라버니여."[13]

그러나 예수의 경우와 마호메트의 손자이자 시아파의 진정한 순교자인 후사인의 경우처럼, 한 무리의 친척들과 제자들이 죽은 자를 애도하는 경우—이것은 시기적으로 보다 후의 일이며 신화적 성격에서 벗어나 있다—도 또한 있을 수 있다.

사냥이나 추적은 상세하게 묘사된다. 그것은 앞뒤가 딱 들어맞는 이야기이며 매우 구체적이고 직접적이다. 그리고 반드시 피가 흐른다. 예수의 수난에서도 우리는 상처와 피를 발견하게 된다. 수난을 구성하는 개개의 사건들은 부당한 것으로 여겨진다. 신화시대로부터 멀어질수록, 수난기를 연장시키고 그것을 상세한 인간적인 사건들로 채우려는 경향이 더욱 커진다. 희생자는 사냥이나 추적을 반드시 경험한다.

희생자가 죽을 무렵 애도의 무리가 형성되지만, 이들의 애도는 독특한 색조를 갖는다. 죽은 자는 그를 애도하는 사람들을 위해서 죽은 것이다. 그가 무리의 위대한 사냥꾼이었든, 아니면 그들에게 다른 더 높은 가치가 있는 사람이었든, 그는 그들의 구세주였다. 그의 소중함이 가능한 모든 방법으로 강조된다. 무엇보다도 죽지 않았어야 할 사람이 바로 그 사람인 것이다. 그의 죽음은 애도자들에 의해 용납되지 않는다. 그들은 그가 다시 살아나기를 원한다.

앞에서 원시적인 애도의 무리를 언급하면서 나는 오스트레일리아 원주민의 경우를 예로 들어, 애도는 이미 죽은 사람이 아니라 죽어가는 사람을 둘러싸고 시작된다는 점을 강조한 바 있다. 살아있는 사람들은 그의 죽음을 막기 위해 노력하며 자기들의 몸으로 그를 덮는다. 그들은 그를 무리의 가운데로 데리고 와서 사방에서 그를 바짝 에워싸서 그를 지키려고 한다. 흔히 죽음이 일어난 다음에도, 그들은 돌아와달라고 그를 부른다. 두번째 단계, 즉 그를 죽은 자들의 세계로 밀어버리는 단계는, 그가 돌아오지 않을 것이라는 사실을 완전히 확신한 후에 비로소 시작된다.

여기서 언급하는 성인전설로서의 소중한 고인(故人)의 죽음을 에워싸고 형성되는 애도 무리의 경우 무슨 수를 써서라도 죽어가는 과정을 오랫동안 지연시킨다. 가족, 일가친척, 지지자 또는 신도 할 것 없이 모두 다 똑같이 그를 떠나보내는 것을 거부한다. 첫 단계, 즉 그를 붙잡아두고자 하는 단계가 결정적으로 중요하며, 모든 비중이 이 단계에 실려 있다.

이때 사람들은 서둘러서 모이며 애도를 표하려는 모든 사람이 환영을 받는다. 그런 종교적 의식에서 애도의 무리는 끊임없이 성장하는 군중으로 확장된다. 이같은 성장이 처음으로 발생하는 것은 죽은 자를 위한 축제 때이다. 이 축제는 그의 수난을 재현한다. 도시의 사람들이 모두 축제에 참여하며, 때로는 먼 곳에서 오는 대규모 순례자의 무리들도 참여한다. 그러나 애도 무리의 성장은 신자들의 수가 점차 증가하면서 오랜 기간에 걸쳐 일어난다. 그것을 시작하는 사람은 십자가 아래 서 있는 몇 명 안 되는 신도들이다. 그들이 애도의 핵심 부분을 이룬다. 첫 성신강림절 때에는 약 600명의 기독교도들이 있었다. 콘스탄티누스 대제 때에는 약 1,000만 명으로 늘어났다. 그러나 종교의 핵심은 언제나 똑같다. 그것은 애도이다.

그렇게 많은 사람들이 애도에 참여하는 것은 무슨 이유 때문인가? 그것의 매력은 무엇인가? 그것은 사람들에게 무엇을 주는가? 거기에 참여하는 모든 사람들에게 똑같은 일이 일어난다. 즉 사냥 무리, 혹은 추적 무리는 애도 무리가 됨으로써 속죄를 받는다. 사람들은 남을 박해하는 존재로서 살아왔고, 그들 나름의 방식대로 계속 그렇게 살아갈 것이다. 그들은 타인의 살(肉)을 추구한다. 그들은 더 약한 사람들을 괴롭히면서 먹고산다. 희생자의 타오르는 눈길이 인간들의 눈에 비친다. 흥겹게 들었던 희생자들의 마지막 울부짖음이 인간들의 영혼에 박혀 지워지지 않는다.

육신이 자라나면서 육신 속에 깃든 어둠도 자라나지만, 사람들 대부분은 이 사실을 눈치 채지 못한다. 그러나 죄와 불안은 끊임없이 자라나고 부지불식간에 그들은 구원을 열망하게 된다. 그래서 그들은 그들을 위해 죽은 사람에게 자신들을 결부시키고, 그 사람을 애도하는 가운데 자기들이 피박해자라고 느낀다. 그들이 무슨 일을 했든, 그들이 얼마나 화를 냈든, 이 순간만큼은 고통의 편에 선다. 그것은 영향력이 광범위한 하나의 갑작스런 변화이다. 그것은 살생에 대한 축적된 죄의식으로부터, 그리고 그들에게도 역시 죽음이 찾아올 것이라는 불안으로부터 그들을 해방시켜준다. 그들이 남에게 행한 모든 것을 이제 다른 한 사람에게 떠맡기는 것이다. 그들은 충실하고 무조건적으로 그에게 매달림으로써 복수를 당하지 않기를 희망한다. 따라서 인간들이 무리들 안에서 살육을 그만 두지 않는 한, 애도의 종교는 인간의 영혼을 다스리기 위해서 불가결한 것이다.

더 세밀한 고찰을 위해 인용될 수 있는 모든 전통적인 애도의 종교들 가운데 이슬람교의 시아파는 가장 유익한 것이다. 타무즈와 아도니스의 숭배, 오시리스와 아티스의 숭배도 또한 적절하다. 그러나 이것들은 모두 과거에 속하며, 설형문자 혹은 상형문자로 된 원전을 통해서만 알 수 있거나, 아니면 고대 작가의 작품을 통해서 알 수 있는 것들이다. 이런 기록들이 더없이 귀중한 것이기는 하지만, 오늘날까지도 생생한 형태로 존재하는 종교를 살펴보는 편이 더 설득력이 있을 것이다.

애도의 종교들 가운데 가장 중요한 것은 기독교이며, 가톨릭 형태의 기독교에 대해 몇 가지 언급할 필요가 있다. 그러나 나는 진정한 집단 열광의 순간인 기독교의 중요한 순간들을 설명하는 것과 관련해, 이제는 보기 드물게 된 진정한 애도의 순간 대신에 그와는 다른 것, 즉 예루살렘 성묘 교회의 부활제를 들고자 한다.

애도 그 자체는, 진정한 군중에로 열려 있는 열정적인 무리로서 시아파의 무하람 축제에서 잊을 수 없는 인상적인 모습으로 나타난다.

시아파의 무하람 축제[4]

이슬람교는 전쟁 종교의 뚜렷한 특성들을 낱낱이 지니고 있으면서도 시아파라는 가장 압축적이고 극단적인 애도의 종교를 낳았다. 시아파 이슬람교는 이란과 예멘의 국교이자 인도와 이라크에서도 상당한 교세를 떨치고 있다.

시아파는 '이맘(Imam)'이라고 불리는 종교와 정치를 통괄하는 지도자를 숭배하고 있다. 이맘의 지위는 교황보다 더욱 높다. 그는 신의 광명을 전달하는 사람으로서, 절대로 오류를 범하지 않는다. 이맘을 신봉하는 교도만이 구제받을 수 있다. "누구든지 자기 시대의 참된 이맘을 알지 못하고 죽은 사람은 불신자(不信者)로서 죽는다." 이맘은 마호메트의 직계 후손에서 나온다. 마호메트의 딸인 파티마(Fatima)의 남편 알리(Ali)가 최초의 이맘이 되었다. 마호메트는 알리에게 다른 교도들이 모르는 특별한 지식을 전해주었는데, 이 지식은 그 가문 안에서 계속 전승되었다. 예언자 마호메트는 가르치고 통치하는 자신의 후계자로 알리를 지명했다. 알리야말로 마호메트의 명령에 따라 이맘으로 선택된 사람이다. 알리만이 '올바르게 믿는 사람들의 통치자'라는 직함을 가질 수 있다. 알리의 아들인 하산(Hassan)과 후사인(Hussain)은 아버지 알리로부터 그 지위를 물려받았다. 하산이 2대 이맘, 후사인이 3대 이맘이다. 이슬람교도에 대한 통치권을 주장하는 그 외의 사람은 모두 찬탈자였다.

마호메트 사후 이슬람 정치사는 알리와 그의 아들들을 둘러싼 하나의 전설을 만들어냈다. 알리가 마호메트 사후 즉각 칼리프(Kharif)에 선출된 것은 아니었다. 마호메트가 죽은 후 24년 간 마호메트의 세 전우들이 차례로 칼리프의 지위에 올랐다. 알리는 세번째 칼리프가 사망한 후에야 비로소 이 지위에 오를 수 있었다. 그러나 그의 통치는 단기간에 끝났다. 쿠파(Kufa)의 거대한 사원에서 금요 예배를 하던 중 독 묻은 칼을 든 광신적인 자객 손에 피살되었던 것이다. 알리의 장남 하산은 수백만 금을 받고 자신의 모든 권리를 판 후, 메디나에 은거하다가 몇 년 후 방탕한 생활로 숨을 거두었다.

그의 동생 후사인이 겪은 수많은 고통과 수난이 바로 시아파 신앙의 핵심을 이루었다.[15] 그는 형 하산과는 정반대였다. 과묵하고 신중한 성격의 후사인은 메디나에서 조용한 은둔 생활을 했다. 그는 형이 죽은 후 곧 시아파 교도의 지도자가 되었으나, 오랫동안 일체의 정치 활동을 하지 않았다. 그러나 다마스쿠스의 칼리프가 사망하고 그의 아들이 그 직위를 계승하려 하자, 후사인은 그에 대한 신복(臣服)을 거부했다. 이라크에 있는 혼란한 도시인 쿠파의 주민들이 그에게 편지를 보내 쿠파로 오도록 요청했다. 그들은 후사인을 칼리프로 옹립하기를 원했으며, 일단 쿠파로 오면 모두가 그의 휘하에 몰려들 것이라고 말했다. 후사인은 처자권속과 소수의 추종자들을 이끌고 길을 떠났다. 중간에 사막을 지나는 먼 길이었다. 그러나 후사인이 쿠파 인근에 도착했을 때 주민들은 이미 그를 저버렸다. 쿠파의 총독은 강력한 기병부대를 보내 후사인의 투항을 요구했다. 후사인이 이를 거부하자 이들은 식수원을 차단했다. 후사인과 그를 따라온 가족 및 소수의 추종자들은 서기 680년 무하람 달(양력 10월, 이슬람력 1월) 10일에 케르벨라(Kerbela) 평원에서 포위당한 채 용감하게 대항했으나, 기병부대의 공격으로 87명이 후사인과 함께 참살당했다. 이 중에는 그의 가족과 동생의 가족들이 모두 포함되어 있었다. 그의 몸에는 창에 찔린 33개의 상처와 칼에 베인 34개의 칼자국이 남아 있었다. 기병부대 사령관은 다시 부하들에게 명령하여 후사인의 시체를 말발굽 아래 짓이겼다. 이들은 예언자의 손자인 후사인의 목을 베어 다마스쿠스의 칼리프에게 보냈다. 칼리프는 몸뚱이 없는 후사인의 입을 후려쳤다. 이를 보고 그 자리에 있던 마호메트의 늙은 옛 동지 한 사람이 그를 제지하며 이렇게 말했다. "그 지팡이를 거두십시오. 나는 마호메트의 입이 그 입에 키스하는 것을 본 적이 있습니다."

'예언자 가족들의 시련'[16]은 시아파 종교 문학의 핵심적인 주제를 이루고 있다. "시아파의 진정한 추종자의 모습은 몸이 궁핍으로 여위고, 입술은 갈증으로 바싹 말라 있고, 눈은 끊임없는 눈물로 젖어 있어야 한다. 참된 시아파 교도라면 예언자 가족처럼 박해와 비참을 겪는다. 그는 그 가족의 권위를 위해 수난을 받는 것이다. 고난과 박해를 당하는 것은 곧 예언자 가족의 소명으로 여겨진다."

케르벨라에서의 비탄의 그날 이래로 예언자 가족의 역사는 끝없는 고통과 수난으로 점철되어 있다. 이에 관한 이야기는 운문과 산문의 형태로 전승되어 풍성한 순교 문학을 꽃피우게 했다. 순교 이야기는 무하람 달

초순에 갖는 시아파 회합의 주제를 이루며 '아슈라(Aschura)'라고 불리는 그 달 10일은 케르벨라의 비극을 기념하는 날이다. 시아파를 애호한 어느 군주는 예언자 가족의 수많은 고난을 묘사한 시를 이렇게 끝맺었다. "우리들의 기념의 날들은 모두 비탄의 회합으로 채워진다." 예언자 가족의 불운과 박해와 그들의 순교에 대해 울고 탄식하고 슬퍼하는 행위는, 참된 교도들에게 필수 불가결한 것이다. 아랍 속담에 "시아파의 눈물보다도 더 감동적이다"라는 말이 있다. 또 현대의 어느 시아파 인도인은 다음과 같이 말한다. "후사인을 위해 눈물을 흘리는 것은 우리들의 생명과 영혼의 가장 영광된 일이다. 그를 위해 울지 않는다면 우리는 가장 배은 망덕한 사람이 될 것이다. 천국에서도 우리는 후사인의 죽음을 슬퍼해야 할 것이다. …… 후사인에 대한 슬픔은 곧 이슬람교의 참된 징표이다. 시아파 교도들은 비탄의 눈물을 흘리지 않고는 견딜 수 없다. 후사인의 가슴은 살아있는 무덤, 즉 목 잘린 순교자의 머리가 잠들고 있는 진정한 무덤이다."[17]

후사인의 인격과 운명에 대한 관조는 시아파 신앙의 감정적인 핵심을 차지하고 있다. 후사인의 인격과 운명은 종교적 체험의 주요 원천이다. 후사인의 죽음은 자신의 몸을 죽여 신에게 바친 자발적인 희생이며, 수난을 통해 성도들은 비로소 천국에 다다른다. 천국으로 인도하는 중보자(仲保者)란 개념은 원래 이슬람교에서는 생소한 것이었으나, 후사인의 죽음 이후부터 시아파에서 널리 받아들여졌다.

케르벨라 평원에 있는 후사인의 묘소[18]는 오래 전부터 시아파 교도들의 가장 중요한 순례지가 되었다. 후사인의 묘소에는 4,000명의 천사들이 둘러서서 밤낮으로 눈물을 흘리고 있으며, 순례자들이 어느 곳에서 오든 천사들이 나와 이들을 마중한다. 후사인의 묘소를 순례하는 사람은 누구나 다음과 같은 혜택을 누리게 된다. 우선 지붕이 꺼져 순례자를 다치게 하는 일이 절대 없으며, 물에 빠지거나 불에 타 죽는 일이 절대 없고, 또 맹수의 공격도 받지 않게 된다. 그리고 후사인의 묘소를 찾아 독실한 마음으로 예배를 올린 사람은 수명을 연장받게 된다. 그는 1,000번의 메카 순례나 1,000번의 헌신, 1,000일의 금식, 1,000명의 노예 해방과 맞먹는 공덕을 얻는다. 그 다음 해에는 마귀나 악령이 그에게 절대로 범접하지 못한다. 순례자가 사망할 경우에는 천사들에 의해 묻혔다가 부활일에 이맘 후사인의 추종자들과 함께 되살아난다. 그는 이때 손에 들린 깃발을 보고 이맘을 알아본다. 이맘 후사인은 의기양양한 순례자들을 곧바로 천국으로 인도한다.

다른 전설에 따르면, 이맘의 묘소에 묻히는 사람은 생전에 어떤 죄를 저질렀든 죄에 상관없이 부활일에 아무런 심판을 받지 않고 곧바로 천국으로 간다. 천사들은 그에게 축하의 악수를 건넨다.

이런 이유로 나이 많은 시아파 교도들 중에는 케르벨라로 이사하여 죽음을 기다리는 사람이 많다. 케르벨라에서 멀리 떨어진 곳에 사는 사람들은, 죽은 후 시체를 케르벨라로 운구하여 묻어줄 것을 유언으로 남기기도 한다. 이 때문에 지난 수백 년 동안 수많은 시신이 페르시아와 인도에서 끊임없이 밀려들어 케르벨라를 거대한 묘지로 바꾸어놓았다. 시아파의 대규모 축제가 후사인이 수난을 당한 무하람 달의 10일 간에 걸쳐 베풀어진다. 이 기간 중에는 페르시아가 온통 슬픔에 파묻힌다.[19] 국왕과 장관과 공무원들은 모두 검정색이나 회색 옷을 입는다. 노새 몰이꾼과 군인들은 깊은 슬픔의 표시로 셔츠를 늘어뜨려 가슴을 드러낸 채로 다닌다.

정월 초하루에 해당하는 무하람 달 1일에 축제가 시작된다. 후사인의 수난사는 목제 설교단 위에서 최대한 자세하게 묘사된다. 이를 듣는 사람들은 깊은 감명을 받게 되고, 여기저기서 신음과 흐느낌 속에 "오, 후사인! 오, 후사인!" 하는 절규가 터져나온다. 후사인의 수난을 되새기는 과정은 하루 종일 계속된다. 도처에 설치된 설교단에는 율법학자나 전도사들이 번갈아 올라와 후사인의 고난을 생생하게 전한다. 초하루부터 9일 간은 남자교도들이 상의를 벗고 몸에 붉은색이나 검은색을 칠한 채 떼지어 거리를 헤매고 다닌다. 이들은 머리를 잡아뜯거나 칼로 몸에 상처를 내거나 또는 발에 족쇄를 채워 끌고 다니거나 광란의 춤을 추기도 한다. 이들 사이나 또는 다른 무리 사이에는 가끔 싸움이 벌어져 서로 피를 흘리거나 죽는 사람까지 있다.

애도 행사는 무하람 달 10일에 거대한 행렬 속에서 절정에 이른다. 이 행렬은 원래 후사인의 장례 행렬을 상징한다. 이 행렬의 중심은 후사인의 관이다. 이 관은 8명이 운구하고 양 옆에는 만장을 든 사람이 한 사람씩 따른다. 다시 네 필의 말이 관 뒤를 따르고 유혈이 낭자한 약 60여 명이 군가를 부르며 쫓는다. 그 뒤로 후사인의 군마가 한 필 따라간다. 맨 끝에는 대개 50여명이 짝짝이로 장단을 맞추며 걸어간다. 이 행사 중 애도하는 군중을 사로잡는 광란은 거의 상상도 할 수 없을 정도다. 다음에 나올 테헤란에서 벌어진 사건에 대한 설명을 보면 그 열광적인 분위기를 알 수 있을 것이다.

후사인의 고난을 극적으로 생생하게 묘사한 수난극(Passionsspiel)은 19세기 초에 접어들면서 비로소 하나의 체계를 갖추었다. 1850년대와 그 이후에도 간헐적으로 페르시아에 오래 머물렀던 고비노(Gobineau)는 이 수난극을 박진감 있게 묘사한 글을 남겼다.

수난극 공연장은 부유한 교도들에 의해 세워졌다. 공연장 건립에 돈을 내놓는 사람은 '천국에 궁전을 짓는 것'과 같은 공덕을 쌓는 것으로 간주되었다. 규모가 큰 공연장은 2,000~3,000명을 수용할 수 있다. 이스파한(Ispahan)에서는 2만 명의 관중이 입장한 가운데 수난극이 공연되었다. 입장료를 받지 않기 때문에 거지든 부유한 사람이든 누구나 수난극을 관람할 수 있었다. 새벽 5시부터 문을 열지만 실제 수난극이 공연되기 앞서 몇 시간씩이나 춤과 설교와 노래가 계속된다. 음식물은 차례로 돌려가며 먹는다. 부유한 사람이나 신분이 높은 사람들은 이 공연장에서 거지 같은 관중들에게 몸소 음식을 대접하는 것을 영광스럽게 생각한다.

고비노는 이 행사에 참여하는 두 종류의 종교 단체를 다음과 같이 설명했다.[20] "햇불을 든 어른과 어린이들이 커다란 검은색 깃발을 앞세우고, 열 지어 공연장에 들어와서 노래를 부르며 둥글게 돌기 시작한다. 밤에는 이들이 이 공연장에서 저 공연장으로 떼지어 몰려다니는 것을 볼 수 있다. 몇몇 어린이들이 앞으로 달려나가 높은 목소리로 '아, 후사인! 아, 악바르!' 하고 외친다. 다른 교도들은 설교단 앞에 몰려가 난폭하고 기괴한 방식으로 여기에 맞추어 노래를 부른다. 이들은 오른손 주먹을 꽉 쥐고 장단을 맞추듯이 왼쪽 가슴을 힘차게 두드린다. 수많은 주먹이 일제히 움직이면서 만들어내는 둔탁한 소리는 멀리까지 울려퍼지면서 극적인 효과를 자아낸다. 어떤 때는 이 소리가 느릿느릿하면서도 강하게 들려 긴 여운을 남기는가 하면, 어떤 때는 무엇에 쫓기듯 빨라져 관중들을 격앙시킨다. 이들이 이러한 분위기를 자아내면 공연장은 곧 열기 속에 젖어든다. 리더의 신호에 따라 이 집단은 일제히 노래를 부르며 자기 몸을 두드리거나 땅 위에서 펄쩍펄쩍 뛰면서 '하산! 후사인!' 하고 짧고 격렬한 절규를 계속 토해낸다.

다른 한 종교 단체는 채찍으로 자기 몸을 때리는 고행자들이다. 이들은 각각 다른 크기의 탬버린을 가지고 음악을 연주한다. 이들의 상체와 발은 맨살이며, 머리에는 아무것도 쓰지 않는다. 이들 속에는 노인과 12~16세의 소년을 포함하여 모든 연령층의 남자들이 뒤섞여 있다. 이들의 피부는 매우 검다. 손에는 쇠사슬과 긴 바늘을 들고 있다. 어떤 사람은 목제 원반을 들고 있다. 이들은 줄지어 공연장에 들어와서 처음에는 다소 느리게, '하산! 후사인!' 두 마디만으로 이루어진 연도(連禱)를 계속한다.

탬버린 소리가 점점 빨라지면서 연도 또한 숨가쁘게 계속된다. 목제 원반을 가진 사람들은 일제히 장단을 맞추면서 춤을 추기 시작한다. 공연장에 입장한 관중들도 오른손 주먹으로 왼쪽 가슴을 두드리면서 호응한다. 얼마가 지나면 이 고행자들은 들고 온 쇠사슬로 자신의 몸을 때리기 시작한다. 처음에는 조심스럽고 가볍게 때리다가 흥분이 고조되면서 점차 강하게 때리기 시작한다. 긴 바늘을 들고 온 사람들은 팔과 뺨을 찌른다. 이들의 뺨과 팔에서 선혈이 흘러내리면 관중들은 흥분하여 흐느끼기 시작한다. 이에 따라 장내의 흥분된 분위기는 더욱 고조된다. 이 집단의 리더는 대열 사이를 오가면서 과열된 사람은 진정시키고 열기가 부족한 사람은 분기시킨다. 장내의 흥분이 너무 고조되면 그는 음악을 중단시키고 모든 동작을 멈추도록 요청한다. 이러한 광경을 지켜본 사람이라면 누구나 충격을 받지 않을 수 없다. 누구나 연민과 공감과 공포를 일시에 느낄 것이다. 어떤 때는 음악과 춤이 끝나는 그 순간, 쇠사슬로 자신의 몸을 때리던 사람들이 사슬을 높이 들고 하늘을 우러러 보면서 '오 알라신이여!' 하고 외친다. 가슴 깊숙한 곳에서 터져나오는 그 소리와 이들의 경건하고 강렬한 표정을 보면 누구나 경외감에 사로 잡혀 이들의 전체 모습이 곧 거룩한 신의 형상화라는 감정을 느끼게 된다."

이들을 비탄의 오케스트라라고 부를 수도 있을 것이다. 이들은 군중결정체의 역할을 하는 것이다. 이들이 자신의 몸에 가하는 고통은 곧 후사인의 고통이며, 이 고통이 널리 보여짐으로써 모든 사람들이 고통으로 화(化)한다. 이들이 가슴을 치면 다른 모든 사람들도 이 동작을 따라함으로써 애도의 감정에 젖어 있는 율동적 군중이 생겨난다. 후사인은 그들 모두로부터 떨어져 있으면서도, 그들 모두 안에 있다.

관중들을 애도의 군중으로 전환시키는 군중결정체의 역할을 이들 종교 단체들만이 맡고 있는 것은 아니다. 설교자와 다른 사람들은 홀로 등장하지만 똑같은 효과를 자아낸다. 그러한 경우를 직접 목격한 고비노의 경험담을 들어보기로 하자.

"공연장은 입추의 여지없이 꽉 차 있다. 거대한 텐트 위로 내려 쬐는 6월 말의 열기는 숨이 막힐 정도로 뜨거웠다. 군중들은 음식물을 나누어 먹고 있었다. 탁발 수도승 한 사람이 무대에 올라 찬미의 노래를 부르자 모든 사람들은 저마다 가슴을 두드리면서 따라 불렀다. 그 사람의 표정은 지친 듯이 보였고, 목소리도 군중들에게 제대로 열기를 불어넣지 못했다. 노래가 시들해지기 시작하자 그는 기미를 알아차리고 무대에서 내려가 말없이 사라진다. 공연장은 다시 조용해진다.

이때 돌연 장대한 체구의 군인(터키인) 한 사람이 우레 같은 목소리로 노래를 부른다. 가슴을 치는 그의 손은 점차 힘을 더한다. 다른 군인 한 사람이 이에 호응한다. 그도 터키인으로 다른 연대 소속이나 남루한 옷차림은 첫번째 군인과 다름이 없다. 주먹으로 가슴을 치는 동작은 다시 완전한 보조를 맞추기 시작한다. 두 군인은 25분간이나 군중들을 숨가쁘게 몰아가고 군중들은 가슴에 시퍼렇게 멍이 들도록 주먹으로 두드린다. 노래는 단조롭지만 그 노래 속에 담긴 강한 리듬은 군중들을 열광시킨다. 이들은 될 수 있는 한 가슴을 세게 두드린다. 그 소리는 깊고 둔탁하게, 끊이지 않고 계속되지만 이것만으로는 모든 사람을 만족시키지 못한다.

짐꾼처럼 보이는 젊은 흑인이 웅크리고 앉은 군중들 사이에서 벌떡 일어난다. 그는 모자를 벗어던지고 째질 듯한 높은 목소리로 노래를 부르면서 두 주먹으로 머리카락 하나 없는 맨 머리를 때리기 시작한다. 나는 그에게서 열 발자국 떨어진 가까운 거리에 서 있었기 때문에 그의 동작을 낱낱이 지켜볼 수 있었다. 활기가 더해질수록 그의 입술은 창백해지면서 핏기를 잃었다. 그는 자신의 머리가 마치 보루이기나 한 양 노래를 부르며 맹렬하게 두들겼다. 이 흑인의 동작은 이런 식으로 약 10분간 계속되었다. 땀을 뻘뻘 흘리던 두 군인도 더 이상 계속할 수 없었다. 군중들을 이끌어 가던 우렁찬 목소리가 잦아들면서 군중들의 합창도 흐트러지기 시작했다. 일부는 노래를 그쳐버렸다. 흑인은 기력이 다한 듯, 눈이 감긴 채 옆의 사람 위로 쓰러졌다. 모든 사람들이 그를 동정하고 존경하는 듯이 보였다. 그들은 그의 머리 위에 얼음을 얹어주고 시원한 물로 입술을 적셔주었다. 그는 그대로 기절했으나 얼마 후 깨어났다. 그는 깨어나자 곧 자신을 도와준 사람들 모두에게 공손하게 감사의 뜻을 표했다.

침묵이 깔리자 이내 녹색 옷을 입은 사람이 무대 위로 올랐다. 그는 조금도 색다른 점이 없었다. 시장에서 식료품을 파는 상인 같았다. 그는 감동적인 웅변으로 천국에 대해 설교했다. '천국에 가려면 코란을 읽는 것만으로는 부족하다. 또한 경전이 권장하는 일을 모조리 따르는 것으로도 부족하며, 매일 이곳에 와 여러분들처럼 애도의 눈물을 흘리는 것으로도 부족하다. 모든 선행은 후사인의 이름과 후사인에 대한 사랑으로 행해져야 한다. 천국의 문은 곧 후사인이다. 모든 세계를 떠받쳐 주고 있는 사람도 후사인이다. 구원 또한 후사인을 통해서 받을 수 있다. 모두 그 이름을 찬미

하며 외치자, 하산! 후사인!'

모든 군중들도 따라 외친다. '오 하산, 오 후사인!'

'좋습니다. 다시 한 번!'

그의 요청에 따라 군중들은 또다시 외친다.

'오 하산, 오 후사인!'

'후사인의 사랑이 여러분의 가슴속에 언제나 함께 있기를 신에게 기도합시다. 자, 모두 신에게 기도합시다.'

모든 군중은 일제히 두 팔을 높이 들고 '알라신이여! 알라신이여!'[20]를 외친다. 그 소리는 긴 여운을 남기면서 울려퍼진다."

이처럼 흥분과 열기가 장시간 지속된 후에 수난극이 시작되나, 수난극 자체는 40~50개 장면이 산만하게 연결되어 있을 뿐이다. 모든 사건은, 무대에서 공연되기 전에, 가브리엘 천사를 통해 마호메트에게 전달되었거나 꿈에 예시되었던 내용이다. 따라서 관중들은 다음에 무슨 일이 벌어질지 잘 알고 있다. 우리가 중요시하는 극적 긴장이란 전혀 문제가 되지 않는다. 중요한 것은 완전한 참여다. 후사인의 갖가지 수난, 식수원이 차단당하면서 느끼는 갈증의 고통, 그리고 전투와 그의 죽음 등 모든 사건은 매우 사실적으로 재현된다. 극중에서는 이맘과 성도들, 예언자들, 천사들만이 노래한다. 후사인을 죽이도록 명령한 칼리프 야지드(Yazid)나 후사인에 치명상을 입힌 살해자 샤므르(Schamr) 같은 저주스런 인물들은 노래하지 못하고 낭송으로 그친다. 때때로 관중들은 이들의 극악무도한 행위에 치를 떤다. 이들의 사악한 변설이 들릴 때는 울음을 터뜨린다. 관중들은 박수갈채를 하지 않는다. 그들은 울고 신음하거나 자신의 머리를 주먹으로 때릴 뿐이다. 흥분이 절정에 이르면 관중들은 후사인의 살해자 역할을 맡은 배우들을 집단 구타하려 할 때도 가끔 있다. 극이 끝날 무렵 순교자 후사인의 목이 칼리프의 궁정으로 옮겨진다. 이때부터 기적이 연속된다. 사자 한 마리가 후사인의 목 앞에 엎드려 경배하고, 후사인의 목을 들고 가던 행렬이 기독교 수도원 앞에 잠시 머물렀을 때, 이 목을 본 수도원장이 자신의 믿음을 버리고 이슬람교에 귀의한다.

후사인의 죽음은 헛된 것이 아니었다. 부활일에, 천국에 들어가는 열쇠는 후사인이 쥐고 있다. 알라신은 스스로 다음과 같이 명했다. "천국으로 인도하는 특권은 후사인에게만 있다. 나의 특별한 영광으로 후사인은 모든 이의 중보자(仲保者)이다." 예언자 마호메트는 천국의 열쇠를 후사인에게 전하면서 다음과 같이 말했다. "생전에 단 한 방울이라도 너를 위해 애도의 눈물을 흘렸거나, 어떤 형태로든 너를 도왔거나 너의 묘소를 순례하거나 묘소 앞에서 애통해 했거나, 또는 너를 위해 애도의 시를 지었던 사람은 모두 화염 속에서 구하라. 이들을 모두 데리고 천국으로 가라."[22]

애도를 이처럼 강조하는 종교는 일찍이 없었다. 애도는 다른 어떤 선행보다도 몇 배나 훌륭한 최상의 공덕으로 여겨진다. 이쯤 되면 애도의 종교라는 것에 관해 말할 수 있을 것이다.

그러나 이런 군중이 발작의 상태에 도달하는 것은 수난극이 상연되는 공연장에서가 아니다. 테헤란 거리에서 벌어진 '피의 날(Tag des Blutes)' 행사에는 50만 명의 군중이 참여했는데, 이 광경을 지켜본 어느 사람의 목격담을 아래에 소개한다.[23] 아마 이보다 더 인상적이고 소름끼치는 일은 찾아볼 수 없으리라.

"50만에 달하는 광란의 군중들은 머리에 재를 뒤집어 쓴 채, 앞이마를 땅에 부딪는다. 이들은 자신의 몸을 고통 속으로 내던지거나 집단적인 자살, 또는 잔혹한 행위로 자신을 불구로 만들려고 한다. 이들의 행위는 종교 단체별로 차례대로 진행된다. 그들이라고 해서 색다른 복장을 한 것이 아니고 평상복을 걸치고 있을 뿐이다.

갑자기 정적이 깔리고 흰 셔츠를 입은 수백 명이 앞으로 나선다. 이들의 얼굴은 황홀한 무아경에 빠진 듯 하늘을 향해 치켜져 있다.

이들 중 몇 사람은 저녁까지는 시체로 변할 것이고, 사지가 절단되거나 불구가 되는 사람은 이보다 더 많을 것이다. 선혈로 붉게 물든 그들의 셔츠가 시체의 수의가 될 것이다. 그들은 이미 이 세상 사람들이 아니다. 그들이 입고 있는 셔츠는 목과 두 손만을 자유롭게 내놓을 수 있도록 엉성하게 재단되어 있는데, 셔츠 밖으로 나온 얼굴은 순교자들의 얼굴이고 두 손은 살인자들의 손이다.

그들의 광기에 전염되어 덩달아 흥분하게 된 다른 사람들은 격려의 소리를 지르면서 그들에게 칼을 쥐어준다. 그들의 흥분은 차츰 살기를 띠기 시작하고, 그들은 빙글빙글 돌면서 손에 쥐어진 무기들을 머리 위로 휘두른다. 그들의 외침은 군중의 환호를 압도한다. 그들은 잠시 후에 스스로 몸에 가할 고통을 이겨낼 수 있도록 몸이 단단하게 굳어지는 강경증(強硬症)의 상태가 되어야 한다. 그들은 기계적인 스텝으로 전후좌우로 몸을 움직인다. 발걸음에 장단 맞추듯이 톱니처럼 들쭉날쭉한 칼로 머리를 때린다. 선혈이 흘러내려 셔츠는 이내 주홍색으로 변한다. 피를 보면서부터 이 자발적인 희생자들의 어지러운 마음은 클라이맥스로 치닫는다. 일부는 칼로 자신의 몸을 마구 난자하다가 혼절한다. 이 광란 속에서 그들은 동맥과 정맥을 절단하고 출혈로 쓰러진다. 그들은 경찰이 인근 가게의 셔터 뒤에 대기시켜 놓은 앰뷸런스로 옮기기 전에 이미 숨이 끊어진다.

군중들은 경찰의 제지에도 아랑곳하지 않고 그들을 에워싸 떠메고 다른 구역으로 옮겨 대량 학살을 계속한다. 그들을 떠메고 가면서 군중들의 격정은 더욱 가열된다. 의식이 명료한 상태에 있는 사람은 단 한 사람도 찾아볼 수 없다. 피를 흘릴 용기가 없는 사람은 다른 사람들에게 원기를 돋우라고 자극제인 콜라 나무(서아프리카산-역주) 열매를 갖다 주고 온갖 저주를 담은 욕설을 퍼부음으로써 그들을 부추긴다.

자발적 희생자들은 셔츠를 벗어 자신을 떠메고 온 사람들에게 준다. 이 옷은 이제 축복받은 물건으로 간주된다. 처음 희생자로 나서지 않았던 다른 사람들도 갑자기 동요를 일으키면서 피에 굶주린 모습을 드러낸다. 그들은 칼을 받아 쥐고 옷을 찢어버린 후 자신의 몸에 닥치는 대로 칼질을 한다.

어떤 때는 참여자 중 한 사람이 기진하여 땅에 쓰러지면 잠시 피의 제전이 중단될 때도 있다. 그러나 이것도 한 순간일 뿐이다. 군중들은 즉시 쓰러진 사람을 에워싸고 발로 차고 짓밟는다. 아슈라의 축제일에 숨을 거두는 것만큼 더 아름다운 운명은 없다. 이날은 여덟 개의 천국에 이르는 문이 성도들을 맞아들이기 위해 활짝 열려 있다. 누구나 이 문으로 천국에 들어가려 한다.

부상자를 돌보고 질서를 유지하기 위해 현장에 나와 있는 군인들 중에도 군중들의 열광에 휘말려 군복을 벗어버리고 유혈 제전에 뛰어드는 이가 있다.

광란은 어린이들마저 휘어잡는다. 샘터 옆에는 한 어머니가 자랑스런 표정으로 방금 스스로 불구가 되어버린 어린이를 끌어안고 있다. 다른 어머니는 '아들이 한 눈을 뽑아냈습니다. 곧 나머지 한 눈도 뽑아낼 겁니다'라고 외치면서 달려간다. 부모들은 자식들의 이런 행위를 기쁜 마음으로 바라본다."

가톨릭과 군중

편견 없는 관찰자에게 가톨릭은 완만함과 고요함, 관대함을 보여준다. 가톨릭이라는 이름 자체가 그들의 대의, 즉 누구라도 받아들일 여지가 있다는 보편성이란 어의를 지니고 있다. 가톨릭은 모든 사람이 가톨릭에 귀의할 것이라고 기대한다. 별로 곤란할 것이 없는 일정한 상황에서는 모든 사람이 환영을 받는다. 절차상으로는 아니라도 이론적으로는, 모든 사람을 환영한다는 자세에는 평등성의 마지막 흔적이 담겨 있다. 그나마 없다면 더욱 짙게 나타났을, 엄격한 위계적 특성과 두드러진 대조를 이루고 있다.

관대함과 더불어 많은 사람들에게 가장 큰 매력이 되고 있는 가톨릭의 고요함은, 가톨릭이 오랜 연륜을 갖고 있으며 떼지어 북적대는 모든 일을 싫어하는 데 기인한다. 군중에 대한 가톨릭의 의혹은 오랜 뿌리를 지니고 있어, 아마 주교들에 대항하고 나섰던 몬타누스 교도(Montanist)들의 최초의 이단 행위까지 거슬러 올라갈 수 있을 것이다. 그같은 돌발적 사태들에 내포된 위협, 즉 이단 행위가 쉽사리 또 급속하게 확대될 수 있다는 점과 이를 다스리기 어려운 점, 그리고 무엇보다도 교회의 위계질서에서 매우 중시되는 간격이 해소될 수 있다는 점 등 때문에 가톨릭은 일찍이 열린 군중을 가장 큰 적으로 보고, 이에 대비한 갖가지 방안을 강구하게 되었다.

그 실제적인 조직 형태는 물론, 가톨릭의 신앙 내용 또한 모두 군중에 대한 이같은 확고한 인식으로 물들어 있다. 국가라 하더라도 군중으로부터 스스로를 방어하기 위해 이처럼 많은 대비책을 강구해놓은 나라는 일찍이 이 세상에 없었다. 가톨릭에 비하면 인류 역사의 모든 통치자는 통치능력 면에서 유치한 아마추어 수준에 머물러 있는 듯이 보인다.

우선 제의 그 자체를 살펴보자. 이것은 신도들의 모임에 대해 가장 직접적인 영향력을 미치는 것이다. 가톨릭의 경우 이 제의는 다른 종교들이 감히 넘볼 수 없을 만큼 신중하다. 빳빳하고 무거운 의복을 걸친 사제의 둔중한 몸놀림과 신중한 걸음걸이며 끝을 길게 늘이는 말씨 등은 모두 애도감을 끝없이 묽게 하는 것처럼 보인다. 이러한 희석이 수세기에 걸쳐 고르게 지속되면서 이제는 죽음의 갑작스러움이나 이에 대한 고통의 격렬함은 거의 찾아볼 수 없다. 현세적인 애도는 미라처럼 바싹 말라버린 것이다.

신도간의 결합 역시 몇 가지 방식으로 방해를 받고 있다. 어느 신도가 다른 신도에게 설교하지 못한다. 평신도의 설교에는 아무런 신성함이 깃들지 못한다. 신도가 소망하는 모든 것은, 또 그를 짓누르는 갖가지 억압을 덜어줄 수 있는 모든 것은 그보다 높은 권위에서 주어진다. 그는 설명받은 것만을 납득할 수 있을 뿐이다. 거룩한 말씀은 잘 씹어서 적절히 조제된 상태로 그에게 주어진다. 말씀의 신성함은 그 평신도의 손이 닿지 않는 곳에 두어야 한다. 그가 지은 죄까지도 사제에게만 고해해야 한다. 다른 평신도에게 털어놓아 보았자 그 죄를 사(赦)함 받을 수 없다. 또한 죄를 마음속에 그대로 간직해서도 안 된다. 일체의 깊은 윤리적 내면 문제에서 그는 모든 사제들과 홀로 맞서 있는 셈이다. 결국 그는 사제들이 그에게 베풀어 준 다소 흡족한 삶에 대한 대가로 자신의 모든 것을 사제들 수중에 맡겨버리고 마는 것이다.

영성체를 행하는 방식에서도 함께 성체를 영하는 신도들이 그 자리에서 일체감을 느끼지 못하도록 만든다. 영성체를 하는 사람은 자신을 위해서 성체를 받는다. 성체에서 원망(願望)하는 것도 자신을 위해서이며, 성체를 지켜야 하는 것도 자신을 위해서이다. 영성체의 차례를 기다리는 신도들의 모습을 유심히 살펴본 사람이라면 모든 사람이 오로지 자기 자신에게만 몰두하고 있음을 알 수 있을 것이다. 순서를 기다리는 사람들이 앞에 서 있는 사람이나 뒤에 서 있는 사람들에게 보이는 관심은 일상생활에서 동료들에게 보이는 관심에 훨씬 못 미친다. 영성체는 신도를 눈에 보이지 않는 거대한 교회와 연결시키지만, 그 자리에 있는 회중(會衆)들로부터는 그를 밀어낸다. 성체를 영한 사람들은 보물을 발견해서 이를 나누어 가진 사람들의 집단에서와 같은 일체감을 거의 느끼지 못한다.

가톨릭이 매우 중요시하는 이러한 절차 속에서, 우리는 군중의 기미를 보이는 모든 것에 대한 가톨릭교회의 조심성을 엿볼 수 있다. 교회는 한 자리에 모인 사람들이 현실적으로 공유하는 것이 무엇이든 이를 약화시켜 부드럽게 만들고, 대신 머나먼 곳에 있는 공동의 신비스런 어떤 것을 내세운다. 그것은 신도들이 없어도 성립하는 것이며, 신도가 살아있는 한 그것과 신도 사이의 경계는 없어지지 않는다. 가톨릭이 항상 지적하는 용인된 군중 즉, 천사와 복자(福者)의 군중은 먼 세계에 가 있기 때문에 아무런 해가 되지 않을 뿐만 아니라 그들 자체가 침착과 온화함의 전형이 되고 있다. 복자들이 활동적이라고는 상상할 수 없다. 그들의 침착함은 어떤 행렬에서 보이는 침착함을 상기시킨다. 복자들은 천천히 걸으며 성가를 부른다. 이들은 하느님을 찬미하며 행복을 느낀다. 이들의 행동은 모두 일치되어 있다. 이들은 자신들의 운명의 균일성을 잊지 않고 있으며, 끝없이 지속되는 동일한 생활 태도를 흩트리거나 감추려하지 않는다. 숫자가 많음에도 이들은 모두 밀접하게 연결되어 있고 똑같은 축복 속에 살고 있다. 그러나 그들이 군중과 유사한 특성은 이것뿐이다. 이들의 수는 늘어나고 있으나 너무나 완만하여 늘어나지 않는 것처럼 보일 정도다. 또한 늘어나는 복자의 수에 대해 언급되는 일도 전혀 없다. 그들은 지향하는 방향이 없다. 그들이 누리는 상태가 곧 종국적인 것이기 때문이다. 그들이 이루고 있는 천궁(天宮)은 영원히 지속되는 불변의 것이다. 그들이 달리 가고자 하는 곳은 없고, 더 이상 바랄 것도 없다. 이들이야말로 더 이상 온순하고 더 이상 무해할 수 없는 군중임에 틀림없다. 이들을 군중이라고 부를 수는 있겠으나 실제로는 군중이라 보기도, 또 보지 않을 수도 없는 어중간한 위치에 서 있는 셈이다. 그것은 마치 아름다우나 격정적이지 않은 성가를 부르는 성가대와 비슷하다. 이들은 자신이 참됨을 증명할 수 있는 온갖 일들을 행한 끝에 영생을 누릴 수 있도록 선택받은 사람들이다. 인간의 모든 소망 가운데 영생은 가장 성취하기 어려운 것이다. 그렇지 않다면 복자들을 하나의 군중으로 끌어 모으는 것이 무엇인지 우리는 이해할 수 없을 것이다.

이 세상의 삶이 복자들이 누리는 것처럼 평온하고 질서 있게 이루어질 수는 없다. 그러나 교회가 항상 보여주지 않으면 안 되는 모든 의식은 항상 서서히 보여진다. 행렬은 그 중 인상적인 실례의 하나이다. 행렬은 가능한 한 많은 사람들이 볼 수 있어야 하고, 그 움직임도 그런 의도에 따라 사전에 배려된다. 행렬은 서서히 부드럽게 움직인다. 이 행렬은 신도들 곁을 아주 천천히, 부드러운 동작으로 스쳐지나가면서 이들을 끌어 모으지만 신도들을 부추겨 그들이 흥분해서 요란스럽게 움직이도록 하지는 않는다. 신도들은 이 행렬 속에 굳이 끼고 싶다는 생각 없이 고작해야 행렬 맨 끝에 따라붙거나 아니면 무릎을 꿇고 기도하는 정도의 움직임을 보일 뿐이다.

행렬은 교회의 위계질서를 선명하게 보여준다. 행렬에 참가하는 사람들은 각각 위엄에 찬 복장을 하고 입장하며, 그가 차지하고 있는 위치가 알려지고, 이에 따라 호칭이 정해진다. 그리고 축복은 강복할 자격이 있는 사람만이 줄 수 있다. 행렬의 이러한 편성 방식은 관람자들이 군중적 상태에 접근하는 것을 막는다. 관람자는 동시에 여러 가지 상이한 지위의 사람들을 보게 되고, 이들 상이한 지위들의 평준화나 통일은 불가능하다. 어른이 된 관람자라도 자신을 결코 신부나 주교와 동일시할 수 없다. 사제들은 항상 그와는 구별되며, 그보다 높은 사람들로 평가된다. 그러나 신앙심이 독실하면 할수록 그는 자신보다 훨씬 고귀하고 거룩한 사제들에 대한 존경심을 표하기 위해 더욱 애를 쓸 것이다.

바로 이것이 행렬의 목표다. 행렬은 신도들로부터 공통된 존경심을 확보하려 한다. 하지만 그 이상의 공통적인 것을 바라지는 않는다. 그것은 자칫하면 통제 불능의 행동이나 감정의 폭발을 야기하기 때문이다. 심지어 이러한 존경심조차 모든 사람에게 알려져 있고, 기대되고 있으며, 변함이 없는 단계들을 하나씩하나씩 밟아나가면서 행렬을 따라 점차적으로 상승한다. 바늘처럼 찌르는 갑작스러운 것이라고는 없다. 그 존경심은 마치 밀물처럼 서서히 차분하게 밀려와서 정점에 도달한 다음 다시금 썰물처럼 천천히 빠져나간다.

가톨릭교회에서 온갖 형태의 조직이 갖는 중요성을 감안한다면 가톨릭교회가 수많은 군중결정체를 가지고 있다는 사실은 결코 놀라운 일이 아니다. 아마 가톨릭만큼 군중결정체의 기능을 면밀하게 연구하는 곳도 없을 것이다. 그러나 여기서는 군중결정체가, 군중의 형성을 방지하거나 지연시키려는 교회의 일반적 경향을 위해 기여하고 있다는 점을 잊어서는 안 된다.

이같은 군중결정체들 중에 수도원과 수도회가 있다. 거기엔 순종과 청빈과 순결을 신조로 살아가는 진정한 기독교인들이 속해 있다. 그들의 역할은, 말로는 기독교인이라 하면서도 기독교인답게 살지 않는 수많은 다른 사람들 앞에 참된 기독교인의 모습을 자꾸 보여주는 일이다. 이 점에서 그들의 옷차림은 가장 중요하고도 유일한 수단이다. 그들의 옷차림은 가족이라는 일상적 유대에 대한 체념인 동시에 그로부터 벗어남을 의미한다.

그들의 역할은 위험한 상황을 맞으면 돌변한다. 교회는 탁월한 자제력, 열린 군중에 대한 혐오, 그리고 그런 군중의 형성에 대한 금지령을 항상 유지시켜 나갈 수는 없다. 때로는 외부로부터 적의 위협이 가해지거나 개종 및 이탈이 급속하게 확산되어, 이에 대항하기 위해서는 고질적인 방법을 써야 할 시기도 있다. 이런 시기에 교회는 적대적인 군중에 대항하기 위해 그들 자체의 군중을 동원해야 할 필요성을 느낀다. 그같은 상황에 직면하게 되면 수도승들은 선동자로 나서서 각지를 돌아다니며 설교를 하고 평소 기피해온 행동으로 사람들을 몰아간다. 교회가 의도적으로 군중을 형성시킨 가장 두드러진 실례가 곧 십자군이다.

예루살렘의 성화(聖火)

예루살렘에서 벌어지는 부활주 동안의 그리스식 축제는 한 가지 독특한 행사를 통해 절정에 이른다. 부활주 토요일, 성묘 교회에서는 성화가 하늘로부터 내려온다. 세계 각지에서 몰려 온 수천의 순례자들은 구세주의 성묘에서 뻗어나오는 성화의 불꽃으로 촛불을 붙이려고 우르르 모여든다. 이 불꽃 자체는 위험하지 않은 것으로 여겨지고 있다. 신도들은 이 불꽃이 아무런 해를 끼치지 않을 것으로 확신하고 있다. 그러나 서로 불을 붙이려고 싸우다가 벌써 수많은 사람들이 생명을 잃었다.

뒤에 웨스트민스터 사원의 사제장이 되었던 스탠리는 1853년 여행 도중 성묘 교회의 부활절 축제에 참석하고 다음과 같은 자세한 기록을 남겼다.[24]

"성묘가 있는 예배당은 교회의 한가운데 있다. 신도들은 2열로 늘어선 병사들에 의해 나누어지는 두 개의 커다란 원을 그리면서 무덤 주위에 빽빽하게 모여 있었다. 터키 병사들은 이 두 원 사이를 통로로 비워두는 역할을 한다. 그 위 이층 관람석에는 관중들이 앉아 있다. 부활절 전날 아침, 모든 것이 고요에 젖어 있다. 앞으로 무슨 일이 일어날지 짐작할 수조차 없다. 다만 두세 명의 순례자들이 예배당 벽에 생긴 구멍 속에 손을 꼭 끼워넣고 있을 뿐이다.

정오경이 되자 병사들이 둘러서서 만들고 있는 둥근 통로가 느닷없이 튀어나온 한 떼의 어지러운 아랍인 기독교도들 때문에 허물어진다. 이들은 인파 사이의 둥근 통로를 맹렬한 기세로 달리다가 터키 병사들의 손에 붙잡힌다. 아랍인 신도들은 성묘 주위를 몇 차례 돌지 않으면 성화가 내려오지 않는다고 믿는 듯하다. 이에 따라 어둠이 깔리기 전에 성묘를 둘러싼 광란의 질주가 몇 차례 계속된다. 20명, 30명, 또는 50명씩 어지럽게 떼를 지은 사람들이 어깨 위에 한 사람을 올려놓고 서로 손을 붙잡은 채 달리다가, 그 사람이 떨어지면 다른 패가 같은 동작을 되풀이한다. 이들 중의 일부는 양피 옷을 입고, 일부는 거의 벌거벗은 모습이다. 보통 한 사람의 선창자가 있어 그가 손뼉을 치면 다른 사람들도 같이 손뼉을 치고 또 가끔 미친 듯한 절규를 토하기도 한다. '이곳이 예수 그리스도의 무덤이다. 하느님은 우리의 술탄을 받아주시리. 예수 그리스도는 우리를 구원하셨다.' 소수가 시작한 질주는 계속 늘어나 마침내 병사들 사이의 통로는 온통 질주, 소용돌이, 거친 폭풍에 휩싸여버린다. 광란의 질주가 차츰 진정되고 나면 통로가 다시 회복되고, 그리스식 교회로부터 수놓은 깃발을 앞세운 긴 행렬이 나와 성묘 주위를 돌기 시작한다.

이때부터 질주자와 춤추던 사람들에게만 국한되었던 흥분이 모든 사람들에게 확산된다. 양쪽의 거대한 순례자들의 군중은 병사들에 의해 갈려진 채로 여전히 자리를 지키고는 있으나 모두가 입을 모아 계속 무엇인가를 외쳐대고, 그러는 가운데 간간이 행렬 속에서 부르는 감동적인 노랫소리가 들려온다. 행렬이 성묘를 세 바퀴 돌고 나면 병사들은 한 줄로 합쳐서 행렬의 뒤를 따른다. 엄청난 인파의 움직임이 이리저리 동요한다. 이제 이날의 절정이 점차 가까워진다. 사람들은 이교도 병사들이 교회 안에 있기 때문에 성화가 내려오지 않는다고 믿는다. 병사들을 교회 바깥으로 밀어내야 하는 순간이 온 것이다. 그들은 밀려나고, 교회는 싸워 이겼을 때처럼 난장판이 된다. 사방에서 노한 군중들이 병사들을 덮쳐서 그들을 교회 동남쪽 구석으로 밀어넣는다. 이때 행렬은 허물어지고, 깃발은 흔들리거나 쓰러진다.

'성화 주교(Bischof des Feuers)'인 동시에 대주교를 대리하기도 하는 페트라(Petra)의 주교가 몇 명 안 되는 일단의 사람들에 둘러싸여 성묘의 예배당 안으로 재빨리 들어가 문을 걸어 잠근다. 교회는 이제 온통 수많은 사람들의 머리들로 이루어진, 들끓는 바다다. 빈 공간은 이제 한 군데밖에 남아 있지 않다. 예배당의 북쪽에 나 있는 구멍에서 교회 벽까지 이어지는 협소한 길뿐이다. 이 구멍 옆에 사제 한 사람이 성화를 받기 위해 서 있다. 이 협로 양편으로는 수백의 손이 마치 잎사귀 없는 나뭇가지들처럼 죽죽 뻗어 나와서 아우성을 치고 있다.

예전에는, 이 순간 예배당의 둥근 천장 위로 비둘기 한 마리가 나타나 성령의 강림을 보여주었다. 이제 이런 일은 없지만 성령의 강림에 대한 믿음은 여전히 강하게 남아 있다. 이러한 믿음을 이해해야만 다음 순간에 벌어질 공포의 장면과 폭발적인 열광을 제대로 인식할 수 있다. 마침내 그 순간은 다가왔다. 나무를 태우는 듯한 밝은 불꽃이 구멍 안에 나타난다. 교양 있는 신도들이라면 이 불꽃이 안에 있는 페트라의 주교가 붙인 것이라는 것을 모두 알고 또 수긍한다. 그러나 모든 순례자들은 이 불꽃이 여전히 성묘 위에 내리신 하느님의 빛이라고 믿는다. 이 불꽃이 이 손에서 저 손으로, 이 심지에서 저 심지로 수많은 손길을 거쳐나가 마침내 교회 건물 전체가 수천의 촛불 속에 뒤덮일 때까지 모든 사람의 흥분은 계속 열기를 더해가 어지간한 사건이나 사고는 이러한 열기 속에 매몰되어버린다.

이때 전능하신 하느님의 현존을 보고 그 영광에 압도된 것 같은 인상을 주기 위해 주교나 대주교가 사람들의 어깨에 얹혀 예배당에서 나온다.

또한 이때부터 교회에 가득 찬 연기와 질식할 것 같은 열기를 피하기 위해 또는 불붙은 심지를 예루살렘 시내나 집으로 옮겨가기 위해 순례자들이 한 개뿐인 통로로 다투어 밀려나간다. 이 때문에 1834년처럼 수백 명이 밟히거나 치여 죽는 사고가 자주 발생한다. 한동안 순례자들은 우왕좌왕하면서 저마다 손에 든 불을 얼굴이나 가슴에 대어보고, 과연 이 불이 사람 몸에 무해한지 시험해본다. 그러나 그 불이 얼굴이나 가슴에 화끈한 열기를 전하는 바로 그 순간 광적인 열정은 식어버린다. 그토록 맹렬하게 타오르던 열광이 그처럼 급속하게, 또 완전히 냉각되는 일도 드물 것이다. 아침의 난폭한 흥분은 저녁의 깊은 평온과 미묘한 대조를 이룬다. 저녁이 되면 교회는 자정 미사를 기다리느라 깊은 잠에 빠져 있는 순례자의 군중으로 다시 가득 찬다."

영국인 로버트 커즌(Robert Curzon)은 1834년의 대참사를 목격하고 다음과 같은 체험기를 남겼다. 그의 체험기 중 무서울 만큼 자세히 기록된 핵심 부분을 소개한다.[25]

부활절 전야 자정, 커즌은 동료와 함께 그리스인들의 행렬을 구경하기 위해 성묘 교회로 갔다. 사람이 발을 들여놓을 수 있는 곳이면 창문이고 구석이고 어디든 간에 순례자와 구경꾼으로 가득 차 있었다. 다만 터키의 예루살렘 총독인 이브라힘 파샤(Ibrahim Pasha)와 그의 영국인 손님들을 위한 이층 관람석만이 비어 있을 뿐이었다. 이때 예루살렘에는 모두 1만 7,000명의 순례자들이 성화를 보기 위해 몰려와 있었다.

아침이 되자 터키 병사들이 이브라힘 파샤의 입장을 위해 인파 사이로 길을 터 나갔고 그는 이층 관람석에 마련된 자리에 앉았다.

"이때 사람들은 점점 광포한 기운을 보이기 시작했다. 밤새도록 혼잡함 속에 서서 기다리면서 지쳐 있던 순례자들은 성화가 나타날 시간이 임박해오자 마음속에서 끓어오르는 희열을 억제할 수 없었다. 예배당에서 장엄한 행렬이 나올 때까지 흥분은 계속되었다. 대주교가 이 행렬을 선도하면서 성묘 주위를 세 차례 돌았다. 그 후 대주교가 은빛 제의를 벗고 성묘 안으로 들어가자 문이 닫혔다. 순례자들의 동요는 이제 극에 달했다. 이들은 큰 소리로 무엇인가를 외쳐댔다. 발 들여놓을 틈도 없이 빽빽이 들어찬 군중들은 마치 바람에 흔들리는 수수밭처럼 우왕좌왕했다.

성묘 위에 서 있는 예배당 한 쪽의 둥근 구멍으로부터 성화가 붙여졌다. 병사들은, 성화를 최초로 붙이는 영예를 얻기 위해 가장 많은 돈을 낸 사람을 이곳으로 안내했다. 한 순간 정적이 계속되다가 드디어 성묘 안에서 불빛이 새어나오고 이 행복한 순례자는 안에 있는 대주교가 내민 성화를 받았다. 이 성화는 한 묶음의 가는 양초에 불을 붙인 것으로 양초들이 흩어지지 않도록 철제 틀 속에 끼워져 있었다. 아귀다툼은 이 양초불이 순례자들에게 전달되는 과정에서 벌어졌다. 모든 사람이 성화를 옮겨 받기 위해 아우성을 치다보니 이미 불을 붙인 다른 사람의 양초까지 꺼버리기도 했다.

이것이 의식의 전부였다. 행렬 속에서 성가가 간간이 울려퍼질 뿐, 강론도 기도도 없었다. 불빛은 순식간에 온 사방으로 번져나가고 모든 사람이 자신의 양초에 성화를 붙였다. 예배당과 관람석과 교회 구석구석까지 촛불을 붙일 수 있는 곳은 모조리 촛불의 바다를 이루었다. 순례자들은 열광된 분위기 속에서 자신의 죄를 깨끗이 씻어버리기 위해 불이 붙어 있는 양초 다발을 얼굴과 손, 가슴에 갖다대었다.

얼마 지나지 않아 교회 안은 연기로 가득 차 모든 물체가 뿌옇게 보일 정도가 되었다. 나는 예배당의 둥근 천장 위로 연기가 무럭무럭 치솟는 것을 볼 수 있었다. 매연 냄새는 지독했다. 이층 관람석에서 세 명의 순례자가 열기와 탁한 공기로 쓰러지면서 아래층에 있는 사람들의 머리 위로 떨어졌다. 또 17세의 미국 소녀는 열기와 갈증, 피로로 앉은자리에서 숨을 거두었다.

잠시 후 이러한 광경을 지켜보던 아브라함 파샤가 자리에서 일어서자 그의 수많은 경호원들이 교회 전체를 뒤덮고 있는 인파 속을 헤치면서 길을 터 나갔다. 군중들이 너무 빽빽이 들어차 있었기 때문에 우리들은 잠시 대기하고 있다가 모두 함께 수도원으로 돌아가기 위해 나섰다. 내가 맨 앞에 서고 뒤에 친구들이 따라왔는데, 병사들은 교회를 가로질러 나가는 우리들을 위해 인파를 헤쳐주었다. 나는 그리스도가 십자가에 못 박히고 있는 동안 성모 마리아가 서 있었다는 장소에까지 나아갔는데, 이곳에는 수많은 사람들이 서로 포개져서 누워 있었다. 내가 보기에 이들은 이곳에서부터 출구 있는 데까지 뻗어 있었다. 나는 이들을 헤치고 가능한 한 출구 가까운 곳까지 나아가려 했으나, 누워 있는 사람들을 밟지 않고는 더 이상 전진할 수 없었다. 그때 순간적으로 이들이 모두 숨이 끊어진 시체들이라는 생각이 머리를 스쳤다. 나는 처음에 이들이 죽어 넘어진 사람들임을 전혀 몰랐다. 이들이 성화 의식에 지친 나머지 휴식을 취하기 위해 땅에 누워 있는 것으로 생각했다. 그러나 수많은 시체더미에 부딪히자 나는 몸을 굽혀 이들의 생사여부를 확인해보지 않을 수 없었다. 그들의 얼굴은 죽음의 그림자가 덮여 이미 딱딱하게 굳어 있었다. 이들 중 상당수는 질식사임을 말해 주듯이 얼굴이 검게 변해 있었고, 다른 시체들은 수많은 사람들에 짓밟혀 뇌수가 쏟아지고 내장이 터져나오는 등, 유혈이 낭자한 처참한 모습들이었다.

교회의 이쪽 부분에는 살아 있는 사람들의 군중이라고는 없었다. 그러나 조금 더 나아가 큰문으로 향하는 코너를 돌아서자 공포에 질린 수많은 사람들이 계속 앞으로 밀어붙이면서 탈출에 필사적이었다. 밖에서 경비를 담당하고 있던 터키 병사들은 교회 안에서 수많은 사람들이 일시에 질주해오는 데 놀란 나머지 기독교도들이 그들을 공격하려는 것으로 착각했다. 여기서 혼란은 그대로 피를 흘리는 치열한 싸움으로 바뀌었다. 터키 병사들은 총검으로 비틀거리며 뛰쳐나오는 순례자를 찔러 죽여 교회 벽은 유혈이 낭자했다. 일부는 개머리판에 맞아 머리가 깨어지면서 쓰러지기도 했다. 병사들의 느닷없는 공격에 놀란 사람들은 저마다 자신의 몸을 지키거나 도망치려고 사력을 다했고, 이 와중에서 넘어진 사람들은 다른 사람의 발에 짓밟혀 그 자리에서 숨이 끊어졌다. 싸움이 너무 잔혹하고 처절하다 보니 공포에 질린 순례자들은 자신을 구하기보다는 다른 사람을 짓밟아 죽이는 데 여념이 없는 듯이 보였다.

나는 위험을 직감하자마자 동료들에게 오던 길로 되돌아가라고 큰 소리로 외쳤다. 동료들은 내 이야기를 듣고 돌아섰으나, 정작 나 자신은 뒤에서 밀어붙이는 바람에 자신의 목숨을 구하기 위한 처절한 싸움이 벌어지는 출구 근처로 오히려 밀려가게 되었다. 나는 혼신의 힘을 모아 밀어붙이는 군중들을 거슬러 나갔다. 마침 파샤의 부하인 터키군 대령 한 사람이 나와 똑같이 되돌아가려고 애쓰고 있었다. 그는 나의 외투자락을 붙잡아 숨이 막 끊어지는 노인의 몸 위로 끌어당겼다. 우리는 죽어가거나 이미 죽은 사람들을 헤치며 필사적으로 오던 길을 되돌아갔다. 나는 그와 함께 쓰러질 때까지 계속 군중들을 거슬러 나갔다. 다행히 나는 다시 일어설 수 있었다. 한참 후에야 나는 그가 죽었음을 알게 되었다.

나는 잠시 사람들 사이에 끼어 시체들을 밟고 서 있지 않으면 안 되었다. 그 순간 갑자기 군중들이 뒤흔들리면서 비명과 절규가 터져나오고, 뒤이어 사람들이 두 줄로 갈라졌다. 나는 한쪽 줄의 한가운데 서 있게 되었다. 모두 창백한 얼굴과 갈가리 찢긴 피투성이 옷을 걸친 무시무시한 모습으로 서로를 노려보며 서 있었다. 그러자 돌연 묘한 충동이 우리를 휩싸면서 두 패로 나뉜 사람들은 일제히 기성(奇聲)을 지르며 서로를 향해 돌진했다. 나도 두 다리가 피로 얼룩진, 반라(半裸)의 여윈 사나이와 맞부딪혀 때리고 뜯고 넘어뜨리는 싸움을 벌였다. 군중들이 다시 나뉘어지자 나는 필사적인 싸움을 벌이면서 교회 중심부로 되돌아가 그곳에서 동료들과 합류했다. 우리는 가톨릭 신자들의 성구실(聖具室)까지 빠져나가는 데 성공했다. 거기엔 수사들이 우리가 머물 수 있도록 마련해준 방이 있었다. 성구실 문 앞에서도 우리는 우리를 밀어붙이는 수많은 순례자들과 격렬한 싸움을 했다. 나는 나를 구해준 하느님께 감사를 드렸다. 참으로 위기일발이었다.

시체들은 도처에 산처럼 쌓여 있었다. 내가 목격한 바로는 아직은 숨이 붙어 있는 사람을 포함하여 400여 명의 사람들이 도처에 쌓여 있었다. 어떤 곳에는 제멋대로 쌓여 있는 사람들의 높이가 1.5미터나 되었다. 이브라힘 파샤는 나보다 몇 분 앞서서 자리를 떠났는데, 그도 하마터면 목숨을 잃을 뻔했다. 그는 사방에서 밀어붙이는 군중들 속에 갇혀 위기에 빠졌으나 경호원들이 혼신의 힘을 다해 간신히 빠져나올 수 있었다. 경호원 중 일부는 살해된 것으로 알려졌다. 그는 군중 속에 갇혀 두서너 번이나 기절을 했는데, 이를 보고 몇몇 수행원들이 칼을 뽑아 닥치는 대로 휘두르면서 길을 터 나갔다. 그는 밖으로 빠져나온 후 부하들에게 시체를 치우고 시체들 속에 파묻혀 있는 생존자들을 구출하도록 명령했다.

이 무서운 참사를 지켜본 순례자들은 대부분 공포에 질려, 서둘러 예루살렘을 벗어나려 했다. 참사 외에도 페스트가 퍼지고 있다는 소문까지 나

돌아 우리도 즉시 출발 준비를 서둘렀다."

예루살렘에서 벌어지는 사태가 무엇인가를 제대로 이해하려면 커즌이 목격한 1834년의 돌연한 공포와 정상적인 부활절 축제 과정을 구분해 보지 않으면 안 된다.

부활절은 그리스도의 부활을 기리는 축제다. 그리스도의 죽음과 그의 무덤을 둘러싸고 형성된 애도 무리는 곧 승리 무리로 바뀐다. 왜냐하면 그리스도의 부활은 곧 승리이고, 또 그 부활은 그 자체로서 경축되기 때문이다. 여기서 성화는 승리의 군중 상징으로 작용한다. 이 성화는 모든 사람에게 전달되어야 하고, 그래서 모든 사람의 영혼이 부활에 참여해야 한다. 말하자면, 개개인은 모두 성령에서 나온 성화가 되어야 한다. 이 점에서 보면 각자 성화로 양초에 불을 붙인다는 것은 의미심장한 일이다. 그런 다음, 성화는 교회에서 집으로 옮겨진다.

성화의 근원이 눈가림에 불과하다는 사실은 중요하지 않다. 중요한 사실은 무리의 변환, 즉 애도 무리에서 승리 무리로 바뀐다는 점이다. 구세주의 무덤에 모임으로써 무리의 구성원들은 그의 죽음에 참여하는 것이고, 다시 그 무덤에서 솟아나온 부활절 성화로 촛불을 켬으로써 그의 부활에 동참하는 것이다.

매우 아름답고 중요한 것은 하나에서 수천 개로 순식간에 당겨지는 불빛의 확산이다. 이 불빛의 군중은, 믿기 때문에 살아가는 사람들의 군중이다. 이들은 요원의 불길처럼 맹렬한 속도로 생겨난다. 불이란 군중 형성의 돌연함과 신속함을 가장 잘 보여주는 상징이다.

그러나 이러한 단계에 도달하기 전까지는, 또 불이 실제로 나타나기 전까지는, 이를 위한 투쟁이 계속되지 않으면 안 된다. 믿음이 없는 교회 안의 터키 병사들을 마땅히 몰아내야 한다. 이들이 그곳에 머물러 있는 한, 불은 나타날 수 없다. 이들의 축출은 축제 의식의 일부이며, 그 시각은 그리스인 고위 성직자들의 행렬이 끝난 직후이다. 터키 병사들은 자진하여 출구 쪽으로 물러가지만 순례자들은 이들을 마치 몰아내고 있다는 듯이 밀어붙이고, 교회 안은 돌연 싸움이 일어나 누가 이긴 듯한 소란에 휩싸인다.

의식은 병사들에 의해 나누어진 두 개의 정체된 군중으로부터 시작된다. 이때 아랍인 기독교도들로 이루어진 조그만 율동적 무리들이 두 군중 사이를 질주하면서 그들을 자극시킨다. 이 사납고 광신적인 무리들이 군중결정체의 역할을 한다. 이들은 성화를 기다리는 사람들에게 흥분을 불어넣는다. 이어 고위 성직자 행렬이 나타난다. 이 행렬은 본시 느린 군중이지만 이 경우에는 평상시보다 훨씬 신속하게 그 목표에 도달한다. 성화를 점화한 후 반쯤 실신한 상태로 바깥으로 운반되어 나오는 대주교는 목표에 도달했다는 살아있는 증거인 것이다.

무서운 결과를 빚어낸 1834년의 공포는 의식에 내재된 분쟁 요인들에서 비롯된 것이었다. 물론 밀폐된 공간에서는 불로 인한 대혼란의 위험성이 항상 크지만, 1834년의 경우 혼란이 가중된 것은 의식이 시작될 때부터 교회 안에 서로 대립되는 두 집단, 즉 하느님을 믿지 않는 터키 병사들과 이들을 몰아내려는 순례자들이 있었기 때문이다. 커존의 체험기는 대혼란의 이같은 측면을 자세하게 밝혀주고 있다. 전혀 앞뒤가 맞지 않고 정신나간 것처럼 보였던 이날의 어느 한 순간에, 그는 갑자기 자신이 어떤 사람들의 대열에 끼어 다른 적대적인 대열과 대치하고 있음을 발견한다. 양쪽에 누가 서 있는지도 모른 채 두 대열은 서로 결사적인 싸움을 벌이기 시작한다. 커존의 말에 따르면 사람들은 자신의 목숨을 건지기 위해 시체더미를 짓밟고 기어오른다. 성묘 교회는 전쟁터로 변해버린다. 죽은 자와 아직 목숨이 붙어 있는 자가 함께 뒤섞여 쌓여 있다. 부활이 그 정반대의 것, 즉 모든 이들의 패배로 바뀌어버린 것이다. 엄청난 시체더미와 페스트에 대한 걱정이 순례자들을 압도하고, 그래서 그들은 모두 이 성묘의 도시를 빠져나간다.

군중과 역사
Masse und Geschichte

독일인에게 '베르사유'라는 말이 뜻하는 바는 패전이라기보다는 군대의 금지였다. 물론 독일인이 진심으로 패전을 인정한 일도 없었지만, 신성불가침한 특정 관행을 금지하는 처사는 더욱 받아들일 수 없었다. 그런 관행이 없는 인생을 독일인은 결코 상상할 수 없었다. 군대의 금지는 종교의 금지나 다름없었다. 금지당한 자기 아버지들의 신조를 다시 수립하는 것은 모든 사람의 신성한 의무였다. '베르사유'라는 말이 쓰일 때마다 이 상처를 건드려서 절대로 아물지 못하도록 피를 흘리게 만들었다. '베르사유'라는 말이 대중 집회에서 강렬한 힘을 가지고 사용되는 한, 그 상처의 치유를 기대할 수는 없었다.

여러 국민의 군중 상징

'국민이란 무엇인가'를 규명해보려는 시도들 중 대부분은 본질적인 결점이 있었다. 즉, 그런 시도들은 국민성의 일반적인 개념을 정의하는 데 그쳤다. 사람들은 옳은 정의만 찾아내면 만사가 해결된다고 믿으면서, 국민은 이러저러한 것이라고 말해왔다. 일단 그런 정의가 발견되면, 그것이 모든 국민들에게 동등하게 적용될 수 있으리라는 것이다. 사람들은 언어나 영토, 문학, 역사, 정부 형태 또는 이른바 국민감정들을 인용했다. 그런데 어느 경우에나 예외가 원칙보다 더 중요한 것으로 드러났다. 그런 작업은 마치 겉옷을 부여잡으면 옷 속에 있는 것이 손에 잡힐 수 있다고 생각하는 것과 마찬가지였다.

겉으로 보기에는 객관적인 이같은 접근방법과는 달리, 단 하나의 국민, 즉 자기 국민에만 관심을 두고 나머지 모든 국민에게는 무관심한, 좀더 순진한 또 하나의 접근방법이 있다. 이 방법은 자기 국민의 우월성, 즉 자기들의 위대함에 대한 예언적 비전과 도덕적인 것과 잔인한 것이 뒤섞인 자부심에 근거를 두고 있다. 그러나 이러한 국민적 이데올로기들이 모두 똑같은 내용을 지니고 있다고 생각하는 것은 잘못이다. 단지 그 이데올로기들을 비슷하게 만드는 절박한 욕망과 요구가 있을 뿐이다. 그 이념들은 똑같은 것을 원하지만 실제로 그렇게 되어 있지 못하다. 그 이념들은 확장을 원하며, 증식으로써 이 확장을 실증한다. 온 지구를 약속받지 않았던 국민도 없는 것 같으며, 지구는 당연히 자기들의 것이라고 생각하지 않았던 국민도 없는 것 같다. 이런 이야기를 듣는 다른 모든 국민들은 위협을 느끼고, 그런 두려움 때문에 그 위협 이외의 모든 것에는 눈이 멀어버리는 것이다. 따라서 사람들은 이런 국민적 요구의 구체적 내용과, 그 요구 배후에 있는 진정한 이데올로기는 서로 현저하게 다르다는 사실을 간과하고 있다. 각 국민마다 무엇이 독특한가를 알아내려고 노력해야 한다. 그리고 그런 작업도 그 국민의 탐욕에 감염되지 않은 채 해야 하는 것이다. 한 곳에 빠지지 말고 거리를 두어야 하되, 모든 국민에 대해서 진정으로 깊게 관심을 가져야 한다. 연구자는 마치 생애의 상당 기간 동안 실제로 어느 국민의 성원이 되지 않을 수 없었던 것처럼, 그 국민이 자신의 마음속에서 그 모습을 모두 펼쳐보이도록 하지 않으면 안 된다. 그러나 다른 모든 국민들을 희생한 채 완전히 한 국민에게만 정력을 기울여서는 안 된다.

그 까닭은 각 국민들 사이에 정말 차이가 없는 것처럼 말하는 것은 무가치한 일이기 때문이다. 각 국민들은 서로 오랜 전쟁을 치르고 있으며, 각 국민의 상당 부분이 이런 전쟁에 적극적으로 가담한다. 그들이 무엇을 '위하여' 싸우는가는 충분히 선포되어 알려지는 일이 흔하지만, 그들이 무슨 '자격으로' 싸우는지는 알려지지 않는다. 그러나 그들은 그 대신이 될 만한 이름을 갖고 있다. 그들은 자신들이 프랑스인으로서, 또는 독일인, 영국인, 또는 일본인으로서 싸운다고 말한다. 그러나 스스로 이 말을 사용하는 사람이 그 말에 무슨 의미를 부여하고 있는가? 프랑스인이나 독일인으로서, 또는 영국인이나 일본인으로서 전쟁에 나갈 때, 그는 자신이 어떤 점에서 남과 다르다고 생각하는가? 여기서 남과 다르다는 것은 별로 문제가 되지 않는다. 관습, 전통, 정치 그리고 문학에 관한 근본적인 연구가 있었다 하더라도, 어느 국민의 특성, 다시 말해서 그 국민이 참전할 때 그 국민의 '신념'이 되는 현저한 특성은 여전히 간과되고 있다.

따라서 여기서는 국민들이 마치 종교처럼 여겨지고 있고, 또한 때로는 정말로 국민들이 종교를 닮은 그 무엇으로 변하는 일도 있다. 그런 씨앗은 언제나 국민들 안에 잠재해 있다가 전시에 왕성한 활동을 보인다.

한 국민의 성원이라면 누구라도 자신이 혼자라는 것을 보이지 않으려 하는 것은 당연하다. 그가 명명(命名)을 받자마자, 또는 스스로를 명명하자마자, 더욱 포괄적인 어떤 것, 그 자신이 관련이 있다고 스스로 느끼는 더 큰 단위가 그의 의식 속으로 들어온다. 이런 단위의 본질에 관한 문제는 그가 그 단위와 어떤 관계를 가지고 있느냐 하는 문제와 마찬가지로 중요하다. 그것은 지도에 나타나 있는 그 나라의 지리적 단위만은 아니다. 하지만 평범한 사람은 이런 사실에 무관심하다. 국경은 그에게 긴장감을 불러일으킬지 모르지만 그 나라의 전역이 긴장감을 일으키는 것은 아니다.

자기 나라말이 다른 나라말들과는 뚜렷하게 그리고 알아볼 수 있게 다르기는 해도, 그는 말을 그리 비중 있게 여기지 않는다. 그에게 친근한 말들이 확실히 그에게 깊은 영향을 미칠 것은 틀림없다. 특히 격동의 시기에 그렇다. 그러나 사전(辭典)이 그의 배후를 지켜주고 그로 하여금 나아가 싸우게 만드는 것은 아니다. 또한 자기 국민의 역사도 평범한 사람에게는 별 뜻이 없다. 그는 자기 국민의 진정한 진로도, 면면히 이어온 지속성도 알지 못한다. 그는 자기 민족이 어떻게 살아왔는지도 모르며, 그저 자기보다 앞서 살다간 몇 사람의 이름을 알고 있을 정도다. 그가 깨닫고 있는 인물과 순간들은 역사가라는 사람이 역사라고 이해하는 것과는 엄청난 거리가 있다.

그 자신이 관계되어 있다고 느끼는 더 큰 단위는 언제나 '군중'이거나 '군중 상징'이다. 그 단위에는 언제나 군중이나 군중 상징의 몇 가지 특징, 다시 말하면 인구 밀도, 성장 및 무한한 개방성, 매우 놀라운 결속력, 공통된 리듬이나 갑작스런 방전이 있다. 이들 상징 가운데 많은 수를 이미 상세히 다뤘다. 예를 들면 바다, 숲, 곡물 등이 그런 것들이다. 그런 것들을 군중 상징화한 특질이나 기능을 여기서 다시 서술할 필요는 없을 것이다. 그런 상징들은 국민들이 그들 스스로 가지고 있는 국민의 표상과 국민의 감정을 논의할 때 다시 나타날 것이다. 그러나 이런 군중 상징들이 적나라하게 또는 고립된 상태로서는 절대로 나타나지 않는다는 것을 염두에 두어야 한다. 한 국민의 모든 성원은 항상 자기 국민에게 가장 중요한 것으로 된 특정 상징과의 뗄 수 없는 관련 속에서 자기 자신의 모습을 보게 된다. 어느 순간 필요할 때마다 그 상징이 정기적으로 나타나는 데서 국민감정의 영속성이 존재하게 되는 것이다. 한 국민의 자의식은 그 상징이 변할 때 바로 그때라야만 변한다. 그것은 생각보다는 잘 변하는 편이다. 바로 그런 사실이 인류가 계속 존속할 수 있다는 희망을 조금이나마 갖게 해준다.

다음 몇 페이지에 걸쳐 그런 상징과 관련하여 몇몇 국민들을 고찰해보려고 한다. 편견 없이 논의를 따라가기 위해서 우리는 스스로를 20년 전쯤으로 옮겨놓을 필요가 있다. 또한 이 글에서 필자가 사태를 가장 간단하고 일반적인 형식으로 간소화하고 있다는 점과, 따라서 개개인으로서의 인간에 관해서는 별로 언급을 하지 않으리라는 점을 반드시 기억해주기 바란다.

영국인

스스로의 본성에 대해 그리 심하게 떠벌여대지는 않지만, 오늘날 세계에서 가장 안정된 국민감정을 보유하고 있음에 틀림없는 국민인 영국인부터 시작하는 것이 바람직할 것이다. '바다'가 영국인에게 무엇을 뜻하는지는 누구나 알고 있다. 그런데 바다에 대한 영국인의 관계와 영국인의 유명한 개인주의 사이의 정확한 관계가 무엇인지는 충분히 알려져 있지 않다. 영국인은 자신을 자신의 주위와 발밑이 바다로 둘러싸인 채 소집단의 사람을 배에 태우고 있는 선장으로 생각한다. 그는 혼자인거나 다름없다. 선장으로서의 그는 여러 가지 점에서 선원들과도 동떨어져 있다.

그곳에서 바다는 지배되기 위해 존재한다. 이런 개념은 중요하다. 배들은 망망한 바다에서는 동떨어진 개인들이나 마찬가지로 외롭다. 그런데 배, 바다, 개인 등 모든 요소가 선장 속에 구체화되어 있다. 그의 지휘권은 절대적이고 이론(異論)의 여지가 없다. 그가 헤쳐가는 항로는 그가 바다에 내리는 명령이다. 선원을 매개로 하여 그 명령이 집행되기 때문에 사람들은 실제로 복종해야 하는 것이 '바다'라는 사실을 잊는다. 선장은 목적지를 결정하고, 폭풍이라든가 다른 적대적인 현상이 없는 것은 아니지만, 바다는 마치 살아 있는 것처럼 선장을 목적지로 실어다 준다. 바다가 엄청나게 넓다는 사실을 감안할 때, 누가 가장 자주 바다를 복종시키는가는 상당히 중요한 문제이다. 목적지가 영국 식민지일 경우, 바다는 더욱 쉽사리 복종하고 만다. 그 경우, 바다는 코스와 기수(騎手)를 알고 있는 말처럼 행동한다. 다른 나라의 배는 남의 말을 탄 미숙한 기수와 같다. 이 경우 말은 자기 주인이 탈 때보다는 훨씬 난폭해지는 것이다. 바다는 매우 크기 때문에 바다를 제압할 만한 배의 숫자 또한 중요하게 된다.

바다 자체의 성격을 고찰하게 될 경우, 바다가 겪는 변화가 얼마나 무수하고 격렬한 것인지를 염두에 두어야 한다. 바다에서 겪는 변화무쌍함은 인간과 관련된 어떤 동물군의 경우에서보다도 심하다. 또한 바다와 비교해볼 때, 사냥꾼이 다니는 숲과 농부가 경작하는 농토는 얼마나 무해하고 안전한가. 영국인은 바다에서 재앙을 겪어왔다. 그는 자주 자기 시체가 바다 밑바닥에 누워 있는 것을 상상하지 않으면 안 됐다. 이처럼 바다는 영국인에게 변화와 위험을 가져다 주었다.

가정에서의 그의 생활은 바다 생활을 보충하는 것이다. 즉, 안전과 단조로움이 가정생활의 기본적 특징이다. 바다로만 나가지 않는다면, 누구라도 변화를 겪으러 나가지 않아도 될 위치를 가지는 것이다. 또한 누구든지 자기 재산은 물론, 자기 습관도 확고하게 지닐 수 있는 것이다.

네덜란드인

국민적 군중 상징의 중요성은 영국인과 네덜란드인을 대조해보면 아주 분명하게 드러난다. 두 국민은 비슷한 갈래에서 나왔으며, 그들의 언어도 비슷하고 두 나라의 종교의 발전도 거의 같다. 두 국민은 모두 해양 국민이며, 해양 제국을 세운 사람들이기도 하다. 통상 및 탐험에 나선 네덜란드인 선장의 운명은 영국인 선장의 운명과 전혀 다를 바 없었다. 그들이 서로 싸웠던 전쟁도 밀접하게 관련된 경쟁자들끼리의 전쟁이었다. 그러나 그들 사이에는 얼핏 보기에는 사소할지 모르나 사실은 매우 중요한 차이가 있다. 그 차이란 바로 그들의 국민적 군중 상징들에 관한 것이다.

영국인은 자기들의 섬나라를 정복했지만, 바다로부터 빼앗아낸 것은 아니다. 영국인은 단지 배를 타고서 바다를 정복했을 뿐이다. 그리고 선장은 바다의 명령권자였다. 네덜란드인은 자기가 살고 있는 땅을 바다로부터 싸워 빼앗아야만 했다. 그 땅은 너무 낮아서 둑으로 보호해야 했다. 둑은 그들의 생활의 시작이자 끝이다. 그들은 스스로를 둑과 동일시하며, 힘을 모아 바다에 저항한다. 둑이 파괴되면, 땅이 위협을 받는다. 네덜란드인은 위기가 닥치면 둑을 터뜨려서 인공적인 섬에서 적의 공격으로부터 안전을 지킬 수 있다. 바다에 대항하는 인간 방벽이라는 감정이 여기처럼 강렬하게 발달한 곳도 없다. 평화시에 사람들은 둑에 의존한다. 그렇지만 진격해 오는 적들을 앞에 두고 둑이 파괴되어야 할 경우, 둑의 힘은 사람들에게 옮겨지며 전쟁이 끝나면 둑은 다시 세워지게 될 것이다. 둑은 그들의 신념 속에 남아 있다가 마침내 다시 현실로 되돌아올 수 있는 것이다. 네덜란드 인들은 정말 위기에 빠졌을 때 기이하고도 확고한 방식으로 바다에 대항하는 방벽을 '자신들의 마음속에' 넣고 다닌다.

영국인들은 자기들 섬나라에서 적의 공격을 받을 때마다 바다에 의존했다. 바다는 폭풍과 더불어 그들의 적들을 물리치고 그들을 도왔다. 그들은 자기들의 섬나라의 안전을 확신했으며, 그들은 배를 탔을 때도 마찬가지의 안전감을 느꼈다. 한편 네덜란드인들은 언제나 배후에 위험을 안고 있었다. 그들에게는 바다가 완전히 정복된 적이 없었다. 네덜란드인들이 바다를 타고 지구의 끝까지 항해한 것은 사실이지만, 바다는 언제나 국내에서 그들에게 등을 돌릴지도 몰랐으며 극한적인 위기에는 그들을 위협하는 적을 격퇴하기 위해 바다를 자기 자신들에게 덮치도록 하지 않으면 안 되었다.

독일인

독일인들의 군중 상징은 '군대'였다. 그러나 그 군대는 단순한 군대 이상의 것이었다. 그것은 '진군하는 숲'이었다. 오늘날 어느 국가도 독일처럼 숲을 애호하는 감정이 생생하게 살아 있지 나라는 없다. 나란히 쭉쭉 뻗어 오른 나무들, 나무들의 밀도와 수는 깊고 신비스런 희열로 독일인들의 가슴을 채운다. 오늘날에도 독일인들은 자기 조상들이 살던 숲속으로 깊이 들어가기를 즐긴다. 그들은 나무와 일체감을 느낀다.

독일 삼림의 질서정연한 간격과 수직성을 강하게 풍기는 분위기는 사방으로 덩굴들이 뻗어 자라는 열대 삼림과는 다르다. 열대 숲에서는 앞을 바라보면 시야가 막힌다. 색깔과 생명으로 가득 찬, 어지럽고 무질서한 무수한 식물이 있을 뿐인데, 그런 분위기는 어떤 질서 감각이나 반복 감각도 효과적으로 배제한다. 한편 온대 지방의 숲은 일목요연한 리듬을 가지고 있다. 눈을 들어보면 분명히 보이는, 열을 지어 서 있는 나무들의 모습이 일정한 거리까지 확연히 드러난다. 나무 한그루 한그루는 언제나 사람보다 키가 크며 계속 자라서 드디어는 거대한 수목이 된다. 그 나무의 견고성은 전사들이 가진 덕성과 여러 가지 점에서 공통되는 것이 많다. 나무 한 그루의 경우, 껍질은 쇠비늘 갑옷과 비슷하다. 같은 종류의 수많은 나무들이 함께 자라고 있는 숲 전체로 보면, 껍질은 군대의 제복을 나타낸다. 독일인들의 경우 비록 그들 자신은 분명히 깨닫지 못했겠지만, 군대와 숲에 관한 그들의 생각은 모든 점에서 융화됐다. 다른 민족에게는 무미건조한 것으로 비치는 군대의 양상이 독일인들에게는 숲의 생명감과 광휘를 지니고 있었다. 그들은 결코 숲을 두려워하지 않았다. 그들은 여러 다른 사람들 속에 들어 있는 한 개인으로서 보호받고 있다고 느꼈다. 그들은 나무들의 경직성과 수직성을 자기 자신의 계율로 삼았다.

혼자 있으면서 꿈을 꿀 수 있다는 생각으로 답답한 집을 빠져나와 숲 속으로 달아난 소년은 실제로는 군대에 입대하는 것을 미리 생각했다. 숲 속에서 그 소년은 자기 자신이 염원하는, 진실하고 충실하고 꿋꿋한 다른 사람들이 자기를 기다리고 있는 것을 발견하였다. 한그루 한그루는 다른 모든 나무와 같다. 왜냐하면 모두 곧게 자라기 때문이다. 그러나 키나 힘에서는 아주 다르다. 어린 시절, 이와 같은 '숲의 낭만주의(Waldromantik)'가 독일인들에게 미치는 영향은 결코 과소평가할 일이 아니다. 독일인은 수많은 시와 노래로부터 그런 영향을 받았다. 이들 시와 노래에 나타나는 숲은 '독일적'이라고 불리는 일이 자주 있다.

영국인은 자신이 바다에 있다고 상상하기를 즐기며, 독일인은 숲 속에 있다고 상상하기를 즐긴다. 이보다 더 그들의 민족적 감정의 차이를 간명하게 나타내는 것은 없을 것이다.

프랑스인

프랑스인들의 군중 상징은 역사가 길지 않다. 그들의 상징은 '대혁명'이다. 자유의 축제가 매년 열린다. 이것은 전 국민이 즐기는 특별한 계기가 되어왔다. 7월 14일에는 누구라도 거리에서 아무하고나 춤을 출 수 있다. 평상시에는 다른 나라의 경우와 마찬가지로 자유, 평등, 박애의 혜택을 거의 받지 못하는 사람들이 옛날 대혁명 당시처럼 이날만은 마음대로 행동할 수 있다. 혁명 당시처럼 바스티유 감옥이 습격당하고 거리는 사람들로 가득 찬다. 수백 년 동안 왕권의 희생자들이었던 군중이 권력을 장악하는 것이다. 혁명 당시의 대량 처형에 대한 기억, 계속해서 벌어지는 정신을 차릴 수 없는 군중들의 환호 등은 축제 감정을 더욱 고조시킨다. 군중에게 반대한 사람은 누구든지 머리가 잘렸다. 그는 자기 머리를 군중에게 내맡겨 그것을 줌으로써 자기 방식대로 군중의 환호를 유지하고 증가시키는 데 기여했다.

프랑스혁명 당시의 〈라마르세예즈〉만큼 생명력을 지닌 국가(國歌)는 없다. 매년 반복되고 매년 기대되는 정기적인 행사로서 이처럼 폭발적인 자유의 축제는 한 국민의 군중 상징으로서 대단한 이점을 지닌다. 실제의 대혁명처럼 이런 축제는 방위력을 분출시킨다. 유럽을 정복했던 프랑스군은 대혁명에서 생겨났다. 대혁명은 나폴레옹을 찾아냄으로써 군사적 영광의 정점에 이르렀다. 그 많은 승리가 대혁명과 그 혁명의 장군 나폴레옹에게 돌아갔지만 나폴레옹은 결국 패배하고 말았다.

대혁명을 이처럼 프랑스인들의 국민적 군중 상징으로 사용하는 것에 몇 가지 이론(異論)을 제기할 수 있을 것이다. 이 상징은 영국인 선장이 배를 타고 있다는 구체성도, 진군 중인 독일군의 숲과 같은 질서도 찾아볼 수 없는, 너무나 막연한 것이다. 영국인의 배에는 파도치는 바다가 따르고, 독일의 군대에는 물결치는 숲이 따른다는 것을 잊어서는 안 된다. 그런 상징들이 그들의 감정을 살찌게 하고 그 감정들을 살아 움직이게 만들었다. 대혁명의 군중 감정 역시 그와 마찬가지로 구체적인 운동과 대상 속에 표현되어 있다. 그것은 바로 바스티유 감옥 습격이다.

한두 세대 전까지는 누구나 '대혁명'이라는 말에다 '프랑스'라는 수식어를 붙였다. 프랑스인들 자신이 가지고 있는 가장 일반적인 기억도 역시 전 세계에 알려져 있는 대로였다. 즉, 대혁명은 프랑스인들의 가장 특징적인 산물이었던 것이다. 따라서 러시아인들의 혁명은 프랑스인들의 자부심에 통렬한 상처를 입혔다.

스위스인

스위스는 국민적 결속력이라는 점에서 이론의 여지가 없는 나라이다. 스위스인들의 애국심은 단일 언어를 가진 수많은 다른 국민들의 경우보다 훨씬 더 크다. 스위스에서 사용되는 네 개의 언어, 수많은 주(州), 주들의 상이한 사회적 구조, 아직 기억에도 생생한 전쟁을 치렀던 양 종파의 분립 이런 요소들 가운데 어느 것도 스위스인들의 국민 의식을 심각하게 약화시키지는 않고 있다. 스위스인이 공통으로 가지고 있는 군중 상징은 산이다. 산은 언제나, 어떤 다른 나라의 국민 상징과도 비교할 수 없을 정도로 확고부동하게 그들의 눈앞에 서 있다.

스위스인들은 어디에서나 산봉우리를 볼 수 있다. 그러나 연봉(連峰)들을 더욱 완벽하게 볼 수 있는 장소들이 있다. 이런 장소들에서 모든 산들을 볼 수 있다는 것은 그 장소들에 어떤 신성함을 부여한다. 때때로 미리 예정되어 있지도 않고 인간이 아무런 영향도 미칠 수 없는 저녁나절에 산들이 빛을 발하기 시작한다. 이때 산들은 가장 성스러운 모습을 띤다. 산들이 접근하기 어렵고 견고하다는 사실이 스위스인들에게 안전감을 준다. 봉우리들은 나뉘어 있지만, 산자락들은 단 하나의 거대한 몸체의 수족처럼 연결되어 있다. 산들은 한 개의 몸체이며, 그 몸은 국가 바로 그것이다.

지난 두 차례의 대전을 치르는 동안 스위스인들이 세운 방위 계획은 기이하게도 국가와 알프스 산맥을 동일시하는 것이었다. 적으로부터 공격을 받을 경우, 모든 농경지, 모든 도시와 모든 생산 중심지들은 방어하지 않은 채 포기하고 군대는 산으로 철수하여 그곳에서만 싸운다는 것이었다. 국민과 국토는 희생된 것처럼 보일지 모르지만 스위스는 산 속에 있는 군대가 대표하리라는 것이었다. 이 국민의 군중 상징은 국토 자체이다.

스위스인들이 가지고 있는 것은 특별한 종류의 둑이다. 그들은 네덜란드인들처럼 자기들 스스로 그것을 세울 필요가 없다. 그들은 그 둑을 세우지도 파괴하지도 않으며, 그것을 때리는 바다도 없다. 산들은 서 있으니까 스위스인들이 할 일이란 산들을 철저히 아는 일뿐이다. 산들을 구석구석까지 동반하고 여행한다. 알프스는 마치 자석처럼, 스위스인들과 경쟁하여 산들을 감상하고 탐험하려는 사람들을 세계 모든 나라로부터 이끌어온다. 어느 나라로부터 오든, 등산가들은 열렬한 스위스인들처럼 된다. 얼마 되지 않은 기간 동안 알프스에 머문 뒤 전 세계에 흩어진 그들은 스위스의 명성을 길이 보존하는 것이다. 스위스의 독립 보존에 산들이 실질적으로 얼마나 기여하는지를 탐구해보는 것도 가치 있는 일일 것이다.

스페인인

영국인이 자신을 선장으로 생각한다면, 스페인인은 자신을 투우사로 생각한다. 선장에게 복종하는 바다가 있다면, 투우사에게는 환호하는 관중이 있다. 투우의 신성한 규칙에 따라 그가 죽여야 하는 짐승은 신화에 나오는 사악한 괴물이다. 그는 전혀 두려움을 보이지 말아야 한다. 만사가 그의 자제심에 달려 있다. 그의 일거수일투족을 수천 명이 보고 판단한다. 스페인에 보존되어 있는 것은 로마의 원형경기장이다. 그러나 투우사는 로마 시대 이후 신분이 계속 바뀌어 고귀한 기사로 됐다. 투우사가 의미하는 것, 그의 의상, 그리고 특히 그의 명성은 중세에 이르러 이렇게 개선됐던 것이다. 그에게 복종했던 인간의 노예인 야수가 다시 한 번 그에게 반항한다. 그러나 그 옛날에 그 짐승과 싸우러 나갔던 영웅은 다시 싸울 준비가 되어 있다. 그는 수많은 눈총 속에서 자리를 잡는다. 자기 직업에 대한 확신에 너무나 가득 차 있기 때문에, 그는 괴물을 죽이는 동작 하나하나를 관중에게 보여줄 수 있을 것으로 생각한다. 그는 자기가 할 바를 정확히 안다. 그의 발걸음은 정확히 계산된 것이고 그의 몸놀림은 춤의 몸놀림처럼 정해진 것이다. '그러나 그는 정말로 죽인다.' 수천 명의 관중이 괴물의 죽음을 보면서 환호하는 것이다.

야성으로 돌아갈 권리를 박탈당한 짐승을 여러 방법으로 자극하여 야성을 부추겨 놓고 나서, 야성을 부린다는 이유로 처형한다. 환호하는 관중의 눈에는 그 처형과 유혈, 그리고 완벽한 기사가 이중으로 비친다. 누구나 황소를 쓰러뜨리는 기사가 되기도 하고 그 기사를 찬양하는 군중의 일부가 되기도 한다. 자기 자신이기도 한 투우사 저 너머로 그는 경기장 저쪽 건너편에 군중으로 앉아 있는 자신을 보게 된다. 관중은 하나의 원으로 서로를 연결하며 그 자체가 하나의 생물체이다. 어디를 둘러봐도 서로 눈이 마주친다. 들리는 것은 한 목소리뿐이다. 그것은 바로 자신의 목소리인 것이다.

따라서 스페인인은 투우사를 갈망하면서, 어려서부터 특수한 군중의 모습에 익숙하게 된다. 그들은 그 광경을 철저히 배워 알게 된다. 그 강도가 너무나 심해서 다른 나라에서는 필수불가결한 것으로 된 여러 가지 근대적인 발전과 구조들을 배제하기에 이른다. 여러 가지 측면에서 스페인인을 대표하는 고리〔環〕속의 투우사는 국민적 군중 상징이 되었다. 수많은 스페인인들이 함께 모인 것을 생각할 때마다, 그들이 가장 자주 함께 모이는 장소를 생각할 것이다. 이와 같은 광란적인 군중들의 환호와 비교해볼 때, 교회의 군중들은 온유하고 무해하다. 그러나 교회의 군중이 언제나 그랬던 것은 아니다. 교회가 현세의 이단자들에게 지옥불을 붙이기를 주저치 않던 당시의 스페인 군중은 전혀 달랐던 것이다.

이탈리아인

근대 국민의 자부심과 그러한 자부심이 전시에 행동으로 나타나는 것은 주로 국민적 군중 상징을 얼마나 깨닫고 있는가에 달려 있다. 수많은 사람들이 통일을 위한 투쟁에서 승리하고 난 오랜 뒤에도 역사의 짓궂은 장난에 말려 고통을 받아왔다. 모든 도시에 찬란했던 역사의 기억이 따라다니고 이런 기억들이 교묘하게 오늘날의 상태를 혼란에 빠지도록 부채질하는 상황 속에서, 이탈리아인은 한 국민이 자신의 이미지를 쌓아가는 데 어려움을 겪는 대표적인 사례일 것이다.

이탈리아가 통일을 달성하기 전에 그 국민들은 모든 사태를 분명하게 인식했다. 즉, 거머리 같던 적이 퇴치되는 즉시, 갈가리 찢겼던 몸체가 다시 붙어서 그들은 하나의 유기체로 느끼고 행동하게 되리라고 생각했다.

이처럼 국토 안에 적이 오랫동안 머물러 왔고 억압당하고 있다는 느낌이 강렬한 경우에는 모든 사람들이 자신들의 고통받는 처지에 대해 비슷한 생각을 가지게 된다. 적은 추악하고 불쾌한 모습으로 떼지어 다가온다. 적들은 메뚜기 떼처럼 와서 원주민들의 노력의 산물인 곡식을 먹어치운다. 적들이 계속 머무르려면, 그들은 이 땅을 쪼개고 모든 수단을 다 동원하여 원주민들을 이간시킬 것이다. 이런 사태에 대한 대응 방식은 비밀 결사이며, 계속 운이 좋다면 적을 몰아내는 순간이 찾아올 것이다. 바로 이런 사태가 마침내 이탈리아에 찾아왔다. 이탈리아는 위대한 선각자들이 그렇게나 열렬하게 바랐지만 오랫동안 이룰 수 없었던 통일을 달성한 것이다.

그러나 바로 그 순간부터 로마와 같은 도시를 계속 존속시킨다는 데는 여러 가지 위험이 뒤따른다는 사실이 명백해졌다. 고대에 군중들이 모이던 건축물들이 '텅 빈 채' 아직도 거기에 서 있었다. 콜로세움은 너무나 잘 보존되어 있던 유적이었다. 하지만 누구나 그것이 황량하고 뒤쳐져 있다고 느낄 것이다. 한편 제2의 로마라고 할 수 있는 성 베드로의 로마는 옛날의 매력을 상당 부분 유지하고 있었다. 성 베드로 성당은 전 세계에서 모여드는 순례자들로 끊임없이 가득 찼다. 그러나 이 제2의 로마는 국민의 뚜렷한 초점이 되기에는 결코 적당치 않았다. 그것의 호소력은 만인을 대상으로 한 무차별적인 것이었으며, 그 조직은 근대적 의미의 국민들이 생기기 전에 발생한 그런 유의 것이었다.

이 두 로마 사이에서 근대 이탈리아의 국민감정은 마비되었다고 할 수 있다. 그로부터 탈출할 길은 없었다. 왜냐하면 이탈리아에는 옛날에 로마와 로마인들이 있었기 때문이었다. 파시즘은 가장 간단한 해결책으로 보이는 것을 제시했다. 그것은 고대의 옷을 입히는 것이었다. 그러나 이것은 진정한 의미에서 적절한 방법이 아니었다. 그 옷은 너무나 컸고 또한 그 옷 속에 든 몸의 운동이 너무나 격렬한 것이어서 뼈가 모두 부러졌다. 옛날 로마의 광장들이 발굴되었으나 옛 로마인들로 채워지지는 않았던 것이다. 파시스(Faseis, 막대기 다발 사이로 도끼의 날을 나타낸 파시스트 이탈리아의 표장-역주)는 얻어맞는 사람들의 증오만 불러일으킬 뿐이었다. 위협을 하고 매질을 한다고 해서 어느 누구에게 자랑거리가 생기는 것은 아니었다. 이탈리아에 거짓 군중 상징을 강제로 부과하려던 시도는 실패로 끝났다. 이것은 이탈리아인들에게는 다행스런 일이었다.

유태인

유태인들처럼 이해하기 어려운 민족도 없다. 자기들의 출신지에서 내쫓겨서 그들은 지구상에 사람이 사는 모든 곳으로 흩어졌다. 그들의 적응 능력은 잘 알려진 바이지만, 그 적응 정도는 굉장히 다양하다. 그들 가운데는 스페인, 인도, 그리고 중국 국적을 가졌던 자도 있었다. 유태인들은 한 나라에서 다른 나라로 언어와 문화를 가지고 다니면서 재산보다도 그것들을 끈질기게 지켰다. 아마 바보라면 유태인들이 어디에서나 똑같다고 말할지 모르지만, 그들을 잘 아는 사람이라면 누구나 어떤 다른 국민들의 경우보다도 그들의 경우에 더욱 유형이 다양하다고 생각하게 될 것이다. 성질과 외양에서 유태인들 각자가 얼마나 다른가 하는 것은 오늘날 우리가 접하는 가장 특이한 현상들 가운데 한 가지이다. 유태인들 가운데 가장 선한 인간도 볼 수 있고 가장 악한 인간도 볼 수 있다는 속담은 가장 순진한 방식으로 이 사실을 나타내주고 있다. 유태인은 다른 종족들과는 다르다. 그러나 사실상 그들끼리는 더욱 더 다르다.

유태인들이 계속 존속해왔다는 사실은 우리에게 놀라움을 불러일으킨다. 세계 도처에 흩어져 사는 민족이 그들만은 아니다. 아르메니아인들도 거의 마찬가지로 널리 흩어져 있다. 또한 그들이 가장 유서 깊은 민족도 아니다. 중국 민족의 역사는 그들의 역사보다 훨씬 더 깊다. 그러나 오래된 민족들 가운데 그들만이 그렇게 오랜 세월을 떠돌아다닌 유일한 민족이다. 그들은 흔적도 없이 사라져버릴 만큼 오랜 세월을 지내왔음에도 불구하고 과거 어느 때보다도 오늘날 이 지상에 많이 남아 있다.

불과 얼마 전까지만 해도 그들에게는 영토와 언어의 통일이 없었다. 그들 대다수는 더 이상 고대 히브리어를 이해하지 못했다. 그들은 수백 가지 말을 사용했다. 수백만 유태인들에게는 그들의 옛 종교가 이미 빈 부대가

된 지 오래였다. 그들 가운데, 특히 지식인들 사이에서는 기독교도의 수마저 점차 늘고 있었다. 무신론자의 수도 훨씬 늘었다. 피상적으로 말한다면, 세속적인 의미의 자기 보존이라는 관점에서 그들은 자신들이 유태인이라는 사실을 남들이 잊도록 하기 위하여, 그리고 스스로도 그 사실을 잊기 위하여 별 짓을 다 했을 것이다. 그러나 그들은 그 사실을 잊을 수 없다. 또한 그들 대다수도 잊기를 원치 않는다. 어떤 점에서 그들은 유태인으로 남아 있는가, 무엇이 그들을 유태인으로 만들어주고 있는가, '나는 유태인이다' 라고 말하면서 그들이 느끼는 연대감의 궁극적 본질은 무엇인가에 관해서 의문을 갖지 않을 수 없다.

이 연대감은 그들의 역사 초기부터 존재해왔으며, 그들이 지내온 장구한 세월 동안 놀라울 정도로 단조롭게 반복적으로 재형성되어 왔던 것이다. 그것이 바로 '출애굽기'이다. 거의 전 민족이 사막에서 40년 동안 떠돌아다녔다는 전설의 내용을 상상해보라. 전설상의 그들의 조상은 바닷가의 모래알처럼 많은 수의 자손을 신으로부터 약속받았다. 이제 이들 자손이 사막의 모래를 헤치면서 살아간다. 바다는 그들을 지나가게 해 주지만 원수들에게는 덮친다. 그들의 목적지는 신으로부터 약속받은 땅이며, 그들은 그 땅을 칼로 정복하여 얻을 예정이다.

여러 해에 걸쳐 사막을 헤매고 있는 사람들의 이미지가 유태인들의 군중 상징이 되었다. 이 상징은 그 옛날이나 마찬가지로 오늘날까지도 뚜렷하고 확연하게 남아 있다. 사람들은 자리를 정했다가 흩어지기 전에 자기들이 함께 있었다고 생각한다. 그들은 자신들이 움직이고 있는 중이라고 생각한다. 이처럼 밀집한 상태에서 그들은 계명을 받았다. 그들에게는 거의 목적지가 없는 것이나 마찬가지였다. 그들은 여러 가지 험난한 과정을 거쳤으며, 이 과정은 그들 모두가 겪은 것이었다. 그들이 형성한 군중은 '벌거벗은 군중(die nackte Masse)' 이었다. 보통 인간들을 고립적인 생활로 몰아넣는 여러 가지 요소들이, 그들의 환경 속에는 거의 존재하지 않았다. 그들 주위에는 모래 이외에는 아무것도 없었다. 황야를 떠돌고 있는 이 무리의 행렬이 지니고 있었을 것임에 틀림없는, 자기들뿐이라는 느낌을 강조하는 데 모래라는 이미지만큼 그럴 듯한 것도 없다. 때로는 그 목적지가 흐려졌으며, 군중은 해산의 위기에 봉착하기도 했다. 그러면 그들에게 사기를 불어넣기도 하고 매질이나 호통으로 다스리기도 했다. 이 행렬 가운데 60~70만 명이라는 숫자는 엄청난 것이었으며, 그 숫자는 먼 옛날의 어림셈으로 봐도 대단한 것이었다. 그들이 떠돌아다닌 기간이 긴 것은 특히 중요한 의미를 가진다. 이들 군중이 40년 동안 견디고 살아남은 사실은 훗날 얼마만큼의 기간으로 더 늘일 수 있는 구실이 되었다. 신이 내린 벌로 겪은 오랜 세월에 걸친 이 방랑 생활은 후에 치를 방랑 생활의 모든 고통을 이미 품고 있었던 것이다.

독일과 베르사유

내가 정립한 몇 가지 개념을 될 수 있으면 명백히 하기 위해 독일의 '군중 구조(Massenstruktur)'에 관하여 첨언하고자 한다. 20세기 초기 30여 년 동안 독일은 유례없는 조직과 성향으로 세계를 놀라게 했는데, 그것의 심각성이 당시에는 전혀 주의를 끌지 못했다가 지금에 이르러서야 점차 이해되기 시작하고 있다.

1870~71년에 벌어진 보불전쟁 뒤에 이룩된, 통일된 독일의 군중 상징은 군대였다. 독일인은 누구나 그 군대를 자랑스럽게 여겼으며, 그저 몇몇 고립된 개인들만이 이 상징의 영향권 밖에 남아 있을 수 있었다. 니체 같은 보편적인 사상가에게까지 그의 주저인 『권력에의 의지』를 쓰려는 자극을 준 것은 전쟁이었다. 니체가 결코 잊지 못한 광경은 기병 대대의 모습이었다. 참고로 니체를 인용한 것은, 군대의 중요성이 독일에서 얼마나 일반적인지를 그가 입증하고 있기 때문이다. 즉, 이 군중 상징이 고고하게 스스로를 군중과는 떼어놓았던 사람들에게조차 얼마나 큰 영향을 미쳤는지를 입증하는 것이다. 자본가와 노동자, 농부와 학자, 구교도와 신교도, 프로이센인과 바바리아인 등 모든 독일인이 군대를 국민의 상징으로 여겼

다. 이 상징의 더 깊은 뿌리인 '숲'으로부터의 기원은 이미 밝힌 바 있다. 독일인에게는 숲(Wald)과 군대(Heer)가 너무도 긴밀하게 연결되어서 두 가지 모두 나란히 그 민족의 군중 상징으로 대표될 수 있다. 이런 점에서 그들은 동질적이다.

상징으로서의 영향력과는 별도로 군대가 구체적인 형태로 존재했다는 사실은 커다란 의의가 있다. 숲-군대라는 이상야릇한 실체가 그랬듯이 하나의 상징이 사람들의 관념과 감정 속에 살아있었다. 반면에 모든 독일 젊은이들이 복무했던 실제의 군대는 '닫힌 군중'으로서의 기능을 했다. 국민 개병제에 대한 신념, 그 중요성에 대한 확신, 그것에 보내는 존경심은 전통적인 종교보다도 더 널리 퍼져 있었다. 왜냐하면 구교도와 신교도를 막론하고 누구나 그것을 지지했기 때문이었다. 거기에 가담하지 않는 사람은 독일인이 될 수 없었다. 군대를 군중이라고 부를 수 있는 것은 지극히 제한된 의미에서일 뿐이라고 앞서 말한 바 있다. 그러나 독일인의 경우는 그렇지 않았다. 군대는 그때까지 독일인이 겪었던 것 가운데 가장 중요한 닫힌 군중이었다. 군대에 소속된 사람들은 제한된 기간 동안 복무하는 특정 연령 집단의 젊은이들이나 혹은 직업 군인들이었기 때문에 군대는 닫힌 집단이었다. 그러나 모든 젊은이들이 일정 기간 동안 군복무를 거쳤으며, 마음속으로는 평생 동안 군대에 대한 연대감을 가지고 지냈다.

독일군 장교의 상당 부분을 차지한 프러시아의 융커 계급은 독일군의 군중결정체 역할을 했다. 이 계급은 황제의 명령으로 제정된 불문율을 가진 기사단과 같았다. 또는 음악에 정통하여 청중을 사로잡아야 했던 세습적인 관현악단과도 같았다.

제1차 세계대전이 발발하자 독일 민족 전체는 하나의 열린 군중이 됐다. 그 당시의 열광 상태는 자주 이야깃거리가 되었다. 다른 나라의 많은 사람들은 그때까지 독일 사회민주당원들의 국제노동자연맹에 대한 신념에 상당한 기대를 하고 있었는데, 그들이 그 신념을 완전히 포기하자 깜짝 놀랐다. 사회민주당원들 역시 마음속에는 자기 민족의 이른바 '숲-군대' 상징을 품고 있었다는 사실, 그들 자신도 한때 군대라는 닫힌 군중에 속했으며, 또한 군복무 중에는 고도로 규율 있고 지극히 효율적인 군중결정체인 융커 계급과 장교 집단의 명령과 영향을 받았다는 사실을 다른 나라 사람들은 잊고 있었다. 그들이 어느 정당에 가입했다고 해도 이런 사실과 비교해보면 별로 의미가 없었다.

그러나 1914년 8월 초의 며칠은 국가사회주의(나치즘)가 탄생한 날이기도 했다. 이런 사실에 대해서는 히틀러 자신이 증언을 하고 있다. 그는 후에 전쟁이 일어나자 무릎을 꿇고 신에게 얼마나 감사드렸는지 모른다고 말한 적이 있었다. 그 순간이 그의 결정적인 체험의 순간이었으며, 그 자신이 진정으로 군중의 일원이 된 순간이었다. 히틀러는 이 순간을 절대로 잊지 않았으며, 그 이후의 모든 생애는 이 순간을 '밖으로부터' 재현하는 데 심혈을 기울인 과정이었다. 독일은 개전(開戰) 당시에 그랬듯이, 다시 한 번 공격적인 군사력을 의식하고 그 안에서 활력과 단결력을 구해야 한다는 것이었다.

그러나 베르사유 조약이 독일군을 해체하지 않았더라면 히틀러는 소기의 목적을 이루지 못했을 것이다. 국민 개병제가 금지되자 독일인들은 가장 기본적인 그들의 닫힌 군중을 빼앗겼다. 그들이 빼앗긴 활동, 다시 말해서 군대 훈련, 명령의 수령과 전달 등은 무슨 대가를 치르더라도 다시 찾지 않으면 안 될 것이 되었다. 국민 개병제를 금지시킨 처사는 국가사회주의를 낳게 했다. 힘으로 해체된 닫힌 군중은 어느 것이거나 열린 군중으로 전환되는데, 전자는 후자에게 자신의 모든 특질을 물려준다. 당이 군대를 구하려고 나타났으며, 당은 독일 국민으로부터 무한정 인력을 충원할 수 있었다. 남성, 여성, 어린이, 군인 혹은 민간인을 가리지 않고 독일인이면 누구든지 나치당원이 될 수 있었다. 독일인은 군인이 될 수 없다면 더욱 나치당원이 되고 싶어했을 것이다. 왜냐하면 그렇게 해야만 그때까지 자신들이 빼앗겼던 활동에 참여하는 것이기 때문이었다.

히틀러는 유례없이 끈기 있게 '베르사유 조약'이라는 슬로건을 사용했다. 그 슬로건이 얼마나 효과적이었는가는 가히 놀랄 만하다. 슬로건을 반복한다고 해서 효과는 조금도 약화되지 않았다. 오히려 해가 지날수록 더욱 강렬해졌다. 이 슬로건의 실제적인 내용은 무엇이었는가? 그 슬로건으로 히틀러가 그의 청중들에게 전달한 것은 무엇이었던가? 독일인에게 '베르사유'라는 말이 뜻하는 바는 패전이라기보다는 군대의 금지였다. 물론 독일인이 진심으로 패전을 인정한 일도 없었지만, 신성불가침한 특정 관행을 금지하는 처사는 더욱 받아들일 수 없었다. 그런 관행이 없는 인생을 독일인은 결코 상상할 수 없었다. 군대의 금지는 종교의 금지나 다름없었다. 금지당한 자기 아버지들의 신조를 다시 수립하는 것은 모든 사람의 신성한 의무였다. '베르사유'라는 말이 쓰일 때마다 이 상처를 건드려서 절대로 아물지 못하도록 피를 흘리게 만들었다. '베르사유'라는 말이 대중집회에서 강렬한 힘을 가지고 사용되는 한, 그 상처의 치유를 기대할 수는 없었다.

이런 맥락에서 언급된 것이 언제나 '강요된 명령에 따른 조약(Diktat)'이었지, '일반적 조약(Vertrag)'이 아니었다는 사실은 매우 중요하다. Diktat는 '명령'의 영역을 떠올리게 하는 말이다. 단 한 가지의 생소한 명령, 적으로부터 내려졌으므로 'Diktat'라고 지칭된 명령이 독일인들 자신 내부에서 행해질 왕성한 모든 명령 활동을 중지시켰던 것이다. '베르사유 조약'이라는 말을 듣거나 읽는 독일인은 누구나 마음속 깊이 자신이 빼앗긴 것, 바로 독일군을 생각했다. 독일군을 다시 일으켜 세우는 일은 진정으로 중요하고 유일한 목표로 보였으며, 일단 군대가 다시 생기면 만사가 예전과 다름없이 되돌아올 듯했다. 국민적 군중 상징으로서 군대의 중요성이 조금도 흔들리지 않았던 것이다. 이 상징의 더 오래 되고 뿌리깊은 부분인 숲은 아직도 의연하게 서 있었다.

따라서 히틀러의 입장에서는 핵심적인 슬로건으로 '베르사유'라는 말을 선택한 것이 특별한 행운이었다. 그 말은 독일인들에게 국민 개병제가 금지되었다든지, 누구나 몇 년씩 군대에 복무할 권리를 빼앗겼다든지 하는, 한 민족으로서 자신들의 생애에 겪은 가장 뼈아픈 최근의 사건을 일깨웠을 뿐만 아니라, 또한 독일 역사에서 몇 가지 다른 친근하고 중요한 사실들을 담고 있었다.

비스마르크가 '제2독일제국'을 세운 것도 베르사유 궁전에서였다. 보불 전쟁의 위대한 승리가 있은 뒤 무적의 국력과 사기가 충천하는 가운데 바로 그곳에서 독일의 통일이 선포됐던 것이다. 그리고 그 승리의 상대는 나폴레옹 3세였다. 스스로 위대한 나폴레옹의 계승자이자 그의 정신적 상속자임을 자처한 나폴레옹 3세는 '나폴레옹'이라는 전설적인 이름에 부여된 경외심 때문에 집권할 수 있었다. 거기에다 베르사유는 루이 14세가 지은 궁궐이기도 했다. 나폴레옹 이전의 모든 프랑스 지도자들 가운데 독일인들에게 가장 심한 모욕을 가했던 인물이 루이 14세였다. 그가 바로 대사원이 있는 슈트라스부르크를 프랑스에 병합한 장본인이었다. 그의 군대는 하이델베르크 성을 쑥밭으로 만들어버렸다.

따라서 베르사유에서 독일 제국을 선포한 것은 루이 14세와 나폴레옹 두 사람에 대한 뒤늦은 승리였으며, 더욱이 그 승리는 어떤 우방의 도움도 없이 단독으로 거둔 것이었다. '베르사유'라는 말이 그 당시 독일인들에게 가지고 있던 효과를 확인할 수 있는 길은 많다. 베르사유란 이름은 독일 근대사에 가장 찬란한 승리와 연결되어 있었다.

히틀러가 그 유명한 'Diktat'라는 말을 할 때마다, 그 말 속에는 위대한 승리의 기억이 메아리쳤으며, 그의 청중들에게는 하나의 약속으로 전달되었다. 독일의 적국들이 이 말을 제대로 들을 줄 알았다면, 전쟁을 일으켜 그들을 패퇴시키겠다는 위협으로 이해했을 것이다. 유태인들에 대한 슬로건들을 제외하고는 '제3제국' '승리-만세(Sieg-Heil)' 등 나치스의 모든 중요한 슬로건들이 '베르사유 조약'에서 직접 유래한다는 주장은 별로 과장이 아닐 것이다. 국가사회주의 운동의 모든 내용, 다시 말해서 패배를 승리로 전환시키는 일, 그리고 이 목적을 위해서 금지된 군대를 다시 창설하는 일이 그 말 속에 응축되어 있는 것이다.

아마 그 운동의 상징인 갈고리 십자형(Hackenkreuz)의 나치스 휘장에도 주의를 기울여야 할 것이다.

그 효과는 기호(記號) 효과와 언어 효과 두 가지를 지닌다. 그런데 그 두 가지 효과에는 잔인한 점이 있다. 그 기호는 뒤틀린 두 개의 교수대를 닮

군중과 역사 241

았다. 그것은 마치 "기다려봐. 여기 매달릴 것을 보고 놀랄 것이다"라고 말하는 것처럼 바라보는 사람을 음험하게 위협한다. 갈고리 십자형이 회전 운동을 하는 것 또한 위협적이다. 그 모습은 바퀴 위에서 부러져버리곤 하던 죄수들의 팔다리를 연상시킨다.

또 그 말은 십자가에 매다는 일이 선한 일인 것처럼 여기는 기독교 십자가의 잔혹하고 피에 굶주린 요소들을 담고 있다. 이 말의 독일어 표기의 첫 부분인 'Haken'은 Hakenstellen을 연상시킨다. 그런데 Hakenstellen은 소년들이 '갈고리 걸기'라는 뜻으로 흔히 사용하는 표현이다. 그러므로 이 말은 수많은 사람들의 몰락을 예고한다. 어떤 사람들에게 그 말은 구두 뒤축을 찰칵거리는 군대의 모습을 떠올리게 한다. 따라서 이 말은 잔인하게 처벌한다는 위협과 함께 음험한 악독성과 은폐된 군사 기율을 품고 있는 것이다.

인플레이션과 군중

인플레이션은 가장 엄밀하고 구체적인 의미에서 일종의 군중 현상이다. 모든 나라의 주민들에게 인플레이션이 야기하는 혼란은 결코 실제 인플레이션 기간에만 한정되는 것이 아니다. 현대 문명에서 그 중요성을 놓고 볼 때 전쟁과 혁명을 제외하고는 인플레이션에 견줄 것이 없다고 말할 수 있을 것이다. 인플레이션이 일으키는 격동이 너무나 극심한 나머지 사람들은 차라리 그것을 은폐하며 잊어버리려고 한다. 사람들은 또한 인간에 의해 인위적으로 가치가 정해진 화폐가 군중을 형성시키는 효과가 있다고 기술하기를 주저할지도 모른다. 왜냐하면 그 효력이 화폐의 본래 기능과는 다르며 사리에 어긋나거나 혹은 수치스럽게 보이기 때문이다.

여기서 화폐의 심리적 특성에 관해서 언급해볼 필요가 있다. 돈은 하나의 군중 상징이 될 수 있다. 어떤 상황에서는 그 구성단위들이 축적되어서 군중을 형성할 수 있을 것이다. 그러나 필자가 이제까지 논의한 다른 군중 상징들과는 대조적으로 돈의 각 단위들의 개별성은 항상 현저하게 강조된다. 주화는 어느 것이나 분명하고 단단한 테두리와 그 자체의 특정 무게를 지니고 있다. 주화는 한눈에 알아볼 수 있으며, 손에서 손으로 자유롭게 유통되어 자체가 놓인 장소를 바꾼다. 주화에는 어떤 통치자의 두상(頭像)이 찍혀 있는 경우가 흔하다. 특히 그 주화가 커다란 가치가 있을 경우, 그 통치자의 이름을 딸 것이다. 그런 예로는 루이 금화와 마리아 테레지아 은화가 있었다. 사람들은 주화를 붙잡을 수 있는 하나의 개인으로 느낀다. 손으로 그것을 감싸쥐고 그 양면과 테두리의 감촉을 음미하는 것이다. 사람들에게 이런저런 것을 조달해주는 주화에 대해 사람들이 애정을 갖는 것은 일반적인 현상이다. 이런 사실은 화폐에 그 개인적 특성을 부여하는 데 기여한다. 어떤 점에서 주화는 생물보다 우세하다. 주화는 금속으로 만들어졌기 때문에 그 견고성에서 '영원한' 존속을 보장받는다. 불로 녹이는 경우 외에는 주화가 파괴되는 일은 거의 없다. 주화는 증대를 통해서 그 크기에 도달한 것이 아니다. 그것은 주조국에서 미리 정해진 대로 발행되며 발행 당시처럼 남아 있어야 한다. 그것은 결코 변해서는 안 된다.

이러한 신뢰성이 아마 주화의 가장 중요한 특질일 것이다. 소유자가 할 일이란 다른 사람들에게 빼앗기지 않도록 잘 지키는 일뿐이다. 주화는 동물처럼 제 마음대로 도망치지도 않는다. 그것은 감시할 필요도 없으며 필요하면 항상 사용할 수 있다. 그리고 그것에는 사람들이 신경을 써주어야 할 감정이 있는 것도 아니다. 주화의 위계질서(Hierarchie)는 가치 차이가 있는 다른 주화들과의 관계에 의해 더욱 엄격히 지켜진다. 이러한 사실 때문에 더욱 사람과 흡사하다. 우리들은 주화의 계급 사회 체제에 대해 이야기할 수 있을 것이다. 이 경우의 계급은 가치의 계급이다. 가치가 높은 주화는 언제나 가치가 낮은 주화와 교환될 수 있지만 낮은 것은 높은 것과 교환될 수 없다.

예로부터 주화더미는 대다수 사람들에게 보물로 여겨졌다. 우리가 살펴보았듯이 주화더미는 군중 상징이다. 그것은 한 단위로 생각된다. 그 더미의 액수가 정말 얼마나 되는지 알지도 못하면서 맞부딪칠 수 있다. 그것을 헤아려서 주화 하나하나를 가려낼 수도 있을 것이다. 그 더미는 항상 실제보다 클 것으로 기대된다. 그런데 그것은 흔히 숨겨져 있다가 갑자기 세상에 드러난다. 보물더미가 실제보다 더 컸으면 하고 기대하는 사람은 일생 동안 그 보물더미를 찾겠다는 희망을 저버리지 않는 사람뿐만이 아니다. 보물을 모으고 있는 사람들도 그것이 끊임없이 늘어나는 것으로 상상하며, 전력을 다하여 그 일을 촉진한다. 돈을 벌기 위해서만 사는 수많은 사람들에게 보물이 인간 군중을 대신한다는 사실은 거의 진실일 것이다. 이런 사실은 고독한 구두쇠들의 여러 이야기들에서 입증되고 있다. 그들은 보물을 지키고, 감시하고, 애지중지하는 것을 생의 전부로 여겼던, 신화에 나오는 괴물들의 후예이다.

주화와 보물을 연관시키는 일은 현대인들에게는 더 이상 타당하지 않다는 것, 지폐가 어디에서나 사용되고 있다는 것, 그리고 오늘날의 부자들은 추상적이고 비가시적인 형태로 그들의 보물을 은행에 맡겨놓고 있다고 반박을 할 수도 있을 것이다. 그러나 아직도 금화가 주요 화폐로 유통되고 있다는 사실은 보물이 결코 그 옛날의 중요성을 모두 잃은 것은 아니라는 점을 입증한다. 기술이 고도로 발달한 나라에서조차 대다수의 사람들은 아직도 시간 기준에 따른 임금을 받는다. 또한 거의 어디에서나 임금 액수는 아직도 주화로 헤아릴 수 있는 범위 내의 것이다. 지폐의 거스름돈으로 아직도 주화를 받는다. 주화에 대한 해묵은 감정, 해묵은 태도는 아직도 모든 사람에게 친숙하다. 거스름돈을 받는 일은 생활에서 가장 간단하고 가장 일상적인 과정의 일부이며 누구나 아주 어린 나이부터 배우는 것이다.

그러나 지난날의 관계와 병행해서 돈에 대한 새롭고 근대적인 관계가 발전한 것도 사실이다. 어느 나라에서든지 화폐 단위는 더욱 추상적인 가치를 띠게 되었다. 그러나 그렇다고 화폐 가치가 그 단위보다 적은 것으로 느껴진다는 뜻은 아니다. 지난날의 주화들이 닫힌 사회의 엄격한 계층적 조직의 면모를 지니고 있었다면, 현대의 지폐는 거대한 도시의 주민들과 비슷하다.

현대의 보물은 '백만'이다. 이 말에는 범세계적인 의미가 담겨 있다. 그 말은 전 세계에 걸쳐 이해되고 있으며 어떤 형태의 통화에도 통용될 수 있다. 백만의 재미있는 점은, 그것이 교묘한 투기에 의해 단번에 획득될 수도 있다는 점이다. 그 말은 일확천금을 꿈꾸는 사람들의 눈앞에서 어른거린다. 백만장자라는 옛날 동화의 왕이 지녔던 휘황찬란한 특성 몇 가지를 물려받았다. '백만' 이라는 말이 지닌 뜻은 두 가지다. 그 말은 돈과 사람 두 가지를 가리킬 수 있다. 이런 사실은 정치 연설에서 특히 두드러진다. 예를 들면, 급증하는 수효에 대한 욕망이 히틀러의 연설에서 특징적으로 드러나고 있다. 그 연설에서 백만이라는 말은 보통 독일 제국 밖에서 살고 있으면서 해방을 기다리는 수백만 독일인들을 지칭했다. 처음, 피도 흘리지 않은 승리를 몇 차례 거둔 뒤, 그리고 제2차 세계대전을 일으키기 전에 히틀러는 그의 제국 인구수를 지나칠 정도로 늘리고 싶어했다. 그는 제국 인구수를 전 세계에 살고 있는 전체 게르만 종족 수와 비교했다. 이들을 모두 자신의 영향권 속으로 끌어들이는 것이 그가 공언한 목표였다. 또한 히틀러는 자신이 행한 모든 위협, 요구, 그리고 자축(自祝) 연설에서 '백만' 이라는 말을 사용했다. 다른 정치가들은 돈과 관련지어 그 말을 사용하는 일이 흔하며, 그 말에 어느 정도 애매성이 따른다는 것은 사실이다. 인구, 특히 수백만으로 표현되는 대도시들의 인구를 나타내는 데 쓰임으로써, 백만이라는 추상적인 수는 오늘날의 어떤 다른 수도 가지고 있지 않은 군중적 의미를 지니게 되었다. 돈과 군중은 똑같이 수백만이라는 수로 헤아려지기 때문에 과거 어느 때보다도 가까워져 있다.

인플레이션에서 일어나고 있는 일은 무엇인가? 화폐 단위가 갑자기 그 고유성을 잃는다. 각 단위로 구성되는 화폐 군중이 불어나기 시작하고, 그 군중이 불어나면 불어날수록 각 단위의 가치는 더욱 줄어든다. 어떤 사람이 항상 바라마지 않던 수백만이 갑자기 그 사람의 손안에 들어오지만, 그것은 명목일 뿐 실제로는 더 이상 수백만이 아니다. 급증하는 과정이, 급증하는 것 자체로부터 모든 가치를 박탈해버리는 것 같다. 그 운동은 도주(逃走)하는 것과 같은 특성을 지니고 있다. 인플레이션이 일단 어느 통화 내부에서 시작되면 그것이 언제 끝날지 예견할 수 없다. 급증하는 돈더미를 열심히 세고 있는 순간에 화폐 가치는 저 밑바닥까지 하락하는 것이다.

이런 인플레이션 과정 속에는 군중의 가장 중요하고 놀라운 심리적 속성 가운데 한 가지라고 규정할 수 있는 급속하고 무한한 성장 충동이 들어 있다. 그러나 이 경우에는 성장이 부정적인 방향을 향한다. 즉, 화폐 군중이 증대함에 따라서 그 단위들은 점점 약화되는 것이다. 1마르크이던 것이 처음에는 1만, 다음에는 10만, 그 다음에는 100만 마르크를 호가한다. 이리하여 개인과 그가 소유한 돈과의 일치감이 깨어진다. 왜냐하면 돈은 더 이상 고정되고 안정된 것이 아니라 순간적으로 변하는 것이기 때문이다. 돈은 이제 더 이상 사람과 같지 않다. 돈에는 전혀 지속성이 없으며 갈수록 가치를 잃는다. 돈에 의존하는 데 길들여졌던 사람은 돈의 가치 하락을 자기 자신의 가치 하락으로 느끼지 않을 수 없다. 그는 너무나 오랫동안 돈과 자신을 일치시켜 왔기 때문에 돈에 대한 신뢰를 자신에 대한 신뢰와 동일시했다. 인플레이션 기간 동안에는 모든 것이 눈에 띄게 흔들리고, 한 시간이나마 확고하게 변치 않은 채 남아있는 것이 없을 뿐 아니라, 사람도 누구든지 점점 불확실해진다. 그 사람이 현재 어떤 인물이든, 아니면 과거에 어떤 인물이었든, 그가 언제나 바라마지 않던 수백만의 돈이 무가치해진 것처럼 그 자신도 아무것도 아닌 것이 된다. 누구든지 백만금을 가지고 있지만 누구든지 아무것도 아닌 것이 되고 만다. 보물의 형성 과정은 그와는 정반대였다. 화폐가 지녔던 모든 신뢰성은 바람에 흩날려 버린다. 보물은 전혀 증대되지 않으며 오히려 어느 것이나 점차 가치가 떨어지는 것이다. 보물더미는 모두 사라져버린다. 인플레이션은 악마들의 평가절하 잔치라고 할 수 있다. 그 잔치에서는 인간들과 그들의 돈의 단위들이 서로에게 아주 강력한 영향을 미친다. 사람들은 돈을 대변한다고 생각하기 때문에, 돈의 상태가 나빠지면 자신들도 나빠졌다고 느끼는 것이다. 그런데 이런 사태는 갈수록 악화되는 것이다. 돈이나 사람은 모두 인플레이션이 하는 대로 내맡겨져 있으며 모두 똑같이 무가치하게 느껴진다.

따라서 인플레이션 속에서는 분명히 전혀 의도하지 않았던 어떤 일이 일어나며 그 일은 너무나 위험하기 때문에, 예측 능력이 있고 어느 정도

공적 책임을 지닌 사람이라면 누구든지 그 일을 두려워할 것임에 틀림없다. 그것은 사람과 돈을 일치시켰기 때문에 일어나는 이중적인 가치 절하이다. '개인'은 자신이 신뢰했고 또한 자신과 동일시했던 그 단위가 미끄러져 내리기 시작하기 때문에 자신의 지위도 떨어지고 있다고 느끼는 것이다. 또한 군중은 '백만'이라는 돈이 가치가 떨어지기 때문에 자신들도 가치가 떨어진다고 느낀다. 백만이라는 말은 애매한 것으로 큰 액수의 돈을 나타내기도 하고, 많은 수의 사람, 특히 현대 도시에 사는 사람을 나타내기도 한다는 것은 이미 밝힌 바 있다. 또한 어느 한 쪽의 의미가 다른 쪽에 전달되고 상호 보완 관계를 가진다는 점도 밝혔다. 인플레이션이 일어나고 있는 시기에 형성되는 모든 군중들은—그런 때 군중이 형성되는 일이 아주 흔하다—가치 하락한 백만금의 돈의 압박을 받게 된다. 너무 무가치해진 나머지 사람들을 모두 합친 가치가 한 개인의 가치와 마찬가지가 된다. 수백만의 돈이 쌓여갈수록 수백만에 이르는 군중 전체가 아무것도 아닌 것이 된다.

인플레이션 과정은 평소에는 물질적 이해관계가 전혀 없었던 사람들을 한 구덩이에 몰아넣는다. 임금 노동자는 연금 생활자나 마찬가지로 타격을 입는다. 은행에 있으므로 안전하다고 생각한 것의 대부분, 또는 전부를 하룻밤 사이에 잃을 수도 있다. 인플레이션은 영원할 것처럼 보이던 사람들 사이의 차별을 지워버리고, 전에는 거리에서 서로 눈인사도 주고받지 않았던 사람들을 똑같은 인플레이션 군중 속에 이끌어넣는다.

자신의 갑작스런 가치 하락을 잊을 사람은 없다. 너무나 고통스럽기 때문이다. 어떤 사람에겐가 떠넘길 수 없는 한, 그는 나머지 생애 동안 그 신세를 면치 못하게 된다. 그런데 남에게 전가시킨 군중조차 결코 그 쓰라렸던 경험을 잊지는 않는다. 그 이후의 자연적인 추세는 자신보다 못한 가치를 가진 어떤 것, 자신이 경멸당했던 만큼 경멸할 수 있는 어떤 것을 찾는 것이다. 그러나 그 대상에게 자신이 당했던 정도의 경멸감만을 주어서는 만족할 수 없다. 여기에는 필연적으로 대상을 비하시키는 동적인 과정이 뒤따른다. 마치 인플레이션 기간 동안에 돈의 가치가 점차 떨어졌듯이, 무엇인가를 점점 가치가 떨어지도록 취급해야만 한다는 것이다. 그리고 그 대상이 완전히 무가치한 상태로 전락할 때까지 이 과정이 계속되어야 한다는 것이다. 그리고 나서 그것을 휴지처럼 던져버리거나 펄프로 다시 쓰도록 던져넣을 수 있다는 것이다.

독일의 인플레이션 기간 동안 히틀러가 이런 과정을 위해 써먹도록 찾아낸 대상은 유태인들이었다. 그들은 이런 데 쓰이도록 만들어진 듯했다. 오랜 세월동안 돈과 맺어온 그들의 인연, 돈의 유통과 경기 변동을 전통적으로 잘 이해하는 그들의 습성, 투자에 관한 그들의 기술, 금융 시장에 함께 모이는 그들의 방식, 독일인들의 이상인 군인적 품행과는 지극히 대조적인 그들의 행동, 이런 모든 사실들이 돈에 관한 의심, 불안, 적대감이 팽배하던 시절에는 유태인들을 믿을 수 없고 적대적으로 보이게 만들 도리 밖에 없었다. 다른 사람들이 돈 관리에 어찌할 바를 모르고 차라리 돈과의 관계를 끊었으면 하고 바라는 때, 개개 유태인은 돈을 잘 관리했기 때문에 '나쁘게' 보였다. 만일 인플레이션이 개인으로서의 독일인들의 가치 하락 현상을 초래하기만 했더라도 개인으로서의 유태인들에 대한 증오감을 부추기기에 충분했을 것이다. 그러나 사태는 그 정도에 그치지 않았다. 왜냐하면 수백만 마르크의 돈의 가치가 한꺼번에 떨어질 때 독일인들은 또한 군중으로서 모멸감을 느꼈기 때문이다. 히틀러는 이런 사태를 분명히 꿰뚫어보고 그의 활동을 유태인 전체에 대한 것으로 전환시켰다.

나치스는 유태인을 다루면서 아주 정확하게 인플레이션 과정을 되풀이했다. 처음에는 유태인들을 사악하고 위험한 적으로 공격했고, 그 다음에는 점점 더 그들의 가치를 떨어뜨렸다. 그런 후 독일 안에 있는 유태인들만으로는 모자라서 점령 국가에 사는 유태인들까지 모아들였다. 마지막에는 유태인들을 양심의 가책을 느끼지 않은 채 수백만 명씩 죽여 없애도 좋은, 문자 그대로 해충으로 취급했다. 독일인들이 그런 극한까지 이를 수 있었다는 사실에 세계는 아직도 충격과 공포에서 벗어나지 못하고 있다. 또한 충격과 공포를 불러일으키는 것은 독일인들이 그런 엄청난 규모의 범죄에 참여했을 뿐 아니라 그런 범죄를 묵인하거나 혹은 못 본 체했다는 사실이다. 만일 그보다 몇 년 전에 마르크화가 이전 가치의 1조 분의 1 이하로 떨어지는 인플레이션을 독일인들이 겪지 않았다면, 그토록 심한 대량 학살은 없었을 것으로 보인다. 바로 군중 경험으로서의 이 인플레이션 때문에 독일인들은 유태인들에게 증오의 눈길을 돌렸던 것이다.

의회 제도의 본질

현대 의회의 양당 제도는 서로 적대하는 군대의 심리적 구조를 이용하고 있다. 내전 시대(1642-1646, 1648-1652년 찰스 1세와 영국 의회의 싸움—역주) 영국의 경우, 서로가 원하지 않으면서도 두 파로 나뉘어 전투를 했다. 자기 동족을 죽이길 좋아하는 사람은 없다. 동족 감정은 항상 유혈사태를 제어하는 경우가 많으며 때로는 내전을 일찍 끝맺게 만들기까지 한다. 그러나 두 개의 당파는 그 후에도 남는다. 그들은 계속 싸우되 살육을 포기한 전투 형태로 싸운다. 실제의 전투에서는 수가 많은 쪽이 이길 것으로 생각된다. 어떤 지휘관의 경우도 가장 큰 관심은 충돌 지점에서 상대방보다 우세한 것, 다시 말하면 그곳에 더 많은 병력을 집결시키는 것이다. 가장 훌륭한 지휘관이란 비록 총병력에서는 열세라고 해도, 최대한의 요충지들에 우세한 병력을 집결시키는 데 성공하는 사람을 말한다.

의회의 표결은 특정 시간과 장소에서 두 집단 중 누가 더 강한가를 확인하는 일에 지나지 않는다. 상대방의 힘을 미리 안다는 것만으로는 충분하지 않다. 어느 당이 360명의 소속 의원을 가지고 상대 당이 240명의 소속 의원만을 가지고 있을 수도 있지만, 실제 표결이 중요하다. 왜냐하면 그것은 한편이 현실적으로 상대편에 견주어지는 순간이기 때문이다. 그 표결은 위협, 욕설, 또는 주먹다짐이나 물건을 집어던지는 육체적 도발 등 여러 가지 형태로 진행된다. 심지어는 저주까지 하게 되고 살인하고 싶을 정도로 흥분할 수도 있다. 그러나 개표와 더불어 전투는 끝난다. 360명이 240명을 패배시키리라고 생각된다. '죽은 자들의 군중'은 고려의 대상이

되지 않는다. 실제로는 의회에 죽은 사람도 없고 있을 수도 없다. 이 사실은 의회의 면책 특권이라는 관행으로 보아도 분명하다. 의원 개인의 면책 특권은 이중적이다. 그것은 외부적으로는 정부 및 관계 기관들과 관련해서, 그리고 내부적으로는 다른 의원들과 관련해서 적용된다. 그런데 이 두 번째 측면은 보통 거의 강조되지 않는다.

다수결이 더 많은 표를 얻었기 때문에 반드시 더 현명한 결정이라고 믿는 사람은 오늘날에는 없다. 그것은 전쟁의 경우처럼 의지와 의지의 대결이다. 누구나 정의와 이성이 자기편에 있다고 확신한다. 확신은 쉽게 생기는 것이고, 정당의 목적은 어떤 의미에서는 이런 의지와 확신을 활발하게 유지하는 것이라고 할 수 있다. 표결에 진 정당의 의원은 자신의 입장을 더 이상 믿지 않아서가 아니라 단지 수적인 패배를 인정하기 때문에 다수결을 받아들인다. 그가 쉽사리 이런 태도를 취할 수 있는 것은 자신의 신상에 아무런 일도 일어나지 않기 때문이다. 즉, 그가 취한 반대 입장으로 인하여 차후에 전혀 처벌을 받지 않는다는 것이다. 만약 자기 생명이 위험에 처하게 된다면 그는 전혀 다른 반응을 보일 것이다. 그러나 미래의 수많은 싸움에서도 자기는 피살되지 않을 것이라는 특권을 의식하기 때문에 자기 소신대로 행동할 수 있다.

모든 의원들은 똑같은 면책 특권을 누린다. 의원들을 하나의 군중으로 만들고 양당 의원들 사이에 전혀 처벌이 없는 것은 바로 이런 평등한 척도 때문이다. 의회 제도의 기능은 이 면책 특권이 보존되는 한에서만 가능하다. 어떤 다른 의원을 거꾸러뜨릴 생각을 하는 사람을 용납하면 의회 제도는 곧 무너지고 만다. 의회 제도에서, 살아있는 어떤 사람을 죽은 사람으로 여기는 일처럼 위험스런 것은 없다. 물론 표결하는 경우 반드시 사표(死票)가 생기기 때문에 전쟁은 전쟁이라고 할 수 있다. 그렇지만 죽은 사람들이 배제되는 한에서만 의회는 의회로서 남는다.

영국 의회에서는 심지어 원외(院外)에서 안온하게 죽은 의원들과도 인연을 끊는 본능적인 태도가 보궐선거 제도에 잘 나타나 있다. 사망 의원의 승계자는 미리 정해지지 않으며, 아무도 그의 의원직을 자동승계하지 않는다. 새로운 후보자들이 나서서 모든 절차를 거쳐 새로운 선거를 치른다. 의회에는 죽은 사람의 의원직은 없다. 죽은 사람은 의원직을 물려줄 수 없으며, 자신이 죽은 뒤 누가 자신을 승계할지 확실히 알 수 없다. 아주 위협적으로 작용할 수도 있는 죽음이 영국 의회에서는 실질적으로 배제돼 있다.

유럽 대륙의 모든 의회들이 군소 정당으로 이루어져 있으며 극히 드문 경우에만 양대 진영으로 대립하고 있다는 사실을 내세움으로써 영국 의회를 통해 파악한 의회 제도의 본질에 대해 반박할 수도 있을 것이다. 그러나 이런 사실이 표결의 중요성에 영향을 미치지는 않는다. 언제 어디서든 표결은 사태를 결정하는 가장 중요한 순간이며, 표결에서 결정적 요인은 두 개의 숫자이다. 그 숫자 가운데 큰 쪽이 표결에 참여한 모든 사람에게 구속력을 가지는 것이다. 모든 의회의 존립 여부는 의원들의 면책 특권에 달려 있다.

국민들에 의한 의원 선거는 기본적으로 의회 절차와 비슷하다. 가장 강력한 자로 판명된 후보자, 즉 승자가 가장 훌륭한 사람으로 간주된다. 그런데 가장 강력한 후보자는 가장 많은 표를 얻는 사람이다. 만일 그 승자에게 투표한 17,562명의 유권자가 상대방에게 투표한 13,204명과 맞붙어 싸운다면, 전자 쪽이 이길 것이다. 그러나 이 싸움 역시 죽이는 데까지는 이르지 말아야 한다. 투표용지는 언제나 유권자보다 더 신성한 것이다. 유권자들이 마침내 후보자를 선택하고 후보자의 이름을 쓰거나 기표하는 그 순간까지 유권자들에게 영향을 미칠 수 있는 모든 방법이 허용되고 있다. 상대방 후보자에게 온갖 모욕과 증오를 퍼부을 수도 있을 것이다. 유권자는 몇 차례의 선거전에 적극 참여할 수 있다. 만일 그가 정치 성향이 짙다면, 선거전의 기복에 따라 극심한 감정의 기복을 보일 것이다. 그러나 그가 투표하는 순간은 거의 신성할 정도이다. 투표용지를 담고 있는 봉인된 투표함도 신성하며, 개표 진행 또한 신성하다.

이 모든 일의 엄숙성은 결정 수단으로서의 죽음을 단념한 사실에서 연유한다. 비유적으로 말하자면, 표 하나하나는 어느 한 쪽에 대해서는 죽음을 의미한다. 그런데 실제로는 죽음이 적에게 미칠 수 있는 효과가 단순히 숫자로 기록된다. 이 숫자들을 함부로 고치고 무효화시키거나 속이는 사람은 누구든지 자신도 모르는 사이에 다시 죽음을 불러들인다. 선거를 비웃는 사람은 군국주의자들처럼 피에 굶주린 자신들의 기질을 드러낼 뿐이다. 그들에게는 선거 형식이란 조약이나 마찬가지로 종이 조각에 지나지 않는다. 그 종이가 피에 적셔지지 않았기 때문에 그들 눈에는 보잘것없는 것으로 보인다. 그들에게 합리적이고 유일한 결정이란 피를 통해서 달성된 것뿐이다.

의회 의원의 투표 행위는 일반 유권자의 투표 행위보다는 훨씬 집중적이다. 유권자들 다수에게는 분산된 기회들이 그 대표자에게 함께 몰려 있는 것이다. 그 대표자가 의회에 나아가는 이유는 '자주' 투표하는 데 있다. 그러나 대표자 내부에서 선출된 극히 소수의 대표자도 있다. 이들은 집중적이고 반복적으로 투표함으로써 유권자들이 그들의 숫자에서 얻는 것과 같은 흥분을 맛보게 된다.

분배와 증가. 사회주의와 생산

정의(正義)의 문제는 분배의 문제만큼이나 오래 되었다. 사람들이 옛날에 함께 사냥을 떠날 때마다 언제나 귀착점은 분배였다. 무리를 이루고 있을 때는 모두가 하나였지만, 나중에 먹이를 분배할 때는 사분오열할 수밖에 없었다. 인간 사회에서는 구성원들 중 다수가 하나의 생물체로서 함께 먹을 수 있는 공동의 위(胃)가 발견된 적이 일찍이 한 번도 없었다. 그런데 성찬식에서 그들은 그런 개념에 가장 가까운 의식을 찾아냈다. 그것은 비록 불완전한 것이기는 했어도 그들이 필요한 것으로 느낀 이상적인 상태에 가까운 것이었다. 먹는 일에 따르는 '고립'은 저 공포에 가득 찬 권력 신장의 하나의 근원이 된다. 홀로, 그것도 몰래 먹는 사람은 누구든지 홀로 사냥해야 한다. 다른 사람들과 함께 사냥하는 사람은 누구든지 그들과 더불어 사냥감을 나누어 가져야 한다.

정의는 분배의 필요성을 깨닫는 데서 시작된다. 가장 오래 된 법은 분배를 규제하는 법이다. 또한 오늘날에도 이것은 가장 중요한 법이며, 그런

법은 일반적으로 인간의 활동과 인간 생존의 공익성을 중심 과제로 삼는 모든 운동의 기본적인 관심사로 남아 있다.

정의는 모든 사람이 먹을 것을 충분히 가져야 한다고 요구한다. 그러나 정의는 또한 모든 사람이 식량 생산에 기여해야 한다고도 요구한다. 인간의 절대다수가 모든 종류의 물품 생산에 종사한다. 그런데 무엇인가 분배에서 잘못이 있다는 것이다. 이것이 바로 가장 단순하게 도식화된 사회주의의 내용이다.

그러나 현대 세계에서 상품이 분배되는 방식에 대해서 사람들의 의견이 아무리 엇갈리고 있다고 해도, 사회주의의 반대자들이든 지지자들이든 간에 이 문제의 전제 조건에 대해서는 의견이 일치되고 있다. 그 전제란 바로 생산이다. 거의 비슷한 두 개의 진영으로 지구를 갈라놓은 이념 분쟁에서도 양측은 모든 수단을 동원해서 생산을 촉진, 확대하고 있다. 상품이 팔려고 생산되든, 아니면 분배되기 위해서 생산되든, 실질적인 생산 과정은 어느 쪽에서도 문제되지 않을 뿐만 아니라 존중되기까지 한다. 오늘을 사는 대다수 사람들의 눈에 비치기에는 생산에는 무엇인가 신성한 것이 있다고까지 말할 수 있을지 모른다.

이런 존경심이 어디에서 연유하는지의 문제는 자주 거론되고 있다. 아마 생산을 신성불가침한 것으로 여기게 된 어떤 시점을 인간 역사 속에서 찾아볼 수 있을지 모른다. 그러나 조금만 숙고하더라도 그런 시점은 전혀 없다는 것을 알게 될 것이다. 생산을 존경하는 현상은 너무나 오래 된 일이기 때문에 역사상의 어느 특정 시점을 정하려는 짓은 부질없는 일이 될 것이다.

생산의 '오만성'에 대한 근원은 '증식 무리'에까지 거슬러 올라간다. 실제로 증식에 심혈을 기울이는 것은 이미 무리들이 아니기 때문에 그 관련성을 간과할 수도 있다. 증식 무리들은 문명의 모든 중심지에서 날마다 늘어나는 엄청난 군중들이 되었다. 그러나 이런 증대에 전혀 끝이 보이지 않는다는 것, 점점 많은 사람들이 더더욱 많은 상품을 생산하고 있다는 것, 이런 물품들에는 살아있는 동물과 식물도 들어 있다는 것, 그리고 이런 생물을 생산하는 데 사용된 방법들이 이제는 여타의 상품을 생산하는 데 사용된 방법들과 거의 구별할 수 없다는 사실을 염두에 둔다면, 우리는 증식 무리가 인간이 만들어낸 가장 성공적이고 성과 있는 창조물이라는 것을 인정할 수밖에 없다. 예전에 증식을 목표로 했던 의식(儀式)들이 이제는 기계와 기술적 과정으로 변했다. 어느 공장이나 똑같은 의식을 행하는 하나의 단위이다. 새로운 것이 있다면 그런 과정이 가속화되고 있다는 사실이다. 지난날에는 사냥할 수 있는 동물 떼에의 접근, 가축들의 성장, 또는 비나 곡식에 향하던 기대의 발생과 증가가 오늘날에는 생산 자체로 되었다. 단추 몇 개를 누르고 여러 가지 레버들을 연결시키면, 우리가 원하는 거의 모든 종류의 물건이 몇 시간 아니 그보다도 짧은 시간 안에 완성되어 나온다.

지난 한 세기 동안 엄청난 위력을 떨친 무산 계급과 생산의 엄격하고 배타적인 결합이, 증식 무리의 핵심 개념이었던 그 옛날의 개념을 아주 순수한 형태로 부활시키고 있다는 점은 지적할 만한 가치가 있다. 무산 계급은 가장 빨리 증가하는 사람들이며, 그들이 증가하는 방법은 두 가지이다. 우선 그들은 다른 부류의 사람들보다 더 많은 자녀를 낳음으로써, 즉 생식을 통해 군중에 가까워진다. 둘째, 그들의 수는 사람들이 시골로부터 생산 중심지로 유입됨으로써 증가된다. 그것은 바로 원시 시대의 증식 무리의 특징을 이루는 이중적인 성장과 동일하다는 것을 여러분은 기억할 것이다. 원시인들은 축제와 행사에 함께 모여들어서 수많은 자손을 확보해줄 의식과 관습에 빠졌던 것이다.

착취당한 무산 계급의 개념이 나타나서 효과를 거두기 시작하자 증가에 대한 완벽한 낙관주의가 생겨났다. 자신들의 생활이 비참한 것이기 때문에 자신들의 수가 줄어들어야 할 것이라고 생각하는 사람은 전혀 없었다. 사람들은 생산을 신뢰했다. 생산의 증가를 통해서 무산 계급도 증가할 것이다. 그들이 생산에 신경을 쓴다면 생산이 그들에게 봉사할 것임에 틀림없다. 무산 계급과 생산은 함께 성장해야 한다. 이것이 바로 원시시대 증식 무리들의 활동에서 언제나 드러나는 관계이다. 사람들은 자신들의 수가 많아지기를 바란다. 따라서 그들의 생계 수단이 되는 모든 것 역시 많아져야 한다. 한쪽의 욕망을 다른 쪽의 욕망과 따로 떼어놓을 수 없다. 그

두 가지 욕망은 너무나 긴밀하게 연결되어 있어서 증가되어야 할 쪽이 어느 쪽인지 분명치 않은 경우가 흔하다.

끊임없이 거대한 무리를 이루고 생활하는 동물로 변신함으로써 인간은 스스로 수가 늘어야겠다는 본능을 강화시켜 왔다는 점을 이미 밝힌 바 있다. 사실 인간은 이들 동물로부터 그 본능을 '배웠다'고 말할 수 있을지 모른다. 인간은 물고기 떼, 곤충 떼, 거대한 들짐승 무리에 부닥쳤다. 그리고 인간이 춤을 통해 이들 동물들의 흉내를 아주 잘 내서 그들처럼 되고 그들처럼 느꼈다면, 그리고 인간이 이런 변신을 토템으로 고정시켜서 자기 후손들에게 그 토템을 신성한 전통으로 물려주는 데 성공했다면, 또한 인간은 이런 전통들과 더불어 자연이 인간에게 허용한 이상으로 증가를 달성하려는 결의도 함께 물려주었다.

현대인과 생산의 관계도 그와 마찬가지다. 오늘날의 기계는 과거 어느 누가 상상했던 것보다도 더 많이 생산할 수 있다. 기계를 통한 생산 증가는 엄청날 정도로 불어났다. 그러나 전체적으로 볼 때, 늘어난 것은 살아 있는 것들이 아니고 물건이기 때문에 단순한 숫자에 대한 인간의 집착이 그의 욕구의 증가와 더불어 늘어난다. 인간은 더더욱 많은 물건들에 대한 용도를 찾아낼 수 있다. 그렇게 되면 그 물건에 대한 욕구는 더욱 더 커진다. 이런 의미에서 자본주의 국가들의 가장 현저한 특징은 모든 부문에서의 무제한적인 생산의 증가이다. 무산 계급에게 특별한 지위가 부여되는 나라들에서는, 그리고 개인 수중에 거대한 자본이 축적되는 것을 금지하고 있는 나라들에서는, 공정 분배의 문제들과 증가의 문제들이 그 중요성에서, 적어도 이론적으로는, 동등한 위치를 차지하고 있다.

크소사족의 자멸[1]

1856년 5월 어느 날 아침 크소사(Xosas)족의 어린 소녀가 집 부근을 흐르는 작은 시내로 물을 길러 나갔다. 집에 돌아오자 소녀는 전에는 한 번도 본 적이 없는 이상한 사람들을 시냇가에서 보았다고 말했다. 움흘라카자라는 소녀의 삼촌이 낯선 이들을 보러 시냇가로 나가서 소녀가 일러준 곳에 이르러 그들을 발견했다. 그들은 그에게 집으로 돌아가서 어떤 의식을 행하라고 일렀다. 그리고 이 의식을 행한 후 죽은 자들의 혼령에게 황소 한 마리를 희생물로 바치고 나흘째 되는 날에 그들에게 다시 돌아오라고 말했다. 그들의 외모에는 머리를 숙이게 만드는 무엇인가가 있었으므로 움흘라카자는 그들이 시키는 대로 했다. 나흘째 되는 날 그는 다시 시냇가로 나갔다. 낯선 사람들이 다시 그곳에 나타났으며, 놀랍게도 그들 가운데 여러 해 전에 죽은 자기 형이 끼어 있는 것을 알았다. 그래서 처음으로 그는 그들이 누구이고 어떤 이들인지를 알게 되었다. 그들은 자기들의 영원한 적인 백인들에 대항해서 크소사족을 돕기 위해 바다 건너편에 있는 전쟁터에서 왔노라고 했다. 다시 말해서 자기들이 가진 무적의 힘으로 영국인을 그 땅에서 몰아내리라는 것이었다. 움흘라카자가 자기들과 추장들 사이에서 중개자 노릇을 하여 자기들이 그에게 내리는 명령을 전달해야 한다는 것이었다. 놀라운 이적들이 일어나리라고 했다. 만약 그들이 제의한 조언이 받아들여질 경우, 이때까지 있었던 어떤 일보다도 놀라운 일이 발생하리라고도 했다. 무엇보다도 움흘라카자는 자기 종족들에게, 서로 걸고 있는 마술을 그만두고 살진 소들을 죽여서 먹으라고 말해야 한다고 했다.

영계로부터 이런 소식이 전해졌다는 사실이 크소사족 사이에 급속하게 퍼졌다. 부족의 대추장인 크렐리는 그 소식을 전해 듣고 몹시 기뻐했다. 비록 입증할 수는 없지만, 사실은 대추장 자신이 이 모든 음모를 꾸며냈다는 이야기도 있었다. 혼령들의 명령에 복종해야 한다는 말이 돌았다. 즉, 가장 살진 소들을 잡아먹어야 한다는 것이다. 크소사족의 일부는 영국령 안에 살고 있었다. 사자(使者)들이 추장들에게 파견되어 영계에서 전달된 사실을 전하고 그들도 조력하라고 요청했다. 얼마 있지 않아서 크소사족 전체가 뒤숭숭해졌다. 대다수의 추장들은 소들을 도살하기 시작했다. 추장들 가운데 한 사람 산딜레만이 주저했다. 그는 신중한 인물이었다. 영국

고등 판무관은 대추장 크렐리가 자기 영토 내에서는 마음대로 할 수 있지만, 영국령 내의 주민들에게 그들의 재산을 파괴하라고 계속 선동할 경우 응징당할 것이라고 통고했다. 그러나 이런 협박을 당한다고 주춤할 크렐리가 아니었다. 그는 자신만이 그런 응징을 선포할 수 있는 유일한 인물이 될 시기가 임박하고 있다는 것을 확신했다.

예언자를 통해서 전달된 계시들이 신속하게 늘어갔다. 신들린 수많은 사람들에게 둘러싸인 채 시냇물 한복판에 선 그 소녀는, 자기 발밑으로 이 세상의 소리가 아닌 듯한 이상한 소리가 들려온다고 했다. 그녀의 삼촌인 예언자는 그 소리들이 인간사를 주관하는 혼령들의 목소리라고 선언했다. 바로 첫번째 명령이 소들을 도살하라는 것이었으며, 망령들은 지칠 줄 모르고 요구를 해댔다. 점점 많은 소들이 살육되었으나 아직도 한이 없었다. 그 광기는 달이 갈수록 계속되었고 날마다 퍼져나가서 새로운 희생물을 계속 찾아냈다. 신중한 산딜레도 선친의 보좌역이었던 두 사람의 혼령을 제 눈으로 직접 보았다는 아우의 재촉을 받고 얼마 뒤에는 마침내 굴복했다. 그의 아우는 혼령들이 "산딜레가 백인들과 더불어 멸망하기를 바라지 않는다면 그의 소 떼를 죽여야 한다"는 명령을 내렸다고 산딜레에게 전했다.

이미 최후의 명령이 예언자를 통해서 내려져 있었다. 그 명령을 이행하는 것이 크소사족이 영계의 도움을 받을 만하다고 여겨질 수 있는 마지막 준비 행위라는 것이었다. 그들이 기르는 모든 가축 가운데 염소 한 마리, 황소나 암소 한 마리라도 남겨 놓아서는 안 되며, 곡식 한 톨마저 모두 없애버려야 한다고 했다. 그 명령에 복종하는 사람들에게는 영광된 미래가 기다린다고 했다. 약속된 날에는 그들이 도살한 모든 가축보다도 수없이 많은 아름다운 가축들이 땅에서 솟아올라 끝없는 초원을 뒤덮을 것이라고 했다. 익어서 곧 먹을 수 있는 거대한 수수밭이 즉시 땅에서 솟구친다고 했다. 바로 그날 부족의 옛 영웅들, 지나간 세월의 위대한 인물들과 현명한 인물들이 부활하여 성실한 후손들의 기쁨에 함께 참여한다고 했다. 질병과 슬픔, 노년의 허약함도 더 이상 없을 것이며, 살아있는 허약자들에게는 물론 소생한 자들에게도 아름다움과 젊음이 되살아난다고 했다. 그러나 혼령들의 의사에 거역했던 자들이나 그들의 명령을 이행하는 데 소홀했던 자들의 운명은 파멸에 이를 것이라고 했다. 성실한 자들에게 그런 큰 기쁨을 가져다주는 바로 그날이 못된 자들에게는 파멸의 날이 되리라고 했다. 하늘은 백인, 혼혈인들과 더불어 그런 못된 자들에게도 재앙을 내리고 멸망케 하리라고 했다.

선교사들과 정부 관리들은 이런 광기를 막으려고 애썼으나 허사였다. 크소사족들은 정신착란 증세의 광기에 사로잡혀서 그들의 행동에 대한 이의나 반론을 용납하려 들지 않았다. 그 일에 간섭하려던 백인들은 협박을 당했으며 더 이상 생명의 안전을 보장받을 수 없게 되었다. 크소사족들은 광신에 빠졌을 뿐만 아니라 그들의 지도자들은 이런 사태 속에서 전쟁을 벌일 좋은 기회를 찾았다고 보았다. 그 전 기간을 통해서, 무장을 잘 갖추고 있으나 굶주리고 있는 크소사 족의 전력을 영국 식민지에 던져 부딪쳐 보자는 것이 그들 지도자들의 의도였다. 지도자들 자신의 흥분 상태도 매우 심해서, 그들도 성공의 가능성이 희박한 이런 일이 초래할 무서운 위험성을 꿰뚫어볼 수 없었다.

예언자의 말이나 이런 전쟁의 승전 가능성을 전혀 믿지 않으면서도 마지막 한 톨의 식량까지 파괴해버린 사람들도 있었다. 그런 이들 가운데는 크렐리의 여러 삼촌들 중의 한 사람도 있었는데, 그는 "이것은 추장의 명령이다"라고 말한 다음 먹을 것이 아무것도 없어지자 애처와 더불어 크라알(Kraal, 남아프리카 토인의 울타리를 두른 촌락-역주) 안에 앉아서 굶어 죽었다. 크렐리의 최고 보좌관 한 사람도 그 계획을 반대했지만 자신의 충고가 쓸데없다는 것을 알았다. 그러자 그는 자기 것은 모두 추장의 것이라고 말하면서 도살, 파괴 명령을 내리고는 미친 듯 그곳에서 달아났다. 이처럼 수천 명의 사람들이 자신의 신념과는 다르게 행동했다. 즉, 추장의 명령을 맹목적으로 추종했다.

1857년 초 몇 달 동안 전 지역에 걸쳐 이상한 기운이 감돌았다. 어떤 크라알에서는 곧 나타날 것으로 기대되는 엄청난 수의 가축 떼를 잡기 위한 준비를 했다. 곧 물처럼 흐르게 될 우유를 담기 위하여 거대한 가죽 부대가 준비됐다. 수많은 사람들이 이미 굶주리고 있었다. 케이 강 동쪽에서는 예언자의 명령이 엄숙하게 이행되었지만 부활의 날은 아직 오지 않고 있었다. 추장 산딜레는 뒤늦게 가축 도살을 시작했으므로 그의 영토에서는 아직 그 작업이 완료되지 않고 있었다. 그러므로 크소사 족의 일부는 이미 굶주리고 있었던 반면에, 다른 일부는 아직도 자기들의 식량원을 파괴하는 일에 열중하고 있었다.

식민지 정부는 경계선을 지키는 데 만반의 조치를 취했다. 감시 초소들이 강화되고 동원될 수 있는 병사들은 모두 그곳으로 파견됐다. 식민지 백인들도 그 충격에 대처할 준비를 했다. 방어 조치들이 갖추어지자마자 굶주리고 있는 사람들의 생명을 구하기 위한 식량도 아울러 준비했다.

마침내 오랫동안 기다리던 날이 왔다. 그날 밤 내내 크소사족들은 열에 들떠서 기다렸다. 그들은 동쪽 언덕 위로 피처럼 붉은 두 개의 태양이 떠오를 것을 기다리고 있었다. 그렇게 되면 하늘이 적들의 머리 위로 떨어져 내려서 적들을 멸망시키게 될 것이었다. 허기로 기진한 채 그들은 환호 속에 그 밤을 지새웠다. 드디어 언제나처럼 한 개의 태양이 떠오르자 그들의 심장은 내려앉았다. 그러나 그들은 곧 절망하지는 않았다. 해가 가장 높이 떠오르는 한낮이 그 순간이 될지도 모르기 때문이었다. 그때에도 아무 일이 없자 그들은 해질녘을 기대했다. 그러나 해가 지자 모든 것이 끝장이 났다.

일심동체가 되어 식민지로 쳐들어갈 예정이던 전사들은 불가해한 어떤 실수 때문에 함께 모여지지 않았다. 그런데 이제는 너무 늦어버렸다. 또한 봉기일을 다시 늦출 수도 없었다. 크소사족의 격렬한 흥분은 깊디깊은 절망으로 뒤바뀌었다. 이제 그들은 전사로서가 아니라 굶주린 거지로서 식민지를 향해갔다. 희망에 차 있던 시절에 그렇게나 정성들여 만들었던 거대한 우유 부대들의 가죽 조각들을 서로 가지려고 형제와 형제끼리, 그리고 아버지와 아들이 싸웠다. 노인들과 병약자들이 죽게 내버려졌다. 사람들은 먹을 수 있는 식물을 찾아 나섰으며 나무뿌리까지 찾아 헤맸다. 바다 가까이에 사는 사람들은 조개를 먹고살려고 했으나 이런 종류의 음식에는 익숙하지 않았기 때문에 이질에 걸려 수백 명씩 죽어갔다. 여기저기에서 전 가족이 함께 앉은 채로 죽어갔다. 얼마 후에는, 한 나무 아래서 15~20명의 해골이 발견되는 일도 있었다. 부모들이 자녀들과 함께 죽은 것이었다. 굶주린 사람들의 행렬이 끊임없이 영국령 식민지로 쏟아져 들어왔다. 대부분 그들은 젊은 남녀들이었지만 그들 가운데는 거의 죽어가는 어린것들을 등에 업은 부모들도 있었다. 그들은 농장 앞에 쭈그리고 앉아서 가엾게 먹을 것을 구걸했다.

1857년 한 해 동안 영국령 크소사 지역의 인구는 10만 5,000명에서 3만 7,000명으로 줄었다. 6만 8,000명이 죽었던 것이다. 이것도 식민 정부가 내놓은 많은 양의 식량으로 수천 명의 목숨을 구할 수 있었기 때문에 이 정도에 그쳤다. 이런 식량이 없었던 원주민 지역에서는 훨씬 많은 사람들이 죽어갔다. 크소사 부족의 힘은 산산조각이 났다.

이런 이야기를 장황하게 늘어놓는 데는 그럴만한 이유가 있기 때문이다. 한 군중 안에서 사태가 얼마나 일관성 있게 그리고 정확하게 중첩되는지를 보여주려고 누군가 이런 이야기를 지어낼 수도 있지 않았나 하고 의심할지도 모르겠다. 그러나 이 이야기는 실화이다. 이 일들은 별로 오래되지 않은 19세기 중엽에 남아프리카에서 정말 있었던 사건이다. 누구든지 읽고 싶다면 읽을 수 있도록 그에 대한 증언자들의 보고도 남아 있다.

그러면 이 이야기의 요점을 간추려보자.

우선 놀라운 점은 크소사족의 죽은 사람들의 '살아있는 듯한 모습'이다. 그들은 정말로 살아있는 자들과 운명을 함께 나눈다. 그들은 살아있는 자들과 교신할 수 있는 수단을 찾아내고 있다. 죽은 자들은 살아있는 자들을 도와줄 군대를 약속한다. 군대로서, 그러니까 죽은 전사들의 군중으로서, 죽은 자들은 마치 동맹을 맺어 한 부족이 다른 부족을 도와주듯이 살아있는 크소사족의 군대를 증원해주는 것이다. 그러나 이 경우의 동맹은 크소사 부족과 그 부족의 죽은 자들 사이에 맺어진 것이다.

약속된 날이 오면 모든 사람이 갑자기 평등하게 될 것이다. 늙은이는 다시 젊어지고 앓던 자는 건강해지며 시름에 겨운 자들도 기쁨을 누리게 될 것이다. 또한 죽은 자들도 살아있는 자들과 함께 섞일 수 있을 것이다. 첫 번째 명령으로 이런 보편적 평등을 향한 움직임이 개시된다. 즉, 부족원끼리는 서로 더 이상 마술을 걸어서는 안 된다는 것이다. 부족의 단결과 평등을 가장 많이 해친 것은 서로 갈등을 일으키는 의지들이 뒤엉키는 사태이다. 약속된 날에는, 홀로 적을 이기기에는 너무나 약한 부족의 군중이 모든 죽은 자들의 엄청난 군중으로 인해 갑자기 증원되리라는 것이다.

이런 군중이 나아갈 방향 역시 예고되어 있다. 즉, 군중은 부족의 일부를 둘러싸고 있는 백인의 식민지로 진격해갈 것이다. 혼령들의 증원에 힘입은 그 군중의 힘을 당할 자는 없을 것이다.

더욱이 혼령들은 살아있는 자들과 똑같은 욕망을 가지고 있다. 그들은 고기 먹기를 즐긴다. 그래서 그들이 고기를 먹을 수 있도록 가축들이 도살되어야 하는 것이다. 그들은 또한 곡식도 먹어 없애버린다. 처음에는 가축도 한 마리씩 바치는데, 이것은 경배의 표시로 행해졌을 것이다. 그러나 조금 지나자 희생물의 숫자가 늘어난다. 죽은 자들은 모든 것을 요구한다. 증가를 열망하는 인간의 욕구, 통상적으로는 곡식과 가축의 증가를 바라는 열망이 이 경우에는 죽은 자들의 증가를 열망하는 욕구로 전환되고 있다. 이 경우에서는 도살되어 없어진 것은 증가되어야 할 가축이고 곡식이었다. 즉, 곡식과 가축이 죽은 자들로 뒤바뀐 것이다.

모든 인간 군중은 점점 더 많아지려는 경향이 있다. 자신을 위해서 모든 것을 희생시키려는, 그리고 모이고 있는 군중에게는 언제나 있게 마련인 맹목적이고 경솔하고 동적으로 움직이려고 하는 이런 경향은 전염성을 지닌다. 사냥꾼은 사냥감에게 그런 욕구를 전이시킬 수 있다. 그러나 그 사냥감은 사냥꾼들이 만족할 수 있을 만큼 충분히 많은 수에 이를 수 없으므로 사냥꾼들은 의식을 행함으로써 사냥감의 왕성한 번식을 기원하는 것이다. 유목민들은 그런 욕구를 자기들의 가축 떼에게 전이시킨다. 그들은 모든 방법을 다 써서 가축들을 사육하며, 번식시키는 일에서도 모든 기술과 정성을 다 해서 실제로 그 일에 성공을 거둔다. 농경민들은 그 욕구를 그들의 작물에 전이시킨다. 곡식은 30배 내지 100배의 소출을 거두고 그 곡식을 쌓아두는 창고를 과시하여 선망의 눈초리를 끌게 만드는 것이다. 곡식 창고는 증가가 성공적으로 이루어진, 외형적이고 눈에 보이는 표시이다. 사람들은 그것을 이루기 위해서 너무나 열심히 일하고 곡식과 가축에 대한 그들의 전이된 군중 감정이 너무나 강렬하기 때문에 그들은 이런 과정에서 인간의 존엄성에 관한 새로운 의식을 얻게 된다. 사실상 그들은 그 일을 자신들이 모두 한 것처럼 느끼는 경우가 많다.

크소사족이 '자멸' 해가는 과정에서 인간, 곡식, 가축을 증가시키려는 그들의 모든 인간적 욕구는 죽은 자들에 대한 표상과 밀접한 연관을 맺고 있다. 점점 자기들의 땅을 먹어 들어오는 백인들에게 복수하기 위해서, 그리고 그때까지 싸우면 지기만 하던 백인들과의 싸움에서 승리를 거두기 위해, 한 가지 일이 필요했다. 즉, 그들의 죽은 자들이 다시 일어서야 한다는 것이다. 그들이 이런 사실을 확신하자마자, 즉 수없이 많은 죽은 자들이 정말로 일어나게 되자마자, 전쟁을 다시 벌일 수 있다는 것이다. 죽은 자들이 되돌아오면, 살아 있는 자들이 희생물로 바친 가축과 곡식들뿐만 아니라 그때까지 희생으로 바친 모든 것을 그들이 되돌려 주리라는 것이었다.

도살된 가축과 없애버린 곡식은 그들 자신에게 모든 곡식과 가축을 이끌어 들이는 군중결정체의 기능을 가지고 있었다. 옛날에는 인간 역시 똑같은 목적으로 희생되었을 것임에 틀림없다. 그렇게 하기만 하면 약속된 날에는 초원은 새로운 가축 떼로 뒤덮일 것이고, 들판에는 곡식들이 너울거리게 될 것이라고 했다.

따라서 이 모든 계획의 성패는 죽은 자들이 이 모든 것을 가지고 출현하느냐 않느냐 여부에 달려 있었다. 이런 위대한 목적을 위해서, 살아있는 자들은 모든 것을 희생했다. 자신들이 잘 알던 사람들이 죽은 자들 가운데 있다는 사실은 이 계획을 더욱 확고하게 만들어주었다. 즉, 예언자의 형과, 오래 전에 죽은 추장의 두 보좌역들이 죽은 자들과의 맹약을 보장해 주었던 것이다. 그런 사태에 반대하거나 따르기를 주저하는 사람은 누구나 군중에의 귀속감을 약화시키고 군중 구성원간의 단결을 파괴하는 것이다. 따라서 그런 자들은 적보다 더 나쁘다. 그런 자들은 적과 함께 멸망해 버릴 것이다.

크소사족의 신앙심에 비추어 이들 사태의 파멸적 결과, 다시 말하면 약속된 날에 수수밭도, 가축 떼도, 죽은 자들의 군대도 아무것도 나타나지 않았다는 사실을 고려할 경우, 크소사족은 사실상 죽은 자들에 의해 기만당했다고 말할 수 있을 것이다. 죽은 자들은 살아있는 자들과의 협약을 심각하게 받아들이지 않았다. 죽은 자들은 백인들에 대한 승리가 아니라 그저 자기 자신들의 증가에만 관심이 있었다. 그들은 거짓 구실을 붙여서 먼저 살아있는 자들의 곡식과 가축을 장악하고, 이어서 기아로 죽어가는 살아있는 자들까지 장악했다. 이렇게 하여 죽은 자들이 승리를 거뒀다. 보통 의미하는 것과는 다른 방식과 다른 전쟁에서 거둔 것이긴 하지만 어쨌든 죽은 자들은 승리를 거뒀다. 결국, 죽은 자들이 최대의 군중으로 남게 된 것이다.

크소사족의 행동에서 특히 중요한 점은 '명령'의 역할이다. 명령이라는 것은 홀로 존재하는 것이다. 거기에는 극히 고립적인 무엇인가가 있다. 명령을 내리는 죽은 자들은 그것을 전달할 매개자를 필요로 한다. 그리고 이런 목적을 달성하기 위해 지상의 계급 제도를 철저히 이용한다. 예언자는 추장들을 설득해서 혼령들의 명령을 받아들이라고 재촉해야 한다. 대추장 크렐리가 명령을 받아들이겠다고 선언하자마자, 만사가 평상적인 명령 체계에 따라 행해진다. 영국인들의 그릇된 지배를 받고 있던 사람들을 포함해 모든 크소사족들에게 전령들이 파견된다. 이 계획의 이행을 오랫동안 반대하는 불신자들—그들 가운데는 크렐리의 삼촌과 그의 최고 보좌역도 끼어 있다—마저 마침내 굴복한다. 그들이 내세우는 이유는 그것은 추장의 명령이라는 것이다.

그 명령의 내용이라는 것을 고려해볼 때 이야기는 한층 이상하게 보일 것이다. 그 명령이 실제로 가리키고 있는 것은 가축의 도살, 다시 말하면 '살상'이다. 명령이 끈질기게 반복되면 될수록, 그 명령의 적용은 더욱 광범위해져 군중 전체에 확산되기에 이르며 더 심해지면 전쟁으로 번질 수도 있다. 명령을 이런 측면에서 고찰한다면, 가축은 적을 나타낸다. 가축이 적, 곧 적의 가축을 나타내듯이, 버려없애는 곡식은 적의 곡식을 나타낸다. 전쟁은 공격자들 자신의 나라에서 시작되지만 공격자들은 이미 적의 나라에 들어간 것처럼 전쟁을 치른다. 따라서 이 경우 명령은 '사형 선고', 다시 말해서 하나의 종(種)이 다른 종에게 선포한 본능적인 사형 선고의 본원적인 성격을 지니고 있는 것이다.

인간이 사로잡는 모든 짐승들의 사형 선고는 인간의 손에 달려 있다. 사형 선고는 유예되는 것, 그것도 오랫동안 유예되는 것이 사실이다. 그러나 그것이 사면되는 일은 없다. 이리하여 인간은 자신이 항상 의식하고 있는 죽음을 거리낌 없이 그가 잡은 동물들에게 전가시키는 것이다. 인간이 동물들에게 허용하는 잠시 동안의 수명은 인간 자신의 수명이나 마찬가지로 정해진 것이지만, 이 경우에는 인간이 동물의 수명을 결정한다는 점이 특이하다. 인간 소유의 동물이 많고 또한 전체 무리 가운데서 도살할 동물을 고를 수 있을 경우, 동물들을 죽이는 것은 인간에게는 어려운 일이 아니다. 그렇다면 가축 떼의 증가와 필요한 한마리 한마리 가축의 도살이라는 그의 두 가지 목표는 쉽사리 결합될 수 있다. 이런 점에서 가축치기로서의 인간은 사냥꾼의 경우보다는 더욱 많은 권력을 가지고 있다. 그의 모든 가축은 한 곳에 있으며 달아나지 않는다. 가축들의 수명은 그의 수중에 달려 있다. 그는 동물들을 발견하는 그때 그 장소에서 그들을 살상할 필요가 없다. 사냥꾼에게 '폭력'이 있다면, 가축지기에게는 '권력'이 있다.

따라서 크소사족에게 내려진 명령은 명령의 진수를 이룬다. 자기들 가축에 대한 사형 선고의 이행이 적들에 대한 도륙에 앞서야 했다. 마치 그 두 가지 살육이 근본적으로 한 가지인 것이나 되는 것처럼 말이다.

마치 죽은 자들이 지고의 권위를 가지고 있기라도 한 것처럼, 도살 명령이 죽은 자들로부터 나왔다는 사실을 주목해야 한다. 그리고 궁극적으로는 죽은 자들이 인간과 사물 등 모든 것을 자기네들 쪽으로 이끈 것도 사실이다. 죽은 자들 가운데는 생전에 명령을 내리던 여러 세대에 걸친 모든 추장들이 끼어 있다. 하나로 뭉쳐진 그들의 권위는 대단한 것이며, 더욱이 그들이 살아있는 자들 가운데 죽은 자들로서가 아니고 바로 살아있는 자들처럼 나타났으니 더욱 대단한 것이다. 그러나 죽음이 바로 그들의 권력을 증가시켰다는 인상을 피할 수 없다. 예언자를 통해서 그들의 말을 듣게 만들고, 그들이 나타나서 예언자에게 이야기한다는 사실을 볼 때 그들이 죽음을 통해 초자연적인 힘을 부여받은 것을 알 수 있다. 그들은 죽음에 초연하여 아직도 놀랄 만큼 활동적인 것이다. 죽음을 피하고 우회하려는 것은 지배자들이 가지고 있는 가장 오래 되고 가장 강렬한 욕망 가운데 한 가지이다. 이런 맥락에서 본다면 크렐리 추장이 기아로 죽은 자기 종족의 죽음 가운데서 살아남아 장수했다는 사실은 덧붙일 만한 충분한 가치가 있다.

권력의 내장
Die Eingeweide der Macht

어떤 사람이 쓰러질 경우, 그 장면은 우리 자신이 추적해서 쓰러뜨린 어떤 동물을 연상시킨다. 갑자기 쓰러져서 웃음을 유발하는 모든 사태는, 그것이 무방비 상태임을 드러내고, 또한 우리가 원하기만 한다면 쓰러진 것은 먹잇감으로도 취급될 수 있다는 사실을 연상시키는 데서 비롯한다. 만약 그것에 만족하지 않고 실제로 그것을 먹어버린다면 우리는 웃지 않을 것이다.
우리는 그것을 먹는 대신에 웃는 것이다.
웃음은 우리들의 잠재적인 음식물을 놓쳐버리는 데 대한 우리들의 육체적인 반응이다.

붙잡기와 흡수

붙잡기(Ergreifen)와 흡수(Einverleiben) 심리는 전체적으로 먹는 일의 심리나 마찬가지로 아직 완전히 알려져 있지 않다. 우리는 그 전체 과정을 당연한 것으로 받아들이고 그 과정 중에 일어나는 많은 일의 신비성에 관해 결코 깊이 생각해보지 않는다. 우리들에게 그 일만큼 더 원시적인 것을 찾을 수는 없을 것이다. 그것은 다른 동물들과 공유하고 있는 어떤 것이다. 그러나 이런 기이한 사실이 있음에도 불구하고 아직까지 우리는 그것에 주의를 기울이지 않아 왔다.

한 동물이 다른 동물에게 적대적인 의사를 가지고 접근하는 것은 몇 가지 분명한 행동으로 나뉜다. 그런데 그 행동 하나하나는 나름의 전통적인 의미를 지니고 있다. 우선 먹잇감을 엎드려 기다리는 잠복이 있다. 먹잇감은 우리가 노리고 있다는 것을 스스로 깨닫기 훨씬 전에 점찍혀 있다. 우리는 기꺼이 만족스러운 감정을 가지고서 그것을 생각하고 응시하고 감시한다. 그것은 아직 살아 있을 때부터 살코기로 간주된다. 감시자가 그것을 틀림없는 살코기로 보기 때문에 그것을 잡겠다는 감시자의 결의를 흩뜨려 놓는다는 것은 도저히 불가능하다. 그 먹잇감 주위를 맴돌고 있는 동안에 이미 감시자는 그것을 '자기 것'이라고 느낀다. 그 먹잇감을 점찍는 순간부터 그는 그것이 자신 내부로 흡수되는 모습을 상상한다.

잠복은 독특한 긴장이 수반되는 상태이기 때문에 주위 상황과는 관계없이 그 자체로서의 의미를 지닐 수 있다. 사람들은 이러한 긴장상태를 연장시키고자 한다. 나중에는, 직접적으로 먹잇감이 나타날 전망의 유무와는 전혀 관계없이 그 자체의 목적만을 위해서 그런 상태를 추구할 수도 있을 것이다. 인간은 몰래 엎드려 있으면서 추적에 관해 몰두한다. 인간이 적극적으로 시도하는 이런 종류의 일을 인간 역시 아주 똑같은 형태로 자신의 내부에서 소극적으로 그러나 점차 강렬하게 경험하는 것이다. 왜냐하면 더 위대한 인간의 지성은 더 많은 위험들을 깨닫고, 박해당하는 고통을 더 크게 느끼기 때문이다.

자기 먹잇감을 직접 얻을 수 있을 만큼 인간이 반드시 강하지는 않다. 그가 지금까지 쌓아온 추적 기술과 경험은 결과적으로 여러 가지 복잡한 덫을 개발시키기에 이르렀다. 인간은 흔히 인간에게만 있는 재능인 변신의 힘을 이용해서 자기가 쫓는 동물의 모습으로 위장하고 나타난다. 그의 위장술은 너무나 뛰어나서 동물은 속고 만다. 이렇게 동물을 함정에 빠뜨리는 방법은 비위 맞추기라는 말로 칭할 수 있을 것이다. 즉, 동물에게 "나는 너와 같다. 나는 바로 너다. 내가 너의 근처에 다가가도 안전할 수 있다"고 이야기하는 것이다.

살금살금 다가가서 덮치는 다음의 단계는 먹잇감과 최초의 '접촉'이다. 이 단계가 아마 가장 두려운 단계일 것이다. 공격자의 손가락은 곧 완전히 자기 것이 될 대상을 만진다. 시각, 청각, 후각 등 다른 감각을 통한 접촉은 별로 위험하지 않다. 그런 감각들의 경우에는 공격자와 희생자 사이에 공간이 있을 수 있다. 이런 공간이 있는 한, 결정적인 일은 벌어지지 않으며 아직도 도망칠 여지가 남아 있다. 한편 촉감은 맛보기에 앞서는 단계다. 동화에 나오는 마녀는 먹잇감이 먹기 좋을 만큼 살이 쪘는지 알아보기 위해서 손가락을 대어본다.

한쪽의 다른 쪽에 대한 의도는 접촉하는 순간부터 구체적인 것이 된다. 최하등 생물의 경우에도 이 순간은 접촉에 관한 어떤 결정적인 요소를 지니고 있다. 그것은 태초의 공포를 포함하고 있다. 우리들은 그 순간을 꿈에서 보기도 하고 상상하기도 한다. 그리고 문명 생활은 그 순간을 피하려는 끈질긴 노력에 지나지 않는다. 이 순간 이후에도 저항이 계속되는지 아니면 완전히 포기 상태에 빠지는지는 접촉하는 쪽과 접촉을 당하는 쪽 사이의 힘의 비율에 따라 결정되며, 또는 후자 쪽이 이 비율을 어떻게 생각하는가에 달려 있기도 하다. 접촉을 당하는 쪽은 보통 몸부림치며 저항하려고 노력할 것이다. 그리고 자기 앞에 닥친 힘이 당할 수 없는 것으로 보일 때에만 그런 노력을 포기할 것이다. 모든 저항이 가망이 없어 보이기 때문에(특히 미래에도) 몸을 내맡겨버리는 그런 접촉을 우리가 사는 사회에서는 '체포'라고 부른다. 체포할 권리를 가진 손이 자기 어깨에 닿는 것을 느끼기만 해도 사람들은 대개 스스로 항복해버린다. 그는 움츠리고 조용하게 따라간다. 그러나 체포 다음에 벌어질 사건에 이처럼 평온하게 대처할 수는 없을 것이다.

접촉의 다음 단계는 붙잡기이다. 손가락들을 우묵하게 만들어서 접촉된 대상의 일부를 움켜잡으려 한다. 손가락들은 먹잇감의 외형이나 유기체적인 구조에 관계없이 이렇게 한다. 이 단계에서 그 먹잇감이 다치든 말든 그것은 상관없다. 다만 먹잇감의 몸의 어떤 부분을 전체에 대한 담보로서, 손 안의 공간 속으로 집어넣어야만 한다. 움켜잡는 손의 범위 안에 있는 그 공간은 먹잇감을 최종적으로 삼키는 수단인 입과 위의 대기실인 셈이다. 많은 동물들의 경우, 붙잡는 행동을 하는 부위는 손이나 발톱이 아니고 바로 무장을 갖춘 입이다. 인간의 경우, 한번 잡으면 절대로 그대로 놓아주는 일이 없는 손이 바로 권력의 상징이 되었다. "그는 그의 손에 넘겨졌다." "그는 그들의 수중에 들어갔다." "그 일은 신의 손에 달려 있다." 이상과 같은 표현에서 손은 공통적으로 권력을 의미한다.

무엇을 붙잡는 실제적인 과정에서 정말 중요한 것은 인간의 손이 행사하는 압력이다. 손가락들은 붙잡은 대상물을 조인다. 이 대상물을 밀어넣었던 우묵한 공간이 좁혀진다. 손바닥 전체로 그것을 만지고자 하는 것, 그것도 좀더 확고하게 만지고자 하는 것이 그 목적이다. 가볍고 부드러운 감촉이 점점 넓은 면적으로 확대되고 강화되며, 마지막으로 집중되어서, 마침내는 희생물의 한 부분을 가능한 한 강하게 압박한다. 이런 종류의 압박은 발톱으로 할퀴는 것보다 우월하다. 원시시대의 종교 의식에는 발톱으로 할퀴는 일이 있기도 했지만 그것은 동물적인 것으로 여겨졌고 실제로 동물들 사이에서나 벌어지는 일이었다. 사람도 위급한 경우에는 옛날부터 이빨로 물어뜯기도 한다.

압박은 짓이겨질 때까지 계속 증가할 수 있다. 실제로 그런 지경에까지 이를지 아닐지는 그 먹잇감이 얼마나 위험한 것인가에 달려 있다. 만약 공격자가 먹잇감을 제압하는 데 힘겨운 싸움을 벌였다면, 그리고 만약 그가 그 먹잇감으로부터 심각한 위협을 받았거나, 상처를 입었거나, 아니면 분노의 충동을 받았다면, 그에 대한 앙갚음을 하려 들 것이고 또한 필요 이상으로 거세게 내리누를 것이다.

그러나 먹잇감을 짓이기도록 재촉하는 것은 위협감이나 분노이기보다는 오히려 경멸감이다. 너무나 작기 때문에 별로 대수롭지도 않은 벌레는, 달리 확인할 길이 없으므로 짓이겨진다. 사람의 손으로는 벌레를 담을 만큼 작고 우묵한 홈을 만들 수 없다. 그러나 어떤 해충을 제거하려는 욕망과 그것이 정말 제거됐는지 확인하려는 욕망말고도 파리나 벼룩에 대한 우리들의 행동에는 완전히 무방비 상태의 존재에 대해서 느끼는 경멸감이 있다. 그런 존재들은 크기와 힘에서 우리와는 전혀 다른 차원에서 존재하고, 우리와는 하등 공통점이 없으며, 그것들이 갑자기 떼를 지어 나타날 경우를 제외하고는 우리들이 그것들을 두려워하지도 않으며, 우리가 절대로 그런 것들로 변신하지도 않는다. 이들 작은 생물들을 죽이는 짓은 우리들이 마음속에서마저 죄책감을 느끼지 않는 유일한 폭력 행위인 셈이다. 그들의 피는 우리의 손을 얼룩지게 만들지 않는다. 그리고 그들의 피는 우리 자신의 피를 연상시키지 않는다. 우리는 그들의 번쩍이는 눈을 들여다보는 일이 없다. 우리는 그것들을 먹지 않는다. 그것들은 적어도 서구 세계에서는, 인간적인 어떤 것으로 여겨진 적이 한 번도 없다. 간단히 말하면 그것들은 법률의 보호 밖에 있는 존재들이다. 만일 내가 어떤 이에게 "나는 당신을 한 손으로 짓이길 수 있다"고 말한다면, 그것은 최대의 경멸감을 나타내는 것이 된다. 그것은 이렇게 말하는 것이나 마찬가지이다. "너는 벌레다. 너는 나에게는 아무것도 아니다. 나는 너를 내 마음대로 할 수 있으며, 마음대로 할 수 있다 해도 나에게는 아무런 의미도 없다. 너는 어느 누구에게도 별 것이 아니다. 너는 아무도 모르게 거리낌 없이 살해될 수 있다. 네가 죽는다고 해서 어느 누구 하나 주의를 기울이지 않을 것이다. 나도 그럴 것이다."

압박해서 죽이는 가장 극단적인 형태인 '갈기(Zermalmung)'는 손으로는 할 수 없는 일이다. 왜냐하면 손은 너무 부드럽기 때문이다. 무엇을 가는 데에는 대단한 무게를 가진 단단한 물건이 위아래에 있어야 한다. 그래야 그 사이에서 어떤 것을 갈 수 있다. 만일 인간 자신이 이 짓을 하려면, 그의 이빨을 사용해야 한다. 일반적으로 우리가 갈기를 말할 때 살아있는 것을 대상으로 생각하지는 않는다. 무엇을 간다는 과정은 무생물적 성질로 분류되며, 간다는 말은 커다란 바위가 떨어져 생물들을 갈아버리는 자연의 대참사와 관련해서 자주 사용된다. 이 말은 비유적인 의미로 사용되지 결코 말 그대로 받아들여지지 않는다. 이 말은 인간의 도구이지 꼭 인간 그 자체의 본성이라고는 할 수 없는 파괴력의 이미지를 지니고 있다. 그 말에는 인간과는 무관한 사물적인 요소가 있다. 인간의 신체는 무엇을 갈 수 없으며 따라서 그런 일을 관대하게 포기하는 것이다. 인간이 한껏 할 수 있는 일이란 꽉 쥐는 것이다.

쥐기(Griff)가 대단히 큰 존경을 누린다는 것은 주목할 만한 일이다. 손의 기능은 매우 다양하므로 그 기능과 관련해서 수많은 표현들이 있다는 사실은 놀랄 일이 아니다. 그러나 손의 진정한 영광은 지극히 칭송받는 핵심적인 권력 행위인 쥐기에서 비롯된다. 손의 기능과 관련된 단어 가운데 단연 최고 수준의 품격을 지니는 'Ergriffenheit'(감동, 사로잡음)라는 단어가 아마도 이에 대한 가장 인상적인 증거일 것이다. 이 단어는 인간이 전혀 영향을 미칠 수 없는 어떤 힘과 결합된, 완벽하면서도 온통 둘러싸여 있는 것을 표현한다. 'Der Ergriffene'(감동받은 자, 사로잡힌 자)는 도무지 그 의도를 알 수 없는 거대한 손에 붙잡혀 온통 둘러싸이기 때문에 그 손에 맞서 저항할 엄두조차 못낸다.

인간은 물론 동물들에게 권력의 결정적인 행위이며 쥐기의 가장 인상적인 예인 '붙잡기(Ergreifen)'는 언제나 인간에게 가장 강렬한 인상을 심어 왔다. 먹잇감을 사냥하는 고양이과의 호랑이와 사자에 대해서 인간들이 가지는 미신적인 경외심도 바로 그런 사실에 근거하고 있다. 이런 동물들은 위대한 '붙잡는 자들'이다. 그들은 붙잡는 행위를 단독으로 행한다. 그들에게 엎드려 기다리는 일, 갑자기 뛰어 덮치기, 발톱을 찔러 넣기, 그리고 죽이기 등은 모두 일관된 행동이다. 행동의 순발력, 그 행동력의 무자비성, 그 일을 해치우는 데 가지는 확신감, 죽이는 쪽의 이론(異論)의 여지

없는 힘의 우위, 자기가 먹잇감으로 택한 것이면 무엇이든지 잡을 수 있다는 자신감 등, 이 모든 사실들로 해서 그의 명망은 엄청나게 치솟는다. 아무리 봐도 그 행위는 가장 고도로 힘이 집중된 형태이다. 그러므로 오늘날까지 인간에게 지울 수 없는 인상을 주었던 것이다. 그래서 모든 왕들은 사자가 되기를 원했다. 바로 사자의 붙잡는 행동과 그 성공적인 성과가 칭송되어온 것이다. 훨씬 우세한 힘에 근거한 모든 것이 일반적으로 용감하고 위대한 것으로 여겨져왔다.

사자는 먹잇감을 잡기 위해서 변신할 필요는 없다. 그는 그런 행동을 하는 동안 내내 자신의 모습 그대로 남아 있다. 사냥 나가기 전에 사자는 으르렁대는 포효로 자신을 알린다. 사자만이 모든 동물에게 크게 들릴 수 있게 자기 의사를 알릴 수 있다. 이런 자세는 꺾일 수 없는 부동의 오만함에서 연유하지만, 바로 그런 이유 때문에 더욱 엄청난 공포감을 퍼뜨린다. 확고한 핵심을 형성하고 정점에 이른 권력은 변신을 경멸한다. 그런 권력은 스스로 만족하며 자신만을 원할 따름이다. 이런 형태로서의 권력은 언제나 인간에게는 대단하게 보였다. 자유롭고 절대적인 권력은 다른 아무것도 아닌, 바로 자신만을 위해서 존재한다. 이런 상태가 권력이 누리는 영화의 정점이다. 그런데 바로 오늘날까지도 이와 똑같은 형태로 권력이 다시 나타나는 것을 막을 수 있는 것은 아무것도 없는 것 같다.

그러나 두번째 권력 행위로서 그렇게 영광스럽지는 않지만 그것 못지않게 중요한 것이 있다. 붙잡는 행위의 광휘에 눈이 어두워져서 우리는 그 행위나 마찬가지로 중요한 어떤 것이 있다는 사실을 잊곤 한다. 그것은 바로 붙잡히는 것을 피하는 일이다.

집권자가 자신의 둘레에 만들어놓는 모든 빈 공간은 이 두번째 목적을 위한 것이다. 누구나, 비록 아무리 하잘것없는 사람이라도, 타인이 자기에게 너무 가까이 오는 것은 막으려고 한다. 인간들 사이에 정립되어 있는 모든 형태의 사회생활은 붙잡히지나 않을까 하는 끊임없는 공포감을 경감시켜 주는 여러 가지 간격(Abstand)에 나타나 있다. 여러 고대 문명의 놀라운 한 가지 특색을 이루고 있는 대칭 도형(Symmetrie)은 인간이 자신의 사방에 일정한 간격을 만들려는 노력으로부터 일부 연유하고 있다. 이런 문명들에서는 신변 안전이 간격에 기초하고 있으며 또한 이것이 도형으로 표현되고 있다. 모든 사람의 생사여탈권을 쥐고 있는 권력자는 가장 멀리, 그리고 가장 현저하게 격리되어 있다. 그의 광휘에서뿐만 아니라 바로 이런 자세에서 그는 태양과 일치된다. 중국인들의 경우에는 더더욱 광활한 하늘 자체와 일치된다. 그에 대한 접근은 어려워지고 그의 주변에 수많은 방이 딸린 궁궐들이 세워진다. 궁궐 문마다, 방문마다 중무장 수비대가 있으므로 그의 의사에 반대하여 그에게 뛰어 들어가는 것은 불가능하다. 그는 깊숙이 동떨어진 안전한 곳에서 어디에 있는 사람이든 붙잡을 수 있다. 그러나 수백 겹으로 둘러싸여 동떨어져 있는 그를 어느 누가 붙잡을 수 있겠는가?

먹잇감의 실제적인 '흡수'는 입에서 시작된다. 손에서 입으로 이르는 과정은 우리가 먹을 수 있는 모든 것이 통과하는 통로이다. 붙잡을 팔이 없는 많은 동물의 경우에는 그 과정이 입 자체나 이빨, 아니면 입에 튀어나온 부리로 시작된다.

사람이나 많은 동물들의 신체에서 가장 현저한 권력의 도구는 이빨이다. 이빨의 가지런함이나, 반짝거리면서도 매끄러운 모습은 신체의 다른 어떤 부분과도 완전히 다르다. 이빨을 모든 질서 중에서 으뜸가는 것이라 불러도 좋을 것이다. 이빨은 자신의 위치를 인정하라고 모든 사람에게 요구하는 것처럼 보인다. 이빨의 질서는 바깥 세계에 대해서 위협으로 작용한다. 그 위협은 언제나 밖으로 보이는 것은 아니지만 입이 열릴 때면 언제나 보인다. 이빨의 재료는 눈에 띄는 다른 모든 신체 부분들의 구성 요소와는 다르다. 그것의 수가 두 개밖에 되지 않는다 해도 이빨은 매우 인상적이다. 그것은 매끄럽고 단단하고 단호하며 전혀 모습이 바뀌지 않은 채 씹을 수 있다. 이빨은 잘 닦아 단단하게 박아 놓은 돌이나 마찬가지의 효과를 지니고 있다.

아주 초기 단계부터 인간은 갖가지 종류의 돌을 무기와 도구로 사용했으나 오랜 세월이 지난 뒤에야 그 돌을 매끄러운 이빨처럼 닦아 쓸 줄 알게 되었다. 인간이 도구를 개량하는 데 이빨이 그 모델이 되었을 가능성도 있다. 모든 종류의 거대한 짐승들의 이빨은 언제나 인간에게 유용했다. 인간은 목숨의 위협을 받으면서 그 짐승들을 잡았을 것이며, 인간을 위협하던 그 짐승의 힘의 일부가 특히 이빨에 있었던 것으로 보았다. 인간은 그 이빨이 전에 자신에게 일으켰던 공포감을 다른 사람들에게도 전달하기 위해서 그것을 전리품이나 부적으로 몸에 달고 다녔다. 인간은 이빨 때문에 생긴 상처들을 자랑스럽게 보여주었다. 이런 상처들은 영예의 훈장으로 여겨졌고 또한 너무나 바라던 것들이기 때문에 인위적으로 상처들을 만드는 일도 흔했다.

이토록 인간 자신의 이나 다른 강한 동물들의 이빨들이 여러 가지로 인간에게 큰 영향을 미쳤다. 이빨이 가진 바로 그런 본성 때문에 이빨은 실제적으로는 신체의 일부와 도구의 중간적인 위치를 차지했는데, 몸에서 떨어져 나갈 수 있다거나 때려서 떨어뜨릴 수 있다는 사실 때문에 이빨은 도구에 더욱 가까워졌다.

이빨의 명백한 특성인 매끄러움과 질서는 바로 권력의 속성이 되었다. 그런 특성은 권력의 본질과 불가분의 관계를 가지며, 권력이 출현하면 언제나 그런 특성들이 가장 먼저 정립된다. 권력과 이빨의 그런 특성 사이의 관련은 원시시대의 도구들과 더불어 시작되었다. 그러나 권력이 성장함에 따라 이런 도구들이 가진 초기의 특성도 성장하였다. 돌로부터 금속으로의 도약은 매끄러움이 증가하는 방향으로의 가장 큰 도약일 것이다. 돌을 아무리 잘 갈아본들, 처음엔 구리로 만들었다가 나중에 철로 만들었던 칼만큼 매끄러울 수는 없었다. 금속이 정말 매력적인 점은 그것이 무엇보다도 매끄럽다는 사실에 있다. 오늘날의 기계와 운반 수단의 경우 매끄러움이 증가했으며 또한 작동도 아주 부드러워졌다. 언어는 이런 사실을 아주 간단하게 표현한다. 우리는 "만사가 매끄럽게 돌아간다"든지 "순조롭게(매끄럽게) 움직인다"고 말한다. 그런데 이런 말은 어떤 과정이 완벽하게 방해를 받지 않고 우리의 힘의 영역 안에 들어 있다는 뜻이다. 현대 생활에서는 이전에는 기피하던 분야들에까지 매끄러움 쪽으로 기우는 경향이 퍼졌다. 옛날에는 가옥과 가구들은 사람들의 지체(肢體)와 동체(胴體)처럼 장식되는 것이 보통이었다. 장식의 유형은 바뀌지만 장식은 언제나 그 자체의 상징적 의미를 잃은 뒤까지도 잔존해서 끈질기게 보존됐다. 오늘날 매끄러움은 우리의 가옥들과 벽, 그리고 우리가 가옥에 들여놓은 모든 물건들을 정복해버렸다. 오늘날 장신구와 장식품은 경멸당하고 있으며 고약한 취향을 나타내는 것으로 간주되고 있다. 우리는 기능, 선(線)의 명확성 및 유용성을 운운하지만 정말 승리를 거둔 쪽은 매끄러움 쪽이며, 그 매끄러움이 감추고 있는 권력의 비밀스런 위엄이다.

현대 건축의 사례로 비춰보건대 매끄러움과 질서를 분리하는 일이 얼마나 어려운 것인지 드러난다. 그 두 가지 요인의 공통적인 역사는 이빨만큼이나 오래 되었다. 앞 이빨 치열의 획일성과 이빨들 사이의 일정한 간격은 다른 모든 종류의 배열에 모형 노릇을 했다. 오늘날 우리들이 당연한 것으로 여기는 많은 배열 유형들은 이빨에서 유래했다. 인간 자신이 인위적으로 창출한 군사대형의 질서는 신화 속에서 이빨과 연관되어 있다. 땅에서 솟아오른 카드모스의 병사들은 원래 용(龍)의 이빨이었다고 한다.

자연 속에는 분명히 다른 여러 가지 사례의 질서가 눈에 띈다. 이를테면 여러 가지 풀들의 질서, 그리고 나무들의 좀더 경직된 질서 등이 그런 것들이다. 그러나 이런 질서들은 이처럼 인간의 신체 내부에 있는 것이 아니다. 그런 질서들은 인간의 음식물 흡수와 그렇게 직접적으로 그리고 항상 연결되어 있는 것이 아니었다. 그리고 그런 질서들을 이용하는 일은 쉽지 않았다. 이의 질서가 인간의 관심을 그토록 강력하게 끈 것은 이가 깨무는 데 사용된다는 사실 때문이었다. 어떤 불상사로 인해 이가 떨어져 나가 통증이 유발되면 인간은 이 질서의 중요성을 깨닫게 된다.

이빨은 입의 무장(武裝) 수호자들이며, 입은 사실상 좁은 곳으로서 모든 감옥의 원형이다. 그 안으로 들어가면 무엇이든지 살아남을 수 없으며, 많은 것들은 아직 산 채로 들어간다. 많은 동물들은 먹잇감을 입 속에 넣은 다음에야 죽이며, 어떤 경우에는 입 속에서도 죽이지 않는다. 먹잇감을 예상하고 언제나 벌릴 태세가 되어 있는 입, 한번 닫히고 나면 움쩍도 하지 않고 닫혀 있는 입의 안정성 등은 감옥의 가장 두려운 특성을 일깨워준다. 감옥이 형성되기까지 입이 사실상 눈에 보이지 않는 영향을 미쳤다는 생각은 별로 틀리는 상상은 아닐 것 같다. 원시인은 그 입 속에 자신이 들어갈 자리가 있는 것으로서 고래말고도 다른 동물들을 알고 있었음에 틀림없다. 이 무서운 곳에서는 비록 그곳에 머물 수 있는 시간이 있다고 해도 아무것도 자랄 수 없을 것이다. 그곳은 불모지로서 아무것도 뿌리를 내릴 수 없다. 큰 입을 쩍 벌린 용들이 사실상 모두 사라진 뒤에 인간은 감옥에서 그런 무서운 형상의 상징적인 대체물을 찾았다. 감옥들이 고문실이 되던 시절에는 감옥은 여러 가지 점에서 적대적인 입과 흡사했다. 오늘날에도 지옥은 아직까지 그와 같은 모습으로 그려진다. 그러나 이제 감옥들은 청교도적으로 되었다. 이빨의 매끄러움이 이 세계를 정복한 것이다. 감방의 벽은 아주 매끄러우며 창문마저 작다. 수감자에게 자유는 꽉 다문 이빨 너머의 공간에 있다. 감방의 헐벗은 벽이 오늘날 그 이빨들을 나타내고 있다.

아직 숨이 붙어 있는 먹잇감에게 모든 먹잇감이 통과하도록 되어 있는 좁은 목구멍은 궁극적인 공포감을 불러일으킨다. 인간의 상상력은 이러한 흡수단계에 끊임없이 사로잡혀 왔다. 인간을 위협하던 거대한 짐승들의 쩍 벌린 입이 인간의 꿈 속이나 신화 속에까지 따라왔다. 이런 큰 짐승의 아가리 속을 따라 탐험하는 것이 인간에게는 바다 위를 여행하는 것만큼이나 중요했으며 또한 위험한 일이기도 했다. 살아날 가망이 없던 사람들이 이들 짐승의 입에서 산 채로 이끌려 나왔는데, 몸에 그 이빨 자국을 지닌 채 평생을 지냈다는 이야기도 있다.

먹잇감이 몸속을 여행하는 길은 매우 길며, 그 길을 지나가는 과정에서 먹잇감의 모든 내용물은 흡수된다. 쓸 만한 모든 것이 빠져나가고 마침내 남는 것이라곤 찌꺼기와 악취뿐이다.

모든 동물적 붙잡기의 마지막에 해당하는 이런 과정은 전체적으로 우리들에게 권력의 본질에 대한 풍부한 실마리를 제공한다. 인간들을 지배하려는 사람은 누구나 먼저 그들을 굴복시키고 그들로부터 그들의 권리와 저항할 수 있는 능력을 속여서 빼앗아내 자기 앞에서 동물들처럼 무력하게 만들려고 한다. 그는 그들을 동물처럼 혹사한다. 입 밖으로 그렇다고 말하지는 않더라도 그들이 자기에게 대수롭지 않은 존재라는 생각을 그는 항상 가지고 있다. 그래서 자기 친지들에게 말할 때 그는 그들을 양떼나 소떼라고 부를 것이다. 그의 궁극적인 목표는 그들을 자기 내부에 흡수하고 그들로부터 내용물을 빨아먹는 것이다. 그 뒤에 남는 찌꺼기는 그에게 별로 중요하지 않다. 그가 그들을 학대했으면 학대했을수록 그는 그들을 자기 똥처럼 처분해버린다. 그것이 자기 집에 악취를 풍기지 않을까 신경을 쓰면서 말이다.

그는 이 과정의 모든 개별적 단계들을 애써 확인하려 하지 않을 것이다. 그에게 호언장담하는 버릇이 있을 경우, 자기가 쓰려고 확보한 인간들을 동물 수준으로 비하시키려고 한다는 사실을 심복들에게는 털어놓을 수 있다. 그러나 그는 자기 수하들을 도살장에서 도살하지도 않을 뿐더러 실제로 그들을 먹이로 쓰지도 않기 때문에 그들을 빨아먹는다든가 먹어서 소화시킨다는 사실을 부인할 것이다. 오히려 그들을 먹여 살리는 것은 자기라고 한다. 그러므로 이들 과정의 본질을 간과하기 쉽다. 다른 목적을 위해 더 유용하게 써먹으려고 즉시 도살할 필요가 없는 동물들을 사육할 줄 알게 되면서부터 간과의 가능성은 더욱 높아진다.

그러나 권력을 휘두르고 또한 자기 양손에 많은 권력을 집중시킬 줄 아는 사람은 논외로 하더라도 모든 인간이 자기 배설물에 대해서 갖는 관계는 권력의 영역에 속한다. 배설물로 변하는 것만큼 사람 몸의 상당 부분을 오래도록 차지하는 것은 없다. 오랜 시간에 걸쳐 몸을 통과하는 전 소화 과정 동안에 음식물로 변하는 먹잇감에 가해지는 끊임없는 압력, 그 먹잇감의 해체 및 삼킨 자에의 통합, 한때 그 먹잇감을 형성하던 모든 기능과 실체의 완전하고 최종적인 멸망, 먹는 자의 신체에로의 먹잇감의 동화 등 이런 모든 사실은 비록 잘 위장되어 있기는 해도 핵심적인 권력 과정으로 보기에 합당할 것이다. 그것이 너무나도 당연하고 자동적이며 무의식적으로 일어나기 때문에 그 중요성이 과소평가된다. 사람들은 표면 위로 드러난 수많은 권력의 술수만을 보곤 하지만, 이런 것들은 권력의 지극히 적은 부분에 지나지 않는다. 그런 일들의 밑에서는 매일매일 소화 작용이 반복되어 진행되고 있는 것이다. 자기 몸 이외의 어떤 것을 붙잡아 잘게 잘라서 흡수, 동화시키는 과정이 진행되고 있는 것이다. 바로 이런 과정이 있어야만 인간은 살아간다. 만일 그 과정이 그치면 인간은 죽는다. 인간은 언제나 그런 사실을 잘 알고 있다. 그런데 외적이고 반무의식적인 것일 수만은 없는 이런 과정의 모든 국면들은 정신적인 것으로도 나타날 수 있음이 명백하다. 그것에 상응하는 정신적인 과정을 찾아내는 일은 쉽지 않다. 그러나 우리가 탐구해 나가는 도중에 그런 과정의 명백한 자취들이 저절로 드러나게 될 것이다. 앞으로 밝혀지겠지만 우울증의 여러 징후는 이런 맥락에서 특히 시사하는 바가 많다.

이런 모든 과정의 찌꺼기인 배설물에는 우리의 모든 살생의 죄과가 담겨 있다. 그 배설물에 의해서 우리는 우리가 저지른 살생을 알게 된다. 그것은 우리를 몰아세울 모든 증거들을 응축시켜 놓은 집산물이다. 그것은 우리들이 매일 계속해서 저지르는 죄과의 증거이며, 그렇기 때문에 그것은 냄새를 피우면서 하늘을 우러러 울부짖는 것이다. 놀라운 점은 우리들이 그 배설물과 우리 자신을 분리시키려고 얼마나 노력하는가에 있다. 바로 그 목적만을 위해서 따로 설치한 특별한 방에서 우리는 배설물을 처치하는 것이다. 우리의 가장 내밀한 순간은 그곳에 들어가 있는 순간이다. 이때 우리들은 모든 것으로부터 떠나서 오직 우리들의 배설물과 함께 있는 것이다. 분명히 우리들은 배설물을 부끄러워한다. 배설물은 소화 작용이라는 권력 과정의 해묵은 징표다. 그 과정은 어둠 속에서 진행되는 것이기 때문에 배설물이 없다면 영원히 숨겨진 채 있을 것이다.

손

손의 발생은 인류가 나무 위에 살던 수상(樹上) 생활에서 기인한다. 손의 가장 중요한 특징은 엄지가 갈라져 있다는 것이다. 전에는 발톱이 하던 나뭇가지 붙잡는 일을 손이 할 수 있게 되고 그래서 쉽고 자연스럽게 나무에서 옮겨 다닐 수 있게 된 것은 엄지가 강력하게 발달하고 엄지와 다른 손가락들이 분리되어 있다는 데서 연유한다. 우리는 손이 얼마나 유용한 것인가를 원숭이로부터 배웠다. 오늘날에는 일반적으로 인정되고 있는 사실이지만 바로 이 점이 손의 가장 오래 된 기능이다.

그러나 기어오르는 일에서 두 손이 서로 다른 기능을 가지고 있다는 사실을 간과하는 경향이 있다. 두 손은 동시에 같은 일을 하지 않는다. 한쪽 손이 새 가지를 잡으려 뻗는 동안에 나머지 손은 먼저 가지를 꼭 부여잡는다. 꼭 부여잡는 이 행위는 아주 중요하다. 왜냐하면 빨리 움직이는 동작에서는 그런 행위만이 떨어지는 것을 막아주기 때문이다. 어떤 경우에도 몸무게를 지탱하는 손이 잡은 것을 놓아서는 안 된다. 이런 사실로 인해서 손은 이전에 먹잇감을 붙잡던 경우와는 전혀 다른 강도로 나뭇가지를 잡아야 한다는 사실이 알려진다. 그밖에도 두번째 손이 새 가지를 부여잡자마자, 첫번째 손은 먼저 번 가지를 놓아야 한다. 이런 동작이 빨리 취해지지 않으면 나무에 오르는 자는 더 이상 나아갈 수 없다. 따라서 손은 새로운 능력을 얻는다. 즉, 어떤 것을 즉시 놓아주는 능력이 그것이다. 하지만 먹잇감에 관한 한, 극단적인 압력을 받는 경우이거나 붙잡은 자의 습관이나 욕구에 거슬리는 경우 이외에는 절대로 포기되는 일이 없었다.

손 하나하나를 보더라도 기어오르는 행동은 부여잡고 놓아주고 하는 두 가지 연속적인 단계들로 되어 있다. 한쪽 손이 다른 손과 마찬가지의 동작을 수행한다는 것은 사실이다. 그러나 그 동작은 한 단계씩 차이가 난다. 따라서 어떤 특정 순간에 어느 한쪽 손은 다른 한쪽 손의 반대 동작을 한다. 원숭이가 다른 동물들과 구별되는 것은 이런 두 가지 동작들이 재빨리 이어지는 데 있다. 부여잡고 놓아주는 두 가지 동작이 재빠르게 이어진다. 그래서 우리들이 원숭이들의 놀랄 정도로 재빠른 동작을 찬탄하는 것은 바로 이런 두 가지 동작이 민첩하게 반복되기 때문이다.

나무를 버리고 땅으로 내려와 사는, 좀더 고도로 진화된 원숭이들은 두 손이 서로 보완하는 긴요한 능력을 그대로 보존해왔다. 인간의 광범위한 직업 중에는 추구하는 방식에서 완전히 그 보완적인 능력을 연상시키는 것이 있다. 바로 '상업'이다.

상업의 본질은 한 가지 대상물을 주고 다른 대상물과 바꾸는 일이다. 한쪽 손은 낯선 사람을 유혹하려는 도구인 대상물을 끈질기게 잡고 있다. 다른 쪽 손은 자기 것으로 교환하여 가지려는 두번째 대상물을 얻으려고 뻗어 있다. 다른 쪽 손이 바라는 대상물에 접촉하자마자 첫번째 손은 자기가 잡고 있던 대상물을 놓는다. 그러나 바라는 대상물을 손에 넣기 전에는 잡고 있던 물건을 놓지 않는다. 그렇지 않으면 두 가지를 모두 잃을지도 모르는 일이다. 아무런 대가도 받지 못하고 어떤 자에게 물건을 빼앗기는 경우를 말하는 가장 조잡한 형태의 사기당하는 일은, 나무 오르기의 맥락으로 풀이하자면, 나무에서 떨어진 것에 해당한다. 이런 일을 막기 위해서 상인은 거래를 하는 동안 내내 경계태세를 늦추지 않고 상대방의 동작 하나하나를 면밀히 관찰하는 것이다. 사람들이 상업에서 얻는 심오하고 공통적인 쾌락은, 인간에게 가장 오래 된 동작 형태 중의 하나가 정신적인 형태로 계승된 것이 상업이라는 사실로써 일부 설명된다. 오늘날 상업 행위만큼 인간이 원숭이에 가까운 모습을 잘 드러내는 행위는 없다.

이처럼 훨씬 나중 시대까지 내려와 살펴보았으니 이제 다시 손 자체와 손의 기원에 대해서 고찰하기로 하자. 나뭇가지들 가운데서 생활하는 과정에서 손은 직접적으로 음식물과 관련되지 않는, 붙잡는 방법을 배우게 되었다. 이렇게 되자 극히 단조로운, 손에서 입에 이르는 짧은 통로에 다른 요소가 끼어들게 되었다. 꺾어서 손에 들고 있는 나뭇가지는 막대기의 기원이 되었다. 아직 인간은 아니고 인간과 비슷한 모습을 했을 뿐인 원시인은 막대기를 가지고 적들을 쫓을 수 있었을 것이며 적들과의 사이에 공간을 유지할 수 있었을 것이다. 나무에서 살던 것을 감안한다면 막대기는 인간에게 가장 가까이 놓여 있던 무기였다. 인간은 막대기를 신뢰해서 결코 그것을 버린 일이 없었다. 그것은 휘두르면 몽둥이가 됐고, 끝을 벼리면 창이 됐다. 구부려서 양끝을 줄로 이으면 활이 됐으며, 솜씨 있게 다듬으면 화살이 됐다. 그러나 이처럼 다양하게 변화했음에도 불구하고 그것은 본래의 성격을 그대로 지니고 있다. 그것은 여전히 간격을 만드는 도구 즉, 인간들이 두려워하는 접촉과 붙잡음이 인간들 곁에 범접하지 못하게 하는 도구인 것이다. 직립하여 걷는 인간의 걸음걸이가 아직도 어떤 위엄의 요소를 지니고 있는 것이나 마찬가지로, 막대기도 무수한 변천을 겪었음에도 불구하고 한 번도 그 마성을 잃은 적이 없었다. 제왕의 홀(笏)로서, 그리고 마술사의 지팡이로서 그것은 두 가지 중요한 권력 형태의 속성을 보존해왔다.

손의 참을성

손의 모든 격렬한 활동은 그 연원이 오래 된 것이다. 적대적 의도를 가진 붙잡기만이 갑작스럽고 잔인한 것은 아니다. 우리는 사실은 후대에 와서야 개발된 여러 가지 동작들인 때리기, 찌르기, 밀기, 던지기, 쏘기 등 기술적으로 더욱 더 분화되고 복잡해질 수 있는 동작들도 손의 활동에 포함시킬 수 있다. 이들 동작들의 신속성과 정확성은 훨씬 대단하겠지만 그 본질과 의도는 변함없이 옛날 그대로이다. 이들 동작들은 사냥꾼과 군인들에게는 중요한 것이겠지만 인간 손의 특이한 영광에는 아무것도 보태준 것이 없다.

손은 여러 가지 다른 방법으로 자신을 완성하는 길을 찾았는데, 이런 방법들은 어떤 경우에나 약탈적인 폭력을 포기하는 것이다. 손의 진정한 위대성은 그 참을성에 있다. 우리들이 살 만하다고 여기는 유일한 세계를 창조한 것은 조용하고 지속적인 손의 활동이다. 성서의 창세기에서는 진흙을 빚는 손재주를 가진 옹기장이가 창조자로 부각되어 있다.

그러나 손은 어떻게 참을성을 배웠는가? 손가락들은 어떻게 예민한 감성을 지니게 되었는가? 우리들이 알고 있는 가장 오랜 일들 가운데 한 가지는 원숭이들이 제 친구의 털을 즐겨 살펴본다는 것이다. 우리는 원숭이들이 무엇인가를 찾고 있다고 상상하고, 또한 그들이 때로는 정말 무엇인가를 찾아내기 때문에 이런 동작이 아주 실제적이고도 몹시 좁은 목적만을 가질 뿐이라고 생각해왔다. 사실 원숭이들은, 주로 손가락 하나하나가 체모로부터 얻는 기분 좋은 감각 때문에 그런 동작을 한다. 그것이 우리들이 아는 것으로서 가장 원시적인 '손가락 훈련'인 것이다. 바로 그런 훈련들을 거쳐서 손은 오늘날 우리들이 찬탄해마지 않는 미묘한 도구가 된 것이다.

원숭이의 손가락 훈련

원숭이들을 관찰하는 사람은 원숭이들이 서로의 털을 면밀히 살펴보는 것에 놀랄 것이다. 털 하나하나를 가려서 살펴보는 그들의 꼼꼼한 자세는 해충을 찾고 있는 것처럼 보인다. 그들의 자세는 벼룩을 찾는 인간들의 모습을 연상시킨다. 또한 그들의 손은 마치 무엇인가를 찾은 것처럼 조심스럽게 자기들 입으로 옮겨진다. 너무나 자주, 그리고 열심히 무엇인가 찾은 듯한 동작을 보이기 때문에 사실은 이렇게 찾는 것에 어떤 필연성이 있는 것처럼 보이기까지 한다. 필연성을 인정하는 방식이, 그런 동작에 대한 일반적인 해석이었다. 아주 최근에 와서야 그 동작에 대한 좀더 정확한 동물학자들의 해석이 나오고 있다.

원숭이의 이런 버릇에 관한 일관적인 서술과 분석을 주커만(Zuckerman)의 저서 『원숭이와 유인원의 사회생활(Soziale Leben der Affen und Menschenaffen)』에서 찾을 수 있다. 그 내용이 시사하는 바가 너무나 많으므로 좀 길게 인용하고자 한다.[1]

"사회학자들이 뭐라고 말하든 간에 '벼룩잡기'는 북인도산(産) 붉은털원숭이들 사이의 가장 기본적이고 근원적인 형태의 사회적 교제이다. 원숭이들은(유인원들의 경우는 덜 하지만) 하루의 대부분을 서로 보살펴주면서 보낸다. 어느 놈이나 손가락으로 자기 동료의 털을 조심스럽게 살펴보면서 눈에 띄는 여러 잡동사니를 먹는다. 이런 것들을 직접 손으로 입에 넣거나 때로는 혀로 털 위를 핥아서 입에 넣기도 한다. 그런 동작은 눈의 정확한 조준 및 집중과 더불어 손가락의 동작들이 기막히게 잘 조절되고 있다는 것을 뜻한다. 이런 행위는 일반적으로 이(虱)를 잡으려는 노력이라고 잘못 해석되고 있다. 실제로 야생 원숭이든 기르는 원숭이든 몸에는 해충이 별로 없다. 원숭이들이 털 속을 찾아 얻는 것들은 몸에서 떨어진 작은 살갗 비듬, 살갗의 분비물 조각, 가시 및 다른 이물질 등이다. 다른 어떤 일에 몰두하지 않고 있을 경우, 원숭이들은 털이 있으면 즉각 반응을 보여 '살펴보기'를 한다. 원숭이들은 태어나자마자 털이 주는 자극에 반응을 보인다. 또한 그 털의 자극은 성장과정 내내 강력한 효과를 지속하는 자극이기도 하다. 동료가 없을 경우 건강한 원숭이는 제 살갗 털을 살펴볼 것이다. 두 마리, 때로는 세 마리의 원숭이들이 떼를 지어 자기 동료들 가운데 한 마리를 살펴보기도 한다. 보통 그런 대상이 된 놈은 동료들이 하고 있는 탐색 작업을 용이하게 해주는 동작들을 제외하고는 아무런 동작을 취하지 않는다. 그러나 그 대상이 된 놈이 다른 놈들이 제 몸을 살펴보고 있는 동안에 다른 놈의 털가죽을 살펴보는 일에 몰두하는 경우도 있다. 원숭이들은 자기네들끼리만 털가죽 살펴보기를 하는 것은 아니다. 살아 있는 것이든, 죽은 것이든 털이 있는 것은 모두 원숭이들의 관심의 대상이 될 것이다. 원숭이들은 인간이라는 친구의 털도 어김없이 살펴볼 것이다. 야생이든 기르는 것이든 원숭이들이 다른 부류에 속하는 동물들의 털도 살펴보는 것을 알 수 있다. 그 동작에는 성적인 의미가 따르는 것 같다. 그것은 그 동작이 수많은 피부의 말초 기관을 부드럽게 자극하기 때문만이 아니고, 또한 그 동작에는 때로는 직접적인 성행위가 따르기 때문이기도 하다. 바로 이런 이유 때문에, 그리고 이 성행위가 자주 나타나기 때문에 털을 살펴보는 행위와 털의 자극을 하등 영장류의 사회 집단을 유지시키는 요인으로 간주하는 것이 합당할 것이다."

이 내용에서 가장 놀라운 점은 주커만이 성적(性的)인 의미를 강조한 점이다. 그는 두세 마리의 원숭이들이 함께 동료의 털을 살펴보는 것을 이야기하고 그들에게는 모든 종류의 털이 큰 의미를 가진다고 강조한다. 그의 저서 후미에서 그는 이 '털 살펴보기'를 성행위와 비교하고, 성적인 관심을 별로 보이지 않는 성적 비활동기 동안에도 그들은 긁어주기를 원해서 우리 창살 곁으로 온다고 지적하고 있다. 그는 또한 원숭이 새끼에 대해서도 털은 일찍부터 중요한 의미를 지닌다고 여러 가지 점을 들어 주장하고 있다.

"원숭이에게 최초의 감각적인 경험을 주는 것은 털이다. 새끼 원숭이는 태어나자마자 어미의 가슴에 안긴다. 새끼 원숭이의 손가락들은 즉시 어미의 털을 더듬어 잡는다. 누구의 도움도 받지 않은 채 새끼 원숭이는 '시행착오'에 의해서 젖꼭지를 찾는다. 태어난 지 약 한달 동안 새끼 원숭이는 순전히 젖만을 먹고살며, 어디를 가든 어미는 새끼를 데리고 다닌다. 어미가 앉아 있을 때 일반적으로 어미는 새끼를 제 몸에 바싹 붙이고 있으며, 새끼는 그 발로 어미 배의 털을 더듬고 있는 동안 그 손을 어미의 가슴털에 묻어둔다. 어미가 움직일 때 새끼는 어미가 앉아 있을 때나 마찬가지로 어미 몸에 매달려 있다. 새끼는 보통 어미의 도움을 받지 않은 채 제 힘으로 매달려 있지만 때로는 어미가 제 발로 뛰면서 한 '팔'로는 새끼를 부여잡는다. 어미가 앉아 있을 때는 새끼를 두 팔로 안을 수도 있다. 새끼는 털에 대해 강한 호기심을 나타낸다. 새끼는 어미의 털가죽 위를 기어다닌다. 일주일 안에 새끼는 제 몸을 긁을 수도 있다. 태어난 지 일주일쯤 된 원숭이 새끼가 어미 곁에 앉아 있는 아비의 털을 그 손으로 머뭇머뭇 살피는 것을 한번 관찰한 일이 있다. 때때로 어미 원숭이는 제 털을 붙잡힌 것에 대해 화가 난 것처럼 행동하기도 한다. 런던 가든 동물원의 한 원숭이는 제 새끼의 손과 발이 자기 몸의 어느 곳을 잡든지 간에 끈질기게 뿌리쳤다."

새끼에게 젖을 먹이는 어미의 행동은 새끼가 죽어도 변하지 않는다. 어미는 어디에 가든지 간에 계속 새끼의 시신을 제 가슴에 바싹 붙이고 제 팔로 감싸고 다닌다. "처음에 어미는 새끼 시신을 결코 내려놓는 일이 없으며 새끼가 살아 있을 때처럼 새끼 시신의 털을 살펴본다. 어미는 새끼의 입, 눈, 코 및 귀를 살핀다. 며칠이 지나면 어미의 행동에 변화가 일어나고 있는 것을 알 수 있다. 약간 형체가 일그러진 시신이 이제 어미의 팔 아래로 늘어져 있다. 움직일 때말고는 어미는 더 이상 새끼 시신을 제 가슴에 껴안지 않는다. 또한 어미는 계속 새끼 시신을 더듬고 그 살갗의 벌레를 잡는 시늉을 하지만 더욱 자주 그 시신을 땅에 내려놓기 시작한다. 시신은 더욱 형체가 일그러지게 되고 미라로 변하지만 어미는 계속 시신의 살갗의 털을 살핀다. 바짝 마른 시신은 이제 분해되기 시작한다. 다리가 떨어져 나가고 팔이 떨어져 나가는 것이 눈에 띄며, 이윽고 시신은 으그러진 가죽 조각이 된다. 어미가 더욱 자주 그 가죽 조각을 잘게 물어뜯는 것을 보게 된다. 어미가 그 조각을 삼키는지 어떤지는 아직 알려지지 않고 있다. 이 단계쯤에 이르러서 어미는 오그라진 나머지 조각을 제 스스로 버릴지도 모른다."

원숭이들은 흔히, 털이 있는 물건이나 깃털이 달린 물건을 소중하게 지니고 있다. 주커만은 1년생 비비가 고양이 새끼를 잡아 죽여서 하루 종일 제 팔 안에 안고 그 털을 만지다가, 저녁에 사람들이 죽은 고양이를 뺏으려 하자, 굉장히 화를 내고 덤비는 사실을 관찰하였다. 런던 동물원의 원숭이들은 자주 그들이 죽인 제비들의 깃털을 더듬고 살핀다. 또한, 위에서 서술한 원숭이 어미가 죽은 제 새끼를 보살폈듯, 던져준 쥐의 시체를 원숭이가 아주 정성들여 보살핀 경우가 기록되어 있다.

주커만은 자기가 수집한 증거로 미뤄봐서 모성적 행위를 효과적인 것으로 만드는 데 기여하는 것에는 세 가지 요인이 있다고 추측했다. 첫 두 가지 요인은 기본적으로 사회적 의미를 지닌 것이다. 즉, 첫째는 어미가 털 있는 조그만 대상물에 이끌리는 것이고, 둘째는 살아 있는 새끼가 그 어미의 털에 강하게 이끌리는 것이다. 셋째 요인은 어미의 유방의 긴장을 이완시켜 주는 새끼 동물의 젖 빠는 반사 작용이다.

따라서 털에 대한 반응은 사회적 행위에서 기본적인 요인이다. 그런 반응의 중요성은 어린 영장류가 어미가 죽은 뒤까지도 어미의 털에 매달린다는 사실로도 입증된다. 그러나 그 새끼의 집착이 어느 특정 시신에만 한정되는 것은 아님이 명백하다. 왜냐하면 새끼의 그런 욕망은 어떤 다른 원숭이들의 시신에 의해서도 진정될 수 있기 때문이다. "깃털, 쥐들, 고양이 새끼들 등은 모두 적당한 자극물들이다. 털을 더듬는 사회적 행위는 이런 털에 대한 내재적 반응으로부터 우러날 가능성이 매우 높으며, 또한 그런 행위가 원숭이들을 함께 연대시키는 기본적인 끈으로서 언제나 상존할 가능성도 역시 높은 것이다."

주커만 자신은 영장류들에게 털 다듬기가 가지는 어떤 성적 의미를 심각하게 생각하고 있지는 않다는 사실을 위의 긴 인용문을 미뤄 보면 알게 될 것이다. 털은 본래 어떤 경우든지 원숭이들에게는 특별한 매력을 가진다는 사실을 그는 명백히 하고 있다. 털의 감촉이 그들에게 주는 기쁨은 아주 특별한 것임에 틀림없으며, 원숭이들은 산 것은 물론 죽은 것에서도, 그리고 자기네 동류는 물론 낯선 부류들에서도 가리지 않고 그 기쁨을 추구하는 것이다. 그들이 더듬는 동물의 크기는 문제가 되지 않는다. 이런 면에서 보면 새끼에게 어미가 가지는 의미나 어미에게 새끼가 가지는 의미는 마찬가지인 것이다. 암수 여러 쌍과 동료들이 함께 더듬기에 열중할 수도 있고, 여러 마리가 동시에 한 마리의 털 더듬기에 열중할 수도 있다.

이 기쁨은 '손가락들'의 기쁨이다. 손가락들은 털을 만지는 데 결코 지칠 줄을 모른다. 원숭이들은 손가락으로 털을 만지면서 한없이 시간을 보낼 수 있다. 그런데도 바로 이 원숭이란 동물은 그 생동성이나 의미 없이 움직여대는 성격에서 속담에까지 오르고 있는 것이다. 오래 된 중국의 전설에 의하면 원숭이들은 위(胃)가 없기 때문에 뛰어 돌아다니면서 음식을 소화시킨다고 한다. 이것은 털을 더듬는 것에서 그들이 보여주는 무한정한 참을성과는 참으로 대조적이다. 이런 더듬기를 통해서 손가락들은 더더욱 예민해진다. 수많은 털들을 동시에 쓰다듬는 느낌은 낚아채기와 붙잡기와 같은 투박한 감각과는 전혀 다른 특수한 촉감을 생겨나게 한다. 우리는 손가락들의 섬세함과 참을성에 의존하여 생겨난 인간의 모든 후기의 직업들을 염두에 두어야 한다. 아직 알려지지 않고 있는 인류의 조상들은 모든 원숭이들과 마찬가지로 오랜 기간에 걸쳐 손가락 훈련을 했다. 이런 훈련이 없었더라면 우리의 손은 절대로 오늘날처럼 발전하지 못했을 것이다. 이런 더듬기의 기원에는 여러 가지 요인들이 작용했을 것이다. 어쩌면 벌레들을 찾는 일이나, 어미의 가슴 털에 접했던 새끼 원숭이의 어린 시절의 경험 등이 그런 요인들이 됐을 수도 있다. 그러나 그 완전한 모습을 오늘날의 원숭이에게서 발견할 수 있는 인간의 더듬기 과정은 이미 그 나름의 일관된 의도를 가지고 있는 것이다. 그런 과정이 없었더라면 우리는 어떤 것을 '빚거나' '꿰매거나' 또는 '쓰다듬는' 일을 결코 배우지 못했을 것이다. 손의 고유한 삶은 그 과정과 더불어 시작된다. 어떤 물체를 더듬을 때 손가락의 모습과 이때 우리가 받은 인상을 관찰해보지 않았다면, 우리는 사물을 표시하는 기호는 물론이고 말조차 사용하지 못했을 것이다.

손과 대상의 탄생

물을 떠올린 손은 최초의 그릇이다. 깍지 낀 양손의 손가락들은 최초의 광주리이다. 실뜨기 놀이에서부터 베짜기에 이르기까지 모든 종류의 짜기가 풍성하게 발전한 것은 여기에 그 기원을 두고 있는 것 같다. 손이 그 나름의 삶을 살아가면서 변신을 한다는 느낌을 준다. 이런저런 형상들이 주위 환경 속에 존재한다는 것만으로는 충분치 않다. 원시인은 스스로 그런 형상을 만들어보고 싶었고 그러려면 손과 손가락들을 놀려야만 한다. 야자열매 껍질처럼 속이 빈 껍질들은 오랜 세월 동안 주위에 널려 있었지만 아무 생각 없이 버려졌다. 그것으로 물그릇을 만든 것은 바로 손가락들이었다. 우리들이 의미하는 바의 대상들, 다시 말하면 우리 자신이 만들었기 때문에 가치를 가지는 대상들은 손이 남긴 흔적으로서 비로소 존재하게 되었다고 말할 수 있을 것이다. 사물들을 나타내는 손짓 언어의 발생은 그 사물들을 한번 만들어 보았으면 하는 욕망을 함축하고 있다. 이것은 대단히 중요한 점이다. 인간이 손을 놀려 실제로 무언가를 만들 수 있게 된 것은 충분한 연습을 하고 오랜 세월이 흐른 다음이었다. 따라서 언어와 대상은 모두 하나의 통일된 경험, 다시 말해서 '손을 매개로 한 표현'의 파생물이요 산물이라 할 수 있을 것이다. 인간의 모든 본질과 가능성, 인간의 모든 상징적 문화는 변형을 통해 비로소 흡수(Einverleiben)되었다. 손과 얼굴은 이런 변형의 도구였으며 나머지 신체 부분들에 비해 그 두 가지 부분의 중요성이 점차 증대했다. 이상과 같은 원초적 의미에서 손의 고유한 삶은 손의 동작 속에 아직도 순수한 모습으로 간직되어 있다.

원숭이와 인간의 파괴성

　원숭이와 인간의 파괴성은 분명히 손과 손가락들의 '강화운동'으로 간주할 수 있다. 나무 위에서 생활함으로써 나무를 오르내리는 원숭이의 손은 자신보다 단단한 물질과 끊임없이 접하게 되었다. 나뭇가지들을 이용하기 위하여 원숭이는 나뭇가지들에 매달려 있어야 하기도 했지만 또한 그것들을 꺾을 줄도 알아야 했다. 시험삼아 '땅'을 두드려 보는 일은 원숭이에게 나뭇가지들을 시험해보는 일이었다. 쉽게 부러지는 가지는 앞으로 나아가는 발판으로 삼을 수 없다. 나무의 세계를 탐구한다는 것은 끊임없이 단단한 것과 대결하는 것이었다. 원숭이가 상당한 경험을 쌓은 뒤에라도 나무를 시험해볼 필요성은 항상 있었다. 인간뿐 아니라 원숭이에게도 최초의 무기가 된 막대기는 이후 계속 나타난 '단단한' 도구들 가운데 가장 이른 것이었다. 손의 단단함이 막대기와 견주어졌으며 마찬가지로 나중엔 돌과 견주어지기도 했다. 과일과 동물의 살은 부드러웠다. 모든 것들 가운데 가장 부드러운 것은 털이었다. 털가죽을 손질하고 점검하는 일은 손가락의 섬세함을 길러주었고, 잡히는 대로 무엇이든 꺾어버리는 일은 힘을 길러주었다.

　따라서 먹잇감이나 살생과는 직접 관계되지 않는, 손의 독특한 파괴성이 있다. 그 파괴성은 순수하게 기계적인 성질을 가지고 있으며, 기계 발명품들은 그 파괴성의 연장선상에 있는 것이다. 그 파괴성은 바로 그 결백성 때문에 특히 위험하다. 그 파괴성은 스스로는 살생 의도가 전혀 없다는 것을 자부하며, 따라서 어떤 일이든 허용되어 있다고 믿는다. 그런 파괴성이 작용하는 곳에는 오직 손 그 자체, 즉 손의 민첩성과 기술 그리고 손의 무해한 유용성만이 문제인 것처럼 보인다. 오늘날 복잡한 과학기술 체계로 성장한 손의 이러한 기계적인 파괴성이 진정한 살생 의도와 연결될 때마다 일어나게 되는 사건은 그러한 파괴성으로 인해 자동적으로, 아무런 생각 없이 자행되는 것이다. 이것이 바로 우리를 불안하게 만드는 공허성이다. 즉, 실제로 의도한 사람은 아무도 없는데도 모든 것이 저절로 일어나는 것이다.

손가락들을 가지고 생각 없이 성냥을 부러뜨리고 종이를 구기고 할 때마다 누구든지 내밀하게, 그리고 작은 규모로 자신의 내부에서도 이와 똑같은 과정을 경험한다. 이런 기계적인 파괴 충동이 사람들 사이에서 나타내는 여러 가지 형태의 파생물은, 인간의 도구 사용 기술의 발달과 밀접하게 연결되어 있다. 바로 이 기술을 통해서 인간은 단단한 것을 단단한 것에 의해 지배하는 방법을 터득했겠지만, 종국에 가서 결정적인 것은 언제나 손이다. 독자적인 생활을 영위할 수 있는 손의 능력은 엄청난 결과를 가져왔다. 여러 가지 점에서 손은 바로 인간의 운명 그 자체였다.

살생자들이 언제나 힘센 자들이다

손 전체만이 하나의 모델이나 자극제 노릇을 한 것은 아니었다. 손가락 하나하나(특히 쭉 편 집게손가락)도 나름대로의 의의를 지녀왔다. 손가락 끝은 뾰족하고 손톱으로 무장되어 있다. 그것은 처음으로 인간에게 찌르는 감각을 부여했다. 손가락으로부터 보다 단단하고 뾰족한 손가락 격인 단도가 발전했다. 화살은 손가락과 새의 합성물이다. 화살은 더 깊이 파고들도록 길이가 길고, 더 잘 날도록 가늘게 만들어져야 했다. 새의 부리와 가시는 화살의 모양에 영향을 미쳤다. 부리는 바로 조류의 특징이다. 뾰족한 막대기는 창이 되었으며, 그것은 손가락도 포함하는 팔 전체인 것이다.

이런 종류의 무기들은 모두 하나의 점에 집중된다는 공통점을 지닌다. 인간 자신은 길고 단단한 가시들에 찔리면 손가락으로 그것들을 뽑았다. 손의 나머지 부분과는 별도로 가시처럼 찌를 수 있는 손가락은 이러한 종류의 무기들의 심리학적 원천이다. 무엇엔가 찔린 인간은 자기의 손가락이나, 만드는 법을 서서히 알게 된 인조 손가락으로 맞받아 찔렀던 것이다.

손놀림에 모두 같은 정도의 권력이 부여되어 있는 것은 아니다. 여러 가지 손놀림의 평가는 가지가지이다. 인간 집단이 실제로 살아가는 데 특히 중요한 것은 높이 평가되겠지만, 가장 큰 존경은 언제나 살생과 관련이 있는 어떤 것에 돌아간다. 살생할 수 있는 것은 두려움의 대상이 된다. 직접 살생에 기여하지 못하는 것은 그저 유용할 따름이다. 참을성 있는 손 재주가 그것에 전념하는 사람들에게 가져다주는 것이란 예속뿐이다. 권력을 누리는 자들은 살생을 업으로 삼는 자들이다.

먹기의 심리학

먹히는 것은 어느 것이나 권력의 대상이다. 배고픈 사람은 자신의 내부에 빈 공간을 느낀다. 그는 음식물을 먹음으로써 내부의 빈 공간 때문에 일어나는 불편을 극복한다. 배가 부를수록 그는 기분 좋게 느낀다. 가장 많이 먹을 수 있는 사람, 다시 말해 대식가는 포만감을 느끼며 무게 있게 누워 있다. 이런 대식가를 우두머리로 삼는 집단도 있다. 대식가의 팽팽한 배가 그들 모두에게 절대로 오랫동안 허기지지 않으리라는 보장을 하는 듯하다. 그것은 마치 그가 그들 모두를 위해서 자기 배를 채운 듯한 꼴이다. 이런 점에서 권력과 소화 사이의 관계는 분명하다.

다른 여러 가지 형태의 지배 양식과 견주어 볼 때 지배자의 먹는 능력에 대한 경외심은 다소 줄어들었다. 지배자의 허리띠가 다른 모든 사람들의 띠보다 커야 할 필요성이 없어졌다. 그러나 그는 그의 측근들과 계속 풍성하게 먹고 마신다. 그가 측근들에게 내놓는 먹을 것, 마실 것은 그의 것이다. 그가 가장 많이 먹지 않을는지는 모르지만 가장 많은 양의 음식물, 가장 많은 곡식, 가장 많은 가축이 그의 소유이다. 바라기만 한다면, 그는 언제나 가장 많이 먹을 수 있을 것이다. 그는 자기와 함께 먹는 측근들에게 포만감을 넘겨주고, 무엇이든지 자신이 제일 먼저 먹는 권리만을 지니는 것이다. 그러나 가장 많이 먹는 자라는 그의 역할이 완전히 사라진 적은 한 번도 없다. 오랜 세월에 걸쳐 그 역할은 즐거워하는 신민(臣民)들을 위해서 재연된다. 일반적으로 지배 집단도 폭식을 하는 경향이 있다. 이런 점에서 후기 로마인들의 기괴한 행태는 두고두고 전해오는 바이다. 확고한 권력을 쌓은 모든 가문은 이런 행태를 내보이기 마련이었고 새로 부상하는 가문들은 그들을 모방하고, 앞지르기까지 했다.

여러 사회들에서는 낭비를 허용하고 충동질하는 것이 극대화되어 파괴의 광란극이 공식적인 의식으로 정형화되기에 이르렀다. 이런 사례들 가운데 가장 유명한 것이 아메리카 대륙 서북부 인디언들의 포틀래치(Potlatch)이다. 포틀래치는 전체 지역 사회의 여러 가지 거대한 축제 모임들로 짜여 있었으며 여러 추장들의 파괴 경쟁으로 절정에 이르렀다. 추장마다 자기가 파괴하려고 준비한 재산의 양을 자랑했다. 가장 많이 파괴한 사람이 승자가 됐으며 가장 높은 명성을 누렸다. 다른 어떤 사람들보다 많이 먹는다는 것은 자기 소유의 동물들을 죽이는 것을 전제로 한다. 포틀래치에서는 먹을 수 없는 재산에도 파괴를 자행했다. 이러한 피해를 통해 추장은 자기가 실제로 모든 것을 다 먹었을 경우보다도 더 많은 자랑을 할 수 있었으며, 더욱이 다 먹고 난 다음의 신체적인 불쾌함을 피할 수도 있었다.

먹는 사람의 사회적 지위와는 별도로 일반적인 의미의 먹는 일을 살펴보는 것도 유익할 것이다. 함께 음식을 먹는 모든 사람의 경우에 서로에 대한 어떤 존경심이 분명히 있다. 이것은 이미 그들이 함께 나누어 먹고 있다는 사실에서 드러나고 있다. 그들 앞에 놓인 공동 접시 안의 음식물은 그들 모두의 것이다. 누구든지 그 음식의 일부를 가져가며, 남들도 그렇게 하리라는 것을 안다. 누구든지 공평하려고 노력하며, 남보다도 많이 가지려고 하지 않는다. 먹는 사람들 사이의 유대는 자기들이 나누어 먹는 것이 하나의 동물, 한 생명체로서 그들이 알고 있던 하나의 몸통, 혹은 하나의 빵 덩어리일 경우 가장 강력한 것이 된다. 그러나 그들의 태도에 나타나는 정중한 분위기는 이런 사실만으로는 설명될 수 없다. 그들이 서로에 대해서 존경하는 태도를 보이는 것은 자기들끼리는 잡아먹지 않으리라는 것을 뜻한다. 같은 집단에 속한다는 사실은 언제나 그런 보장을 받는다는 뜻이기도 하지만, 그런 사실은 함께 먹는 순간에 확실하게 드러난다. 사람들이 함께 앉아서 이를 드러내고 먹는데, 이런 위기의 순간에서마저도 서로를 잡아먹을 욕망을 전혀 느끼지 않는다. 그들은 이런 사실 때문에 자존심을 가지며, 자기 자신의 그런 마음과 마찬가지의 자제심을 보여주는 데 대해서 동료들을 존경한다.

한 가정 안에서 남편은 먹을 것을 벌어 오고 아내는 그를 위해서 음식을 준비한다. 아내가 준비한 음식을 남편이 매일 먹는다는 사실은 그들 사이의 유대 관계를 보다 돈독히 하는 데 큰 역할을 한다. 가정생활은 가족들이 자주 함께 식사를 할 경우 돈독한 것이 된다. 가정을 생각할 경우, 보통 떠오르는 정경은 부모와 자녀들이 식탁에 둘러 앉아 있는 모습이다. 모든 것이 이 순간을 위한 준비인 것처럼 보인다. 더 자주, 더 정기적으로 식사가 반복되면 될수록 함께 식사를 하는 사람들은 더욱 한 가족으로 느끼게 된다. 가족의 식탁에 받아들여진다는 사실은 가족으로 받아들여진다는 것이나 거의 다름없다.

이제 가족 제도의 핵심이자 중추인 '어머니'에 대해서 무언가 말할 가장 적당한 기회가 온 것 같다. 어머니는 자신의 몸이 먹히도록 내놓는다. 어머니는 처음에는 자궁 안에서 어린 것을 키우다가 나중에는 젖을 먹인다. 이런 활동은 갈수록 그 강도가 떨어지는 것이기는 해도 여러 해에 걸쳐서 계속된다. 어머니의 마음은 자라나는 어린 것이 필요로 하는 음식 주위를 맴돌기 마련이다. 그 애가 꼭 자기 애일 필요는 없다. 자기 애 대신에 낯선 애를 돌볼 수도 있을 것이며 그런 애를 양자로 맞을 수도 있다. 그녀의 관심사는 아이에게 음식을 주면 아이가 음식을 먹고 거기에서 혜택을 얻는지를 지켜보는 것이다. 아이가 자라고 몸무게가 늘어가는 것이 그녀의 변함없는 소원이다. 어머니의 행동은 자기 희생적으로 보이며, 더욱이 그녀를 하나의 인간, 즉 하나의 독립된 단위로서 간주할 경우 특히 그렇다. 그러나 실제로 그녀는 한 개가 아닌 두 개의 위를 가지고 있으며, 그 두 개의 위를 동시에 거느리고 있다. 처음에 그녀는 제 자신의 위에 대해서보다는 새로운 위, 다시 말해서 새로 태어난 미숙한 신체에 대해서 더 많은 관심을 가진다. 즉, 임신 상태가 몸 밖으로 연장된 것이다. 권력의 핵심적 과정으로서의 소화에 대해서 내가 제시한 개념은 어머니의 경우에도 타당하다. 그러나 어머니의 경우에는 그 과정이 두 개의 몸 사이에 나뉘어 있으며, 그런 과정은 그녀가 영양을 공급하는 새로운 몸이 그녀 자신의 몸에서 분리된다는 사실로 인해 더욱 분명하게 인식된다. 어린 아이에 대한 어머니의 권력은 절대적이다. 그것은 아이의 생활이 어머니에게 의존하기 때문만은 아니고, 어머니 자신이 항상 이 권력을 행사하려는 매우 강렬한 충동을 느끼기 때문이다. 이런 작은 유기체에 대한 지배욕이 응축되면 인간들 사이의 다른 어떤 일상적인 관계에서 생길 수 있는 것보다도 큰 우월감이 생긴다.

어머니는 밤낮으로 이같은 지배욕에 사로잡혀 있다. 그 지배는 계속되고 또한 수없이 많은 자질구레한 방식으로 표현되기 때문에 다른 어떤 종류의 지배방식도 이룰 수 없는 원만성과 완전성을 얻게 된다. 어머니의 지배는 명령을 내리는 일에 국한되지 않는다. 왜냐하면 처음에는 명령을 아이가 이해할 수 없기 때문이다. 어머니의 지배는 비록 이 경우에는 순전히 그녀 아이의 이익을 위한 것이기는 해도, 아이를 포로로 잡아둘 수 있고, 또한 수십 년 전에 자신에게 강요되었다가 그 이후 자신의 내부에 가시로 남아 있었던 명령들을 아이에게 부지불식간에 전달할 수도 있으며, 아이를 '성장' 하도록 만들 수도 있다는 것을 의미한다. 그러나 지배자들에게 그런 성장에 대한 근사치는 승진을 시키는 것이 고작이다. 어머니에게 아이는 식물과 동물의 양성을 결합한 것이다. 아이 때문에 어머니는 최고의 권력을 누릴 수 있다. 어머니는 그녀가 바라는 바에 따라서 아이를 식물처럼 키울 수 있다. 또한 아이를 동물처럼 가둘 수 있고 그 움직임을 통제할 수 있다. 아이는 옥수수처럼 그녀의 손 아래서 자라고, 가축처럼 그녀가 하라는 대로 움직인다. 아이는 모든 문명인에게 큰 부담이 되는, 해묵은 명령의 짐의 일부를 그녀에게서 덜어주고 마침내 새롭고 완전한 인간인 성인 남녀로 성장한다. 그 성인에 이르기 위해서는 그녀가 속해 살고 있는 집단은 항구적으로 그녀에게 빚을 지지 않으면 안 된다. 그만큼 철저한 권력 형태도 없다. 어머니의 역할이 보통 이런 관점에서 관찰되지 않는 데는 두 가지 이유가 있다. 첫째는 누구나 주로 기억에 떠올리는 것은 이런 권력이 줄어드는 시기라는 점이다. 둘째는 아버지의 지배권이 실제적으로 그 중요성에서는 아주 뒤지지만 표면적으로는 더욱 두드러진다는 점이다.

자기 가족 이외의 다른 가족들을 식사에 초대하지 않을 경우 그 가족은 딱딱하고 융통성이 없게 된다. 물론 돌봐줘야 할 식구들이 있다는 사실이 핑계로 내세워진다. 그러나 아이들이 없으면서도 다른 사람들과 식사를 함께 하려는 내색을 전혀 보이지 않는 가족들의 경우를 보면 이런 핑계가 전혀 터무니없다는 사실이 여실히 드러난다. 2인 가족은 그런 핑계조차 댈 수 없는 참으로 가련한 가족 형태. 그러나 설혹 아이들이 있는 경우에도, 우리는 아이들이 단지 뻔뻔스런 이기심의 방패막이로 이용될 뿐이라는 점을 흔히 느낄 수 있다. 보통 자기 자식들을 위해서 저축한다는 구실로 다른 아이들은 굶어 죽도록 내버려둔다. 실제로 사람들이 하는 짓은 모두가 철저히 자신들만을 위한 것이다.

현대인은 레스토랑의 따로 떨어진 식탁에서 자기가 식사비를 지불할 수 있는 소집단과 함께 식사하기를 좋아한다. 그런 장소에 있는 모든 사람은 똑같은 짓을 하고 있기 때문에 도처에 있는 모든 사람이 먹을 것을 충분히 가지고 있다는 유쾌한 환상에 사로잡혀서 식사를 즐기는 것이다. 선천적으로 신경이 예민한 사람조차도 배불리 먹은 후 한참 동안은 배고픈 사람 따위에 대해서는 신경조차 쓰지 않게 된다.

잘 먹는 사람은 몸무게가 는다. 그는 더 무거워지며 또 그렇게 느낀다. 그리고 이런 사실에는 일종의 과시욕도 들어 있다. 그는 더 이상 자랄 수는 없지만 모든 사람이 둘러보는 앞에서 몸무게를 늘릴 수는 있다. 이 점이 사람들이 다른 사람들과 함께 식사하기를 즐기는 이유의 하나이다. 그것은 포만을 위한 경쟁이다. 더 이상 아무것도 먹을 수 없다는 순간의 포만감은 식사하는 목적과 기쁨의 일부이며, 본래 그것을 부끄럽게 여긴 사람은 아무도 없었다. 썩어버리기 전에 먹어치워야 할 많은 양의 고기가 있었을 것이며, 그래서 누구든지 한껏 먹어 자기 뱃속에 많은 양의 음식을 넣고 다녔다.

혼자서 음식을 먹는 사람은 누구든지 다른 사람들과 더불어 식사함으로써 얻게 되는 존경심을 포기하는 것이다. 그는 그저 먹는 일만을 위해서 이를 드러내며, 이런 짓은 아무에게도 깊은 인상을 주지 못한다. 왜냐하면 보고 있는 사람이 없기 때문이다. 그러나 사람들이 함께 식사를 할 때는 모두들 서로의 입이 벌어지는 것을 볼 수 있다. 누구나 자기 자신의 이가 동시에 같은 동작을 하고 있는 동안에 다른 모든 사람들의 이도 움직이는 것을 관찰할 수 있다. 이가 없이 지낸다는 것은 가련한 신세이며, 자기가 가지고 있는 이를 내보이지 않으려는 태도에는 금욕적인 기색이 엿보인다. 자기 이를 내보일 수 있는 자연스런 계기는 다른 사람들과 식사할 때이다. 오늘날의 에티켓에 의하면 식사하는 동안에 입을 다물어서 입을 여는 데 내포된 위험을 최소한으로만 드러내도록 되어 있다. 그러나 입을 다문다고 해서 반드시 덜 위험스럽게 보인다고는 말할 수 없다. 우리는 쉽사리 공격에 쓰일 수 있는 두 개의 도구인 칼과 포크를 가지고 먹기 때문이다. 누구나 자기 앞에 이것들을 놓아두고 있다. 혹은 그것들을 몸에 지니고 다닐 수도 있다. 또한 우리가 잘라서 가능한 한 우아하게 우리 입안에 넣는 음식물 조각은 아직도 'Biβ (물어뜯는다는 뜻-역주)라고 불리고 있다.

웃을 때는 입이 벌어지고 이가 보이기 때문에 '웃음'은 비천한 것으로 여겨져왔다. 본래 웃음에는 확실하다고 여겨지는 먹잇감과 음식물에 대한 희열감이 담겨져 있는 것이 틀림없다. 어떤 사람이 쓰러질 경우 그 장면은 우리 자신이 추적해서 쓰러뜨린 어떤 동물을 연상시킨다. 갑자기 쓰러져서 웃음을 유발하는 모든 사태는, 그것이 무방비 상태임을 드러내고, 또한 우리가 원하기만 한다면 쓰러진 것은 먹잇감으로도 취급될 수 있다는 사실을 연상시키는 데서 비롯된다. 만약 그것에 만족하지 않고 실제로 그것을 먹어버린다면 우리는 웃지 않을 것이다. 우리는 그것을 먹는 대신에 웃는 것이다. 웃음은 우리들의 잠재적인 음식물을 놓쳐버리는 데 대한 우리들의 육체적인 반응이다. 홉스가 말한 대로 웃음은 갑작스런 우월감을 나타낸다. 그러나 홉스는 이런 우월감의 당연한 결과가 뒤따르지 않을 경우에 한해서만 웃음이 나온다는 사실을 언급하지 않았다. 그의 개념은 진실의 반만을 담고 있다. 동물들은 웃지 않기 때문에, 홉스는 우리들의 웃음이 본래 동물적인 반응이라는 점을 몰랐던 모양이다. 그러나 동물들 역시 그들이 정말 원할 경우에는 얻을 수 있는 음식을 포기하지 않는다. 인간만이 상징적 행위를 통해 섭취의 최종 단계를 대치할 줄 알게 되었다. 그것은 마치 전체 소화 과정이 하나로 뭉뚱그려져서 웃음의 특징인 횡격막 운동으로 뒤바뀐 꼴이다.

하이에나는 인간의 웃음소리와 거의 비슷한 소리를 내는 유일한 짐승이다. 우리에 갇힌 하이에나에게 음식을 넣어주었다가 그 놈이 그 음식을 낚아챌 시간적 여유를 주지 않고 그것을 빼앗으면 이런 소리를 유도해낼 수 있다. 야생 하이에나는 썩은 고기를 먹는다는 사실은 상기해볼 만한 가치가 있다. 하이에나가 식욕을 느낀 먹잇감을, 눈을 뻔히 뜬 채, 다른 동물에게 빼앗겨야 했던 경우가 얼마나 많았던가를 상상하기란 그리 어렵지 않다.

살아남는 자
Der Überlebende

인간이 먹는다는 것은 사실이다.
그러나 인간은 소와 똑같은 음식을 먹지 않으며 초원으로 끌려가지도 않는다.
인간이 먹이를 구하는 방법은 교활하고 피비린내가 나며 끈덕지다.
수동적인 것은 찾아볼 수 없다.
인간은 온건하게 자신을 방어하는 것이 아니라,
적이 멀리 있다고 감지하자마자 자기의 적들을 공격한다.
그리고 인간의 공격용 무기는 방어용 무기보다 훨씬 발달되어 있다.
인간이 자신을 '보존' 하려는 것은 사실이다.
그러나 그는 또한 동시에 자신의 보존을 위해서 불가피한 다른 것들을 원한다.
인간은 다른 것들보다 오래 살아남기 위해 그것들을 죽이기를 원한다.
인간은 다른 것들이 자기보다 오래 살아남지 않도록 하기 위해 살아 있으려 한다.

살아남는 자

　살아남는 순간은 권력의 순간이다. 죽음을 목격하며 느꼈던 공포감이 사라지고 서서히 만족감이 생겨나게 되는데, 그것은 죽은 사람이 자신이 아니라 다른 사람이기 때문이다. 살아남는 자는 서 있는데, 죽은 사람은 땅바닥에 누워 있다. 마치 격투가 있었고 자기가 다른 사람을 쓰러뜨린 것 같은 생각이 든다. 살아남기 위한 투쟁에서 모든 인간은 타인의 적이며, 어떠한 비통함도 이같은 본질적인 승리에 비한다면 하찮은 것에 불과하다. 살아남는 자가 한 사람과 대결했든 많은 사람들과 대결했든, 상황의 본질은 그가 유일하게 남아 있다는 사실이다. 자신이 거기 홀로 서 있음을 알게 되며 그 사실에 미칠 듯이 기뻐한다. 이 순간이 그에게 부여하는 권력을 논할 때, 이 권력은 다른 무엇에서가 아니라 자기 자신을 유일한 인간이라고 느끼는 그의 유일성 의식에서 연유한다는 사실을 잊어서는 안 된다.

　모든 인간이 불멸의 존재가 되기를 원한다는 것은 곧 생존에 대한 강한 욕망을 의미하는 것이다. 인간은 항상 존재하고 싶어할 뿐만 아니라 다른 사람은 아무도 존재하지 않을 때 자기만은 존재하고 싶어한다. 인간은 다른 어떤 사람보다 더 오래 살고 싶어하고 또 오래 사는 방법을 알고 싶어한다. 인간은 자신이 이 세상에 이미 존재하지 않을 때에도 자신의 이름만은 영원히 남기기를 원한다.

　살아남기 위한 투쟁에서 가장 저급한 형식은 살해이다. 인간이 먹을 것을 얻기 위해 동물을 죽이고, 무방비 상태로 땅바닥에 누워 있는 동물로부터 살점을 떼어내어 자기 자신과 친척이 먹도록 분배하듯, 똑같은 방법으로 인간은 자기 길을 방해하는 사람은 누구나 죽이려 들거나 혹은 그를 적으로 생각하고 맞서려 든다. 그는 상대방을 쓰러뜨리고 싶어한다. 그리하여 상대방이 축 늘어져 누워 있을 때 자기는 계속 서 있음을 느끼고 싶어한다. 하지만 이 상대방이 완전히 사라져버려서는 안 된다. 시체로서의 상대방 육체의 현존은 승리감을 위해 불가결의 것이다. 이제 승자는 상대방을 자신의 손아귀에 넣고 자기가 원하는 것이면 어떤 짓도 할 수 있다. 상대방은 보복할 수도 없고 거기 누워 있어야 하며 결코 다시 똑바로 일어서지도 못한다. 승자는 상대방의 무기를 빼앗을 수도 있으며 신체의 일부를 떼어서 전리품으로 보존할 수도 있다. 자기가 살해한 사람과 직면하는 이 순간은 살아남는 자에게 특이한 유형의 힘을 안겨다준다. 그것에 비교될 수 있는 것은 아무것도 없으며 이 순간보다 더욱 더 반복이 요구되는 순간은 없다.

살아남는 자는 많은 죽음을 알고 있기 때문이다. 혹, 그가 싸움터에 나간 적이 있다면 그는 주변에서 사람들이 죽는 것을 보았을 것이다. 그는 적과 대결해서 자기 땅을 수호해야 한다는 사명감을 가지고 싸움터에 나갔다. 그의 명백한 목적은 적을 가능한 한 많이 죽이고, 성공할 수만 있다면 자기 혼자만 정복할 수 있었으면 하는 것이다. 그에게 승리와 살아남는 것은 하나이며 똑같은 것이다. 그러나 승자도 지불해야만 될 대가가 있다. 많은 자기편 사람들도 죽은 자들 가운데 누워 있는 것이다. 적과 아군이 싸움터를 나눠 갖는다. 그들의 시체는 한데 쌓이고, 사실 더 이상 적과 아군을 식별할 수 없는 때가 흔하다. 공동의 무덤이 그들을 기다리는 것이다.

다행히도 살아남는 자는 죽은 자들 가운데 서 있다. 그에게는 엄청난 사실이 하나 있다. 무수한 다른 사람들이 죽었고 그들 중의 많은 사람들이 자기 동지들인데도 그는 아직 살아 있는 것이다. 죽은 사람들은 방관된 채로 누워 있고 그는 그들 가운데 똑바로 서 있다. 전투가 벌어진 것은 마치 그를 전투에서 살아남게 하기 위해서였던 것 같다. 죽음은 그에게서 벗어나 다른 사람들에게 가버렸다. 그가 위험을 회피했던 것은 아니다. 그도 자기 동지들과 함께 죽음의 길에 서 있었다. 그러나 그들은 죽었고 자기는 기뻐하며 서 있는 것이다.

죽은 자들에 대한 이러한 우월감은 전쟁에 나간 적이 있는 사람은 누구나 느낄 것이다. 이 우월감은 동지들에 대한 애통이라는 가면을 쓸 수도 있지만 이러한 경우는 극히 드물다. 또 죽은 사람들이 언제나 많은 법이다. 죽은 자들 가운데 자기 혼자 서 있다는 것을 깨닫는 힘의 자각 (Kraftgefühl)은 결국 어떠한 비통보다도 강하다. 이같은 힘의 자각은 똑같은 운명을 나눠 가진 많은 사람들 가운데서 그가 선택받았다는 느낌인 것이다. 그가 아직도 존재한다는 사실만으로 자신은 살아남는 자이며 다른 사람들보다 우월한 존재라고 느낀다. 자신만이 살아 있기 때문에 그는 그것을 증명했다고 생각하는 것이다. 죽은 자들은 이미 살아 있지 않기 때문에, 그는 많은 사람들 가운데서 자신을 증명한 것이다. 죽을 고비에서 자주 살아남을 수 있는 사람, 바로 그런 사람이 영웅이다. 그는 다른 사람들보다 강하다. 그는 목숨이 더 많이 있다. 초인적인 힘들이 그에게 호의를 베풀고 있는 것이다.

살아남음과 불사신

인간의 육체는 맨몸이고 취약하며, 그 연약함은 모든 공격에 노출되어 있다. 인간은 그의 근처에서 다가오는 것들은 교묘한 꾀나 육체적 노력으로써 방어할 수 있을지 모르지만, 멀리서 접근하는 것은 피하기가 어렵다. 창이나 화살 등이 그를 관통할 수 있다. 그래서 인간은 방패와 갑옷을 발명했다. 그리고 자신의 주위에 성벽과 요새를 쌓았다. 이같은 예방 조치로부터 그가 가장 열망하는 것은 자신이 신성불가침한 존재가 되었으면 하는 느낌이다. 인간이 이것을 획득하려고 노력하는 데는 두 가지 방법이 있다. 그 방법은 서로 정반대이고 따라서 그 결과 또한 아주 다르게 나타난다. 때때로 인간은 위험을 회피하려고 노력한다. 그는 자신과 위험 사이에 큰 공간을 설정해서 그 공간을 주시하며 방어하려 한다. 그는 마치 위험으로부터 노출되어 있지 않는 것처럼 행동함으로써 위험을 추방해버리는 것이다.

그러나 다른 방법은, 언제나 긍지를 느끼고 있는 방법이다. 그는 위험을 찾아내어 그것과 대결한다. 그는 위험이 가능한 한 가까이 오도록 허용하고 그 문제에 모든 것을 건다. 모든 가능한 상황들 가운데서 그는 위험이 포함된 상황을 골라낸 다음 그 위험성을 강화시킨다. 그는 적을 만들어내고 적에게 도전한다. 그 사람이 애초부터 그의 적이었을 수도 있고, 아니면 자신이 먼저 그 사람을 적으로 선정했을 수도 있다. 언제나처럼 여기서 그의 행동은 가장 큰 위험을 향하고 있으며 그것은 불가피한 결정이다.

이것은 영웅의 방법이다. 영웅은 무엇을 원하는가? 그의 진정한 목적은 무엇인가? 모든 사람들이 그들의 영웅에게 부여하는 영광은—만일 그들의 행동에 계속적으로 많은 변화를 가한다면 확고하고 영속적인 영광이 된다—영웅들의 마음속 깊이 내재되어 있는 동기들을 가장하는 수가 있다. 영광이 그들의 유일한 동기처럼 꾸며진다. 그러나 그들은 당초에 다른 어떤 것을 추구했을 가능성이 더 크다. 즉, 이같은 방법으로 얻어질 수 있는 불사신에 대한 감정을 추구했을 수도 있는 것이다.

영웅이 위험을 극복한 후 놓여 있는 구체적인 상황은 살아남는 자의 상황이다. 그가 적의 생명을 원하는 것과 마찬가지로 적은 그의 생명을 원한다. 이것은 명백하고 불변적인 의도이며 그들은 이러한 의도를 가지고 서로 대치한다. 적은 굴복한다. 그러나 영웅은 상처도 입지 않고 싸움을 치렀으며 이 놀라운 사실에 관한 의식으로 충만해서 다음의 투쟁으로 뛰어든다. 그에게는 해(害)가 미치지 않았고 아무런 해도 미치지 않을 것이다. 그는 매번 승리를 했고 적은 매번 패배했으므로 그는 더욱 안전하게 느끼게 된다. 그의 신성불가침성이 증대하며 그는 더욱 더 완전하게 방호된다.

다른 방법으로는 이같은 느낌을 얻을 수 없다. 위험으로부터 몸을 도사리거나 위험을 회피하는 인간은 단순히 결단의 순간을 연기하는 데 불과하다. 위험과 맞서는 인간은 진정으로 위험을 이겨 살아남고 다음의 위험과 맞설 수 있다. 그는 생존의 가능성이라는 탑을 쌓아올린다. 그는 불사신에 대한 느낌을 획득하는 인간이다. 그가 그러한 감정을 획득할 때라야 그는 실제로 영웅이 되며 어떤 위험에도 견딜 수 있고, 그때부터 그가 두려워하는 것은 아무것도 없다. 그가 위험에도 불구하고 행동을 했다면 아마도 우리는 그에게 더욱 더 찬탄해 마지않을 것이다. 그러나 그것은 어떤 사건의 밖에 서 있는 방관자의 관점이다. 사람들은 그들의 영웅이 불사신이기를 원한다.

한 영웅의 업적은 결코 1 대 1의 싸움에 국한되지 않는다. 그는 적군 전부를 감당할 수도 있고, 단순히 전투에서 살아 돌아올 뿐 아니라 적군을 죽이는 데 성공할 수도 있다. 이처럼 그는 일거에 불사신에 대한 자신의 확신을 구축하는 것이다.

칭기즈칸은 한때 가장 충실하고 오래 사귄 동료 한 사람으로부터 이런 질문을 받은 적이 있다.

"당신은 지배자이고 영웅이라고 불립니다. 당신은 정복과 승리에 관한 어떤 징표를 갖고 계시는지요?"

칭기즈칸은 대답했다.

"내가 왕위에 오르기 전에 한번은 말을 타고 길을 가다가 다리 옆에서 매복하고 있는 여섯 명과 부닥친 일이 있다. 내 목숨을 노리며 기다리고 있던 자들이지. 나는 그들 가까이 갔을 때 칼을 뽑아들고 그들을 공격했다. 그들은 화살을 우박처럼 나에게 쏘아댔지만 화살들은 모두 빗나가고 단 한 대도 내 몸에 와 닿지 않았다. 나는 내 칼로 그들 모두를 죽이고는 상처 하나 없이 말을 달렸다. 돌아오는 길에 나는 내가 여섯 사람을 죽였던 곳을 지나게 되었다. 그들의 말이 주인도 없이 배회하고 있길래 나는 그 말들을 몰고 집으로 돌아왔다."[1]

칭기즈칸은 여섯 사람과 싸우면서 아무런 해를 입지 않았던 것을 자신의 승리와 정복의 어떤 징표로서 여겼던 것이다.

열정으로서의 살아남는 것

살아남는 것에 대한 만족감은 일종의 쾌감으로서, 결코 만족할 줄 모르는 위험스런 열정으로 변질될 수 있다. 살아남는 데 대한 만족감은 그것이 생겨날 수 있는 기회들을 양분으로 해서 성장한다. 자신이 그 가운데 살아 서 있는 시체더미의 규모가 크면 클수록, 그리고 그러한 시체더미를 보는 일을 자주 겪으면 겪을수록 시체더미에 대한 인간의 욕구는 그만큼 더 강렬하고 거부할 수 없는 것이 된다. 영웅들과 병사들의 생애는 일종의 중독이 뒤따라 일어나서 결국은 치유할 수 없는 것이 되고 만다는 사실을 암시해준다. 살아남는 것의 만족감에 대해 통상적으로 설명하자면, 그 같은 사람들은 위험의 와중에서 살아가려고 한다는 것이다. 그들은 위험이 없는 삶이란 진부하고 의미 없는 것으로 생각하고 있다. 그들은 평화스런 생활 속에서는 생에 대한 아무런 충동도 느끼지 못한다. 위험의 매력을 과소평가해서는 안 된다. 그러나 이런 사람들이 혼자서는 모험에 나서지 않는다는 사실이 망각되고 있다. 다른 사람들도 함께 모험에 나선다. 그러나 다른 사람들은 위험 앞에 굴복한다. 이같은 사실은 그들에게 계속 되풀이되는 살아남는 것의 쾌감을 충족시켜 준다. 살아남는 것의 쾌감이란 그들이 진실로 갈구하는 것이며, 이 쾌감 없이는 그들은 더 이상 살아갈 수 없다.

  이같은 욕구를 충족시키기 위해서 자기 자신을 반드시 위험에 노출시킬 필요는 없다. 아무도 혼자의 힘만으로는 충분히 많은 사람들을 죽일 수 없다. 그러나 싸움터에서는 이와 같은 방식으로 행동을 하는 사람들이 무수히 많다. 만일 한 사람이 그들의 사령관이어서 그들의 행동을 통제하고, 바로 그 전투가 그의 결단에서 비롯된 것이라면, 그는 그 전투의 부산물인 모든 시체들을 자기 것으로 할 수 있다. 왜냐하면 그가 책임자이기 때문이다. 전쟁터의 사령관이 까닭 없이 용맹스런 이름을 얻는 것은 아니다. 그는 명령을 내린다. 그는 자기 부하들을 적들과 맞서도록 보내고 전사하게도 만든다. 만일 그가 승리한다면 그를 위해 싸웠거나 그와 맞서 싸우다가 전쟁터에서 죽은 모든 사람들은 그에게 속한다. 거듭되는 승리 속에서 그는 그 모든 사람들보다 오래 살아남는다. 그리고 그가 원하는 것은 바로 이것이다. 개선의 축제야말로 그가 그걸 원하고 있었다는 사실을 가장 정확하게 입증해준다. 그가 얻은 승리의 의의는 전사자들의 숫자로써 측정된다. 적이 제대로 싸우지도 않은 채 항복을 하고 불과 몇 사람만이 전사했을 때 얻는 승리는 우스운 것이다. 적이 용감하게 자신을 방어했고, 승리를 향한 경쟁이 치열했으며, 많은 인명을 희생시켰을 때의 승리는 영광스럽다.

"카이사르는 다른 사령관들보다 더 많은 전투에서 더 많은 적을 죽였다는 사실에서 모든 다른 사령관들보다 뛰어났다. 갈리아 지방에서의 전쟁은 정확히 10년 동안도 채 지속되지 않았지만 그는 이 기간 동안에 800개 이상의 도시들을 정복했고, 300여 종족을 복속시켰으며, 300만 명과 치열한 전투를 벌였다. 그는 실제 전투에서 이들 중 100만 명을 살해했고 또 다른 100만 명을 포로로 잡았다."[2]

이것은 플루타르크의 판단이다. 플루타르크는 인류가 배출한 가장 인도적인 지성 중의 한 사람이며, 호전벽(好戰癖)을 지녔다거나 피에 굶주린 인간으로 비난받지는 않는다. 플루타르크의 인품이나 그 계산의 정확성에 비추어볼 때 이것은 고려해볼 가치가 있다. 카이사르는 300만 명의 적과 싸워 그 중 100만 명을 죽였으며 또 다른 100만 명을 포로로 잡았다. 이 숫자는 후에 몽골족 대장들과 몽골족이 아닌 다른 민족의 군사령관들이 잡았던 포로의 숫자를 능가하는 것이다. 어쨌든 플루타르크의 판단은, 일어난 모든 일을 사령관 혼자의 힘에 의한 것으로 간주했다는 소박한 점에서 의미가 있다. 즉, 강습으로 빼앗은 도시들과 복속된 종족들과 싸워 포로가 된 수백만 명의 병사들 등 모든 것이 카이사르에게 속한다는 것이다. 그러나 순진한 것은 플루타르크가 아니라 역사이다. 파라오가 그들의 전투를 기록한 이래 그러한 보고서들은 관례적으로 내려왔으며 오늘날까지도 별로 변함이 없다.

카이사르는 운이 좋게도 많은 적들보다 오래 살아남았다. 이러한 경우에 승리자 측의 손실을 논하는 것은 무례한 짓으로 간주되고 있다. 승리자의 손실은 알려져 있긴 하지만 아무도 그것 때문에 그 위대한 인간을 비난하려 들지는 않는다. 물론 카이사르측의 손실이 적의 손실에 비해 많은 것은 아니었다. 하지만 그는 적들뿐만 아니라 수천 명의 우군과 동료 로마인들보다도 오래 살아남았던 것이다. 이 점에서도 역시 그는 결코 불운하지 않았던 것이다.

이러한 자랑스러운 대차대조표들은 대대로 전해 내려온다. 그리고 각 세대마다 잠재적인 호전적 영웅들이 존재하고 있다. 무수한 동료 인간들보다 오래 살아남으려는 그들의 열정은 광분의 차원까지 부추겨지고 있다. 역사는 호전적 영웅들이 그들의 목표를 성취하기도 전에, 그 목표를 옹호해주는 것같이 보인다. 이같이 살아남기 위한 기술이 탁월한 사람들은 역사에서 가장 넓고 확실한 자리를 차지하고 있는 것이다. 그들의 명성은 결국 그들의 승리나 패배보다는 그들에 의해 희생된 사람들의 숫자에 달려 있다. 나폴레옹이 모스크바에서 퇴각하면서 느꼈던 진정한 감정은 아무도 모를 것이다.

살아남는 자로서의 권력자

편집광적인 권력자(Machthaber)의 유형이란 자신의 신변의 위험을 멀리하기 위해 모든 수단을 다 사용하는 사람이라고 정의할 수 있을 것이다. 위험에 도전하고 위험과 대결하며 자신에게 불리해질 수도 있는 싸움에서 단호한 결단을 내리기도 해야 하는 대신에, 그는 위험이 자기에게 접근하는 것을 막기 위해 용의주도하고 간교한 수단을 강구한다. 그는 주위를 조망하기 좋은 공간을 구축한다. 그리고는 위험이 다가오는 모든 징후들을 관찰하고 평가한다. 그는 모든 방면에서 이같은 짓을 한다. 왜냐하면 그는 자기에게 적의를 가지고 동시에 습격할지도 모르는 많은 사람들을 대처해야 한다는 사실을 의식하고 있으며, 또한 자신이 포위당하지나 않을까 하는 두려움을 항상 지니고 있기 때문이다. 위험은 도처에 있다. 위험은 그의 눈앞에만 있는 것이 아니라 눈에 보이지 않는 곳에 잠재해 있을 수도 있다. 그리고 잠재적인 위험은 그가 쉽사리 느낄 수도 없는 것이다. 그래서 그는 사방을 경계한다. 아무리 작은 소리라도 주위를 게을리 하지 않는다. 왜냐하면 그것도 적의를 품고 있을지 모르기 때문이다.

모든 위험의 진수는 물론 죽음이다. 그리고 권력자가 죽음에 대해서 어떠한 태도를 갖고 있는가를 아는 것이 중요하다. 권력자의 최우선적이고 결정적인 특질은 그가 생사를 좌우할 수 있는 권력을 지녔다는 것이다. 아무도 그에게 접근해서는 안 된다. 전령이든 누구든 그에게 접근해야만 될 사람은 무기를 소지했는지 안 했는지 검색을 당한다. 죽음은 조직적으로 그로부터 멀리 떨어져 있다. 그러나 그 자신은 죽음을 명령할 수도 있고 명령해야만 한다. 그는 그가 원하는 때 그가 원하는 대로 죽음을 명령할 수 있다. 그리고 그의 판결은 언제나 집행되어야 한다. 그의 판결은 권력의 봉인(封印)이다. 죽음을 선포할 수 있는 그의 권리가 도전을 받지 않고 존속하는 한, 그의 권력은 절대적이다.

왜냐하면, 권력자에게 진정으로 충실한 부하란 권력자에 의해 죽는 것도 두려워하지 않는 자이기 때문이다. 이것은 복종을 시험하는 최후의 시금석이며 불변의 진리이다. 그의 병사들은 일종의 이중적 마음가짐을 갖도록 훈련을 받는다. 즉, 병사들은 적을 살해하기 위해 싸움터로 파견되기도 하지만 그들은 또 권력자를 위해 죽을 준비도 되어 있어야 한다. 그러나 병사들이 아닌 다른 모든 신하들 역시 권력자가 아무 때라도 그들을 덮칠 수 있다는 것을 알고 있다. 그가 자기 주위에 펼쳐놓은 공포는 그의 분신이다. 공포는 그의 권리이며, 그가 최고의 존경을 받는 것은 바로 이 권리 때문이다. 극단적인 경우에 그는 공포 때문에 숭배를 받기도 한다. 신은 독단적으로 현재의 생존자들과 미래의 생존자들에 대한 생사여탈권을 쥐고 있다. 신이 언제 인간에게 사형 선고를 내릴 것인가는 그의 기분에 달려 있다. 아무도 그것에 반항할 생각을 하지 않는다. 그것은 쓸데없는 짓이기 때문이다. 그런데 지상의 권력자들은 신처럼 운이 좋지는 않다. 그들은 영원히 살지 못하기 때문이다. 또한 그들의 신하들이 권력자들의 생애 역시 한계가 있음을 알고 있으며, 권력자의 최후 역시 다른 사람들과 마찬가지로 폭력에 의해 단축될 수도 있다는 것을 알고 있기 때문이다. 자기 권력자에게 복종을 거부하는 사람은 누구나 그에게 도전한다. 어떠한 권력자도 자기 신하들이 자기에게 영원히 복종할 것이라고 믿지 않는다. 신하들이 권력자에게 언제든지 목숨을 바칠 수 있는 마음의 준비가 되어 있는 한, 권력자는 편안히 잠잘 수 있다. 그러나 어느 누군가가 권력자의 판결을 거역하는 순간 권력자는 위험에 빠지게 된다.

권력자의 마음속에는 이러한 위험에 대한 감각이 언제나 꿈틀거리고 있다. 권력자의 공포는 자신의 명령이 이행될 때 더욱 증가될 수밖에 없다는 사실이 후에 있을 명령의 특성에 대한 논의에서 저절로 밝혀질 것이다. 그는 오직 본보기로 어떤 사람을 살해함으로써 자신의 공포를 진정시킬 수 있다. 그는 처형을 위한 처형을 명할 것이다. 희생자의 죄가 별로 무겁지 않은데도 그는 때때로 처형을 명한다. 그의 공포가 증가하면 할수록 그는 더욱 더 처형을 필요로 한다. 그가 죽음을 내려야 할 사람들은 그가 가장 신임하는, 말하자면 그의 가장 충실한 신하들인 것이다.

왜냐하면 그의 책임하에 행해지는 모든 처형으로부터 그에게 어떤 힘이 생기기 때문이다. 그가 처형에서 얻는 힘은 그가 스스로 조작한 살아남는 힘이다. 그의 희생자들이 실제로 그에게 도전하지 않았더라도 혹시라도 도전할 경우를 가정하여 그들을 자신의 적으로 날조하는 것이다. 그는 그들에게 유죄 판결을 내린다. 그들은 살해되고 그는 그들보다 오래 살아남는다. 사형 선고를 내리는 권리는 다른 것과 마찬가지로 그의 손안에서 하나의 무기가 된다. 그것도 훨씬 효과적인 무기가 되는 것이다. 많은 야만적인 권력자들과 동양의 포악한 권력자들은 자신들 주변에 희생자들의 시체더미를 쌓아놓았다. 그리고는 그들은 자기 주변에서 언제나 그걸 볼 수 있게 해두었다. 그러나 시체를 쌓아놓는 것이 관습상 허용되지 않던 곳에서도 권력자들의 마음속은 항상 그 생각으로 가득 차 있었다. 로마의 도미티아누스(Domitianus) 황제는 이러한 종류의 무시무시한 놀이 하나를 고안해낸 것으로 알려져 있다. 그가 마련한 연회는 똑같은 형식으로 되풀이되는 건 분명 아니지만, 편집광적인 권력자의 마음속 깊이 들어 있는 성격을 명백하게 보여준다. 그에 관한 디오카시우스(Dio Cassius)의 보고는 다음과 같다.[3]

"도미티아누스 황제는 원로원 의원들과 장군들 가운데 가장 고상한 사람들을 다음과 같은 방법으로 접대했다. 그는 사면의 벽과 천장과 마루바닥을 온통 새까맣게 칠한 방 하나를 준비했다. 그리고는 아무것도 깔지 않은 마루바닥에 역시 새까맣게 칠한 긴 의자들을 준비했다. 그리고는 손님들을 초대했는데 시종들을 동반하지 않고 밤중에 혼자서만 오게 했다. 처음에 그는 손님들 한 사람, 한 사람 곁에 묘비 모양의 석판 하나씩을 세워 놓았다. 그 석판에는 손님의 이름이 적혀 있었다. 그리고는 무덤 속에 걸어두는 것과 같은 작은 등잔도 걸어두었다. 그 다음엔 잘생긴 나체의 소년들이 역시 새까맣게 칠을 하고는 유령처럼 들어왔다. 그 소년들은 공포감을 불러일으키는 춤을 추면서 손님들 주변을 맴돈 다음 손님들의 발아래에 자리를 잡았다. 이렇게 한 다음, 죽은 영혼들에게 제사를 지낼 때 일반적으로 쓰이는 물건들이 손님들 앞에 똑같이 운반되었다. 모두 검정색이었고 담겨진 접시들도 같은 색이었다. 결국 손님들 각자는 겁을 먹었고 벌벌 떨었다. 그들은 당장 자기 목이 잘릴지도 모른다는 생각에 사로잡혀 있었다. 도미티아누스 황제를 제외하고는 모든 손님들이 죽음과 같은 침묵 속에 있었기 때문에 더욱 그러했다. 마치 그들은 이미 죽음의 왕국에 와 있는 것 같았다. 그리고 황제 자신은 오직 죽음과 살육에 관련된 화제만을 얘기했다. 마침내 그는 손님들을 해산시켰다. 그러나 그는 우선 현관에 서 있던 그들의 노예들을 어디론가 보내버리고는 전혀 알지도 못하는 노예들에게 손님을 넘겨주었다. 그 노예들이 손님들을 마차나 가마에 태워가도록 하는 것이다. 이러한 절차를 통해 황제는 손님들에게 더욱 더 큰 공포감을 안겨주었다. 손님들이 각기 자기 집에 도착하자, 말하자면 안도의 한숨을 쉬기가 무섭게 황제로부터 전령이 도착했다는 전갈이 왔다. 이번에는 꼼짝없이 죽는구나 생각하고 있을 때, 한 사람이 은으로 만든 석판을 가져왔다. 그리고는 다른 사람들이 차례로 갖가지 물건들을 갖고 왔다. 만찬 때 그들 앞에 놓여 있던 접시들도 포함되어 있었는데 그 접시들은 아주 값비싼 재료로 만들어진 것들이었다. 그리고 맨 마지막으로 손님들 각자가 잘 알고 있던 그 나체 소년이 왔다. 이제는 몸을 씻고 치장까지 하고 있었다. 이처럼 하룻밤 내내 공포 속에 지내고 나서 그들은 선물을 받았던 것이다."

사람들이 도미티아누스의 '주검의 연회(Leichenbankett)'라고 부르는 놀이는 이러했다.

도미티아누스가 그의 손님들에게 몰아넣었던 공포 상태는 그들을 말을 못하게 만들었다. 황제 혼자서만 말을 했고 그것도 죽음과 살해에 대한 얘기를 했다. 그것은 마치, 그들은 모두 죽었고 그만이 홀로 살아있는 것과 같았다. 황제는 이 연회에 그의 모든 희생자들을 다같이 소집했던 것이다. 희생자들 쪽에서 보면 그들 스스로가 그렇게 생각되었음이 틀림없고, 비록 그들은 손님들처럼 가장했지만 황제는 그들을 희생자로서 대했던 것이다. 황제 자신은 겉으로 보기에는 주인이었지만 사실은 살아남는 자였던 것이다. 살아남는 자로서의 그의 상황은 각 손님과의 관계로 재확인되었을 뿐만 아니라 또한 교묘하게 강화되었다. 손님들은 마치 죽은 것이나 다름없고 그는 그들을 죽일 수 있은 지위에 있었다. 그 살아남는 것의 절차는 이렇게 파악된다. 그들을 풀어줌으로써 황제는 그들을 용서해준다. 그러나 황제가 그들을 알지 못하는 노예들에게 넘겨줄 때 그들은 다시 벌벌 떤다. 그들이 집에 도착하면 황제는 다시 그들에게 죽음의 사자들을 보낸다. 그러나 이들은 선물을 가져온다. 그리고 그 선물들 가운데서 가장 큰 선물은 생명이라는 선물인 것이다. 황제는 마치 그들을 생명으로부터 죽음으로 몰아넣을 수도 있고, 그들을 다시 생명으로 불러올 수도 있는 것 같다. 이것은 하나의 놀이이다. 황제는 이 놀이를 여러 차례 만끽했다. 이 놀이야말로 권력에 대한 가장 강렬한 느낌을 제공했던 것이다.

플라비우스 요세푸스의 구원

도미티아누스의 청년기에 유태인들과 로마인들 간에 일어났던 전쟁 이야기 가운데, 살아남는 자의 특성을 가장 잘 나타내주는 한 사건에 관한 이야기가 있다. 로마군의 총지휘는 도미티아누스의 부친 베스파시아누스(Vespasianus)가 했으며, 플라비우스(Flavius) 가(家)가 제위(帝位)를 획득한 것은 이 전쟁 중의 일이었다.

유태인들은 오래 전부터 로마의 지배에 대해 분개하고 있었다. 마침내 그들은 로마의 지배에 항거하여 궐기했다. 유태인들은 각 지방의 지휘관들을 임명하고 군대를 모아 로마 군단의 공격을 격퇴할 수 있는 준비를 서둘렀다. 갓 30세 밖에 안 된 요세푸스(Josephus)는 갈릴리의 사령관으로 임명되었으며 그는 자기의 임무를 완수하기 위해 열심히 일하기 시작했다. 그가 쓴 『유태 전쟁사』에서 그는 자기가 극복해야 했던 난관들을 기술하고 있다. 마을 사람들 간의 불화, 그에게 맞서 음모를 꾸미고 자신들의 이익을 위해 군대를 모은 경쟁자들, 그의 지도력을 인정하기를 거부하거나 처음에는 인정했다가 나중에는 부인한 도시 등등. 그러나 그는 놀랄 만한 정력으로 군대를 확보했으며—장비는 보잘것없었지만—로마인들의 침공에 맞서 요새들을 강화했다.

그리고 예상했던 대로 로마 군대가 왔다. 로마군은 베스파시아누스의 지휘 아래 있었고 베스파시아누스는 큰아들 티투스(Titus)를 대동하고 있었다. 티투스는 요세푸스와 같은 나이의 청년이었다. 당시 로마의 황제는 네로였다. 베스파시아누스는 많은 전투에서 용맹을 떨쳤으며 노련한 장군으로 알려져 있었다. 그는 갈릴리로 진군해 들어가 요타파타에서 요세푸스와 그의 군대를 포위했다. 유태인들은 그 도시를 완강하고도 용감하게 방어했다. 요세푸스는 기량이 대단한 사람이었으며 모든 공격에 대처할 수 있는 방책을 지니고 있었다. 포위는 47일 간이나 계속되었으며 그 동안 로마인들은 막대한 손실을 입었다. 마침내 유태인 내부의 배신에 의해서 로마군은 밤중에 도시 안으로 들어가는 데 성공했다. 방어자들은 모두 잠이 들어 있었고 날이 밝아서야 로마군이 그들 가운데 섞여 있는 것을 알게 되었다. 그러자 유태인들은 절망의 구렁텅이에 빠졌으며 많은 사람들이 자살을 했다.

요세푸스는 탈출했다. 도시가 함락된 다음 그에게 일어났던 일을 그 자신의 입을 빌어 이야기하도록 하겠다. 내가 아는 한, 세계 문학 가운데도 살아남는 자의 보고 중에서 이에 비견할 만한 것은 없기 때문이다. 그는 비상한 자의식과 살아남는다는 본질에 관한 통찰력을 가지고 자기 생명을 구하기 위해 그가 했던 모든 일을 객관적으로 기록하고 있다. 그가 정직하게 기술하기는 비교적 쉬웠다. 왜냐하면 그는 이미 로마인들의 호의를 상당히 확보한 다음에야 자신의 체험기를 썼기 때문이다.[4]

"요타파타가 함락된 뒤 로마인들은 요세푸스를 찾으려고 시내를 샅샅이 수색했다. 시체들을 하나하나씩 살펴보았으며 도시 안의 모든 비밀 은신처를 뒤졌다. 로마군 병사들 자신이 요세푸스에 대한 적개심에 차 있기 때문이기도 했고, 그들의 사령관이 요세푸스의 체포야말로 전쟁의 향방을 결정할 수도 있다고 판단해서 그의 체포에 집착했기 때문이기도 했다. 그러나 요세푸스는 천우신조로 전투 중에 용케도 적의 포위망을 빠져나왔다. 그는 지하의 물탱크 속으로 뛰어 들어갔다. 그 물탱크는 한쪽에 큰 동굴이 있었는데 지상에서는 보이지 않았다. 이 동굴 속에는 40명의 중요 인사들이 숨어 있었다. 그들은 며칠동안 먹을 음식을 휴대하고 있었다. 그는 낮 동안은 이곳에 숨어 있었다. 적군이 사방을 뒤지고 있었기 때문이었다. 밤이 되자 탈출로를 찾아보고 보초병들이 어디에 배치되었는가를 알아보기 위해 그는 동굴 밖으로 나왔다. 그러나 그를 찾기 위한 물샐 틈 없는 감시 때문에 탈출의 가망이 없었다. 그래서 그는 동굴로 다시 돌아왔다. 그는 이틀 동안은 이런 방법으로 추적들을 피했다. 그러나 3일째 되던 날 동굴 속에 숨어 있던 여자 하나가 체포되었고 그녀가 그를 배신했다. 베스파시아누스는 호민관 두 명을 동굴로 파견했다. 그 호민관들은 요세푸스의 신변 안전을 약속하고 그가 동굴에서 나오도록 설득하라는 지시를 받고 있었다.

호민관들은 동굴에 도착하자 요세푸스에게 예의를 갖춰 인사했다. 그리고는 그의 생명을 보장하겠다고 했다. 그러나 아무 소용 없었다. 왜냐하면 그는 로마인들이 자기 때문에 입은 손해에 대해 어떤 보복을 할 것인지를 너무나 잘 알고 있었기 때문이다. 그에게 말을 건 사람들의 점잖은 태도도 요세푸스 자신이 스스로의 운명에 대해 생각한 바를 바꾸어 놓을 수는 없었다. 그는 로마인들이 자기를 처형하기 위해 자기를 꼬여 동굴 밖으로 나오도록 하고 있을 뿐이라는 두려움을 떨쳐버릴 수 없었다. 마침내 베스파시아누스는 세번째 전령을 보냈다. 그는 니카노르 호민관이었고 요세푸스와 잘 아는 사람이었다. 사실 그들은 오랜 친구 사이였다. 니카노르는, 로마인들은 항복한 적을 관대하게 대우한다고 설명했다. 그는 로마의 장군들이 요세푸스를 증오하기보다는 그의 용기 때문에 오히려 찬탄하고 있다고도 설명했다. 그리고 베스파시아누스는 그를 처형할 의도가 없다고 했다. 만일 그가 요세푸스를 죽이고 싶다면 동굴 속에 그대로 둔 채 죽일 수도 있다는 것이었다. 그러나 실제로 그가 원하는 것은 용감한 자의 생명을 구하는 데 있다는 것이었다. 그리고는 베스파시아누스가 요세푸스를 함정에 빠뜨리기 위해 요세푸스의 친구를 내보내는 짓은 생각할 수도 없다고 덧붙였다. 그러니까 우정의 가면으로 신뢰의 파괴를 은폐하는 짓은 하지 않을 것이라는 얘기였다. 그리고 니카노르 자신도 우정의 배신 같은 건 하지 않을 거라는 얘기였다.

그러나 니카노르마저도 요세푸스의 결심을 바꾸는 데 실패하자 병사들은 격노해서 동굴에 불을 지를 준비를 했다. 그러나 니카노르가 그들을 제지했다. 그는 요세푸스를 생포할 결심이었기 때문이다. 적의를 품고 죽이겠다고 위협을 하고 있는 병사들에게 포위된 채 니카노르로부터 끈덕지게 항복을 권유받으며 요세푸스는 문득 무시무시한 꿈들이 생각났다. 그 꿈속에서 하느님은 유태 민족의 재난과 로마 황제들의 운명을 그에게 계시해 주었던 것이다. 그는 해몽에 재주가 있었기 때문에 그것을 깨달았다. 사제의 아들이자 그 자신이 사제인 요세푸스는 성서 속에 나오는 예언들에 익숙했으며 모호한 예언들마저도 해석할 수 있었다. 바로 그 순간 그는 영감으로 충만했으며, 그 꿈들의 공포가 눈앞에 나타났다. 그는 조용히 다음과 같은 기도를 하느님께 드렸다. '당신께서 당신이 창조하신 유태 민족에게 수치를 주실 결심을 하셨고, 모든 행운이 로마인들에게 넘어갔으며, 앞으로 닥쳐올 일들을 알리도록 당신께서 제 영혼을 선택하셨으니 저는 로마인들에게 제 자신을 넘기겠나이다. 그러나 제가 배반자로서가 아니라 당신의 종으로서 간다는 사실에 대해 당신께서는 제 증인이십니다.'

기도를 마친 뒤 그는 니카노르에게 함께 가겠다고 말했다. 그와 함께 숨어 있던 유태인들은 요세푸스가 적의 설득에 굴복할 결심을 한 것을 알게 되자 그를 둘러싸고 격렬한 비난을 했다. 그들은 그의 설득으로 얼마나 많은 유태인들이 자유를 위해 용감하게 죽어갔는가를 요세푸스에게 상기시켰다. 또한 노예의 삶을 원하고 있다고 그를 비난했다. 그들은 그렇게 현명한 그가 완강하게 싸웠던 적들로부터 무슨 자비를 기대하느냐고 물었다. 그들은 그가 완전히 정신이 나갔으며 자기 목숨을 부지하려는 짓은 하느님과 조상들의 율법에 대한 모독이라고 말했다. 그들은 그가 로마인들의 행운에 현혹되었을 거라고 말했다. 그들은 아직도 자기 민족의 명예를 의식하고 있었다. 그가 유태 민족의 지도자로서 기꺼이 죽겠다면 그들의 오른손에 칼을 잡고 그를 죽여주겠다고 했다. 만일 그가 그걸 거절한다면 그는 배반자로서 원치 않는 죽음을 당하게 될 것이라고 했다. 그들은 그가 로마인들에게 투항하면 그를 죽이겠다고 위협하며 칼들을 뽑아 들었다.

요세푸스는 무척 겁이 났다. 그러나 그가 하느님의 명령을 선포하기도 전에 죽는다면 하느님의 명령을 배반하는 것이라고 생각되었다. 그래서 그는 급박한 필요에 의해서 다음과 같이 동료들을 설득하기 시작했다. 전쟁에서 죽는 것은 확실히 용감한 일이나 그것은 전쟁의 관습에 따라야만 한다. 즉, 승리자의 손에 의해서 죽어야 한다. 자살을 한다는 것은 극도로 비겁하다. 자살은 모든 생명체의 본성에 거슬릴 뿐더러 창조주인 하느님에 대한 모독이다. 하느님이 인간에게 생명을 주었으므로 인간은 생명의 종말을 하느님께 맡겨야 한다. 자신의 손으로 자신의 생명을 끊는 자들은 하느님께 저주를 받으며 하느님은 그들과 그들의 자손들을 다 함께 벌할 것이다. 이 세상에서 받는 고통에 덧붙여서 창조주에게 맞서는 죄를 범해서는 안 된다. 만일 구원의 길이 있다면 그것을 거절해서는 안 된다. 그들은 행동을 통해 용기를 충분히 증명했으므로 구원을 받아들여도 부끄러운 일은 아닐 것이다. 그러나 그들이 죽어야만 한다면 그들은 정복자의 손에 의해서 죽어야만 한다. 그는 로마인들에게 투항해서 그 자신이 배신자가 되고 싶은 생각은 없었다. 그는 차라리 로마인들의 배신자가 되기를 원했다. 만약에 로마인들이 그들의 약속에도 불구하고 그를 죽이려고 한다면 그는 기꺼이 죽음의 길을 택할 것이다. 그들이 약속을 어긴다면 신이 그들을 벌할 것이고, 이것은 전쟁에서의 승리보다도 오히려 더 큰 위안을 줄 것이다.

　이렇게 요세푸스는 동료들의 자살을 막으려고 온갖 노력을 기울였다. 그러나 그들은 그의 말에 귀를 기울이지 않았다. 그들은 오랫동안 죽음을 결심해왔으며 그의 말은 오직 그들의 격분을 증가시킬 뿐이었다. 그들은 그가 비겁하다고 공박했으며 칼들을 뽑아들고 당장이라도 그를 살해할 듯이 에워쌌다. 생명의 위험에 빠져 감정의 갈등으로 마음이 상한 요세푸스는 한 사람에게는 이름을 부르고, 또 다른 사람에게는 위압적인 시선으로 꼼짝 못하게 하고, 세번째 사람에게는 팔을 붙들고, 네번째 사람에게는 호소를 하면서 겨우 죽음의 칼날을 피하는 데 성공했다. 계속적인 공격에 맞서는 그는 마치 궁지에 몰린 야생 동물과도 같았다. 이같은 극단적인 상황 속에서도 그들은 그를 자기들의 지휘관으로 존경했다. 그들의 팔은 마비된 것 같았으며 단검들이 그들의 손에서 이끌어져 떨어졌다. 그에게 칼을 뽑아들었던 많은 사람들이 스스로 칼을 다시 칼집에 집어넣었다.

　절망적인 상황임에도 불구하고 요세푸스는 침착성을 잃지 않았다. 오히려 그는 하느님을 신뢰하고 자신의 마지막 승부에 목숨을 걸었다. 그는 동료들에게 이렇게 말했다.

　'우리는 모두 죽을 결의가 되어 있고 죽음으로부터 회피하지 않을 것이므로 제비를 뽑아 서로를 차례로 죽이도록 합시다. 죽음의 제비를 맨 먼저 뽑은 사람을 두번째 뽑은 사람이 죽이고 두번째는 세번째가 죽이는 식으로 순서를 정합시다. 이같은 방법으로 우리 모두가 죽읍시다. 그러면 맨 마지막에 남는 사람을 빼놓고는 자기 목숨을 스스로 끊으려 할 필요가 없어질 것입니다. 동료들이 다 죽은 다음에 마지막 사람이 혹시 마음이 변하여 자살을 않는다면 그건 부당한 행위가 될 것입니다.'

 이같은 제안으로 요세푸스는 그들의 신임을 다시 얻었다. 그들 모두가 동의를 표하자 그는 나머지 사람들과 함께 제비를 뽑았다. 죽음의 제비를 뽑은 사람들은 다음 사람에게 죽여 달라고 목숨을 내놓았다. 모든 사람들은 조만간 그들의 사령관도 죽게 되리라고 상상했기 때문이다. 그들에게는 요세푸스와 함께 죽는 것이 사는 것보다 나은 것으로 보였다. 마침내—우연인지, 신의 섭리인지—요세푸스와 다른 한 사람만 남게 되었다. 요세푸스는 자기가 죽음의 제비를 뽑게 되는 위험 부담이 싫었고, 설혹 그것을 모면한다 하더라도 동료 유태인의 피로 자신의 손을 더럽히기가 싫어서, 두 사람 다 로마인들에게 투항을 해서 목숨을 구하자고 그 사람을 설득했다.[5]

 로마인들과의 전쟁과 자기 종족과의 투쟁에서 무사히 빠져나온 요세푸스는 니카노르에 의해 베스파시아누스 앞으로 끌려갔다. 로마인들은 유태인의 사형관을 보려고 앞을 다투어 몰려들며 고함을 질렀다. 어떤 사람들은 그를 체포한 사실에 미칠 듯이 기뻐했고, 어떤 사람들은 그를 죽이겠다고 위협했으며, 또 다른 사람들은 그를 좀더 가까이서 보려고 사람들 틈을 뚫고 나왔다. 뒷전에 있는 사람들은 그를 처형하라고 소리를 질렀다. 그의 근처에 있던 사람들은 그의 활약상을 상기하면서 그의 운명이 바뀐 사실에 놀라움을 표시했다. 장교들 사이에서는 비록 전에는 그에 대해 증오를 품고 있었음에도 불구하고, 그의 모습을 보고 감동하지 않은 자가 없었다. 특히 티투스는 요세푸스가 불운에 처해 있으면서도 의연한 태도를 보이는 데 감동을 받았다. 그리고 그가 젊다는 사실에 동정을 금치 못했다. 티투스는 요세푸스와 동갑이었다. 그는 요세푸스의 생명을 구하고 싶었다. 그래서 그는 요세푸스를 위해 자기 아버지에게 탄원을 했다. 그러나 베스파시아누스는 요세푸스를 엄중히 감금해 두었다. 그를 즉각 네로에게 보낼 생각이었다.

요세푸스가 이 소식을 듣고는 베스파시아누스에게 단 둘이서만 이야기하자고 요청했다. 베스파시아누스는 자기 아들 티투스, 그리고 측근 두 사람을 제외하고 다른 사람들은 모두 물러가라고 명령했다. 요세푸스가 이렇게 말을 했다.

'베스파시아누스 장군, 당신은 나를 당신의 손에 잡힌 하찮은 포로로 생각하고 계십니다. 그러나 장군은 잘못 생각하신 겁니다. 나는 중대한 사건들의 고지자(告知者)로서 당신 앞에 서 있는 겁니다. 나, 요세푸스는 당신한테 이 소식을 전하기 위해 하느님의 부름을 받았습니다. 만일 그렇지 않다면 나는 여기 있지 않을 겁니다. 왜냐하면 나는 유태인의 율법과, 장군은 어떻게 죽어야 하는가를 알고 있기 때문입니다. 당신은 나를 네로에게 보내고 싶어합니다. 도대체 왜 그런 생각을 하시는 겁니까? 네로나, 당신보다 먼저 제위에 오르게 될 그의 후계자들은 통치를 오래 계속하지는 못할 겁니다. 베스파시아누스 장군, 당신 자신이 황제가 될 것이며, 여기 있는 티투스는 그 뒤를 이을 것입니다. 그날이 올 때까지 당신 자신을 위해서 나를 지키십시오. 왜냐하면 당신은 카이사르가 될 것이며 나 혼자만의 주인이 아니라 땅과 바다와 전 인류의 주인이 될 것이기 때문입니다. 나를 엄중히 감시하십시오. 그리고 만일 내가 하느님의 이름을 헛되이 들먹였다면 그때는 나를 죽이십시오. 그렇다면 죽어 마땅하기 때문입니다.'

처음에 베스파시아누스는 요세푸스를 진정으로 신뢰하지는 않았다. 그는 요세푸스가 목숨을 구하기 위해 거짓말을 하고 있다고 생각했다. 그러나 점차 그는 요세푸스가 한 말을 믿기 시작했다. 이미 하느님께서 친히 베스파시아누스의 마음속에 황제가 되겠다는 야심을 불러 일으키셨으며, 그 역시 미래의 권력에 관한 다른 징표들을 볼 수 있었기 때문이었다. 그는 또한 요세푸스가 다른 경우들에도 거짓 없는 예언을 했다는 것을 알았다. 요세푸스가 베스파시아누스와 개인적인 면담을 하는 자리에 참석했던 사람들은 그가 요타파타의 함락이나 자기 자신의 체포를 예견하지 못했다는 사실에 의심을 품고, 그가 지금 말하고 있는 것은 적에게 아첨을 하기 위해 꾸며낸 이야기라고 반박했다. 그러나 요세푸스는 그가 요타파타의 시민들에게 그 도시가 47일 뒤에는 함락될 것이며 그 자신은 로마인들에게 생포될 것이라고 예언했다고 대답했다. 베스파시아누스는 다른 포로들을 은밀히 심문해보았다. 그들이 요세푸스가 했던 말을 인정하자 베스파시아누스는 자신에 대한 그의 예언을 믿기 시작했다. 요세푸스가 족쇄를 찬 채 감옥에 갇혀 있는 건 사실이었으나 베스파시아누스는 그에게 화려한 옷을 주었으며, 티투스의 덕이긴 하지만 그때부터는 그를 친절하게 대했다."

요세푸스의 자기 보존은 3막으로 구성되어 있다. 제1막에서 그는 요타파타 함락 후의 살육을 모면한다. 요타파타의 방어자들은 자살을 하거나 로마 군대에 살해되고 겨우 몇몇 사람들만이 포로가 된다. 요세푸스는 물탱크 속에 숨음으로써 살육을 모면한다. 여기서 그는 40명의 유태인 동료들을 발견하는데, 그는 그들을 '중요한 사람들'로 기술한다. 그들도 요세푸스나 마찬가지로 모두 살아남은 자들이었다. 그들은 먹을 음식을 지니고 있었으며 어떤 탈출방법이 주어질 때까지 로마인들의 눈을 피해 숨어 있을 심산이었다.

그러나 로마인들이 열을 내서 수색하고 있는 장본인인 요세푸스의 소재가 한 여인의 배신에 의해 폭로된다. 그때부터 상황은 급변하여 그야말로 흥미진진한 제2막이 시작된다. 주연 배우가 사건을 객관적으로 기술한 것이 특이하다고 할 수도 있을 것이다.

로마인들은 요세푸스에게 생명을 보장해주겠다고 약속한다. 그가 그들을 믿자 그들은 더 이상 그의 적이 아니다. 이것은 깊은 의미에서 신앙의 문제이다. 그는 적당한 시기에 그가 꾸었던 예언적인 꿈을 상기한다. 그는 그 꿈속에서 유태인들이 정복을 당할 것이라는 경고를 받는다. 그들은 정복당한다. 처음에는 그가 지휘했던 요타파타 요새만 정복당한 것이 사실이다. 행운은 로마인들 쪽에 있다. 이같은 사실을 그에게 제시했던 환상이 하느님으로부터 온다. 하느님은 또한 그가 로마인들에게로 가는 길을 발견하도록 도와줄 것이다. 그는 자신을 하느님에게 맡기고 그와 함께 동굴 속에 있는 새로운 적들인 유태인들에게로 향한다. 그들은 로마인들의 손에 잡히지 않기 위해 자살을 하고 싶어한다. 그들을 싸우도록 부추겼던 그들의 지도자인 요세푸스야말로 이런 형식의 전멸을 맨 먼저 환영해야 될 사람이다. 그러나 그는 살아남을 결심이다. 그는 그들에게 호소를 하고 온갖 논거를 내세워 그들로부터 죽음을 향한 욕망을 제거하려 노력한다. 그러나 그는 성공하지 못한다. 그가 죽음에 반대해서 말하는 모든 것들은 죽음을 향한 그들의 맹목적인 열정을 증대시키고, 또한 죽음을 회피하는 요세푸스에 대한 그들의 증오를 증가시킬 뿐이다. 그는 자신이 죽음을 모면할 수 있는 길은 오직 그들이 서로를 죽이고 그가 마지막까지 살아남는 수밖에 없다는 것을 안다. 그래서 그는 그들과 의견을 같이 하는 체하고 제비를 뽑을 착상을 한다.

　제비를 뽑는 방법에 대해 여러분 나름대로 짐작할 수 있을 것이다. 제비 뽑는 방법이 속임수였다고 믿지 않기란 어렵다. 이것은 요세푸스가 애매모호하게 진술한 유일한 부분이기도 하다. 그는 그 죽음의 도박이 가져온 기이한 결과를 하느님의 섭리나 우연으로 돌림으로써 그 역시 사건의 진정한 경과에 대한 추측을 독자들에게 일임하고 있다. 그의 동료들은 그의 눈앞에서 서로를 살육했다. 그러나 일시에 그러는 것은 아니다. 살해는 한사람 한사람씩 정해진 순서에 따라 행해지며, 한 사람이 죽고 나면 다시 제비를 뽑는다. 각자는 자기 손으로 동료 한 사람을 죽여야 하며 그 자신도 다음번 제비를 뽑은 사람의 손에 죽어야만 한다. 요세푸스가 자살에 반대해서 내세웠던 종교적인 양심의 가책이 살인에 대해서는 분명히 적용되지 않았다. 한사람 한사람씩 죽어감에 따라 자신의 구제에 대한 그의 희망은 증대한다. 개인적으로든 집단적으로든, 그는 그들 모두가 죽기를 바란다. 요세푸스로서는 사는 것밖에 아무것도 원하지 않기 때문이다. 그들은 사령관도 그들과 함께 죽을 것을 믿으며 기꺼이 죽어간다. 그들은 그가 마지막까지 살아남게 되리라고는 생각조차 않는다. 그들은 그러한 가능성조차 상상할 수 없었다. 그러나 그들 중 한 사람은 마지막까지 살아남게 마련이므로 요세푸스는 이같은 생각에 대해서도 미리 대비를 한다. 그는 동료들이 죽은 다음에 마지막 남은 사람이 마음을 바꾸어 자기 목숨을 구한다면 아주 부당한 일이 될 것이라고 그들에게 말한다. 그러나 그가 노리는 바는 바로 이 부당한 결과인 것이다. 이 마지막 순간에 그는 그들과 전적으로 의견을 같이 하는 척하면서 그들 모두를 죽음으로 보내고는 자기 자신의 목숨을 구한다. 그들은 모두 같은 운명에 빠져 있으며 요세푸스도 역시 같다고 믿었다. 그러나 그는 그러한 운명에서 벗어나 있고 오직 그들에게만 죽음의 운명을 강요한다. 그들은 그를 구원하기 위해 죽은 것이다.

　속임수는 완벽하다. 그것은 모든 지도자들이 쓰는 속임수다. 지도자들은 자기네가 누구보다 먼저 죽을 것처럼 가장한다. 그러나 실제로는 그들이 더 오래 살아남기 위해 자기 부하들을 사지(死地)로 보낸다. 속임수는 항상 마찬가지이다. 지도자는 살아남기를 원한다. 매번 살아남을 때마다 그는 더욱 강해지기 때문이다. 만일 지도자에게 적들이 있다면 그것은 더욱 더 좋은 일이다. 그는 그들보다 오래 살아남는다. 만일 그에게 적들이 없으면 부하들이 있는 것이다. 어쨌든 그는 차례차례로 교대해가며 혹은 한꺼번에 양쪽을 다 이용한다. 그는 적들을 공공연하게 이용한다. 그가 적들을 갖고 있는 것은 바로 이 때문이다. 그러나 자신의 부하들은 은밀히 이용해야만 한다.

　요세푸스가 있었던 동굴에서는 계교가 공개적으로 행해진다. 동굴 밖에는 적들이 있다. 그들은 이긴 자들이다. 그러나 적들의 위협이 이제 하나의 약속으로 바뀌었다. 동굴 안에는 동료들이 있다. 그들은 그 지도자가 그들에게 불어넣었던 낡은 확신을 아직도 고수한다. 그리고 그들은 적들이 제시하는 새로운 약속을 거부한다. 이렇게 해서 요세푸스가 피난처로 생각했던 동굴은 그에겐 아주 위험한 장소가 되고 만다. 그는, 그와 그들 자신에게도 폭력의 손을 뻗치려는 동료들을 속인다. 그리고는 그들을 죽게 만든다. 처음부터 그는 죽음을 나눠 가질 생각이 없었다. 모두 죽을 수 있었을 때도 그는 죽음을 나눠 갖지 않는다. 그는 결국 오직 한 사람의 동료와 남게 된다. 그러자 그는 동포의 피로 자신의 손을 더럽히기 싫으니 항복을 하자고 설득한다. 40명은 그에게 너무 많은 숫자였다. 그들 두 사람은 로마인들에게 투항한다.

이렇게 해서 그는 자기 종족들과의 싸움에서 무사히 빠져나온다. 이것이야말로 그가 로마인들에게 주는 선물, 즉 그가 지휘했던 동료들의 죽음을 먹고 자라난 자신의 생명에 대한 고양된 감정이다. 이렇게 새로 획득한 힘을 베스파시아누스에게 넘겨주는 것이 제3막이다. 그것은 예언적인 약속 속에서 구체화된다. 로마인들은 하느님에 대한 유태인들의 완강한 신앙에 아주 익숙해 있다. 그들은 유태인이 결코 하느님의 이름을 헛되이 들먹이지 않는 것을 알고 있다. 요세푸스가 네로 대신 베스파시아누스가 황제가 되는 것을 보고 싶어하는 데는 충분한 이유가 있었다. 네로는 그의 생명을 보장해준다는 약속을 하지 않았다. 그러나 베스파시아누스는 그러한 약속을 했다. 그는 또한 네로가 베스파시아누스를 경멸한다는 것을 알고 있었다. 네로는 자신이 노래를 읊을 때도 잠이 들곤 하는 늙은 베스파시아누스를 경멸했다. 네로는 그를 거칠게 다뤘으며 유태인의 반란이 위험한 형세를 띠기 시작해서야 그의 군사적인 경험을 요청했을 뿐이었다. 이처럼 베스파시아누스는 네로를 불신할 만한 충분한 이유가 있었다. 앞으로 권력을 잡을 것이라는 약속은 그에게는 환영받을 만한 것임이 틀림없다.

요세푸스는 그가 베스파시아누스에게 전해준 말이 하느님의 계시에 의한 것이라고 믿었을 것이다. 그는 예언 능력을 타고났다. 그는 자신이 진정한 예언자라고 믿었으며, 그는 예언을 통해 로마인들에게 결여되어 있는 어떤 것을 그들에게 가져다주었다. 그는 로마인들이 믿는 신들을 신통치 않게 여겼으며 모두 미신으로 생각했다. 그러나 그는 유태인과 그 믿음을 경멸하는 베스파시아누스에게 자신의 전언이 진실하고 중요하다는 점을 확신시키지 않으면 안 된다는 사실을 알고 있었다. 요세푸스가 막대한 손실을 입혔던 적들, 더구나 그를 저주하기에까지 이른 적들 속에 혼자 있었지만 그는 확신을 가지고 적들과 맞섰으며 자기 소신을 꿋꿋하게 펼쳐 나갔다. 그는 무엇보다도 자기 자신을 강하게 믿었다. 이같은 신념은 그가 자기 동료들보다 오래 살아남았다는 사실에서 기인한 것이다. 그가 동굴에서 성취한 이 힘을 그는 베스파시아누스에게 넘겨주었다. 그래서 베스파시아누스는 자기보다 30세 연하인 네로뿐만 아니라 네로의 후계자 세 사람보다 더 오래 살아남았다. 결국 이 후계자들은 각기 다른 사람의 손에 죽었고, 베스파시아누스는 로마 황제가 되었다.

살아남는 자에 대한 권력자의 혐오감. 통치자와 후계자

델리의 술탄인 무하마드 투글락⁶은 나폴레옹이나 알렉산더보다 더 거창한 갖가지 원정 계획을 갖고 있었다. 그러한 원정 계획 가운데 하나는 히말라야 산맥을 넘어서 중국을 정복하는 것이었다. 10만 명의 기병으로 구성된 군대가 소집되어 1337년에 원정에 나섰다. 이 10만 명의 군대는 열 사람을 제외하고는 모두 산악 지대에서 처참하게 죽어버렸다. 이들 열 사람은 그같은 불운한 소식을 가지고 델리로 돌아왔다. 그리고 그들은 델리에서 술탄의 명령에 의해 모두 처형되었다.

살아남는 자들에 대한 적대감은 전제적 권력자들에게 공통적이다. 그들은 살아남는 것을 자기들만의 특권으로 간주한다. 살아남는 것이야말로 그들의 진정한 재산이며 가장 값진 소유물인 것이다. 아주 큰 위협을 견디고 살아남아서 자기를 돋보이려 드는 사람, 특히 다른 사람들이 무수하게 죽었는데도 살아남은 사람이 전제 군주의 영역에 침입하면 전제적 군주들의 증오의 대상이 되기 마련이다.

예컨대 동방의 이슬람 국가에서 보듯 그 정부의 권위가 절대적이어서 이의를 제기할 수 없는 경우에는, 살아남는 자들이 권력자에게 불러일으킨 분노가 공공연하게 표명되곤 했다. 그가 살아남는 자들을 처형하는 데 구실을 찾아내야만 될 의무를 느낄 때마저도 그 구실은 권력자에게 충만

된 노골적인 열정을 위장하는 데 불과했다.

델리에 있던 제국에서 분리하여 또 하나의 다른 제국이 데칸 고원에서 탄생했다. 새로운 왕조의 술탄인 무하마드 샤는 주변에 있는 힌두 제국의 왕들과 치열한 전쟁으로 나날을 보내고 있었다. 어느 날 힌두 제국들은 무드칼이란 중요한 도시를 점령하는 데 성공했다.[7] 그 도시의 주민들은 남녀노소 할 것 없이 모두 칼날의 이슬이 되고 말았다. 오직 한 남자만이 탈출해서 그 소식을 술탄의 수도로 가지고 갔다. 연대기 기록자는 "그 소식을 듣자, 무하마드 샤는 슬픔과 분노로 펄펄 뛰며, 그렇게 많은 용감한 동료들의 살육을 보고도 살아남을 수 있었던 그 비열한 인간을 눈앞에 두고 볼 수 없다고 선언하면서 소식을 가져온 그 불운한 사내를 즉각 처형하라고 명령했다"고 쓰고 있다.

여기서도 역시 구실을 내세웠을 가능성이 있다. 그리고 술탄이 단 한 사람의 살아남은 자를 눈앞에 두고 참지 못하는 진정한 이유를 어쩌면 몰랐을 수도 있다. 서기 1000년 경에 지배를 했던 이집트의 칼리프인 하킴[8]은 권력을 가지고 할 수 있는 놀이에 대해서 더 명석하게 알고 있었으며, 도미티아누스 황제를 방불케 하는 방법으로 그 놀이들을 즐겼다. 그는 갖가지 방법으로 변장을 하고 밤중에 나돌아다니기를 좋아했다. 어느 날 밤 그는 잘 무장된 열 명의 괴한을 카이로 근처의 언덕에서 만나게 되었다. 그들은 그를 알아보고 그에게 돈을 요청했다. 그는 그들에게 "두 패로 갈려서 서로 싸우라. 이긴 자는 돈을 받게 될 것이다"라고 말했다. 그들은 그의 말을 따랐다. 그리고는 치열하게 싸워서 마침내 아홉 사람이 쓰러졌다. 마지막까지 살아남은 열번째 사람에게 하킴은 옷소매 속에 넣고 있던 많은 금화들을 던져주었다. 그 사내가 금화를 주우려고 허리를 굽히자 하킴은 자기 경호원들을 시켜 그 사내를 갈가리 찢어 죽였다. 이 모든 행동 속에서 그는 살아남는 것의 과정에 대한 하나의 명석한 통찰력을 보여주고 있다. 그는 그 살아남는 것의 과정을 자신이 꾸민 일종의 연극으로서 즐겼던 것이다. 그는 거기에다 최후까지 살아남은 자마저 죽임으로써 마지막 쾌감을 느꼈던 것이다.

모든 것들 가운데서 가장 기묘한 것은 권력자와 그 후계자의 관계이다. 계승이 세습적이어서 권좌가 그 자신의 아들에 의해 계승되는 경우 그 관계는 이중으로 어렵게 된다. 자기 아들이 자기보다 오래 살아남는다는 것은, 다른 사람들에서와 마찬가지로 권력자에게도 자연스러운 일이다. 그리고 이러한 경우에 아들은 그 자신이 미래의 지배자이므로 젊어서부터 살아남기 위한 거대한 열정을 품게 되리라는 것도 또한 당연한 일이다. 이래서 아버지와 아들은 둘 다 서로를 증오할 충분한 이유가 있다. 그들의 경쟁 관계는 그들이 갖고 있는 지위의 불균형에서 연유하며 바로 이러한 이유 때문에 특히 치열하다. 현재 권력을 갖고 있는 쪽은 그가 후계자보다 먼저 죽을 것이라는 사실을 알고 있다. 아직 권력을 갖지 못한 쪽은 그가 현재의 권력자보다 더 오래 살 것이라고 확신한다. 아들 쪽에서는 늙은이가 죽기를 열렬히 바란다. 그러지 않고는 자신이 지배자가 될 수 없기 때문인데, 정작 장본인인 늙은이는 어느 누구보다도 죽기를 싫어한다. 또한 늙은이 쪽에서는 무슨 수단을 써서라도 젊은이가 권력에 접근하는 것을 지연시키려고 한다. 이것은 정녕 해결책이 없는 갈등이다. 역사는 아버지에 대한 아들의 모반 이야기로 가득 차 있다. 어떤 경우에는 아들이 자기 아버지의 권력을 몰락시키는 데 성공한다. 다른 경우에는 아들이 자기 아버지에 패배해서 용서를 받거나 혹은 살해되기도 한다.

장수를 누린 절대적 지배자들의 왕조에서 자기 아버지에 대한 모반이 아들에게 제도화되어 있다고 해도 과언이 아니다. 무굴 제국 제왕들의 역사는 이 점을 아주 명백히 입증해준다.[9] 악바르 대제의 살림 왕자는 "국가의 통치권을 자기 손에 넣고자 초조해 하고, 아버지가 장수하는 바람에 그가 그처럼 열망하는 제왕의 자리를 향유하지 못하는 데 안달이 나서 제왕의 지위를 빼앗고자 결심을 하고, 스스로 제왕을 자칭하고 제왕의 특권들을 행사하기 시작했다." 이 말은 동시대에 살았던 예수회 소속 수도사들의 연대기에 나타난다.[10] 그들은 아버지와 아들 양쪽을 모두 잘 알고 있었으며 양쪽의 총애를 얻으려 노력했다. 살림 왕자는 자기 자신의 궁정을 따로 만들었다. 한편으로 자객들을 고용해서 자기 아버지의 가장 절친한 친구인 고문관을 살해했다. 아들의 모반은 3년간이나 계속되었으며, 그 동안 단 한 번의 거짓 화해가 있었을 뿐이다. 마침내 악바르 대제는 다른 왕위 계승자를 지명하겠다고 위협했다. 이같은 압력을 받자 살림은 자기 아버지의 궁정에 오라는 초청을 수락했다. 그는 겉으로는 융숭한 접대를 받았다. 그런 후 아버지는 아들을 내실로 데리고 들어가 따귀를 때리고 목욕탕 안에 그를 가두었다. 그런 다음 그는 마치 아들이 미쳤다는 듯 의사 한 명과 하인 두 사람을 딸려주었다. 그리고는 아들이 무척 좋아하는 술을 금지시켰다. 당시 왕자는 36세였다. 며칠 뒤 악바르는 이질을 앓다가 죽었다. 아들에 의해 독살당했다는 이야기도 있으나 오늘날까지도 이 사실을 확인할 방법이 없다. 살림은 '그가 그처럼 열망했던 자기 아버지의 사후에' 마침내 왕위에 올랐으며 자한기르라고 칭했다.

악바르 대제는 45년간 지배했다. 자한기르는 22년간 통치했다. 그러나 비록 후자의 통치 기간이 자기 부친의 절반밖에 되지 않지만, 자기 부친이 겪었던 것과 똑같은 일이 그에게도 일어났다. 그가 가장 총애하는 아들이자 그 자신이 후계자로 지명했던 샤 자한이 모반을 해서 3년 동안 그와 싸웠다. 마침내 왕자는 패배를 하고 아버지에게 화해를 구했다. 왕자는 용서를 받았는데 아주 가혹한 조건이 붙어 있었다. 그는 자기 두 아들을 인질로서 아버지의 궁정에 보내야만 했다. 왕자는 두 번 다시 아버지 앞에 나타나지 않도록 조심을 하면서 아버지가 죽기만을 기다렸다. 화평을 맺은 지 2년 뒤에 자한기르가 죽자 샤 자한이 왕위에 오르게 되었다.

샤 자한은 30년간 통치했다. 그가 자기 아버지에게 했던 일이 이제는 그에게 행해졌다. 그러나 그의 아들은 더욱 운이 좋았다. 할아버지의 궁정에 인질로 잡혀 있던 두 명의 왕자들 가운데 동생인 아우랑제브가 자기 아버지와 형에게 모반을 한 것이다. 당시 시작되었던 유명한 '왕위 계승 전쟁'은 유럽의 증인들에 의해 기술되고 있다. 전쟁은 아우랑제브의 승리로 끝났다. 그는 자기 형을 처형하고 자기 아버지는 죽을 때까지 8년 동안이나 포로로 잡아두었다. 아우랑제브는 승리를 하자마자 스스로 제왕이 되어 반세기 동안 통치를 했다. 반세기라는 시간이 끝나기 훨씬 전에 그가 총애하는 아들은 인내성을 잃었다. 그리고는 자기 아버지에게 모반을 했다. 그러나 늙은이는 자기 아들보다 훨씬 교활했고 아들의 동맹군들을 이간질하는 데 성공했다. 아들은 페르시아로 도망해서 망명 중에 자기 아버지보다 먼저 죽었다.

무굴 제국의 왕조사를 전체적으로 볼 때 하나의 똑같은 모습이 두드러지게 나타난다. 번성기는 150년 동안 지속되었는데 그동안 단 4명의 왕들만이 통치를 했고 각자 선왕의 아들로 모두 장수했으며 모든 힘을 다해서 권력에 집착한 사람들이었다. 통치 기간은 놀랄 만큼 길다. 악바르는 45년 간 통치했고 그의 아들은 22년 간, 그의 손자는 30년 간, 그리고 그의 증손자는 50년 간 통치했다. 악바르 자신을 비롯하여 아들들은 기다리는 것을 참지 못했다. 각자는 자기 아버지에게 모반했다가 후에 제왕이 되었다. 그들의 모반은 각기 결과가 다르게 끝났다. 자한기르와 샤 자한은 패배한 뒤 자기 부친에게 용서를 받았다. 아우랑제브는 자기 아버지를 포로로 잡았고 그리고는 그를 처치했다. 그의 아들은 실패를 해서 망명 중에 죽었다. 아우랑제브의 사망으로 무굴 제국의 위세는 시들어갔다.

이같이 왕들이 장수했던 왕조에서, 아들은 자기 아버지에게 모반을 하고 아버지는 아들과 맞싸우고 있다.

권력에 대한 극단적인 감정은 아들을 원치 않는 권력자를 통해 엿볼 수 있다. 가장 잘 알려진 경우는 19세기 초 남아프리카에 줄루 제국을 건설한 샤카 왕의 경우이다.[1] 샤카는 나폴레옹과 비견될 정도의 위대한 장군으로 그보다 더 적나라한 권력자는 없다. 그는 법적인 상속자를 원치 않은 나머지 결혼조차 거부했다. 그가 항상 존경해마지 않는 자기 어머니의 간절한 애원마저도 그를 움직이지 못했다. 그녀는 단지 손자를 원했지만 그는 결코 결심을 굽히지 않았다. 그의 후궁은 수백 명으로 구성되어 있었으며 가장 많을 때는 1,200명이나 되었고 그들의 공식 직함은 '누이들'이었다. 그녀들은 임신이 금지되었고 엄격하게 감시를 받았다. 임신한 것으로 발견된 누이들은 누구나 사형이라는 처벌을 받았다. 이들 가운데 한 여인이 아이를 낳아 샤카 몰래 기르다가 발각되자 그는 몸소 그 아이를 죽이기도 했다. 그는 자기의 성교 기술과 자제력을 자랑으로 생각한 나머지 어떤 여인도 그에 의해서 임신될 수 없다고 믿었다. 이런 방법으로 그는 장성한 아들 때문에 걱정을 해야 되는 처지에 빠지는 것을 회피했다. 그는 41세 때 그의 두 형제들의 손에 의해 살해되었다.

지상의 권력자들의 이야기로부터 신적인 권력자들의 이야기로 말머리를 돌린다면, 우리는 여기서 마호메트의 신을 기억할 수 있을 것이다. 알라신의 독재권은 여러 신들 중에서도 가장 명백하게 드러난다. 그는 처음부터 많은 권력을 소유했으며 구약성서의 신과는 달리 경쟁할 만한 적수도 없었다. 코란에는 아무도 그를 낳지 않았고 따라서 그는 아무도 낳지 않는다는 사실을 몇 번이고 완강하게 주장하고 있다. 코란이 주장하는 기독교에 대한 논쟁적인 태도는, 신의 권력의 유일성과 불가분성에서 연유한다.

이와는 대조적으로 수백 명의 아들들을 갖고 있는 동양의 권력자들이 있다. 이 아들들은 모두 계승을 위해 싸우도록 강요된다. 우리는 여기에서 아들들 사이에 적대감이 있는 편이 아들 중 하나만의 계승에 대해 느끼는 아버지의 씁쓸함을 완화시킨다는 사실을 추론해낼 수 있을 것이다.

세습적 계승의 진정한 의미와 그것의 목적 및 장점의 더 깊은 의미에 대해서는 다른 항에서 검토할 것이다. 내가 여기서 보여주고 싶은 것은 권력자와 그 계승자 사이의 적대감은 특별한 종류의 적대감이라는 사실이다. 이 적대감은 권력에 대한 특별한 열정과 살아남는 것에 대한 열정의 증가에 따라 역시 증대되는 그러한 적대감이다.

살아남음의 형태

살아남는 형태를 고찰한다는 것은 결코 무의미하지 않다. 그 형태는 무수히 많으며 그 형태 중 어느 것도 간과될 수 없다는 것이 중요하다.

모든 인간에게 출생보다 훨씬 이전에 일어나며, 훨씬 중요한 사건은 임신이다. 그러나 이같은 사실이 살아남는 것의 개념과 관련해서 고려된 적은 아직 없다. 정충이 일단 난세포 안에 들어갔을 때 일어나는 일에 대하여 우리는 이미 많은 것을 알고 있고 머지않아 모든 것을 알게 될 것이다. 그러나 목표에 도달하지 못하는 엄청난 수의 정충들이 있다는 사실에는 별로 생각을 하지 않는 것 같다. 그 정충들 모두가 다 생식의 전 과정에서 적극적인 역할을 하고 있음에도 말이다. 난세포를 향해서 출발하는 정충은 하나가 아니고 2억이나 되며, 그 모두 한 번의 사정에 의해서 분출되어 한꺼번에 하나의 목표를 향하여 움직인다.

따라서 그 숫자란 엄청난 것이다. 각각 독립적으로 존재하므로 모두가 평등하고, 그 밀도도 더 이상 커질 수 없으며, 모두 같은 목표를 가지고 있다. 기억해야만 될 이같은 네 가지 특성은 필자가 군중의 본질적인 속성이라고 기술한 바 있다.

정충들의 무리가 인간의 군중과 같을 수 없다는 사실은 굳이 지적할 필요조차 없다. 그러나 의심할 바 없이 두 가지 현상 사이에는 유사함이 있으며, 그것은 단순한 유사성 이상일 수도 있다.

하나를 제외한 모든 정충들은 목표를 향해 가는 도중에서, 혹은 목표점 가까이에서 죽고 만다. 단 하나의 정자만이 난세포 안에 들어간다. 그리고 이 정자는 살아남는 자라고 불리기에 충분하다. 그 정자는 말하자면 다른 모든 정자들의 지도자로서, 다른 모든 지도자들이 비밀리에 혹은 공공연하게 성취하고자 하는 것을 성취하는 데 성공한다. 모든 지도자가 희구하는 바란, 자기가 지도하는 다른 것들보다 오래 살아남는 것이다. 모든 인간은 2억 마리 가운데 유일하게 살아남은 이 정자에게 자신의 존재를 의지하고 있다.

예전에는 전혀 고려되지 않았던 이러한 기본 형태로부터 우리에게 아주 잘 알려져 있는 형태로 넘어가 보자. 앞 장(章)에서는 살해라는 말이 빈번히 등장했다. 한 인간은 적과 대치하고 있다. 적은, 그가 매복 기습을 하거나 공공연한 결투로 대결하는 단 한 명일 수도 있다. 적은, 자신을 포위하고 있다고 느껴지는 다수일 수도 있고 군중 전체일 수도 있다. 이 마지막 경우에 그는 혼자서 싸우는 것이 아니라 자기편 사람들과 함께 싸우게 될 것이다. 그러나 그의 지위가 높으면 높을수록 그는 살아남는 것이 오직 자신만의 권리라고 느낀다. '승리'하는 것은 장군들이다. 그러나 적과 마찬가지로 자기편 사람들도 많이 죽을 것이며 시체더미는 적과 아군이 뒤섞인 것이기 때문에, 이 점에서 전투는 질병과 마찬가지로 '중립적(neutral)'이다.

이 점에서 우리는 '죽이는 일(Töten)'에서 '죽는 일(Sterben)'로 논의를 진전시킬 수 있다. 질병이나 기타 천재지변으로 인한 최대 규모의 죽음 말이다. 여기서 살아남는 자란, 적이나 우군 할 것 없이 모든 죽어야 할 인간들보다 오래 살아남는다. 모든 정상적인 관계들이 해체되고 죽음은 너무나 보편화되어, 매장되고 있는 사람이 누구인지 아무도 모른다. 이것과 관련지어, 시체더미 속에서 다시 살아난 사람들의 거듭되는 이야기들은 아주 중요하다. 정신이 들고 보니 시체들 사이에 자기가 살아있더란 사람들 말이다. 그러한 사람들은 자신들을 불사신, 말하자면 질병의 영웅으로 생각하는 경향이 있다.

개별적인 죽음에 따르는 만족감은 가장 온건하며 은밀하다. 여기서 문제가 되는 것은 친구나 친척의 자연스런 죽음이며, 결코 살해의 문제나 공격받는 느낌 같은 것은 없다. 죽음을 재촉하기 위해서 어떠한 일도 행해지지 않으며 죽음은 다만 기다려질 뿐이다. 젊은이는 늙은이보다 오래 살아남으며, 아들은 아버지보다 오래 살아남는다.

아들은 아버지가 자기보다 먼저 죽는 것을 자연스럽게 여긴다. 아들은 자식의 의무로 서둘러 임종의 침상으로 가서 아버지의 눈을 감게 하고 아버지의 장례를 치른다. 며칠이 걸리게 될 이 기간 동안에 그는 자기 아버지가 자기 앞에 죽어 누워 있는 것을 본다. 한때 자기에게 명령을 내릴 수 있었던 바로 그 사람이 이제는 침묵 속에 드러누운 채 자기 육체에 가해지는 모든 것을 견뎌야만 하는 것이다. 그리고 오랫동안 전적으로 그의 처분에 좌우되던 바로 자기 아들이 이런 모든 것들을 지시하고 정리하는 것이다.

이 경우에 살아남는 것의 만족감은 두 주인공들 간의 관계에서 초래된다. 한때 모든 권력을 한 몸에 지녔던 사람이 이제는 아무 능력도 없으며, 생명이 없는 그의 유해는, 오랫동안 나약했으며 전적으로 그의 지배하에 있었던 바로 그 아들의 처분에 내맡겨져 있는 것이다.

아버지가 남기고 간 모든 것들은 아들을 강하게 만든다. 상속 재산은 아들의 전리품이다. 아들은 아버지가 했을 법한 일과 반대의 일을 할 수도 있다. 아버지가 검약했다면 아들은 낭비를 할 수도 있고 아버지가 신중했다면 아들은 경솔할 수도 있다. 그것은 마치 새로운 정부가 출범한 것과도 같아 신구(新舊)의 괴리는 크게 벌어지고 복원 불능이 된다. 그 괴리는 살아남는다는 데에서 초래되는 것이며, 또한 살아남는 것의 가장 친숙하고 개인적인 표현이기도 하다.

이러한 것과 동년배들 사이에서 살아남는다는 것은 전혀 다르다. 그것은 자기 그룹의 문제이기 때문에 살아남겠다는 욕구는 온건한 경쟁 관계 속에 감춰지고 만다. 동년배의 젊은이들은 모여서 하나의 계급으로 형성되며 호되고 잔혹한 시련들을 포함하는 어떤 의식(儀式)을 거쳐 상위 계급으로 승진된다. 어떤 자들은 이같은 시련을 치르는 동안에 죽는 수도 있으나 그것은 예외에 속한다.

늙은이들, 즉 특정 연령이 지나고도 아직 살아있는 사람들은 커다란 권위를 향유한다. 특히 일반적으로 볼 때 우리들보다 일찍 죽는 경향이 있는 원시적인 종족들 사이에서 그렇다. 그들은 우리들보다 더 큰 위험을 겪고, 질병에 더 취약하기 때문이다. 어떤 특정 연령에 도달하는 것은 그들에게는 대단한 성취이며 또 그에 대한 대가가 따른다. 늙은이들은 여러 가지 다른 상황들 속에서 경험을 얻어 아는 것이 많을 뿐만 아니라, 그들이 아직 살아있다는 사실 자체만으로도 그들은 많이 알고 있으며 많은 경험을 가지고 있다는 것을 보여준다. 전쟁과 사냥과 재난 등 모든 위험으로부터 무사히 빠져나왔다는 것은 그들의 운이 좋았음에 틀림없고 이런 것에서의 피난을 통해 그들의 특권은 증대되었을 것이다. 그들은 적에 대한 승리를 증명하는 전리품들을 갖고 있다. 그들이 속하고 있는 그룹은 불가피하게 소수이며 따라서 그들은 상당히 오랫동안 회원 자격을 지니고 있는 셈이 된다. 그들은 비통한 경험도 많았지만 아직 살아 있고, 동시대인들이 죽을 때마다 그들의 특권은 증대된다. 그 그룹은 이같은 사실을 완전히 의식하지 못할 수도 있고 적에 대한 승리에 더 큰 가치를 부여할 수도 있다. 그러나 한 가지 사실만은 분명하다. 성공의 가장 기본적이고 명백한 형태는, 여전히 살아남아 있다는 것이다. 늙은이들은 단순히 살아있는 것이 아니라 아직도 살아있다는 것이다. 젊은 사내들이 늙은 여자에 만족하지 않으면 안 될 상황하에서조차 늙은이들은 그들이 원하는 만큼 많은 젊은 여자들을 선택할 수 있다. 늙은이들은 집단이 어디로 이주할 것인지, 누구와 전쟁을 하고 누구와 동맹을 맺을 것인지를 결정할 권리를 갖는다. 그같은 관계 속에서 통치를 논한다면 통치자들은 곧 노인들 모두라고 할 수 있을 것이다.

대부분의 문화들에서 큰 몫을 차지하고 있는 오래 사는 것에 대한 욕망은, 대부분의 사람들이 자기 동년배들보다 오래 살아남기를 원한다는 사실을 의미한다. 그들은 많은 사람들이 일찍 죽는 것을 알고 있다. 따라서 그들은 자기에게만은 다른 운명의 혜택을 원하고 있다. 그들이 신에게 오래 살기를 기원하는 것은 그들 자신을 동년배들과 구별해 달라는 의미이기도 하다. 기도 속에서 다른 동년배들은 언급되지 않는다. 기도하는 사람이 마음속에 그리고 있는 것은 그 자신이 다른 사람들보다 오래 사는 것이다. 오래 사는 것의 가장 완벽한 표본은 이스라엘의 선조 아브라함이었다. 그는 자기 몇 세대 후손 뒤에까지 살아남아 있을 수 있었고, 자기 세대에서는 유일한 사람으로 생각하고 있었다. 그것은 마치 새로운 종족이 그와 함께 시작되는 착각에 빠질 정도이다. 그는 자기 아들이 죽은 뒤에도 살아있었으며, 그의 손자·증손자들이 그와 함께 살아있는 한, 그의 아들이 먼저 죽었다는 사실은 별 의미가 없었던 것이다. 분명히 그의 생명이 그들의 자손의 생명보다 강인하다는 사실을 입증한 것은 바로 그 자신의 권위의 강화를 의미하는 것이다.

노인 계급 중에서도 결국은 혼자 남는 최고령자가 있기 마련이다. 에트루스카족들은 한 세기(世紀)의 길이를 그 최고령자의 생존 기간으로 정했다. 이 점은 좀더 부연할 만한 가치가 있을 것이다.

에트루스카족의 '세기'[12]의 길이는 어떤 때는 길고 어떤 때는 짧았다. 그 길이는 매번 새로 정해졌기 때문이다. 모든 세대마다 나머지 사람들보다 오래 살아남는 최고령자가 있기 마련이다. 에트루스카 족들은 이 최고령자가 죽으면 신들이 인간에게 어떤 징후를 보내준다고 믿었다. 그리하여 그들은 세기의 길이를 최연장자의 생존 기간과 일치하도록 조정했다. 만일 그가 110세까지 살았다면 세기는 110년으로 계산되었으며, 그가 105세에 죽었다면 세기는 그만큼 짧아졌다. 살아남는 자가 바로 세기였다. 그의 생존 연수가 그 세기를 정했다.

각 도시와 도시인들은 도시의 창건으로부터 시작해서 그것이 몇 세기 동안 존속될지 예정되어 있는 것으로 생각했다. 에트루스카족에게는 10개의 세기가 할당되어 있었다. 만일 각 세대의 살아남는 자가 예상외로 오래 살았다면 그 민족 전부가 그만큼 오래 산 것으로 되었다. 이 둘 사이의 연관은 뚜렷하며, 일종의 종교적 제도로서도 독특하다.

시간적인 거리를 두고 살아남는 것만이 유일하게 무해한 형태이다. 인간은 자기보다 오래 전에 살았던 사람, 자기가 알지 못하는 사람들을 죽일 수는 없다. 인간은 그들의 죽음을 원했을 수도 없고 그것을 기다렸을 수도 없다. 인간은 그들이 이미 이 세상에 더 이상 존재하지 않을 때에야 비로소 그들이 존재했었다는 사실을 깨달을 수 있다. 어쨌든 인간이 그들을 의식하기 때문에 그들도 하나의 살아남는 형태가 된다. 물론 그 형태는 매우 미약하며 심지어는 공허한 것인 경우가 흔히 있다. 이 점을 고려해볼 때 인간이 그들을 이용한다기보다는 그들에게 봉사하는 것이다. 그러나 그들 역시 살아남는 독특한 감각에 기여한다는 사실을 부인할 수 없다.

따라서 우리가 알지 못하는 조상들, 전반적으로 볼 때 선대(先代) 인류 역시 살아남아 있다. 우리는 묘지에서 이런 체험을 할 수 있다. 그러한 체험은 어떤 전염병에서 살아남는 것과 일맥상통한다. 여기서 전염이란 질병의 전염이 아니라 일반적인 죽음의 전염을 의미한다. 수많은 세월에 걸쳐 이 죽음이라는 전염병의 희생자들이 한 장소에 모여 함께 누워 있는 것이다.

이런 점에서 내가 말하는 살아남는다는 개념은 이미 오래 전부터 익히 알려져온 '자기 보존 본능(Selbsterhaltung-Trieb)' 과 하등 다를 바 없지 않느냐는 반론을 제기할 수도 있을 것이다.

하지만 두 개념이 과연 일치하는 것일까? 그 단어들은 똑같은 의미를 내포하고 있는 것일까? 나는 그렇게 생각하지 않는다. 그리고 만일 우리가 자기 보존을 말할 때 어떤 종류의 활동을 상상하는지 자문해보고 그 단어 자체를 고찰한다면 그 개념이 부적절하다는 이유는 명백해진다. 첫째로 자기 보존이라는 말은 '자기' 에 중점을 두고 있다. 즉, 모든 인간은 고독하고 개별적인 존재로 설정되어 있다. 더욱 중요한 것은 이 단어의 두 번째 부분이다. '보존' 이란 말은 두 가지를 의미한다. 하나는, 모든 인간은 살아있기 위해서 먹어야만 한다는 의미이다. 다른 하나는, 모든 인간은 공격에 대항해서 무슨 방법으로든 자신을 방어한다는 의미이다. 우리는 우리의 눈앞에 인간의 조상을 다음과 같이 그려볼 수 있을 것이다. 한 손으로는 먹을 것을 구하고 다른 한 손으로는 적을 방어하는 인간, 근본적으로는 참으로 평화스러운 피조물이다! 인간을 혼자 내버려둔다면 그는 한 줌의 풀이나 먹고 다른 피조물에 대해서 아무런 해도 입히지 않을 것이다.

인간에 대해서 이보다 더 부적절하고 괴상하며 우스꽝스러운 개념이 있겠는가? 인간이 먹는다는 것은 사실이다. 그러나 인간은 소와 똑같은 음식을 먹지 않으며 초원으로 끌려가지도 않는다. 인간이 먹이를 구하는 방법은 교활하고 피비린내가 나며 끈덕지다. 수동적인 것은 찾아볼 수 없다. 인간은 온건하게 자신을 방어하는 것이 아니라, 적이 멀리 있다고 감지하자마자 자기의 적들을 공격한다. 그리고 인간의 공격용 무기는 방어용 무기보다 훨씬 발달되어 있다. 인간이 자신을 '보존' 하려는 것은 사실이다. 그러나 그는 또한 동시에 자신의 보존을 위해서 불가피한 다른 것들을 원한다. 인간은 다른 것들보다 오래 살아남기 위해 그것들을 죽이기를 원한다. 인간은 다른 것들이 자기보다 오래 살아남지 않도록 하기 위해 살아있으려 한다.

자기 보존의 개념 속에 이러한 두 가지 의미가 내포되어 있다고 해도 별로 무리는 없을 것이다. 그러나 다른 개념이 더욱 정확성을 갖는데도 억지로 위의 개념을 고수할 필요는 없을 것이다.

필자가 주장해온 살아남는 형태들은 아주 오래 된 것으로, 다음에서 보듯이, 원시인들 사이에서도 발견될 수 있다.

원시 민족의 신앙에 나타난 살아남는 자

남태평양 지역에서는 일종의 초자연적이고 비인격적인 권력을 '마나(Mana)'라 칭하고 있다. 마나는 한 사람에게서 다른 사람에게로 전이될 수 있다. 마나는 모든 사람들이 무척 열망하는 실체이며, 각자가 자기 마나의 정도를 증가시키는 것도 가능하다. 용감한 무사는 높은 수준의 마나를 획득할 수 있는데, 이것은 그의 싸우는 기술이나 육체적인 힘에서 비롯되지는 않는다. 그것은 그가 살해한 적의 마나로서 그의 몸 안에 전이되는 것이다.

"마르케사스족 사이에서는 종족의 일원이 전사장(戰士長)이 되는 것은 개인적인 무용(武勇)을 통해서였다. 그 무사의 몸속에 그가 죽인 모든 사람들의 마나가 들어 있다고 생각되었다. 원주민들은 무용은 마나의 결과일 따름이며, 원인은 아니라고 마음속으로 생각하였다. 무사가 지닌 창의 마나도 그가 죽인 사람들과 함께 증가되었다. 백병전의 승자는 그가 패배시킨 적의 힘을 장악하는 징표로서 그가 죽인 적의 이름을 자기 것으로 했다. 적의 마나를 직접 흡수한다는 뜻에서 그는 적의 살점을 떼어먹었다. 또한 전투에서 영향력을 강화하고 그가 쟁취한 마나와 친밀한 영교(靈交)를 확고히 하기 위해서 그는 패배시킨 적의 시체 일부를 전투복의 일부로서 몸에 걸쳤다. 뼈나 말린 손이나 어떤 때는 해골을 통째로 걸치기도 했다."[13]

　살아남는 자에게 미치는 승리의 효과가 이보다 더 명백하게 파악될 수는 없다. 살아남는 자는 상대방을 죽임으로써 더욱 강해지고 마나의 추가로 그는 새로운 승리들을 보장받을 수 있게 된다. 이것은 그가 적으로부터 강취한 일종의 축복이라고 할 수 있다. 그러나 그것은 적이 죽어야만 얻을 수 있는 것이다. 처음에는 살아있었지만 결국에는 죽어야만 하는 적의 육체적 현존이 본질적인 요소인 것이다. 전투가 있고 살해를 수반해야만 하고 살해를 하는 그의 행위가 중대한 의미를 갖는 것이다. 승자가 잘라내어 처분할 수 있고, 승자의 트로피로 증정되거나 승자 스스로의 마나를 체현시켜 주는 패자의 시체 일부분은 승자의 권력을 강화시켜 주는 영속적인 실체라고 할 수 있다. 그것들은 그를 더욱 강하게 느끼도록 만들며 그는 공포를 유발시키는 데 그것들을 이용한다. 그가 도전하는 적들은 벌벌 떨면서 같은 운명이 자기를 위협하고 있음을 느낀다.

　오스트레일리아의 아넴랜드에 살고 있는 먼진(Murngin)족은 살해자와 살해당한 자 사이에 보다 개인적이고 유리한 관계가 있다고 믿고 있다.[14] 살해당한 자의 영혼은 살해자의 몸 안으로 들어간다. 그렇게 되면 살해자는 이중의 힘을 획득할 뿐 아니라 실제로 몸이 전보다 커진다는 것이다. 이 같은 믿음이 전쟁터에 나가는 젊은이들을 얼마나 고무할 것인가는 상상하기 어렵지 않다. 젊은이들은 각자 자신의 힘을 증대시키기 위해 적들을 찾아나선다. 그러나 이러한 일은 살해가 밤에 일어났을 때만 성취된다. 왜냐하면 낮에 살해를 하면 희생자가 살해자를 알게 되어 분노가 머리끝까지 오르게 되고, 그러면 살해자의 몸 안에 들어오지 않기 때문이다.

　살해된 자의 영혼이 살해자의 몸 안으로 '들어가는(Eingehen)' 과정은 정확히 기술되어 있다. 이것은 아주 중요하기 때문에 필자는 그 일부를 인용하려 한다.

　"한 사람이 싸움에서 다른 사람을 살해하면, 그는 집으로 돌아와 죽은 자의 영혼이 그에게 다가올 때까지 절대로 음식을 먹지 않는다. 그는 죽은 자의 영혼이 다가오는 소리를 들을 수 있다. 그가 걸어오면 몸에 박힌 창대가 땅바닥에 끌리면서 나무나 풀숲에 부딪치기 때문이다. 영혼이 아주 가까이 오면 살해자는 죽은 자의 상처에서 나는 커다란 소리를 들을 수 있다.

그는 창을 잡고 창날을 뽑는다. 그리고는 창날 끝을 자기 엄지발가락과 둘째 발가락 사이에 끼운다. 창대의 다른 한쪽 끝은 그의 왼쪽 어깨에 기댄다. 영혼은, 창 끝으로 들어와서 살해자의 다리로부터 올라가기 시작해 마침내 몸속으로 들어간다. 영혼은 마치 한 마리의 개미처럼 기어올라간다. 그것은 마침내 위장 속으로 들어가 위장을 닫는다. 살해자는 통증을 느끼고 내장은 열이 나기 시작한다. 그는 위장을 문지르면서 그가 살해한 자의 이름을 부른다. 이렇게 하면 그는 치료가 되고 다시 정상으로 돌아간다. 영혼이 위장을 떠나 심장으로 들어가기 때문이다. 영혼이 심장으로 들어가면 죽은 자의 피가 살해자에게 주어진 것과 똑같은 효과가 있다. 그것은 마치 그 사람이 죽기 전에 자기를 죽일 사람에게 자신의 피를 준 것과 같다.

몸집이 커지고 극도로 강해진 살해자는 죽은 자가 한때 소유했던 모든 생명력을 획득한다. 살해자가 꿈을 꿀 때 영혼이 나타나 그에게 줄 먹을 것을 갖고 있다고 말하고 어디를 가면 그 먹을 것을 발견할 것인지 지시해준다. 영혼은 말한다. '강가로 내려가라. 그러면 많은 캥거루를 발견할 것이다.' 또는 '저기 저 고목에는 큼직한 꿀벌 집이 있다.' 또는 '모래로 된 제방 가까이 가면 아주 큰 거북이를 잡을 수 있고 모래사장에서 많은 거북이 알들을 발견할 것이다.'

살해자는 주의 깊게 듣는다. 잠시 후 그는 혼자서 캠프를 몰래 빠져나간다. 그리고는 숲 속으로 들어간다. 거기서 그는 죽은 자의 영혼과 만난다. 영혼은 무척 가까이 와서 눕는다. 살해자는 놀라서 소리친다. '거기 누구요? 누가 와 있는 거요?' 죽은 자가 있던 곳으로 가까이 가면 그는 캥거루 한 마리를 발견한다. 그 캥거루는 보통 것들보다 작다. 그는 캥거루를 살펴본다. 그리고는 죽은 자의 영혼의 움직임을 들었던 그 장소에 캥거루가 있는 의미를 이해한다. 그는 겨드랑이 밑의 땀을 닦아내서 어깨에 문지른다. 그는 창을 집어 들고 죽은 자의 이름을 부르고는 그 동물에게 창을 던진다. 동물은 즉각 죽는다. 그러나 죽으면서 몸집이 커지게 된다. 그는 동물을 집어 들려고 시도한다. 그는 동물이 너무 커져서 그것을 집어 든다는 것이 불가능함을 알게 된다. 그는 동물을 버려두고 자기 친구들에게 말하려고 캠프로 돌아간다. 그는 캠프에 도착해서 말한다. '나는 방금 죽은 자의 영혼을 살해했다. 아무에게도 이 말은 하지 말라. 죽은 자가 다시 화를 낼지도 모르니까.' 그와 절친한 친구들과 친척들은 동물의 가죽을 벗기고 그것을 먹을 수 있도록 준비하는 것을 돕기 위해 그와 함께 간다. 그들은 동물을 자르다가 아주 맛이 좋은 것으로 생각되는 지방질이 여기저기 있는 것을 발견한다. 처음에는 아주 조금만 불에 굽는다. 사람들은 아주 주의해서 그 고기 맛을 본다. 고기 맛은 언제나 불쾌한 맛이 난다. 그리고 나서 동물 전체를 요리한다. 그들은 고기의 일부로 잔치를 벌이고 즐긴다. 나머지는 캠프로 운반되어 간다. 캠프의 노인들은 동물을 살펴보고 그것이 어마어마하게 크다는 것을 안다. 그들은 동물 주변에 모여들고 누군가가 묻는다.

'이걸 어디서 잡았나?'

'저 위쪽 강가에서요.'

노인들은 그것이 보통 사냥감이 아닌 것을 잘 알고 있다. 도처에 지방질이 있기 때문이다. 잠시 후 노인들 가운데 한 사람이 묻는다. '자네 숲 속에서 누군가의 영혼을 보았나?'

'아니요.' 젊은이는 거짓말을 한다.

노인들은 동물의 고기를 맛본다. 그러나 그 고기 맛은 보통 사냥감의 맛과 같지 않다. 그것은 약간 다른 향내가 난다. 천연적인 캥거루와는 같지 않다.

노인들은 알겠다는 듯이 고개를 흔들고는 혀를 찬다. '자넨 죽은 자의 영혼을 보았던 게 틀림없어!'"

여기서 살아남는 자는 적의 힘과 피를 자기 것으로 획득한다. 그만이 몸이 불어나는 것이 아니라 그의 사냥감도 거대해진다. 그가 적으로부터 얻어내는 이익은 개인적이고 집단적이다. 이렇게 해서 젊은이들의 생각은 일찍부터 전쟁 쪽으로 향한다. 그러나 그 모든 일이 남몰래 밤에 행해지기 때문에 영웅에 대한 우리들의 전통적인 개념과는 공통점이 적다.

우리가 알고 있는 영웅, 즉 겁이 없고 홀로 서서 적을 공격하는 영웅은 피지 섬에서 발견된다.[15] 자기 아버지가 누구인지도 모른 채 어머니 밑에서 자란 한 소년의 이야기가 있다. 그는 어머니를 을러대며 누가 아버지인지를 말하도록 강요한다. 그는 자기 아버지가 하늘의 왕이라는 것을 알자마자 아버지를 찾아나선다. 그가 아버지를 찾아내자, 아버지는 자기 아들이 너무 어린 데 실망한다. 그는 전쟁을 하고 있는 중이라서 어른들이 필요하지, 소년들은 필요하지 않다고 말한다. 왕 주위에 앉아 있는 사람들은 웃는다. 그러나 소년은 조롱하는 사람들 중의 하나를 몽둥이로 때려죽인다. 왕은 기뻐서 그곳에 머물도록 그에게 권한다.

"다음날 이른 아침에 적이 전쟁을 하자고 외치며 마을에 왔다. '하늘의 왕아, 이리로 와라. 우린 배가 고프다. 우리에게 와라. 너를 잡아먹게.'

그러자 소년이 일어나며 말했다. '아무도 내 뒤를 따라오지 마시오. 여러분은 모두 마을에 남아 있으시오.' 그는 자기가 만든 몽둥이를 들고 적의 한가운데로 뛰어들었다. 그는 몽둥이를 사방으로 맹렬하게 휘둘렀고 휘두를 때마다 적은 쓰러졌다. 마침내 적은 도망쳤다. 그는 시체더미 위에 앉아 마을 사람들을 불렀다. '이리들 와서 죽은 자들을 끌고가시오.' 마을 사람들은 장송곡을 부르며 시체들을 끌고갔다. 적의 시체는 42구였다. 그러는 동안 마을에서는 나무로 만든 북을 울려 사망자의 명부를 알렸다.

그 뒤에도 소년은 네 차례나 자기 아버지의 적들을 패배시켰다. 그래서 그들의 영혼은 점점 작아졌다. 그들은 왕에게 평화를 제안하는 선물을 가져와서 말했다. '우리를 불쌍히 여기시고 우리를 살려주시오.' 그래서 하늘의 왕에게는 적이 하나도 없게 되었고 그의 지배는 하늘 전체에 미쳤다."

여기서 그 소년은 혼자서 모든 적들과 싸우며 그의 몽둥이는 휘두를 때마다 적중한다. 마침내 그는 시체더미 위에 앉는다. 시체들은 하나하나가 그의 손에 의해 살해된 것이었다. 그러나 이러한 일이 전설 속에서만 일어난다고 생각해서는 안 된다. 피지 섬 사람들은 영웅들을 네 가지로 부르고 있다. 한 명을 죽인 자는 '코로이(Koroi)'라고 불린다. 열 명을 죽인 자는 '콜리(Koli)', 스무 명을 죽인 자는 '비사(Visa)', 서른 명을 죽인 자는 '왕카(Wangka)'이다. 유명한 추장으로 그가 이룬 업적이 무척 대단했던 사람은 콜리-비사-왕카라고 불렸다. 그는 10+20+30명, 즉 60명을 죽인 사람인 것이다.

이들 대영웅들의 무공은 우리의 영웅들의 무공보다 어쩌면 훨씬 더 인상적인 것 같다. 그들은 적들을 죽일 뿐만 아니라 죽인 다음에 그들의 고기를 먹기 때문이다. 어떤 사람에 대해서 특별한 증오심을 품어왔던 한 추장은 자기 혼자서만 그 사람을 먹을 권리를 갖는다. 이런 경우에 그는 실제로 자기 이외에는 아무도 그 사람의 고기를 단 한 점이나마 먹도록 허용하지 않는다.

그러나 영웅이 적대적인 인간들과만 싸우는 것은 아니라고 반박할 수도 있을 것이다. 전설들 속에서는 영웅의 주요 관심사가 위험한 괴물이다. 그는 결국 그 괴물들로부터 자기 동족들을 해방시켜준다. 어떤 괴물이 나타나 동족들을 차례로 먹어치우지만 그 괴물에 저항할 수 있는 사람은 아무도 없다. 그들이 할 수 있는 최선의 방법은 해마다 많은 희생자들을 그 괴물에게 제공함으로써 공포를 조정하는 방법뿐이다. 그러나 그 영웅은 자기 동족들을 불쌍히 생각한다. 그는 대단한 위험을 무릅쓰고 혼자서 싸움에 나서서 자기 손으로 괴물을 죽인다. 그의 동족들은 그에게 감사해 하고 그를 영원히 잊지 않는다. 마치 불사신처럼 다른 사람들을 구해준 덕분으로 그는 천사처럼 보이게 된다.

그러나 이 천사와 시체더미(적의 시체뿐만 아니라) 간의 관련이 명백히 인정되는 신화들이 있다. 이러한 신화들의 가장 현저한 것이 남아메리카의 위토토 족에서 발견된다. 이것은 프로이스(K.T.Preuss, 1866-1938, 독일의 인류학자, 원시 종교 연구가-역주)가 수집한 별로 알려지지 않은 신화이다. 우리의 주제와 관련이 있는 부분을 여기 요약해서 적어본다.[16]

"강변에서 아버지와 살고 있는 두 소녀들이 있었다. 어느 날 소녀들은 물 속에서 아주 예쁘고 작은 뱀 한 마리를 보고 그것을 잡으려고 했다. 그러나 뱀은 번번이 도망쳤다. 마침내 그녀들의 아버지는 아주 훌륭한 체를 만들어주었다. 그녀들은 그 체로 뱀을 잡아 집으로 가져왔다. 그들은 뱀을 작은 물그릇 속에다 넣고 모든 종류의 음식을 주어보았다. 그러나 뱀은 아무것도 먹지 않았다. 그러다가 아버지는 꿈속에서 특별한 종류의 전분으로 뱀을 기르는 방법을 알아냈다. 뱀은 그 음식을 제대로 먹기 시작했다. 뱀은 실처럼 가늘게 자랐고 다시 손가락 끝만큼 굵게 자랐다. 그러자 소녀들은 뱀을 더 큰 그릇에 넣었다. 뱀은 전분을 계속 먹었고 팔뚝만큼 굵게 자랐다. 소녀들은 뱀을 작은 호수 속에 넣었다. 뱀은 계속 전분을 게걸스럽게 먹었으며 너무 배가 고픈 나머지 먹이를 주던 소녀의 손과 팔을 음식과 함께 잘라먹어 버렸다. 이윽고 뱀은 물 속에 있는 나무만큼이나 커졌다. 뱀은 땅 위를 배회하며 사슴과 다른 동물들을 먹기 시작했다. 그러나 뱀은 아직도 부를 때마다 와서 소녀들이 마련해 준 엄청난 양의 전분을 먹어 치웠다. 뱀은 마을의 땅 밑에 굴을 만들었다. 그리고는 인간의 조상들을 잡아먹기 시작했다. '자, 어서 와서 먹으렴.' 소녀들이 부르자 뱀은 굴에서 나왔다. 뱀은 한 소녀가 들고 있던 전분 그릇과 팔과 머리까지 덥석 물었다. 그리고는 그녀를 끌고 가서 삼켜버렸다.

나머지 소녀는 울면서 자기 아버지에게 가서 이 사실을 알렸다. 그는 복수하기로 결심했다. 그는 이 종족들이 어떤 동물을 죽이려 할 때 언제나 하듯 담배를 핥아 독이 몸에 베이게 했다. 그는 뱀에게 줄 음식으로 전분을 준비했다. 그리고는 자기 딸을 잡아먹은 뱀을 불렀다. 그는 뱀에게 말했다. '나를 삼켜라!' 그는 어떤 고통도 감수할 준비가 되어 있었다. 그는 뱀을 죽이려고 목에 걸고 있던 담뱃갑에서 담배즙을 마셨다. 그가 부르자 뱀이 와서 그가 내민 전분 그릇을 덥석 물었다. 그러자 아버지는 뱀의 아가리에 뛰어 들어갔다. '나는 그를 죽였다.' 뱀은 그렇게 생각하고 아버지를 삼키고는 떠나갔다.

그리고는 뱀은 종족들을 모두 잡아먹었다. 아버지의 머리 위에서 사람들이 썩어 문드러지고 있었다. 뱀은 다른 종족을 또 잡아먹었다. 그 사람들도 그의 머리 위에서 썩었다. 그가 그곳에 앉아 있는 동안 사람들이 그의 머리 위에서 썩었다. 그는 악취를 참아내야만 했다. 뱀은 강 위에 있는 모든 종족들을 삼켜버리고 뱃속에 그들을 넣은 채 떠났다. 살아있는 사람은 아무도 없었다. 아버지는 뱀의 배를 가르기 위해 집에서부터 조개껍질 하나를 가져왔었다. 그러나 그는 뱀의 배를 약간만 잘랐다. 뱀은 그 상처만으로도 고통을 느꼈다. 뱀은 다른 강물을 따라가며 계속해서 다른 종족들을 잡아먹었다. 사람들은 겁이 나서 농장에 나오지 않고 줄곧 집에 남아 있었다. 사실 밖에 나와 돌아다니는 것은 불가능했다. 뱀이 길 한가운데 굴에 있다가 누구든 들판에서 돌아오면 그를 물고 갔기 때문이다. 사람들은 울었고 뱀이 그들을 잡아먹을까 두려워서 문 밖에는 얼씬거리지도 않았다. 그들이 고작 그들의 침대에서 나오는 경우에도 뱀이 그곳에 구멍을 파고 있다가 그들을 물어가지 않을까 겁을 냈다.

사람들은 아버지의 몸 위에서 악취를 풍기며 썩어갔다. 그는 담뱃갑에서 담배즙을 마셨다. 그리고는 뱀의 한가운데를 잘랐다. 뱀은 몹시 고통을 느꼈다.

'내가 어떻게 된 거지? 나는 다이호마(Deihoma, 자르는 사람)를 삼키지 않았을까, 몹시 고통스러운데.' 뱀은 이렇게 말하며 비명을 질렀다.

그러면서도 뱀은 다른 종족이 사는 곳으로 갔다. 뱀은 땅 속에서 나와 그곳에 있는 사람들을 잡아먹었다. 사람들은 꼼짝도 할 수 없었다. 그들이 강으로 물을 길러 가면 뱀은 그들을 잡아가 버렸다. 사람들이 아침에 일어나 마루바닥을 밟자마자 뱀이 그들을 물고 가 버렸다. 다이호마는 뱀의 배를 깊이 잘랐고 뱀은 비명을 질렀다. '내가 왜 고통을 느끼지? 나는 다이호마를 삼켰을까? 그 자가 틀림없이 나를 아프게 만들고 있어!'

그때 다이호마의 수호령들(Schutzgeister)이 그에게 경고했다. '다이호마, 이곳은 아직 네가 살던 강변이 아니다. 자르는 걸 조심해라. 네가 살던 강변은 아직도 멀다.' 이 말에 다이호마는 자르는 것을 멈췄다. 뱀은 다시 이전에 사람들을 잡아먹었던 곳으로 가서 즉각 그들을 잡아먹었다. '뱀이 계속 사람을 잡아먹고 있다. 우린 어디서 살지? 뱀이 우리 종족을 전멸시키고 있어.' 마을 사람들이 한탄했다. 그들은 마을을 버리고 떠났다. 그들 역시 무엇을 먹지 않으면 안 되었던가?

사람들이 죽어 다이호마의 몸 위에서 썩어갔다. 그러는 동안 그는 담뱃갑에서 담배즙을 마셨고 계속 뱀의 배를 잘랐다. 그리고 전처럼 뱃속에 계속 앉아 있었다. 그렇게 오랫동안 그 가엾은 사나이는 담배즙을 마시는 것밖에 아무것도 먹을 것이 없었다. 도대체 그는 무엇을 먹어야 했단 말인가? 썩는 냄새에도 불구하고 그는 담배즙을 마시고 침착하게 남아 있었다.

종족들은 더 이상 존재하지 않았다. 뱀은 강변에 살고 있던 모든 사람들을 잡아먹었고 더 이상 남아 있는 사람들은 없었다. 다이호마의 수호령들이 그에게 말했다. '다이호마야, 여기가 네가 살던 강변이다. 이제 그놈을 세게 잘라라. 강물 두 굽이만 돌아가면 네 집에 가게 된다.' 그는 잘랐다. '잘라라, 다이호마, 세게 잘라!' 수호령들이 말했다. 다이호마는 뱀의 배를 가른 후 배를 열고 그 틈을 뚫고 강가로 뛰어나왔다.

그는 나오자마자 털썩 주저앉았다. 그의 머리는 벗겨져 있었고 머리털은 하나도 없었다. 뱀은 몸부림치며 누워 있었다. 이렇게 해서 다이호마는 뱀의 뱃속에서 오랫동안 비참한 생활을 한 끝에 집으로 돌아왔다. 그는 강물 속에서 몸을 깨끗하게 씻었다. 그리고는 자기 움막으로 가서 딸과 재회했다. 딸은 아버지를 보자 기뻐 날뛰었다."

여기서는 대략 간추렸지만 이 신화의 원문 속에는 뱀이 삼킨 사람들의 시체가 주인공의 머리 위에서 어떻게 썩어가는가가 15군데에서나 기술되고 있다. 이러한 이미지에는 이 신화에서 가장 빈번하게 나타나는 먹는 것과 더불어 뭔가 불쾌하면서도 강한 흥미를 갖게 하는 면이 있다. 담배즙을 마심으로써 다이호마는 자신의 생명을 유지한다. 썩어가는 와중에서도 냉정함과 침착성을 잃지 않는 것이 바로 영웅의 특성이다. 세상의 모든 사람들이 그의 머리 위에서 썩어가더라도 그는 한 가운데 서서 몸을 곧추 세우고 자신의 목적을 위해 그대로 남아 있었을 것이다. 말하자면 그는 죄 없는 영웅이다. 시체들 중 어느 것도 그가 죽인 것은 아니기 때문이다. 그러나 그는 모든 것이 썩어가는 와중에서 그것을 참아낸다. 썩는 것이 그를 쓰러뜨리지는 못했다. 오히려 그로 하여금 몸을 똑바로 곧추 세우게 만든 것이 바로 부패물이라고도 말할 수 있을 것이다. 중요한 일들이 모두 뱀의 뱃속에서 일어나는 이 신화의 긴밀성은 전적으로 불가피한 것이었다. 이 신화는 진실 자체이다.

영웅은 위험할 때마다 살해라는 수단을 통해 계속해서 살아남는 사람이다. 그러나 영웅만이 살아남는 것은 아니다. 다른 동족들과 똑같은 평범한 인간이 우연히 살아남을 수도 있다.

전쟁 때 그의 동료들은 모두 살해당했는데도 불구하고 도대체 어떻게 자기 혼자만 생명을 건질 수 있을까? 그리고 인간은 홀로 남았을 때 어떻게 느끼는가? 이 점에 관해서 지식을 제공하는 구절이 코흐-그륀베르크(Koch-Grunberg)가 남아메리카의 타울리팡(Taulipang)족을 통해 수집한 인디언 신화 속에 있다.[17]

"적들이 습격해왔다. 적들은 밤중에 다섯 가구로 이루어진 마을에 들이닥쳤다. 그리고는 양쪽에서 불을 질러 사방을 환하게 함으로써 주민들이 어둠 속으로 도망칠 수 없게 만들었다. 주민들이 집에서 도망치려 하자 적들은 몽둥이로 많은 주민들을 죽였다.

마이차울레라는 한 사나이는 상처를 입지 않은 채 시체더미 속에 누워 있었다. 그는 적을 속이기 위해 얼굴과 몸에 피를 칠했다. 적들은 그가 죽은 줄 믿고 그 마을을 떠났다. 그 사나이는 그곳에 혼자 남았다. 그래서 그는 일어나서 몸을 씻고 거기서 그리 멀지 않은 곳에 있는 다른 집으로 갔다. 그는 그곳에 사람들이 있을 것으로 생각했다. 그러나 그는 아무도 발견하지 못했다.

그들은 모두 도망쳤던 것이다. 빵부스러기와 식어버린 구운 고기만이 있었다. 그는 그것들을 먹었다. 그는 생각하기 시작했다. 그리고 그 집을 나와 먼 길을 떠났다. 그리고는 앉아서 다시 생각했다. 그는 적에게 살해된 부모를 생각했다. 이제 그에게는 아무도 남아 있지 않았다. 그는 말했다. '나는 죽은 내 동료들과 누워 있고 싶다.' 그는 공포에 질려, 불타버린 자기 마을로 돌아왔다. 그곳에는 무척 많은 독수리들이 있었다. 마이차울레는 아름다운 처녀를 꿈꾸어 왔었다. 그는 독수리들을 쫓아내버리고 죽은 동료들 옆에 누웠다. 그는 몸에 다시 피를 칠했다. 그는 두 손을 머리 위로 뻗고 있었다. 독수리를 재빨리 나꿔챌 수 있도록 하기 위해서였다. 독수리들이 다시 돌아와 시체들을 쪼아 먹었다. 그러자 독수리 왕의 딸이 왔다. 독수리 왕의 딸은 무슨 일을 했는가? 그 독수리는 마이차울레의 가슴에 내려앉았다. 그 독수리가 그의 몸을 쪼아대려는 순간 그는 독수리를 잡았다. 독수리들은 날아가버렸다. 그는 독수리 왕의 딸에게 말했다. '여자로 변신하라. 나는 무척 외롭고, 나를 도와줄 사람이라곤 아무도 없다.' 그는 독수리를 데리고 텅 빈 집으로 가서 길든 새처럼 독수리를 길렀다. 그는 독수리에게 말했다. '난 지금 고기를 잡으러 간다. 내가 돌아왔을 때 네가 여자로 변신해 있었으면 한다.'"

처음에 그는 탈출하기 위해서 시체들 사이에 누워 있었다. 그리고는 자신이 죽은 것처럼 위장한다. 그러다가 그는 살아남은 유일한 사람인 것을 발견하고 슬픔과 공포에 가득찬다. 그는 다시 죽은 동료들 사이에 눕겠다고 결심한다. 처음에 그는 그들과 운명을 나눠 가질 생각을 한다. 그러나 그것이 진심일 수는 없었다. 왜냐하면 아름다운 처녀를 꿈꾸고 있었기 때문이다. 자기 주변에 살아 있는 것이라고는 독수리들밖에 없는 것을 알자 그는 아내로 삼으려고 독수리 한 마리를 잡는다. 그의 소원에 따라 독수리가 여자로 변신했다는 이야기가 덧붙여져도 좋을 것이다.

전 세계의 많은 종족들이 그들의 기원을 대재앙이 지나간 뒤 홀로 살아남은 한 쌍의 부부에 두고 있는 것은 주목할 만하다. 잘 알려진 노아의 홍수 경우에는 노아가 자기 가족 전체와 함께 살아남았다는 사실에 의해서 이러한 엄격성이 완화되고 있다. 노아는 자기 가족들과 모든 살아있는 것들의 한 쌍씩을 데리고 방주로 들어가는 것이 허용된다. 그러나 하느님으로부터 자비를 발견한 것은 바로 노아 자신이었다. 살아남는 데 필요한 덕목—이 경우에는 종교적인데—은 노아의 신앙심이었다. 그리고 다른 사람들과 동물들이 구원을 받은 것도 전적으로 노아의 덕이었다. 더욱 극단적인 예들이 있다. 선조들 한 쌍만 남고 인류가 모두 전멸해버리는 이야기가 그것이다. 이러한 이야기들이 반드시 언제나 홍수와 관련되는 것은 아니다. 홍수 대신 전염병인 경우도 자주 있다. 이런 이야기에서는 한 남자만 제외하고 모든 사람들이 다 죽고 그는 사람을 찾아서 여기저기 방황하다가 마침내 한 여자 혹은 두 여자를 발견한다. 그는 그 여자와 결혼해서 새로운 종족을 만든다.

조상이 한때 살아남은 유일한 인간이었다는 사실은 그 조상의 힘과 영광의 일부가 된다. 비록 많은 말로 표현되어 있지 않다 하더라도 그가 다른 사람들과 함께 죽지 않은 것은 그에게 있는 일종의 우월성을 이야기하고 있는 것이다. 그가 후대의 모든 사람들의 조상으로서 누리는 특권에, 그가 살아남아 있다는 사실에 대한 행운과 힘에 대한 존경이 덧붙여지고 있다. 그가 자기의 동료들과 살고 있었을 때 그는 특별히 두드러진 인물이 아니었을 수도 있다. 그는 다른 사람들과 똑같은 평범한 인간이었다. 그러다가 그는 갑자기 홀로 남게 된다. 고독한 방랑의 기간은 아주 자세히 기술된다. 그는 살아있는 사람들을 찾아 여기저기를 다니지만 시체들만 발견할 뿐이다. 자기밖에 살아 있는 사람이 없다는 것이 점차 확실해지자 그는 절망으로 가득 차게 된다. 그러나 둘째 요소가 있다. 그것은 언제나 분명히 식별되는 것으로, 바로 그의 용기이다. 인류는 그로 말미암아 다시 시작되며 전적으로 그를 토대삼아 형성된다. 만일 그가 다시 시작할 용기가 없었더라면 인류는 존속하지 못했을 것이다.

이같은 전설의 가장 솔직한 것들 가운데 하나가 쿠테나이(Kutenai, 캐나다에 사는 인디언-역주)족의 기원에 관한 이야기이다. 필자는 간략하게 그것을 인용해보겠다.[18]

"어떤 곳에 사람들이 살고 있었다. 그런데 거기에 전염병이 번졌다. 그들은 거의 모두 죽었다. 그 중 살아남은 자들이 돌아다니며 그 소식을 전했다. 쿠테나이족 모두에게 전염병이 번져 있었다. 그들은 한 마을에 도착해서 다른 사람에게 그 소식을 말했다. 어디나 마찬가지였다. 한 마을에서 그들은 아무도 보지 못했다. 그들마저 모두 죽었다. 오직 한 사람만이 살아남았다. 어느 날 그 사람은 병이 나았다. 그는 남자였다. 그는 혼자였다. 그는 생각했다. '좋다, 어디든 사람이 살아있는지 세상을 돌아다녀 보자. 아무도 살아있지 않다면 나는 다시는 이곳에 오지 않으리라. 여기에는 아무도 없다. 그리고 아무도 이곳을 찾지 않을 것이다.' 그는 카누를 타고 출발했다. 그는 카누를 타고 돌아다녔다. 그는 카누를 타고 출발해서 쿠테나이족의 마지막 야영지에 왔다. 그가 물가를 따라 사람들이 살았던 곳에 도착했을 때 거기에는 아무도 없었다. 그는 돌아다녀 보았지만 시체들만 보였고 사람이 살아있다는 징후는 보이지 않았다. 그는 아무도 남아 있지 않다는 것을 알았다. 그는 카누를 타고 계속 돌아다녔다. 그는 마을이 있었던 곳에 도착했다. 그는 카누에서 내렸다. 거기에도 죽은 사람들뿐이었다. 마을에는 아무도 없었다. 그는 다시 돌아가려 했다. 그러다가 그는 쿠테나이족이 살았던 마지막 취락에 왔다. 그는 마을로 들어갔다. 천막 안에는 시체들이 쌓여 있었다. 그는 계속 돌아다녔다. 그는 모든 사람들이 다 죽은 것을 알았다. 그는 울면서 걸었다. 그는 생각했다. '나만 홀로 살아남았다. 개들조차 모조리 죽어버렸다.' 그런데 그가 가장 멀리 떨어진 마을에 오게 되었을 때 그는 사람들의 발자취를 보았다. 거기에 천막 하나가 있었다. 시체는 없었다. 멀리 떨어진 곳에 마을이 보였다. 그는 두 세 사람 살아있는 것이 틀림없다고 생각했다. 그는 큰 발자국과 작은 발자국을 보기까지 했다. 세 사람이 있을지 확실히는 알 수 없었다. 그러나 누군가가 죽지 않고 살아남은 것만은 확실했다. 그는 카누를 타고 가며 생각했다. '저 쪽으로 가봐야지. 여기 살고 있던 사람들은 예전에 저쪽으로 잘 갔으니까 그가 만일 남자라면 그는 가만히 있지 않고 다른 데로 떠났을 거야.'

그는 카누를 젓고 가다가 강변 위쪽에 검은 곰 두 마리가 산딸기를 따먹고 있는 것을 보았다. 그는 생각했다. '가서 저 곰들을 활로 쏘아 잡아야지. 잡게 되면 그것들을 먹어야지. 그리고 고기를 말려야지. 그런 후에 누가 살아남았는지 찾아보자. 고기를 말리고 나서 그들을 찾아봐야지. 난 사람들의 발자국을 보았어. 그들은 굶주린 남자 아니면 여자일거야. 그들도 고기를 먹게 해야지.' 그는 곰들이 있는 곳으로 갔다. 그러나 가까이 가서 보니 그들은 곰이 아니라 여자들이었다. 한 여자는 중년 여자였고 한 여자는 소녀였다. 그는 생각했다. '사람들을 보게 되서 기쁘다. 저 여인을 내 아내로 삼자.' 그는 다가가 소녀의 팔을 잡았다. 소녀가 어머니에게 말했다. '엄마, 남자가 있어요.' 그녀의 엄마는 흘낏 바라보았다. 그 여자는 자기 딸이 사실을 말하고 있다는 것을 알았다. 그녀는 한 남자가 그녀의 딸을 붙잡고 있는 것을 보았다. 그러자 그 모녀와 젊은이는 대성통곡했다. 그들은 쿠테나이족이 모두 죽은 것을 알았기 때문이다. 그들이 서로를 보았을 때 그들은 모두 함께 울었다. 소녀의 어머니가 말했다. '내 딸은 안돼요. 그 애는 아직 어려요. 나를 취하세요. 내 남편이 되어야 해요. 이 애가 숙성하면 그 때는 이 애가 당신 아내가 될 거예요. 그러면 애들을 갖게 될 거예요.' 그래서 그 청년은 중년 여인과 결혼했다. 오래지 않아 그 여인이 말했다. '이제 딸애가 다 큰 것 같소. 이제는 당신 아내가 될 수 있어요. 애들이 생긴다면 좋은 일이죠. 내 딸아이의 몸은 이제 건강해요.' 그래서 청년은 그 소녀를 아내로 삼았다. 이렇게 해서 쿠테나이족은 증식되었다."

전염병이나 전쟁에 뒤따르는 세번째 종류의 재앙으로 집단 자살이 있다. 이 경우 역시 살아남는 자는 있다. 남아프리카 로디지아에 살고 있는 반투족의 일부인 바일라족에게는 이 점을 설명해주는 전설이 하나 있다.

그 전설은 그들의 두 부족인 산양족과 말벌족 간의 심한 반목에 관해 이야기하고 있다.[19] 수장(首長)의 자리다툼이 분쟁의 씨였다. 이 분쟁에서 패배하여 수장의 자리를 빼앗긴 산양족은 전원이 호수에 빠져 죽기로 결심했다. 그들은 남녀노소 할 것 없이 긴 밧줄 하나를 만들었다. 그리고는 호숫가에 모여 그 밧줄을 차례로 목에 감고 함께 물에 뛰어들었다. 그런데 산양족 여인과 결혼해서 살고 있던 사자족 출신의 사내가 있었다.

그는 아내에게 자살을 하지 말라고 권유하는 데 실패하자 그녀와 함께 죽을 결심을 했다. 그들은 우연하게도 맨 나중에 밧줄에 묶이게 되었다. 그들은 앞사람들에게 끌려 호수 속으로 들어갔다. 그들이 거의 익사를 할

지경에 이르렀을 때 그 남자는 후회를 하고 밧줄을 끊었다. 그리고는 그와 아내의 몸에서 밧줄을 풀었다. 그녀는 남편으로부터 벗어나려고 몸부림을 치며 고함을 질렀다. "날 놓아줘요! 날 놓아 달라구요!" 그러나 그는 응하지 않고 그녀를 땅 위로 데리고 나왔다. 오늘날 사자족이 산양족에게 "너희들을 멸종으로부터 구한 건 우리야"라고 말하는 것은 이 때문이다.

끝으로 필자는 살아남는 자들을 의도적으로 이용하는 방법, 특히 역사적으로 잘 입증된 사례에 관해 독자들의 주의를 환기시키고 싶다. 남아메리카 인디언 부족들 간의 섬멸전에서 패배한 편의 남자가 적에 의해 살아남게 되어 자기 동족들에게 되돌려 보내졌다. 그는 그가 본 것을 동족들에게 이야기해서 동족들로부터 더 이상 싸울 용기를 박탈하라는 지시를 받았다. 훔볼트(Humbuldt, 독일의 지리학자이자 자연과학자—역주)는 이 두려움에 찬 전령의 이야기를 다음과 같이 전해주고 있다.[20]

"카브레족이 용감한 지도자의 지휘 아래 단결해서 카라이브족과 벌였던 오랜 항쟁은 결국 1720년에 카브레족의 전멸로 끝났다. 처음에는 카브레족이 강의 하구에서 적을 패배시켰다. 많은 수의 카라이브족이 도망치다가 큰 폭포들과 섬들 사이에서 죽었다. 포로들은 잡아 먹혔다. 그러나 남부아메리카 인디안들의 전형적인 교활함과 잔인성으로 카라이브족의 한 사람은 살려두었다. 그는 나무 꼭대기에 올라가 밑에서 행해지는 모든 야만적인 행위를 목격하도록 강요되었다. 그리고 그는 즉시 패배한 동족들에게 그가 목격한 사실을 상세히 전하라고 보내졌다. 그러나 카브레족 추장의 승리의 축하는 오래가지 못했다. 카라이브족이 엄청난 규모로 반격을 해오자 식인 습성을 지닌 카브레족은 모두 전멸하였다."

조롱거리로서 살아남은 이 사람은 나무 꼭대기로 올라가 동족들이 잡혀 먹는 것을 지켜보도록 강요당했다. 그와 함께 전장으로 떠나왔던 모든 무사들은 싸우다가 죽었거나 포로로 잡혀 적의 뱃속으로 들어가고 말았다. 강요된 살아남은 자로서 그가 목격했던 공포를 느끼면서 그는 동족들에게 보내진다. 적들이 상상했던 바 그가 가지고 가는 전언의 의미는 이러하다. "너희들의 전사들 중 오직 하나만이 살아남았다. 너희들은 우리가 얼마나 강력한가를 알았을 것이다. 다시는 우리와 맞서 싸울 생각을 말라." 그러나 이 사람이 보았던 장면의 충격은 너무나 컸다. 그리고 강요당한 자신의 독특한 입장은 너무나 인상적이었다. 그래서 적이 예상했던 바와는 반대로 그는 복수를 하자고 동족들을 궐기시킨다. 각처에 살고 있던 카라이브족이 한데 모여들어 카브레족을 영원히 말살시킨다.

가끔 있는 이러한 이야기 속에서 원시인들이 살아남는 자를 어떻게 보는지가 명확히 입증된다. 그들은 살아남는 자가 처해 있는 독특한 입장을 완벽히 알고 있으며, 자신들의 목적을 위해 살아남는 자를 이용하는 데 이점을 고려한다. 나무 꼭대기로 올라가도록 강요당한 카라이브족의 한 사내는 적군과 우군 양측에 똑같이 봉사했다. 만일 우리가 허심탄회하게 고찰할 용기만 있다면, 이 사내의 이중 역할로부터 많은 것을 배울 수 있을 것이다.

죽은 자들의 원한

어떤 종교든 그 종교의 원본 자료들을 연구한 사람들이라면 죽은 자들의 힘에 놀라지 않을 수 없을 것이다. 자신들의 존재를 거의 전적으로 죽은 자들과 관련된 의식(儀式)에 종속시키는 종족들이 많다.

우선 두드러지게 나타나는 현상은 죽은 자들에 대한 보편적인 공포이다. 죽은 자들은 그들이 뒤에 남겨두고 온 사람들에 대한 불만과 질투로 가득 차 있다. 죽은 자들은 살아있는 자들에게 복수를 하려고 한다. 어떤 때는 그들이 살아있을 동안에 그들에게 가해진 상처들에 대해 복수를 하려 하지만, 단지 그들이 더 이상 살아있지 않다는 이유로 복수를 하려 드는 일도 자주 있다. 살아있는 사람들이 가장 두려워하는 것은 죽은 자들의 질투이다. 그래서 살아있는 사람들은 공양을 함으로써 죽은 사람들을 달래려 노력한다. 살아있는 사람들은 죽은 자들에게 그들이 죽은 자들의 나라로 여행을 하는 데 필요한 모든 것들을 제공한다. 그들이 멀리 가버려서 결코 살아 있는 사람들을 괴롭히거나 해를 끼치려고 돌아오지 않게 하기 위해서이다. 죽은 자들의 영혼은 질병을 보내거나 질병을 가지고 온다. 죽은 자들의 영혼은 사냥감이나 곡물을 증가시키는 힘을 가졌고 수백 가지 방법으로 생명에 대해 관여를 한다. 열정적이고 끊임없이 그들은 살아있는 사람들을 지배하려 든다.

죽은 자들은 그들이 뒤에 남기고 가야만 했던 일상생활의 모든 물건들에 관해 살아있는 사람들을 시샘하기 때문에 살아있는 사람들은 죽은 자들에게 속했던 물건들을 전혀 갖지 않거나 가능한 적게 가지는 것이 전래의 관습이었다. 죽은 자들이 생전에 지녔던 모든 물건들을 무덤 속에 넣어주거나 그들과 함께 불태워 버렸다. 그들이 살았던 움막들은 버려졌고 다시는 사용되지 않았다. 혹은 그들은 재산과 함께 그들이 살았던 집 속에 매장되었는데 아무도 그 재산을 탐내지 않는다는 것을 증명하기 위해서였다. 그러나, 이렇게 한다 해도 그들의 분노를 완전히 달랠 수는 없었다. 왜냐하면 죽은 자들의 마음속 깊이 깃든 질투는, 만들어질 수 있거나 새롭게 획득되어질 수 있는 물건들에 대한 것이 아니라, 생명 그 자체에 대한 것이었기 때문이다.

죽은 자에게 느끼는 감정이 세계 어디에서나 마찬가지라는 사실은 확실히 주목할 만한 일이다. 어떤 종족이든 간에 죽은 자에 대한 감정은 동일한 것 같다. 살아있는 사람들의 눈으로 보면 죽은 사람은 어떤 패배를 당한 것처럼 보인다. 패배란 다른 사람들을 남겨 두고 더 먼저 죽었다는 사실이다. 죽은 자들은 그들에게 가해진 이 상처를 달랠 수 없으며, 따라서 그들이 그 상처를 다른 사람들에게 가하고 싶어한다는 것은 지극히 자연스런 일이다. 이와 같이 죽은 자는 누구나 다른 사람들을 남겨놓고 먼저 죽은 자이다. 모든 사람, 혹은 거의 모든 사람이 함께 죽는 드물게 보는 대규모 재앙에서만 이런 상황이 달라진다. 어쨌든 여기서 문제가 되고 있는 개별적이고 고립된 죽음에서는, 죽은 자는 한 사람으로 그의 가족과 집단으로부터 고립되어 있다. 어떤 사람이 죽게 되면 죽은 자들에 대해 어떤 권리를 갖고 있는 살아남은 자들은 죽은 자를 애도하기 위한 무리를 형성한다. 그들은 그의 죽음으로 자신이 약해진 것을 느끼며 그에 대한 그들의 애정 또한 여전히 간직하고 있다. 사실 이 두 가지 감정을 분리해서 생각한다는 것은 불가능한 일이다. 그들은 열정적으로 그를 애도한다. 그리고 그들의 마음속 깊은 곳에서 볼 때 그들의 애도가 진정한 것이라는 데는 의심의 여지가 없다. 애도의 표현이 국외자에게 의심스럽게 보이는 경우가 있는 것은, 그 상황이 복합적이며 다의성을 지니고 있기 때문이다.

애도할 이유를 가진 자들은 바로 살아남은 자들이기 때문에 그런 상황이 발생한다. 그들은 죽은 자를 잃은 것은 슬퍼하지만, 자신이 살아남았다는 것에 대해서는 일종의 만족감을 느낀다. 그들은 통상적으로는 이같은 감정을 그들 자신에게마저도 시인하려 들지 않을 것이다. 그러나 그들은 항상 죽은 사람의 감정이 어떠한 것인가는 잘 알고 있다. 죽은 자는 그들을 증오할 것이다.

죽은 자가 상실한 생명을, 그들은 아직도 갖고 있기 때문이다. 그래서 그들은 죽은 자의 영혼을 돌아오도록 불러낸다. 그들이 그의 죽음을 원치 않았다는 사실을 그에게 확신시켜 주기 위해서이다. 그들은 그가 살아있었을 때 얼마나 잘 대해 주었던가를 그에게 환기시킨다. 그들은 그가 원했을 법한 일들을 모두 해주었다는 실제적인 증거들을 열거한다. 그의 유언은 양심적으로 이행된다. 많은 곳에서 유언은 법적인 권위를 갖는다. 이같은 모든 것의 배후에는 흔들리지 않는 확신이 있다. 죽은 자보다 그들이 오래 살아남았기 때문에 죽은 자가 그들을 증오할 것이 틀림없다는 확신이 그것이다.

데메라라 강가에 살고 있는 한 인디언 소년은 모래를 먹는 버릇 때문에 일찍 죽게 되었다.[21] 죽은 아이의 시체가 뚜껑을 덮지 않은 관 속에 누워 있었다. 그 관은 소년의 아버지가 이웃의 목수에게서 가져온 것이었다. 매장을 하기 직전에 소년의 할머니는 손자의 시체를 굽어보며 탄식하는 목소리로 말했다. "얘야, 내가 모래를 먹지 말라고 항상 그랬었지. 내가 모래를 준 적은 결코 없었지. 모래가 너한테 좋지 않다는 것을 알기 때문이었다.

넌 언제나 모래를 찾았지. 모래가 나쁜 것이라고 얼마나 말했었니. 봐라, 모래 때문에 죽게 되었잖아. 나를 괴롭히지는 마라. 네가 한 일이니까. 어떤 악한 것이 네 머리 속에 모래를 먹어야겠다는 생각을 불어넣은 것이 틀림없어. 네 활과 화살을 네 곁에 놓아두마. 네가 즐겁게 놀도록 말이다. 난 언제나 너한테 친절했었다. 착하게 굴고 날 괴롭히지 마라."

그러자 소년의 어머니가 울면서 왔다. 그리고는 영탄조로 말했다. "아가야, 난 너를 낳았어. 이 세상의 모든 좋은 것들을 보고 즐기라고 말이다. 이 젖가슴이 너를 먹였다. 네가 먹고 싶어하면 언제나 젖을 먹였잖니. 난 너에게 무릎 덮개와 예쁜 바지를 만들어주었다. 난 너를 보살폈고 너를 길렀다. 너와 함께 놀아주었으며 너를 때린 적도 없다. 착한 애가 되어야 한다. 나한테 해를 가져오면 안 된다."

소년의 아버지도 관에 다가서며 말했다. "내 아들아, 모래 때문에 네가 죽게 될 것이라고 말했을 때, 넌 내 말을 들으려고 하지도 않았다. 헌데 넌 죽어 있잖니. 나는 집을 나와서 아름다운 관을 구해왔다. 나는 그 관의 대금을 지불하려면 일을 해야만 한다. 네가 즐거이 뛰놀던 아름다운 곳에 네 무덤을 만들었다. 난 너를 안락하게 자리 잡아 줄 것이다. 그리고 네가 먹도록 모래도 놓아두마. 이제는 모래가 너에게 해롭게 못할 테니까. 난 네가 그걸 좋아한다는 것을 알고 있다. 넌 나한테 불운을 가져다 줘서는 안 된다. 네가 모래를 먹도록 만든 자를 찾아보아라."

할머니와 어머니와 아버지는 이 아이를 사랑했다. 그러나 그들이 그를 사랑했다는 사실과, 그가 아주 어리다는 사실에도 불구하고 그들은 그의 원한을 두려워한다. 그들은 아직 살아있기 때문이다. 그들은 그의 죽음에 대해서 결백하다고 주장한다. 할머니는 그에게 활과 화살들을 가져가라고 준다. 아버지는 비싼 관을 그에게 사다주고 그가 먹도록 무덤 속에 모래를 넣어준다. 아버지는 아들이 모래를 무척 좋아한다는 것을 알기 때문이다. 그들이 아이에게 보이는 온화함은 감동적이다. 그러나 거기에는 뭔가 불안해하는 어떤 것이 있다. 왜냐하면 그 온화함은 공포와 뒤섞여 있는 것이기 때문이다.

죽은 자들의 사후의 삶에 대한 신앙은 많은 종족들에게 조상 숭배(Ahnenkult)로 발전해왔다. 조상 숭배가 엄격한 형식을 취한 곳에서는 어디서나 사람들은 죽은 자들이나 혹은 죽은 자들과 어느 정도 관계가 있는 사람들을 길들이는 방법을 배웠던 것 같다. 죽은 자들이 열망하는 것들, 즉 칭송이나 공양을 규칙적으로 제공함으로써 그들을 만족하게 만든다. 죽은 자들은 전통적인 규칙에 따른 보살핌을 받고 산 사람들 편이 된다. 죽은 자들은 저승에서도 이승에서와 마찬가지의 모습을 지니며 동일한 지위를 유지한다. 지상에서 강력한 추장이던 사람은 무덤 속에서도 강력한 추장이 된다. 제물을 바치거나 주문을 외울 때도 그는 맨 처음 이름이 불려진다. 그의 감정을 상하지 않기 위해 매우 조심을 한다. 그의 감정이 상하게 되면 그는 아주 위험해질 수 있기 때문이다. 그는 자기 후손들의 복지에 관심을 갖는다. 그리고 그가 자기 후손들에 대해서 호의를 갖게 만들어야 한다. 많은 것이 그에 의해 좌우되기 때문이다. 그는 후손들 가까이 있는 것을 좋아한다. 그를 멀리 쫓아 버릴지도 모르는 일을 해서는 안 된다.

남아프리카의 줄루(Zulus)족에게 살아있는 사람들과 죽은 조상들 간의 관계는 특히 밀접하다.[22] 영국 선교사 캘러웨이가 약 100년 전에 수집을 했다가 후에 간행한 기록들은 그들의 조상 숭배에 대한 가장 신빙성 있는 이야기를 제공해준다. 그는 그 이야기의 산 증인들이 스스로 말을 하게 해서 그들의 말을 그들의 글로 적었다. 그의 저서 『아마줄루족의 종교 제도(The Religious System of the Amazulu)』는 발행 부수가 많지 않기 때문에 별로 알려져 있지 않다. 그러나 이 책은 인류의 매우 중요한 다큐멘터리 중의 하나이다.

줄루족의 조상들은 뱀으로 변신해서 땅 속으로 들어간다. 그러나 그것들은 흔히 상상하듯 아무도 본 적이 없는 신화적인 뱀들이 아니다. 그것들은 움막 가까이에서 놀고 때때로 움막 안으로 들어오기도 하는, 우리 눈에 낯익은 종류의 뱀들이다. 이 뱀들의 어떤 것들은 신체적 특성에서 특정한 조상들을 연상시키기 때문에 살아있는 사람들에 의해 조상으로서 인정을 받는다.

그러나 그것들은 단순한 뱀 이상의 것이다. 그것들은 살아있는 사람들의 꿈속에 사람의 모습을 하고 나타나 그들에게 말을 하기 때문이다. 사람들은 이러한 꿈들을 고대하고 있으며 그러한 꿈을 꾸지 못하면 불안해한다. 그들은 죽은 자들과 말을 하고 싶어하며 그들의 꿈속에 죽은 자들이 선명하게 나타나기를 바란다. 때때로 조상들의 모습이 희미하고 점점 어두워질 경우에는 조상들의 모습이 다시 명확해지도록 어떤 의식을 행해야만 한다. 특히 중요한 경우에는 때때로 그들에게 희생의 제물을 바친다. 산양이나 소를 잡아 그들이 그것들을 함께 먹도록 정중하게 초대한다. '칭송하는' 의미에서 그들을 큰 소리로 부른다. 그들은 '칭송하는 이름'을 중요시한다. 그들은 존경받는 것을 좋아한다. 그리고 만약 이러한 이름들이 잊혀지거나 침묵 속에 지나가 버리면 모욕을 느낀다. 희생 제물의 비명은 그들이 들을 수 있도록 커야만 한다. 조상들은 이러한 비명들을 좋아한다. 비명도 없이 죽는 양은 희생 제물로는 쓸모가 없다. 희생물은 죽은 자들이 살아있는 사람들과 함께 나눠 먹는 식사로 간주된다. 그것은 살아있는 자와 죽은 자 사이의 일종의 성찬식인 것이다.

만일 사람들이 조상들의 습관대로 생활하고, 옛 풍속과 관습을 따르며, 죽은 자들에게 정기적으로 희생물을 바치면 조상들은 만족해한다. 그리고는 자기 후손들의 복지를 증진시켜 줄 것이다.

어떤 사람이 병이 나면 그는 자기 조상 중의 누군가가 기분이 나쁘다는 것을 알며 그 원인을 찾기 위해 최선을 다할 것이다.

왜냐하면 죽은 자들이라고 항상 옳은 것은 아니기 때문이다. 살아있는 사람들은 죽은 자들을 잘 알고 있다. 그들의 결점과 실수도 잘 기억하고 있다. 죽은 자들이 꿈속에 나타날 때도 그들의 성격에 부합되는 방식으로 나타난다. 선교사 캘러웨이가 상세히 기록한 한 경우에 따르면, 죽은 자들이 존경을 받고 음식을 충분히 대접받았더라도 살아있는 자들에 대해 아직도 그들이 살아있다는 사실만으로 원한에 사로잡히는 것을 볼 수 있다. 이런 종류의 원한의 역사는 우리들 자신의 용어로 바꾸어보면 위험한 질병의 경과에 상응하는 것이다.

형이 죽었다. 그의 소유물들과 특히 사람들이 부(富)로 생각하는 소가 동생에게 넘어갔다. 이것은 정상적인 상속이다. 그래서 관례에 따라 희생물을 죽은 자에게 바친 동생은 죽은 자에 대한 모욕이라는 생각 없이 형의 유산을 받는다. 그러나 그는 갑자기 중병에 걸리고 말았다. 그리고 꿈속에 형이 나타난다.

"나는 형이 나를 구타하면서 이렇게 말하는 꿈을 꾸었다. '너는 왜 내가 누구인지 모르느냐?' 나는 그에게 대답했다. '내가 형을 알고 있다는 사실을 형에게 알리자면 도대체 어떻게 해야 됩니까? 나는 당신이 내 형인 것을 알고 있습니다.' 그러자 그가 물었다. '네가 황소를 제물로 바칠 때 왜 나를 부르지 않았어?' 나는 대답했다. '나는 형을 불렀어요. 그리고 형을 칭송까지 했어요. 내가 황소를 죽이면서 형을 부르지 않았던 적이 있으면 말해 봐요.' 그는 대답했다. '나는 쇠고기가 먹고 싶다.' 나는 그 청을 거절했다. '안돼요, 형. 난 황소가 없어요. 외양간에 황소가 한 마리뿐인 것을 모르세요?' 그는 말했다. '비록 한 마리밖에 없더라도 난 그걸 원한다.' 내가 잠에서 깨어났을 때 나는 허리에 통증을 느꼈다. 나는 숨을 쉬려 했지만 숨을 쉴 수 없었다. 나는 숨이 가빴다."

그 동생은 고집이 무척 셌기 때문에 황소를 죽이는 데 끝내 동의하지 않았다. 그는 말했다. "나는 확실히 병이 들었어. 그리고 그 병이 무슨 병인지도 알고 있어." 사람들은 그에게 말했다. "무슨 병인지 안다면 왜 그 병을 없애지 않는가? 고의적으로 자기 자신에게 병을 일으키는 사람이 어디 있는가? 무슨 병인지 알고 있다니 죽기로 작정이라도 했다는 말인가? 죽은 자의 영혼이 어떤 사람에게 화를 내면 그를 죽게 만든다."

그는 대답했다. "그게 아니오. 난 한 사내에 의해서 병이 난 것이오. 내가 잠을 잘 때면 그가 꿈에 나타나지요. 그는 고기가 먹고 싶은 나머지, 내가 소를 죽일 때 그를 부르지 않았다고 생트집을 잡고 있어요. 나로서는 전혀 뜻밖의 일이오. 나는 소를 죽일 때마다 매번 그를 불렀으니까 말이오. 만일 그가 고기가 먹고 싶다면 나한테 이렇게 말하기만 하면 될 것이오. '아우야, 난 고기가 먹고 싶구나.' 그러나 그는 내가 그를 칭송하지 않는다고 말하고 있어요. 나는 화가 납니다. 그는 날 죽이고 싶은 거예요."

사람들은 말했다. "당신은 죽은 자의 영혼과 아직도 이야기할 수 있다고 생각하는가? 그는 어디 있는가? 우리도 그를 꾸짖고 싶다. 당신이 소를 죽일 때마다 우리는 매번 그 자리에 있었지. 더구나 당신이 그를 칭송하며 이름을 부르는 것을 우리가 들었어. 그 자가 진짜 당신의 형이든, 혹은 이미 죽은 다른 사내이든 간에 그가 다시 나타난다면 우린 그를 꾸짖고 따질 것이다. '왜 그런 말을 하는가?' 라고."

병든 사내는 대답했다. "내 형은 나보다 연장자이기 때문에 그렇듯 거만하게 구는 것 같아요. 나는 그보다 어리잖아요? 그가 나한테 모든 소들을 죽이라고 말할 때 나는 어이가 없어져요. 그는 죽을 때 소 한 마리도 남기지 않았거든요."

사람들은 말했다. "그 사람은 죽었어. 그러나 우리는 당신과 실제로 이야기를 하고 있어. 실제로 당신의 두 눈은 여전히 우리를 보고 있어. 그래서 그 사내에 관한 한, 당신은 그와 조용히 이야기해야만 한다. 그리고 만일 당신이 산양을 한 마리라도 가지고 있다면 그걸로 제사를 지내라. 그가 와서 당신을 죽인다면 그건 정말 수치스러운 일이야. 왜 당신은 계속해서 꿈속에서 그를 만나고 병이 나는가? 꿈속에서 자기 형을 만나고 기분이 좋은 상태로 깨어난다면 혹시 모르지만."

그는 웅얼거렸다. "좋다. 이제 나는 그에게 그가 좋아하는 고기를 줄 것이다. 그는 고기를 요구한다. 그는 나를 죽인다. 그는 나를 못살게 군다. 매일처럼 그는 꿈에 나타난다. 그러면 난 고통 속에서 깨어난다. 그는 사나이가 아니다. 그는 비열한 건달이었다. 그는 사람들과 싸우기를 좋아했다. 그는 다투기를 잘하는 사람이었다. 어떤 사람이 그에게 말을 걸면 그는 즉시 싸우고 싶어했다. 그러면 분란이 일어나기 마련이었다. 분쟁은 그에 의해 야기되었다. 그리고 그는 싸웠다. 그는 그것을 알지 못했고 이런 말도 하지 않았다. '잘못은 내가 저질렀다. 나는 이 사람들과 싸우지 않겠다.' 그의 영혼도 생존의 그와 똑같다. 그의 영혼은 악의에 차 있다. 그의 영혼은 항상 화가 나 있다. 그러나 나는 그가 요구하는 고기를 그에게 주겠다. 그가 나에게서 떠나고 내가 다시 건강해지면 나는 매일 아침 그를 위해 소를 몇 마리 죽이겠다. 만일 그가 나를 낫게 만들고 숨도 잘 쉴 수 있게 만들어주면 말이다. 지금은 숨이 차지만 더 이상 숨이 안 차게 되면 말이다."

사람들이 찬성했다. "잘 생각했다. 만일 내일 아침에 당신이 건강해진다면 그것이 정말로 당신 형의 영혼이라는 것을 우리가 알게 될 것이다. 그러나 내일 아침에도 당신이 계속 아프면 우리는 그것이 당신 형이라고 말하지 않을 것이다. 그렇게 되면 우리는 그것이 단순한 병이라고 생각할 것이다."

해가 졌을 때 그는 아직도 고통을 불평하고 있었다. 그러나 암소들의 젖을 짜는 시간에 그는 먹을 음식을 좀 달라고 말했다. 그는 묽은 죽을 먹고 싶다고 했다. 그는 그 죽을 조금 삼킬 수 있었다. 그리고는 그가 말했다. "맥주 좀 다오. 나는 목이 마르다." 그의 아내들은 그에게 맥주를 주었다. 그녀들은 어떤 확신을 느꼈다. 그녀들은 기뻤다. 그녀들은 다음과 같이 말하면서 겁을 내고 있었기 때문이다. "이건 아주 중병인가 보다. 그가 음식을 못 먹는 것을 보니." 그녀들은 기쁨을 말로 표현하지 않고 그저 서로 바라보았을 뿐이다. 그는 맥주를 마시고는 말했다. "코담배도 좀 다오. 냄새를 조금만 맡아보자." 그녀들은 그에게 코담배를 주었다. 그는 냄새를 맡고 눕더니 잠이 들었다.

밤중에 그의 형이 와서 말했다. "소들은 벌써 점찍어 놓았겠지? 너는 아침에 소들을 죽일 거냐?"

잠든 동생이 말했다. "네, 네. 나는 소 한 마리를 죽일 겁니다. 형, 형은 왜 내가 부르지 않았다고 말하십니까? 내가 소를 죽일 때면 언제나 칭송하는 이름으로 형을 불렀는데 말입니다. 형은 용감했고 훌륭한 전사였기 때문이죠."

형이 대답했다. "내가 고기를 원하는 것은 그럴 만한 이유가 있다. 사실 나는 죽으면서 너한테 마을 하나를 남겨주었다. 너는 아주 큰 마을을 가지고 있잖니."

"네, 좋아요, 형. 형은 나한테 마을을 남겨주셨습니다. 하지만 형이 나에게 마을을 남겨주고 돌아가실 때 소들을 모두 죽이셨던가요?"

"아니. 난 소들을 모두 죽이진 않았지."

"그렇다면 내 아버지의 아들이여, 당신은 나한테 소들을 모두 죽이라고 요구하는 겁니까?"

"아니지. 난 너한테 소들을 다 죽이라고 말하는 건 아니다. 하지만 난 너에게 소를 죽이라고 말하고 있다. 네 마을이 커지도록 하기 위해서 말이다."

그는 잠에서 깨어났다. 이제 그는 병이 나았다. 더 이상 허리의 통증은 없었다. 그는 일어나 앉아서 자기 아내를 쿡쿡 찔렀다. "일어나서 불을 켜!" 그의 아내는 일어나서 불을 켰다. 그녀는 그의 건강 상태가 어떤지 물어보았다. 그는 대답했다. "아, 조용히 해! 일어나보니 몸이 가뿐하게 느껴지는군. 나는 형하고 얘기를 하고 있었지. 깨어나보니 나는 다 나았더라구." 그는 코담배 냄새를 맡았다. 그리고는 잠이 들었다. 형의 영혼이 다시 찾아왔다. 그는 말했다.

"봐라, 난 이제 너를 낫게 해주었다. 내일 아침에 소를 죽여라."

다음날 아침 그는 잠자리에서 일어나 외양간으로 갔다. 그에겐 동생들이 몇 있었다. 그는 그들을 불렀다. 그들은 그와 함께 외양간에 들어갔다. "나는 너희를 부른다. 나는 이제 나았기 때문이다. 형이 말했다. 그가 나를 낫게 했다고." 그는 동생들에게 황소를 한 마리 가져오라고 했다. 그들은 황소 한 마리를 가져왔다. "새끼를 못 낳는 저 암소도 가져오너라." 그들은 황소와 암소를 가져왔다. 그들은 외양간 위쪽으로 와서 거기에 섰다. 그는 기도를 했다.

"자, 드십시오. 우리집 식구여, 착한 영혼이 우리와 함께 하기를! 그래서 아이들이 잘 자라고 식구들이 건강하기를! 당신이 어떻게 그럴 수 있는지, 나는 당신에게 묻습니다. 당신은 나의 형인데 잠잘 때마다 나에게 와서 나를 병이 나게 합니다. 사람에게 와서 좋은 소식을 말해주는 영혼이 선량한 영혼입니다. 나는 항상 아프다고 언제나 불평합니다. 아프다고 해서 소 임자가 소들을 잡아먹어서야 말이 됩니까? 나는 말합니다. 그만 하세요. 나를 병들게 하는 짓은 이제 그만 두세요. 나는 말합니다. 형, 내가 잠잘 때 나한테 오셔서 용건을 말하십시오. 원하는 게 무엇무엇이라고. 당신은 나를 죽일 목적으로 나한테 옵니다. 살아있을 때 당신이 나쁜 분이었던 것은 분명합니다. 나는 당신의 영혼이 친절한 마음으로 와서 좋은 소식을 전해주리라고는 생각하지 않았습니다. 그러나 나의 맏형인 당신이 악의를 가지고 오다니 말이 됩니까? 마을에 복을 가져오고 악이 못 오도록 해야 할 당신이 말입니다. 나는 당신이 마을의 주인임을 알고 있습니다."

그리고 그는 소들에 관해서 다음 같이 말하고 감사를 보냈다. "여기 내가 당신에게 바치는 소들이 있습니다. 여기 붉은 황소가 한 마리 있습니다. 여기 새끼 못 낳는 붉고 흰 암소도 한 마리 있습니다. 그것들을 죽이십시오. 나는 말합니다. 나한테 친절하게 용건을 말씀하십시오. 내가 깨어났을 때 내 몸이 고통에서 벗어날 수 있도록. 나는 말합니다. 우리집 식구들의 모든 영혼들이 다함께 여기 당신에게 오도록. 고기를 좋아하는 당신에게 말입니다."

그리고 그는 말했다. "저 소들을 찔러라" 동생들 가운데 하나가 가느다란 창을 들고는 새끼 못 낳는 암소를 찔렀다. 암소가 넘어졌다. 그리고 황소를 찔렀다. 둘 다 땅바닥에 쓰러졌다. 그는 소들을 죽였다. 그것들은 죽었다. 그는 동생들에게 가죽을 벗기라고 말했다. 동생들은 가죽을 벗겼다. 가죽은 가져가고 그들은 외양간 안에서 쇠고기를 먹었다. 모든 사람들이 먹을 것을 달라고 몰려왔다. 그들은 쇠고기 한 짝씩을 가졌다. 그들은 먹고 만족해하며 감사를 했다. "아무개의 아들, 고맙네. 어떤 영혼이 당신을 아프게 만든다면 그건 당신의 비열한 형의 영혼임을 우리는 알게 될 걸세. 당신이 몹시 앓는 동안 우리가 다시 당신과 고기를 먹게 되리라고는 알지 못했어. 이제 우리는 당신을 죽이고 있는 자가 비열한 자의 영혼임을 알았어. 우리는 당신이 건강해져서 기쁠 뿐이다."

"나는 죽었다." 형이 말한다. 이 말이야말로 이 이야기 전체의 핵심을 드러내는 부분이다. 죽은 사람의 행동이나 요구가 어떤 것이든 그는 현실적으로 죽은 것이다. 그리고 죽었다는 사실은 그가 악의를 품는 데 충분한 이유가 된다. "나는 너에게 마을을 남겨주었다." 그는 말한다. 그리고는 재빨리 덧붙인다. "너는 큰 마을을 가졌다." 이 마을은 다른 사람의 생명이다. 그래서 그는 이렇게 말할 수도 있었을 것이다. "나는 죽었고 너는 살아있다."

살아있는 사람이 두려워하는 것이 바로 이같은 비난이며 그는 그러한 꿈을 꿈으로써 그 비난의 정당성을 인정한다. 그는 자기 형보다 오래 살아남았던 것이다. 다른 모든 잘못을 접어두고서도 이같은 잘못의 크기가 죽은 자로 하여금 자기의 원한을 다른 사람의 중병으로 변화시킬 힘을 준다. "그는 나를 죽이고 싶어한다." 동생이 말했다. 그리고는 스스로에게 덧붙인다. "왜냐하면 그는 죽었으므로." 이처럼 그는 자기가 왜 형을 두려워하는지를 알고 있으며, 그가 마침내 제물을 바치기로 양보하는 것은 죽은 자를 달래기 위해서이다.

우리가 보는 바와 같이 죽은 자들의 존재는 살아남은 자들에게 상당한 불안감을 준다. 죽은 자들을 존경하는 정규 형식이 확립된 곳에서마저도 죽은 자들은 결코 전적으로 신뢰를 받지는 못한다. 한 사람이 이 세상에서 강력했으면 강력했을수록 저 세상에서의 그의 원한은 더욱 크고 더욱 위험스럽다.

우간다 왕국에서는 충성스러운 신하들 사이에서 죽은 왕의 영혼을 지키기 위한 한 방법이 발명되었다.[23] 왕의 영혼은 저승으로 보내지거나 사라지는 것이 허용되지 않았으며, 이 세상에 남아 있어야만 했다. 왕이 죽고 나면 한 사람이 소위 '만드와(Mandwa)'라고 불리는 영매자(靈媒者)로 지명되었다. 왕의 영혼은 이 영매자에게 깃드는 것이다. 이 영매자는 사제의 기능을 지니고 있는데 죽은 왕의 용모와 몸짓과 말씨를 그대로 따라 해야만 했다. 한 사례에서 증명되었듯이 그는 문제의 왕이 살고 있었던 300년 전의 낡은 투의 말을 그대로 쓸 정도였다. 영매자는 자기 동료들도 알아들을 수 없는 말을 사용하는 경우도 있었다. 영매자가 죽으면 왕의 영혼이 같은 부족의 다른 성원에게 계승되었다. 한 영매자는 다른 사람으로부터 그 직분을 인수했으며 이렇게 해서 왕의 영혼이 머물 곳이 없는 일은 결코 없었다.

그러나 그 영매자가 언제나 왕이 했던 그대로 행동한다고 상상해서는 안 된다. 때때로 '왕이 그 사람의 머리를 잡았을 경우'에 그는 신이 들려, 모든 면에서 죽은 사람을 그대로 나타내 보였다. 그리고 영매자를 제공할 책임이 있는 부족에서, 사망 당시 왕의 특성은 말과 몸짓으로 전수되었다. 키갈라 왕은 무척 나이가 들어서 죽었다. 그의 영매자는 무척 젊었다. 그러나 '왕이 그 사람의 머리를 잡자' 그는 늙은이로 변했다. 그의 얼굴은 주름살이 생겼으며 발을 절었고 입에서는 침을 흘렸다.

이러한 발작은 외경스런 분위기를 일으켰다. 이런 장면을 보는 것은 하나의 영예로 간주되었다. 그 장면을 목격한 사람들은 결국 죽은 왕의 면전에 있었으며, 그 영매자가 생시의 왕과 같다고 인정했다. 왕 자신의 입장에서 볼 때 왕은 그가 원하는 대로 자기 직분을 맡는 사람의 몸속에 자기 자신을 구현할 수 있으므로, 살아있는 사람들의 세계로부터 완전히 추방된 사람들보다는 먼저 죽게 된 사실에 원한을 덜 느낄 것으로 기대되었다.

조상 숭배가 가장 잘 발달한 것은 중국인들이었다.[24] 그들에게 조상이라는 말이 의미하는 바를 쉽게 설명하기 위해서 필자는 그들이 지니고 있는 영혼의 개념을 간략하게 설명하려고 한다.

그들은 모든 사람이 두 개의 영혼을 갖고 있다고 믿었다. 그 하나는 백(魄)으로서 정자로부터 생겨난 것으로 수태되는 순간부터 존재하게 된다. 기억은 이 영혼이 맡고 있다. 또 하나는 혼(魂)으로서 출생 후 공기 호흡으로 생겨나서 점차적으로 형태를 취하게 된다. 이 영혼은 육체의 형태를 갖고 육체를 움직이게 하지만 눈에는 보이지 않는다. 지식은 혼에 속하여 혼과 함께 자란다. 이것이 더 우월한 영혼이다.

사람이 죽고 나면 혼은 하늘로 올라가고, 백은 시체와 함께 무덤 속에 남아 있다. 가장 두려운 것이 이 열등한 영혼이다. 이 영혼은 악의에 차 있고 질투가 강하며 살아있는 사람을 죽음으로 데려가려 한다. 시체가 썩어감에 따라 이 백 역시 점차 분해되어서 마침내 사람에게 해를 가하는 힘을 잃는다.

그와는 반대로 우월한 영혼인 혼은 계속 존재한다. 이 영혼은 먹을 것을 필요로 한다. 죽음의 세계로 가는 길은 멀기 때문이다. 그래서 만일 자손들이 이 영혼에게 먹을 것을 주지 않으면 이 영혼은 몹시 고통을 받는다. 만일 이 영혼이 길을 잃으면 불쾌해져서 백만큼이나 위험하게 된다.

장례 의식은 두 가지 목적을 가졌다. 장례 의식은 죽은 자의 행동으로부터 산 사람들을 보호하자는 데 목적이 있음과 동시에 죽은 자의 영혼을 위해 생존을 확보해주자는 목적도 지녔다. 산 사람들이 선수를 써서 죽은 자들과 의사소통을 하는 것은 위험한 일이었다. 그러나 그 의사소통이 전통의 요구에 따라 적절한 때에 행해지는 조상 숭배의 형식을 취한다면 경사스러운 일이었다.

영혼이 살아남는 여부는 땅 위에서 살던 동안 그가 얻었던 육체적, 도덕적 힘에 좌우되었다. 이러한 힘들은 음식물과 공부를 통해서 얻어진다. 평생 동안 잘 먹고 육식을 한 군주의 영혼과 보통의 보잘것없는 음식만 먹은 농부의 영혼 사이에는 중요한 차이가 있다. 그라네(Granet, 1884~1940, 프랑스의 사회학자이자 중국 사회·종교 연구가—역주)는 말한다.

"군주들만이 본래의 의미로서의 영혼을 갖는다. 이 영혼은 세월이 흘러도 소진되지 않으며 더욱 풍부해진다. 군주는 맛있는 음식을 먹고 생명을 주는 음료를 마심으로써 죽음에 대비한다. 살아가는 동안 그는 많은 생명의 정기를 자기 몸 안에 축적시킨다. 그의 재산이 많고 수입이 많으면 많을수록 생명의 정기도 많이 축적된다. 그는 자기 조상들의 부유한 자산을 증대시킨다. 그의 조상들 역시 고기와 사냥감을 실컷 먹었다. 그가 죽어도 그의 영혼은 보통 사람들의 영혼처럼 분해되지 않고 힘에 가득 차서 그의 육체를 탈출한다.

한 군주가 자기 신분의 규칙에 따라 살았다면 그의 영혼은 장례 의식에 의해 더욱 더 고상해지고 정화되어 숭고하고 빛나는 힘을 갖게 될 것이다. 그 영혼은 수호신 같은 정령의 자비로운 힘을 가짐과 동시에 영원하고 성스러운 인격의 모든 특성을 지닌다. 그것은 '조령(祖靈, Ahnenseele)', 즉 조상신이 된다."

오늘날에도 조령은 특별한 사원에서 특별한 숭배를 받는다. 조령은 모든 계절적인 의식과 그 나라의 생활과 사람들의 생활에 함께 참여한다. 만일 사냥감이 많으면 조령도 잘 먹는다. 만일 추수가 흉작이면 조령도 굶주린다. 조령은 자기의 거처인 영지에서 나오는 곡물과 고기와 사냥감을 먹고산다. 그러한 영혼의 인격이 축적되고 집약된 힘을 지닌 채 계속적으로 존재할 만큼 충분히 부유하더라도, 그 영혼 역시 분해되어 사라져버리는 순간이 온다. 4~5세대가 지나면 의식 때마다 그와 연관되던 그의 '위패'는 사당 안에 봉안되는 권리를 상실하고 그보다 먼저 죽은 조상들의 위패들과 함께 석관 속으로 치워진다. 그 조상들의 개인적인 기억은 잊혀진 지 이미 오래 되었다. 그의 위패가 대표했고 그 이름을 지니고 있던 그 조상은 더 이상 군주로서 존경받지 못한다. 오랫동안 현저했던 그의 강력한 인격은 사라져버린다. 조상으로서의 그의 역할과 과정은 끝난다. 그에게 봉헌된 의식들은 그로 하여금 수십 년 동안이나 평범한 죽은 자들의 운명을 벗어날 수 있게 해주었던 것이다. 이제 그의 영혼은 다른 모든 죽은 자들의 군중 속에 끼게 되며 그들과 마찬가지로 이름 없는 존재가 된다.

조상들이라고 해서 모두 4~5세대 동안이나 살아남는 것은 아니다. 그것은 그들의 위패가 오랫동안 제대로 보존되고 그들의 영혼이 음식을 제공받는가 어떤가 하는 그들의 신분에 달려 있다. 그러나 그 기간의 길고 짧음과 관계없이 그들이 존속한다는 사실 자체가 어떤 면에서 살아남는다는 특성을 변화시킨다.

자식은 일단 아버지가 죽으면 자신이 살아있다는 데 대해서 더 이상 비밀스러운 승리감을 느끼지 않는다. 그의 아버지가 조상으로서 현존해 있기 때문이다. 아들은 그가 가진 모든 것을 아버지로부터 물려받았기 때문에 아버지에게 후의를 보이지 않으면 안 된다. 그는 아버지가 죽은 후에라도 그에게 음식을 제공해야 하며 아버지에 대해서 오만하게 행동하는 것을 삼가야만 한다. 어떤 경우에든 아들이 살아있는 동안은 조상으로서의 아버지의 영혼 역시 존재할 것이며, 우리가 보아온 것과 같이, 그 영혼은 분명하고 알아볼 수 있는 존재로서의 모든 특성을 지니게 될 것이다. 아버지는 음식을 제공받고 존경을 받는 일에 관심이 무척 크다. 조상으로서의 그의 새로운 존재를 위해서는 자기 아들이 살아있어야 한다는 것이 무척 중요하다. 자손들이 없으면 그를 존경해줄 사람은 아무도 없기 때문이다. 그는 자기 아들과 그 뒤를 잇는 세대들이 자기보다 오래 살아남기를 원한다. 그는 자손들이 번영하기를 원한다. 조상으로서의 자신의 존재가 그들의 번영에 달려 있기 때문이다. 그는 사람들이 그를 기억해줄 준비가 되어 있는 한, 그들이 오래 살아가기를 원한다. 이와 같이, 조상들이 향유하는 살아남는 것의 수정된 형식과 그들을 위해 그러한 살아남는 형식을 획득한 자손들의 긍지 사이에는 긴밀하고 상호 보답적인 연계가 존재한다.

  조상들이 몇 세대 동안 뚜렷이 구별되는 독자적인 개인들로 남아 있다는 사실 역시 중요하다. 그들은 개인별로 알려져 있고 또 그렇게 숭앙받는다. 오랜 과거의 조상들만이 군중 속으로 용해되어 들어간다. 살아있는 사람 각자와 이 군중 사이에는, 서로 분리되고, 아버지나 할아버지로 명백히 정의되는 개인들이 있다. 그리고 그와 조상들 간의 이같은 관계의 성격은 자신이 현재 존재하고 있다는 사실에서 느끼는 어떤 승리감—자기 자신에 대한 존경을 가미하기 마련인—이 온유한 것이 되고, 죽은 자의 수를 증가시키고 싶은 욕망을 지니지 않게 된다는 것을 의미한다. 언젠가 그 자신이 죽게 되면 죽은 자의 수를 하나 증가시키게 될 것이다. 그러나 그가 가능한 한 자신의 죽음을 연기하고 싶어하는 것은 자연스러운 일이다. 살아남는다는 것은 군중적 성격을 상실한다는 것을 의미한다. 살아남으려는 강렬한 열정은 여기에서는 불합리하고 불가능한 것이 되며 이렇게 해서 더 이상 살인이라는 특징은 지니지 않는다. 죽은 자들에 대한 경건심과 스스로가 살아있다는 느낌이 동맹 관계로 들어간 셈이다. 하나가 다른 하나 속으로 혼합된다. 그러나 양자 중에서 더 좋은 점은 보존된다.

우리가 중국의 역사와 사상 속에 나타나는 이상적인 권력자상(像)을 회고해볼 때 우리는 그 인간성에 감동을 받는다. 이 권력자상에 잔인성이 없는 것은 특별한 형식의 조상 숭배 때문인 것 같다.

전염병

전염병에 대해 가장 잘 기술한 것은 그 자신이 전염병으로 고통을 받았다가 회복된 투키디데스(Thukydides)에 의해서이다.[25] 그의 기술은 간명하고도 정확하게 그 현상의 모든 본질적인 면을 다루고 있다. 필자는 약간 순서는 다르지만 그 기술의 가장 중요한 부분을 우선 인용하고자 한다.

"사람들은 파리 목숨처럼 죽었다. 죽어가는 사람들의 몸뚱이가 서로 포개져 있었고 반쯤 죽은 사람들이 비틀거리며 길가에서 배회하거나 물을 마시고 싶은 욕망으로 떼지어 우물가에 몰려드는 모습을 볼 수 있었다. 그들이 살고 있던 사원들은 시체로 가득했다.

몇 몇 가정의 가족들은 그들이 당한 재난의 중압감에 압도당해서 죽은 자들을 애도하는 관행을 사실상 포기해 버리기도 했다.

준수되어 오던 모든 장례 의식들은 이제 해체되어 버렸다. 그들은 그 상황에서 할 수 있는 최선의 방법으로 죽은 자들을 매장했다. 많은 사람들은 그들의 가정에 이미 많은 죽음들이 발생했기 때문에 매장에 필요한 비용이 없어서 가장 파렴치한 방법을 채택했다. 그들은 남들이 만들어놓은 화장용 장작더미에 주인보다 먼저 도착해서 자기네가 가져온 시체를 올려놓고 불을 지피거나 불타고 있는 화장용 장작더미를 찾아내어서 그들이 가져온 시체들을 다른 시체 위에 던져놓고는 떠나가는 것이었다.

신에 대한 두려움도 잃었으며, 인간의 법도는 아무런 제어력도 갖지 못했다. 신들에 관해서 말하자면, 사람들이 신들을 경배하거나 하지 않거나 마찬가지로 보였다. 선량한 사람, 악한 사람 구별할 것 없이 죽어가기 때문이었다. 인간의 법도에 대한 저촉에 관해서 말하자면, 아무도 자기가 충분히 오래 살아남아서 법정에 끌려가 문책을 받게 되리라고는 생각하지 않았다. 그러기는커녕 모든 사람은 훨씬 더 무거운 선고가 이미 자신에게 내려져 있으며 당장이라도 그 선고가 집행될지 모른다고 느꼈다. 따라서 집행의 시간이 닥쳐오기 전에 인생의 쾌락을 맛보는 것은 오히려 자연스러운 일이었다.

 병자와 죽어가는 사람들에게 가장 동정심을 느끼는 사람들은 그들 스스로가 전염병에 걸렸다가 회복된 사람들이었다. 그들은 전염병이 어떻다는 것을 알았고 그와 동시에 자기네들은 안전하다고 느꼈다. 아무도 두 번씩 병에 걸리지는 않았고 설혹 두 번씩 걸리더라도 두번째 걸리는 병은 결코 치명적이 아니었기 때문이다. 그러한 사람들은 사방에서 축하를 받았다. 그들은 병으로부터 회복되었을 때 너무나 우쭐한 나머지 경망스럽게도 자신들은 장차 어떤 병으로도 결코 죽지 않을 것이라고 상상했다."

 인류를 엄습했던 많은 불행들 가운데 전염병들은 특히 생생한 기억을 남기고 있다. 전염병의 내습은 천재지변이나 마찬가지로 급작스럽다. 그러나, 예를 들면, 지진은 일반적으로 짧은 기간의 충격 속에 소멸되는 데 반해서 전염병은 몇 달 혹은 일 년 내내 지속될 수 있다. 지진은 일거에 막심한 피해를 입히며 그 희생자들은 일시에 죽는다. 그러나 전염병은 누적적인 효과를 갖는다. 처음에는 몇 몇 사람들만이 전염병에 걸린다. 그러다가 전염병에 걸린 사람들의 수가 늘어난다. 도처에서 죽은 자들을 볼 수 있으며 이윽고 살아있는 사람들보다 죽은 자들이 더 많이 눈에 띄게 된다. 전염병의 종국적인 결과는 지진의 그것과 같을 수도 있다. 그러나 전염병에서 사람들은 죽음이 다가오는 것을 본다. 죽음은 사람들의 바로 눈앞에서 발생한다. 사람들은 그 어떤 전쟁보다 더 오래 지속되는 전쟁에 참가한 사람들과 같다. 그러나 이 경우에 적은 숨어 있고, 아무 데서도 보이지 않으며, 공격을 할 수가 없다. 사람들은 적이 공격해오는 것을 기다릴 수밖에 없다. 이 전쟁에서는 적만이 능동적이다. 적은 제멋대로 사람들을 쓰러뜨린다. 적이 너무나 많은 사람들을 쓰러뜨려서 사람들은 마침내 공포에 싸이지 않을 수 없게 된다.

전염병이 퍼진 것을 알게 되자마자 사람들은 전염병이 단 하나의 목적만을 갖고 있으며 그것은 바로 모든 사람들의 죽음이라고 느낀다.

전염병에는 치료 방법이 없기 때문에 전염병에 걸린 사람들은 그들에게 내려질 선고의 집행을 기다린다. 이 경우에는 감염된 사람들만이 군중이다. 그들은 그들을 기다리고 있는 운명과의 관계에서 서로 동등하다. 그들의 수는 점차 빠른 속도로 증가한다. 그들은 공동의 목적지를 향해 나아가고 있으며 며칠 안에 그곳에 도달할 것이다. 그들은 인간의 육체에 가해질 수 있는 최고의 밀집 상태—서로 포개져 시체더미를 이룬 상태—로 최후를 맞는다. 이같은 죽은 자들의 정체된 군중은 일시적으로 죽는 것이며, 소정의 순간에 다시 살아나 최후의 심판을 기다리며 밀집된 상태로 신 앞에 서게 될 것이라고 믿는 사람들이 있다. 그러나 모든 종교들이 죽음에 대해서 동일한 생각을 갖고 있지 않기 때문에, 비록 우리가 죽은 자들이 사후에 겪게 되는 운명을 무시한다 하더라도, 한 가지 사실만은 명백하다. 결과적으로 전염병은, 죽어가는 자들의 군중과 죽은 자들의 군중을 유발시키는 원인이 된다는 것이다.

'길거리와 사원들'은 죽어가거나 죽은 자들로 가득 차 있다. 희생자들은 더 이상 한 사람씩 적절한 방법으로 매장할 수 없는 경우가 자주 있다. 그들은 거대한 무덤 속에 포개어 매장되며 같은 무덤 속에 수천 명이 함께 매장된다.

시체더미를 만들어내는 세 가지 중요하고도 낯익은 현상들이 있다. 그 현상들은 밀접한 관계를 갖고 있으며 따라서 그 현상들의 차이점을 분석하는 것은 특별히 중요하다. 그 현상들이란 바로 전투와 집단 자살과 전염병이다.

전투의 목적은 적군의 시체더미이다. 적군의 수와 비교해서 자기편의 수가 더 많아지기 위해서는 살아있는 적군의 수가 줄어들어야만 된다. 전투 과정에서 자기편도 죽게 되는 것은 불가피하다. 그러나 이것은 바라는 바가 아니다. 목적은 적군의 시체더미이며 각 전투원은 이 목적을 위해 전력투구한다.

집단 자살에서는 이같은 활동이 자기편 사람들에게 향해진다. 남녀노소를 불문하고 모두 자살한다. 그래서 마침내 그들이 시체더미만 남게 된다. 파괴가 완벽해서, 적의 손에 넘어가는 것이 전혀 없도록 하기 위해 불이 사용되기도 한다.

전염병의 결과는 집단 자살과 같다. 그러나 전염병의 경우에는 그 결과가 자발적이 아니며, 어떤 알 수 없는 힘에 의해 외부로부터 부과된 것처럼 보인다. 도달해야 될 목적지는 더욱 멀어지고, 사람들은 다같이 두려운 기대감 속에 살아가며, 모든 통상적인 관계가 폐기된다.

전염병에서 아주 큰 역할을 하는 감염 요인은 사람들을 서로 격리시키는 효과를 갖는다. 가장 안전한 방법은 다른 사람으로부터 멀리 떨어져 있는 것이다. 그 사람이 이미 전염되었을 수도 있기 때문이다. 어떤 사람들은 마을로부터 도망쳐서 자기 소유지로 흩어진다. 다른 사람들은 자기 집 안에 문을 걸고 들어앉아 아무도 출입을 못하게 한다. 각자가 다른 사람을 피한다. 그의 마지막 희망은 다른 사람과 거리를 유지하는 것이다. 생명에의 기대와 생명 그 자체가 환자로부터의 격리로 표현된다. 감염된 사람들은 죽은 자들의 집단을 형성함으로써 끝난다. 감염을 피한 사람들은 모든 사람들로부터 멀리 떨어져 있다. 가까운 친척이나 부모나 남편이나 아내나 아이들마저도 예외가 아니다. 살아남겠다는 소망이 그들을 어떻게 고립시키는가를 보면 이상야릇한 생각이 든다. 각자는 희생자들의 군중과 마주선 채 하나의 개별적 인간이 되는 것이다.

전염병에 걸린 사람은 이미 죽은 목숨으로 포기되어 버리는 보편적인 재난의 와중에서도 가장 놀라운 일이 일어난다. 극히 작은 수의 사람들이 회복되는 것이다. 그러한 사람들의 느낌이 어떠하리라는 것은 가히 상상이 간다. 그들은 살아남았으며 또한 스스로를 신성불가침의 존재로 느낀다. 이렇게 해서 그들은 자기들을 둘러싸고 있는 환자들이나 죽어가는 자들에게 동정을 발휘할 수 있다. 투키디데스가 기록했듯이 "그들은 병으로부터 회복되었을 때 너무나 우쭐한 나머지 경망스럽게도 자신들은 장차 어떤 병으로도 결코 죽지 않을 것으로 상상한다."

묘지에 대한 느낌

묘지의 매력은 너무나 강렬해서 사람들은 자기 집안사람들이 그곳에 묻혀 있지 않는데도 곧잘 그곳을 방문한다. 외국의 도시를 방문했을 때도 사람들은 묘지 순례를 하며 그곳이 마치 그들에게 제공된 위락 시설인 양, 묘지를 산책한다. 그들을 그곳으로 이끈 것이 반드시 어떤 유명한 사람에 대한 존경심은 아니다. 그곳을 찾아간 당초의 동기가 그것이라 하더라도 그 방문은 항상 그 이상의 것으로 된다. 묘지란 재빨리 어떤 특수한 심리 상태를 유발한다. 우리는 이같은 감정에 대해서 우리들 자신을 속이는 일종의 경건한 습관이 있다. 사실상 우리가 느끼며 과시하는 엄숙함은 어떤 비밀스런 만족감을 은폐하고 있는 것이다.

묘지를 방문하는 사람은 실제로 어떤 행동을 하는가? 그는 어떻게 행동하며, 그의 마음을 사로잡는 것은 무엇인가? 그는 이 묘비 저 묘비를 살펴보고, 묘비들에 적혀 있는 이름들을 읽어보고, 어떤 이름에 이끌리기도 하면서 무덤 사이들을 천천히 돌아다닌다. 그러다가 그는 이름들 밑에 새겨진 것을 알아보기 시작한다. 그는, 오랜 세월을 함께 살았다가 이제는 함께 누워 있는 한 부부를 발견한다. 혹은 아주 젊어서 죽은 아이나 고작 18세밖에 살지 못하고 죽은 소녀를 발견한다. 묻혀 있는 사람의 생애의 기간이 점점 방문자를 매혹시킨다. 생애의 기간들은 묘석 위의 감동적인 비명(碑銘)에서 벗어나 단순한 생애의 기간들이 된다.

여기 이 사람은 32세까지 살았고, 저기 저 사람은 45세에 죽었다. 방문자는 그 둘 어느 쪽보다도 나이가 많으며 그들은 이미 경쟁 상대가 될 수 없다. 그는 많은 사람들이 자기보다 오래 살지 못한 것을 발견한다. 그러나 그들이 특별히 젊어서 죽은 경우가 아니고는 그들에게 슬픔을 느끼지 않는다. 하지만 그의 현재 나이를 넘어서서 70세를 살았거나 80세를 넘게 살다 간 사람들도 많다. 그 정도는 그도 살 수 있을 것 같다. 이같은 사실은 그들과 경쟁을 하고 싶은 욕망을 그에게 불러일으킨다. 그에게는 모든 것이 아직 열려 있다. 그의 수명은 아직 확정되지 않았다. 그들에 대한 그의 우월성이 바로 여기에 있다. 그는 노력을 하면 그들을 능가할 수도 있을 것이다. 아무튼 그는 그들과 동등해질 승산이 있다. 어느 경우든 그가 유리하기 때문이다. 이미 그들은 목표 지점에 도착해 있다. 그들은 더 이상 살아 있지 않다. 그들은 아무 힘도 없으며 오직 이미 정해진 목표 지점에 있을 뿐이다. 가장 오래 산 사람들마저도 이제는 죽어 있다. 그들은 그를 인간 대 인간으로 볼 수 없으며, 그는 그들보다 오래 살고 영원히 살아남을 힘을 그들로부터 얻는다. 거기에 누워 있는 89세의 사람은 그에게 자극제 역할을 한다. 그가 90세까지 사는 것을 가로막는 것이 무엇이란 말인가?

그러나 줄지어 있는 무덤들 사이에 서 있는 그 사람을 사로잡는 것은 이같은 계산만은 아니다. 그는 묻혀 있는 사람들이 그곳에 얼마나 오래 있었는가를 깨닫기 시작했다. 그들의 죽음으로부터 그를 분리시키고 있는 시간적 격차는 그에게 용기를 주고 기쁨을 준다. 그는 그 시간의 길이만큼 오랫동안 세상을 알고 있다. 기념물들이 17세기나 18세기까지 거슬러 올라가는 묘지에서 방문자는 반쯤 지워진 묘비명들 앞에 참을성 있게 서서 그 묘비명들을 해독해낼 때까지 움직이지 않는다. 통상적으로는 실질적인 목적만을 위해서 사용되는 연대기가 그에게 생생하고 의미 깊은 생명감을 충족시켜 준다. 그가 알고 있는 모든 세기는 그의 것이다. 무덤 속에 누워 있는 사람은, 무덤 곁에 서서 이미 끝나버린 인간의 수명을 회고해보고 있는 사람에 대해서 아무것도 알지 못한다. 무덤 속의 사람에게 시간은 현재까지 줄곧 계속되어 오고 있다. 오래 전에 죽은 자가 방문자 곁에 서 있을 수 있다면 그 자는 몇 살이나 되었을까. 그러나 그는 죽어 있다. 그리고 죽은 지 200년이 흘렀다. 따라서 무덤 곁에 서 있는 사람은 그보다 200년 더 연상인 셈이다. 그 동안에 일어난 많은 일들이 그에게 알려져 있다. 그는 책을 읽었고 사람들이 말하는 것을 들었으며 어떤 것들은 그 스스로 체험하기도 했다. 그는 어떤 우월감을 느끼기 쉬운 입장에 있으며 보통의 인간이라면 그같은 우월감을 느끼기 마련이다.

그러나 그는 이것 이상의 것을 느낀다. 그는 무덤들 사이를 거닐면서 그가 혼자라는 것을 느낀다. 그가 모르는 죽은 자들이 자기 발 옆에 나란히 누워 있다. 그리고 그들은 수가 많다. 얼마나 많은지는 알지 못한다. 그러나 그 수는 엄청나고 또 더 많을 것이다. 그들은 움직이지 못하고 다같이 군중을 이루어 거기 누워 있어야만 한다. 그 혼자만이 자기가 원하는 대로 오고간다. 그 혼자만이 똑바로 서 있는 것이다.

불멸성

문학적 불멸성, 혹은 일종의 개인적인 불멸성에 대한 고찰은 스탕달과 같은 사람으로 시작하는 것이 좋을 것 같다. 스탕달보다 종교에 공감을 하지 않고 종교의 약속이나 의무에 전혀 영향을 받지 않는 사람을 찾기는 어려울 것이다. 그의 사상과 감정은 전적으로 현세의 인생을 지향하고 있으며, 그는 정확성과 깊이를 가지고 인생을 체험했다. 그는 인생이 그에게 줄 수 있는 쾌락을 즐기며 스스로를 인생에 내맡겼다. 그러나 그가 그렇게 했다고 해서 천박하거나 진부해지지는 않았다. 그는 개별적인 것들을 겉치레로 통합하려는 노력 대신에 그것들을 있는 그대로 남아 있도록 허용했기 때문이다. 그는 자기를 감동시키지 못하는 모든 것에 의심을 품었다. 그가 기록하고 형상화한 모든 것들은 그의 정열적인 근원의 순간과 아주 밀착되어 있었다. 그는 많은 것들을 사랑했고 그 중에 어떤 것들을 믿었다. 그러나 그 모든 것들이 그에게는 기적적일 정도로 구체적으로 포착될 수 있었다. 그 모든 것들이 그의 내부에 있었으며 그는 그럴듯하게 정리하는 속임수를 쓰지 않고도 당장에 그것들을 발견할 수 있었다.

그는 아무것도 당연한 것으로 여기지 않고 모든 것을 스스로 발견하기를 원했으며 인생이 감정과 정신인 한, 그가 바로 인생 그 자체였고 그는 모든 상황의 한가운데에 자리잡고 있었으며 따라서 그 상황을 외부로부터 관조해볼 권리도 가졌다. 그에게서 말과 내용이 자연스럽게 합치되었기 때문에 그는 마치 언어를 독자적으로 정화시키는 작업을 떠맡았던 것 같다. 이 자유스럽고 보기 드문 인간은 하나의 신조를 갖고 있었으며 그것을 애인에 대해 얘기할 때처럼 단순하고 자연스럽게 표현했다.

그는 결코 슬퍼하는 일 없이, 극소수의 독자들을 위해 글을 쓰는 데 만족했다. 그러나 그는 앞으로 백년 후에 그의 작품이 많은 사람들에 의해 읽혀지리라고 확신했다. 오늘날 문학적 불멸성에 대한 신념이 이보다 더 명백하고 순수하며 가식이 섞이지 않은 형태의 것은 없을 것이다. 이러한 믿음이 의미하는 것은 무엇인가? 그 믿음의 내용은 무엇인가? 그것은 그와 동시대에 살고 있던 모든 사람이 더 이상 존재하지 않을 때 그는 계속 존재하게 된다는 것을 의미한다. 그러나 그것이 동시대의 살아있는 사람들에게 적의를 느낀다는 것은 아니다. 그는 그들을 제거하려고 노력하지 않으며 어떤 방법으로도 그들에게 해를 입히지 않는다. 그는 그들을 반대자들로도 보지 않는다. 그는 거짓 명성을 얻는 자들을 경멸한다. 그러나 그가 만약 그들과 싸울 때 자신이 그들의 무기를 사용한다면 자신 역시 경멸할 것이다. 그는 그들이 얼마나 큰 잘못을 범하고 있는가를 알기 때문에 그들에게 악의를 품지 않는다. 그러나 그는 어느 날엔가 자신이 속하게 될 사람들—아직도 그들의 작품들은 생생하게 살아서 그에게 말을 걸며, 그의 양식이 되고 있는 그런 사람들—과의 교제를 선택했다. 그가 이들에게 느끼는 감사는 인생 자체에 대한 감사이다.

살아남기 위해 죽이는 것은 이러한 사람에게는 의미가 없다. 그가 살아남기를 원하는 것은 현재가 아니기 때문이다. 그가 살아남는 자의 명단에 들어가는 것은 백년 뒤의 일이다. 그때 그는 더 이상 살아있지 않고, 그래서 아무도 죽일 수가 없다. 그때는 작품과 작품이 맞싸우는 문제가 될 것이다. 따라서 그 자신은 아무것도 할 수가 없다. 문제가 되는 진정한 경쟁 관계는 경쟁자들이 더 이상 살아있지 않을 때 시작된다. 이처럼 그는 싸움을 구경할 수도 없다. 그러나 작품은 남아 있어야 한다. 작품이 남아 있으려면 그 작품은 인생의 위대하고 순수한 척도를 포함하지 않으면 안 된다. 그는 살인을 포기할 뿐 아니라 그와 동시대에 살았던 모든 사람들을 그와 함께 불멸성 속으로 인도해가는 것이다. 가장 보잘것없는 사람들이든, 가장 위대한 사람들이든 간에 이들 모두가 진정으로 살아있게 되는 것은 바로 이때이다.

이것은 권력자들이 죽으면, 그들이 현세에서 같이 지내던 모든 사람들을 죽은 자들 가운데서 발견할 수 있도록 측근들 모두가 죽어야만 하는 경우와는 정반대이다. 그들의 극단적인 무력함이 이보다 더 끔찍하게 영향을 행사할 수는 없을 것이다. 그들은 살아있을 때 살인을 했던 것과 같이 죽어서도 살인을 한다. 살해당한 수행원들이 이 세상에서 저 세상까지 그들을 동반한다. 그러나 스탕달의 작품을 펼쳐보는 사람은 그와 그를 둘러싸고 있던 모든 것들을 볼 수 있을 것이다. 그는 그것을 여기 이 세상의 인생 속에서 발견하게 될 것이다. 이와 같이, 죽은 자들은 살아있는 사람들을 위해 그들 자신을 양식으로 제공한다. 그들의 불멸성은 살아있는 자들에게 이익을 준다. 죽은 이들의 영전에 바치는 제물의 역전(逆轉) 속에서 죽은 자들과 살아있는 사람들 모두 안녕을 누리며 잘살게 되는 것이다. 살아남는 것에서 가시가 제거된 것이며, 적대관계의 왕국은 종말을 고하게 된 것이다.

권력의 요소
Eemente der Macht

고양이는 쥐를 가지고 놀 때,
쥐를 얼마쯤 도망치게 버려두기도 하고 쥐에게서 등을 돌리기까지 한다.
그러나 쥐가 고양이의 권력의 테두리 안에 있다는 것에는 다를 바가 없다.
만일 쥐가 그 테두리를 뛰쳐나오면 고양이의 권력의 범위를 벗어나는 것이다.
그러나 잡힐 수 있는 한계를 벗어나기 전에는 그 권력의 테두리 안에 있는 것이다.
고양이가 지배하는 공간, 고양이가 쥐에게 허용하는 희망의 순간들,
그러나 잠시도 눈을 딴 데로 돌리지 않는 면밀한 감시와 해이해지지 않는 관심,
그리고 쥐를 죽이려는 생각.
이것을 모두 합친 것, 즉 공간, 희망, 빈틈없는 감시와
파괴적인 의도를 권력의 실체, 좀더 단순히 말해
권력 그 자체라고 부를 수 있다.

폭력과 권력

폭력(Gewalt)이라는 말을 들으면 우리는 그 효과가 즉각적이고 가까운 어떤 것과 결부시켜 생각한다. 폭력은 권력보다 더 강제적이고 직접적인 것이다. '물리적 폭력'이라는 말은 그런 의미를 더욱 강렬하게 표현한 것이다. 더 낮은 차원의 동물적 단계의 권력은 권력이라기보다는 오히려 폭력이라고 불러야 할 것이다. 예를 들면, 먹이를 포획하여 입에 넣는 힘은 폭력이다. 폭력은 그것을 행사할 여유가 있을 때는 권력이 되지만 위기의 순간, 돌이킬 수 없는 결정의 순간이 도래할 때는 순수한 폭력으로 되돌아간다. 권력은 폭력보다도 더 일반적이고 행사되는 공간도 더 넓으며 더욱 포괄적이지만, 더 동적이지는 않다. 권력은 더 격식을 따지며 심지어 어느 정도의 인내심도 갖고 있다. 권력을 뜻하는 Macht라는 단어 자체는 그 어원이 "할 수 있다, 할 능력이 있다"라는 의미를 지닌 고대 고트어 "magan"에서 나온 것이며, 동사 machen(만들다)과는 어원이 다르다.

폭력과 권력의 구분은 예컨대 고양이와 쥐의 관계를 가지고 매우 간단하게 설명할 수 있다.

고양이는 쥐를 잡아 발톱으로 쥐었다가 결국 죽일 때는 폭력을 사용한다. 그러나 고양이가 쥐를 가지고 놀 때는 다른 요소가 나타난다. 고양이는 쥐를 얼마쯤 도망치게 버려두기도 하고 쥐에게서 등을 돌리기까지 한다. 이때는 쥐가 폭력의 지배를 받지 않는다. 그러나 쥐가 고양이의 권력의 테두리 안에 있다는 것에는 다를 바가 없으며, 쥐는 다시 고양이에게 잡힐 수도 있다. 만일 쥐가 그 테두리를 뛰쳐나오면 고양이의 권력의 범위를 벗어나는 것이다. 그러나 잡힐 수 있는 한계를 벗어나기 전에는 그 권력의 테두리 안에 있는 것이다. 고양이가 지배하는 공간, 고양이가 쥐에게 허용하는 희망의 순간들, 그러나 잠시도 눈을 딴 데로 돌리지 않는 면밀한 감시와 해이해지지 않는 관심, 그리고 쥐를 죽이려는 생각. 이것을 모두 합친 것, 다시 말하면 공간, 희망, 빈틈이 없는 감시와 파괴적인 의도를 권력의 실체, 좀더 단순히 말하면 권력 그 자체라고 부를 수 있다.

권력의 고유한(따라서 폭력에 대립되는) 속성은 일정한 공간과 시간의 연장이다. 앞에서도 입이 감옥의 원형이었다는 것을 시사한 바 있지만, 입과 감옥을 가지고 폭력과 권력의 관계를 설명할 수도 있다. 일단 적의 입 속에 들어가면 희생자가 어떤 방도를 취할 수 있는 시간과 공간이 없기 때문에 희망이 없다. 이런 점에서 감옥은 입의 확대판처럼 보인다. 고양이의 감시를 받는 쥐처럼 죄수는 조금은 걸어다닐 수도 있고 간수에게 등을 돌릴 수도 있다. 또 도망이나 석방을 기대할 수 있는 시간도 있다. 그러나 죄수가 갇혀 있는 감옥에 그 죄수를 파멸시키는 장치가 되어 있는 것으로 보이며, 파멸이 실제로 다가오지 않더라도 죄수는 언제나 그것을 의식하고 있다.

하지만 폭력과 권력의 차이는 전혀 다른 영역에서도, 예컨대 다양한 형태를 보이는 종교적 헌신에서도 명백하게 드러난다. 신을 믿는 사람은 누구나 항상 신의 권력 안에 머물러 있으며 자기 나름의 방식으로 신의 권력과 타협하고 그 권력에 순응한다. 그러나 이것만으로는 부족한 사람들이 있다. 그들은 자신들이 신의 폭력으로 인식하고 느낄 수 있는 그런 힘이 강력하게 개입하고 직접적으로 발휘되기를 기다리고 있다. 그들은 신의 명령을 기대하고 살고 있으며, 신이 통치자의 모든 특징을 가지고 있다고 생각한다. 신의 적극적인 의지와 그들의 적극적이고 명시적인 복종이 바로 그들 종교의 핵심이 된다. 이런 종류의 종교는 숙명론으로 기울며 신봉자들은 그들에게 일어나는 모든 일을 신의 의지의 직접적인 표현으로 느낀다. 이와 같이 그 사람들은 그들의 모든 생활에서 새로운 복종의 유인(誘因)을 찾게 된다. 그들은 마치 신의 입 속에 이미 들어가서 다음 순간에 깨물릴 수 있는 먹이와도 같다. 그러나 그들은 그 믿음에 힘입어 옳은 일을 하려고 애쓰면서 이 험난한 현세를 두려움 없이 살아가야 한다.

이와 같은 경향을 가장 강력하게 드러내는 종교가 이슬람교와 칼뱅주의이다. 이런 종교의 추종자들은 신의 폭력을 갈망한다. 신의 권력만으로는 그들을 만족시키지 못한다. 신의 권력은 너무 먼 거리에 있고 사람들을 너무 자유롭게 내버려두기 때문이다. 명령에 대한 끊임없는 기다림은 언제고 몸을 내맡길 각오를 하고 있는 사람들의 마음속에 깊이 새겨져 있으며 다른 사람들에 대한 그들의 태도에도 엄청난 영향을 미친다. 그것은 전투가 생명의 진정한 표현이라 여기고 실제로 전투를 두려워하지 않는 병사와 같은 신앙인을 만든다.

권력과 속도

권력의 영역에 속하는 속도는 추적의 속도이고 포착의 속도이다. 사람은 이 두 가지 속도의 모델을 동물에서 찾았다. 먹이를 향해 달려가는 늑대와 같은 맹수를 보고 먹이를 추적하는 법을 배웠고, 고양이에게서는 먹이를 덮쳐서 포착하는 법을 배웠다. 사람들은 사자나 표범, 호랑이가 먹이를 덮치는 것을 보고 부러워하면서 경탄을 금치 못했다. 맹수들은 신속한 추적과 포착, 두 요소를 동시에 지닌다. 홀로 고공을 날다가 먹이를 내리덮치는 독수리나 매는 이 두 요소를 완벽하게 보여준다. 사람은 이것을 보고 활을 만들어냈다. 화살의 속도는 오랫동안 인간이 소유했던 최대의 속도였다. 사람은 화살로써 먹이를 내리 덮쳤다.

이러한 짐승들은 일찍부터 권력의 상징으로 이용되었다. 때때로 사람들은 그 짐승들을 신이나 자기 지배자의 조상으로 생각했다. 칭기즈칸은 늑대의 후손이었고[1] 이집트 파라오의 신인 호루스(Horus)는 매였다. 또 아프리카의 왕국에서는 사자와 표범이 왕족을 상징하는 신성한 동물이었다. 로마 황제의 영혼은 자신의 시신을 태우는 불길로부터 독수리가 되어 하늘로 날아 올라갔다.[2]

그러나 무엇보다도 가장 빠른 것이 번갯불이다. 번갯불은 막을 길이 없고 그것이 불러일으키는 미신적인 공포는 보편적인 것이다. 성(聖) 루이스가 몽골에 사절로 파견한 프란시스코 교파의 수도사 루브루크(Rubruk)는 몽골인들이 천둥과 번개를 가장 두려워한다고 보고했다.[3] 폭풍이 칠 때 몽골인들은 그들의 천막에서 타인을 내쫓고 검은 펠트로 몸을 감싼 채 폭풍이 지나갈 때까지 숨어 있었다. 몽골인을 섬긴 페르시아의 역사가 라시드(Raschid)는 몽골인들이 번개를 맞고 죽은 짐승의 고기를 싫어한 나머지 그 근처에도 가지 않는다고 말했다. 번개를 달래기 위해서 온갖 금기가 나왔고 번개를 불러들일 그 어떤 짓도 피해야만 했다. 번개는 자주 최고신의 무기로 여겨졌다.

어둠 속에서 갑작스럽게 치는 번개는 일종의 계시와 같다. 번개는 갑작스럽게 번쩍거린다. 따라서 사람들은 번개가 나타나는 특이한 양상에 따라 신의 뜻을 알아내려고 노력했다. 번개의 형상은 어떠했으며, 어디서 와서 어디로 가는가? 에트루리아인의 사회에서는 번개를 해석하는 것이 사제의 일이었고 그것은 로마 시대에도 계속되었다.[4]

고대의 중국 문헌에는 "지배자의 권력은 번갯불과 흡사하지만 그 무게는 번갯불에 미치지 못한다"는 말이 있다.[5] 지배자가 벼락을 맞은 이야기는 놀라울 정도로 많다.[6] 그 이야기가 모두 문자 그대로 진실일 수는 없지만 문맥 자체는 시사하는 바가 많다. 이와 같은 이야기는 특히 로마인과 몽골인들에게는 일반적인데, 그들은 최고의 천신(天神)을 믿고 권력에 대한 감각이 발달되어 있기 때문이었다. 그들은 번개를 초자연적인 명령, 의도적인 일격으로 생각했다. 왕이 벼락을 맞았을 때는 그 왕보다도 더 막강한 지배자가 내린 것이라고 생각했다. 그것은 가장 신속하고 돌연한, 그리고 가장 명확한 형태의 응징이었다.

사람은 번개를 모방해서 무기를 만들었다. 무기, 특히 대포의 섬광과 굉음은 그것이 없는 사람들을 언제나 두려움에 떨게 하였으며, 그 사람들에게는 그것이 천둥이나 번개와 다름 없었다.

그러나 이런 일이 있기 훨씬 전, 사람은 다른 동물을 이용하여 자기 자신을 더 속도가 빠른 동물로 만드는 노력을 했다. 말을 길들여 완벽한 기마부대를 만든 결과 몽골은 위대한 역사적 침략들을 성공시킬 수 있었다. 몽골인들에 관해 동시대인들이 보고해놓은 것을 보면 한결같이 그들이 매우 신속했다는 점을 강조하고 있다. 몽골인들은 갑자기 나타났다가 갑자기 사라지는 신출귀몰의 솜씨를 발휘했다. 심지어 그들은 공격하는 데 도주의 신속성을 이용할 줄도 알았다. 적이 몽골인들이 도주했다고 믿고 한숨을 돌리는 바로 그 순간 어느새 몽골인들은 적을 포위하고 공격한다.

그때부터 물리적인 속도는 더욱 중요한 권력의 일부가 되었다. 그 속도가 우리의 기계 문명에서 행하는 역할을 여기서 장황하게 늘어놓을 필요는 없을 것이다.

먹이를 잡을 때의 신속함을 가지면서도 전혀 다른 유형을 띠는 것은 적의 가면을 갑자기 벗길 때의 신속함이다. 무례하거나 복종하지 않는 것처럼 보이는 자의 가면을 벗겨 적의 정체를 백일하에 드러내는 것이다. 그 효과를 높이기 위해서는 가면을 벗기는 동작이 갑작스럽고 신속해야 한다. 그것은 좁은 공간에서 일어나는 집중적인 추적이며 이때의 속도는 극적인 것이다. 가면을 벗기는 것과는 반대로, 위장의 수단으로서 가면을 바꾸어 쓰는 것도 아주 오래 된 일이다. 가면을 바꿀 때마다 권력의 양상이 달라진다. 자기 자신의 새로운 위장을 통해 적의 위장을 쳐부숴 버리는 것이다. 지배자가 문무 고관을 연회에 초대한다. 그리고는 그 고관들이 적대적인 행동을 전혀 예상하지 못할 때 갑자기 그들을 죽여버린다. 행동의 변화와 가면의 교체가 정확하게 부합된다. 성공 여부는 속도에 달려 있기 때문에 일은 가능한 한 신속한 속도로 수행된다. 언제나 자신의 끊임없는 위장을 의식하는 권력자는 남들도 그러리라고 예상한다. 권력자는 남보다 먼저 선수를 치는 것이 자신에게 허용될 뿐만 아니라 의무적인 것이라고 생각한다. 무고한 사람을 죽였을 경우에도 권력자는 별로 가책을 받지 않는다. 가면의 본질은 복잡하기 때문에 언제나 과오가 있을 수 있다. 권력자를 가장 괴롭히는 것은 신속하게 행동을 취하지 못하여 적을 놓치는 것이다.

질문과 대답

모든 질문은 일종의 침입이다. 질문이 권력의 수단으로 사용될 때는 희생자의 살을 도려내는 칼과도 같다. 심문자는 찾아내야 할 것을 알면서도 그것을 실제로 만져보고 백일하에 드러내놓고 싶어한다. 심문자는 한 치의 오차도 없는 외과의사처럼 인간의 내부에 파고든다. 그는 피심문자에게서 더 많은 것을 알아내기 위해 피심문자를 살아 있게 한다. 그는 더 확실한 것을 알아내기 위해 신체의 어떤 기관을 마취하지 않은 채 고의적으로 고통을 주는 특별한 외과의사인 것이다.

질문을 하는 것은 대답을 얻어내기 위한 것이다. 대답을 얻어내지 못하는 질문은 하늘로 쏜 화살과 같다. 가장 해롭지 않은 질문은 더 이상 다른 질문을 불러일으키지 않는 질문이다. 거리에서 행인을 붙들고 어떤 건물의 위치를 물었을 때 대답을 얻으면 만족한 마음으로 가던 길을 계속 가게 된다. 잠시 동안 입을 잘 열지 않아 주목을 끄는 사람도 있다. 어떤 사람의 대답이 분명하고 수긍이 가는 대답일수록 그 사람은 빨리 나오게 된다. 그 사람은 심문자가 고대하던 대답을 했으므로 다시는 심문자를 볼 필요가 없다.

그러나 때때로 심문자가 그 대답에 만족하지 않고 질문을 계속하는 경우도 있다. 피심문자는 질문이 계속될 경우 육체적으로 억류되어 있을 뿐만 아니라 대답할 때마다 자기 자신을 더 드러내야 하기 때문에 즉시 불쾌감을 느끼게 된다. 그가 드러내는 것이 매우 피상적이고 중요하지 않은 것일 수도 있다. 그러나 심문자가 보기엔 그 대답이 그의 마음속 깊은 곳에 있는 매우 중요한 것과 관계가 있을 수도 있다. 그리하여 심문자의 불쾌감은 곧 의심으로 바뀐다.

질문은 심문자로 하여금 자신의 권력에 대해 고양된 감정을 갖도록 하는 효과가 있다. 따라서 그는 더 많은 질문을 하고 싶은 충동을 느낀다. 피심문자가 굴복하면 할수록 그만큼 질문을 더 자주 한다. 개인의 자유는 대부분 질문에 대해 자신을 방어하는 데 있다. 가장 강력한 폭군은 가장 강력한 질문을 하는 자이다.

질문을 더 계속하지 못하게 하는 대답을 하는 것은 영리한 일이다. 질문을 하는 사람에게 질문으로 맞설 수도 있다. 질문으로 맞설 수 없는 사람은 완벽하고 진지하게 답변하거나(이것은 심문자가 바라는 것이다) 더 이상 캐묻고 싶은 생각을 하지 않게 해야 할 것이다. 예를 들면, 만일 심문자를 추켜세워 그의 우월감을 만족시켜 준다면 그 심문자는 권력을 과시할 필요를 느끼지 않을 수도 있을 것이다. 아니면 더 흥미롭고 유익한 대답을 할 만한 다른 사람에게로 질문을 돌리게 할 수도 있을 것이다. 질문을 받은 사람이 교묘하게 위장을 하여 자기의 정체를 숨길 수 있다면 마치 그 질문을 다른 사람에게 하는 질문인 것처럼 받아넘길 수 있다.

질문의 최종 목적은 분해하는 데 있지만 처음에는 접촉으로부터 시작한다. 질문은 이곳저곳을 골고루 들쑤신다. 그러다가 저항이 약한 부분이 있으면 뚫고 들어간다. 그렇게 하여 알아낸 것은 나중에 이용하기 위해 한 곳에 제쳐둘 수도 있다. 진정한 질문에는 모두 고의적인 목적이 숨어 있으며, 아이들이나 바보의 질문처럼 목적이 없는 질문은 무력하며 쉽게 벗어날 수 있다.

짧고 간결한 답변을 하라는 요구를 받았을 때가 가장 위험하다. 몇 마디의 말로 심문자를 속이는 것은 불가능하지는 않지만 매우 어렵다. 그러한 질문을 막아내는 가장 조잡한 방법은 귀머거리인 척하거나 이해하지 못한 척하는 것인데, 이 방법은 대등한 입장일 때에만 도움이 된다. 만약 대등한 입장이 아니라면 그 질문의 내용을 글로 쓰거나 통역을 하도록 해서라도 강자는 약자를 괴롭힌다. 그리고 심문자는 글로 쓴 답변을 참고로 삼을 수 있기 때문에 그 답변의 구속력은 훨씬 커질 것이다.

외부적으로 방어할 힘이 없는 사람은 뒤로 물러나서 내부적으로 자기 자신을 무장할 수도 있다. 질문에 대한 내적인 방어란 곧 비밀이다. 비밀은 신체 내에 더욱 잘 보호된 제2의 신체이다. 따라서 비밀에 접근하는 사람은 유쾌하지 못한 놀라움을 느끼게 된다. 이 비밀은 그것을 둘러싼 것보다도 밀도가 높은 것이며 주위와 단절된 채 거의 꿰뚫을 수 없는 어둠 속에 갇혀 있다. 비밀은 그 내용이 어떤 것이든 언제나 위험하다. 비밀에 관한 가장 중요한 것은 그 밀도인데, 그것은 다시 말하면 질문에 대한 효과적인 방어물인 것이다.

침묵에 부딪친 질문은 방패나 갑옷에 맞고 튕기는 무기와 같다. 침묵은 극단적인 형태의 방어이며 그 장점과 단점은 거의 동일하다. 말하기를 거부하는 사람은 자기를 드러내지 않지만, 있는 그대로의 자기보다도 더 위험한 사람으로 보이게 할 수도 있다. 그의 침묵은 숨기는 것이 많은 사람, 실제보다 더 위험한 사람으로 간주하게 만들어 석방을 어렵게 만든다. 완고한 침묵은 고통스런 추궁과 고문을 자초한다.

그러나 일상적인 환경하에서도 대답은 언제나 대답하는 사람의 위치를 고정시킨다. 대답하는 사람은 고정된 위치에 머무는 반면 심문자는 자기에게 알맞은 위치로 자리를 옮기면서 어디서나 피심문자를 겨눌 수 있다. 심문자는 피심문자의 주위를 돌면서 그를 놀라게 하여 혼란에 빠뜨릴 수 있다. 심문자는 자리를 바꿈으로써 일종의 자유를 얻지만 피심문자는 그렇지 못하다. 심문자가 질문으로써 자신이 붙잡으려 했던 것을 잡는 데 성공하면, 다시 말해 피심문자가 대답을 하지 않을 수 없도록 만들면, 그는 꼼짝도 하지 못하게 되어버린다. "너는 누구냐?" "나는 아무개요." 이때부터 피심문자는 다른 사람인 체할 수 없으며 만약 거짓말을 하면 어려운 처지에 빠지게 된다. 피심문자가 변신을 통해 위기를 피할 가능성은 거의 사라진다. 질문이 어지간히 진행되면 일종의 속박으로 여겨진다.

질문할 때 처음에는 신원을 묻고 그 다음에는 장소에 관해서 묻는다. 이 두 가지는 '말'을 전제로 하기 때문에, 사람들은 구두심문이 없던 고대에도 그것에 상응하는 상황이 있었는지 어떤지를 알고 싶어할 것이다. 만일 그런 상황이 있었다면 장소와 신원은 그런 상황에 합치되어야 할 것이다. 왜냐하면 장소와 신원 가운데 한 가지가 없다면 무의미하기 때문이다. 그런데 그와 같은 상황은 예전에도 존재했다. 포획물을 앞에 두고 주저하면서 접근하는 것이 바로 그것이다. 너는 누구냐? 너는 먹을 수 있는 것이냐? 끊임없이 먹이를 찾는 동물은 보는 것마다 만져보고 냄새를 맡는다. 이것은 먹을 수 있는 것인가, 맛은 어떨까? 그 대답은 냄새이며, 저항이며, 생명 없는 경직 상태인 것이다. 그 낯선 몸체는 여기에서는 하나의 특수한 장소이다. 동물은 냄새를 맡고 입을 대어봄으로써 그것에 친숙해지며, 우리들 인간의 말로 하자면, 이름을 붙이는 것이다.

유아 교육에서는 지나칠 정도로 엇갈린 두 현상들이 나타난다. 그것들은 불균형하게 작용하지만 서로 밀접하게 관련되어 있다. 다시 말하자면 한편으로는 부모가 엄격하고 강압적인 명령을 끊임없이 하게 되며 다른 한편으로는 어린이가 무수한 질문을 하게 된다. 어린이가 처음에 하는 질문은, 더 고차원적인 형태이기는 하지만, 먹을 것을 요구하는 울음소리와 같은 것이다. 그 질문들을 통해 부모가 갖고 있는 완전한 지식을 어린이에게 제공하지는 않기 때문에 질문들은 해롭지 않으며 부모들은 여전히 우월한 위치에 머문다.

어린이가 시작하는 질문은 무엇인가?[20] 맨 처음에 하는 질문은 장소에 관한 것이다. "……은 어디인가?" 그리고 나서 하는 질문은 "저것은 무엇인가?" 혹은 "……은 누구인가?" 등이다. 장소와 신원이 어떤 역할을 하는가는 이미 분명하다. 어린이들이 제일 먼저 시작하는 질문은 바로 그런 것들에 관한 것이다. '왜?'로 시작되는 질문은 그 후, 만 세 살이 가까울 때 하게 된다. 그리고 '언제?' '얼마나 오래 되었는가?' 등 시간에 관한 질문을 하게 되는 것은 그 뒤의 일이다. 어린이들이 진정한 시간의 개념을 갖기까지에는 상당한 시간이 걸린다.

앞에서 언급한 바와 같이 질문은 마음이 내키지 않는 접촉으로 시작되지만 곧 더욱 파고들어 가려고 한다. 그것은 칼날처럼 파고 들어간다. 예를 들면, 어린이들이 양자택일의 질문을 매우 싫어하는 것도 이 때문이다. 어린이에게 사과를 먹겠느냐 아니면 배를 먹겠느냐고 물으면 대답을 하지 않거나 '배'라고 대답할 것이다. 그 이유는 단순하다. 그것은 배가 나중에 들은 말이기 때문이다. 어린이는 사과와 배를 분리시키는 참된 결정을 내리기가 너무 어렵다고 생각한다. 마음속으로 두 가지를 모두 원하기 때문이다.

'예' 아니면 '아니오'라는 대답을 요구하는 가장 단순한 질문이 가장 날카로운 질문이다. 긍정과 부정은 그 사이에 있는 모든 것을 배제하는 정반대의 대답이므로 그 중 하나를 결정하는 것은 최종적인 의미가 있다.

질문을 받기 전에는 우리가 무엇을 생각하는지 모르는 경우가 흔히 있다. 질문은 찬성이나 반대를 결정하도록 강요한다. 공손한 질문도 이 점에서는 마찬가지이다.

플라톤의 대화편에서는 소크라테스가 질문의 왕처럼 나타나고 있다. 그는 일반적인 형태의 모든 권력을 멸시하였고 권력과 유사한 것을 모두 회피하였다. 그의 우위는 지혜였다. 원하는 사람은 누구나 그에게서 지혜를 구했다. 지혜를 나누어주는 정상적인 방법은 공들인 강의가 아니라 질문하는 것이었다. 대화편은 질문으로 가득 차 있으며 중요한 질문을 포함하여 거의 대부분의 질문을 던지는 사람은 소크라테스였다. 그는 제자들을 한군데 못박아 놓고 가능한 한 선택을 하도록 몰아붙이는 사람으로 묘사되어 있다. 그는 오직 질문을 통하여 제자들을 다스릴 수 있었다.

질문은 어느 정도까지는 예절의 형태에 제약을 받는다. 예를 들면, 어떤 것에 대해서는 타인에게 질문을 해서는 안 된다. 만일 타인에게 그런 질문을 할 경우 그것은 타인에게 지나치게 접근하는 것과 같을 뿐만 아니라 그 상대방에 대한 침입이므로 질문을 받은 타인의 감정을 해치는 원인이 된다. 한편 사양하는 것은 상대방에 대한 존경심을 드러내 보여주기 위한 것이며 타인을 강자인 것처럼 대하는 것이다. 이것은 서로 주고받기를 기대하는 아첨의 형태이다. 이와 같이 서로 일정한 거리를 유지하고 모두가 강자일 뿐만 아니라 똑같이 강한 사람인 것처럼 행동하며 질문의 위협으로부터 자유로울 때만 사람들은 안도감을 갖고 서로 평화를 나눌 수 있다.

가장 중요한 질문은 아마도 미래에 관한 질문일 것이다. 미래에 관한 질문은 지고(至高)한 질문이라고 부를 수 있으며, 그것은 또한 가장 강렬한 질문이기도 하다. 신에게 그런 질문을 해보아도 신은 그런 질문에 대답할 의무가 없다. 긴급한 질문일수록 절망도 커진다. 신은 결코 언질을 주지도 않고 질문을 받지도 않는다. 신의 의향을 꿰뚫어볼 수 있는 힘은 이 세상에는 없다. 신의 말은 애매모호하고 분석이 허용되지 않는다. 신에 대한 질문은 한 가지 대답밖에 주어지지 않기 때문에 질문에 그치고 만다. 그 신의 대답은 흔히 단순한 징조일 경우가 있으며, 수많은 나라의 성직자들은 무수히 많은 징조를 기록해왔다. 예를 들면 우리에게도 수많은 징조가 바빌로니아인으로부터 전해져 내려오고 있다. 그러나 이와 같은 징조는 체계를 이루지 못한다. 징조 사이에는 내적인 연결이 없으며 서로 독자적으로 분리되어 존재하고 있다. 그 징조들을 모아보아도 목록 이상은 되지 않으며, 그것을 모두 아는 사람도 개별적인 것들로부터 단편적인 것만을 예측할 수 있을 뿐이다.

이러한 질문과는 정반대로 심문은 과거를 끄집어내어 과거의 사건을 완전히 재현시킨다. 이 경우 피심문자는 심문자보다 약한 사람이다. 그러나 심문의 의미를 생각해보기에 앞서 오늘날 대다수 나라에서 확립된 절차, 즉 일반인에 대한 경찰의 조사에 대하여 몇 마디 언급하는 것이 좋을 듯하다. 본질적으로 국가의 보안과 질서 유지를 위한 목적으로 행해지는 특정한 질문들은 어디에서나 그 내용이 같다. 경찰은 불특정 개인이 얼마나 위험해질 수 있는지를 알고자 하며, 만약 실제로 위험 인물이 되는 경우에는 그를 즉각 붙잡을 수 있기를 바란다. 공식적인 첫 질문은 성명과 주소에 관한 것이다. 신원과 장소에 관한 이 질문은 앞에서도 말한 바와 같이 매우 오래 된 두 가지 질문이다. 그 다음 직업에 관한 질문은 그의 활동 분야와 그의 재산 정도에 관한 것이다. 이 직업과 연령을 보고 그의 위신과 영향력을 알 수 있으며 실제로 그를 어떻게 다루어야 하는가도 알 수 있다. 그 사람은 가족 관계를 묻는 질문에도 대답하여야 한다. 아내나 자식이 있는지의 여부도 진술해야 한다. 출생과 국적은 그의 신념을 밝혀내는 데 도움이 될 수도 있으며, 오늘날처럼 광신적인 민족주의 시대에는 이미 의미를 상실한 종교보다도 더 많은 것을 밝혀준다. 사진과 서명을 포함하여 이런 것을 알게 되면 상당한 정보는 이미 입수한 셈이 된다.

이와 같은 질문에 대한 피심문자의 답변은 받아들여진다. 이런 답변은 의심을 불러일으키지 않기 때문이다. 그러나 특별한 목적을 갖고 심문을 할 때도 있다. 상대방에게 어떤 혐의를 두고 질문을 하는 경우가 그것이다. 이때는 하나하나의 대답을 가늠할 수 있는 질문의 체계가 형성되어 대답을 컨트롤하게 된다. 피심문자는 심문자와 적의를 가지는 관계에 있게 된다. 피심문자는 약자이기 때문에 자신이 심문자의 적이 아니라는 것을 심문자에게 확신시켜줄 때만 화를 면할 수 있다.

재판을 할 때 심문자는 피심문자의 과거에 대해 모든 사실을 알려 한다. 그가 걸었던 길, 그가 들어갔던 방, 그가 보냈던 시간 등, 그 당시에는 자유로웠고 조사를 받지 않았던 모든 사항이 갑자기 조사의 대상이 된다. 조사를 받는 사람은 과거의 자유가 가능한 한 남지 않을 때까지 과거에 했던 행동을 다시 해야 하고 그가 들어갔던 방을 다시 들어가야 하며 그가 보냈던 시간을 다시 살아야 한다. 선고를 할 수 있게 될 때까지 판사는 수없이 많은 사실을 요구한다. 판사의 권한은 분명히 모든 것을 아는 데 바탕을 두고 있다. 이 목적을 위하여 판사는 다음과 같은 질문을 할 권리이 있다. 즉, "당신은 어디에 있었는가?" "당신이 그곳에 있었던 것은 언제인가?" "당신은 무엇을 하고 있었는가?" 피의자는 할 수만 있다면 다른 장소를 대고 다른 사람을 대면서 알리바이를 만든다. "그때 나는 그곳에 있지 않고 다른 데 있었습니다. 그 짓을 한 사람은 내가 아니라 다른 사람이 었습니다."

벤트(Wend)족의 전설에는 다음과 같은 이야기가 있다.[8] "옛날 옛적에 데샤에 있는 농부의 딸이 대낮에 풀밭에 누워 잠을 자고 있었다. 그녀의 약혼자가 그 곁에 앉아 있었다. 그는 그 약혼녀를 어떻게 하면 버릴까 하고 생각하고 있었다. 그때 정오의 요정이 와서 그에게 질문을 했다. 그가 답변을 할 때마다 그녀는 새 질문을 던졌다. 시계가 한 시를 쳤을 때 그 남자의 심장은 멎었다. 정오의 요정이 질문 공세를 퍼부어 그를 죽인 것이다."

비밀

　권력의 가장 깊은 핵심에는 비밀이 있다. 먹이를 기다리며 누워 있는 행위는 본질적으로 은밀한 것이다. 잠복 중인 짐승은 숨거나 보호색을 하고 움직이지 않으면서 비밀이라는 껍질을 쓰고 완전히 자취를 감추고 있다. 오랫동안 지속될 수 있는 이러한 상태의 특징은 인내와 초조가 특이하게 혼합된 것이며, 그 상태가 길어지면 길어질수록 성공에 대한 기대도 강해진다. 그러나 궁극적으로 성공을 달성하기 위해서 감시자는 무한히 참을 수 있어야 한다. 만일 그 인내가 무너지면 모든 것은 수포로 돌아갈 것이고, 실망하게 된 그 사람은 처음부터 다시 시작하지 않으면 안 된다.

　공포감을 조성시켜 포획의 효과를 상승시키려 하기 때문에 포획 자체는 공개적으로 하지만, 포획한 순간, 다시 말하면 먹이를 삼킨 순간부터는 모든 일이 다시 어둠 속에서 벌어진다. 입 속도 어둡고 위와 창자 속은 더욱 어둡다. 몸속에서 무엇이 진행되고 있는지를 아는 사람도 없고 그것을 생각하는 사람도 없다. 이 절대적인 결합의 기본적인 과정은 지금까지도 대부분 비밀에 싸여 있다. 그것은 적극적이고 계획적인 잠복의 비밀에서 시작하여, 몸속 은밀하고 깊숙한 구석의 알 수 없는 본능적인 행위로 끝난다. 포획의 순간만이 그 자체의 순간적인 궤적을 밝혀주는 번갯불처럼 잠시 번쩍 할 뿐이다.

　가장 심오한 비밀은 몸속에서 일어나는 일이다. 옛날에는 신체적인 과정에 관한 지식을 가지고 일을 하는 무당의사는 남을 치료하기 전에 먼저 자기 자신의 육체를 수술하는 참으로 기묘한 일을 하지 않으면 안 되었다.[9]

　오스트레일리아의 아란다족 가운데서 무당의사가 되고 싶은 사람은 신령들이 사는 동굴 입구로 간다. 그곳에 간 그는 한 신령이 던진 창살에 혀가 찔린다. 그는 완전히 혼자 있다. 신령들에 대한 두려움을 느껴야 한다는 것도 그의 영력(靈力)의 일부이다. 고독을, 특히 그와 같은 위험한 곳에서 고독을 견디어내는 용기는 의사가 되기 위한 자격 가운데 하나이다. 그 후 그가 믿고 있는 대로 두번째 창이 머리를 관통한다. 그 사람이 죽어 넘어지면 그는 신령들이 사는 동굴, 즉 저승으로 운반된다. 현실적으로는 무의식 상태에 있는 것이지만 그 세상에서 그의 모든 내장은 빼내어져서 완전히 새로운 내장, 즉 마술의 공격이나 다른 어떤 공격에도 견디어낼 수 있는 더 좋은 내장으로 교환된다. 이렇게 그는 자신의 사명을 위해 강력한 힘을 얻게 되지만, 외부가 아니라 내부로부터 강해지는 것이며, 그가 새로 얻은 권력은 그의 내장에서 힘을 발휘하기 시작한다. 그는 권력 행사를 시작하기 전에 이미 죽어 있었다. 하지만 그의 죽음은 그의 육체를 완전히 꿰뚫고 들어가는 데 이바지하는 것이다. 그의 비밀은 그 자신과 신령들만이 알며, 비밀은 그의 육체 내부에 있다.

마술사들이 신령들로부터 작은 수정(水晶)을 수없이 많이 공급받는 것은 특이하다. 수정은 마술사들의 직무 수행에 없어서는 안 되는 것이며 그는 그 수정을 몸에 지니고 다닌다. 환자를 치료할 때 이 수정이 큰 역할을 한다. 마술사는 그 수정을 환자에게 주었다가 환자의 환부에서 다시 빼낸다. 환자의 몸에 들어간 이 딱딱하고 이상한 물체가 괴로움을 불러일으킨다. 그것은 특이한 병화(病貨)와 같으며 그것의 유통에 관해서는 마술사만이 안다.

그러나 이와 같은 근접 치료를 제외하면 마법은 언제나 먼 거리에서 위력을 발휘한다. 모든 종류의 마법의 지팡이를 은밀히 준비했다가 먼 거리에서 희생자에게 휘두르면 아무것도 의심하지 않는 그 희생자는 마법의 무서운 힘 앞에 굴복하고 만다. 여기에 매복의 비밀이 있다. 작은 창들을 적의를 가지고 던지면 그 일부가 불길한 혜성이 되어 하늘에 나타난다. 여기서 행위 자체는 신속하지만 그 효과가 나타날 때까지는 시간이 걸릴지도 모른다.

아란다족이면 누구나 개인을 해치기 위해 마술을 부릴 수 있다. 무당의사의 손만이 그 악을 방지할 수 있다. 의사는 영력과 실천을 통하여 다른 사람들보다 보호를 잘 받고 있기 때문이다. 일부 매우 늙은 의사들은 주문을 외워 전체 집단을 해칠 수도 있다. 이 힘의 정도에는 대략 세 가지가 있으며 가장 강력한 자는 수많은 사람을 동시에 병들게 할 수 있다.

멀리 떨어진 곳에 사는 낯선 사람의 마술이 가장 두려운 것이다. 그 이유는 아마도 그러한 마술을 푸는 방법을 잘 모르기 때문일 것이다. 게다가 이 경우 가해자는 자기가 속한 집단 내에서 저지를 때 느끼는 책임감을 느끼지 않는다.

악을 방지하고 질병을 치료하는 무당의사의 힘은 선한 것으로 여겨진다. 그러나 그 힘은 대규모로 악행을 저지르기도 한다. 그러한 힘 자체가 나쁜 것이 아니라, 악의적인 인간이나 신령이 언제나 나쁜 짓을 저지르는 것이다. 우리가 원인이라고 부르는 것이 그들에게는 오히려 죄과(罪果)인 셈이다. 따라서 모든 죽음은 복수를 피할 수 없는 살인인 것이다.

모든 것을 고려해볼 때 놀랍게도 편집증 환자의 세계와 근접하고 있다. 이 책의 마지막에 소개할 쉬레버의 경우에 관한 두 장을 읽어보면 이 문제는 더 분명해질 것이다. 거기서는 신체 내부 기관에 대한 공격조차도 상세하게 묘사될 것이다. 일단 내부 기관이 완전히 파괴되고 오랜 고통이 끝나면 새로운 불사신의 존재가 된다.

비밀의 이중적 특성은 권력의 고차원적인 발현 형태 속에서도 계속 유지된다. 원시적인 무당 의사로부터 편집증 환자에 이르기까지 별로 변한 것이 없다. 이 양자와 역사적으로 유명한 실례들을 수없이 남겨놓은 권력자들은 별로 다르지 않다.

권력자는 비밀을 적극적으로 이용한다. 권력자는 그 비밀에 관해 정통하며 비밀을 적절하게 평가할 수 있는 능력을 지녔다. 그는 무엇을 위해 자신이 매복하고 있는가를 알고 있으며, 그 경우 어떤 자의 도움이 필요한지도 안다. 그는 욕망이 크기 때문에 비밀이 많다. 그는 다른 사람들이 상호 감시하도록 하기 위해 비밀을 체계화시킨다. 한 사람에게는 하나의 비밀을 털어놓고 다른 사람에게는 다른 비밀을 털어놓아 그 비밀이 유지되는가를 지켜보기도 한다.

무언가 아는 것이 있는 사람은 모두 다른 사람의 감시를 받는데, 감시자는 피감시자에 대해서 분명한 내막을 알지 못한다. 다만 감시자는 그 사람의 언동을 기록하여 완전하고 빈번한 보고를 제출함으로써 지배자가 그 피감시자의 충성을 평가할 수 있게 해야만 한다. 그리고 감시자 자신도 다른 사람의 감시를 받으며 그의 보고는 다른 자의 보고에 의해 수정된다. 이와 같이 지배자는 언제나 자신의 비밀을 털어놓았던 부하의 능력과 신뢰성에 관한 최신 정보를 입수하여 어떤 부하가 충성을 다하는지 판단할 수 있다. 그에게는 비밀을 보존하는 체계가 있으며 그 열쇠는 그만이 갖는다. 그가 비밀을 다른 사람에게 전적으로 위임할 경우에는 위험을 느낀다.

권력은 그 내면을 간파당해서는 안 된다. 권력자는 다른 사람을 꿰뚫어 볼 수 있지만 다른 사람이 권력자를 꿰뚫어보아서는 안 된다. 그는 누구보다도 말이 적어야 하며 그의 신조나 의도는 아무도 몰라야 한다.

이처럼 결코 그 깊이를 알 수 없는 비밀의 고전적인 예를 15세기 이탈리아에서 커다란 권력을 장악했던 밀라노의 영주 필립포 마리아에게서 볼 수 있다.[10] 그는 자기의 속마음을 감추는 능력에서 타의 추종을 불허했다. 그는 자신이 바라는 것을 공개적으로는 결코 말하지 않았고, 모든 것을 독특한 표현으로 은닉했다. 예를 들면 그가 이미 좋아하지 않는 사람을 계속 칭찬했으며, 명예와 선물을 주어 표창하는 사람에게는 그의 난폭함과 우매함을 동시에 비난함으로써 표창을 받은 사람으로 하여금 표창과 행운을 받을 만한 가치가 없는 사람이라는 느낌이 들게 했다. 그가 어떤 사람을 궁정으로 부를 때에는 아첨에 가까운 말을 장황하게 늘어놓아 그릇된 희망을 갖게 한 다음 초청을 취소했다. 초청을 받았던 사람이 그 일을 잊었을 무렵 그는 다시 그 사람을 부르는 것이었다. 그가 어떤 사람에게 은총을 베풀 때에는 자신은 그 사람의 선행에 대해 전혀 모르는 것처럼 교활한 방법으로 다른 사람에게 물었다. 일반적으로 그는 어떤 것을 요청받으면 언제나 요청한 것과 다른 것을 주었으며, 그것을 줄 때도 원하는 것과 다른 방식으로 주었다. 선물이나 명예를 하사할 생각이 있으면 그 사람을 사전에 며칠씩 온갖 심문을 함으로써 상대방이 그의 의도가 무엇인지 모르게 했다. 그는 자기의 의도를 숨기기 위해 자신이 베푼 은총이나 자신이 명한 사형 집행에 불평을 늘어놓기 일쑤였다.

이 마지막 경우를 보면 그는 자기 자신에 대해서조차 비밀을 간직하고 싶었던 것 같다. 그의 비밀은 비밀의 적극적이고 의식적인 특성이 상실된 상태였다. 비밀은 그의 몸속 어두운 동굴 속에 감추어져 그 자신조차 망각해버린 수동적인 형태 속으로 빠져들어간 것이다.

"비밀을 부모 형제나 아내나 친구에게 누설하지 않는 것은 왕의 특권이다"라고 아랍의 『왕관의 서(書)』에는 적혀 있는데, 이 책에는 페르시아의 사싸미드 왕의 옛 전통이 많이 기록되어 있다.

무적을 자랑하는 페르시아의 코스로스 2세는 자신이 기용하고자 하는 신하의 신중함을 시험하기 위해 특별한 방법들을 고안해냈다.[1] 두 신하가 가까운 사이이고 그 둘이 힘을 합쳐 다른 신하와 맞서고 있는 것을 왕이 알면, 왕은 은밀히 그 중 한 신하에게 다른 한 신하를 처형하기로 결정을 내렸다는 비밀을 털어놓고 다른 신하에게 이 사실을 알리면 처벌하겠다고 말하는 것이다. 그런 연후에 자신이 비밀을 털어놓았던 신하가 왕궁을 드나들 때 어떤 행동을 하며 왕 앞에 섰을 때 그의 표정과 태도가 어떤가를 지켜본다. 그의 행동에 조금도 달라진 데가 없으면 그 신하가 비밀을 누설하지 않은 것으로 알고 그를 더욱 신임하고 그를 승진시켰다. 나중에 그 신하와 단 둘이 만났을 때 왕은 "짐은 그 사람에 관한 어떤 소문을 듣고 그 사람을 처형할 생각이었다. 그러나 자세히 조사해보니 그 소문이 허위라는 것이 드러났다"고 말하는 것이다.

만일 비밀을 들은 사람이 왕을 두려워하고 왕과 거리를 두거나 얼굴을 돌리거나 하면 그 비밀이 누설된 것으로 알고 그 신하를 신임하지 않고 직위를 강등시키고, 처형하겠다던 신하에게는 그의 친구가 비밀을 지키는지 시험해본 것이라고 말한다.

이와 같이 그 왕은 자신을 위하여 가까운 친구를 배신할 수 있는 신하만을 믿었다. "왕을 섬길 줄 모르는 사람은 자기 자신에게 소용이 없는 사람이며, 자기 자신에게 소용이 없는 사람은 아무에게도 소용이 없는 사람"이라고 그는 말했다.

침묵의 힘은 언제나 높은 평가를 받는다. 그것은 입을 열게 하려는 무수한 자극을 물리치고 질문을 무시하며, 다른 사람의 말이 어떤 감정을 불러일으켰든 그것을 밖으로 드러내지 않을 수 있는 사람이라는 것을 뜻한다. 그것은 벙어리가 아니라 바위처럼 침묵을 지키는 자를 의미한다. 태연자약한 스토아적 미덕이 극단에 이르면 침묵을 낳는 것이다.

의도적으로 침묵을 지키는 사람은 하지 말아야 할 말이 어떤 말인지를 정확히 안다. 실제로 영원히 침묵을 지킬 수 있는 사람은 없기 때문에 그 사람은 말을 할 수 있는 경우와 입을 다물어야 하는 경우를 잘 선택해야 한다. 상황을 잘 알고 있으면 침묵할 수 있다. 침묵은 말하는 것보다 명확하고 더욱 가치가 있다. 침묵은 해서는 안 될 말을 하지 못하도록 지켜줄 뿐만 아니라 주의력도 더욱 집중시켜 준다. 침묵하는 자는 어떤 경우에나 더 집중적으로 행동한다. 침묵하고 있는 자를 보면 사람들은 그가 많이 알고 있을 거라고 추측한다. 침묵을 지키는 사람은 남에게 비밀이 많은 사람, 무엇인가 은밀한 것을 생각하는 사람이라는 생각을 갖게 한다.

침묵한다고 해서 비밀이 잊혀지는 것은 아니다. 비밀을 간직한 사람은 비밀이 마음속에서 늘어나고 몸을 불태울지라도 비밀을 털어놓지 않는 데 대해 존경을 받는다.

침묵은 사람을 고립시킨다. 침묵을 지키는 자는 침묵을 지키지 않는 자보다 더 고독하다. 그러므로 자립의 힘은 그런 사람에게 있다. 그 사람은 보물의 수호자이며 그 보물은 바로 그 자신 속에 있다.

침묵은 변화를 방해한다. 침묵하는 자는 경직된 방법으로밖에는 자신을 위장할 수 없다. 그는 가면을 쓸 수 있지만 거기에 단단히 달라붙어야 한다. 그런 자에게는 변화의 유동성이 거부된다. 변화의 결과는 너무나 불확실하므로 변화에 굴복하면 어떻게 될지 그 자신도 간파할 수 없는 것이다. 사람들은 변화를 원하지 않을 때 침묵을 지키게 된다. 침묵은 변화의 기회에 응하지 못하도록 가로막는다. 사람들의 모든 움직임은 말을 통해 시작되며 침묵 속에서는 움직임이 경직된다.

말이 없는 사람은 사람들로 하여금 그의 발언을 기다리게 하고 그의 발언에 남다른 중요성을 부여하도록 하는 이점을 지닌다. 그가 말하는 것은 간결하고, 고립적이며, 명령투에 가깝게 된다.

명령자와 그 명령에 복종하는 사람을 갈라놓는 인위적인 구별은 양자간에 공통의 언어가 없다는 것을 의미한다. 그들은 서로 말할 수 없는 사람인 양 행동하도록 되어 있다. 명령 이외의 다른 이해 수단이 없다는 생각은 모든 상황에서 유지되고 있다. 그래서 명령자는 그 자신의 영역 내에서도 말을 안 하는 경향이 있으며, 다른 사람도 그런 명령자의 명령투의 말에 익숙해져 있다.

비교적 자유로운 정부에 대해 사람들이 품는 의혹은 일종의 멸시로 변하는 경우도 흔히 있는데, 이것은 비밀이 없기 때문에 생기는 현상이다. 의회 토론은 수백 명의 사람들 앞에서 벌이는 것이고 공개를 원칙으로 한다. 이때 정반대되는 주장을 공개적으로 하면 다른 주장과 서로 비교가 된다. 소위 비공개 회의에서도 언론의 직업적인 호기심과 일부 집단의 경제적 관심이 흔히 사람들의 입을 열게 하기 때문에 비밀이 항상 유지되는 것만은 아니다.

비밀을 유지할 수 있는 것은 개인이나 혹은 극소 규모의 집단뿐이라고들 말한다. 비밀 유지가 잘되고 비밀이 누설될 경우에는 엄한 제재가 가해지는 극소 집단에서 열리는 회의가 가장 안전한 것처럼 보인다. 하지만 결정은 기껏해야 한 사람이 내린다. 결정을 내리는 사람도 사전에는 결정의 내용을 알 수 없으며 일단 결정이 내려지면 그 결정은 명령처럼 신속히 실천에 옮겨진다.

독재에 부수되는 위엄의 대부분은 비밀의 집중된 힘이 있기 때문에 생긴다. 민주주의 체제하에서는 비밀이 여러 사람들에게 분산되어 그 힘이 약화된다. 사람들의 입에 오르내리지 않는 일이 없고, 모두가 자기의 주장이 있으며, 모든 일에 참견하고, 모든 것이 사전에 알려지기 때문에 되는 일이 없다고 말하는 사람들이 있다. 이런 말은 피상적으로는 우유부단에 대한 불평이지만 실제로는 비밀이 없는 데 대한 불평이다.

사람들은 무슨 일이 불시에 폭력적으로 나타날 경우에는 잘 참는다. 보잘것없는 인간은 자신이 권력자의 뱃속에 들어감으로써 일종의 노예적인 쾌감을 느낀다. 무슨 일이 언제 일어날지 알 수 없다. 과연 누가 먼저 괴물에게 가게 될지도 모른다. 그들은 복종하고, 떨면서 기다리며, 선택된 희생자가 되기를 희망한다. 이러한 태도 속에서 비밀이 신격화되고 있음을 볼 수 있다. 여타의 모든 것이 비밀의 찬미에 종속된다. 화산처럼 돌발적이고 불가항력적으로 발생하는 한, 어떤 일이 일어나든 문제가 되지 않는다.

그러나 한 파벌이나 한 개인에게 국한된 모든 비밀은 그 비밀을 가진 사람뿐만 아니라 거기에 관계되는 모든 사람에게 결국 치명적인 것이 될 수밖에 없다. 이러한 사실은 중대한 의미를 갖는다. 모든 비밀은 폭발적이고 그 자체의 내부의 열과 함께 퍼져나간다. 비밀을 지킨다는 서약은, 다시 열리는 자물쇠처럼 지켜지지 않는다.

비밀이 얼마나 위험해질 수 있는가 하는 것이 오늘날에야 비로소 완전히 알려지게 되었다. 외견상으로는 무관하게 보이는 여러 가지 영역에서 비밀은 더욱 힘을 갖게 된다. 전 세계가 일치단결하여 대항했던 독재자는 겨우 사라졌다. 하지만 비밀은 유례없이 위험한 원자폭탄의 형태를 지닌 채 여전히 인간을 괴롭히고 있다.

비밀의 집중을 비밀과 관련된 사람의 수와, 비밀을 보유한 사람의 수의 비율로 정의를 내려보자. 이 정의에 따르면 현대의 기술적인 비밀이 무엇보다도 가장 집중되고 가장 위험하다는 사실을 쉽게 간파할 수 있다. 기술적인 비밀은 모든 사람과 관련되는 것이지만 그것을 아는 사람은 소수이고, 그것을 실제로 사용할지 여부를 결정하는 사람은 손가락으로 꼽을 수 있는 정도에 그친다.

판단과 악평

우리 모두에게 친근한 현상, 즉 악평을 내리는 즐거움에 대해서 먼저 말해보기로 한다. '나쁜 책' '나쁜 그림'이라고 할 때 그 말을 하는 사람은 마치 자신이 객관적인 것을 말하는 척한다. 그러나 그의 표정은 그런 말을 즐기고 있다는 기색을 숨길 수 없다. 그도 그럴 것이 표현 형식은 속임수에 불과하고 금방 사람을 평가하는 말로 넘어가기 때문이다. 그 사람이 그 다음에 곧장 하는 말은 '나쁜 작가'라거나 '나쁜 화가'인데, 이 말은 마치 직업인으로서가 아니라 인간 자체가 '나쁘다'고 말하는 것 같은 느낌을 풍긴다. 우리는 항상 친구나 타인, 그리고 우리 자신조차 악평하기를 서슴지 않는다. 이런 악평을 할 때 기쁨을 느낀다는 것은 명백하다.

그것은 그 무엇에도 흔들리지 않는 견고하고도 잔인한 쾌감이다. 무서울 정도의 확신을 가지고 급속히 판단할 때에만 판단은 하나의 판단이 된다. 판단에는 온화함이나 신중함이 없다. 심사숙고를 하지 않고 판단하는 것은 거의 판단의 본질과 일치한다. 판단이 드러내는 열정은 판단의 신속성에 달려 있다. 판단하는 자의 특징을 그의 쾌감이라고 말할 수 있는 것은 그 판단이 무조건적이고 급속하게 이루어지기 때문이다.

이 쾌감의 본질은 어디에 있는가? 그것은 자신이 속한 집단을 더 나은 집단이라고 생각하고 열등한 집단에게 무엇인가를 전가하는 데 있다. 인간은 남을 격하시킴으로써 자신을 격상시킨다. 상반되는 가치를 대변하는 두 가지 종류가 있다는 것은 자연스럽고 불가피한 것으로 여겨진다. 무엇이 선이든 그것은 항상 악과 대조를 이룬다. 어떤 것이 선과 악에 속하는가 결정하는 것은 우리 자신이다.

이런 방식에 의해 타당성을 인정받은 것으로 재판관의 권력이 있다. 판사가 선과 악을 갈라놓는 경계선상에서 양쪽의 중간에 서 있다는 것은 외관상으로만 그럴 뿐이다. 사실 판사는 아무튼 자기 자신을 선한 사람이라고 여긴다. 자신이 판사라는 직책을 갖게 된 것은 지극히 정당한 것일 수밖에 없다고 생각하는데, 그러한 생각은, 마치 자신이 선한 나라에서 태어나기라도 한 것처럼 자신은 선한 나라에 속해 있다는 확고부동한 믿음에 바탕을 두고 있다. 그는 끊임없이 판단을 내린다. 그가 내리는 선고는 구속력을 가진다. 그가 판단하는 것은 매우 구체적이고 실제적인 것이며, 선과 악에 관한 그의 방대한 지식은 장기간에 걸친 실제 경험에서 나온 것이다. 그러나 재판관이 아닌 자, 누가 임명한 것도 아닌(사실 임명할 사람도 없지만) 자들이 모든 영역에 관해 지나칠 정도로 계속해서 판단을 해댄다. 어떤 것을 판단하는 데 전문 지식이란 하등 필요가 없다. 자신을 부끄럽게 여겨 판단을 삼가는 자는 극소수에 불과하다. 판단은 질병이며 그것도 가장 널리 퍼진 질병 가운데 하나이므로, 그 병에 면역이 된 사람은 거의 없을 것이다. 그 근원을 찾아보기로 하자.

인간은 그가 상상할 수 있는 모든 인간을 집단으로 분류하려는 강한 욕구를 갖는다. 서로 느슨한 관계밖에 없고 형체가 정해져 있지 않는 사람들을 대립적인 두 집단으로 분류함으로써 일종의 밀도를 갖게 하는 것이다. 전투대형처럼 배열된 이 집단들은 배타적이 되고 서로 적의를 갖도록 만들어진다. 바랐던 바대로 그 집단들은 적대적일 수밖에 없다. '선(Gut)'과 '악(Schlecht)'에 관한 판단은 아주 오래 된 이원적 분류 수단이지만, 그것은 결코 개념적인 것도 평화적인 것도 아니다. 중요한 것은 판단을 행하는 자에 의해 형성되는 대립적인 집단간의 긴장이며, 이 긴장은 계속된다.

그 과정의 기저에는 적대적인 무리를 형성하려는 충동이 있으며, 종국에는 그 충동이 전투 무리를 유도할 수밖에 없다. 그 과정은 생의 수많은 영역 및 활동과 관련을 맺을 때 약화된다. 그러나 그 과정이 평화적으로 진행되어 한두 마디의 구두상의 판단만을 초래한다 할지라도, 두 무리를 서로 적극적이고 유혈적인 적대 행동으로 이끌려는 충동은 언제나 배태되어 있다. 인생의 수많은 관계에 얽혀 있는 사람은 수많은 '악'의 집단에 대항하는 무수한 '선'의 집단에 속한다. 어떤 집단이 무리를 지어 적대 무리에게 공격을 받기 전에 선제공격을 가할지 여부는 단순한 동기에 달려 있다. 표면상으로 평화적인 판단이 곧 적에 대한 사형 선고가 된다. '선'의 경계는 엄격하게 정해져서 그 경계를 가로지르는 악인에게는 재앙이 있을 뿐이다. 악인은 선한 사람들 사이에서는 쓸모가 없기 때문에 파멸되어야 하는 것이다.

용서의 권력 : 사면

　남을 용서할 수 있는 힘은 누구나 갖고 있다. 용서하는 행위로 생애를 꾸미는 것은 매혹적일 것이다. 편집증적인 사람은 남을 결코 용서하지 않거나 용서하기가 어려운 사람, 용서하는 데 시간이 많이 걸리는 사람, 용서할 여지가 있는데도 용서하지 않는 사람, 남을 용서하지 않기 위해 자기 자신에게 해로운 일을 생각해내는 사람이라고 할 수 있다. 이런 사람들이 느끼는 가장 강력한 내적인 저항 대상은 모든 종류의 용서이다. 그런 사람이 집권하여 그 권력을 유지하기 위해 때때로 사면령을 내리는 것은 단순히 과시하기 위한 것에 불과하다. 권력자는 참으로 용서하는 법이 없다. 자신에 대한 적대 행위를 할 경우 그 사실을 빠짐없이 기록하여 후일을 위해 은밀하게 보존해둔다. 완전히 굴복한 사람에게는 이 기록이 말소되는 경우도 있는데, 권력자는 이런 경우에만 관용을 베푸는 것이다. 권력자들은 그들에게 대항하는 모든 것이 굴복하기를 갈망하기 때문에 그것에 과도한 대가를 치러야 할 경우가 흔히 있다.

　권력자를 막강하게 보는 무력한 자는 모든 사람이 복종한다는 것이 권력자에게 얼마나 중요한지를 알지 못한다. 힘없는 자는 설령 권력에 대한 감각이 있다손치더라도, 권력의 증대를 오직 실제의 증가 정도를 기준으로 평가할 수 있을 뿐, 말단미직의 시시하고 초라한 신하가 무릎을 굽히면서 하는 인사가 왕에게 어떤 의미가 있는가를 이해할 수는 없을 것이다. 성서의 하느님이 모든 인간에게 보이는 관심, 모든 영혼을 빠짐없이 기억하고 돌보는 끈기 있는 보살핌, 이것이야말로 모든 권력자의 고귀한 본보기가 될 수 있을지 모른다. 하느님도 인간을 무조건 용서해주는 것이 아니라 복잡한 계약들을 마련했지만, 아무튼 진심으로 복종하는 자는 죄를 용서하고 받아들인다. 하지만 신은 종(인간)의 행동거지를 낱낱이 정확하게 지켜보며 또한 모든 것을 아는 전지자이기 때문에 인간이 자신을 얼마만큼 속이는지를 알기란 무척 쉬운 일이다.

　죄를 처벌하고 용서할 수 있는 사람의 권력을 신장하기 위해서 금기가 많아야 한다는 것은 의심의 여지가 없다. 사면 행위는 유죄 선고를 전제로 하기 때문에 고도로 집중된 권력의 표현인 것이다. 유죄 선고가 없는 한 사면은 있을 수 없다. 사면에는 또한 선택이 따른다. 사면은 유죄 선고를 받은 자 중에서도 한정된 사람들에게만 허용된다. 처벌을 하는 사람은 지나친 관용을 경계할 것이며, 비록 엄격한 처벌을 완화한다는 인상을 주더라도 처벌의 신성한 의무에서 그럴듯한 구실을 찾아내게 될 것이다. 이것이 바로 그의 행동을 결정하게 되는 것이다. 그러나 처벌을 할 수 있는 사람은 본인이 직접 사면을 내릴 수도 있고, 더 높은 사람이 있을 경우에는 사면을 상신하는 등 언제나 은사(恩赦)의 문을 열어둔다.

권력의 표현이 정점에 달하는 것은 사형 집행 직전에 사면령을 내릴 때이다. 교수대나 총살대 앞에서 사형을 집행하기 직전에 내리는 사면은, 사면을 받는 자에게 마치 새로 태어난 듯한 느낌을 준다. 죽은 자를 되살릴 수 없는 것이 권력의 한계이지만, 오랫동안 보류했던 사면을 베풂으로써 권력자는 자신이 마치 이러한 한계를 초월한 것처럼 생각한다.

명령
Der Befehl

수행된 명령만이 그 명령을 따른 사람에게 가시를 남긴다.
명령을 회피한 사람은 가시를 지닐 필요가 없다.
자유인이란, 명령을 받은 뒤 명령을 피하는 사람이 아니라 미리 명령을
피할 줄 아는 사람일 뿐이다. 명령을 피하는 데 시간이 오래 걸리는 사람이나
명령을 피할 줄 모르는 사람은 자유인이 아니다.

명령 : 도주와 가시

'명령은 명령이다.' 이 말에서 단적으로 드러나듯이 명령의 성격은 궁극적이며 논란의 여지가 없는 명백한 것이다. 명령에 대한 고찰이 거의 없었던 것도 이 때문일 것이다. 명령은 필수불가결하고 자연스러운 것으로 보이며, 우리는 명령을 언제나 존재했던 것으로 받아들인다. 우리는 어렸을 때부터 명령에 익숙해 있다. 소위 교육이라는 것은 대부분 명령으로 이루어져 있다. 어른들의 경우도 마찬가지인데, 일, 전투, 신앙의 영역을 비롯한 모든 삶의 영역에 명령이 침투해 있다. 그래서인지 몰라도 우리는, 명령이란 것의 본질이 도대체 무엇인지, 명령이 겉으로 보이는 것처럼 실제로도 그렇게 단순한 것인지, 명령이 신속하고 매끄러운 기대 효과를 냄에도 불구하고 그 명령을 따르는 사람의 마음속에 다른 감정들, 심지어는 적대감을 남기는 것은 아닌지 등등, 이런 것에 대해 거의 의문을 품어본 적이 없었다.

언어가 있기 전에도 명령이 있었다. 만일 그렇지 않다면 개는 명령을 이해하지 못할 것이다. 짐승은 말을 몰라도 사람이 요구하는 것을 알도록 배울 수 있기 때문에 짐승의 훈련이 가능하다. 짐승을 훈련시키는 사람은 짧막하고 분명한 명령을 통해 짐승에게 그의 의사를 알아듣게 한다. 그것은 사람에게 하는 명령과 본질적으로 다를 바 없으며 짐승은 금지를 준수하듯 명령에도 순종한다. 그러므로 명령의 뿌리를 찾을 만한 이유는 있는 것이다. 적어도 명령은 어떤 형태로든 인간 사회의 바깥에도 분명히 존재한다.

원시적인 형태의 명령은 언제나 도주를 유발한다. 도주는 외부에 있는 강한 짐승에 의해 약한 짐승에게 강요되는 것이다. 도주는 겉으로만 자발적일 뿐이다. 위험은 언제나 구체적인 형상을 지니며, 그 형상을 알아채지 않는 한 짐승은 도주하지 않는다.

두 짐승 사이의 힘의 차이는 도주 현상을 초래한다. 강자가 다른 자를 잡아먹겠다는 의사를 밝히기만 해도 결사적인 도주가 시작된다. 약자가 실제로 추격을 받든 안 받든, 약자는 도주하라는 명령에 따르지 않을 수 없다. 약자는 눈빛이나 소리, 또는 무서운 모습이 주는 위협만으로도 도주하는 것이다.

모든 명령은 이러한 도주 명령(Fluchtbefehl)에서 유래한다. 원초적인 형태의 명령은 하나가 다른 하나를 위협하는, 종류가 다른 두 동물 사이에 일어나는 것이다. 두 동물 사이의 힘의 현격한 차이, 한 동물이 다른 동물의 먹이로서 항상 먹혀지고 있다는 사실, 오랜 옛날부터 존속해왔던 것처럼 느껴지는 상호 관계의 불변성, 이 모든 것이 명령이라는 현상을 절대적이고 돌이킬 수 없는 것으로 보이게 만든다. 도주는 사형 선고에 대한 최종적이고도 유일한 불복 행위이다. 먹이를 향해 달려드는 사자의 포효는 사형 선고 바로 그것이다. 그것은 그 모든 먹잇감이 이해하는 사자의 한 마디 소리이며, 이 위협은 서로 다른 먹잇감 모두가 공통으로 느끼는 유일한 것일지도 모른다. 인류가 출현하기 이전의 원시적인 명령은 하나의 사형 선고였으며, 그것이 먹잇감을 도주하도록 강요했다. 인간의 명령을 논하게 될 때도 이 사실은 기억해야 할 것이다. 모든 명령의 밑바닥에는 사형 선고의 가혹함이 번득이고 있다. 인간들 사이의 명령 체계는 보통 죽이는 일을 회피하지만, 죽음에 대한 공포와 위협을 언제나 내포하고 있다. 실제로 사형이 계속 선고되며 집행되고 있기 때문에 개개의 명령에 대한 공포, 명령 일반에 대한 공포는 여전히 사라지지 않고 있다.

명령의 기원에 대한 이같은 지식을 잠시 접어두고, 명령을 생소한 대상으로 생각하고 선입관 없이 고찰해보기로 하자.

명령이 주는 첫인상은 그것이 행동을 촉발하는 것이라는 데 있다. 어떤 방향을 향해 손가락을 뻗으면 명령의 효과를 낼 수 있다. 그 손가락을 보는 모든 눈은 같은 방향을 향한다. 이때, 주어진 방향으로 움직이는 행동의 개시만이 명령에서 문제시되는 것처럼 보인다. 방향의 결정은 특히 중요하다. 그 결정을 취소하거나 변경하는 것은 모두 허용되지 않는다.

항변을 허용하지 않는 것이 명령의 본질이다. 명령은 토론되거나 설명되어서도 안 되며, 의심을 받아서도 안 된다. 명령은 즉각적으로 이해되어야 하기 때문에 간결하고 분명하다. 이해하는 데 시간이 걸리면 그 힘이 줄어든다. 행동이 뒤따르지 않는 명령이 반복되면, 명령은 그 생명이 없어져 결국 퇴색하고 무력해지고 만다. 이런 경우에는 명령을 되살리려고 하지 않는 편이 좋다. 명령이 유발시키는 행동은 무엇보다도 행동을 개시하는 순간과 긴밀한 관계가 있기 때문이다. 물론 추후의 일을 명령할 수도 있다. 그러나 명령이 어떤 형태를 취하든 간에, 그 내용이 확정적으로 규정되어야 한다는 사실이 중요하다.

명령에 따라 하는 행동은 그 밖의 다른 행동들과는 다르다. 명령에 따른 행동은 자신에게 전혀 낯선 것, 진실로 자신의 행동이 아닌 것으로 경험되고 기억된다. 명령의 실행에서 요구되는 신속함은, 우리가 우리의 행동을 아주 낯선 것으로 기억하는 이유의 하나일지 모르지만 그것이 다는 아니다. 명령의 중요한 측면은 명령이 외부에서 온다는 사실이다. 그것은 외부로부터 우리에게 부과되어 있는 삶의 구성 요소이지, 우리 자신에게서 발전해 나온 것은 아니다. 명령의 보따리를 들고 이따금 나타나는 은자(隱者)들은 낡은 것을 쇄신하여 새로운 종교를 만들려고 한다. 하지만 그들조차 자기 자신의 것이 아닌 위임받은 명령을 짊어지고 있는 모습을 보여준다. 그들은 결코 자기 이름으로 말하지 않는다. 그들이 다른 사람에게 요구하는 사항은 그들에게 위임되어 있는 것이다. 그들은 무수히 거짓말을 하더라도, 스스로 온 것이 아니라 보내서 왔다는 믿음만은 충실히 지킨다.

다른 사람으로부터 나온 낯선 것인 명령의 근원은 우리 자신보다 더 강한 것으로 인정받지 않으면 안 된다. 우리가 명령에 굴복하는 것은 명령과 싸워서 이길 승산이 없기 때문이다. 명령을 내리는 사람은 이길 승산이 있는 자이다. 명령의 배후에 숨어 있는 권력은 의심을 받아서는 안 된다. 그 권력이 약해지면 다시 투쟁으로 자신을 입증할 태세를 갖추고 있다. 대개 권력은 오래도록 인정을 받는다. 권력은 새로이 자신을 입증할 필요가 별로 없으며, 한번 입증된 권력의 효과는 오래 지속된다. 싸움에서의 승리는 명령에 의해서 영속화되며, 복종이 뒤따르는 명령을 내릴 때마다 옛 승리는 매번 새로워진다.

명령하는 사람의 권력은 언제나 불어나는 것으로 보인다. 아무리 시시한 명령이라도 권력에 무엇인가를 더해준다. 명령은 명령을 내리는 사람에게 실제로 이익을 줄 뿐만 아니라, 명령 자체의 본질, 명령이 가져다주는 복종, 명령의 칼날 같은 정확성, 이 모든 것은 권력에 안정과 성장을 보장해준다. 권력은 마법의 화살처럼 명령을 발사한다. 그 화살에 맞은 사람은 굴복하여야 한다. 명령은 그들에게 상처를 입히고 그들을 권력자 앞으로 인도한다.

그러나 얼핏 보면 절대적이고 이의를 제기할 수 없는 것으로 보이는 명령의 단순성과 통일성도, 자세히 보면 피상적인 것에 불과하다. 명령은 분석될 수 있다. 반드시 분석해볼 필요가 있는데, 명령을 분석하지 않고서는 그것이 무엇인가를 결코 파악할 수 없기 때문이다.

모든 명령은 강박(強迫)과 가시로 이루어져 있다. 강박은 명령을 받은 사람에게 명령의 내용에 맞게 행동하도록 강요한다. 그리고 가시는 명령을 받은 사람 속에 남는 것이다. 명령이 기대한 대로 정상적으로 기능을 발휘할 때 가시는 보이지 않는다. 그것은 감쪽같이 숨어 있다가 명령에 순종하기 전의 희미한 반항을 통해 그 존재를 드러낼 뿐이다.

그러나 가시는 명령을 수행한 사람의 마음속에 깊이 가라앉은 채로 변함없이 남아있다. 인간의 모든 심리 구조를 보면 이 가시만큼 변화의 지배를 덜 받는 것도 없다. 명령의 내용(그 힘과 범위 및 한계)은 명령이 떨어진 순간에 결정되어 가시의 형태로 보존된다. 그것은 몇 년 혹은 몇 십 년이고 마음속에 숨어 있다가 다시금 꼭 같은 모습으로 출현한다. 그것은 영원히 없어지지 않으며, 이 사실을 아는 것은 중요하다. 명령은 완수되면 끝나 버리는 것이 아니라 영원히 마음속에 저장된다.

명령에 제일 많이 시달리는 자는 어린이들이다. 어린이들이 명령의 수레바퀴 아래에서 부모와 교사의 강박에 시달리면서도 살아남는다는 것은 거의 기적에 가까운 일이다. 이 어린이들이 크면 자기 자식들에게 마찬가지로 가혹한 명령을 내릴 것이다. 이것은 밥을 먹고 말을 하는 일처럼 자연스런 현상이다. 참으로 우리를 놀라게 하는 것은 어린 시절의 명령이 조금도 손상되지 않은 채 보존된다는 점이다. 명령은 다음 세대가 등장하자마자 같은 모습으로 또 다시 나타난다. 명령에는 조금도 변화가 없다. 실제로는 20년, 30년, 아니 그보다 더 긴 세월이 흘렀지만, 불과 몇 시간 전의 일이었던 것처럼 명령은 되풀이된다. 명령이 어린이에게 주는 영향력, 그리고 명령이 같은 모습으로 지속되는 그 집요함 등은 어린이의 개인적인 자질에 따라 달라지는 것이 아니다. 그것은 어린이 각자의 지능이나 비범한 재주와는 무관한 일이다. 아주 평범한 어린이라 할지라도 자신을 괴롭혔던 명령을 하나라도 잊어버리거나 용서하는 일이 결코 없다.

사람의 외모, 고갯짓, 입놀림, 눈빛 등은 쉽게 변하지만 사람의 마음속에 가시로 남아있는 명령은 쉽게 변하지 않는다. 기회만 생기면 명령은 조금도 변하지 않은 모습으로 다시금 바깥으로 튀어나온다. 이때 명령을 내리는 새로운 상황은 명령이 내려졌던 과거의 상황과 꼭 같은 모습이어야 한다. 명령을 받던 자가 명령을 내리는 자로 바뀌는, 옛 상황의 재현은 인간의 생활에서 정신적인 에너지의 원천 가운데 하나이다. 인간으로 하여금 이런저런 것을 성취하도록 고무하는 것은 과거에 받았던 명령을 면하려는 깊은 충동인 것이다.

수행된 명령만이 그 명령을 따른 사람에게 가시를 남긴다. 명령을 회피한 사람은 가시를 지닐 필요가 없다. 자유인이란, 명령을 받은 뒤 명령을 피하는 사람이 아니라 미리 명령을 피할 줄 아는 사람일 뿐이다. 명령을 피하는 데 시간이 오래 걸리는 사람이나 명령을 피할 줄 모르는 사람은 자유인이 아니다.

정상적인 사람은 자신의 내적 충동에 따르는 것을 부자유스럽다고 느끼지 않는다. 그 충동이 매우 강력하고 그 충동에 따르게 되면 위태로운 결과가 생긴다 하더라도 당사자는 자유롭게 행동하고 있다는 느낌을 갖는다. 그러나 외부로부터 명령이 주어지고 이 명령을 반드시 수행해야 할 때

적의를 느끼지 않는 사람은 없다. 모든 사람이 압력에 대해 이야기한다. 그들에겐 뒤집어엎거나 반란을 일으킬 권리가 있다.

명령의 길들임

죽음에 대한 위협을 함축하고 있는 도주 명령은 쌍방간의 힘의 차이를 전제로 한다. 상대방을 도주하게 만드는 자는 그를 죽일 수도 있다. 자연계에서는 근본적으로 수많은 동물들이 다른 동물들을 잡아먹고 산다. 잡아먹는 동물과 잡아먹히는 동물은 서로 다른 종이다. 그래서 대부분의 동물은 다른 종의 동물에 대해 위협을 느끼며 그 낯설고 적대적인 동물로부터 도주 명령을 받는 것이다.

그러나 우리가 보통 명령이라고 부르는 것은 인간들 사이에서 일어나는 일이다. 주인이 노예에게 명령을 내리고, 어머니가 자식에게 명령을 내린다. 우리가 아는 명령은 그 생물학적 근원인 도주 명령으로부터 발전해온 것이다. 다시 말하자면, 도주 명령이 길들여진 것이다. 명령은 일반적인 사회 구조에서뿐만 아니라 친밀한 인간관계에서도 이용된다. 명령은 가족에서와 마찬가지로 국가에서도 큰 역할을 담당한다. 명령은 도주 명령이라는 것과는 전혀 다른 것처럼 보인다. 주인이 노예를 부르면 노예는 명령을 받을 줄 알면서도 주인에게로 간다. 어머니가 아이를 부르면 아이는 결코 달아나지 않는다. 어머니가 온갖 명령을 퍼부어도 어머니에 대한 아이의 신뢰는 별로 변하지 않는다. 아이는 항상 어머니 곁에 있다가 부르면 달려간다. 개도 마찬가지이다. 주인 가까이 있다가 주인이 휘파람을 불면 당장에 달려간다.

이러한 명령의 길들임은 어떻게 해서 생겨난 것인가? 무엇이 죽음의 위협을 무해한 것으로 보이게 만들었는가? 위에서 든 경우들을 보면 항상 일종의 매수가 행해지고 있음을 알 수 있다. 이 사실에서 우리는 해명의 실마리를 얻을 수 있을 것이다. 주인은 노예나 개에게 먹을 것을 주고, 어머니는 자식을 양육시켜 준다. 신하의 입장에 서 있는 자는 음식물을 받아먹도록 길들여져 있다. 노예나 개는 주인으로부터만 음식물을 받아먹는다. 주인이 아닌 다른 사람은 음식물을 줄 의무도 없고 그럴 필요도 없다. 모든 음식물이 주인에 의해서만 주어진다는 것은 주인의 소유권을 밝혀주는 근거의 일부가 된다. 어린 아이는 혼자서는 살아갈 수 없다. 그래서 태어나자마자 어머니의 젖가슴에 매달린다.

음식물을 주는 것과 명령 사이에는 밀접한 관계가 있다. 이러한 관계는 동물을 훈련시킬 때 아주 분명하게 나타난다. 조련사가 시키는 대로 하는 동물은 조련사로부터 좋아하는 먹이를 얻는다. 명령의 길들임에 의해 본래의 도주 명령은 음식물에 대한 약속이 되어버린다. 죽음으로 위협하여 도주를 야기하는 대신 인간은 가장 맛있는 음식을 주겠다고 약속하며, 그는 이 약속을 정확하게 지킨다. 명령을 받은 그 동물은 주인의 음식물로 먹혀버리는 대신 먹을 것을 받는다.

생물학적 도주 명령의 이러한 변질은, 인간과 동물을 일종의 자발적인 포로로 만들어놓는다. 포로에도 여러 가지 단계가 있지만 명령의 본질이 변하는 것은 아니다. 모든 명령에는 예나 다름없이 위협이 내포되어 있다. 이 위협은 완화되어 있지만, 명령에 복종하지 않을 때는 명백한 제재가 가해진다. 제재는 매우 엄한 것일 수도 있다. 가장 엄한 제재는 원초적인 형벌, 즉 죽음이다.

반동과 명령 불안

명령은 화살과 같다. 명령은 쏘아지고 맞혀진다. 명령권자는 명령을 내리기 전에 목표를 설정한다. 그는 자신의 명령으로 어떤 특정한 사람을 맞히게 된다. 명령이라는 화살은 항상 일정한 방향을 갖는다. 명령이라는 화살은 맞은 사람에게 꽂힌 채로 있다. 그 화살에 맞은 사람은 화살의 위협으로부터 벗어나기 위해 그 화살을 뽑아내어 다른 사람에게 떠넘겨야 한다. 이처럼 명령을 전가하는 과정은 마치 화살을 맞은 사람이 그 화살을 뽑아내어 자신의 시위에 걸쳐서 다시 쏘는 것과 마찬가지이다. 화살을 맞은 사람의 몸에 있는 상처는 아물지만, 그 상처는 흉터를 남긴다. 모든 흉터에는 사연이 있다. 그것은 이와 같은 어떤 특정한 화살의 흔적이다.

그러나 화살을 쏘는 명령권자는 가벼운 반동을 느낀다. 자신이 맞혔다는 것을 알 때야 비로소 그는 정신적인 반동이라고도 이야기할 수 있는 진짜 반동을 느낀다. 여기에서 물리적인 화살과의 유사성은 끝난다. 따라서 이제는 성공적인 발사로 말미암아 즐거워하고 있는 명령권자의 내면에 남겨진 흔적을 살펴보는 일이 더욱 중요하다.

성공적으로 완수된 명령에 대한 표면적인 만족감은 명령을 내린 사람의 내면에서 일어나는 다른 많은 감정들을 감추어버린다. 그의 내면에는 반동의 감정과 같은 것들이 언제나 있다. 한 사람이 행한 것은 희생자에게뿐 아니라 그 행위자 자신에게도 각인된다. 수많은 반동이 거듭 쌓이면 불안을 낳는다. 명령의 잦은 반복에서 생겨나는 특수한 종류의 불안이 있다. 나는 그것을 '명령의 불안(Befehlsangst)'이라 칭하고자 한다. 명령을 단지 떠넘기기만 하는 자에게는 이 명령의 불안이 매우 작다. 그러나 명령을 내리는 사람이 명령의 원천에 가까우면 가까울수록 이 명령의 불안은 점차 커진다.

어떻게 해서 명령의 불안이 생겨나는지는 쉽게 알 수 있다. 고립되어 있는 한 마리의 짐승을 쏘아 죽일 경우에는 후환이 남지 않는다. 죽은 것은 어느 누구에게도 해를 끼칠 수 없기 때문이다. 죽이겠다고 위협을 하면서도 실제로 죽이지는 않는 명령은 위협에 대한 기억을 남긴다. 명령이 주는 위협은 때로는 빗나가기도 하고 때로는 적중하기도 하지만 결코 잊혀지는 일은 없다. 위협 앞에서 도주를 했거나 위협에 굴복했던 사람은 언젠가 기회만 오면 반드시 복수를 할 것이다. 위협을 가했던 사람은 이 사실을 알고 있다. 그래서 그는 복수를 해오지 못하도록 온갖 노력을 기울인다.

명령을 받았던 모든 사람, 죽음의 위협을 받았던 모든 사람은 아직도 살아있고 그 사실을 생생하게 기억하고 있다. 그들이 모두 힘을 합쳐 반기를 든다면 명령을 내린 사람은 위태로워질지도 모른다. 이러한 위험에 대한 예감은 명령을 내렸던 사람의 마음속에 언제나 남아 있다. 위협을 받았던 사람들이 언제 기억에서 행동으로 옮아갈지 모르기 때문에 그 예감은 아직은 모호한 형태를 취한다. 위험에 대한 이 고통스럽고 집요하며 끊임없는 예감이 바로 '명령의 불안'인 것이다.

그 불안은 지위가 높을수록 커진다. 명령이 자기로부터 나오고 다른 어떤 사람으로부터도 명령을 받지 않는 명령의 원천에서, 명령의 불안은 최고로 집중된다. 권력자는 이 명령의 불안을 오랫동안 억눌러서 숨길 수도 있지만 때로는 불안이 점점 커져서 과대망상증으로 노출되어 버리기도 한다.

다수에 대한 명령

한 사람에게 하는 명령과 여러 사람에게 하는 명령은 구별되어야 한다.
이 구별은 본래의 생물학적 명령에도 이미 나타나 있다. 어떤 짐승은 혼자 살면서 개별적으로 적의 위협을 받는다. 또 어떤 짐승은 떼를 지어 살면서 떼를 이룬 상태에서 위협을 받는다. 혼자 사는 짐승은 혼자서 숨거나 도주하고, 떼를 지어 사는 짐승은 떼를 지어 도주한다. 본래는 떼를 지어 살던 짐승이 우연히 혼자 있을 경우에 적의 위협을 받으면 떼가 있는 곳으로 도망치려고 할 것이다. 개별적인 도주와 군중 도주는 근본적으로 다르다. 도주하는 떼의 군중 공포는 가장 오래 되고, 아마도 가장 일반적인 군중 상태의 예일 것이다.

'제물'은 이같은 군중 공포의 상태에 그 기원이 있을 가능성이 매우 크다. 사슴 떼를 쫓던 사자가 사슴 한 마리를 잡으면 추격을 멈추고 만다. 사자에게 잡힌 이 사슴은 나머지 사슴 떼의 안전에 도움을 준 일종의 제물이다. 사자가 욕심을 채운 것을 보면 다른 사슴들의 두려움은 줄어든다. 군중 도주에서 정상 상태로 돌아온 사슴들은 마음대로 풀을 뜯어먹으며, 하고 싶은 행동을 다시 하게 된다. 사슴에게 종교가 있고 사자가 사슴의 신이라면, 그 신의 식욕을 채워 주기 위해 사슴들은 사슴 한 마리를 자진하여 바칠 수도 있을 것이다. 이와 똑같은 일이 사람들 사이에도 벌어진다. 종교상의 인간 제물은 군중 공포의 상태에서 유래한다. 제물은 잠시나마 적의 공복을 채워줌으로써 적의 추격을 멎게 한다.

공포 상태에 있는 군중은 함께 모여 있으려 하며, 서로 가까이 있는 것이 안전하다는 느낌을 갖는다. 그들은 도주의 방향이 같다. 혼자서 다른 방향으로 뛰어나간 짐승은 다른 짐승들보다 더 위험한 상태에 놓이게 되며 더 많은 공포를 느낀다. 그것은 혼자 있기 때문이다. 함께 도망가는 짐승들의 공통된 방향을 그들의 '지향(志向)'이라고 할 수 있다. 짐승들을 결집시키고 앞으로 나아가게 하는 것이 바로 이 지향이다. 분산되지 않고 옆에 있는 짐승들과 동일한 행동을 하는 한, 공황 상태는 일어나지 않는다. 모든 짐승들이 머리와 목과 다리를 같은 식으로 움직이는 이 군중은, 사람들의 '박동적' 혹은 '율동적' 군중과 비슷하다.

그러나 도주하는 짐승들이 포위되는 순간, 상황은 달라진다. 같은 방향의 도주는 이미 불가능하고 군중 도주는 공황 상태에 빠지고 만다. 짐승들은 제각기 도망치려다가 다른 짐승의 길을 가로막는다. 포위망이 압축되어 살육이 벌어지면 모든 짐승이 서로 탈출의 길을 가로막는 적이 되어버리고 만다.

화제를 다시 명령으로 돌려보자. 한 사람에게 하는 명령과 여러 사람에게 하는 명령은 구분되어야 한다고 말했다. 이 명제를 증명하기 전에, 이 명제의 가장 중요한 예외를 들지 않을 수 없다.

군대는 인간의 인위적인 결합이다. 군대에서는 한 사람에게 내려지든 여러 사람에게 내려지든, 명령은 언제나 같다. 군대는 명령의 효력이 같을 때에만 존재할 수 있다. 군대의 명령은 위로부터 내려와서 명령을 받는 사람의 수에 관계없이 같은 효력을 지닌다. 따라서 군대는 결코 군중일 수 없다.

군중에서는 명령이 그 구성원들 사이에 수평적으로 퍼진다. 명령이 본래는 위로부터 한 개인에게 하달되겠지만 명령을 받은 사람 곁에 다른 사람들이 있기 때문에 그 명령은 즉각적으로 곁에 있는 사람들에게 전달된다. 명령을 받은 사람이 두려움을 느껴 다른 사람들에게 접근하면 다른 사람들도 순식간에 그 영향을 받게 된다. 처음에는 몇 사람이 움직이기 시작하다가 나중에는 모든 사람이 움직인다. 명령이 순식간에 퍼지면 사람들은 군중으로 변하여 모두 함께 도주한다.

이때 명령은 즉각 확산되기 때문에 가시를 만들지 않는다. 가시가 생길 시간적 여유가 없기 때문이다. 영원히 남게 될지도 모를 가시가 즉시 해소되는 것이다. 군중에 대한 명령은 가시를 남기지 않는다. 군중 도주를 불러일으키는 위협은 도주할 때 해소된다.

한 개인이 명령을 수행할 때에만 명령의 가시가 형성된다. 개인에게 주어지는 명령의 위협은 해소되지 않고 원한이 되어 그의 마음속에 가시로 남는다. 그 사람은 자기가 받은 명령과 똑같은 명령을 남에게 내릴 때 그 가시를 면할 수 있다. 받는 즉시 남에게 떠넘기지 못한 명령이 그대로 마음속에 남아 있는 것이 바로 가시인 것이다.

다수에게 내린 명령은 이와는 전혀 성격이 다르다. 그것은 사람들을 군중으로 만드는 데 목적이 있으며, 그 목적이 달성되면 공포를 불러일으키지 않는다. 사람들을 일정한 방향으로 몰고가는 웅변가의 슬로건이 바로 그런 기능을 갖는다. 슬로건은 다수에게 내린 명령과 같다. 신속하게 출현하여 하나의 단위를 유지하고 싶은 군중의 관점에서 보면 그러한 슬로건은 쓸모가 있을 뿐만 아니라 필수 불가결하다. 웅변가의 기술은 자기의 모든 목적을 슬로건으로 압축해서 힘차게 제시하는 데 있다. 그 슬로건은 군중의 성립과 존속을 위해 기여한다. 웅변가는 군중을 만들어서 위로부터의 명령으로 군중을 유지시킨다. 이렇게 되면 명령의 내용은 문제가 되지 않는다. 웅변가는 군중을 가장 무서운 방법으로 모욕할 수도 있고 위협할 수도 있다. 그렇게 함으로써 일단 군중을 만들어내는 데 성공하면, 그 웅변가는 예나 다름없이 군중으로부터 사랑받게 되는 것이다.

명령의 기대

근무 중인 병사는 명령대로만 행동한다. 병사도 여러 가지 욕망을 느끼지만 그는 병사이기 때문에 그의 욕망은 고려의 대상이 되지 않는다. 그는 자신의 욕망을 포기해야 한다. 병사는 갈림길에 서는 일이 없다. 갈림길에 선다 하더라도 갈 길을 결정하는 사람은 병사 자신이 아니다. 병사의 능동적 생활은 완전히 제한되어 있다. 그는 다른 모든 병사들과 공동으로 하는 일만을 할 뿐이다. 그는 명령받은 일만을 하는 것이다. 그밖에 다른 행동(병사들이 믿기에 일반인들은 자유롭게 이런 행동을 한다)의 가능성이 없으므로 병사는 명령받아 수행해야 할 일을 갈망할 수밖에 없게 된다.

몇 시간 동안 부동자세로 서 있는 보초는 병사의 정신 상태를 가장 잘 보여준다. 보초는 그 자리를 떠나서도 안 되며 잠을 자서도 안 된다. 엄밀하게 지시된 행동 이외의 어떤 행동도 취해서는 안 된다. 초소를 이탈하고 싶은 온갖 형태의 유혹을 물리치는 것이 보초의 본분이다. 이와 같은 수동적인 태도가 병사의 근간을 이룬다. 그는 삶의 주요한 부분을 이루는 욕망, 공포, 불안 등과 같은 모든 행위를 향한 충동을 억눌러버린다. 그는 그런 충동을 인정조차 하지 않음으로써 그것을 가장 잘 이겨낼 수 있다.

병사가 수행하는 모든 행동은 명령에 의해 재가를 받아야 한다. 인간이 아무 일도 하지 않고 지내기란 어렵기 때문에, 병사의 마음속에는 자신에게 허용되는 행동에 대한 기대가 쌓인다. 행동의 욕구는 자꾸 불어나서 무한대로 성장한다. 그런데 병사의 행동에는 명령이 전제되어야 하기 때문에 그 기대는 결국 명령 쪽으로 모아진다. 훌륭한 병사는 언제나 의식적으로 명령을 기대하는 상태에 있다. 명령의 기대(Befehlserwartung)는 교육을 통해 온갖 방식으로 커진다. 군대식의 태도나 군대 용어에는 그런 명령의 기대가 아주 잘 표현되어 있다. 병사의 생활에서 가장 중요한 순간은 상관 앞에 부동자세로 서 있을 때이다. 병사는 극도의 긴장 상태에서 명령을 받을 준비를 갖추고 상관 앞에 선다. 병사가 외치는 '주 베펠(zu Befehl, 명령에 절대 복종한다는 뜻-역주)'이란 군대 용어는 그때의 상황을 정확하게 표현하고 있다.

병사의 교육은 일반인보다 훨씬 많은 금지가 부과됨으로써 시작된다. 사소한 위반에도 엄벌이 따른다. 우리가 어렸을 때부터 익히 알고 있는 해서는 안 될 것들의 영역이 병사에 대해서는 엄청난 넓이로 확장된다. 병사의 주위에는 벽들이 겹겹으로 세워진다. 이 벽들은 그가 분명히 볼 수 있도록 밝게 조명을 받고 있으며 점점 커지고 있다. 벽들은 윤곽이 뚜렷할 뿐만 아니라 높고 견고하다. 이 벽들에 관한 이야기를 끊임없이 들어온 이상, 병사는 벽들에 관해 모른 체할 수 없다. 병사가 움직이는 것을 보면 그는 언제나 자신의 주위에 벽들을 느끼고 있는 것처럼 행동한다. 병사의 각이 진 모습은, 벽들의 딱딱함과 평평함이 신체적으로 반영된 것이다. 그의 모습은 입체 기하학적 도형을 연상시킨다. 병사는 감방의 벽에 적응하고 여기에 만족해서, 자신을 감금시켜 놓은 벽에 대해 저항감을 느끼지 않는 수인(囚人)과 같다. 다른 수인들은 어떻게 하면 벽을 타넘거나 뚫을까 하는 생각뿐이지만 병사는 벽들을 자신의 새로운 본성이라 여기고, 이 자연적 환경에 적응해서 그 일부가 되려 한다.

금지 사항을 이처럼 완전하게 자신 속에 흡수한 사람, 그래서 언제라도 금지 사항의 세세한 면까지 피할 줄 알게 된 사람이라야 진짜 병사라 할 수 있을 것이다. 이러한 병사에게 명령은 특별히 높은 가치를 지니는 것이다. 명령은 사람들이 오래도록 일없이 누워 지내던 요새로부터의 출격과도 같다. 명령은 금지의 벽을 무너뜨리고, 때로는 사람을 죽이기도 하는 번개와도 같다. 병사를 둘러싼 금지의 광막한 사막에서 명령은 구원이 된다. 입체 기하학적 도형과도 같은 병사는 명령에 의해 활기를 띠게 되어 행동으로 나아가는 것이다.

병사는 혼자서 명령을 받기도 하고 다른 병사들과 함께 명령을 받기도 한다. 이런 두 가지 방식으로 명령받는 법을 배우는 것은 병사 교육의 한 부분이다. 병사는 훈련을 통해 다른 자들과 함께 취하는 동작들에 대해 익숙해진다. 이 동작들은 모든 병사들이 정확하게 동일한 방식으로 취해야 하는 것들이다. 여기서 문제가 되는 것은 동작의 정확성인데, 이 정확성은 혼자서 할 때보다는 다른 사람을 흉내낼 때 더 잘 익혀지는 그런 성질의 것이다. 흉내에 의해 병사들은 서로 같아져서 평등이 발생한다. 그런데 이 평등이 경우에 따라서는 군부대를 군중으로 바꾸는 데 이용될 수도 있다. 그러나 통상적으로 병사들에게 요구되는 것은 이와 정반대의 것이다. 즉 군부대는 가능한 한 병사들을 모두 똑같은 수준으로 평준화시키고 싶어하지만, 병사들이 모여 군중을 이루는 일은 일어나지 않기를 바란다.

병사들이 하나의 단위로 집결해 있을 때는 그들 모두에게 하달된 명령에 따라 행동한다. 그러나 그들이 나뉘어질 가능성은 언제나 있는 법이다. 한 명, 두 명, 세 명, 아니면 절반이 상관의 마음에 따라 불려 나갈 수 있다. 그들이 함께 행군하고 있다는 것은 피상적인 것에 지나지 않는다. 부대를 더 작은 단위 부대로 쪼갤 수 있다는 점은 군대에서 아주 쓸모가 있다. 명령은 병사가 몇 명이든 그 숫자에 상관없이 항상 적중시킬 수 있어야 한다. 명령을 받아들이는 병사는 한 명일 수도 있고, 스무 명일 수도 있고, 하나의 군부대 전체일 수도 있다. 명령의 효과는 그것이 겨냥하는 병사의 수와는 무관하다. 명령은 한 사람에 의해 받아들여졌든 모두에 의해 받아들여졌든 항상 동일한 명령이다. 명령의 이러한 성질은 매우 중요하다. 이러한 성질 때문에 명령은 군중으로부터 아무런 영향도 받지 않는다.

군대에서 명령을 내려야 하는 사람은 모든 군중(실제의 군중이든 머릿속에 기억하고 있는 군중이든)으로부터 벗어날 수 있어야 한다. 그는 자신도 명령의 기대를 교육받았기 때문에 이것을 알고 있다.

아라파트에서 순례자들이 기대하는 명령

메카 순례에서 가장 중요한 순간, 즉 그 절정은 '부쿠프(Wukuf)' 혹은 '아라파트에서 서 있기'이다. 이것은 알라 신 앞에 머무름을 뜻하며, 아라파트는 메카로부터 몇 시간밖에 안 걸리는 거리에 있다. 때로는 60만 혹은 70만에 달하는 수많은 순례자들이 벌거숭이 언덕으로 둘러싸인 분지에 운집해서 그 중앙에 있는 '자비의 산'으로 몰려간다. 한 설교자가, 한때 예언자가 섰던 장소에 서서 엄숙한 설교를 한다.[1]

순례자들은 '라베이카 야 랍비, 라베이카!(우리는 당신의 명령을 기다립니다. 주여, 우리는 당신의 명령을 기다립니다!)'라고 외치며 설교에 응답한다. 이 외침은 하루 종일 끊이지 않고 반복되어 광란 상태에 이른다. 그러다가 이파드하(Ifadha) 혹은 '흐름'이라 불리는 일종의 갑작스런 군중 공포에 빠져, 모든 사람들이 아라파트에서 다음 장소인 모즈달리파로 도주한다. 그들은 그곳에서 하룻밤을 보낸 다음, 이튿날 아침 미나(메카의 교외에 있는 제단-역주)로 도주한다. 그들은 모두 뒤죽박죽이 되어 서로 밀치고 짓밟으면서 달리기 때문에 수많은 순례자들이 목숨을 잃는다. 미나에서는 수많은 짐승이 도살되어 희생물로 바쳐진다. 모든 사람이 짐승의 고기를 즉시 나누어 먹는다. 대지는 피로 물들고, 찌꺼기로 뒤덮이게 된다.

'아라파트에서 서 있기'는 신도들의 '명령의 기대'가 절정에 달하는 순간이다. 밀집한 신도들의 군중이 수없이 반복하는 '우리는 당신의 명령을 기다립니다, 주여, 우리는 당신의 명령을 기다립니다!'라는 기도 문구에서 우리는 이 사실을 분명히 알 수 있다. 이슬람(신에게 귀의한다는 뜻)교는 여기서 최소 공통분모를 갖게 된다. 사람들이 신의 명령 이외의 어떤 것도 생각하지 않고 오직 신의 명령만을 열렬히 갈구하는 상태로 환원되는 것이다. 그런데 갑작스럽게 공포가 나타나서 군중 도주를 야기하는 데는 명백한 이유가 있다. 그것은, 신도들이 의식하지 못하는 가운데 명령의 원초적 형태인 도주 명령이 출현했기 때문이다. 순례자 군중의 강렬한 명령의 기대로 말미암아 신의 명령이 갖는 힘이 극도로 커져서 마침내 신의 명령은 원래의 명령, 즉 도주 명령으로 되어버린 것이다. 신의 명령이 이제 사람들을 도주하게 만든다. 순례자들의 도주가 모즈달리파에서 하룻밤을 보낸 그 이튿날에도 계속된다는 것은 명령의 힘이 아직 쇠진되지 않았음을 입증한다.

이슬람교에 의하면 사람에게 죽음을 가져다주는 것은 신의 직접적인 명령이다. 이슬람교도들은 이러한 죽음을 피하려 한다. 그래서 그들은 도주의 종착지인 미나에서 짐승들을 도살하고 그 짐승들에게 죽음을 전가시킨다. 즉, 사람 대신 짐승들이 죽는 것이다. 이러한 죽음의 전가는 다른 여러 종교에서도 볼 수 있다. 구약성서에 나오는 아브라함이 바치는 제물도 그러한 대표적인 예의 하나라 할 수 있을 것이다. 그렇게 함으로써 사람들은 신이 의도했던 살육으로부터 벗어난다. 그들은 신의 명령에 복종하는데, 그 복종의 정도가 너무나 심한 나머지 그로부터 달아나기까지 한다. 그러나 신이 원하는 피를 바치지 않는 것은 아니다. 짐승을 대량으로 도살함으로써 마침내 대지는 피로 물드는 것이다.

아라파트에서 서 있기, 또는 부쿠프, 그리고 이에 뒤따르는 군중 도주인 이파드하만큼 명령의 본질을 명백하게 보여주는 종교적 관습은 없다. 이슬람교의 종교적 명령에는 아직도 명령의 직접성이 대부분 보존되어 있다. 부쿠프와 이파드하는 명령의 기대와 명령 일반을 가장 순수한 형태로 보여준다.

명령의 가시와 규율

규율이 군대의 본질을 이룬다. 그러나 규율에는 공개적 규율과 비밀 규율, 두 가지가 있다. 공개적 규율은 명령이다. 명령의 구속이 병사를 만들기까지의 과정은 앞에서 언급한 바와 같다. 병사의 가장 특징적인 점은, 병사가 항구적으로 명령을 기대하는 상태에서 산다는 것이며,

그것은 병사의 태도와 외모에서 드러나고 있다. 병사가 거기에서 벗어나면 이미 병사가 아니며, 그의 군복은 단순한 겉치레가 되고 만다. 진정한 병사는 쉽게 식별되며, 그의 상태보다 더 공개적인 것은 있을 수 없다.

그러나 이처럼 밖으로 드러나는 규율이 전부는 아니다. 자체의 모습을 드러내서는 안 되는 비밀 규율도 있는데, 병사들은 그것에 관해서는 언급을 회피한다. 우둔한 사람은 그 비밀 규율을 언제나 의식하고 있지는 못하겠지만 대부분의 병사, 특히 현대의 병사들은 그 규율을 의식하고 있다. 그것이 바로 진급의 규율인 것이다. 진급처럼 누구나 다 아는 일을 비밀이라고 해야 한다는 것이 이상하게 보일지도 모른다. 그러나 진급은 비밀의 베일 속에 가려 있는 깊숙한 어떤 것이 밖으로 드러나는 것에 불과하다. 비밀의 베일에 가려 있다는 것은, 그 어떤 것의 작용을 대부분의 사람들이 모르기 때문이다. 승진은 '명령의 가시'의 보이지 않는 작용이 밖으로 드러난 것이다.

병사의 마음속에 그러한 가시가 엄청날 정도로 누적된다는 것은 명백하다. 병사가 하는 일은 모두 명령에 따라서 하는 것이며, 군대의 공개적인 규율은 이것을 병사에게 요구한다. 병사의 자연스러운 모든 충동은 억제된다. 병사는 어떤 느낌이 들든 연거푸 하달되는 명령을 계속 삼켜야 하며, 병사가 수행하는 무수한 명령은 그의 마음속에 가시를 남긴다.

이 가시는 급속하게 누적된다. 졸병일 경우에는 명령의 가시를 모면할 기회가 전혀 없다. 졸병은 명령을 내릴 기회가 전혀 없기 때문이다. 그는 다만 시키는 대로 할 뿐이다. 그는 명령에 복종할 따름이고 복종할 때마다 더욱 경직되어 간다.

이와 같은 강요된 상태는 진급을 통해서만 바뀔 수 있다. 병사가 진급하면 그 순간부터 명령을 내려야 하며, 그렇게 되면 가시의 일부는 면하게 된다. 이렇게 되면 그의 입장은 매우 한정된 방식으로나마 반대로 바뀐다. 명령을 받던 입장에서 명령을 내리는 입장이 된 것이다. 전체적인 상황은 똑같고 그의 위치만이 달라졌을 뿐이다. 상관으로부터 받던 명령을 이제는 남에게 내리는 사람이 된 것이다. 그의 가시는 이제 명령으로 나타난다. 가시를 어떻게 면할 것인가를 고민하는 입장이 아니라 명령을 내려야 하는 입장에 놓인 것이다. 모든 상황은 동일하다. 부하들은 과거의 그가 취한 태도로 그 앞에 서 있고, 그는 전에 듣던 말을 똑같은 말투로 그들에게 말한다. 상황의 중복은 거의 신비에 가까울 정도이다. 그것은 마치 명령으로 받은 그의 가시를 해소하기 위해 고안된 것처럼 보인다.

그는 이제 전에 받은 가시를 남에게 안겨주는 입장에서 스스로 명령을 내려야 하지만 상관의 명령을 받는 데는 변함이 없다. 그리하여 그 과정은 이중 성격, 다시 말하면 과거의 가시가 해소되면서 새로운 가시가 축적되는 성격을 띠게 된다. 그러나 이제 가시는 훨씬 더 견디기 쉬운 것이 된다. 진급이 가시의 고통을 덜어주고 그 가시를 면하게 되리라는 확실한 희망을 주기 때문이다.

요약하면, 군대의 공개적인 규율은 실제로 명령을 내리는 데서 드러나고, 비밀 규율은 저장된 명령의 가시를 사용할 때 드러나는 것이라고 할 수 있다.

명령. 말. 화살

몽골의 역사에서 가장 인상적인 것은 명령과 말과 화살 간의 밀접한 관계이다. 몽골의 세력이 신속하고 갑작스럽게 성장한 주요한 이유 가운데 하나도 그 밀접한 관계에서 찾아야 할 것이다. 따라서 그 관계를 간단히 살펴볼 필요가 있다.

명령은 앞에서 말한 바와 같이 도주 명령에 그 생물학적 기원이 있다. 다른 유제류(有蹄類) 동물과 마찬가지로 말의 체격은 도주하기에 알맞게 되어 있다. 말에게는 도주가 자신의 타고난 목표라고 할 수 있을 것이다. 말은 떼를 지어 살며 함께 도주하는 데 익숙하다. 말에게 도주 명령을 내리는 것은 말의 생명을 노리는 위험한 맹수였다. 군중 도주는 말의 공통적인 경험의 하나이며, 그것은 말의 본성의 일부가 되었다. 위험이 사라졌거나 또는 사라진 것으로 보이는 순간부터 말들은 제각기 하고 싶은 행동을 하게 되는 태평스러운 군집 생활로 되돌아갔다.

말을 자기 것으로 소유하고 길들임으로써 인간은 말과 새로운 한 몸을 이루었다. 인간은 명령으로 이해될 수 있는 일련의 훈련 방법을 습득했다. 말을 훈련시키는 방법의 일부는 음성이지만 그 대부분은 누르거나 미는 동작이었다. 이 동작들을 통해 기수(騎手)의 의사가 전달되면, 말은 그것을 알아채고 순종한다. 기마 민족에게는 말이 절실히 필요하고 친숙한 존재이기 때문에 말과 인간 사이에 매우 밀접한 관계가 유지된다. 그것은 복종이기는 하지만, 이러한 관계에서만 가능한 친근한 복종이다.

이러한 관계에서는, 예컨대 개와 주인 간의 거리를 포함하여, 명령을 내리는 자와 명령을 받는 자 사이에 있는 정상적인 물리적 거리는 소멸된다. 말의 몸에 지시를 하는 것은 기수의 몸이다. 이와 같이 명령의 공간은 최소한도로 줄어든다. '멀리 떨어져 있는 낯선 것'이라는 명령 본래의 성격은 사라지게 된다. 명령은 매우 특수한 방법으로 길들여진다. 그리하여 승마용 말이 등장하게 된다. 승마용 말은 주인을 태우고 그 몸무게의 압력에 복종한다.

말에 대한 이러한 관계는 기수의 명령 관리에 어떻게 영향을 미치는가? 먼저 말해야 할 것은 기수가 윗사람으로부터 받은 명령을 말에게 떠넘길 수 있다는 것이다. 목표 지점이 기수에게 하달된다. 자신이 뛰더라도 그곳에 도달할 수는 없으므로 그는 말에게 그곳으로 가라는 지시를 내린다. 말은 즉시 이를 해내기 때문에 명령은 그의 내부에 어떠한 가시도 남기지 않는다. 기수는 명령을 말에게 떠넘김으로써 가시가 남는 것을 피한다. 그는 명령이 가하는 특수한 압박을 제대로 느끼기도 전에 그것을 면하게 된다. 과업을 신속하게 수행하면 할수록, 더 빨리 말에 올라타고 더 빨리 달리면 달릴수록 가시는 그만큼 더 적게 남는 것이다. 기수의 참된 기술은, 기수가 장군이 되어 수많은 사람들을 훈련시키면서 자신이 윗사람으로부터 받은 모든 것을 그들에게 떠넘기는 데 있다.

몽골군의 특징은 엄격한 규율에 있었다. 그들에게 정복되어 그들을 가까이서 관찰하지 않을 수 없었던 사람들에게 그들의 규율은 일찍이 경험하지 못했던 가장 가공스런 것이었다. 페르시아인이든 아랍인이든 러시아인이든, 또는 교황이 파견한 프란시스코회의 사제이든, 모두 사람이 그처럼 절대적으로 명령에 복종할 수 있다는 것에 놀라움을 금치 못했다. 그러나 몽골인들은 그 규율을 쉽게 견뎌냈다. 그들의 주요한 짐을 떠맡은 것은 말이었기 때문이다.

몽골인들은 아이가 두세 살쯤 되면 승마를 가르쳤다. 어린이들은 양육이 시작될 때부터 처음에는 어머니, 그 다음에는 좀 거리가 있는 아버지와 교사, 그리고 주위에 있는 모든 어른들이 안겨주는 명령의 가시에 파묻히게 된다. 이와 같이 고통을 주는 사람들은 지시와 명령, 금지 사항을 끊임없이 퍼붓지 않고서는 마음을 놓지 않는다. 어렸을 때부터 누적된 온갖 종류의 가시는 그 후의 인생에 압력이 되고 강제가 된다. 그리하여 자기의 가시를 전가시킬 대상을 찾지 않을 수 없다. 그의 일생은 그 가시를 면하기 위한 모험이 된다. 그러나 그 자신은 모험의 이유를 모른다.

고도의 정착 문명 속에서 자라나는 어린이와 비교하여 일찍부터 승마를 배우는 몽골의 어린이들은 특별한 자유를 누렸다. 어린이가 말을 다룰 수 있게 되면 그가 명령받은 모든 것을 말에게 떠넘길 수 있다. 그 어린이는 매우 어렸을 때부터 가시를 내보낼 줄 알게 된다. 말은 어떤 인간보다도 먼저 어린이의 의사에 복종한다. 어린이는 이러한 복종에 익숙해지기 때문에 그의 인생은 편해지지만, 그는 나중에 피정복자들에게서도 그와 똑같은 절대적인 복종을 기대하게 된다.

말과의 이러한 관계는 명령 관리에서 결정적인 역할을 하지만 몽골인에게는 또 하나의 중요한 요소가 있다. 그것은 바로 화살이다. 화살은 아직 길들여지지 않은 원초적 명령의 표상이다.

화살은 사람이나 동물을 죽이기 위한 것이므로 적의가 있다. 화살은 먼 거리를 직선으로 날아간다. 화살을 피할 수는 있지만, 피하지 못할 경우에는 몸에 꽂히고 만다. 몸에 꽂힌 화살은 뽑히더라도 상처를 남긴다 〔『원조비사(元祖秘史)』에는 화살로 입은 상처에 관한 이야기가 많이 실려 있다〕. 쏠 수 있는 화살의 수는 제한이 없다. 그것은 몽골인의 주무기였다. 몽골인들은 먼 거리에서도 사람을 죽였고 말을 타고 달리면서도 사람을 죽였다.

모든 명령은 생물학적인 기원에서 나온 사형 선고의 성격을 지니고 있다. 몽골인들은 사람들을 짐승처럼 학살했다. 그들에게는 살해가 제3의 본성이고 승마는 제2의 본성이었다. 그들은 사람을 학살하는 것을 몰이사냥으로 생각했다. 이것은 짐승을 죽이는 것과 다름이 없었다. 전쟁에 나가지 않을 때는 사냥하러 나갔으며, 사냥도 그들에게는 기동 훈련이었다. 몽골인들이 대원정 과정에서 모든 생명의 존엄성을 말하는 불교나 기독교의 성직자를 만났을 때 그들은 놀라움을 금치 못했을 것이다. 적나라한 명령과 그 명령을 본능적으로 구현하는 민족과, 신앙을 통하여 명령의 본질을 약화시키고 변형시켜 치명적인 성격을 없애고 인도적인 것으로 만들려는 사람들과의 만남 이상으로 큰 대조를 이루는 것은 아마도 없을 것이다.

종교적 거세 : 스콥치 종파

광적인 종교 의식 가운데는 거세를 하는 의식도 있다고 한다. 고대에는 위대한 모신(母神) 키벨레(Kybele)의 성직자들이 거세를 한 것으로 알려져 있다. 이 여신을 기리기 위하여 스스로 거세를 한 사람이 수천 명이나 있었다. 폰투스 코마나에 있는 이 여신의 성역에서는 1만 명의 사람들이 이런 식으로 그녀를 숭배했다. 남자들만이 그랬던 것은 아니다. 여자들은 그들의 숭배심을 표현하기 위해 유방을 도려냈다. 루키아노스

(Lukianos)는 『시리아의 여신에 관하여』²⁾란 글에서 신도들이 광적인 상태에서 한 사람씩 차례차례 거세를 하는 광경을 묘사하고 있다. 거세는 앞으로 남은 여생 동안 다른 모든 것에 대한 사랑을 배제하고 오로지 그 여신에게만 헌신하겠다는 것을 단적으로 입증하기 위해서 여신에게 바치는 희생이었다.

'흰 비둘기들'이라고도 하는 스콥치 종파(Skopz, 1775년경 코드라치 세리바노프에 의해 러시아에서 창시된 종파로 거세라는 완전한 성적 억제를 통해 원죄를 씻는다고 한다–역주)에도 동일한 의식이 있었다고 한다.³⁾ 그 창시자, 세리바노프는 카타리나 2세 때의 유명한 설교가였다. 그의 감화를 받아 수백, 수천의 남자들이 거세를 했고, 여자들은 유방을 도려냈다. 키벨레 숭배와 스콥치 종파 사이에 어떤 역사적 관련이 있다고 보기는 힘들다. 스콥치 종파는 시리아 성직자들의 거세 의식이 종식되고 1,500년이 지난 뒤에야 러시아 기독교의 풍토에서 생겨난 것이다.

스콥치 종파의 특징은 명령과 금지가 적다는 점이다. 뿐만 아니라 신도의 수도 적어서 신도들끼리 서로 잘 안다. 스콥치 종파의 규율은 그들 가운데 살아계신 그리스도를 인정하고 숭배하는 것에 집약된다. 그들은 정신을 혼미하게 만드는 책을 두려워하여 거의 독서를 하지 않는다. 성경조차도 그들에게 의미가 있는 몇 구절 이외에는 중요시되지 않는다. 그들은 수많은 성스러운 서약에 의해 보호받는, 매우 폐쇄된 공동 사회를 이루고 있다. 그들에게 비밀은 결정적으로 중요한 것이기 때문이다. 그들의 의식은 주로 밤에, 외부 세계와 차단된 상태에서 은밀하게 거행된다. 그들의 신앙생활에서 가장 중요한 위치를 차지하는 것은 거세다. 거세는 가장 비밀스럽게 간직되어야 하는 것이다. 그들은 거세를 '표백(漂白)'이라고 부른다.

이 특수한 수술을 통해 그들은 깨끗하고 결백하게 되어 천사가 되는 것이라고 믿는다. 그들은 이미 천국에 와 있는 것처럼 생활한다. 그들 사이의 예의 바른 숭배, 경의 그리고 칭찬과 존경의 행위는 마치 천사들 사이의 그것과 비슷하다.

그들이 감수하는 신체의 절단은 분명히 명령의 성격을 띠고 있다. 그것은 복음서에 씌어 있는 그리스도의 말씀과 하느님이 예언자 이사야에게 내린 말씀에서 유래한 천상(天上)으로부터의 명령이다.

이 명령은 그들에게 엄청난 힘으로 압박감을 준다. 그리고 그들은 마찬가지의 힘으로 이 명령을 전가시켜야 한다. 가시의 이론이 여기서도 적용될 수 있다. 여기서 명령의 가시는 명령을 받은 사람 자신의 육체에게로 전가된다. 다른 어떤 일보다도 그가 해야 할 가장 중요한 일은 자신을 거세하는 일이다.

이것을 명백하게 이해하기 위해서는 몇 가지 특별한 종류의 명령들을 살펴보는 일이 반드시 필요할 것이다.

엄격한 규율의 틀 속에서 하달되는 스콥치 종파의 명령은 군대의 명령과 흡사하다. 병사도 역시 자신을 위험에 노출시키는 훈련을 받는다. 병사가 받는 모든 훈련의 궁극적 목표는 비록 적으로부터 죽음의 위협을 받을지라도, 일단 명령을 받으면 적 앞에서 꿋꿋한 태도를 취해야 한다는 것이다. 적 앞에서 꿋꿋한 태도를 취할 수 있는 능력은 적을 죽이려는 노력만큼이나 중요하다. 적 앞에서 꿋꿋한 태도를 취할 수 없는 병사는 적을 죽이지도 못할 것이다.

병사는 스콥치 교도와 마찬가지로 자신을 희생물로 내놓는다. 이들은 둘 다 살아남기를 희망하지만, 상처와 고통과 출혈과 신체의 절단을 감수한다. 병사는 전쟁을 통해 승리자가 되길 바란다. 스콥치 교도는 거세를 통해 천사가 되고 천국에 들어가 살 수 있는 권리를 얻는데, 스콥치 교도는 천국에서 살 때부터 비로소 진짜 삶을 사는 것이라고 믿는다.

여기서 중요한 것은 스콥치 종파의 규율 내부에 있는 비밀 명령이다. 비밀 명령을 수행한다는 점에서 스콥치 교도에 비견할 만한 것은, 아무도 모르게 혼자서 비밀 명령을 수행하는 병사뿐이다. 비밀 명령을 수행하려면 남의 눈에 띄는 유니폼을 입어서는 안 되며 자신을 위장해야만 한다. 스콥치 교도들에게는 자신과 다른 동료들을 똑같이 만들어주는 유니폼이 바로 거세이다. 거세라는 것은 그 본질상 언제나 비밀스러운 것이다. 따라서 스스콥치 종파는 절대로 자신의 거세 사실을 누설해서는 안 된다.

혹자는 스콥치 교도가 무시무시한 아사신 결사단(Assassin, 십자군 시대에 기독교에 대한 페르시아 및 시리아 지방의 암살 비밀 결사 단체-역주)의 단원과 흡사하다고 말할지도 모른다. 그 단원은 아무도 몰래 수령으로부터 살인 지령을 받는다. 그가 살인을 성공적으로 끝내고 체포되었을 때조차도, 무슨 일이 일어났는지를 정확히 아는 사람은 아무도 없어야 한다. 그가 받는 명령은 그 자신의 사형 선고도 포함하는 것이며, 따라서 그 명령은 명령의 생물학적 기원에 가깝다. 그는 자신도 죽어야 하는 임무를 띠고 파견되지만, 그 자신의 죽음은 결코 언급되지 않는다. 왜냐하면 그가 기꺼이 받아들이는 자기 자신의 죽음이 다른 사람, 특히 지명된 희생자를 죽이는 데 이용되기 때문이다. 이 경우의 명령은 이중의 사형 선고이다. 하나의 죽음은 비록 기대된 것이라 할지라도 언급되지 않은 채 남아 있으며, 다른 하나의 죽음은 충분히 그리고 분명하게 의도된 것이다. 그리하여 암살자 자신과 함께 소멸하고 말 암살자의 가시는 암살자가 죽기 전에 또 다른 사람을 죽이는 데 이용된다.

몽골인들은 자신이 죽기 전에 다른 사람을 서둘러 죽이는 이러한 행위에 대해 생생하게 표현하고 있다. 그들의 『원조비사』 속에 나오는 영웅들은 자신들이 숨을 거두는 순간, 죽이고 싶은 적에 관해 "나는 그를 데리고 가 내 베개로 삼을 것이다"라고 말한다.

그러나 우리는 아사신 결사단에 대한 이러한 고찰을 통해 스콥치 교도의 상황에 대해 어느 정도는 알게 되었다 할지라도, 그 상황을 정확하게는 파악하지 못했다. 그도 그럴 것이 스콥치 교도가 쏘아 맞추거나 신체를 절단하는 대상은 바로 그 자신이기 때문이다. 그가 받은 명령은 자신의 신체에 행해져야 하며, 이것이 이루어질 때에만 그는 그 비밀 단체의 완전한 일원이 되는 것이다.

그 거세 수술이 대개 다른 사람에 의해 수행된다는 사실이 우리를 오도할 수는 없다. 교도 자신이 그것에 승복한다는 사실이 중요하다. 일단 그가 거세 의사를 밝히고 나면 그것이 어떤 식으로 이루어지는가는 큰 문제가 되지 않는다. 그는 나중에 기회가 있을 때마다 거세를 떠넘기려 할 것이다. 그의 가시도 다른 사람들의 가시와 다를 바 없는 것이다. 그 역시 그 가시를 외부로부터 받았기 때문이다.

스스로 거세를 했던 최초의 인간이 있었다 하더라도 그 역시 하늘로부터 내려온 명령에 따라 그렇게 한 것이라고 스콥치 교도는 굳게 확신할 것이다. 성경 구절에 따라 스콥치 교도는 스스로 거세를 통해 개종을 하고 또 다른 사람들까지 개종을 시킨다. 즉, 그는 자신이 받았던 것을 남에게 떠넘기는 것이다.

여기서 가시는 눈에 보이는 신체적 흉터의 형태를 갖는다. 그것은 보통 명령의 가시보다는 덜 비밀스럽지만, 종파에 속하지 않는 모든 사람들에게는 여전히 비밀로 남는다.

거절증과 정신분열증

인간은 명령에 귀를 기울이지 않음으로써 그것을 회피할 수도 있고, 명령을 수행하지 않음으로써 회피할 수도 있다. 가시(이것은 아무리 강조해도 지나치지 않는다)는 오직 명령을 수행하는 데서 생겨나는 것이다. 인간에게 가시가 생기게 하는 것은 외부로부터의 낯선 압력하에서 일어난 행동 그 자체이다. 행동으로까지 몰고가는 명령은 그 모습 그대로 명령을 수행하는 사람에게 각인된다. 명령이 얼마나 깊게 그리고 확고하게 각인되는가는 명령의 힘, 양상, 내용 따위에 달려 있다. 가시는 항상 고립된 어떤 것으로 남아 있다. 모든 인간이 한 무더기의 가시를 지니고 다니는 것은 불가피하다. 인간에게 붙어 있는 그 가시의 점착력(粘着力)은 놀랄 만한 것이다. 인간의 마음속에 그것만큼 깊고 해소하기 어려운 것도 없을 것이다. 인간이 가시로 가득 차서 가시 외에 다른 아무것도 느끼지 못하는 그런 순간이 올 수도 있다.

그때 새로운 명령에 대한 방어는 삶과 죽음의 문제가 된다. 그는 명령을 받지 않기 위해 그것을 듣지 않으려고 애쓴다. 만일 어쩔 수 없이 명령의 소리를 듣게 된다면 그는 그것들을 이해하지 않으려고 애쓴다. 그래도 명령을 이해하게 된다면, 그는 명령이 요구하는 바와 정반대의 행동을 취함으로써 보란 듯이 그것을 회피하려 한다. 앞으로 가라고 하면 뒤로 가고, 뒤로 가라고 하면 앞으로 간다. 그렇게 한다고 해서 그가 명령으로부터 자유로워지는 것은 아니다. 그의 행동은 서툴고 무기력한 반작용일 따름이며, 여전히 그 나름대로 명령의 내용에 의해 결정되어 있다. 정신 의학에서 거절증(Negativismus, 명령대로 실행하지 않거나 명령과 정반대로 행동하는 반항적인 태도를 보이는 증상-역주)이라 불리는 이러한 반작용은 정신분열증에서 특히 중요한 역할을 한다.

    정신분열증 환자에게 가장 두드러진 특징은 대인 접촉이 결여되어 있다는 점이다. 그들은 정상인들보다 훨씬 더 고립되어 있다. 그들은 흔히 자신의 내부에 갇혀 있는 듯한 인상을 준다. 그들과 다른 사람들 사이에는 아무 관계도 없는 것처럼 보인다. 그들의 완고함은 석조상과 비슷하다. 그러나 그들이 이 병의 다음 단계로 옮아가면 갑자기 정반대로 행동한다. 그들은 광적인 상태로까지 진전될 수 있는 민감성을 보여준다. 그들은 어떤 사람이 그들에게 보여주고 요구하는 것을 즉시 완벽하게 해내기 때문에, 마치 그 사람이 그들 안으로 들어가 그들을 대신해서 그렇게 해주는 것처럼 보인다. 그들은 발작적으로 노예 기질을 나타낸다. 이것을 '암시의 노예'라 부르기도 한다. 그들은 석조상[5]에서 말 잘 듣는 노예로 변한다. 그들은 무슨 요구를 받든 우스울 정도로 과장되게 그 요구를 수행한다.

    이러한 두 가지 태도는 너무나 판이해서 이해가 안 될 정도다. 그러나 우리는 정신분열증 환자 자신들이 그러한 태도를 어떻게 보며, 어떻게 생각하는가에 대한 설명은 잠시 제쳐둔다 하더라도, '정상적인' 사람들도 흔히 그러한 태도를 보인다는 사실을 인정해야만 할 것이다. 다만 정상적인 사람들에서 그러한 태도들은 특정의 목적과 결부되어 있으며, 덜 극단적으로 나타날 뿐이다.

외부로부터의 자극에 동요되지 않고, 정해진 장소에 꼿꼿하게 서서 위치를 이탈하지 않을 뿐만 아니라 평소에 즐겨 하던 행동의 유혹을 모두 뿌리치는 병사, 즉 근무 중에 있는 잘 훈련된 병사는 인위적인 거절증 상태에 있다. 이 병사는 상관의 명령이 있을 때만 행동할 수 있고, 그 밖의 경우에는 행동하지 못한다. 일정한 명령에 따라서만 움직이도록, 그는 거절증 상태로 될 수 있는 훈련을 받았다. 그런데 그것은 조작이 가능한 거절증이다. 그의 상관은 그를 정반대의 상태로 마음대로 바꿀 수 있기 때문이다. 병사는 상관으로부터 어떤 명령을 받자마자 정반대 상태에 있는 정신분열증 환자처럼 열성적이고도 비굴한 태도로 행동한다.

병사 자신이 자기가 왜 그처럼 행동하는가를 잘 알고 있다는 사실을 덧붙여야만 한다. 그는 죽음의 위협을 받기 때문에 복종한다. 병사가 점차 이런 상태에 익숙해져서 마침내 거기에 순응하게 되는 과정은 앞에서 이미 언급하였다. 그리고 여기서는 다만 근무 중인 병사와 정신분열증 환자 사이의 의심할 바 없는 외적인 유사성만을 밝혔을 뿐이다.

그러나 여기서 또 하나의 전혀 다른 생각이 떠오르는데, 이것도 내 생각에는 매우 중요한 것 같다. 극도로 자극받기 쉬운 상태에 있는 정신분열증 환자는 마치 군중의 구성원처럼 행동한다. 그는 군중의 구성원과 꼭같이 외부의 자극에 민감하다. 그러나 사람들은 그가 이러한 상태라고는 생각하지 않는다. 그는 혼자 있기 때문이다. 그의 주위에 군중이라고는 보이지 않으므로 사람들은 그가 군중 속에 있다고는 생각하지 않는다. 그가 군중에서 떨어져 나온 한 조각이라고 생각하는 사람은 아무도 없을 것이다. 스스로 군중에 속해 있다고 하는 그의 주장은, 단지 정신분열증 환자의 상상을 세밀히 살펴볼 때에만 입증될 수 있다. 여기서 인용할 만한 예는 무수히 많다.[6] 어떤 여자는 "내 몸속에 인류를 품고 있다"고 주장했고, 또 어떤 여자는 "모기의 대화를 들었다"고 주장했다. 어떤 남자는 "72만 9,000명의 소녀들의 소리를 들었다"고 주장했고, 또 어떤 남자는 "인류 전체가 속삭이는 소리를 들었다"고 주장했다. 모든 종류의 군중들이 정신분열증 환자의 상상 속에 매우 다양한 모습으로 나타난다. 그것을 군중의 성격에 대한 탐구의 출발점으로 삼을 수도 있을 것이다. 정신분열증 환자의 군중 표상은 여기서 섣불리 다룰 수 있는 일은 아니다. 그러나 이러한 종류의 표상을 분류해보면 그것이 놀랄 만큼 완벽하다는 사실이 드러날 것이다.

앞에서 설명한 두 가지 상반되는 상태가 어째서 정신분열증 환자에게 필연적으로 나타나는가, 그 이유에 대해 궁금증이 생길 것이다. 이것을 이해하려면 개인이 군중 속에 들어가 그 일원이 되었을 때 개인에게 어떠한 일이 일어나는가를 상기해 보아야 할 것이다. 앞에서 나는 간격의 부담으로부터 벗어나는 해방 현상에 대해 기술한 바 있으며, 그 현상을 방전이라고 불렀다. 아울러 모든 개개인에게 축적된 명령의 가시가 간격의 부담을 일부 이루고 있다는 점을 덧붙여야만 하겠다. 군중 속에서는 모든 사람이 평등하고, 아무도 다른 사람에게 명령할 권리도 없으며, 모두가 모두에게 명령할 수 있다고 말할 수 있다. 새로운 가시는 형성되지 않을 뿐만 아니라 과거의 가시는 당분간 모두 소멸한다. 그것은 마치 가시를 지하실에 쑤셔넣은 채 집을 빠져나온 것과 같다. 사람들이 군중 속에서 의기양양해 하는 진짜 이유는 그 속에서 그들을 속박하고 에워싸며 괴롭히는 모든 것들로부터 벗어날 수 있기 때문이다. 개인이 그 이상으로 자유를 느낄 수 있는 곳은 없다. 개인이 군중 속에 남아 있으려고 필사적으로 노력하는 이유는 자신이 거기에서 벗어났을 때 어떻게 되리라는 것을 잘 알고 있기 때문이다. 그가 집으로, 혹은 그 자신에게로 되돌아올 때, 그는 다시 그곳에서 한계와 부담과 가시들을 발견하게 된다.

정신분열증 환자는 가시에 짓눌려 때로는 마비 상태가 되며, 이러한 고통과 무기력은 상반되는 상태의 환상, 즉 군중 속에 있다는 환상에 굴복하게 된다. 군중 속에 남아 있는 한 그는 가시를 느끼지 않는다. 그는 가시가 뽑혀 나갔다고 여긴다. 실제로 뽑혀 나갔는지 의심이 든다 하더라도 적어도 그는 가시의 고통으로부터 잠시나마 위안을 얻는 것처럼 보인다. 그는 다시 다른 사람들과의 유대감을 느낀다. 확실히, 이러한 위안은 일종의 환상이다. 왜냐하면 그가 자유로워진 바로 그곳에서, 새롭고 보다 강력한 강박감이 그를 기다리고 있기 때문이다. 그러나 여기서 우리가 정신분열증의 모든 면에 관심이 있는 것은 아니다. 단지 하나의 결론을 맺는 것으로 만족해야겠다. 결론은 다음과 같다. 즉, 정신분열증 환자 이상으로 군중의 필요성을 느끼는 사람은 없다. 정신분열증 환자는 가시로 가득 차서 그 가시에 질식당하고 있음을 느끼기 때문이다. 그는 외부에서는 군중을 발견할 수 없으며, 따라서 자기 내부에 있는 군중에 몸을 맡기는 것이다.

역전

"인간이 이승에서 먹었던 어떤 음식, 저승에서는 그 음식이 인간을 잡아먹기 때문이다." 이 수수께기 같으면서도 섬뜩한 구절은 희생에 관한 인도의 고대 논집인 『샤타파타-브라마나(Shatapatha-Brahmana)』에서 인용한 것이다. 그런데 이 고대 논집에는 이 구절보다 더 섬뜩한 이야기가 한 편 실려 있는데, 그것은 저승을 들여다본 성자(聖者) 브리구(Bhrigu)의 방랑 이야기이다.[7]

성자 브리구는 바루나(Varuna) 신의 아들이었다. 그는 브라만의 큰 지식을 얻었으며, 그의 자부심은 무한히 자라 그 자신을 아버지보다도 높게 생각했다. 그의 아버지는 그가 알고 있는 지식이 얼마나 적은가를 깨우쳐주기 위해 그에게 하늘나라의 네 지역, 즉 동서남북을 차례로 돌아다녀 보라고 권했다. 그는 그곳에서 눈에 띄는 모든 것을 자세히 살피고, 돌아와서는 본 그대로 아버지에게 보고하기로 되어 있었다.

"브리구는 우선 동쪽에서 사람들이 다른 사람들의 팔다리를 잘라서 그것을 자기들끼리 나누며 '이것은 네 것이고 이것은 내 것이다' 하고 말하는 장면을 목격했다. 그는 겁이 났다. 다른 사람들의 팔다리를 자르던 사람들이 그에게 설명했다. '그들이 저 세상에서 우리의 팔다리를 잘랐으니

이 세상에서는 우리가 그들의 팔다리를 자르는 거요.'

브리구는 다음에 남쪽으로 갔는데 그는 그곳에서도 똑같은 것을 목격했다. '이것은 네 것이고 이것은 내 것이다' 라고 하는 것이었다. 그들에게 이유를 묻자 그들도 똑같은 대답을 했다. '그들이 저 세상에서 우리의 팔다리를 잘랐으니 이 세상에서는 우리가 그들의 팔다리를 자르는 거요.' 서쪽에서 브리구는 다른 사람들을 말없이 잡아먹고 있는 사람들을 보았다. 먹히고 있는 사람들도 말이 없었다. 이들 역시 '그들이 저 세상에서 우리를 잡아먹었으니, 이 세상에서는 우리가 그들을 잡아먹는 거요' 라고 설명했다. 그러나 북쪽에서는 잡아먹는 사람들도 크게 울부짖고 있었고, 잡아먹히는 사람들도 역시 울부짖고 있었다. 잡아먹는 사람들은 저 세상에서 똑같은 경우를 당했다고 했다."

브리구가 돌아오자 그의 아버지 바루나는 그에게 보고 느낀 바를 빠짐없이 외워보라고 요구했다. 브리구는 말했다. "무엇을 외워보란 말이에요? 정말 아무것도 없어요." 그가 본 것들이 너무 끔찍해서 마치 모든 것이 아무것도 없는 듯이 보였던 것이다.

브리구가 본 것들을 알고 있던 바루나는 아들에게 이렇게 설명해주었다. "다른 사람들의 사지를 잘라낸 동쪽 사람들은 바로 나무였다. 다른 사람들의 사지를 잘라낸 남쪽 사람들은 바로 가축이었다. 말이 없는 사람들을 아무 소리 없이 잡아먹던 서쪽 사람들은 바로 식물이었다. 울부짖고 있는 사람들을 큰 소리로 울부짖으며 삼켜버렸던 북쪽 사람들은 바로 물이었다."

바루나는 이런 모든 경우에 대한 구제책을 알고 있었다. 바루나가 아들에게 제시한 희생적인 행위들을 통해 저 세상에서 인간은 자신이 한 행동의 응보로부터 벗어날 수도 있을 것이다.

희생에 대한 또 다른 논집 『쟈이미니아-브라마나(Jaiminiya-Brahmana)』에는 브리구에 대한 이야기가 약간 다르게 씌어 있다. 브리구는 천상의 네 지역을 돌아다니는 것이 아니라, 한 세상에서 다른 세상으로 가본다. 거기에는 네 장면 대신에 세 장면이 나온다. 첫번째로 브리구는 저승에서 사람의 형상을 한 나무들이 사람들을 잘라먹는 장면을 목격하게 된다. 두번째로 브리구는 울부짖고 있는 사람들을 먹고 있는 어떤 사람을 목격한다. 그는 다음과 같은 깨우침을 얻는다. "이승에서 사람들에게 도살당해 먹혔던 가축이 여기 저승에서 사람의 형상을 하고 사람을 잘라먹는구나." 그는 세번째로 어떤 사람이 말이 없는 다른 사람을 먹고 있는 모습을 목격한다. 쌀과 보리가 인간의 형상을 하고 그들이 받았던 고통을 이런 식으로 보복하는 것이다.

이 이야기에도 특정의 희생이 지시되어 있다. 이 희생을 적절히 행하는 사람은 누구나 저승에서 나무나 가축 혹은 쌀과 보리에게 잡아먹히는 것을 피할 수 있다. 그러나 여기서 우리의 관심을 끄는 것은 이러한 운명을 피하는 방법이 아니라, 종교적인 위장 속에 숨겨져 있는 민간 신앙이다. 인간은 이승에서 한 일에 대해 저승에서 모두 대가를 치른다. 형량을 정하는 법관이 지명되어 있는 것은 아니지만, 모든 사람은 그 자신의 적에 의해 처벌을 받는다. 그러나 처벌을 유발하는 유일한 행위는 다른 어떤 것을 먹는 것이다. "이승에서 인간이 동물을 먹듯이, 저승에서는 동물이 인간을 먹는다."

또 다른 유사한 브라마나에서 인용된 위 구절은 『마누(Manu) 법전』[8]에서 기묘하게 증명된다. 이 법전에 의하면 고기를 먹는 행위는 모든 생물에게 당연한 일이기 때문에 죄가 되지 않지만 그것을 삼가는 사람은 특별한 보상을 받는다고 한다. 고기라는 단어는 범어(梵語)로 맘사(Mamsa)라고 하는데, 그것을 두 음절로 나누어보면 맘(mam)은 '나를'이라는 뜻이며 사(sa)는 '그가'라는 뜻이다. 따라서 맘사란 '나를 그가'를 의미한다. 즉 맘사라는 단어에는 이승에서 내가 먹은 '그'가 저승에서 '나를' 먹는다는 뜻이 포함되어 있다. 이것이 '고기'라는 단어의 참된 의미라고 현자들은 말한다.

이제 고기라는 단어와 관련지어 볼 때 역전이라는 개념은 "내가 그를 먹고, 나를 그가 먹는다"는 간단한 공식으로 표현될 수 있다. 이 공식의 후반부에 있는 '나를 그가'라는 부분이 바로 고기라는 단어이다. 먹힌 동물은 자기를 먹은 자를 기억한다. 죽음과 더불어 이 동물은 끝나는 것이 아니다. 동물의 영혼은 계속 살아서 저승에 가면 인간이 된다. 그리고 자기를 먹은 자가 죽기를 끈기 있게 기다린다. 그 자가 죽어서 도착하는 순간, 본래의 상황은 역전된다. 먹힌 자는 자기를 먹은 자를 찾아내서 붙잡고, 토막을 내어 먹어치운다.

명령과 이 명령이 남기는 가시의 상호 관계가 여기서 아주 명백하게 드러난다. 하지만 모든 것이 너무 극단적이고 너무 구체적이어서 사람들에게 공포감을 준다. 역전은 이 세상에서 일어나지 않고 저 세상에서야 일어난다. 이 역전에서는 죽이겠다고 위협함으로써 온갖 행동을 강요하는 명령이 문제시되는 것이 아니다. 여기서는 잡아먹혀 버리는 가장 극단적인 형태의 죽음이 실제로 발생한다.

우리는 저승의 삶을 직접 눈으로 볼 수 없으므로 우리의 직관에 의존할 수밖에 없다. 그 직관에 따르자면, 죽음의 위협이 만들어낸 가시는 희생물이 살아 있는 동안은 사라지지 않고 희생물 속에 남아 있다. 역전에 성공할지 어떨지는 불확실하지만 희생자는 어떤 경우든 항상 역전을 위한 노력을 멈추지 않을 것이다. 인간은 결국 가시의 완전한 지배를 받는다. 가시로부터의 해방 여부에 상관없이 가시는 인간의 내면을 규정짓는다. 가시는 인간의 운명이다. 저승을 확신하는 인도인의 사고방식에 의하면, 가시는 영혼의 단단한 핵심으로서 사후에도 계속 존재한다. 역전은 어쨌든 일어나기 마련이며, 역전이야말로 내세에서의 삶의 주요 사업이다. 저승에서 인간은 자신이 당한 것과 한 치도 다르지 않게 똑같이 자기 손으로 직접 보복한다.

형태의 변화가 역전을 방해하지 못한다는 사실은 특히 중요하다. 저승에서 나를 잡아먹는 것은 내가 현세에서 먹었던 그 동물이 아니다. 나를 잡아먹는 것은 그 동물의 영혼을 갖고 있는 인간이다. 이처럼 그 동물의 외관상 모습은 완전히 바뀌지만 가시는 그대로 남아 있는 것이다. 브리구가 방랑할 때 목격한 소름 끼치는 모든 장면에서 가시는 영혼 옆에 붙어다니는 중요한 것으로 나타난다. 영혼이 가시로 이루어져 있다고 말하고 싶을 정도이다. 명령에 대한 탐구 과정에서 수없이 언급해온 이러한 가시의 참된 본질(그것의 절대적인 불변성과 그것이 추구하는 역전의 정확성)은 먹힌 자가 먹은 자를 먹는다는 인도인의 사상 속에 잘 표현되어 있다.

가시의 해소

가시는 명령을 수행하는 도중에 형성된다. 가시는 명령에서 나와 명령의 형태 그대로 사람의 마음속에 각인된다. 가시는 작고, 숨겨져 있으며 드러나지 않는다. 가시의 본질적 특성은 이미 말한 대로 절대적 불변성에 있다. 가시는 살 속에 박혀 있는 이물질처럼 몸의 나머지 부분과는 고립된 채로 남아 있다. 가시는 제 아무리 깊이 숨어 있다 하더라도 언제나 사람을 성가시게 만든다. 가시는 아주 비밀스럽게 사람 안에 달라붙어 있다.

가시도 자기가 박혀 있는·자의 몸에서 벗어나려고 한다. 그러나 그것은 무척 힘들며 거의 불가능하다. 왜냐하면 가시가 그 자의 몸에서 벗어나기 위해서는 처음 그의 몸에 침투할 때 자기가 지녔던 힘과 동일한 크기의 힘이 필요하기 때문이다. 즉, 가시의 형태로 축소된 명령이 다시 완전한 명령으로 되어 남에게 떠넘겨져야 하는 것이다. 이러한 힘을 얻기 위해서는 상황의 역전이 요구된다. 옛 상황의 정확한 반복은 반드시 필요한 것이다. 가시는 옛 상황에 대한 기억을 가지고 있는 것처럼 보인다. 이 옛 상황이 되풀이되어 나타날 때까지 가시는 몇 달, 몇 년, 혹은 몇 십 년을 잠복해 있다. 가시는 자신이 생겨났던 그 상황을 반드시 알아차린다. 그 상황은 가시가 기억할 수 있는 유일한 것이다. 배역만 바뀌었을 뿐, 옛 상황의 모든 것이 정확하게 재현된다. 이 순간, 가시는 기회를 놓치지 않고 희생물을 덮친다. 마침내 역전이 일어난 것이다.

이런 경우는 순수한 경우라고 부르고 싶은데, 다른 경우들도 가능하다. 한 명령자가 같은 명령을 같은 희생자에게 몇 번이고 되풀이해서 내릴 수도 있다. 이런 경우에는 똑같은 가시가 되풀이해서 생긴다. 이 동일한 가시들은 서로 떨어져 있지 않고 하나로 뭉쳐 새로운 어떤 것이 된다. 이것은 점점 커져서 그 가시를 지닌 사람은 그것을 의식에서 지워버릴 수 없다. 이것은 항상 주의를 끌고, 항상 묵직하고, 말하자면 수면 위로 우뚝 솟구쳐 올라온 것이다.

여러 명령자들로부터 동일한 명령을 받는 수도 있다. 이런 일이 빈번하게 꼬리를 물고 발생한다면 가시는 명확한 윤곽을 잃고 목숨을 위태롭게 하는 무시무시한 괴물로 변한다. 가시는 그 사람의 대부분을 차지하고 그 사람의 주요한 모습이 된다. 그는 언제나 가시를 기억하면서 가시를 몸에 지니고 다닌다. 그리고 기회가 있을 때마다 가시를 면하려 한다. 그에게 옛 상황과 유사한 상황들이 무수히 벌어진다.

이 상황들은 역전에 알맞을 것처럼 보이기도 한다. 그러나 옛 상황 바로 그것은 아니다. 명령이 너무 자주, 그리고 다양한 각도에서 반복되기 때문에 모든 것이 모호해지고 옛 상황을 정확하게 반복할 수 있는 실마리를 잃게 된다. 가시에 가시가 겹치듯 기억에 기억이 겹쳐진다. 그가 어떤 시도를 하든 모든 것은 여전하다. 그는 자신이 짊어지고 있는 짐으로부터 혼자서는 해방될 수 없다.

'혼자서'라는 것이 중요하다. 모든 가시로부터의 해방은 군중 속에 있기 때문이다. 역전 군중에 대해서는 이미 언급했다. 그러나 명령의 작용 방식을 알기 전에는 역전 군중의 본질이 밝혀지지 않는다.

혼자서는 제거할 가망이 없는 명령의 가시로부터 많은 사람들이 집단적으로 해방되기 위해 역전 군중이 형성된다. 수많은 사람들이 단결해서 명령을 내렸던 사람들의 집단에 대해 반기를 든다. 반기를 드는 사람들이 병사들이라면 실제로 그들에게 명령을 내렸던 모든 장교가 대상이 될 것이다. 그들이 만약 노동자라면 그들의 노동을 제공받았던 모든 기업가가 그 대상이 될 것이다. 이같은 순간에 새로운 계급과 신분이 생겨난다. 그리고 그 구성원들 모두가 하나인 것처럼 행동한다. 지위가 향상된 하층 계급은 밀집된 하나의 군중을 형성하고, 우세한 적에게 포위되어 위험에 처한 상층 계급은 공포에 질려 도주를 하려 하는 일단의 무리를 형성한다.

 이제 군중의 일원이 된 사람들 안에 박혀 있는 각각의 가시들은 온갖 일을 수없이 겪은 후에 한데 어우러져 복합체를 이루고 있으며, 자신의 원천일 수 있는 것들을 동시에 발견한다.
 이런 유의 역전 가운데 가장 집중적인 경우는 왕과 같은 단 한 명의 우두머리를 공격 대상으로 삼을 때이다. 이런 경우에 군중의 감정은 가장 선명하게 드러난다. 모든 명령의 궁극적 원천은 왕이었다. 왕의 주위에 있는 고관과 귀족은 왕의 명령을 전달하고 집행하는 사람들에 불과하다. 반란을 일으킨 군중의 구성원들은 위협에 의해 왕과 간격을 유지하도록 강요받았으며, 금지에 의해 복종을 강요받았다. 이제 그들은 역전의 과정에서 간격을 없애버리고 접근이 금지되었던 궁궐로 밀고 들어간다.
 그들은 아주 가까이 가서 궁궐에 있는 방과 가구들, 그리고 그 안에 사는 사람들을 보게 된다. 그들은 이제 왕의 명령에 따라 도주할 필요가 없다. 그러나 가시로부터 완전히 해방된 것은 아니다. 가시로부터 해방되는 과정이 단 한 번으로 끝날 수는 없다. 인간을 복종시키기 위해 얼마나 많은 일이 일어났으며 또 얼마나 많은 가시가 축적되었는지를 기억해야만 한다.
 신민들의 머리 위에 항상 매달려 있는 위협은 죽음의 위협이었다. 때때로 처형이 있을 때마다 이 위협은 새로워졌고 의심할 바 없는 확실성이 입증되었다.
 이 위협은 단 한 가지 방법에 의해서만 사라질 수 있다. 그 방법은 다른 사람의 목을 잘랐던 바로 그 왕의 목을 자르는 것이다. 이런 방법에 의해 다른 모든 가시를 포함하고 있는 가장 포괄적이고 가장 큰 가시가 제거된다.
 역전의 목표가 언제나 이처럼 분명한 것은 아니다. 그리고 역전이 언제나 이처럼 극단에까지 가는 것도 아니다. 봉기가 실패로 돌아가고 사람들이 자기의 가시를 면하지 못할 경우도 있다. 그렇다 하더라도 그들은 자신들이 군중이었던 시절에 대한 기억을 간직하게 된다. 적어도 군중의 상태로 있는 동안에는 가시로부터 자유로울 수 있었다. 그들은 그 시절을 동경할 것이다.

명령과 사형 집행, 만족한 사형 집행인

여태껏 한 가지 경우를 의도적으로 빠뜨렸다. 명령은 죽음의 위협으로 설명되었으며, 명령이 도주 명령에서 유래한다는 점도 언급되었다. 우리가 알고 있는 길들임의 명령은 위협과 보상이 결부된 것이다. 먹이를 주는 것은 위협의 효과를 강화하지만 위협의 성격을 변화시키지는 않는다. 위협은 결코 망각되지 않는다. 위협을 다른 사람에게 떠넘겨 위협을 면할 수 있는 기회가 오기 전까지 위협은 그 원초적인 형태로 남아 있다.

그런데 명령은 살해를 위임하는 것일 수도 있다. 이 경우 명령은 사형 집행을 낳는다. 위협만 했던 죽음이 사형 집행에서는 실제로 발생한다. 사형 집행의 과정에서 두 사람이 서로 다른 역할을 담당한다. 한 사람은 처형 명령을 받고, 다른 한 사람은 처형을 당한다.

사형 집행인도 명령을 받는 모든 사람들과 마찬가지로 죽음의 위협 아래 있다. 그러나 그는 스스로 살해를 함으로써 이 위협으로부터 해방된다. 그는 자기에게도 일어날지 모를 일을 떠넘겨버림으로써 자신에게 내려진 극단적인 형벌을 미리 받는다. '너는 죽여야 한다'라는 명령을 받았기 때문에 그는 사람을 죽인다. 그는 이러한 명령에 저항할 만한 힘이 없다. 그보다 훨씬 우월한 힘의 소유자가 명령을 내렸기 때문이다. 이 명령은 신속하게 수행되어야 하며 대부분 즉시 수행된다. 그래서 가시가 형성될 시간이 없다.

설령 시간이 있다 하더라도 가시가 생겨야 할 아무런 계기도 없다. 사형 집행인은 자신이 받은 것을 즉시 떠넘겨버리기 때문이다. 그에게는 두려워할 아무것도 없으며, 아무런 가시도 남지 않는다. 오직 이런 경우에만 명령의 부담은 즉각 소멸된다. 이때 명령의 내적인 본질과 그것이 요구하는 행동은 일치되어 있다. 사형 집행 시에는 아무런 장애가 생기지 않고 희생자가 도망갈 수 없도록 미리 세심하게 대비를 해둔다. 사형 집행인은 이 모든 상황을 애초부터 알고 있다. 그는 침착하게 명령에 대처하고 그것에 몸을 맡긴다. 그는 명령의 수행이 자신을 조금도 변화시키지 않는다는 것을 알고 있다. 그는 말하자면 명령 속을 매끄럽게 뚫고 지나가는 것이다. 그 자신은 명령으로부터 아무런 피해도 입지 않는다. 사형 집행인은 가장 만족스럽고 가장 가시가 적은 인간이다.

이것은 참으로 무시무시한 상황이다. 이 상황은 아직 진지하게 검토되어본 일이 없다. 명령의 본질을 알아야만 이 상황을 이해할 수 있다. 명령을 따르지 않으면 죽이겠다는 위협과 함께 명령이 떨어지며, 명령이 갖는 모든 힘은 바로 이같은 위협에서 나온다. 이때 명령이 갖는 힘은 불가피하게 넘쳐흐를 수밖에 없는데, 이런 이유 때문에 가시가 형성되는 것이다. 그런데 진짜로 죽음을 염두에 두고 실제로 죽음의 결과를 몰고 오는 명령은 그 명령을 받는 사람에게 거의 흔적을 남기지 않는다.

사형 집행인은 누구를 죽이도록 죽음의 위협을 받는 사람이다. 그는 죽이라는 명령을 받은 사람만을 죽여야 한다. 그가 받은 명령을 엄격히 수행해낸다면 그에겐 아무 일도 일어나지 않는다. 틀림없이 그는 과거에 자신이 위협을 받던 방식으로부터 약간 영향을 받으면서 사형을 집행할 것이다. 그가 자신 속에 다른 수많은 가시들을 지닌 채 사형 집행에 임한다는 것도 충분히 상상할 수 있는 일이다. 그러나 그에게 맡겨진 임무의 기본적인 메커니즘은 본질적으로 불변이다. 그는 남을 죽이는 가운데 죽음으로부터 해방된다. 남을 죽이는 일이 그에게는 더럽고 무서운 것이 아니다. 그가 다른 사람들에게 불러일으키는 전율을 그 자신은 느끼지 않는다. 이 사실을 명백하게 밝히는 것이 중요하다. 이 공식적인 사형 집행자는 자신이 받은 명령이 살인과 직접 관련될수록 더욱더 큰 만족감을 느낀다. 감옥의 간수조차 사형 집행인만큼 큰 만족감을 느끼지는 못한다.

사회는, 자신의 직업에서 만족감을 느끼는 사형 집행인에 대해 일종의 배척으로 복수한다. 그러나 이 배척에 항상 불리한 일만 따라다니는 것은 아니다. 그는 자신의 희생물을 죽이고 살아남는다. 그는 도구에 불과하지만 살아남는 자로서의 긍지를 느낀다. 이러한 긍지는 사회로부터 받은 배척을 완전히 상쇄시켜 준다. 더구나 그는 처자식을 거느리고 정상적인 가정생활을 영위한다.

명령과 책임

명령에 따라 행동하는 사람들이 가장 끔찍스러운 범죄 행위까지 저지를 수 있다는 것은 잘 알려져 있다. 명령의 원천이 봉쇄되고 자신들이 해온 짓을 돌이켜보도록 강요를 받을 때 그들은 자신들이 저지른 범행을 자인하지 않는다. "나는 그 짓을 하지 않았다"고 그들은 말한다. 그들은 자신들이 거짓말을 하고 있다는 사실조차 분명하게 깨닫지 못하는 경우도 많다. 그들은 증인들 앞에 소환되어 마음의 동요를 느끼더라도 여전히 "나는 그런 사람이 아니다. 내가 그랬을 리가 없다"고 말한다. 그들은 자기가 한 짓의 흔적을 마음속에서 찾으려고 하지만 그것을 찾지는 못한다. 그들은 자기가 한 행동으로부터 놀라울 정도로 영향을 받지 않는다. 행동 이후에 그들이 영위하는 삶은 그 행동에 전혀 물들지 않는다. 그들은 죄의식을 느끼지 않는다. 그들은 아무것도 후회하지 않는다. 그 행동은 결코 그들의 마음속에 새겨지지 않는다.

명령을 받고 행동한 경우가 아니라면 그들도 자신들의 행동에 대해 정확한 판단을 내릴 수 있는 사람들이다. 그들이 자유의사로 한 행동은 그들에게 흔적을 남긴다. 그들은 해롭지 않고 무력한 미지의 생물을 죽이는 것에 대해서도 수치감을 느낄 것이다. 그들은 누군가를 고문하는 것에 대해서는 구역질을 느낀다. 그들은 다른 동료 인간들보다 더 낫지도 않고 더 못하지도 않다. 일상적인 교제를 통해 그들을 잘 알고 있는 친한 사람들 가운데는 법정에 증인으로 나서서 그들이 죄를 짓지도 않았는데 부당하게 고발당했다는 것을 맹세하고 증언할 준비가 되어 있는 사람도 일부 있을 것이다.

수많은 증인들(그들이 무슨 말을 할지 잘 알고 있는 그들의 희생자들)이 줄을 지어 한 사람씩 차례차례로 다가와서 어떤 행위자를 알아보고 그가 한 행동을 낱낱이 기억해내도록 한다. 이렇게 되면 자신이 설마 죄인일까 하는 의혹이 점차 죄인일지도 모른다는 생각과 뒤범벅이 된다. 그리하여 사람들은 하나의 풀리지 않는 수수께끼 앞에 직면한다.

우리들에게 그것은 이미 수수께끼가 아니다. 우리는 명령의 본질을 알고 있기 때문이다. 범죄 행위자가 수행하는 모든 명령은 그의 마음속에 가시를 남긴다. 이 가시는 그에게 내려진 명령 그 자체와 마찬가지로 낯선 것이다. 가시는 사람 속에 아무리 오래 붙어 있어도 항상 이물질로 남아 있다. 앞서 언급된 바 있지만, 수많은 가시들이 하나로 뭉쳐 괴기스럽고 새로운 어떤 것이 될 수도 있다. 그러나 이것도 주위의 것과는 구별되는 뚜렷한 윤곽을 지닌다. 가시는 결코 동화되지 않는 침입자이다. 가시는 아무도 원하지 않는 것이며 사람들은 가시로부터 벗어나려 한다. 가시는 사람들이 범한 잘못의 결과이다. 이미 알고 있듯이, 가시는 명령과 똑같은 모습을 하고 있다. 가시는 명령을 받은 자의 내부에서 '낯선 심급(審級)'(명령을 받은 자의 몸속에 이물질처럼 들어와 모든 판단의 기준 역할을 하고 있다는 점에서 가시를 이렇게 부른 것이다-역주)으로 계속 살아가며 그에게서 죄책감을 가져가 대신 떠맡는다. 명령에 따라 어떤 짓을 저지른 자는 자기 자신을 고발하지 않고, 자신이 항상 지니고 다니는 그 낯선 심급, 즉 가시를 고발한다. 가시야말로 진짜 범죄 행위자이다. 명령이 낯설면 낯설수록 사람들은 더욱더 죄책감을 덜 느끼게 되고 가시는 더욱더 독자적인 것이 된다. 가시는 이러저러한 짓을 저지른 자가 행위자 자신이 아니라는 것에 대한 항구적인 증인이다. 범죄를 저지른 자가 자신을 오히려 희생자로 생각한다. 그래서 그는 진짜 희생자에 대해서 아무런 죄책감도 느끼지 않는다.

명령에 따라 행동했던 사람들이 스스로 죄가 없다고 여기는 것은 확실하다. 그들이 만약 자신들이 놓여 있었던 상황을 직접 볼 수 있다면, 자신들이 한때 명령의 폭력에 완전히 사로잡혀 있었다는 사실에 대해 그들은 놀라움을 금치 못할 것이다. 하지만 이러한 깨달음도 소용없는 일이다. 이 깨달음은 모든 일이 지나간 다음 너무 뒤늦게 찾아오기 때문이다. 한번 일어났던 일은 다시 또 반복될 수 있다. 그러나 옛 상황과 똑같은 새로운 상황으로부터 자신들을 보호할 수 있는 장치가 그들에게는 없다. 그들은 여전히 자신들의 위험을 의식하지 못하고 있는 가운데, 명령에 무방비 상태로 내맡겨져 있다. 극단적인 경우에 그들은 명령을 하나의 숙명으로 받아들인다. 그들은 명령에 맹목적으로 복종하는 것을 자랑으로 여긴다. 이러한 맹목성에 마치 유별나게 사내다운 어떤 것이라도 있는 것처럼 말이다.

오랜 역사의 과정을 거쳐 오늘날과 같이 단단하고 확고한 형태를 가지게 된 명령은 어느 모로 보더라도, 인간의 공동생활에서 가장 위험한 요소이다. 인간은 명령과 대결하고 명령의 횡포를 뿌리칠 수 있는 용기를 가져야 한다. 더 많은 수의 인간을 명령으로부터 해방시키기 위해 우리는 여러 가지 대책을 강구해야 한다. 명령은 우리의 피부를 스치는 정도 이상의 압력을 가져서는 안 된다. 가시는 한번 슬쩍 치면 떨어져 나가는 그러한 것이 되어야 한다.

변신
Die Verwandlung

권력자는 자발적이거나 통제되지 않는 변신에 대해서는 끊임없이 전쟁을 수행한다. 그가 이 싸움에서 사용하는 무기는 변신의 과정과는 정반대되는 것, 즉 가면을 벗기는 일, 변신의 박탈이라 할 수 있다. 이 일을 자주 행하게 되면 세계가 위축되어버린다. 현상 형태의 풍요함이 무시되어버리고 다양성이 경멸당하게 된다. 나무에 달린 모든 잎들이 다 바싹 말라 먼지가 되어버린다. 모든 빛이 적의에 가득 찬 밤 속에 희미하게 사라져버린다.

부시먼족의 예감과 변신

인간이 모든 피조물 위에 군림하도록 막강한 권력을 부여한 변신(Verwandlung) 능력에 관한 연구는 아직 거의 없거나 겨우 시작되는 단계이다. 인간이면 누구나 이 능력을 가졌고 또 그 능력을 당연하게 여기면서 사용하고 있지만, 이 능력은 여전히 가장 큰 수수께끼의 하나이다. 인간 사회에서 최선의 무언가가 이 변신 능력 덕분이라는 사실을 이야기하는 사람은 거의 없다. 변신의 본질을 파악하기란 무척 곤란하므로 여러 가지 각도에서 접근해볼 수밖에 없다.

블리크(Bleek 1827~85, 독일의 언어학자로 반투어 연구에 공헌-역주)가 100년 전에 자료를 수집하여 1850년대에 출간한 부시먼족의 민속에 관한 책은 초기 인류에 대한 가장 귀중한 기록인데도 아직 충분히 논구(論究)되지 못하고 있는 실정이다.[1] 이 책의 한 장(章)은 변신 문제에 큰 도움을 주는 부시먼족의 예감을 다루고 있다. 곧 보게 되겠지만 이 예감은 매우 단순한 초기 변신 단계에 해당한다. 부시먼족은 보이지도 않고 들리지도 않더라도 멀리서 사람이 오고 있다는 것을 느낀다. 또한 그들은 사냥감이 가까이 있으면 그걸 느낀다. 또 자기 신체에 어떤 징후가 있으면 사냥감이 접근한다는 것을 알게 된다.

그들의 어법을 빌어 몇 가지 그에 관한 예를 들어보자.

"어떤 사내가 자식들에게 말한다. '네 할아버지가 오는 것 같으니 돌아보아라. 왜냐하면 나는 지금 할아버지의 옛 상처 자리를 느끼기 때문이다.' 아이들이 돌아본다. 그들은 한 사람이 오고 있는 것을 보고 그들의 아버지에게 말한다. '저기 한 사람이 오고 있어요.' 아버지가 그들에게 말하기를 '할아버지가 저기 오신다. 할아버지는 나에게로 오실 것이다. 할아버지가 오실 때면 나는 그 분의 옛 상처 자리를 느낀다. 나는 너희들이 그분이 정말 오신다는 것을 보기를 원했다. 너희들은 내 예감을 믿지 못할 것이다. 그러나 내 말은 진실이다.'"

여기서 일어난 일은 지극히 간단하다. 아이들의 할아버지인 노인은 분명 멀리 떨어져서 살고 있다. 그의 몸에는 오래 된 상처 자국이 있고, 아이들의 아버지인 그의 장성한 아들은 그 사실을 익히 알고 있다. 이 상처는 때때로 쑤시는 그런 종류의 것이었고 이 노인은 가끔 이 이야기를 들려줬다. 이 노인의 가장 뚜렷한 특징은 아마 그 상처였을 것이다. 아들이 아버지를 생각할 때면 그 옛 상처를 떠올렸지만, 그것은 단순한 생각 이상의 무엇이다. 아들은 그 상처를 정확하게 떠올릴 뿐 아니라, 자기 몸의 동일 부위에서 그것을 느낀다. 그는 그것을 느끼자마자 한동안 만나지 못했던 자기 아버지가 오고 있다는 것을 안다. 그는 자기가 아버지의 옛 상처를 느꼈기 때문에 자기 아버지가 온다고 확신한다. 그는 자신을 별로 믿지 않는 아이들에게 이야기한다. 아이들은 아마 그같은 예감을 믿을 만큼 배우지 못했을지도 모른다. 그는 아이들에게 누가 오는지 지켜보라고 일러주는데 아이들은 곧 한 남자를 본다. 그 남자는 할아버지일 수 있고, 사실 할아버지이다. 그들의 아버지 말이 옳았던 것이며, 아버지 몸의 느낌은 거짓말을 하지 않았던 것이다.

한 여인이 어깨에 가죽끈을 매 아이를 업고 집을 나간다. 남자는 그냥 그 자리에 조용히 앉아 있다. 여자가 떠난 지 꽤 오래 됐는데, 남자가 갑자기 어깨에 가죽끈의 중압감을 느낀다. 자기 자신이 마치 어린애를 업고 있는 것처럼 어깨에 가죽끈의 무게를 느끼는 것이다. 그는 그 중압감을 느끼자마자 그의 아내가 아이와 함께 집으로 돌아오고 있다는 것을 안다.

동물과 관련해서도 이와 비슷한 예감이 있다. 특히 사냥으로 먹고사는 부시먼족에게는 동물이란 친척만큼이나 중요한 존재여서 심지어 '가장 친한 동물'이라고 불릴 정도이다.

타조 한 마리가 따뜻한 햇볕 아래서 거닐고 있다. 부시먼족이 타조의 이라고 부르는 까만 벌레 한 마리가 타조 뒷목을 물자 타조는 발로 물린 자리를 긁는다. 부시먼족은 자기의 뒷목 좀 아랫부분, 타조가 발로 긁었던 바로 그 자리에 해당하는 곳에 무엇인가를 느낀다. 가볍게 두드리는 듯한 느낌인데, 이것은 타조가 부근에 있다는 신호이다.

영양(羚羊)은 부시먼족에게 특히 중요한 동물로, 이 영양의 갖가지 특징과 동작을 나타내는 예감 행위도 종류가 많다.

"우리는 발에 느낌을 갖는다. 관목 숲을 걸어가는 영양을 우리는 발로 느낀다." 이 발의 느낌은 영양이 오고 있다는 뜻이다. 영양들은 아직 멀리 떨어져 있기 때문에 이 느낌은 부시먼족들이 영양의 소리를 듣는다는 의미가 아니고, 영양들이 멀리서 내는 발자국 소리를 그들의 발로 느낀다는 뜻이다. 부시먼족은 또 "영양의 머리에 있는 검은 줄무늬 때문에 우리는 얼굴에 어떤 느낌을 갖는다"고 말한다. 이 검은 줄무늬는 이마 중앙에서 아래쪽으로 흘러내려 코끝에서 끝난다. 부시먼족은 이 검은 줄무늬를 그의 얼굴에 느낀다. 그들은 또 "우리는 영양의 눈에 있는 검은 점 때문에 우리 눈에 느낌을 갖는다"고 말한다.

어떤 사내는 그의 갈비뼈를 가볍게 두들기는 듯한 느낌을 자식들에게 일러준다. "영양이 오고 있는 모양이다. 왜냐하면 영양 옆구리의 검은 털이 느껴지기 때문이다. 저기 있는 언덕에 올라가 사방을 둘러보아라. 난 지금 영양의 감각을 느끼고 있다." 영양은 옆구리에 검은 털이 있으며, 부시먼족에게 그들의 갈비뼈를 가볍게 두들기는 듯한 느낌은 그 동물의 검은 옆구리 털을 가리킨다.

다음 사내도 앞에 나온 사내의 이야기에 동의할 것이다. 그도 역시 영양을 느끼지만 방법은 같지 않다. 그는 죽은 동물의 피를 느낀다. "영양의 피가 흘러내릴 때면 나는 장딴지에 감각을 느낀다. 영양을 죽이려고 할 때면 나는 언제나 피를 느낀다. 나는 영양을 옮길 때면 흔히 그 흘러내리는 피를 내 등 뒤에 느끼면서 앉아 있다."

또 이런 것도 있다. "우리가 영양 뿔을 자르려고 할 때면 우리 머리에 감각을 느낀다." 또는 "그것들이 떼를 지어 처음 우리에게 오는 것은 우리가 움막 그늘에 누워 있을 때이다. 그것들은 우리가 아마 낮잠을 자고 있으리라고 생각할 것이다. 사실 우리는 낮잠을 자기 위해 눕기 때문이다. 하지만 우리는 그것들이 다리를 움직이며 걸어오고 있다는 것을 느낄 때는 그렇게 하지 않는다." "우리는 잡은 짐승을 운반할 때면, 우리의 무릎 밑 움푹한 곳에 피가 흐르는 듯한 감각을 느낀다."

우리는 이들 부시먼족의 말을 통해 그들이 이같은 예감, 예지에 부여하는 중요성을 알 수 있다. 그들은 그네들의 육체를 통해 어떤 일이 일어나려고 한다는 것을 느낀다. 그들에게 사태를 알려주는 것 가운데는 근육의 통증 같은 것도 있다. 그들의 말처럼 그들의 문자(文字)는 몸속에 있다. 이 문자들은 말을 하고, 저절로 움직이며, 그 자체를 움직이도록 부추긴다. 한 사람이 자기 몸 내부에서 가볍게 두드리는 듯한 느낌을 받으면, 그는 조용히 앉아서 다른 사람에게도 조용하라고 명령한다.

예감은 진실을 말한다. 이같은 가르침을 이해하지 못하는 자들은 바보들이며 사자에게 먹히는 따위의 재앙을 겪는다. 이런 통증 등은 그것을 이해하는 사람에게는 어떤 길은 가서는 안 되고, 어떤 화살은 사용해서는 안 되며, 언제 많은 사람들이 수레를 타고 오는가 등에 대해서 말한다. 그것들은 또 사람들에게 그들이 찾고 있는 사람을 어디서 발견하고, 어떤 길을 가야 성공적으로 그를 찾을 수 있는가 등에 대해서 일러준다.

이들 예감의 옳고 그름을 여기서 따질 문제는 아니다. 우리들이 이미 잃어버린 기능을 부시먼족은 발전시켜 왔고 매일매일의 생활 속에서 실천하고 있을지도 모를 노릇이다. 또 그들의 예감이 종종 그들을 속이는 경우가 있더라도 그들에게는 그것을 계속 믿을 이유가 있을 수도 있다. 그것이 무엇이 됐든, 이들 예감이 그들에게 지시해주는 방법에 대한 그들의 설명은 변신의 본질에 관해서 우리가 갖고 있는 가장 중요한 자료이다. 그것들과 비교될 만한 자료는 아무것도 없다. 왜냐하면 우리가 변신에 관해 신화나 동화에서 알게 되는 모든 지식에 대해서는, 그것은 어쨌든 지어낸 이야기에 불과하다는 이의가 제기될 수 있기 때문이다. 그에 반해 여기서는 현실 생활을 하는 실제의 부시먼족이 멀리 있는 타조나 영양에 관해서 생각할 때 그에게 무슨 일이 일어날 것인가, 자기 자신이 아닌 다른 사람에 대해 생각한다는 것이 그에게 무엇을 의미하는가 등을 알게 된다.

부시먼족이 동물이나 다른 사람의 접근을 인식하는 그 징표는 그들 자신의 몸속에 있다. 내가 이미 언급했듯이 그들의 예감은 변신의 초기 단계이다. 그같은 행위들이 변신의 분석을 위한 어떤 가치를 가지려면, 그것들을 원형대로 단순하고 구체적인 형태로 조심스럽게 놓아둬야 하며 부시먼족의 세계에 어떤 이질적인 것을 들여와서는 안 된다. 이제 여기서 인용한 내용들을 구분하여 그 하나하나를 고찰해보기로 하자.

1. 아들은 아버지의 옛 상처를 자기 신체의 동일 부위에서 느낀다.
2. 남편은 아내가 평소 어린애를 업는 데 사용하는 그 가죽끈의 무게를 자기 어깨에 느낀다.
3. 타조는 이가 무는 목 뒤를 긁는다. 부시먼족은 타조를 보지 못하지만 자기 목 뒤의 같은 부위에 무엇인가를 느낀다.
4. 한 사내는 관목 숲에서 바스락거리며 걷는 영양을 발로 느낀다. 그는 또 영양의 이마에서 코끝까지 흘러내린 검은 줄무늬를 자기 얼굴에서 느낀다. 그는 영양의 눈에 있는 검은 점들을 자기 자신의 눈에서 느낀다. 또한 영양의 옆구리 검은 털을 자기 갈비뼈 부근에서 느낀다.
5. 어떤 남자는 그의 장딴지와 등에 피를 느낀다. 이것은 그가 이제 죽여서 운반하려고 하는 영양의 피다. 영양의 뿔을 자르려고 할 때면 그는 머리에 감각을 느낀다. 그는 사냥감을 집으로 운반할 때, 영양의 피가 떨어지는 부위와 같은 자기 무릎 밑 움푹한 곳에서 피를 느낀다.

마지막 항은 죽은 동물과 연관되어 있으며 그 피에 대한 욕구가 이 변신의 성격을 결정한다. 이 대목은 다른 네 항에 비해 더 복잡하기 때문에 따로 떼어 고찰하는 편이 좋겠다. 이 모든 예감에서 기본 요소는 '하나의 몸은 다른 몸과 서로 같다'는 생각이다. 아들의 몸은 곧 아버지의 몸이고 따라서 그는 동일 부위에 동일한 상처를 느낀다. 남편의 몸은 곧 아내의 몸이기 때문에 아내가 아이를 업고 다니는 데 사용하는 가죽끈이 남편의 어깨를 누른다. 부시먼족의 몸은 타조의 몸이고, 따라서 이가 그의 목 뒤, 즉 타조를 물던 곳과 같은 부위를 깨물며 그는 그곳을 긁는다.

이 세 가지 경우에는 두 몸을 동일시하는 현상이 언제나 각각의 특징에 따라 이루어지진다. 그런데 그 특징이라는 게 서로 아주 다른 것들이다.

상처는 가끔씩 그 징후가 나타나는 몸의 오래 된 특징이며, 가죽끈의 압박은 일정하고 지속적인 것이며, 긁는 행위는 고립된 동작이다.

그러나 무엇보다도 가장 흥미 있는 것은 영양의 경우이다. 여기서는 한 몸과 다른 몸을 매우 완벽하게 동일시할 수 있는 서로 들어맞는 네댓 가지의 특징이 결합되어 나타나고 있다.

처음에는 발의 움직임이 있고, 그 다음에는 갈비뼈 부근의 검은 털, 이마에서 코끝까지 흘러내린 검은 줄무늬, 부시먼족이 마치 뿔이라도 있는 것처럼 영양의 뿔이 자라는 부위가 있다. 그리하여 동작에다(타조의 경우와 같은 긁기 대신 여기서는 발의 동작) 전체적인 형상과 비슷한 무엇이 부가된다. 그 짐승 머리에서 가장 두드러진 것, 즉 뿔은 검은 부분(코끝까지 흘러내린 줄무늬와 눈 속의 점들)과 결합되어 생각할 수 있는 한 가장 단순한 형상을 이룬다. 이것은 부시먼족 자신의 머리이며 동시에 동물의 머리이다. 그 사내는 마치 동물 가죽을 입기라도 한 것처럼 자기 갈비뼈에서 검은 털을 느낀다. 그러나 그것은 자기 자신의 피부일 따름이다.

동일한 부시먼족 사내의 몸이 자기 아버지의 몸, 자기 아내의 몸, 타조나 영양의 몸이 되기도 한다. 시간에 따라서 그가 그 모든 것이 될 수 있고 항상 다시 자기 자신이 될 수 있다는 것은 매우 의미심장하다. 그때그때마다의 외적 원인에 따라 변신이 잇따라 이루어진다. 이것은 흠잡을 데 없는 산뜻한 변신이다. 부시먼족이 자신에게 다가오는 것을 느끼는 생물은 변함없이 본래 있는 그대로의 상태로 머문다. 부시먼족은 변신을 식별한다. 만약 그렇지 않다면 변신은 아무 의미가 없을 것이다. 상처가 있는 아버지는 가죽끈을 맨 아내가 아니며, 타조는 영양이 아니다. 부시먼족이 부여하는 그 개별적인 아이덴티티는 변신 속에서도 그대로 유지된다. 그는 이것도 되고 저것도 되지만, '이것'과 '저것'은 서로 별개의 것으로 남아 있다. 왜냐하면 그는 변신 사이사이에 항상 다시 자기 자신으로 되돌아와 있기 때문이다.

변신을 규정하는 개별적이고 단순한 특징을 변신의 결절점이라고 부를 수 있을 것이다. 아버지의 오래 된 상처, 아내의 가죽끈, 영양 머리에 있는 검은 줄무늬 따위가 모두 그런 결절점이다. 그것은 모두가 자주 입에 오르

내리고, 누구나 쉽게 식별할 수 있는 특징들로서, 다른 생물에 대해서 가장 뚜렷한 차이를 나타내는 그런 것들이다. 그것은 어떤 생물을 기다릴 때 가장 먼저 주의해서 보는 그런 특징들이다.

사냥감으로 잡히는 짐승의 경우는 좀 특수하다. 사냥꾼이 진정으로 원하는 것은 짐승의 피와 고기이다. 사냥꾼이 짐승을 잡아 집으로 운반할 때의 심리 상태는 매우 행복하다. 그의 등에 전리품으로 매달린 짐승은 살아 있는 짐승의 몸뚱이보다 훨씬 더 중요하다. 그의 장딴지로, 무릎 밑 움푹한 곳과 그의 등으로 흘러내리는 피를 느낄 수 있고, 그 짐승 털도 느껴진다. 그가 운반하고 있는 죽은 짐승의 몸은 그 자신의 몸이 아니며, 자신의 몸이 될 수도 없다. 왜냐하면 그는 이 몸뚱이를 먹고 싶어하니까.

따라서 영양에 대한 부시먼족의 예감은 두 가지 서로 다른 국면으로 분류된다. 앞에서 이미 기술한 바와 같이, 그는 살아 있는 짐승을 느끼며, 그의 몸은 짐승의 몸이 되어 그 짐승과 똑같이 움직이고 본다. 그러나 그는 죽은 짐승을 자기 옆에 바싹 붙어 자기로부터 도망갈 수 없는 상태에 놓여 있는 다른 낯선 몸뚱이로 느끼기도 한다.

두 국면은 상호 교차된다. 첫번째 국면이 먼저 떠오르고 그 다음 국면이 나타날 수도 있고, 그 두 국면이 교차되어 동시에 나타날 수도 있다. 두 국면 중 어느 쪽이든 그것들은 짐승에 대한 부시먼족의 총체적인 단계를 내포하며 바스락거리는 소리부터 피에 이르기까지 사냥의 완전한 과정을 포함한다.

도피 변신 : 히스테리, 조병과 우울증

도피를 위한 변신, 즉 적을 피하기 위한 변신은 전 세계의 신화 및 동화에서 발견되는 보편적인 것이다. 이제 이 변신이 취할 수 있는 상이한 각 형태를 설명하기 위해 네 가지의 예를 들기로 한다.

도피 변신의 두 가지 주요 형태는 '직선적인 것' 과 '순환적인 것' 으로 표현될 수 있다. 직선적인 것은 '사냥'에서 나타나는 것으로 매우 일반적이다. 하나의 생물이 다른 생물을 쫓는 과정에서 그 먹이가 붙잡히려는 순간에 이르기까지 둘 사이의 거리가 계속 좁혀지다가, 다른 무엇으로 변신하여 도망하는 것이다. 사냥은 계속되거나 아니면 새로 시작된다. 사냥감의 위험은 계속 고조되며 사냥꾼에게 거의 잡힐 듯하지만, 마지막 순간에 또 다시 다른 모습으로 변하여 도망치게 된다. 새로운 변신을 찾을 수만 있으면 그만큼 여러 번 이 동일 과정이 반복될 수 있다. 이들 변신은 추적자를 깜짝 놀라도록 하기 위해 전혀 예기치 못했던 것이어야 한다. 추적자는 잘 알고 있는 특정 사냥감을 쫓는다. 그는 이 사냥감의 도주 방법을 알고 있으며 생김새도 알고 있을 뿐더러 언제 어떻게 포획할지도 알고 있다. 변신의 순간은 추적자에게 혼란을 안겨준다. 그는 사냥감의 변신에 맞출 새로운 사냥법을 생각해야만 하고 자신을 변신시켜야만 한다. 이론적으로는 그 변신 장면에 끝이 있을 필요가 없으며, 동화에서는 변신 과정이 가능한 한 자주 반복된다. 쫓기는 자에 대한 동정이 점점 커지며, 그 결말은 쫓는 자의 패배나 파멸로 끝나기 십상이다.

오스트레일리아의 로리차(Loritja)족[2] 신화는 직선적인 도피 변신의 아주 단순한 실례를 보여주고 있다. '영원한 존재', 즉 토템들의 선조인 투쿠티타스(Tukutitas)는 인간의 형상을 하고 지상에 나타난다. 그들이 인간의 모습으로 살고 있던 어느 날, 흰색과 검은색이 섞인 사악한 개 한 마리가 그들을 잡아먹기로 하고 쫓아온다. 그들은 도망을 가지만 별로 빠르지 못한 그들 자신에 대해 두려움을 느낀다. 그들은 그 도피책으로 캥거루, 에뮤, 독수리 따위의 갖가지 동물로 모습을 바꾼다. 한 가지 특기할 만한 것은 그들은 한 가지 동물로밖에는 변신할 수 없고 도망가는 동안 계속해서 그 모습을 유지한다는 점이다. 또 다른 두 선조가 나타나는데, 그들의 모습은 첫번째와 비슷하지만 훨씬 더 강하고 용감하다. 그들은 개를 쫓아가 죽여 버린다. 이제 위험이 사라지고 다른 '투쿠티타스'들도 다시 인간 모습을 되찾는다. 그러나 그들은 도망가면서 이름을 지었던 그 동물들로의 변신 기능을 항상 보유하고 있다. 오로지 동물로만 변신하는 것으로 제한된다는 점이 이러한 토템-조상의 본질을 이룬다. 이런 이중 형상에 대해서는 다른 주제와 연관해서 나중에 상세히 이야기할 것이다. 여기서는 그들이 경험한, 그리고 언제라도 실행에 옮길 수 있는 변신이 도피에 의해 이루어졌다는 점만 강조하는 것으로 충분할 것 같다.

직선적인 변신이 풍성하게 나타나는 것으로는 조지 왕조 때의 〈마법사와 제자〉라는 이야기를 들 수 있다.[3] 사실은 악마인 어느 사악한 마법사가 한 소년을 제자로 삼아 그에게 갖가지 마법을 가르친다. 이 마법사는 제자가 그의 곁을 떠나지 않고 평생 자기 시중이나 들어주기를 바란다. 소년은 도망치지만 다시 붙잡혀 깜깜한 마구간에 감금된다. 그는 그 속에서 도망칠 궁리를 하지만 방법이 떠오르지 않는다. 시간은 자꾸 흐르고 그는 점점 비탄에 빠진다.

어느 날 그는 한 줄기 햇살이 마구간으로 스며드는 것을 발견한다. 자세히 조사해본 결과 문틈으로 햇살이 스며든다는 것을 알아낸다. 그는 재빨리 쥐로 변신하여 그 틈을 빠져나간다. 마법사는 소년이 도망친 것을 알고 고양이로 변하여 뒤를 쫓는다.

이때부터 대변신의 장이 펼쳐진다. 고양이가 쥐를 잡기 위해 입을 벌리는 순간, 쥐는 물고기로 변해 물 속으로 뛰어든다. 마법사는 곧 그물로 변해 고기를 쫓는다. 거의 붙잡으려는 순간에 물고기는 농부로 변하고 마법사는 매로 변해 뒤를 쫓는다. 매의 발톱이 농부의 몸을 움켜잡으려고 할 때 그는 다시 빨간 사과로 변해 임금님의 무릎 위에 떨어진다. 그러자 마법사는 임금님 손에 들린 칼로 변한다. 임금님이 칼로 사과를 쪼개려고 하자 사과는 사라지고 그 자리에는 한 줌의 귀리가 남아 있다. 그러나 암탉 한 마리가 병아리들을 데리고 그 앞에 서 있다. 마법사인 것이다. 닭들은 마지막 한 알이 남기까지 그것들을 모두 쪼아먹는다. 이 최후의 순간에 소년은 바늘로 변한다. 암탉과 병아리들은 바늘귀를 꿰는 실로 변한다. 바늘은 불꽃 속으로 뛰어들고 실은 모두 타버린다. 마법사가 죽은 것이다. 바늘은 다시 소년으로 변하여 고향의 자기 아버지 곁으로 돌아간다.

마법사와 소년의 변신 장면은 다음과 같다. 즉 쥐와 고양이, 물고기와 그물, 농부와 매, 사과와 칼, 귀리와 닭, 바늘과 실이다. 이들 둘은 그것이 생물이든 무생물이든 장면마다 서로 조화를 이룬다. 마법사 쪽은 항상 소년 쪽을 쫓고, 소년은 계속 도망치다가 몸을 변신한다. 미친 듯한 추적인 동시에, 그 변신의 성격 때문에 발작적인 것이기도 하다. 장소 또한 모습만큼이나 달라진다.

'순환적'인 형태로 옮기자면 『오디세이아』에 나오는 이야기와 비슷한 고전적 이야기인 프로테우스(Proteus)[4]가 떠오른다. 바다의 현명한 노인인 프로테우스는 물개의 주인이며 물개들처럼 하루에 한 번씩 마른 땅으로 올라온다. 물개들은 그의 가축이기 때문에, 그는 매일 조심스럽게 그 숫자를 세어보고는 그들 틈에서 잠을 자기 위해 눕는다. 트로이에서 돌아오던 메넬라오스(Menelaos, 그리스 신화의 인물로서 스파르타의 왕-역주)는 역풍을 만나 뒤로 밀리던 중 프로테우스가 사는 이집트 해안에 동료들과 함께 표류한다. 세월이 흐르지만 다시 항해를 하지 못한 채, 메넬라오스는 심한 절망에 빠져 있다. 그를 딱하게 여긴 프로테우스의 딸이 예언 능력이 있는 자기 아버지를 붙잡아 말을 할 수밖에 없도록 만들기 위해서는 어떻게 해야 하는가를 그에게 일러준다. 딸은 메넬라오스와 그의 부하 두 명에게 물개 껍질을 주고, 바닷가 모래밭에 구멍을 파 그 세 사람을 숨긴 다음 그 위에다 물개 껍질을 덮는다. 그들은 물개들이 뭍으로 올라오기까지, 악취에도 불구하고 끈질기게 참으면서 물개들 틈에서 감쪽같이 변장을 하고 누워 있다. 바다에서 나타난 프로테우스는 그의 동물들을 세어본 뒤, 안심을 하고 자려고 눕는다. 이 순간이 바로 메넬라오스와 그의 부하들이 프로테우스를 덮쳐 꼼짝 못하게 붙잡을 때이다. 프로테우스는 온갖 동물로 둔갑하면서 도망치려고 한다. 처음에는 사자로, 그 다음엔 뱀으로, 그러나 그들은 꼭 붙잡고 놓아주지 않는다. 그는 곰으로 변했다가 곧 엄청난 비단 구렁이로 변한다. 그래도 그들은 놓지 않는다. 그는 다시 물로 변했다가 잎이 무성한 나무로 변한다. 그러나 그들은 붙잡고 늘어진다. 그는 그들의 손아귀에서 벗어나기 위해 온갖 변신을 다 한다. 끝내는 지쳐서 본 모습으로 돌아온 그는 그들이 원하는 바를 듣고 대답해준다.

변신을 해서 도망가는 이런 종류의 변신을 왜 순환적인 도피라고 부를 수 있는지 그 이유는 분명하다. 여기서의 모든 일은 한 지점에서 일어난다. 각 변신은 다른 모습으로 변하여 다른 장소로 도망치기 위한 시도이다. 그러나 그 시도는 번번이 그 시도가 시작되었던 장소, 즉 메넬라오스와 그의 친구들 손아귀에서 결국 무위로 돌아간다. 여기서는 추적의 문제는 없다. 추적은 이미 끝났고 먹이는 붙잡혔으며, 그 일련의 변신은 붙잡힌 자가 도망치기 위한 무익한 시도인 것이다. 결국 그는 자기 운명을 받아들이고 그에게 요구되는 일을 수행한다.

　마지막으로, 훗날 아킬레우스의 부모로 유명해진 펠레우스와 테티스의 이야기를 인용하겠다. 펠레우스는 인간이었고 테티스는 여신이었기에, 그녀는 펠레우스가 자기와는 격이 맞지 않는다 하여 그와의 결혼을 거부한다. 그는 동굴에서 잠들어 있는 그녀를 급습하여 붙잡았다. 프로테우스와 마찬가지로 그녀도 여러 가지의 변신을 시도한다. 불로 변했다가 물로도 변하며, 사자가 되었다가 뱀이 되기도 하지만, 그는 여전히 그녀를 꼭 붙잡고 있다. 그녀는 거대하고 미끈미끈한 오징어로 변해 그에게 먹물을 뿜지만 그것도 소용없다. 하는 수 없이 그에게 굴복한 그녀는 또 여러 가지 방법으로 임신한 아이의 출산을 피하려고 하지만 결국 아킬레우스의 어머니가 된다.

　이 이야기에 나오는 변신의 종류는 프로테우스 이야기와 아주 흡사하다. 포로가 된 상황, 그러니까 테티스를 붙잡은 자가 그녀를 꼭 붙들고 놓아주지 않는 상황이 그렇다. 그녀가 시도하는 모든 변신은 빠져나갈 길을 찾기 위한 것이다. 그녀는 빠져나갈 구멍을 찾으려고 몸부림치지만 원을 그리며 빙 돌고 있을 뿐이다. 그녀는 결코 원의 테두리를 벗어나지 못한 채 계속해서 붙잡힌 상태로 머문다. 그리고 모든 변신의 중심인 자기 자신의 상태로 테티스는 마침내 항복하고 만다.

　테티스의 이야기는 프로테우스의 이야기에 비해서 아무것도 새로운 내용이 없다. 여기에 이 이야기를 굳이 인용하는 것은 그 에로틱한 착색 때문이다. 이 점과 관련하여 이 이야기는 사람들에게 히스테리[5]라고 하는 광범위하고 잘 알려진 고통을 상기시켜 준다. 히스테리의 심한 발작이란 도피를 위한 격렬한 변신을 잇따라 하는 것이다. 히스테리에 걸린 여자는 도무지 빠져나올 수 없는 그런 월등한 힘에 자신이 붙잡혀 있다고 느낀다. 히스테리에 걸린 여자 환자의 경우, 그녀가 벗어나고자 하는 남자는 자기를 사랑했으며 소유하고 있는 남자일 수도 있고, 또는 펠레우스와 마찬가지로 이제부터 자기를 소유하게 될 남자일 수도 있다. 경우에 따라서는 하느님의 이름으로 자기를 죄인으로 붙잡아두는 성직자일 수도 있다. 아니면, 그녀가 벗어나고자 하는 대상이 정신일 수도 있고 실제 하느님일 수도 있다. 어떤 경우든 아무튼 히스테리 환자가 월등한 힘의 신체적 접근을, 그리고 그 힘이 자기를 직접 붙들고 있다는 것을 느낀다는 사실이 중요하다. 히스테리 환자가 하는 모든 행위, 특히 변신 행위는 모두가 자기를 붙들고 있는 힘을 느슨하게 하려는 계산에서 이루어진 것이다. 놀랄 만큼 굉장히 많은 변신이 시도되는데, 그 대부분은 발병상태에서만 확연하게 나타난다. 가장 흔한 것 가운데 하나가 죽은 자로 변신하는 것이다. 이것은 많은 동물들의 예를 통해 잘 알려진 것으로, 오래 전부터 입증된 사실이다. 우리는 죽은 사람처럼 꾸며서 붙들린 상태로부터 벗어나기를 바란다. 우리가 죽은 척 누워 있으면 적은 멀리 가버린다. 이 변신은 모든 변신 가운데 가장 중심적인 변신이다. 우리는 중심을 향해 너무 많이 가버리면 더 이상 움직이지 않게 된다. 마치 죽은 것처럼 꼼짝 않고 있으면 다른 사람은 멀어져간다. 만약 사람들이 테티스와 프로테우스가 신이라는 사실을 몰랐더라면, 그들이 죽은 척했을 경우 매우 효과적이었으리라는 것은 쉽게 알 수 있다. 그랬더라면 테티스는 사랑을 받지 않을 수 있었을 것이며, 프로테우스는 예언을 하도록 강요받지 않았을 것이다. 그러나 그들은 모두가 신이며 죽지 않는 존재였기 때문에, 아무리 그들이 그럴듯하게 위장했다 하더라도 그들의 죽음을 믿을 사람은 아무도 없었을 것이다.

도피를 위한 변신의 이같은 순환적 형태는 히스테리에 특징적인 색채를 부여해준다. 이것은 또한 이 질병의 가장 눈에 띄는 특징, 즉 에로틱한 성격의 과정으로부터 종교적인 성격의 과정으로 넘어가는 일이 매우 많다는 사실도 설명해준다. 어떤 형태로 붙잡혀 있든 간에 도망치는 일을 유발할 수 있으나, 붙잡는 자가 풀어주지 않을 힘을 지니고 있다면, 도피하려는 시도는 언제나 금방 실패로 끝날 수 있다.

도피 변신과 대조를 이루는 현상을 무당들의 신들린 발작에서 볼 수 있다. 무당들은 강령술(降靈術) 모임이 있는 동안 내내 한 장소에 머물러 있다. 그들은 일단의 구경꾼들에게 둘러싸여 있다. 정신 내부에서는 어떤 일이 일어나더라도 눈으로 볼 수 있는 그들의 육체는 그 자리에 그냥 머물러 있어야 한다. 그들은 때때로 그들의 정신과 함께 육체도 따라서 방황할까 두려워 자기들의 몸을 묶어 달라고 부탁하기도 한다. 땅이라는 중심에 확고하게 남아 있어야 할 필요성과 그것을 믿는 구경꾼들의 존재로 인해서 그 강신 행위의 순환적 성격이 강조된다. 변신들은 대단히 빠른 속도로 바뀌며 대단히 강렬하게 축적되어 간다. 그러나 변신들은(이것이 일반적인 히스테리 발병과의 본질적인 차이지만) 도피를 도울 의도는 없다. 무당은 그에게 복종하여 도움을 주는 혼령을 찾아낼 수 있도록 하기 위해 자신을 변신시킨다. 무당은 그 혼령들을 붙잡아 자기가 하는 일을 돕도록 강요한다. 그는 적극적이고, 그의 변신은 그 자신의 힘을 증강시키는 데 봉사하는 것이지, 그보다 더 강한 어떤 사람으로부터 도망하는 것이 아니다. 그의 정신이 떠맡은 영적인 여행에서, 그의 몸은 무의식 상태로 그곳에 떨어져 누워 있는 반면에, 그는 천국과 지옥이라는 가장 먼 곳까지 뚫고 들어간다. 그는 자신이 원하는 대로 높이 날아오르며, 새처럼 날개를 퍼덕거린다. 그는 또 원하는 대로 내려가 바다 밑바닥까지 잠수하며, 그가 급히 요청할 일이 있는 여신의 거처에까지도 다다를 수 있다. 그러나 그는 언제나 추종자들이 자기의 소식을 열망하며 기다리고 있는 중심지로 되돌아온다. 때에 따라서는 그 역시 도망도 가야 하고 도주하기 위해 변신도 해야 하지만, 대체적으로 그의 행동의 경향은 원대하고 당당하다. 프로테우스와 테티스의 경우와의 유사점은 변신이 순환적 성격을 지닌다는 점밖에 없다.

이 점에서 조지 왕조 때의 동화 〈마법사와 제자〉에 나타난 변신의 직선적 형태를 상기해볼 필요가 있다. 독자들은 쥐로 변한 소년을 잡기 위해 마법사가 고양이로 변했다는 사실을 기억할 것이다. 그 후에 그는 그물, 매, 칼, 그리고 병아리를 거느린 암탉으로 변신한다. 이 변신들은 새로운 종류의 추적을 가능하게 한다. 마법사에게 중요한 것은 추적을 계속해야 할 방법뿐만 아니라, 그 변화의 장소에서도 적극적이고 재빠르게 변신을 수행하는 것이다. 위험한 의도에서 나온 사건들이 도무지 얼토당토않은데다 멀리 퍼져나간다는 점이 또 다른 정신 질환인 조병(Manie)의 과정들과 아주 유사하다. 조병에서 나타나는 변신들은 엄청난 가벼움을 지니고 있다. 조병의 경우, 변신은 쫓는 자의 직선적이며 떠도는 성격, 결코 추적을 그만 두지는 않지만 자신이 원하는 목표에 이르지 못했을 경우 목표를 계속 바꾸는 도무지 종잡을 수 없는 성격을 지닌다. 변신의 분위기는 들뜨고 쾌활한 것이지만 조병 환자는 자신의 상태가 어떻게 되는가는 아랑곳하지 않은 채 항상 박력 있고 목표가 분명하다. 동화 속의 소년은 변신하는 사냥감을 대표하며, 그가 무엇으로 변하든 그의 본질은 먹이에 불과하다. 조병은 먹이를 원하는 발작이다. 조병의 관심사는 사냥감을 발견하고 습격하여 포획하는 것이다. 말하자면 포획물을 먹는다는 것과 같은 후속 행위는 별로 중요하지 않다. 위의 이야기에 나오는 추적 역시 소년이 마구간에서 도망침으로써 이루어진다. 만일 마법사가 소년을 다시 붙잡았더라면 조병 이야기는 거기서 끝났을 것이다.

　우리가 소년을 처음 만난 곳은 어두운 마구간이다. "그는 도망칠 궁리를 하지만 방법을 찾아낼 수 없었다. 시간은 흐르고 그는 점점 비탄에 빠졌다." 그는 조병을 보충하는 심리 상태, 즉 우울증(Melancholie)을 겪고 있다. 이미 전자를 논술했으므로 이제 나머지 하나를 논하겠다.[7] 우울증은 그렇게 해보았자 소용없다고 생각되어 도피 변신을 포기했을 때 시작된다. 우울증에 걸린 사람은 추적은 이미 끝났으며, 그는 이제 붙잡혔다고 느낀다. 그는 도망갈 수 없다. 그는 새로운 변신 방법을 찾지 못한다. 그가 시도했던 모든 것이 허사였고, 이제 운명에 맡긴 채 그 자신을 먹이로 생각한다. 처음에는 포획물로, 그 다음에는 먹이로, 마지막에는 썩은 고기나 배설물로 자기 자신을 점점 더 무용한 존재로 생각하는 자기 비하의 과정은 상징적으로는 죄책감으로 표현된다. 죄(Schuld)란 원래는 '어떤 사람이 다른 사람의 권력 안에 있다는 것'을 의미했다. 죄책감과 스스로를 먹이로 생각하는 것은 근본적으로 같다. 우울증에 걸린 자는 먹으려 하지 않는다. 그는 먹지 않으려는 이유를 그것이 먹을 만한 가치가 없어서라고 주장할 수도 있을 것이다. 그러나 실제 이유는 다른 데 있다. 그가 먹으려 하지 않는 이유는, 자기 자신이 먹힌다고 생각하기 때문이다. 먹도록 강요당하면, 그는 다음과 같은 장면을 떠올린다. 그의 입이 자기를 먹으려고 자기 쪽을 향한다. 마치 사람들이 그 장면을 보라고 자기 앞에 거울을 들고 있는 것 같다. 거울 속에 입 하나가 보이고, 무언가가 먹히는 것도 보인다. 먹히고 있는 것은 바로 그 자신이다. 항상 먹어왔던 죄에 대한 무서운 형벌이 문득 피할 길 없이 바로 그의 앞에 있다. 먹히는 그 어떤 것에로의 변신이 마지막의 것이며, 모든 도피를 끝내는 변신이다. 이를 피하기 위해서 온갖 살아있는 것들은 어떤 형태로든 도피하는 것이다.

자기 증식과 자기 소비. 토템의 이중 형상

슈트레로우 2세[8](C. Strehlow의 아들인 T.G.H.Strehlow를 말함-역주)가 기록한 중앙 오스트레일리아 북부 아란다족의 신화 가운데서 두 가지 이야기가 특히 우리들의 흥미를 끈다. 그 첫째는 주머니쥐의 일종인 밴디쿠트 신화이다.[9]

"태초에 만물은 영원한 어둠 속에 파묻혀 있었다. 밤은 뚫리지 않을 만한 두께로 지구를 누르고 있었다. 카로라(Karora)라는 이름의 시조(始祖)는 영원한 밤에 일바린티자 늪의 밑바닥에서 누워 잠을 자고 있었다. 그때는 아직 물이 없었기 때문에 모두가 마른 땅이었다. 그가 누워 있는 몸 위의 땅은 빨갛고 꽃들이 피어 있었으며 잡초가 무성하게 자라 있었고, 커다란 기둥이 카로라 위에서 흔들리고 있었다. 이 기둥은 일바린티자 사원에서 자라고 있는 자줏빛 꽃밭 가운데를 뚫고 솟았다. 이 기둥은 그 뿌리를 카로라 머리맡에 둔 채, 창공을 찌를 만큼 하늘 높이 솟았다. 이 기둥은 인간의 피부처럼 매끄러운 것으로 덮인 살아있는 물체였다. 카로라의 머리는 그 거대한 기둥뿌리 옆에 놓여 있었고, 그는 태초와 마찬가지로 여전히 누워 있었다.

카로라는 사색하고 있었고, 욕망과 욕구가 그의 마음속에서 번득이고 있었다. 갑자기 그의 배꼽과 겨드랑이 밑에서 밴디쿠트들이 나오기 시작했다. 그것들은 카로라를 덮고 있는 지각을 뚫고 밖으로 나왔다. 그리고 이제 동이 트기 시작했다. 사람들은 사방에서 나타나는 새로운 빛을 볼 수 있었다. 해가 떠오르기 시작해서 그 빛으로 만물을 비추기 시작했다. 이제 그 시조도, 해가 점점 높이 뜨자 문득 일어날 생각이 들었다. 그는 그를 덮은 지각을 깨뜨렸으며, 그가 누워 있던 크게 벌어진 구멍은 일바린티자 늪이 되어 인동 덩굴 싹의 달콤하고 까만 즙액으로 채워졌다. 이제 마법의 힘이 그의 몸을 빠져나갔기 때문에 시조는 배고픔을 느끼고 일어섰다.

아직은 눈이 부시기 때문에 그의 눈꺼풀이 천천히 깜박이기 시작하더니, 이윽고 눈을 조금 뜬다. 그는 어리둥절한 상태에서 손을 더듬는다. 그러자 그의 주변에서 움직이는 밴드쿠트 떼가 느껴진다. 이제 그는 좀더 확실히 발을 딛고 일어서기 시작한다. 그는 자신이 탐욕스럽다고 생각한다. 그는 너무 배가 고파 어린 밴디쿠트 두 마리를 붙잡아, 해가 떠 있는 지점으로 더 가까이 가서 햇볕으로 달구어진 하얗고 뜨거운 땅에 그것들을 요리한다. 손가락처럼 갈라져 뻗은 햇살만이 그에게 불과 뜨거운 재를 제공한다.

배고픔이 채워지자마자 그는 그를 도울 수 있는 동료를 생각한다. 그러나 저녁이 다가오고 있다. 태양은 머리칼로 된 베일로 얼굴을 가리고, 머리칼 가리개로 몸을 감추면서 인간들의 시야에서 사라진다. 카로라는 두 팔을 쭉 펴고 잠이 든다.

그가 잠들어 있는 동안, 그의 겨드랑이 밑에서 딸랑이 같은 모양을 한 어떤 것이 솟아난다. 그것은 인간 형상을 하고 있으며, 하룻밤 사이에 장성한 청년으로 자라난다. 그의 첫아들이다. 그날 밤 카로라는 팔에 어떤 무게를 느끼고 잠에서 깨어난다. 그는 자기 옆에 누워 있는 첫아들을 본다. 아들은 아버지 어깨를 베고 있다.

먼동이 튼다. 카로라는 일어난다. 그는 아들이 듣도록 크게 울려퍼지는 소리로 부른다. 그 소리를 듣고 아들은 깨어나 살아 움직이기 시작한다. 그는 일어서서 아버지 주위를 돌며 의식(儀式)을 치를 때 추는 춤을 춘다. 아버지는 피와 깃털로 된 휘장으로 장식하고 거기 앉아 있다. 아들은 비틀거리며 넘어질 것 같다. 아직 잠이 반밖에 깨지 않은 것이다. 아버지의 몸통과 가슴이 격렬하게 떨고 있다. 그러자 아들이 두 손을 아버지 몸 위에 내려놓는다. 최초의 의식이 끝난다.

아버지는 밴디쿠트들을 몇 마리 더 잡아오라고 아들을 보낸다. 밴디쿠트들은 그 부근 응달에서 평화롭게 놀고 있다. 아들은 그것들을 잡아다 아버지에게 바치고, 아버지는 그전처럼 햇볕에 달아오른 땅에 그것들을 굽고, 구운 고기를 아들과 나눠 먹는다. 다시 저녁이 오고 그들은 잠이 든다. 그날 밤 아버지의 겨드랑 밑에서 두 아들이 더 태어난다. 그는 다음날 아침 종전처럼 다시 크게 울려퍼지는 목소리로 그들을 불러, 생명을 불어넣는다. 이 과정이 수많은 밤과 낮 동안 반복된다. 아들들은 사냥을 하고, 아버지는 밤마다 아들들을 계속 낳는다. 어느 날 밤에는 50명까지 낳는다. 그러나 오래지 않아 그 일은 끝나야만 한다. 아버지와 아들들이 원래 아버지의 겨드랑이에서 나온 밴디쿠트들을 다 먹어버린 것이다. 굶주린 나머지 아버지는 그의 아들들이 대평원을 훑어보도록 3일 동안의 사냥을 내보낸다. 몇 시간 동안 그들은 키가 크고 하얀 풀숲, 끝없이 펼쳐진 어두컴컴한 멀가 나무 숲 속을 끈질기게 뒤진다. 그러나 넓은 멀가 숲에는 밴디쿠트가 없고, 그들은 돌아오지 않으면 안 된다.

3일째 되는 날이다. 아들들은 커다란 적막감 속에서 굶주리고 지쳐 돌아온다. 갑자기 무슨 소리가 들린다. 딸랑이가 소용돌이치는 듯한 소리다. 그들은 귀를 기울인다. 그들은 이 악기를 켜고 있을 사람을 찾기 위해 나아간다. 그들은 찾고 또 찾는다. 그들은 막대기로 밴디쿠트의 집과 쉬는 장소를 들쑤신다. 갑자기 무엇인가 털이 많고 새까만 것이 뛰어나왔다가 사라진다. 누군가가 고함을 지른다. '작은 캥거루가 간다.' 그들은 막대기를 휘두르며 그 동물의 다리를 부러뜨린다. 그러자 그 부상당한 짐승으로부터 노랫말이 들린다.

나, 티젠테라마, 이제 절름발이 신세로다.
그래, 절름발이. 자줏빛 영원이 내게 달라붙는구나.
나도 너희처럼 사람이다. 나는 밴디쿠트가 아니다.

이 말을 남겨놓고 절름발이 티젠테라마는 절뚝거리며 사라진다.
놀란 형제들은 아버지를 찾아 집으로 발걸음을 재촉한다. 그들은 곧 자신들을 향하여 오고 있는 아버지를 본다. 아버지는 그들을 늪으로 데려간다. 그들은 늪가에 둥그렇게 원을 이루며 둘러앉는다. 번져가는 파문처럼 그들은 하나의 원 밖에 또 하나의 원을 이루는 식으로 앉는다. 그러자 인동 덩굴 싹으로부터 달콤한 꿀의 홍수가 동쪽에서 밀려오더니 그들을 삼켜버린다. 홍수는 그들을 일바린티자 늪으로 다시 쓸어넣는다.
이제 늙은 카로라만이 남아 있다. 아들들은 홍수에 휩쓸려 관목숲이 있는 땅 밑으로 떠내려간다. 여기서 그들은 자기들이 모르고 지팡이로 다리를 부러뜨렸던 위대한 티젠테라마와 다시 우연히 만나게 된다. 그는 그들의 위대한 우두머리가 된다. 하지만 카로라는 일바린티자 늪의 바닥에서 영원한 잠을 자고 있다."
두번째는 루카라(Lukara)[10] 신화이다.
"아주 멀고도 먼 옛날, 두루 이름이 알려진 루카라, 거대한 물구멍 가장자리, 위체터-유충의 관목숲 발치에 한 노인이 깊은 잠에 빠져 누워 있었다. 영겁의 세월이 그의 위를 지나 저쪽 너머로 흘러갔다. 그는 영원히 반쯤 꿈을 꾸는 상태에 있는 사람처럼 이곳에서 아무런 방해도 받지 않고 누워 있었다. 그는 태초부터 일어나지 않았고, 움직이지 않았다. 그는 항상 그의 오른팔에 기대어 누워 있었다. 그의 영원한 잠 속에서, 영겁의 세월이 그의 위를 지나 저쪽 너머로 흘러갔다.

그가 영원한 선잠 속에서 고개를 꾸벅이고 있을 때 하얀 유충(幼蟲)들이 그의 몸 위로 기어올라 왔다. 그것들은 항상 그의 몸뚱이 위에 있었다. 노인은 움직이지도 않았고, 일어나지도 않았다. 그는 깊은 잠에 빠져 거기 누워 있었다. 유충들은 개미떼처럼 그의 몸 위를 돌아다녔다. 노인은 잠에서 깨어나지도 않은 채 때때로 몇 마리 유충들을 부드럽게 쓸어냈다. 그러면 유충들은 다시 돌아와 몸 위로 기어올라 갔고, 그들이 들어갈 구멍을 팠다. 그는 깨어나지 않았고 세월은 흘러갔다.

그러던 어느 날 밤, 그가 오른 팔에 기대어 잠을 자고 있는데, 그의 오른편 겨드랑이에서 무엇인가가 떨어졌다. 위체터-유충처럼 생긴 무엇이었다. 이것은 땅에 떨어지자마자 인간의 모습이 되어 순식간에 자랐다. 아침이 되어 노인은 눈을 떴고, 놀란 눈으로 그의 첫아들을 바라보았다."

신화는 계속해서 얼마나 많은 유충 인간들이 동일한 방법으로 태어났는가를 이야기한다. 그들의 아버지는 결코 일어나지 않는다. 그가 살아 있다는 유일한 징표는 그가 눈을 떴다는 사실이다. 그는 심지어 아들들이 가져다주는 음식마저도 거절한다. 그에 반하여 아들들은 위체터-유충들을 부지런히 파서 그걸 구워 먹는다. 그들은 때때로 다시 유충이 되고 싶다는 욕망에 사로잡힌다. 그럴 때면 주문을 외워 유충으로 변신한 후, 위체터-유충의 관목숲 뿌리 속으로 기어들어간다. 그리고는 다시 땅 밖으로 기어나와 인간의 모습으로 되돌아간다.

"어느날 멀리 엠보링카에서 한 낯선 사내가 온다. 그 사내는 루카라의 형제들이 수집한 살지고 즙이 많은 유충 꾸러미를 보고 욕심을 낸다. 그 낯선 사내는 루카라의 즙 많은 유충들과 자기 꾸러미를 바꾸자고 제안한다. 그러나 그 이방인의 유충들은 기다랗고 가늘어서 볼품없는 것들이었다. 루카라 사내들은 코웃음을 치며 땅 파는 작대기로 그 꾸러미를 옆으로 치운다. 그들은 한마디도 말을 하지 않는다. 방문객은 마음이 상한다. 그는 잽싸게 루카라 사람들에게서 그 꾸러미를 낚아챈 뒤 그들이 붙잡기 전에 도망친다.

당황한 루카라 사람들은 잠을 자고 있는 아버지에게 돌아온다. 아버지는 그들이 오기 전에 이미 꾸러미를 잃어버린 사실을 알고 있었다. 도둑이 유충 꾸러미를 채가는 순간 그는 그의 몸에 날카로운 아픔을 느꼈던 것이다. 그는 천천히 일어나 비틀거리는 발걸음으로 도둑의 뒤를 쫓았다. 그러나 그는 꾸러미를 찾을 수 없었다. 도둑은 그걸 들고 아주 멀리 떨어진 엠보링카로 가버린 것이다. 아버지는 쓰러졌고 그의 몸은 살아있는 티주룽가(성스러운 기념비)로 변했다. 아들들도 모두 티주룽가로 변했다. 그리고 강탈당한 유충들도 모두 티주룽가로 변했다."

이 두 신화는 전혀 다른 두 조상, 즉 밴디쿠트 또는 주머니쥐의 아버지와 위체터-유충의 아버지를 다루고 있다. 이 둘은 아란다족의 귀중한 토템이며, 전설이 기록된 시기까지도 그 의식은 계속 거행되었다. 이 두 가지 전설에 공통적인 특징을 지적하려 한다.

밴디쿠트의 아버지인 카로라는 오랫동안 혼자 지내고 있다. 그는 영원한 어둠 속에 누워 늪 바닥 지각 밑에서 자고 있다. 그는 의식이 없고 아무 것도 하지 않는다. 갑자기 많은 수의 밴디쿠트가 그의 몸 안에서 생겨 그의 배꼽과 겨드랑이로부터 나온다. 태양이 나타나고 그 빛이 지각을 뚫고 들어온다. 그는 배가 고프지만 여전히 어리둥절해 있다. 이 어리둥절한 상태에서 그는 자신을 더듬어 보며, 그때 자기 주변을 배회하는 살아있는 밴디쿠트 떼를 처음으로 감지한다.

또 하나의 전설에서 유충의 아버지는 위체터-유충의 관목숲 발치에서 잠들어 누워 있다. 그의 잠은 영원히 계속된다. 하얀 유충들이 그의 몸을 기어오른다. 그것은 개미 떼처럼 사방에 있다. 때때로 그는 깨어나지 않은 채 그들을 쓸어낸다. 그래도 유충들은 다시 돌아와 그의 몸속으로 뚫고 들어간다. 그는 그 우글거리는 무리 밑에서 계속 잠을 잔다.

두 가지 신화가 모두 잠에서 시작되며 다른 피조물에 대한 인지는 군중감각(Massengefühl)으로부터 시작된다. 그것도 가능한 한 밀집되고 직접적인, 즉 피부로 느끼는 것이다. 카로라는 반쯤 깨어나 팔을 뻗는 순간 밴디쿠트들을 느낀다. 노인은 잠을 자면서 그의 피부 위로 기어다니는 유충들을 느끼면 그것들을 쓸어버리지만 유충들을 피할 수는 없다. 왜냐하면 그것들이 다시 기어올라 와 그의 몸속으로 파고들기 때문이다. 무수히 많은 작은 벌레 떼로 덮여 있다는 느낌은 물론 보편적으로 잘 알려져 있지만 유쾌한 느낌은 아니다. 이 느낌은 보통 진전섬망증(振顚譫妄症)과 같은 환각 속에서 나타나는 것으로, 예를 들어 그 생물은 벌레가 아니면 쥐나 생쥐가 된다. 피부 위에 스물거리거나 기어가는 느낌은 벌레나 작은 설치류에 의해 생긴다고 상상하기 때문이다. 다음 장(章)에서 이 문제를 더욱 자세히 설명할 것이며, 아울러 '피부에서의 군중 감각'이라는 표현도 부연 설명하겠다. 그러나 여기서 우리가 고찰하고 있는 문제와 다음 장에서 고찰할 문제 사이에는 한 가지 중요한 차이점이 있다. 아란다족 신화의 감각은 유쾌한 것으로, 그들의 조상들이 느끼는 것은 그들 자신 내부에서 튀어나온 것이지, 외부에서 그를 공격하는 적대적인 것이 아니다.

첫번째 신화에서는 밴디쿠트들이 카로라의 배꼽과 겨드랑이에서 나온다. 그는 매우 이상한 존재였다. 이 신화대로라면 그는 아버지라기보다는 군중의 어머니에 가깝다. 정상적인 수태와 관계없기는 하지만, 수없이 많은 무리가 자동적으로 그의 몸속에서 나타난다. 그는 자기 몸의 엉뚱한 부분으로 알을 낳는 흰개미류의 여왕개미와 같다. 두번째 신화의 유충들은 항상 거기에 있었던 것으로 서술되어 있다. 처음 그 조상의 몸에서 나타나게 되는 경위에 대해서는 설명이 없다. 그것들은 조상의 몸 위로 기어올라가기도 하고, 몸속으로 파고들기도 한다. 그러나 이야기가 진행됨에 따라, 우리는 유충들이 원래 그의 몸에서 솟아났는지 아니면 그가 완전히 유충들로 이루어졌는지 궁금하게 된다.

이들의 탄생은 아버지가 낳았고 아버지가 생명을 줬다는 점에서도 특이하지만, 매우 색다른 존재가 태어나는 결과 역시 특이하다.

밴디쿠트들의 아버지인 카로라는 굶주린 배를 채운 후, 밤이 오자 다시 잠이 든다. 그의 겨드랑이에서 딸랑이가 나타나 인간의 모습으로 바뀐 뒤 하룻밤 만에 완전히 젊은이로 성장한다. 카로라는 그의 팔이 굉장히 무겁게 느껴진다. 그는 잠을 깨서 그의 옆에 있는 첫아들을 본다. 다음날 밤 그의 겨드랑이에서 두 명의 아들이 더 태어난다. 그러한 과정이 며칠 밤 동안 계속되고, 그때마다 아들들이 태어난다. 어느 날 밤에는 50명의 아들들이 태어난다. 이 전체 과정은 카로라의 자기 증식(Selbstvermehrung)이라고 부를 수 있다. 이때 자기 증식이라는 단어는 가장 좁은 의미로 사용된 것이다.

두번째 신화에서도 매우 유사한 일이 일어난다. 노인은 그의 오른팔에 기대어 조용히 잠들어 있는데, 어느 날 밤 갑자기 투구풍뎅이 유충처럼 생긴 것이 오른편 겨드랑이에서 떨어진다. 이것은 땅바닥에 떨어지자 인간 모습으로 변해 급속하게 성장한다. 아침이 되자 노인은 눈을 뜨고 그의 첫아들을 놀라서 쳐다본다. 이 과정은 다수의 '유충 인간들'이 같은 방법으로 태어나기까지 반복된다. 이들 인간들은 그들이 원하기만 하면 투구풍뎅이 유충으로 변신할 수 있고, 다시 인간 모습으로 되돌아올 수도 있다.

그리하여 우리는 이 두 신화에서 자기 증식과 이중 출산, 즉 두 가지 종류의 생물이 동일한 조상으로부터 탄생되는 것을 본다. 밴디쿠트의 아버지는 처음 많은 수의 밴디쿠트들을 낳고, 그 다음에는 많은 인간을 낳으며, 그들은 같은 방법으로 번식된다. 그들은 같은 아버지를 가졌기 때문에 당연히 그들 자신을 서로 밀접히 연결된 것으로 본다. 그들은 스스로를 밴디쿠트라고 부른다. 토템 명칭이 의미하는 것은 여기에 속하는 남자들이 처음 태어난 밴디쿠트의 동생들이라는 점이다.

위체터-유충의 조상도 똑같은 경우이다. 그도 역시 일단은 유충들의 아버지이지만 인간들의 아버지이기도 하다. 그러니까 인간은 유충의 동생인 것이다. 유충과 인간 이 둘은 모두 위대한 토템 조상이 갖추고 있는 다산성을 가시적으로 보여주는 화신이다. 이 중요한 신화들을 기록한 데 우리가 크게 감사해야 할 슈트레로우가 이 문제를 정확히 설명했다. 그는 이렇게 쓰고 있다. "그 토템 조상은 동물과 인간 둘 모두를 포함한 하나의 온전한 생명체로서의 위체터-유충이 지닌 정수(精髓)의 총합을 나타낸다. 이렇게 표현해도 좋을지 모르겠지만, 본래 조상의 몸속에 있는 각 세포는 살아있는 동물 또는 살아있는 인간이다. 만약 조상이 위체터-유충-인간이라면, 그 몸의 각 세포는 살아있는 위체터-유충이거나 아니면 위체터-유충 토템의 살아있는 한 인간이다."

토템의 이같은 이중 측면[1]은 인간인 아들이 때로는 다시 유충이 되고자 한다는 사실에서 잘 드러난다. 그럴 때면 그들은 주문을 외고 다시 유충으로 변신하여, 이 유충들이 흔히 살고 있는 투구풍뎅이 관목 숲 뿌리 사이로 기어든다. 그리고 그들은 원할 때면 다시 기어나와 인간 모습을 되찾는다. 유충과 인간이라는 분리된 모습은 완전히 별개의 형태이지만 전자는 후자로, 후자는 전자로 변신이 가능하다. 오직 하나의 변신으로 제한한 것이(왜냐하면 무수한 변신이 가능할 테니까) 바로 하나의 토템의 성격을 구성하는 요소이다. 이 두 종류의 피조물을 낳은 조상은 다른 할 일이 없다. 그는 그곳에 있을 수도 있는 다른 사건들을 배제하고 하나의 해묵은 혈연관계를 의인화시켰다. 그의 아들들은 다른 한쪽의 모습이 되고 싶다는 욕망을 느낀다. 그들은 주문에 의해서 그들의 욕망을 충족시킬 수 있고, 그들의 독특하고 천부적인 변신을 실행할 수 있다.

토템의 이중 형태가 갖는 중요성은 아무리 강조해도 결코 지나치지 않다. 이 토템에서 변신 자체, 아니 하나의 특정한 변신이 구체화되어 후손들에게 계승될 수 있다. 토템의 증식에 봉사하기 위해 마련된 중요한 의식에서는 이 계승이 극적으로 재연되며, 토템에 의해서 체현(體現)된 변신의 의미도 역시 재연된다. 인간으로 화(化)하고 싶다는 유충의 욕망과, 유충으로 화하고 싶다는 인간의 욕망은 조상들로부터 살아있는 토템족 구성원들에게 이어지는 유산이며, 토템 후예들은 그들의 극적인 의식을 통해 이 욕망을 만족시키는 것이 그들의 의무라고 생각한다. 증식 의식(儀式)이 성공하기 위해서는 이 특수한 변신이 항상 똑같은 방법으로 적절하게 상연되어야 한다. 유충의 삶에 관한 사건들이 재연될 때에는 그 참가자들이 자기가 행하고 있는 역이 무엇인가 하는 것을 정확히 알고 있으며 그 연기를 관찰한다. 그는 유충이라 명명되지만, 유충이 '되기도' 한다. 그가 그 이름을 지니고 있는 한, 그는 전통적인 변신을 행하게 될 것이다. 그에게서 변신의 가치는 무한하다. 유충들의 증식이 여기에 달려 있으며, 따라서 그 자신의 증식도 그렇다. 왜냐하면 그 한쪽은 다른 한쪽과 분리될 수 없기 때문이다. 그 족속의 생활과 결부된 모든 국면이 변신에 관한 각자의 힘에 의해서 결정된다.

이들 전설에서 또 하나 매우 중요한 요소가 있다. 나는 여기서 그것을 '자기 소비 (Selbstverzehrung)' 라 부르고자 한다. 주머니쥐의 조상과 그의 아들들은 주머니쥐를 먹고산다. 즉, 유충 조상의 아들들이 유충들을 먹고산다. 이것은 아마 그곳에 다른 식량이 없었거나, 아니면 그들이 최소한 다른 식량에는 관심이 없었다는 뜻이다. 그들이 경험한 변신의 특수한 형태가 먹을 것을 결정한다. 두 전설의 과정이 모두 같은 문제를 지니고 있으며, 따라서 자기 자신을 먹고사는 것이 되는 것이다.

그 과정을 자세히 고찰해보자. 카로라가 밴디쿠트들을 출산하고 태양이 내리쬐기 시작한 다음, 그는 그를 덮고 있던 지각을 깨고 일어나며 배고픔을 느낀다. 배고픔과 몽롱한 상태에서 그는 손을 더듬는다. 이때가 그의 주변에서 움직이는 밴디쿠트 떼들을 느끼는 순간이다. 이제 그는 땅 위에 두 발을 딛고 더 굳건하게 서 있다. 그는 욕구를 느낀다. 그는 몹시 배가 고파 두 마리의 어린 밴디쿠트를 붙잡아 조금 떨어진 곳에 있는, 햇볕에 달은 하얗고 뜨거운 흙에 그것들을 요리한다. 그의 배고픔은 채워졌고, 이제 그의 생각은 동료 쪽으로 향한다.

그가 감촉을 느낀 그의 주변에 있는 밴디쿠트들은 모두 그 자신으로부터 태어났다. 그것들은 그의 분신이고, 그것들의 살은 바로 그 자신의 살이다. 배가 고픈 나머지 그는 그것들을 음식으로 본다. 그는 그 중 어린놈들로 두 마리를 붙잡아 요리한다. 그는 두 명의 어린 아들들을 먹은 것이다.

그는 첫아들을 밤에 낳는다. 아침이 되어 그는 크게 떨리는 목소리로 그 아들을 불러봄으로써 그에게 생명을 넣어주고 그가 발을 딛고 일어서게 한다. 그리고 나서 그들은 부자(父子) 관계가 정립되는 의식을 수행한다. 그 뒤 얼마 안 돼 그는 아들에게 더 많은 밴디쿠트들을 잡아오도록 내보낸다. 밴디쿠트들은 좀더 일찍 태어난 그의 자식들로서 부근 그늘에서 평화롭게 놀고 있다. 아들은 밴디쿠트를 잡아오고 그는 그 전에 했던 것처럼, 밴디쿠트들을 햇볕에 요리해 아들과 나누어 먹는다. 아들이 먹는 것은 자기 형의 살이며, 실은 아버지의 살이다. 그리고 그 사냥법과 요리법을 가르쳐준 사람이 바로 아버지 자신이다. 그 고기는 아버지의 음식이기도 하지만, 아들에게는 첫 음식이다. 전설상으로는 그 밖의 음식에 대해서는 말이 없다.

다음날 밤, 카로라에게는 두 명의 아들이 더 태어난다. 아침이 되어 그는 그들에게 생명을 불어넣은 후 세 아들에게 밴디쿠트들을 잡아오도록 내보낸다. 그들은 포획물을 아버지에게 가져오고, 그는 그것들을 요리하여 아들들과 함께 나눈다. 아들들의 숫자는 늘어나고, 매일밤 더 많은 아이들이 세상에 태어나는데, 하룻밤에 50명이 태어나기도 한다. 그들은 모두 사냥을 하도록 내보내진다. 그러나 아들들은 증가하는 반면, 카로라는 밴디쿠트들을 더 이상 낳지 않았다. 그것들은 처음 거의 동시에 태어났다. 그리하여 밴디쿠트들이 모두 소모되는 시기가 닥친다. 아버지와 아들들이 그것들을 다 먹어버린 것이다. 이제 그들은 배가 고파져, 아버지는 아들들을 3일간의 사냥에 내보낸다. 그들은 밴디쿠트들만을 찾아 끈덕지게 돌아다니지만, 한 마리도 발견하지 못한다. 돌아오는 길에 그들은 짐승으로 오인하고 어떤 사람의 다리를 부러뜨린다. 갑자기 그들은 "나는 너희들과 마찬가지로 사람이다. 밴디쿠트가 아니다"라는 소리를 듣는다. 그러더니 그것은 다리를 절뚝거리며 사라져가고, 이제 숫자가 많아진 형제들은 그들의 아버지에게로 되돌아온다. 사냥은 끝났다.

이처럼 아버지는 자기 자신과 뒤에 태어날 아들들을 위해 우선 훌륭한 식량을 낳았다. 그 식량이 밴디쿠트이다. 이것은 단 한 번에 그친 행위로 두 번 다시 되풀이되지 않는다. 그리고는 아들들이 차차 세상에 태어나고 그들은 아버지와 함께 밴디쿠트들을 한 마리도 남기지 않고 다 먹어치운다. 그는 아들들에게 다른 짐승을 잡도록 가르치거나 섭취 가능한 음식을 지시해주지 않는다. 그는 아들들을 오직 자신의 살, 즉 자기 몸에서 태어난 주머니쥐만으로 키우려고 했다는 인상을 준다. 그가 자기 자신과 아들들을 다른 모든 것들과 경계를 긋고 차별하는 것이나 다른 모든 것들이 집 밖으로 내쫓기는 것을 보면 어떤 질투 같은 감정이 느껴질 수도 있다. 이 전설에 나타나는 유일한 다른 존재는 아들들이 상해를 입힌 그 이야기 끝

머리의 생물로, 그 역시 인간이었으며, 위대한 조상의 한 사람으로 훗날 아들들이 모두 그에게로 돌아간다.

유충의 아버지를 다룬 두번째 신화에 나타난 식량과 자손의 관계는, 첫번째 신화와 똑같지는 않지만 비슷하다. 첫아들 역시 유충처럼 아버지의 겨드랑이에서 태어나고, 이 아들은 땅에 닿자마자 사람 모습으로 변한다. 아버지는 깨어나지 않고 조용히 누워 있다. 그는 아들에게 아무것도 요구하지 않을 뿐더러 무엇을 가르치지도 않는다. 많은 아들들이 같은 방식으로 태어나지만 그가 아들들에게 하는 일이라고는 눈을 떠서 한번 쳐다보는 것뿐이다. 그는 아들들이 가져다주는 음식도 거절한다. 하지만 아들들은 부근 관목숲 뿌리에서 위체터-유충들을 파내기에 바쁘며, 그들은 그것을 구워 먹는다. 가끔은 그들이 자신들이 즐겨먹는 유충과 똑같은 종류의 유충으로 변신하고 싶은 충동을 느낀다는 점이 주목할 만한 점이다. 유충으로 변신하고 싶은 충동이 일 때면 그들 스스로가 관목의 뿌리 안으로 다시 기어 들어가 그 속에서 마치 유충처럼 살아간다. 그들은 어쩔 때는 유충으로, 어쩔 때는 인간으로 살아가기를 반복한다. 그러나 인간으로 있을 때는 그들은 식량으로 유충만을 먹고산다. 다른 식량은 언급이 되지 않는다.

여기서 자기 소비란 아들들의 자기 소비를 말한다. 늙은 아버지는 자기 자신이 유충의 아버지라고 느끼고, 유충이 자기 자신의 살이기 때문에 유충을 먹기를 거부한다. 그럴수록 이 자기 소비가 아들들에게는 더 쉽게 이루어진다. 우리는 그들에게 식량과 변신이 밀접하게 연관되어 있다는 인상을 받는다. 마치 그들이 유충을 먹고 싶기 때문에 그들에게 유충이 되고 싶은 충동이 이는 것처럼 보인다. 그들은 유충들을 파내 햇빛에 그을려 먹는다. 그런 다음 그들 자신이 다시 유충이 된다. 어느 정도 시간이 지나면 그들은 땅 위로 기어올라와 다시 한 번 인간의 모습을 띠게 된다. 그들이 이제 유충을 먹을 때는 마치 자기 자신을 먹고 있는 것 같다.

이 두 가지 이야기, 즉 밴드쿠트의 아버지 이야기와 유충 아들의 이야기 외에 다른 세번째 이야기가 첨가되는데, 이 경우는 두 이야기와 방향이 다르다. 이 이야기는 슈트레로우가 아주 간략하게 요약한 세번째 전설 속에 들어 있다.

이 이야기는 자기 자신의 아들들인 유충 인간을 살해하기 위해 정기적으로 출격하는 엠보링카의 또 다른 유충 조상에 관한 것이다.[12] 그들 역시 인간의 형상을 하고 있는 것으로 기록되어 있다. 그는 유충 인간을 구워 그 달콤한 살을 맛있게 먹는다. 그러나 어느 날 그 살이 내장 속에서 유충으로 변한다. 이것들은 그들의 아버지를 내부에서부터 먹기 시작하며, 드디어 그 아버지는 자기가 잡아먹은 아들들에 의해 완전히 먹히고 만다.

이 경우의 자기 소비 이야기는 이상야릇한 상승 국면을 향해 진행된다. 즉, 먹힌 것들이 먹은 것을 다시 먹는 것이다. 아버지가 먹어버린 아들들이, 그 아버지가 그들을 소화시키고 있는 사이에 다시 아버지를 먹는 것이다. 이는 이중적이며 상호간의 잡아먹기이다. 그러나 이 이야기의 가장 뛰어난 점은 내부, 즉 아버지의 내장으로부터 날카롭게 반격을 가했다는 사실이다. 이런 일이 가능하기 위해서는 잡아먹힌 아들들의 변신이 필요하다. 아버지는 인간으로서 아들들을 먹지만, 아들들은 유충이나 벌레로서 아버지를 먹는다. 이것은 극단적이지만 그 나름대로는 매우 완벽한 이야기이다. 서로 잡아먹는 것과 변신은 밀접한 관계를 이룬다. 먹이가 최후까지 남아 있으며, 그 자체가 또한 먹기를 원한다. 그 아버지의 내장 속에서 다시 유충으로 변신한다는 것은 일종의 생명에의 복귀이며, 그로 인해 아버지의 살에 대한 욕망 충족이 가능해진다.

인간을 그가 먹는 동물과 연결시키는 변신은 쇠사슬처럼 강하다. 자기 스스로 동물로 변신하지 않았다면 인간은 동물을 먹는 법을 결코 배우지 못했을 것이다. 이들 각각의 신화는 어떤 본질적인 경험 이야기를 담고 있는데, 예컨대 먹이로서 봉사하는 특정 동물의 획득, 변신을 통한 특정 먹이의 발생, 먹이를 먹는 것과 나머지 먹이의 새로운 생물로의 변신 등이 그것이다. 바로 다름 아닌 변신을 통해 얻어지는 식량에 대한 기억은 후대에 이르러 성찬식에 여전히 보존되어 있다. 성찬식 때 신도들이 공동으로 먹는 살(예수 그리스도의 몸을 상징하는 밀병을 말함-역주)은 그것이 표상하는 바 그대로의 살이 아니다. 이 살은 어떤 다른 살(즉 예수 그리스도의 몸-역주)

을 상징하며 신도들이 이것을 몸속에 섭취하면 그것이 상징하는 것, 즉 예수의 몸이 된다.

비록 아란다족의 시조설화(始祖說話)에서는 일상적이지만, 우리가 지금까지 논의해온 자기 소비라는 것이 실제 생활에서 일어나는 일은 아니라는 점을 밝혀두고자 한다. 한 토템 일족의 구성원들과 그들이 이름지은 동물들과의 실제 관계는 전설에서의 그것과는 분명히 다르다. 그들은 그 동물들을 죽이거나 먹어서는 안 되며, 이것들을 그들의 형(兄)으로 생각한다. 다만 옛 신화가 상연되고 일족 구성원들이 그들의 조상으로 분장하며, 토템 증식에 봉사하는 의식 기간 동안에만 그 토템의 고기를 조금씩 제공하고 먹을 뿐이다. 그들은 조금씩밖에 받지 못하리라는 통보를 받는다. 특히 그들은 그 고기를 진짜 음식으로 취급해서는 안 된다. 만일 그 동물이 그들의 손에 잡힌다 하더라도 그들은 피를 흘리게 해서는 안 된다. 그들은 그 동물을 가족의 특정한 구성원에게 넘겨주거나 그 짐승을 먹어도 괜찮은 다른 토템 일족에게 넘겨줘야만 한다.

따라서 선조들의 신화시대에 뒤이은 나중 시대, 그러니까 살아있는 아란다족의 관점으로 보자면 오늘날이라고 부를 수 있는 시대에 자기 소비 대신에 어떤 다른 원리가 들어서게 되었는데, 수렵 금지의 원리가 바로 그것이다. 인간들은 자기 동족을 먹지 않는 만큼 그들과 밀접히 연결된 동물을 먹지 않는다. 토템-카니발리즘(Totem-Kannibalismus), 즉 토템의 자기 소비시대는 지났다. 어떤 씨족의 토템을 먹는 것은 다른 씨족의 사람들에게만 허용된다. 다른 씨족도 자기 씨족의 토템을 다른 씨족이 먹도록 허용하지 않으면 안 된다. 이것은 허용 이상의 의미를 지닌다. 이들은 그들 자신의 토템 동물이 증식하도록 애씀으로써 그같은 허용을 촉진한다. 증식을 위한 이러한 의식(儀式)은 전통으로 계승되었으며, 의식을 행하는 것은 의무이다. 너무 많이 사냥해버리면 동물들은 멀리 이주하거나 전멸되는 경향이 있다. 우리는 첫번째 전설에서 모든 밴디쿠트들이 완전히 사라져버린 순간을 알고 있다. 카로라의 수많은 아들들이 뛰어난 사냥 솜씨로 밴디쿠트들을 잡았기 때문에 사흘이 소요된 먼 사냥길에 올랐지만 눈을 씻고 찾아봐도 밴디쿠트는 도무지 보이지 않았다. 이 굶주림의 순간에 새로운 밴디쿠트들을 만들어내는 것은 필요한 일일 것이다. 자기 소비가 너무 지나쳐서 카로라의 첫 아들들, 즉 자기 형들이 모두 잡아먹혀 버렸던 것이다. 이 경우 자기 소비가 다시금 모든 것이 시작되었던 출발점인 자기 증식으로 역전된다는 것은 중요한 문제였을 것이다.

토템 동물의 증식을 위한 오늘날의 의식(儀式)에는 바로 이러한 역전(逆轉)이 있다. 토템 동물과 인간의 혈족 관계는 매우 밀접하기 때문에 이 토템 동물의 증식은 인간의 종족 번식과 결코 분리될 수 없다. 때로는 인간이 되고 때로는 특정 동물이 되는, 즉 인간이자 동물인 조상들을 연기하는 것은 그러한 의식에서 본질적이고 반복되는 부분이다. 조상들은 인간이 되었다가 동물이 되었다가 자유자재로 변신하므로, 그 변신을 잘 연기해 낼 때에만 조상들의 역할을 연기할 수 있다. 조상들은 위에서 언급한 바 있는 이중 실상으로 나타난다. 변신은 그 연기의 본질적인 부분이다. 변신을 재현하는 연기가 제대로 이루어지기만 하면, 인간과 토템 동물의 혈족 관계는 확실한 근거가 있는 것이 되며, 인간은 바로 자기 자신인 동물들을 이런 방식으로 증식하도록 만들 수 있다.

진전섬망증에서의 군중과 변신

알코올중독자의 환각을 통해 우리는 인간의 마음속에 있는 군중을 연구할 기회를 얻게 된다. 환각현상이 중독 상태 때문이라는 것은 사실이지만, 누구나 그런 현상을 경험할 수 있고 또 인위적으로 그러한 지경까지 유도할 수도 있다. 그러한 현상의 보편성은 부인할 수 없다. 출신과 소질이 서로 아주 다르더라도 인간은 누구나 환각 상태에서 어떤 특정한 기본 성격들을 공통적으로 갖고 있다. 진전섬망증(Delirium tremens)에서 환각 상태가 나타나는 빈도(頻度)와 강도(强度)가 가장 크다. 두 가지 방향에서 이 상태에 대해 고찰하는 것이 효과적이다. 그러나 이러한 고찰은 군중 과정과 변신 과정 양쪽을 모두 더욱 깊이 이해하도록 만든다. 그러나 그

두 과정은 이 환각 상태 내부에서 매우 괴상하게 엉클어져 있기 때문에 어느 한 과정을 다른 과정으로부터 분리하기는 곤란하다. 우리는 변신에 대한 연구를 하면서 결국 군중에 대해 많은 것을 배운다는 사실을 깨닫고는 그 둘을 분리시키지 않거나, 아니면 가능한 한 최소한으로 분리시켜야 한다는 결론에 도달한다.

독자들에게 이들 환각의 성격에 대한 관념을 제공하기 위해 크레펠린(Kräpelin)과 블로일러(Bleuler)의 해설을 인용하면서 이 장(章)을 시작하고자 한다.[13] 그들의 견해는 똑같지는 않지만 바로 그 때문에 그들의 공통점은 더욱 신빙성이 있다.

크레펠린은 다음과 같이 말하고 있다.

"진전섬망증의 착각 가운데서 시각적인 착각이 가장 뚜렷하게 나타나는 경향이 있다. 그 착각은 거의가 분명히 파악할 수 있을 만큼 뚜렷하게 나타나며, 흐릿하거나 애매한 경우는 드물다. 때때로 그 착각의 내용은 무섭고 불쾌하다. 착각에 사로잡혀 고통을 받고 있는 사람들은 그 착각을 현실로 여기는 경우도 있고 인위적인 조작으로 파악하는 경우도 있다. 후자는 마술 활동이나 영사기를 사용하여 그들을 믿게 하거나 놀라게 한다고 여기는 경우이다. 그들은 자주 크고 작은 물체들, 먼지, 깃털, 동전, 렌즈, 병, 막대기 등이 무더기로 있음을 본다. 대개 그 환영들은 다소간 움직이는 상태로 보이고 때로는 복시(複視)로 나타나기도 한다. 여러 가지 환각 속에서는 미끄러지거나 기어가는 생물들이 자주 보이는 것 같다. 그 생물들은 환각에 빠진 사람의 발 사이에서 우글거리기도 하고, 공중을 날기도 하며, 음식을 덮고 있기도 한다. '금빛 날개를 단' 거미들, 투구풍뎅이들, 빈대, 뱀, 긴 침을 가진 해충들, 쥐, 개, 먹이를 뜯는 짐승들 따위가 떼를 지어 몰려다니며 거대한 인파, 경찰이나 적군(敵軍) 기병, 심지어는 죽마(竹馬) 탄 사람들이 그를 향해 달려들거나 길고 이상한 행렬을 지어 그의 옆을 지나가기도 한다. 도깨비나 무서운 기형 인간, 마네킹, 악마와 굴뚝 청소부, 유령 따위가 문으로 고개를 내밀거나, 가구 위로 스쳐 날아가며, 사다리를 기어올라 간다. 좀 드문 예이지만 깔깔거리는 화장한 여자들, 음탕한 장면, 사육제의 골계극, 연극 공연 따위도 있다……"

"……그의 피부에 가해지는 다양하고 특이한 감촉으로부터 환각자는 개미나 두꺼비, 거미 떼들이 자기 살갗 위를 기어다니는 것 같은 느낌을 받는다. ……그는 마치 자기가 섬세한 실로 된 망(網)에 잡혀 있거나, 물세례를 받거나, 깨물리거나, 쏘이거나, 겨냥되고 있는 듯한 느낌을 갖는다. 때로는 무더기로 놓여 있는 돈을 보고 줍기도 하며, 그것들을 실제 손의 촉감으로 분명히 느끼기도 한다. 하지만 그것은 곧 수은처럼 사라져버린다. 그가 손을 대는 것은 무엇이든지 사라져버리고, 어떤 것과 하나로 합쳐지며, 터무니없는 비율로 성장하고 다시 조각이 되어 떨어지기도 하며, 구르거나 미끄러져버린다…….

그의 침대용 시트의 작은 매듭들이나 직조의 울퉁불퉁한 것들이 벼룩처럼 보이며, 테이블의 틈이 바늘처럼 보인다. 벽에서는 비밀문이 열린다…….

환자는 질서 있는 행동을 할 수 없으며, 완전히 환각에 사로잡혀 있다. 환각상태가 자기를 그냥 스치듯 간단하게 지나쳐 버리도록 하는 그런 일은 거의 없다. 일반적으로 환각이 그의 내부에서 생생한 반응을 일으킨다. 그는 침대에 누워 있지 못하고 문 밖으로 뛰쳐나간다. 왜냐하면 그의 처형시기가 닥쳐왔고 모두가 그를 기다리고 있기 때문이다. 각종의 이상한 동물들이 그를 심심하지 않게 해준다. 그는 파닥이는 새들로부터 뒤로 물러서기도 하며, 해충들을 손으로 쓸어내거나 투구풍뎅이를 찰싹 때려잡으려고 애를 쓰기도 한다. 손가락을 펴 벼룩을 내리치려고 하며, 사방에 흩어진 돈을 주워 모으고, 그를 포박하고 있는 거미집 같은 실의 그물망을 뚫으려고 하며, 마루에 펼쳐져 있는 철사들을 넘으려고 발버둥을 친다."

"알코올중독자의 진전섬망증은 같은 종류의 여러 환각이 대량으로 나타나며, 환각의 나타남, 사라짐, 희미한 의식을 비롯한 여러 가지 환각이 다양하고 활발하게 움직인다는 점에서 주목할 만하다"라고 크레펠린은 다른 어떤 글에서 요약하여 말한 적이 있다.

블로일러의 진전섬망증 설명 역시 인상적이다.

"매우 특징정인 색조를 띤 환각이 지배적이다. 여기에는 일차적으로 시각과 촉각이 포함된다. 환상들이 복합적이고, 활발하게 움직이며, 대부분 빛깔이 없고 축소 지향적인 경향을 띤다. 이에 더하여 시각과 촉각의 환각은 자주 철사, 실, 물안개 혹은 길게 늘어난 물건의 특징을 갖는다. 불꽃이나 그늘과 같은 자연발생적인 환영들도 자주 있다. 청각의 환각, 즉 환청의 경우, 환자에게는 흔히 음악(특히 뚜렷한 장단과 함께)이 들리며, 이는 여타 정신 질환에는 희귀한 현상이다. 질병이 진행되는 동안 내내 정신착란자들은, 모두 수백 명에 이르는, 환각을 일으킨 아무 말이 없는 사람들과 관계를 맺을 수 있다……"

"여러 가지 움직이는 작은 사물들이 실제 현실에서는 흔히 생쥐나 곤충 같은 작은 동물들로 대체된다. 이런 작은 동물들이 알코올중독자의 환각 속에 가장 자주 나타난다. 이것들 외에도 돼지, 말, 사자, 낙타 등 여러 가지 동물의 환영이 나타나는데, 이들은 실제 크기로 나타나는 경우도 있고 혹은 축소되어 나타나는 경우도 있다. 때로는 실제로는 존재하지 않는 동물들이 환상적인 연상 속에서 나타나기도 한다. 특이하게도 나는, 환각의 벽에 부착된 판 위에서 온갖 동물들이 행진하는 모습이 묘사되어 있다는 이야기를 자주 들었다. 이 동물들은 실제로는 환자들이 아주 좋아하는 큰 동물들인데, 그 판 위에는 대략 고양이 정도의 크기로 축소되어 그려져 있다고 한다. 사람들의 경우에는 크기가 줄어드는 경우도 자주 있지만('마네킹을 보는 것'은 환각을 의미한다), 실제 크기로 나타날 수도 있다.

서로 다른 감관(感管)의 환각은 쉽게 결합된다. 생쥐와 곤충은 보일 뿐만 아니라 환자가 그것들을 붙잡을 때, 또는 그것들이 환자의 몸 위로 기어오를 때 감촉이 느껴지기도 한다. 주운 돈을 조심스럽게 주머니에 집어넣는 환각이 나타나기도 한다. 환자는 행진하는 군인들을 보며 그들의 밴드 소리를 듣기도 하고, 누군가가 자기를 향해 총을 쏘는 것을 보며 듣는 경우도 있다. 또한 자기를 공격하는 적과 치고 받으며 싸우면서 적이 말하는 것을 듣거나, 좀더 드문 경우이기는 하지만, 적을 만지는 경우도 있다."

진전섬망증이 감소할 때 "환각은 점점 사라져가고 그 횟수도 줄어든다. 우선 그 환각은 현실적인 가치를 상실한다. 즉, 예를 들면 새들은 더 이상 살아있는 존재가 아니고 박제된 존재에 불과하다. 각 장면들은 어쩌다가 나타나며 나중에는 환등기를 통해 벽에 비추어진 것처럼 시각적인 투영만 나타난다."

그들 자신에 관한 한 "모든 순수한 섬망증의 경우가 완전히 나타난다. 그들은 자신이 누구이며, 사회에서 어떠한 위치를 차지하고 있으며, 가족이 누구이며, 어디에 살고 있는지를 안다."

이 서술 내용들은 여러 사람들이 개별적으로 고찰한 경우를 요약한 개요이다. 내가 여기서 강조하고자 하는 점은 시각적 환각과 촉각적 환각 사이의 연결이다. 피부에 느껴지는 가렵고 따끔따끔한 감각은 무수한 작은 생물들이 거기에 있기 때문에 일어난다. 여기서 우리의 흥미를 끄는 것은 이에 대한 정신 병리학적인 설명이 아니다. 알코올중독자가 곤충들(예를 들면 개미)을 어떻게 생각하느냐 하는 것이며, 그의 피부를 공격하는 수천 마리의 벌레들을 어떻게 상상하느냐 하는 것이다. 이 벌레들은 떼를 지어 그에게 몰려들며, 그것들이 그를 향해 몰려들기 때문에 그는 그 벌레들이 어느 곳에나 있다고 믿는다. 그의 몸이 닿는 곳은 어디에나 그 벌레들이 있다. 마루에서는 그의 발로 모여들며, 그를 둘러싸고 있는 하늘은 벌레들이나 혹은 다수로 느껴지는 어떤 물체들로 빽빽하게 들어 차 있다.

피부에 느끼는 이같은 군중 감각(Massengefühl)은 진전섬망증의 특징만은 아니고, 모든 사람들이 벌레나 기타 어떤 귀찮은 것들 때문에 그런 감각을 느끼고 있다. 어떤 아프리카 종족 가운데는 특정 범죄에 대한 전통적인 처벌 방법으로 이것이 이용되어, 사람들을 발가벗겨 산 채로 개미굴에 묻고 죽을 때까지 버려둔다. 섬망증 상태에서 그 감각은 그냥 따끔거리는 것에 그치지 않고 훨씬 강렬하다. 살갗에 대한 공격이 더욱 강해지고, 전신으로 퍼지면서 피부 속으로 더욱 깊게 파고들며, 따끔거리던 감각은 쏘는 느낌으로 바뀐다. 이 느낌은 마치 수없이 많은 작은 이빨들이 사람의 몸을 깨무는 듯한 것이며, 알코올중독자들이 주로 말하는 바에 따르면 벌레들이 설치류로 변한 것이다. 이 느낌은 또한 그 동물들이 이빨을 사용할 때면 보이는 재빠른 동작과 연결되며, 떼를 지어 나타난다는 그것들의 모습과 연관되어 다산성(多産性)의 개념을 포함한다.

　코카인 중독의 섬망증에서는 촉각과 환각이 특히 지배적이어서 중독 환자는 그 환각 상태를 피부 내부에 안착시키고 싶어한다. 시각적 환각은 때때로 '미시적'으로 되며, 극미(極微)동물, 담벼락의 구멍들, 점 따위의 셀 수 없을 정도로 미세한 부분까지 그에게 나타나기도 한다. 어느 환자의 경우 "고양이, 생쥐, 쥐 등이 그의 감호실 주변을 쏘다니며 그의 발밑을 뛰어 돌아다니는 것을 보고, 자기 발이 깨물린다고 느낀 나머지 비명을 지르며 발을 들었다 놓았다 했다. 그것은 강신술(降神術)이었다. 그 동물들은 최면에 의해서 벽을 뚫고 들어왔던 것이다"라는 보고가 있다. 그 환자는 쥐나 생쥐들이 고양이들을 꾀어냈고 그 결과 고양이들 때문에 쥐와 생쥐들이 더욱 빨리 움직이게 됐다고 믿는다.

　피부에 느끼는 군중 감각이 최초로 나타난 것이며, 이것은 실제로 일부 시각적 환각을 자극하는 듯싶다. 두번째 지적해야 할 점은, 아마 첫번째 것과 연관이 있겠지만, 자주 나타나는 축소 현상이다. 실제로 작은 모든 것들이 지각되고, 느껴지며, 작은 것들이 지배적인 어떤 세계가 형성될 뿐 아니라, 이 세계로 들어가기 위해 큰 물건들조차도 축소된다. 인간은 난쟁이처럼 보이며 동물원의 큰 짐승들이 고양이 크기로 줄어든다. 모든 것이 양적으로는 증가하면서도 그 크기는 줄어든다. 그러나 환자 자신은 자기의 정상적인 크기를 유지하며, 흥분 상태에서조차도 자신이 누구이며 무엇인지를 안다. 그의 주변에는 갑자기 수없이 많은 작은 것들이 생생하게 살아 움직인다. 그것들은 온갖 방법으로 그가 마치 거인이라도 된 듯한 느낌을 갖게 만드는 힘을 갖고 있다. 『걸리버 여행기』에 나오는 소인국(小人國)이 걸리버에게 주는 것과 똑같은 효과가 나타난다. 그 자신은 결코 변하지 않는다. 그러나 그의 주위에 있는 모든 것들은 유동적이다.

　전체와 부분 사이의 비례 관계가 이렇게 변한다는 것은 처음에는 놀라운 사실처럼 보일지 모르지만 사실 그렇게 놀랄 만한 일이 아니다. 우리는 인간의 몸을 구성하고 있는 세포가 얼마나 많고 얼마나 작은가를 기억해야만 한다. 이들 세포는 서로 다른 종류의 것들로, 계속 상호 작용을 한다.

세포들은 박테리아 및 다른 미생물로부터 공격을 당한다. 살아있는 박테리아는 그들 방식으로 활동한다. 우리는 신체의 이같은 원시적 상황에 대한 희미한 느낌이, 알코올중독자들의 환각 상태에서 나타나고 있는 것은 아닌가 하는 의혹을 떨쳐 버릴 수 없다. 알코올중독자들은 섬망 상태가 계속되는 동안 주위 환경과는 괴리되어 자기 자신에게만 집중하며 매우 독특한 느낌 속에 빠지게 된다. 육체의 해리(解離)감각은 다른 질병 가운데서도 잘 알려져 있다. 구체적이며 작은 것으로 향하는 진전섬망증의 지속적인 경향(코카인 중독에서는 때때로 미세할 만큼 작은 것으로)은 육체가 그 구성 세포 속으로 해리되는 것과 비슷하다.

우리가 이미 보아왔듯이 환각의 영화적 성격이 자주 강조되어 왔다. 이러한 투사(投射) 내용에 관해서도 약간 부연 설명할 수 있을 것이다. 알코올중독자는 자신에게 익숙한 여러 관념 속에서 자신의 신체의 관계 및 현상을 보게 되는 것이며, 그것들 중에서도 자신의 신체 구조의 군중적인 현상이 현저하게 드러난다. 이것은 물론 추측에 불과하다. 하지만 거인적인 인간의 전 생명, 즉 그의 모든 자질과 유전 형질이 미세한 개개 세포 속으로 집중되고 서로 한 덩어리가 되어, 군중으로서 움직이는 순간이 있다는 것은 기억할 가치가 있다. 정액 속에 있는 정자를 그 예로 들 수 있다.

우리가 이러한 해석을 어떻게 생각하든, 섬망 상태의 기초적 상황(개별적이며 거대한 한 인간이 자신을 무수히 작은 크기의 공격자들과 대립해 있다고 느끼는 상태)은 실재하며, 인류 역사 속에서 아주 뚜렷하게 드러나고 있다. 이 기본적 상황은 모든 포유동물(우선 이것만을 예로 들 때)을 질병에 걸리게 하는 해충에 관한 특수한 감정과 함께 시작되었다. 그것들이 모기든, 기생충이든, 메뚜기든, 개미든, 아무튼 인간들은 이런 것을 상상하는 데 몰두했다. 이것들은 갑작스럽게 엄청난 군중 상징이 되었다. 인간에게 대군중이라는 말을 처음 생각하게 만든 것도 그것들이었으리라는 상상도 가능할 것이다. 인간에게 초기의 '수천' '수백만' 이란 말은 아마 곤충들에 대해 쓰인 말이었을 것이다.

세균에 주의를 기울이고 나자 인간은 스스로에 대해 힘과 자만심을 느끼게 되었다. 세균은 인간으로 하여금 비교할 수 없을 만큼 거대한 느낌을 갖도록 만들었다. 인간은 자신을 지나치게 과대평가했으며, 자신을 다른 인간과는 분리된 개별적 존재로만 보았다. 그러나 세균은 해충보다 더 작고, 더욱 급속히 번식하면서도 육안으로는 보이지도 않는 것이다. 미소한 생물체의 거대한 무리가, 거대하지만 고립된 인간과 대립해 있다. 이러한 관념의 중요성은 아무리 과대평가해도 지나치지 않다. 이러한 관념의 형성은 인간 정신사에서 중심적 신화에 속한다. 이것은 권력의 역동성에 관한 적확한 모델이다. 인간은 그가 이용할 수 없는 모든 동물을 그렇게 파악하고 취급했듯이 그에게 거역하는 모든 것을 기꺼이 해충으로 보려고 작정했다. 권력자는 인간을 짐승으로 격하시키고 더 하등 동물에 속하는 것으로 파악함으로써 그들을 지배했으며, 인간을 지배받을 자격조차 없는 벌레로 격하시켜 단번에 수백만 명씩을 파멸시켰다.

알코올중독자의 환각에 관한 세번째 중요한 점은 그들 내부에서 발견되는 변신의 성격이다. 그 환각은 항상 환자의 외부에서 진행된다. 비록 환각을 현실로 경험한다 하더라도 그것이 환자를 변신시키지는 못한다. 그는 오히려 그의 환각들을 멀리 떨어져서 바라보기를 좋아한다. 환각들이 그를 위협하지만 않고, 그리하여 환각들과의 관계에서 그의 입장이 분명하기만 하다면 그는 환각들의 유동성과 경박성을 기쁜 마음으로 즐긴다. 그러나 때로는 환각들이 그것과 다른 경향을 보이는 것은 아예 불가능하게 만들어버리는 지경에 이르는 경우가 자주 있다. 자기 주변의 모든 것이 유동적이고 희미한 것으로 될 때면 그는 당연히 자기 스스로를 아주 불안하게 느끼기 시작한다. 두 가지 아주 상이한 특징을 지닌 변신을 관찰할 수 있다. 우선 군중 자체가 스스로 변신되는 그런 류의 군중이 있다. 즉, 개미는 투구풍뎅이로 바뀌고 투구풍뎅이는 동전으로 바뀐다. 동전은 모이게 되면 수은 방울처럼 함께 흘러내린다. 이 과정에 관한 예, 즉 다수의 어떤 것이 서로 다른 어떤 것으로 바뀌면서도 여전히 다수인 이 과정의 예는 뒤에 기술하겠다. 두번째 종류의 변신은 괴이한 변종을 낳게 한다. 마치 두 물체가 포개져 사진에 찍히듯이, 한 생물이 다른 생물과 결합되어 새로운 어떤 것이 형성된다. 우리가 이미 고찰한 그런 동물들의 과정은 '실재하지 않는, 환상적으로 결합된' 생물들이다. 괴물과 '굴뚝 청소부'는 그뤼네발트(Grünewald 1455~1528, 독일의 화가—역주)가 그린 〈성(聖) 안토니우스의 유혹〉을 상기하게 하거나, 보쉬(Hieronymus Bosch 1450~1516, 네덜란드의 종교화가—역주)가 소재로 삼아 그리던 동물들을 상기시켜준다.

그 변신의 정확한 상(像)에 도달하기 위해 한두 가지 진전섬망증의 경우를 들어 그 관계를 살필 필요가 있을 듯하다. 그래야만 누가 무엇으로 변하며 그 변신의 방법과 원인을 추측할 수 있을 것이다. 섬망 상태의 전 과정을 완전히 연구해야만(특히 두번째 예에서 알 수 있듯이) 군중 과정의 성격에 대해 더 깊이 있는 고찰을 할 수 있을 것이다.

첫번째 예[15]는 크레펠린이 다룬 어느 여관 주인의 경우이다. 다음은 그가 약 엿새 동안 겪어야 했던 섬망 상태 내용을 요약한 것이다.

"그에게는 이날이 악마가 배회하는 그런 날처럼 느껴졌다. 그는 갑자기 대리석 기둥에 머리를 부딪치게 되었다. 그는 피하려고 했으나, 좁은 길 건너편에는 거대한 대리석판이 있었고, 뒤로 돌아서려고 했으나 뒤에도 역시 같은 석판이 있었다. 그 두 개의 대리석판이 그의 위로 쓰러지면서 덮쳤다. 대담한 두 사람이 그를 수레에 태워 '황소 여관'으로 데려가서 임종 침대 위에 눕혔다. 한 의전관이 벌겋게 달군 가위로 그의 입에 뜨거운 광선을 비추자, 그의 생명력은 점차 약해졌다. 그는 레드와인 한 잔을 요구해서 그것을 받았으나 한 잔 더 부탁하자 악마가 이를 드러낸 채 웃으면서 거절했다. 그래서 그는 여러 가지 경건한 훈계를 마친 뒤 그의 주위에 있는 사람들에게 이별을 고하고 숨을 거두었다. 그런데 그가 숨을 거두는 것과 동시에 그의 딸 세 명의 시체가 자기 옆에 누워 있었다. 그는 저승으로 가서 이승에서 저지른 죄악에 상응하는 벌을 받았다. 그는 계속 무시무시한 갈증을 느꼈지만, 그가 컵이나 물잔을 손으로 움켜쥐면 그것들이 손에서 빠져나가 버리는 것이었다.

다음날 아침 그는 다시 살아나 '황소 여관'의 관 속에 누워 있었고 그의 딸들은 흰토끼 모습으로 변해 그곳에 있었다. 가톨릭의 장례 의식이 행해졌고, 그들이 라틴어로 성가를 부르고 있는 동안 내내 그는 '황실 여관'의 대기실 마루에 놓여 있는 무수한 금테 안경들을 부셔야만 했다. 안경을 부술 때마다 총소리가 났다. 그 의식에 참가한 사람들은 이제 단순히 그를 호되게 때릴 것인지, 아니면 때려서 죽일 것인지를 토의했다. '황실 여관' 여주인이 그가 계속 머문다는 조건하에 첫번째 제안에 찬성했다. 그러나 그는 맥주를 먹을 수 없었기 때문에 도망가고자 했다. 그러자 경사 한 사람이 와서 그를 풀어준다. '황실 여관' 남자 주인이 경사에게 연발 권총을 쏘았다가 붙잡혀 투옥되었다.

다음날 저녁 그 마을의 모든 신교도들이 의식을 행하기 위해 교회에 모였다. 중앙에는 학생 조합원들이 있었는데, 그들은 예배가 시작되기 전에 50여 명의 학생들과 함께 작은 말들을 타고 일종의 서커스 공연을 했다. 조금 뒤에 그는 아내가 친척과 함께 좌석으로 걸어가는 모습을 보았고, 자선 단체의 수녀 한 명과 함께 오르간 뒤에 숨어 그들 두 사람이 신성한 장소를 더럽히는 꼴을 지켜보았다. 그 후 그는 자신이 교회 안에 감금되어 있는 것을 발견했다. 유리 세공인 한 명이 최소한 약간의 맥주라도 전해주기 위해 교회 유리창에 구멍을 내고 있었다. 그가 옷을 입으려 하자 소매를 비롯해서 옷의 모든 틈이 꿰매져 막혀 있었다. 주머니는 솔기가 풀렸다. 목욕탕 안에서 그는 일곱 마리의 토끼가 그의 주변을 둘러싸고 물 속에 잠긴 채 계속 물장구를 치며 재빠르게 뛰어다니는 모습을 보았다."

환자가 섬망 상태에 빠져 아무것도 알지 못했으나, 사실상 그의 머리를 부딪쳤던 새롭고 현실적인 환경이 대리석으로 해석되고 있다. 그는 환각 상태 속에서 많은 사람들 가운데 주목과 위협의 대상이 되어 있는 자신을 기꺼이 발견한다. '황소 여관'의 임종 침실에서 그는 서서히 생명력을 빼앗긴다. 이것은 마치 오랫동안 지연된 형의 집행과 같은 것이며, 그는 그의 경건한 훈계와 함께 사람들을 그곳에 머물도록 하는 데 그 지연된 집행을 이용한다. 갈증은 그의 개인적인 욕망을 상징한다. 그는 저승에 가서 탄탈로스(Tantalos, 그리스 신화의 인물로 본래 제우스의 아들이었으나 신들의 음식을 훔쳐 인간에게 준 죄로 지옥에 떨어져 계속 갈증을 느껴야 하는 벌을 받았다-

역주)의 벌을 받는다. 시체가 되어 그의 옆에 누워 있던 세 명의 딸은 다음 날 아침 그가 그렇게 했듯이 다시 살아나지만, 흰토끼로 환생한다. 이것은 그녀들의 결백을 나타내는 것이지만, 동시에 그녀들 때문에 느끼는 그의 양심의 가책을 포함하는 것이며, 그의 주정뱅이로서의 심정을 괴롭히는 것이다.

가톨릭 신자들의 행렬은 최초의 군중 사건(Massenereignis)이다. 그도 그 군중의 일부가 되어야만 했지만, 실제 그 군중의 일원이 되는 것은 아니었다. 자기 자신을 발견했던 장소인 대기실에 있던 금테 안경들은 가톨릭 의식에 참가했던 사람들만큼이나 수가 많다. 그가 안경들을 짓누르면 그때마다 총소리가 울린다. 이것은 보통, 축제의 기쁨을 고무시키기 위한 예포로 생각될 수 있을지도 모른다. 그러나 그는 죄의식이 깊은 사람이기 때문에 그가 마치 가톨릭 신도들을 총으로 쏘아 죽이는 것처럼 느낀다. 그 행렬에 모인 사람들은 그를 꿰뚫어보고 있으며, 그에 대한 처벌을 논하기 위해 회합을 갖는다. 이것은 임종 상황의 연장이며, 이때에는 더욱 많은 사람들이 그를 심판하기 위해 그의 주위에 착석한다. 사람에 따라서는 그가 가톨릭교도에 대해 별로 중요하게 여기고 있지 않다고 생각할 수도 있겠지만, 그는 어떤 의식을 위해 다른 날 저녁에 모인 신교도의 회중(會衆)들에 대해서는 더욱 존경심을 보이지 않는다. 그는 이 회중들을 서커스 공연과 연결시킨다. 우리는 여기서 어느 한 종류의 군중이 다른 종류로 바뀌는 분명한 예를 보게 된다. 회중이 서커스로 변하는 것이다. 어쩌면 성직자를 표상할 수도 있는 학생이 고작 50여 명의 동료 학생들과 함께 있고, 말들도 기대했던 바대로 역시 크기가 축소되어 있다. 환자가 말들의 발굽소리를 느꼈으리라는 것은 가능하다.

섬망 상태에서 환자가 관찰자의 태도를 취한다는 경향은 죄를 범하는 자기 아내를 지켜보는 데에서 뚜렷하게 나타난다. 그의 옷에 대한 태도는 아주 특이하게 보여진다. 옷들도 변신을 해서, 소매와 모든 틈이 꿰매지고, 주머니나 솔기가 풀린다. 옷이 기괴한 형태로 변하며 각 부분이 해야 할 고유의 기능을 잃는다. 섬망 상태에서는 변신된 온갖 옷을 입은 동물원도 충분히 있을 수 있으며, 동물들의 경우와 그렇게 크게 다르지 않다. 마지막으로 목욕탕의 일곱 마리 토끼는 모두 귀여운 이빨들을 많이 가지고 있고, 그의 살갗을 어떻게 괴롭힐까 하는 데 온 신경을 쓴다.

내가 인용하려고 하는 두번째 경우[16]는 블로일러가 다룬 것이다. 이 경우에 환자는 정신분열증으로 진전섬망증 발병기간 동안의 경험을 36페이지에 걸쳐 진술하고 있다. 물론 이 환자의 비정상적인 섬망증이 전형적인 경우가 아니라고 반박할 수도 있다. 그러나 오히려 바로 이런 경우로부터 섬망증에 나타나는 군중 표상에 관해 특히 많이 경험할 수 있는 것처럼 보인다. 여기에서의 환각은 어딘지 덜 혼란스럽고 변신도 오히려 차분하다. 전체 진술 내용의 특징은 시적 표현의 성격을 띠며, 이제 인용하려는 이 짧은 발췌문 가운데서도 그같은 느낌이 드러난다.

"내가 그곳에서 갑자기 보아야 했던 것들은 내 머리카락들을 곤두서게 했다. 숲, 강, 바다와 함께 갖가지 무시무시한 동물과 인간의 형상들이 거기에 있었다. 끊임없이 희번덕거리는 그같은 인간의 눈은 일찍이 본 적이 없었고, 갖가지 작업장이 교차되는 가운데 그 안에서는 무서운 형상의 인간들이 일을 하고 있었다. 양쪽에 있는 벽이라고는 수천 척의 작은 배들이 떠 있는 바다뿐이었다. 주민들은 모두가 벌거벗은 남녀들이었으며, 그들은 때가 되면 음악에 맞춰 욕정을 나눴다. 매 시간마다 한 쌍의 남녀가 어떤 사람에 의해서 등 뒤로부터 장창(長槍)으로 찔렸고 그 때문에 바다는 피로 물들었는데, 창에 찔린 사람들은 그것을 즐거워하고 있었다. 그리고 다음 순서를 위해 새로운 무리들이 계속 나타나곤 했다. ……많은 사람들이 열차에서 내렸다. 그들 중에서 나를 석방시켜 주기 위해 온 아버지와 누이의 목소리가 들렸다. 나는 그들이 서로 이야기하는 것을 덤덤히 듣고 있었다. 그러자 내 누이가 어느 나이 든 여자와 속삭이는 소리가 들렸다. 나는 사력을 다해 나를 석방시켜 달라고 누이에게 간청했다. 누이는 그렇게 하겠다고 대답했으나, 노파는 만일 누이가 그렇게 하면 집안 전체에 재앙만 미칠 뿐이며, 나에게는 별다른 일이 일어나지 않을 것이라고 타이르면서 누이를 가지 못하게 하고 있었다. 나는 눈물을 쏟으며 기도를 올리면서 죽음을 기다리고 있었다. 죽음과 같은 정적이 감쌌고 유령의 무리들이 나를 둘러쌌다. 드디어 유령 하나가 다가와 약간 거리를 두고 내 눈앞에 시계를 들어 보이며 아직 3시가 되지 않았다는 신호를 보냈다. 왜냐하면 그들은 말을 해서는 안 되었기 때문이다……

그리고 나서 환자의 여러 친지들이 몸값을 주고 그를 구하기 위해 오랫동안 협상을 벌였으며, 처음에는 적은 액수를, 나중에는 높은 액수를 주장하고 있었다. 환자를 어떤 방법으로 죽일 것인가 하고 토의하는 목소리도 들렸다. 그러더니 친지들은 사다리를 타고 올라가도록 권유를 받았으나 웬일인지 그들은 성호(城壕) 속으로 던져졌고, 이어 그들의 고함과 그르렁거리는 소리가 들려왔다. 간수 부인이 와서 환자의 발에서부터 가슴에 이르기까지 살점을 조각조각 베어내 그것들을 튀겨 먹었다. 그녀는 그 환자의 상처에 소금을 뿌렸다. 그는 거칠게 흔들리는 교수대 위에 올라 천국의 여러 곳으로 끌어올려졌는데, 그의 명성을 알리는 트럼펫 연주대를 지나 제8의 천국까지 높이 올라갔다. 결국에는 어떤 실수를 범한 탓으로 다시 땅으로 송부되었다……. 사람들이 테이블 주변에 둘러앉아 가장 값비싼 향료를 넣은 음식들을 먹고 마시고 있었으나, 잔이 그에게 넘어왔을 때는 이것이 흔적도 없이 사라져 그는 몹시 갈증을 느꼈다. 그런 후에 그는 몇 시간 동안이나 큰 소리로 수를 세며 계산을 해야 했다. 사람들이 그에게 천상의 음료 한 병을 건네주었으나, 그가 그 병을 받자 병이 깨지면서 음료수는 아교처럼 손가락 사이를 빠져 흘렀다. 그런 후에 그를 박해한 자들과 그의 친지들 간에 큰 싸움이 벌어졌는데, 그는 아무것도 볼 수 없고 다만 두들겨 패는 소리와 고함만을 들었다."

여기서 나타나는 '숲, 강, 바다'는 이미 군중 상징으로서 우리에게도 잘 알려져 있다. 하지만 그것들이 여기서는 그저 상징이 '되어가는' 과정인 듯, 아직 완전히 군중이 되지 않은 상태로서 군중과 분리되어 있다. 그것들은 '여전히 인간의 육안으로 보이지 않는 갖가지 무시무시한 동물과 인간의 형상들과 함께' 살아있다. 오래 된 생물들과 결합시켜 새로운 생물을 그토록 많이 만들어낸 것은 변신의 결과이다. 여기서도 섬망증 상태에 빠진 환자는 자기 자신을 변신 속에 포함시키지 않는다. 이런 것들이 활기 있게 혼합되면 될수록 변신을 위한 세계로 바뀐다. 그리고 이들 새로운 생물들은 그에게는 모두 군중적인 것으로 여겨진다. 이 환자가 그 안에서 자기의 새로운 삶이 시작되는 숲, 강, 바다라는 친근한 단위들을 '갖가지 직업의 작업장'과 교차시킨 이유는 주목할 만하다. 생산과 변신이 동일시되고 있는 바, 이것은 일부 원시인들의 경우 이런 섬망증을 공유했다는 말이 된다. 여러 가지 직업이 마치 상이한 종(種)의 생물처럼 분리되어 있지만, 그들이 만든 모든 생산물은 즉각 대량으로 나타난다. 따라서 가능한 한 빠른 방법으로 대량의 물건을 생산하기 위해 작업들이 존재했다는 느낌을 가질 수 있을 것이다. 여기서 문제가 되는 것은 추상적인 개념으로서의 작업 과정 및 그 작업의 결과인 것이다. 그 작업 과정은 복잡한 유령 형상의 인간들에 의해서 수행된다.

그리고는 벽이 하나의 바다로서 다시 나타나는데, 이 바다 위에서는 짐승이나 인간 대신 수천 척의 작은 배들이 움직이고 있다. 주민들은 남녀 모두가 나체인데, 비록 성별은 다르지만 나체라는 점에서는 똑같다. 음악의 박자에 의존하고 있다는 점도 동일하다. 여기에서 문제가 되는 군중은 남녀 한 쌍을 이루는 군중이다. 창으로 찔릴 때도 한 쌍이며, 그들 모두의 피는 바다로 흘러들어가 바다를 붉게 물들인다. 그러나 창에 찔리고자 하는 새로운 사람들이 무수히 나타난다.

'많은 사람들이 내린 기차'는 좀더 설명을 필요로 한다. 기차 속에서는 많은 사람들이 같은 방향을 향해 각자의 칸막이 방에 앉아 서로 떨어진 채 먼 거리를 여행하지만, 정거장에 내리는 경우를 제외하고는 동행들과 자의적으로 헤어질 수 없다. 비록 승차 장소는 서로 다르다 하더라도 종착역은 그들 모두에게 공통되는 목표이다. 그들이 도착하기 직전, 여행의 마지막에 가까웠다고 느낄 때면, 그들은 모두 일어서서 통로로 밀려 나와 문 옆에 선다. 이 순간 승객들은 최소한 목적지까지 함께 왔다는 점에서, 매우 부드러운 형태의 군중적인 흥분 상태를 보인다. 그들은 내려서 그들 여행의 마지막 단계를 걸어가며, 출구가 있는 플랫폼을 향해 줄을 서고, 움직이며,

함께 조금씩 나아간다. 이 모든 것이 이들 '부드러운 군중(die milde Masse)'이 서서히 사라짐을 의미한다.

얼굴도 본 적이 없는 수많은 사람들이 기차 안에서 창문과 문에 바싹 붙어 서 있는 것을 방금 전에 볼 수 있었는데, 잠깐 사이에 기차가 텅 빈 것을 구경꾼으로서 본 사람이 느끼는 군중효과와 기차 여행자 자신들이 느끼는 군중 효과는 다른 것이다. 구경꾼의 입장에서 그 광경을 바라본 사람은 그 낯선 여행객들 가운데 한두 사람의 낯익은 얼굴, 바로 자기가 기다리고 있는 사람을 찾아내는 것이 중요하다. 따라서 '많은 사람들이 내린 여객열차'는 우리가 여기서 다루고 있는 관찰의 섬망증을 다루는 데 안성맞춤이다. 수많은 열차들이 들어오는 큰 역이 이런 일이 일어나는 장소로 상정되고 있다는 사실도 덧붙여야 할 것이다.

'죽음'이라는 어휘가 조금 후에는 '죽음과 같은 정적'이라는 표현을 이끌어낸다. 그러나 우리들이 특히 아주 조용한 상태를 표시하기 위해 이 말을 사용하는 데 반해, 환자에게 '죽음'이라는 어휘는 본래의 그 어휘와 분리된 채 유령 모습의 인간들처럼 무리를 지어 그를 에워싸고 있다.

하늘로 끌어올려지면서 그는 그의 명성을 찬미하는 트럼펫 연주단 옆을 통과한다. 명성의 성격을 이보다 더 훌륭히 표현할 수 있는 것은 없다. 명성을 원하는 자가 바라는 것은 바로 이것이다. 즉, 오직 그만을 기리는 피조물들의 합창 말이다. 물론 그 피조물은 인간들이어야만 바람직하다. 이는 또한 어떤 의미에서 부드러운 군중이다. 일단 자리를 잡은 이상 합창단은 항상 그 자리에 머물러 있으며, 합창단이 아무리 큰 소리를 내더라도 그의 명성을 외치는 소리에는 미치지 못한다.

이야기 전체를 통해 두 적대적 집단 사이에 싸움이 벌어진다. 즉, 하나는 그의 몸값을 지불하고 그를 구출하려는 그의 친지들이요, 다른 하나는 그를 죽이려는 적들이다. 그들이 싸움을 벌이는 이유는 그 사람, 좀더 정확히 말하면 그의 육체 때문이다. 처음에는 지루한 협상 과정이 시작되고, 그의 친척들은 적은 액수에서 큰 액수에 이르기까지 그의 몸값을 제시한다. 그는 그의 친지들에게 점점 더 가치가 높아지게 된다. 그의 친지들은 함정에 빠져 성호 속에서 고함을 지르고 숨이 막힌다. 시체 더미에 대해서는 이미 전쟁을 고찰할 때 상세하게 취급한 바 있다. 환자는 죄수가 되어 고문을 당하며 식인(食人)들의 습속대로 먹히게 된다. 그에게 고문을 가하는 자들과 그의 친지들 사이에 치열한 살육전이 벌어진다. 그는 치고받는 소리를 듣고, 부상당한 사람들의 신음소리도 듣는다. 따라서 이러한 섬망중은 그 모든 것에 더하여, 우리에게 잘 알려져 있는 이중 군중과 이중 군중이 전투에서 성취하는 방전까지 포함한다. 살육전에 이르기까지의 이러한 사건 전개의 구체적인 국면은 우리에게 원시전쟁과 비슷한 국면들을 낱낱이 상기시켜 준다.

이 경우에는 거의 모든 군중 현상들이 나타난다고 말해도 좋을 것이다. 그러한 군중 현상들이 이 경우에서처럼 집중적으로, 명백하게 나타나는 경우는 그리 흔치 않다.

모방과 위장

모방(Nachahmung)과 변신은 보통 엄격하게 구분해서 사용되고 있지 않다. 그러나 이 둘을 분리해서 생각하는 편이 좋을 것이다. 왜냐하면 그 둘은 서로 의미가 다를 뿐만 아니라 그 두 가지를 정확하게 구분하면 변신의 실제 과정을 설명하는데 도움이 되기 때문이다.

모방은 외적인 것과 관련된 것으로서, 흉내낼 대상이 눈앞에 있어야만 한다. 소리를 예로 든다면 목소리를 흉내낸다는 것은 어떤 소리를 똑같이 재생하는 것에 불과할 뿐, 모방자의 내적 상태에 대해서는 아무것도 드러나지 않는다. 원숭이와 앵무새는 흉내를 내지만 우리가 알고 있는 한, 그것들이 모방 과정에서 어떤 내적 변화를 일으키지는 않는다. 원숭이와 앵무새는 자기들이 흉내내는 것이 무엇인지도 모른다고 말할 수도 있을 것이다. 자기들이 흉내내는 것을 내부로부터 경험해본 일이 없는 것이다. 그것들은 이쪽에서 저쪽으로 뛸 수도 있지만, 그런 일이 일어남으로써 생기는 결과가 그것들에게는 거의 아무런 의미가 없다. 이렇듯 지속적인 영향이 없기 때문에 모방을 쉽게 할 수 있는 것이다. 모방이란 보통 한 가지 개별적인 특징과 연관되어 있다. 그런데 모방은 그 성질상 눈에 확 띄는 특징이기 때문에, 특성을 나타낼 수 있는 능력으로 오인되는 경우가 자주 있다. 하지만 실제로는 그런 능력이 전혀 없다.

인간이라면 자신이 빈번하게 사용하는 어떤 상투적인 표현에 대해 인식할 수도 있을 것이다. 그러나 그 사람을 모방하는 앵무새는 그 사람의 외적인 것만을 모방하는 것이다. 이런 상투어구가 그 개인을 특정지어주는 것일 수는 없다. 그 상투어구는 그가 단지 앵무새에게만 사용하는 특정 문장일 수 있다. 이 경우에 앵무새는 전혀 중요하지 않은 그 무엇을 모방하는 것이며, 그에 대해서 아주 잘 아는 사람이 아니고서는 그가 사용했던 이런 말만 듣고서는 그 사람을 식별할 수 없을 것이다.

한 마디로 말해서 모방이란 변신의 방향으로 향하는 가장 최초의 단계에 불과하며, 그 경우 똑같은 말과 동작만이 반복된다. 이같은 시초는 급속하게 꼬리를 물고 나타날 수도 있고, 서로 조화되지 않는 일련의 대상들과 관련될 수도 있다. 원숭이들이 그 좋은 예이다. 원숭이들은 아주 쉽게 어떤 것을 흉내내는 바로 그 점 때문에 그것을 완전히 익히지 못한다.

왜냐하면 변신 자체가 모방의 이차원적 구조를 이루기 위한 관계 속에서 마치 하나의 몸통(Leib)과 같은 그 무엇이기 때문이다. 모방에서 변신에 이르는 과도 형태로서 위장(Verstellung)이 있다. 실제로는 적의를 품고 있으면서도 친구인 척하여 어떤 사람에게 접근하는 행위는 초기에 나타난 중요한 종류의 변신이며, 훗날 모든 권력 형태에 이입된다. 초기의 변신은 피상적이며 오직 외양, 즉 가죽, 뿔, 목소리, 걸음걸이 등과 연결되어 있다. 그 저변에는 그 무엇에 의해서도 영향을 받지 않는 요지부동의 의도를 가진 사냥꾼이 숨어 있다. 여기서 내면과 외면의 괴리는 너무도 심하다. 이 괴리는 가면 속에서 완전한 경지에 이르게 된다. 사냥꾼은 자기 자신과 자기의 무기에 대해서 모든 것을 철저히 안다. 또한 사냥꾼은 그가 염두에 두고 있는 동물의 형상에 대해서도 숙지하고 있다. 그는 이 두 가지에 대해서 항상 권력을 지니고 있다. 말하자면 그는 동시에 두 가지 생물이며, 그가 목적을 성취하기까지는 그 양쪽을 굳게 움켜잡고 있다. 그가 가능했던 변신의 흐름이 정지된 상태에 이르면 그는 두 개의 분명하게 경계지어진 위치에 처하게 되어, 하나가 다른 하나 속에 옮겨지게 된다. 이렇게 되면 필수적으로 내부적인 것이 외부적인 것의 배후에 은닉한 채 머물러 있지 않으면 안 된다. 무해하고 친근한 것이 밖으로 나오며, 적의와 살의에 차 있는 또 하나의 다른 모습은 마지막 행동에서야 비로소 그 본성을 드러낸다.

이 이중성(Duplizität)이 위장의 극단적인 형태이다. 위장이라는 어휘를 엄격하게 사용한다 하더라도 그 말이 갖는 그대로의 명백한 뜻이 제대로 나타나기 어려운데, 그동안 이 말이 너무 약한 의미로 사용되어왔기 때문에 이 어휘가 갖는 힘의 상당 부분이 상실되어 버렸다. 나는 이제 이 어의를 좁은 의미에 제한시켜 사용하려 한다. 즉, 친절한 얼굴 속에 감춰져 있는 적이라는 뜻으로 이 말을 사용하려 한다.

"한 세탁부가 많은 짐을 운반할 수 있는 나귀 한 마리를 가지고 있었다. 이 나귀를 먹여 살리기 위해, 세탁부는 호랑이 가죽으로 나귀를 덮어주고, 땅거미가 기어들 때면 그 나귀를 남의 곡식 있는 곳으로 데리고 갔다. 어느 누구도 감히 그 나귀가 있는 곳으로 오려고 한다거나 혹은 그 나귀를 멀리 쫓아버릴 엄두를 내지 못했다. 모두가 그 나귀를 호랑이로 생각했기 때문이다. 그러나 어느 날 한 경비원이 그 나귀의 동정을 살피기 위해 잠복하고 있었다. 그는 암회색 망토를 걸치고 그 짐승을 잡기 위해 활을 들고 있었다. 멀리서 이 사람을 발견한 나귀는 그 사람이 암나귀인 줄 알고 사랑의 감정이 용솟음쳤다. 그리하여 이 나귀는 크게 소리를 지르며 그에게로 달려갔다. 경비원은 그 소리를 듣고 나귀임을 알고 그 나귀를 죽였다."[17]

이 '호랑이 가죽을 쓴 나귀'에 대한 인도 사람들의 짧은 이야기는 위장에 관한 작은 교과서라 할 수 있다. 아무도 이토록 짧은 문장으로 이토록 완전하게 위장에 대해서 설명한 예가 없다. 이 이야기를 어떻게 적용하는가가 중요하지, 이 이야기의 출처는 문제가 되지 않는다고 덧붙여 말해야만 할 것이다. 그러나 이야기의 출처가 그 적용과 완전히 동떨어진 것은 아니다.

이 이야기는 옷을 빠는 세탁부라는 직업으로부터 시작된다. 옷은 인간의 제2의 피부에 해당한다. 그는 숙련된 세탁부이고, 그를 위해 무거운 짐을 운반할 수 있는 나귀 한 마리를 찾아낸다. 그 나귀는 주인이 빨아놓은 빨래를 운반해왔다고 추측된다. 이 이야기에서 매우 중요한 의미를 갖는 호랑이 가죽은 아마 세탁부가 빨래 가운데서 찾아냈던 것일지도 모른다.

그토록 일을 잘 하는 나귀가 배가 고팠고 많이 먹을 필요가 있었다. 나귀 주인은 나귀에게 호랑이 가죽을 입혀 남의 곡식이 있는 곳으로 데려갔다. 나귀는 그곳에서 마음껏 먹을 수 있었는데, 그것은 사람들이 나귀를 호랑이로 생각하고 무서워했기 때문이다. 여기서는 아무런 위험이 없는 동물이 매우 위험한 동물의 가죽을 뒤집어쓰고 있다. 그러나 나귀는 그가 하는 짓이 무엇인지를 알지 못하며, 그가 남에게 불러일으키는 공포 또한 이해하지 못하고 있다. 그는 평화스럽게 마음껏 포식을 한다. 나귀에게 접근하기를 무서워하는 사람들은 심지어 나귀가 무슨 짓을 하는지도 알지 못한다. 그들이 두려워하는 것은 거의 신앙적인 경외감마저 불러일으키는 힘 센 존재에 대한 것이다. 이러한 공포 때문에 사람들은 그 호랑이가 사실은 나귀라는 것을 간파하지 못한다. 사람들은 나귀를 경원시하기 때문에 나귀는 조용히만 있으면 계속 잘 먹고 지낼 수 있다. 그런데 평범한 사람들과는 다른 경비원이 나타나며, 그는 사냥꾼의 용기를 갖춘 사람으로서 호랑이를 잡기 위해 활을 들고 기다린다. 그는 호랑이를 유인하기 위해 호랑이가 흥미를 느낄 법한 먹이로 위장한다. 그는 암회색 망토를 입는다. 이 망토가 나귀의 외양과 비슷하든 비슷하지 않든, 그 호랑이로 추측되는 동물이 그를 나귀로 보아주기를 바라는 것이다. 위험스러운 동물이 그를 무해한 것으로 보도록 하기 위해 위장하는 이 방법은 원시 사냥꾼들이 사냥감에 접근하기 위해 흔히 사용했던 것이다.

공복을 채운 나귀가 이제 외로움을 느꼈다는 점에 이 이야기의 위트가 있다. 그 나귀가 먼 곳을 바라보자마자 나귀라고 생각되는 것이 눈에 비친다. 그는 그것을 암나귀라고 여기고 그쪽으로 달려간다. 그리고는 자신이 낸 소리 때문에 나귀라는 것이 밝혀지고, 경비원은 나귀를 죽인다. 호랑이가 잡아먹으려고 덤빌 미끼로서의 효과를 내는 대신에, 경비원은 전혀 예기치 못하게 암나귀로서의 효과를 발휘했던 것이다. 그리하여 나귀는 원하던 사랑 대신에 죽음을 맞이했던 것이다.

이 이야기는 연속적인 기만으로 구성되어 있다. 사람은 다른 동물로 위장함으로써 다른 동물들을 속이려고 시도한다. 원래 의도했던 바와는 다른 위장 효과가 나타나는 것이 이야기의 줄거리를 이루고 있다. 위장을 의식적으로 이용하는 것은 오직 인간뿐이다. 예를 들자면, 경비원의 행위처럼 인간은 자신을 위장할 수 있을 뿐만 아니라, 세탁부처럼 다른 동물을 위장시킬 수도 있다. 그러나 그 경우의 동물은 위장의 수동적인 대상에 불과하다. 이 이야기에서의 동물과 인간 사이의 분리는 완전하다. 인간이 진짜 동물처럼 행동하고 동물이 인간처럼 말을 함으로써 서로가 분리되지 않던 신화시대는 종말을 고했다. 인간은 분명히 이런 신화적 경험을 통해 자기들에게 편리한 동물들을 이용하는 법을 배워왔다. 인간의 변신은 이제 위장으로 되었다. 그가 자기 자신을 감추는 그 가면과 가죽 밑에서 그는 그의 목표를 분명하게 의식하고 있다. 인간은 모든 동물의 주인으로 군림하고 있다. 호랑이처럼 그가 복속시킬 수 없는 동물에 대해서는 존경을 표한다. 그러나 특별한 용기를 가진 어떤 사람들은 위장이라는 방법을 써서 호랑이까지도 잡으려고 한다. 예의 그 경비원이었다면 정말 호랑이였다 하더라도 책략을 써서 죽일 수 있었을 것이다.

하나의 짧은 이야기 속에 그토록 많은 본질적 관계가 표현될 수 있다는 사실은 참으로 경탄할 만하다. 이 이야기가 옷을 다루는 사람(말하자면 신화 가운데서 자주 변형의 수단으로 이용되는 가죽을 다루는 세탁부)에서부터 시작되었다는 점 역시 전혀 의미가 없지는 않다. 세탁부가 계략으로써 사용한 호랑이 가죽은, 원래는 무해한 세탁물에 그가 생명을 불어넣은 것이다.

이 변신의 제한된 양상으로서의 위장은 권력자가 오늘날까지도 흔히 사용하고 있는 유일한 수단이다. 권력자는 이제 더 이상 변신을 할 수 없다. 권력자는, 마음속에 타인에 대한 적대감을 의식하고 있는 한, 변신을 하지 못하고 자기의 본래 모습으로 머물러 있다. 권력자는 자기의 본래 모습을 항상 완전하게 보존시키는 정도의 내적 핵심을 이루는 변신에만 한정되어 있다. 그의 참모습은 공포이다. 그는 때때로 이 공포를 위장해야 할 것이며 이 목적을 위해 여러 가지 가면을 사용할 수도 있다. 그러나 그는 그것들을 어쩌다 한번 사용할 것이며, 그렇다 해도 그의 본성을 이루고 있는 내면세계에는 추호의 변화도 일어나지 않는다.

실상과 가면

변신의 최종 상태는 실상(Figur)이다. 실상은 더 이상의 변신이 허용되지 않는 그런 것이다. 이것은 모든 면에서 그 특징이 제한되어 있고 선명하다. 이것은 자연적인 것이 아니고 인위적으로 만들어진 것이다. 이것은 끊임없는 변신의 유동성으로부터의 해방이다. 그렇다고 이것을 근대 자연과학에서 말하는 속(屬)이나 종(種)과 혼동해서는 안 된다.

고대 종교의 제신(諸神)의 모습을 생각하면, 이것에 가장 근접하는 본질에 도달할 수 있다. 이 경우 이집트의 여러 신을 고찰해보는 것이 유익할 것이다. 여신 세크메트(Sechmet)는 암사자의 머리를 가진 여자이고, 아누비스(Anubis)는 자칼의 머리를 가진 남자이다. 토트(Thot)는 따오기의 머리를 가진 남자이고, 여신 하토르(Hathor)는 암소 머리를 가졌으며, 호루스(Horus)는 매의 머리를 가졌다. 일정불변의 모습을 갖춘 이들 실상들은 동물과 인간의 이중 형상을 취한 채 수천 년 동안 이집트의 종교 관념을 지배해왔다. 그들은 도처에서 이러한 형상으로 묘사되었고, 이러한 형상으로 숭배되었다. 이런 사실이 계속 지속되었다는 것은 놀라운 일이다. 그러나 신들의 이러한 엄격한 체계가 형성되기 전에도, 인간과 동물의 이중 형상은 지구상의 무수한 종족들 사이에서 있었다.

오스트레일리아 원주민의 신화적인 선조도 인간인 동시에 동물이었으며, 때로는 인간이면서 식물이었다. 우리가 알고 있는 바와 같이 이 실상들은 토템이라고 부른다. 캥거루, 오포섬(주머니쥐), 에뮤 토템들이 있다. 이들 모두는 인간인 동시에 동물이라는 점에 그 특색이 있다. 이들은 인간으로서, 그리고 특정 동물로서 행동하며 그 양쪽 모두의 조상으로 생각된다.

이들 옛 실상에서 우리는 무엇을 이해할 수 있을까? 그것들이 진실로 표현하는 것은 무엇일까? 우리가 그것들을 이해하려고 한다면, 그것들이 신화시대에 속하는 존재라는 것, 그 시대 모든 생물들에게 공통된 속성이 변신이었으며, 계속해서 변신을 행했던 시기라는 것을 기억해야만 한다. 그 시대의 세계가 얼마나 유동적인 세계였는가 하는 문제는 자주 거론되어 왔다. 인간은 자신을 다른 무엇으로 변신시킬 수 있었을 뿐 아니라 다른 것들을 변신시킬 힘도 가지고 있었다. 이러한 보편적인 흐름과, 일정한 변신에 고정된 실상들과는 현저한 대조를 이루고 있다. 인간이 거기에 매달리는 어떤 실상, 즉 인구에 계속 회자되고 하나의 살아 있는 전통으로 굳어진 실상이란 캥거루나 에뮤 자체가 아니고, 사람이 된 캥거루 또는 마음대로 에뮤가 될 수 있는 사람인 것이다.

이처럼 변신의 과정이 가장 오래 된 실상이 되는 것이다. 무수한 변신이 가능한 그 무한정한 다양성으로부터 어떤 하나가 선택되어, 하나의 고정된 실상으로 되는 것이다. 변신 자체의 과정이나 이러한 과정은 확고하게 되며, 그리하여 여기에서 제외된 다른 모든 것들과 비교해서 특수한 가치를 지니게 된다. 인간에서 캥거루로 그리고 캥거루에서 인간으로의 변신을 함유하고 보존하며 영원히 동일하게 남아 있는 이러한 이중 실상은 가장 오래 된 최초의 실상이자, 실상의 근원이다.

이것은 '자유로운' 실상이라고 불러도 좋을 것이다. 이 실상의 두 측면은 똑같은 비중을 갖는다. 어느 한 쪽이 다른 쪽보다 앞서거나, 그 배후에 숨어 있지 않다. 이것은 선사 시대까지 그 유래를 거슬러 올라가지만 그러나 그것이 지니는 함축적인 영향력으로 인하여 현재에도 존속하고 있다. 그리고 이것이 속해 있는 신화의 해석을 통해 부분적으로나마 여기에 접근할 수 있는 통로가 우리들에게 열려 있다.

이러한 원시적 종류의 실상을 선명하게 안다는 것은 우리에게도 중요하다. 이들 실상이 단순한 어떤 것이 아니라, 우리가 현재 생각하는 바와는 달리 복합적으로 보이는 그 무엇으로서 시작되었으며, 변신의 과정과 결과까지 나타내고 있다는 것을 파악하는 것은 매우 중요하다.

가면은 그 경직성 때문에 여타 변신의 최종 상태와는 구분된다. 조용한 가운데서도 계속 움직이는 표정과는 달리 가면은 완전히 경직되어 있으며 일정불변하다. 변신에 대한 인간의 끊임없는 준비는 특히 표정에 잘 드러난다. 인간은 모든 동물 중에서 가장 풍부한 표정을 지을 수 있다. 또한 인간은 가장 풍부한 변신 생활을 하고 있다. 단 한 시간 내에 인간의 표정이 얼마만큼이나 변할 수 있는가는 거의 파악하기 힘들 정도이다. 만일 누군가가 얼굴에 나타나는 그 많은 흥분과 정조(情調)를 연구할 시간이 있다면, 그는 아마 그 얼굴이 드러내는 무수한 변화에 깜짝 놀랄 것이다.

관습상의 이유로, 표정을 마음대로 지을 수는 없다. 많은 문명권에서 표정을 마음껏 지을 수 있는 자유가 크게 제한되어 있다. 희로애락의 감정을 즉시 드러내는 것은 허용되지 않는다. 그들은 감정을 내부에 감춘 채 평온한 얼굴을 유지한다. 이러한 감정의 억제는 인간의 지속적인 자율성에 대한 요구에서 그 근거를 찾을 수 있다. 자신이 침해당하는 것뿐만 아니라 타인을 침해하는 것도 허용되지 않는다. 인간은 인간 자체일 수 있는 힘을 지녀야만 하며 변함없이 일정한 상태로 머물 수 있는 힘도 가져야 한다. 이 두 가지는 서로 제휴하고 있다. 왜냐하면 이것은 한 사람이 다른 사람에게 미치는 영향이며, 이 영향은 유동적이고 끊임없는 변신을 자극하기 때문이다. 이 변신들은 몸짓과 표정 속에 나타나며, 이러한 몸짓과 표정이 억압당하게 되면 모든 변신이 어렵게 되고 결국은 변신 능력이 완전히 상실되어 버린다.

그처럼 부자연스러운 '스토아적'인 경직성을 약간만 경험하게 되면 사람들은 곧 가면의 의미를 대체로 이해하게 될 것이다. 가면은 최종 상태이다. 이제까지 놀라울 정도의 미묘함과 다양성을 표현하던 변신의 유동적 활동이, 일단 가면 속에 흘러들어 가면 끝장이 난다. 일단 가면을 쓰게 되면 새로 시작되는 그 어떤 것도 나타낼 수 없으며 무의식적이고 무형적(無形的)인 성향도 드러낼 수 없게 된다. 가면은 명백한 것이다. 가면은 확정된 그 무엇을 표현할 뿐, 그 이상도 그 이하도 아니다. 가면은 경직되어 있고, 이 확정된 것은 결코 변하지 않는다.

하나의 가면 뒤에 또 하나의 가면이 있을 수 있다는 것은 사실이다. 한 인간에게 하나의 가면 뒤에 또 하나의 가면을 쓰지 못하게 하는 것은 아무것도 없다. 많은 사람들이 특수한 이중 가면을 쓰고 있다. 하나의 가면을 벗자마자 또 다른 가면이 나타난다. 그러나 어쨌든 그것도 하나의 가면이며 또 하나의 최종 상태인 것이다. 또 하나의 가면을 쓰는 것은 하나의 도약이다. 하나의 가면과 또 하나의 가면 사이에 무엇이 있었든 간에 그것은 곧 사라진다. 이 경우에는 어떤 부드러운 과도기가 존재하지 않는다. 새롭고 다른 가면이 이전의 것과 마찬가지로 명백하고 경직된 상태로 갑작스럽게 거기에 나타난다. 가면을 여러 가지로 바꿈으로써 모든 것이 가능해질 수 있지만 그것은 단 한 번의 도약, 한 순간의 집중적인 동작을 통해서만 일어난다.

가면의 작용은 주로 외향적이다. 가면은 하나의 실상을 만들어낸다. 가면은 침범당하지 않으며 가면과 관객 사이에 거리를 설정한다. 가면은, 예컨대 춤을 출 경우에는, 관객에게 가까이 접근할 수 있다. 그러나 관객은 자기가 원래 있던 자리에 그대로 머물러 있지 않으면 안 된다. 이처럼 형태의 경직성이 간격의 경직성으로도 된다. 즉 간격이 결코 변하지 않는 것이다. 가면의 이같은 경직성에는 우리를 사로잡는 마력이 있다.

왜냐하면 가면 바로 뒤에서 비밀이 시작되기 때문이다. 우리가 여기서 논의하는 것처럼 가면을 심각하게 취급할 경우에는, 누구도 가면 뒤에 있는 것이 무엇인가를 알아서는 안 된다. 가면은 많은 것을 표현하지만, 그보다 훨씬 더 많은 것을 감추고 있다. 가면은 하나의 단절이다. 결코 알아서는 안 되는 위협적인 내용으로 가득 찬 채, 그리고 결코 사람들이 친근감을 갖도록 허용하지 않은 채 가면은 목격자에게 접근한다. 그러나 아무리 근접한 상태일지라도 목격자와는 항상 절연된 채 남아 있다. 가면은 그것 뒤에 숨어 있는 비밀로 위협감을 준다. 얼굴과는 달리, 가면에는 해석할 수 있는 순간적인 변화도 없기 때문에 사람들은 가면이 감추고 있는 어떤 미지의 것에 대해 의혹과 공포를 느껴야 한다.

이것은 시각적인 영역에 속하지만, 이와 동일한 경험은 청각적인 영역에서도 우리 모두에게 낯익은 것이다. 어떤 사람이 그곳 언어에 대해서는 한 마디도 모르는 지방에 도착하여 서로 이야기를 하고 있는 사람들 틈에 끼었다고 치자. 말을 못 알아들으면 들을수록 그만큼 더 추측을 하게 된다. 그는 모르는 것에 대해 점점 더 많은 추측을 한다. 자기에게 적대감이나 갖고 있지 않은가 두려워하고 미심쩍어 하지만, 일단 그들의 말을 자기가 잘 아는 말로 통역을 하면 안심을 하면서도 약간 실망감을 느끼게 된다. 아무 위험도 없었던 것을! 전혀 알 수 없는 낯선 언어는 일종의 청각적인 가면이다. 그러나 일단 그것을 이해하게 되면, 그것은 해석할 수 있고 곧장 친숙해질 수 있는 얼굴로 바뀐다.

진정한 가면은 결코 변하지 않는 어떤 것이며, 그 자체가 영속적이고도 명백하게, 계속적인 변신의 흐름 속에서도 항상 불변하는 것으로 남아 있다. 가면의 순수한 효과란 가면 뒤에 숨어 있는 것을 전혀 밝히지 않는다는 데 기인한다. 가면의 완전성은 그것이 배타적이며 그것 뒤에 있는 모든 것이 알 수 없는 상태로 있다는 데 있다. 가면이 명백하면 할수록 그것의 배후에 있는 것은 더욱 더 애매해진다. 이 가면으로부터 무엇이 터져 나올지는 아무도 모른다. 가면의 외양이 지니는 경직성과 그 배후에 숨기고 있는 비밀 사이에서 발생하는 긴장감은 엄청나게 커질 수 있다. 이 긴장감이야말로 가면이 위협적이라는 데 대한 본질적인 이유이다. 가면은 다음과 같이 말한다. "나는 네가 보는 그대로이다. 네가 두려워하는 모든 것은 나의 배후에 있는 것들이다." 가면은 유혹을 불러일으킴과 동시에 그 자체의 거리를 강요한다. 아무도 감히 가면에 손댈 수 없다. 가면을 착용한 자가 아닌 다른 누가 가면을 벗겨냈을 경우, 죽음의 벌이 있을 뿐이다. 가면이 활동을 지속하는 동안에는 접촉이 허용되지 않으며, 신성불가침한 것이 된다. 가면은 분명하고 확실한 것 속에 어떤 불확실한 것을 담고 있다. 사람들이 가면 자체에 대해서는 알고 있으나 가면 속에 감추어진 것이 무엇인 줄 모른다는 데 가면의 힘이 존재한다. 사람들은 가면의 외부, 소위 전면(前面)만을 알 뿐이다.

그러나 사람들이 익숙해 있고 기대하고 있는 어떤 의식을 치르는 동안에는 가면을 착용하는 것이 사람들을 안심시키는 효과도 거둘 수 있다. 왜냐하면 이 경우에 가면은 그 배후에 숨어 있는 위협적인 요소와 목격자의 중간에 서 있기 때문이다. 따라서 가면을 적당하게 취급만 한다면 그것은 목격자로 하여금 위협적인 느낌을 없앨 수도 있다. 가면은 그 모습에 상응하여 그 자체 속으로 모든 것을 흘러들어 가게 만드는 것이다. 일단 가면과 관계를 맺기만 하면 사람들은 적절한 방법으로 행동할 수 있게 된다. 가면은 자기 고유의 행동 양식을 구비한 실상이다. 일단 그것을 배워 알게 되고 가면이 요구하는 거리가 얼마만큼인가를 알게 되는 즉시, 사람들은 가면의 내부에 간직하고 있는 위협적인 요소로부터 벗어날 수 있다.

실상화된 가면의 이러한 작용에 대해서 많은 이야기들을 할 수 있을 것이다. 드라마는 가면으로 시작되고 유지되며 가면으로 끝난다. 그러나 여기서 우리에게 문제가 되는 것은 가면 그 자체이다. 이제 우리는 가면을 다른 측면에서도 살펴야만 한다. 왜냐하면 가면은 그것이 내포하고 있는 것이 무엇인지를 모르는 사람들에게만 영향을 미치는, 즉 외부를 향해 작용하는 것만은 아니기 때문이다. 가면은 그 가면 속에 빠져 있는 바로 그 사람에 의해 씌워지는 것이다.

가면을 쓴 사람은 그의 참모습을 완전하게 파악하고 있지만, 그의 임무는 가면을 쓰고 분장하는 것이다. 그는 그렇게 하면서도 그가 쓰고 있는 가면의 특성에 상응하는 어떤 한계 내에 머물러 있어야만 한다.

가면은 씌워지는 것이며 또한 외부적인 것이다. 물체로서의 가면은 이것을 쓰는 사람과는 분명히 분리되어 있다. 가면을 쓴 자는 가면을 낯선 것으로서, 결코 자기 몸의 일부가 될 수 없는 어떤 것으로 느낀다. 가면은 그를 성가시게 하며 좁은 곳에 밀어넣는다. 가면을 쓰고 있는 한, 그는 자신과 가면이라는 이중의 얼굴을 갖는다. 그가 가면을 자주 쓰면 쓸수록, 그리고 가면에 대해 알면 알수록 그 자신은 그만큼 더 가면의 실상 속으로 흘러들어 간다. 그러나 가면과는 절연된 나머지 부분이 항상 남아 있다. 즉, 발견될까봐 두려워하는 일부분, 그가 퍼뜨리고 있는 공포가 자기 자신에게는 속하지 않는다는 사실을 알고 있는 부분이 있다. 외부에서 가면을 보고 있는 사람들에게 그가 표출하는 비밀은 가면 뒤에 있는 자신에게도 영향을 미치지만, 그러나 물론 그 영향이 동질적인 것은 아니다. 구경꾼들은 미지의 것을 두려워하며, 그는 가면이 벗겨질까봐 두려워한다. 그가 자신을 완전히 버릴 수 없는 까닭은 바로 이러한 두려움 때문이다. 그의 변신은 상당한 정도까지는 가능하지만 결코 완전할 수는 없다. 가면은 변신을 방해하는 제한장치이다. 왜냐하면 가면은 벗겨질 수 있고 가면 착용자는 그것을 두려워해야 하기 때문이다. 그는 가면을 잃지 않도록 주의해야 한다. 가면은 땅에 떨어지거나 열려서는 안 된다. 그는 가면에 무슨 일이 생길까 두려워 항상 수심에 싸여 있다. 가면은 그 자체가 가면을 쓰고 변신한 자의 외부에서 그가 관리해야 하는 무기이자 도구인 것이다. 그는 연기자로서 가면으로 변신해야 하면서도 한편으론 일상생활 속에서 그 가면을 취급한다. 이렇듯 그는 두 가지 역할을 하는 자이며, 연기를 수행하는 동안 계속해서 두 가지의 역할을 해내지 않으면 안 된다.

변신 행위의 박탈

항상 자기 내심의 악의를 의식하고 있는 권력자가 위장한다고 해서 모든 사람들을 속일 수는 없다. 그와 마찬가지로 권력을 원하며, 그를 승인하지 않고 그를 자신들의 라이벌로 느끼는 사람들이 있다. 권력자는 그들에 대한 경계를 게을리하지 않는 바, 그 이유는 그들이 위협적인 존재가 될 수도 있기 때문이다. 그는 항상 '그들의 얼굴에서 가면을 찢어버릴' 적당한 시간을 기다린다. 그 자신도 잘 아는 바와 같이 그 가면 뒤에서 그들의 진정한 심정을 발견할 수 있다. 일단 그들의 가면을 벗기고 나면 그는 그들에게 해를 끼치지 않을 수도 있다. 이 가면이 그의 목적에 부합될 경우에는 일단은 그들의 목숨을 살려둘지 모르지만 그들이 새롭게 위장할 수 없도록 하며 그들의 진실한 모습을 항상 바라볼 수 있도록 감시를 게을리 하지 않을 것이다.

그는 자신이 타인들에게 강요하지 않은 변신에 대해서 불쾌감을 느낀다. 그는 그에게 유용한 사람은 승진시킬 수도 있지만, 그렇게 이루어진 사회적 변신은 엄격하게 제한되고 결코 취소될 수 없는 것이며 어디까지나 그의 세력 내에 전적으로 속해야 한다. 사람들을 승진시키고 강등시키는 것은 그가 결정한다. 아무도 멋대로 이동할 수는 없다.

권력자는 자발적이거나 통제되지 않는 변신에 대해서는 끊임없이 전쟁을 수행한다. 그가 이 싸움에서 사용하는 무기는 변신의 과정과는 정반대되는 것, 즉 가면을 벗기는 일, 변신의 박탈이라 할 수 있다. 그 방법은 독자들도 익히 알고 있을 것이다. 메넬라오스는 바다의 노인인 프로테우스의 변신을 막는 데 이 방법을 채택했다. 프로테우스는 도망가기 위해 여러 가지 방법을 다 사용했지만 메넬라오스는 프로테우스가 원래의 모습으로 되돌아오기까지 기다렸다가 그를 꼭 붙잡는다.

그가 찾고자 하는 것이 무엇인가를 항상 정확하게 알고 있다는 것은 이 변신 박탈의 본질에 속한다. 기다리는 것이 무엇인지 이미 알고 있기 때문에 그것이 무엇으로 변신되든지 상관하지 않고 확고한 신념을 가지고 그것의 정체를 밝혀낸다. 이 일은 메넬라오스가 단순히 프로테우스의 자문을 구하기 위한 것처럼 개별적인 경우에 행해질 수도 있지만 그와는 달리 이러한 일이 자주 반복되어 결국은 하나의 열정이 될 수도 있다.

이 일을 자주 행하게 되면 세계가 위축되어버린다. 현상 형태의 풍요함이 무시돼 버리고 다양성이 경멸당하게 된다. 나무에 달린 모든 잎들이 다 바싹 말라 먼지가 되어버린다. 모든 빛이 적의에 가득 찬 밤 속에 희미하게 사라져버린다.

권력의 쌍둥이라고 불릴 만큼 권력과 유사한 하나의 정신 질환에서 변신 박탈 행위는 일종의 독재자의 모습으로 나타난다. 이 편집증(Paranoia)은 특히 두 가지 특성에 의해 특징지어질 수 있다. 이 두 가지 특성 가운데 하나는 정신의학에서 익광(Dissimulation)이라고 부르는 것이다. 여기서 사용하고 있는 익광(匿狂)은 위장(僞裝)과 동일한 의미를 지니고 있다. 편집증 환자들은 위장하는 데에는 너무나 숙달되어 있기 때문에 그들이 어느 정도로 위장하고 있는가 알 수 없다. 또 하나의 특성은 계속해서 적의 가면을 벗기려는 행동이다. 편집증 환자들에게는 가장 평화적이고 악의 없는 척 위장을 하고 있는 적이 도처에 있다. 그러나 편집증 환자는 천부적인 투시 능력을 지니고 있기 때문에 그 위장 뒤에 숨겨져 있는 것이 무엇인가를 잘 알고 있다. 그는 적의 얼굴에서 가면을 찢어대지만 그 적이 근본적으로 단 하나뿐이라는 것은 분명하다. 그는 그 누구보다도 이 일을 하는 데 빠져 있으며 마치 경직된 권력자의 모습을 보는 것 같다. 그가 차지했다고 믿고 있는 위치나 자신에게 부여하는 의미는 다른 사람의 눈으로 볼 때에는 모두 공상에 불과하다. 그래도 그는 위장과 가면 벗기는 일이라는 상호의존적인 이중 과정들을 계속 적용함으로써 자신이 머리 속에 그리는 지위와 자신의 중요성을 지킨다.

변신 박탈(Entwandlung)에 대한 정확하고도 유용한 고찰은 편집증의 구체적이고 개별적인 경우와의 관련하에서만 가능하다. 이 문제는 이 책의 마지막 장인 '쉬레버의 경우'에서 자세히 이야기될 것이다.

변신에 대한 금지

변신의 금지는 아주 중요한 사회적, 종교적 현상이다. 하지만 그것을 파악하지 못한 것은 물론이고 아직까지 진지하게 고찰해본 적조차 거의 없다. 여기서 그 문제에 관한 시론적(試論的) 접근을 하려고 하는데, 이것 역시 아주 초보 단계에 불과한 것이다.

아란다족의 토템 의식에는 그 토템에 속하는 사람들만이 참여할 권리를 갖는다. 신화에 나오는 조상들이 두 개의 모습을 취할 수 있도록 해주는 변신은 특정인에게만 부여된 특권이다. 변신의 권리는 고정재산처럼 전해져서 이 권리를 가진 사람만이 변신에 참여할 수 있다. 이 권리 역시 이와 관련된, 성스러운 노래의 가사나 곡조와 마찬가지로 엄격히 보호된다. 그 이중 실상을 형성하는 변신의 엄밀성, 즉 분명한 규정성과 한정성은 권리의 보호를 쉽게 해준다. 이 권리의 무분별한 소유에 대한 금지는 엄격하게 지켜진다. 종교적인 재가를 받아야 그 권리를 소유할 수 있다. 길고 복잡한 입회식(Initiation)의 절차가 끝난 다음에야, 젊은이는 특정의 기회에 변신을 행할 권리가 있는 집단에 받아들여진다. 여자와 아이들에게는 이것이 절대적으로, 그리고 영원히 금지된다. 토템의 다른 입회자를 위해 특별한 예우를 베푸는 의미에서 금지가 해제되는 기회는 자주 있다. 그러나 이런 기회가 지나가고 나면 금지는 전과 마찬가지로 엄격해진다.

이런 종교와 기독교 사이에는 현격한 차이가 있다. 기독교에서는 악마의 형상이 모든 사람에게 금지된다. 악마의 위험성이 온갖 방법으로 강조된다. 수많은 교훈적 설화가 악마와 관계한 사람들에게 어떤 일이 일어나는가를 보여준다. 그들의 영혼이 지옥에서 겪게 될 영원한 고통을 상세하게 묘사하여 사람들을 겁준다. 이러한 금지는 대단히 강한 것이다. 특히 이 금지에 반하여 행동하려는 충동을 강하게 느끼는 사람들 사이에서 금지의 강도는 현저하게 나타난다. 갑자기 하나의 마귀 또는 여러 명의 마귀처럼 행동하는 귀신들린 사람들에 관한 이야기는 널리 알려져 있다. 그들 가운데 몇 명은 고백록을 남기고 있다. 그 중 가장 유명한 것이 루뎅(Loudun)에 있는 우르술라(Ursula) 수녀원의 수녀원장 잔느(Jeanne des Anges)와 수랭(Surin) 신부의 고백이다. 이에 따르면 수랭 신부가 잔느 수녀에게 들어간 마귀를 쫓아내자 이 마귀는 수랭 신부 자신 속으로 들어갔다고 한다. 이들은 하느님을 섬기기 위해 일생을 바치는 사람들이다. 그들은 마귀로의 변신은 고사하고 마귀와의 접촉마저 평신도들보다 훨씬 철저하게 금지되어 있는 사람들이었다. 그런데도 그들은 마귀에 들려버렸다. 그들은 금지되어 있는 변신의 힘에 완전히 압도당해 버린 것이다. 변신의 힘이 이 변신을 금지하는 힘에서 유래한다고 해도 별로 틀린 말은 아니다.

변신 금지의 성적(性的) 측면은, 마녀들을 보면 더 분명해진다. 마녀들의 본래적인 죄악은 마귀들과의 성적 결합이다. 마녀들이 다른 어떤 짓을 하더라도 결국 이 음흉한 마녀들은 마귀들과 난장판을 벌이고야 만다. 마녀들은 마귀들과 짝을 이루고 있기 때문에 마녀다. 마녀들이 마귀들에게 성적으로 굴복한다는 것은 마녀들의 변신에서 본질적인 한 부분이다.

성교를 통한 변신의 관념은 매우 오래 된 것이다. 모든 생물은 동종의 이성과 교접을 하는 것인 이상, 이 규칙에 일탈되는 행위가 변신으로 여겨지는 것은 있을 수 있는 일이다. 만일 그렇다면 고대의 결혼법은 변신 금지의 한 형식, 즉 허용된 특정의 변신 이외의 다른 모든 변신에 대한 금지일지도 모른다. 변신의 이러한 성적 형식은 치밀하게 연구되어야 한다. 그것은 아마 매우 중요한 것을 시사해줄 것이다.

모든 변신 금지 가운데서 가장 중요한 것은 아마 사회적 금지일 것이다. 한 계급 구성원들이 더 높은 계급의 구성원들과 친근감이나 평등감을 느끼지 못하도록 하는 금지가 전제되어야만 어떠한 위계질서든 유지될 수 있다. 원시 종족의 연령별 집단(Altersklasse)에서도 이미 이 금지가 있었음을 주목해야 한다. 나이에 따라 일단 계급 구분이 완료되고 나면 이 구분은 더욱 뚜렷해진다. 하위 계급에서 상위 계급에로의 상승은 매우 어렵다. 이같은 상승은 어떤 특수한 입회식을 통해서만 가능한데, 이 입회식은 본래적인 의미의 변신으로 여겨진다. 사람들은 하위 계급에서 일단 죽어야만 나중에 죽음에서 깨어나 다시 상위 계급에서 살 수 있다고 생각할 정도로 상승을 무척 힘든 일로 여기는 경우가 자주 있다. 계급과 계급 사이에는 죽음 그 자체가 가로놓여 있다. 변신이란 지루하고도 위태로운 여정이다. 입회 후보자는 온갖 시련과 공포를 견뎌내야 한다. 공짜로 주어지는 것은 아무것도 없다. 그러나 그는 뒷날 상위 계급의 일원이 되면 자신이 젊은 시절에 겪었던 모든 것을 새로운 입회 후보자에게 부과하여 그를 시험해볼 기회를 갖는다. 그리하여 그 상위 계급은 다른 계급들과는 뚜렷이 구분되어 그 나름의 독자적인 삶을 영위하는 것처럼 보인다. 신성한 노래와 신화도 이 계급이 독점한다. 때로는 이 계급만의 고유한 언어가 생기기도 한다. 모든 상위 계급에서 배제되는 여자와 하위 계급의 구성원은 무시무시한 가면과 괴성 때문에 공포에 질려 순종을 하게 된다.

카스트 제도의 계급 구분은 더욱 엄격하다. 한 카스트에 속하는 사람은 어떠한 사회적 변신도 절대 불가능하다. 사람들은 아래에서부터 위까지,

아주 엄격하게 서로 구분된다. 하위 계급과의 접촉은 모두 금지된다. 결혼도 같은 카스트 내에서만 이루어지며, 한 카스트 구성원은 모두가 동일 직업을 가져야 한다. 일의 종류를 바꾸어 다른 카스트로 변신될 수도 없다. 이러한 제도가 가져오는 결과는 놀랄 만한 것이다. 이 제도만 자세히 연구하더라도 틀림없이 모든 다른 종류의 사회적 변신을 알아낼 수 있을 정도이다. 카스트 제도는 모든 사회적 변신을 피해야 하므로 모든 사회적 변신을 주도면밀하게 기록하고 묘사하고 분석한다. 이러한 금지의 완벽한 체계를 뒤집어보면, 한 계급에서 더 높은 계급으로의 변신이 무엇인지를 정확하게 알 수 있을 것이다. 변신의 관점에서 본 '카스트 연구'는 꼭 필요한 일이지만 아직 출현하지 않고 있다.

변신 금지의 고립된 형식, 다시 말해 한 사회의 정점에 서 있는 한 개인과 관련된 변신 금지의 형식은 초기 상태의 왕국에서 발견된다. 고대인들이 알고 있던 권력자의 두 가지 가장 뚜렷한 형식이, 변신에 대한 그들의 상반된 태도에 따라 구별된다는 사실은 주목할 만하다.

동물이든 동물의 영혼이든 아니면 사자(死者)의 영혼이든 자기가 원하는 대로 모습을 바꿀 수 있는 변신의 대가(大家)는 으뜸가는 자리를 차지하고 있다. 변신을 통해 아무나 속일 수 있는 사기꾼은 북미 인디언 신화에 자주 등장하는 인물이다. 무수히 많은 형태를 취할 수 있다는 데 그의 힘이 있다. 그는 홀연히 사라지기도 하고 뜻밖의 수법으로 무엇을 낚아채기도 하며, 짐짓 잡혀주기도 하지만 또다시 도망쳐버린다. 이런 모든 놀라운 일들을 행할 수 있는 힘은 항상 변신에서 나온다.

변신의 대가는 무당으로서, 실질적인 권력을 획득한다. 무아경의 접신(接神) 상태에서 무당은 귀신들을 불러모은다. 무당은 귀신들에게 복종하고 그들의 말을 하며 그들과 같은 부류가 된다. 때로는 그들에게 명령을 내린다. 무당은 하늘로 올라가 여행을 할 때는 새가 되며, 해저로 내려갈 때는 바다생물이 된다. 그에게는 모든 것이 가능하다. 무당의 발작은 매우 빠르게 진행되는 변신의 연속 때문에 일어난다. 이 변신의 연속은 무당이 자신의 목적에 알맞은 형태를 선택할 때까지 그를 계속 흔들어댄다.

변신의 대가는 가장 많은 변신을 하는 인물이다. 변신의 대가와 성스러운 왕(王)을 비교해보자. 성스러운 왕은 무수한 제약에 얽매어 있으며 한 장소에 계속 머물러야 하고 항상 똑같은 모습이어야 한다. 그리고 그 어느 누구의 접근도 허용하지 않으며 사람들 눈에 띄는 일도 거의 없다. 따라서 그들 둘 사이의 가장 극명한 차이점은 바로 변신에 대한 상반된 태도에 있는 것이다. 변신의 대가, 즉 무당은 극단적으로 변신을 행하는 동시에 그것을 끝까지 이용하지만, 성스러운 왕은 변신을 금지당하고 저지당하며 마침내 경직되어 버리고 만다. 그는 항상 똑같은 모습으로 남아 있어야 하기 때문에 나이를 먹는 것도 허용되지 않는다. 그는 항상 같은 나이로 건강과 힘을 유지해야 한다. 흰머리가 나서 나이를 먹은 표시가 나타나거나, 또는 남성적 힘이 쇠퇴하면 그는 가끔 살해당하기도 한다.

끊임없이 다른 사람들을 변신시키는 명령을 내리고 있으면서도 자기 자신의 변신은 금지당하고 있는 이런 타입의 왕이 갖는 정태성은 권력의 본질적인 일부가 됐으며, 권력에 관한 우리의 근대적 관념에 결정적인 영향을 미쳤다. 이 변신하지 않는 자는 고정된 장소의 고정된 높이에 위치해 있다. 그는 이 높은 곳에서 결코 하강하지 않는다. 누군가를 마중하기 위해 나오는 일도 없다. 그는 자신의 권위를 결코 잊지 않는다. 그렇지만 그는 다른 사람들을 어떤 직위에 임명하여 그들을 등용할 수는 있다. 그는 그들의 직위를 높이거나 또는 낮춤으로써 그들을 변신시킬 능력을 가지고 있다. 그는 자기 자신에게는 도저히 생길 수 없는 일을 다른 사람들에겐 생기게 만들어야 한다. 변신 능력이 없는 그가 다른 사람들을 마음대로 변신시키는 것이다.

상세하게 이야기하진 않았지만 변신 금지의 몇몇 형식에 대한 이상의 간략한 열거는 우리들에게 다음과 같은 질문을 던진다. 도대체 이러한 금지의 진정한 의미는 무엇인가, 인간은 왜 그것을 만들었는가, 어떤 내적 필연성이 자신과 타인에게 금지를 부과하도록 충동질하는가. 우리는 이 질문에 아주 조심스럽게 다가가야 한다.

인간은 천부적으로 변신 능력을 가지고 있었다. 인간 본성의 이러한 유동성으로 말미암아 인간은 불안감을 느꼈고, 그래서 부동의 고정된 울타리를 찾았는지도 모른다. 인간은 자신의 몸에 낯선 어떤 것들이 수없이 붙어 있다고 느꼈다. 이것은 부시먼족의 가볍게 두드리는 행동을 생각나게 한다. 그리고 인간은 이 낯선 것의 수중에 떨어져서 자신이 그 낯선 것으로 변해야 할지도 모른다고 염려했다. 변신의 천부적 능력 때문에 허기를 가라앉히고 흡족한 상태에 있다 하더라도, 인간은 그 낯선 것으로부터 벗어나질 못했다. 말하자면 있는 것은 변신 가능성뿐이었고 자신의 가장 내밀한 존재마저 끊임없는 유동 상태에 있었다. 그리하여 인간은 항구성과 견고함에 대한 욕망을 강렬하게 느낄 수밖에 없었다. 변신 금지가 없었더라면 이 욕망은 충족될 수 없었을 것이다.

우리는 아마 이러한 맥락 속에서 오스트레일리아 원주민들이 돌에 부여했던 의미를 이해해야 할 것이다. 그들은 조상들이 행하거나 경험했던 모든 것들, 조상들의 모든 숙명과 방랑이 경치의 일부로 화하여 불변의 항구적인 풍경화가 된 것이라고 생각한다. 예전에 여기에 살면서 위대한 일을 했던 인간을 상징하지 않는 돌은 하나도 없다. 사람들이 지니고 있거나 성스러운 장소에 올려놓은 조그만 돌들도 기념비적인 성격을 가지고 있는 경치의 일부에 속한다. 이 돌들은 대대로 전승되며, 매우 특정한 의미를 지니고 있다. 돌이 갖는 의미나 전설은 그 돌 자체와 불가분의 관계가 있다. 전설을 눈에 보이도록 표현한 것이 바로 돌인 것이다. 따라서 돌이 그대로 유지되는 한, 전설은 변하지 않는다. 우리에게도 결코 낯설지 않은 돌의 항구성에 대한 집착은 모든 종류의 변신 금지를 유발시키려는 강한 욕구에서 나온 것이라 여겨진다.

노예 제도

노예는 재산이다. 그러나 생명이 없는 물건을 소유하는 것과는 다르다. 그것은 가축을 소유하는 경우의 재산과 비슷하다. 노예가 누리는 행동의 자유를 보면, 풀을 뜯어먹고 새끼를 낳는 따위의 자유가 허락된 동물이 연상된다.

물건의 본질적인 특성은 '불침투성(Undurchdringlichkeit)'이다. 그것은 끌리거나 밀릴 수는 있지만 그 어떤 명령도 받아들일 수 없다. 법률은 노예를 소유 물건으로 규정하고 있지만 그것은 잘못이다. 노예는 소유 동물이다. 사람들은 일찍이 노예를 개에 비유했다. 개는 그들 무리로부터 떨어져 나와 고립되어 있으며 주인의 명령을 받는다. 개는 자기의 의도가 주인의 명령과 상치될 때에는 자기의 의도를 포기해야 하며 그 대가로 주인으로부터 먹이를 얻는다.

노예와 개는 모두가 동일한 출처, 즉 주인으로부터 명령을 받고 먹이를 얻게 되며, 이 점에서 그들은 어린애와 상당히 비슷하다. 어린 아이와 본질적으로 다른 점은 그들의 변형과의 관계이다. 어린 아이는 놀이를 통해 훗날 그가 사용할 수 있는 온갖 변형을 연습하며, 그 부모들은 어린 아이가 새로운 변형을 습득하도록 계속해서 북돋아 준다. 어린애는 여러 가지 방향으로 계속 성장하며 변형을 자유자재로 할 경우에는 보다 높은 지위를 획득하게 된다.

노예에게는 정반대의 일이 일어난다. 주인이 개가 하고 싶은 사냥을 허용하지 않고, 자기 자신의 필요와 욕망에 따라 사냥을 하도록 제한하는 것과 마찬가지로 노예에게도 하나하나의 변신을 주인 마음대로 지시한다. 노예는 이것저것을 해서는 안 되며, 일정하게 지시된 일만을 반복해서 해야 한다. 그리고 그 일들이 단조로우면 단조로울수록 그만큼 더 주인은 노예에게 그 일들을 지시한다. 한 인간이 여러 가지 작업을 수행해도 좋다고 허락되는 한, 분업은 인간의 변신에 대해 전혀 해를 끼치지 않는다. 그러나 한 가지 작업만을 하도록 제한받게 되고, 게다가 가능한 한 짧은 시간 내에 많은 일을 하도록 요구를 받는다면, 소위 '생산적(produktiv)'으로 되어야 한다면 그런 인간은 노예로 정의될 수밖에 없을 것이다.

태초부터 두 가지의 상이한 유형의 노예가 존재했음이 틀림없다. 하나는 한 주인에게 구속된 개와 같은 개체로서의 노예이며, 또 하나는 초원의 소떼와 같은 집단 노예이다. 집단 노예가 가장 오래 된 노예였을 거라고 생각하는 것은 너무나 당연하다.

인간을 짐승으로 만들려는 욕망이 노예 제도가 만연하게 된 가장 강렬한 동기이다. 이러한 욕망의 에너지는 그 반대, 즉 짐승을 인간으로 바꾸려는 욕망의 에너지와 마찬가지로 아주 중요하다고 생각해도 좋다.

후자의 경우 다윈 학설이나 윤회설과 같은 위대한 정신적 형성에도 도움을 주었으나, 동물에게 옷을 입혀 흥행을 노리는 대중오락에도 그 잔재가 남아 있다.

사람들이 마치 가축 떼를 모으듯 엄청난 수의 노예들을 한데 모으는 일에 성공하자마자, 이미 국가 및 전제 군주제에 대한 기초가 이루어진 셈이었다. 국민의 숫자가 많아지면 많아질수록, 지배자의 마음속에는 전체 국민을 노예나 짐승으로 소유하려는 소망이 더욱 더 강력해질 것이라는 데 대해서는 전혀 의심의 여지가 없다.

권력의 양상
Aspekte der Macht

한 사람이 높은 곳에 앉아 있고 다른 사람들은 그 주위에 서 있는 경우,
반대로 한 사람은 서 있고 다른 사람들은 그 주위에 앉아 있는 경우,
어떤 사람이 방에 들어서자마자 방 안의 모든 사람들이 기립하는 경우,
어떤 사람이 다른 사람 앞에 무릎을 꿇는 경우,
방 안으로 들어온 사람에게 앉으라는 말 한 마디 없는 경우,
이런 경우들이 각각 무엇을 의미하는지 우리는 잘 알고 있다.
이것만으로도 우리는 권력이 언어만이 아닌
다양한 형태로 표출되고 있음을 알 수 있다.

인간의 여러 가지 자세와 권력

　인간은 서 있기를 아주 좋아하는데, 바로 같은 자리에서 앉거나 눕기도 하고 가부좌를 하거나 꿇어앉기도 한다. 이런 여러 가지 자세, 특히 자세의 변화는 모두 그 나름의 특별한 의미를 가지고 있다. 예로부터 서열과 권력에 따라 어떤 자세를 취해야 할지가 결정되었다. 사람들이 정렬해 있는 방식을 보면 그 사람들 각자가 가지고 있는 권위의 정도를 쉽게 알 수 있다. 한 사람이 높은 곳에 앉아 있고, 다른 사람들은 그 주위에 서 있는 경우, 반대로 한 사람은 서 있고 다른 사람들은 그 주위에 앉아 있는 경우, 어떤 사람이 방에 들어서자마자 방 안의 모든 사람들이 기립하는 경우, 어떤 사람이 다른 사람 앞에 무릎을 꿇는 경우, 방 안으로 들어온 사람에게 앉으라는 말 한 마디 없는 경우, 이런 경우들이 각각 무엇을 의미하는지 우리는 잘 알고 있다. 이렇게 두서없이 몇 가지를 나열해보는 것만으로도 우리는 권력이 언어만이 아닌 다양한 형태로 표출되고 있음을 알 수 있다. 이러한 권력의 양상을 자세히 살펴보고 그 의미를 규정할 필요가 있다.

　한 사람이 새로 취한 자세는 이전의 자세와 밀접한 관계가 있다. 따라서 현재의 자세를 이해하려면 이전의 자세를 명확히 알아야 한다. 어떤 사람이 서 있을 때 우리는 그 사람이 방금 잠자리에서 벌떡 일어났을 경우와, 의자에 앉아 있다가 일어났을 경우 두 가지를 생각해볼 수 있다. 첫번째 경우는 그가 어떤 위험을 느꼈기 때문이고, 두번째 경우는 누군가에게 인사를 하기 위한 것이라고 할 수 있을 것이다. 모든 자세의 변화는 갑작스럽게 일어난다. 자세 변화 중에는 몸에 배어 예상이 가능한 것도 있고, 또 특정 사회에서 관습화되어 있는 것도 있다. 그러나 예기치 않았기 때문에 더욱 놀랍고 인상적인 자세 변화의 가능성은 항상 존재한다. 교회에서는 무릎을 꿇는 일이 많다. 교회에서는 누구나 여기에 익숙해져 있어서, 자기가 즐겨 무릎을 꿇는 사람조차 그 행위에 대해 별다른 큰 의미를 부여하지 않는다. 그러나 만약 길거리에서 전혀 모르는 사람이 자기 앞에 무릎을 꿇는 걸 본다면 그는 충격을 받을 것이다.

자세가 가지는 의미의 다양성에도 불구하고 자세를 고정시켜 영구화하려는 경향이 분명히 있다. 앉아 있거나 서 있는 사람은 그 자세가 갖는 시간적, 공간적인 의미와는 관계없이 그 자체로서 어떤 인상을 준다. 동상은 이러한 자세들을 공허하고 진부한 형식으로 고정시켜 놓는다. 그래서 동상에 표현된 자세는 그 이상의 무엇을 환기시키지 못한다. 그러나 그런 자세가 우리의 일상생활에 주는 효과는 크다.

서기

서 있는 사람의 긍지란 자신이 자유롭다는 것, 그리고 아무 데도 의지하지 않고 있다는 것이다. 그 긍지가 아기 때 처음으로 혼자 설 수 있었던 것을 기억하는 데서 유래하는 것이든, 아니면 두 다리로 설 수 없는 동물에 대한 우월감에서 유래하는 것이든, 서 있는 사람은 누구나 혼자서 섰다는 것에 대해 긍지를 갖는다. 서 있는 사람은 누구나 어떤 노력의 결과로 서 있게 된 것이며 서 있는 높이는 그 사람의 능력에 따라 정해진다. 한 장소에 오래도록 서 있는 사람은 굳건한 인상을 준다. 그는 흡사 나무처럼 버티고 있는 것 같기도 하고, 또 아무런 두려움이나 감추는 것도 없이 의연히 자신을 과시하는 것 같기도 하다. 그가 조용하게 서 있을수록, 그리고 주위를 돌아보는 동작을 하지 않을수록 그가 주는 이러한 인상은 더욱 강렬해진다. 그는 자기가 볼 수 없는 등 뒤로부터의 공격조차 겁내지 않는다는 것을 보여준다.

서 있는 사람과 그 주위의 사람들 사이에 거리가 있다면 그가 주는 인상은 더욱 강렬해진다. 다른 수많은 사람들로부터 구분되어 홀로 서 있는 사람은 마치 그들 모두와 대결하고 있는 듯한 강렬한 인상을 준다. 설령 그들 모두에게 가까이 다가간다 하더라도 그는 다른 사람들보다 높은 곳에 서 있기 위해 애를 쓴다. 만약 그가 그들 사이로 완전히 들어가면 그들은 그를 어깨에 태워 예전 위치를 지속시켜 준다. 이 경우 그는 독립성을 잃게 될지 모르나, 그들 모두의 위에 올라앉는 것이다.

사람은 달리기나 걷기에 앞서 서는 것이 보통이다. 서 있는 것은 모든 운동에 선행하며 비축된 에너지가 이제 곧 쓰여질 것이라는 인상을 준다. 서 있는 것은 다른 자세나 동작으로 직접 옮겨질 수 있는 중심적 자세다. 그래서 우리는 서 있는 사람에게서 상당한 긴장감을 느끼는 경우가 많다. 그 사람 자신의 의도는 전혀 다른 것일 때(예컨대, 곧 잠자리에 들려 할 때)에도 그런 긴장을 느낄 정도로 서 있는 사람은 항상 평범하게 보이지 않는다.

두 사람이 서로 소개를 받을 때에는 언제나 약간 엄숙한 분위기가 감돈다. 그들은 선 자세에서 서로 이름을 교환하고, 악수를 건넨다. 그들은 서로 경의를 표하기도 하고 서로 견주어보기도 한다. 차후에 어떤 일이 생기든 인간 대 인간의 최초의 실질적 접촉은 서 있는 상태에서 이루어지는 것이다.

개인의 독립성이 존중되는 나라일수록 사람들이 서 있는 경우가 많고 서 있는 시간도 더 길다. 영국 같은 나라에서는 서서 술을 마시는 선술집이 특히 애호를 받는다. 여기서는 술을 마시는 사람이 어느 때라도 번잡한 절차가 없이 자리를 뜰 수 있고, 간단한 인사만으로도 동료들과 헤어질 수 있다. 따라서 자리를 뜨려면 복잡한 격식을 갖추어야 할 때보다는 훨씬 자유롭다. 일어선다는 것만으로도 떠날 의사를 전달하는 셈이 된다. 일어서는 동작이 자유를 보장해주는 것이다. 개인적인 파티에서까지도 영국인은 서 있기를 좋아한다. 이것은 영국인들이 파티장에 오래 머물지 않는다는 것을 말해준다. 그리고 영국인들은 서서 파티를 하기 때문에 마음대로 돌아다니며 번잡한 격식을 차리지 않고도 이야기 상대를 바꿀 수 있다. 이렇게 해도 이상할 것이 하나도 없으며, 아무도 기분 나빠하지 않는다. 파티에 참석한 모든 사람이 서 있다는 것이 주는 장점을 누리고 있을 때, 우리는 영국인의 생활에서 대단히 중요하고 또 효용 가치가 높은 '집단 속에서의 평등'이란 허구를 아주 똑똑히 볼 수 있다. 다른 사람 위에 올라앉아 있는 사람은 아무도 없다. 모두가 자기가 만나고 싶은 사람을 마음대로 만날 수 있다.

앉기

앉을 때, 사람들은 서기 위해 사용하는 두 다리 대신에 제3의 다리를 이용한다. 의자가 그것인데, 오늘날 우리가 알고 있는 의자는 왕좌(王座)에서 유래된 것이다. 이 왕좌는 통치자를 싣고 다닐 동물이나 인간을 필요로 한다. 의자에 붙어 있는 네 개의 다리는 소나 말, 코끼리 같은 동물의 다리를 나타낸다. 이 높여진 자리에 앉는다는 것은 맨 바닥에 앉는 것과는 분명히 다른 의미가 있다. 의자에 앉는다는 것은 아주 특별한 표시였다. 의자에 앉는 사람은 자신의 신하나 노예인 다른 사람들 위에 앉는 셈이었다. 그가 앉아 있는 동안에 다른 사람들은 서 있어야 했다. 자신만 편안하다면 그들의 피곤 따위는 문제가 되지 않았다. 그가 제일 중요한 사람이었다. 다른 모든 사람의 안녕을 위해선 그의 신성한 힘을 아껴야 했다.

앉아 있는 사람은 누구나, 적극적으로 반항해오지 않는 무방비 상태의 어떤 물건을 내리누르고 있다. 이것은 승마에서 앉는 동작의 특징이다. 그러나 승마의 달리는 동작을 보면 목적지까지 빨리 달려간다는 것 외의 다른 목적은 없는 것처럼 보인다. 승마에서 앉는 동작만을 따로 떼어 고정시켜 보면 그 상위자(上位者)와 하위자(下位者)의 관계에서 일반적인 어떤 것을 얻어낼 수 있다. 하위자는 이미 살아있는 것이라고는 할 수 없다. 그것은 언제나 그 자리에 고정되어 있으며 아무런 의지도 없는 듯이 보이고 노예 중의 노예라 할 수 있다. 상위자는 마음 내키는 대로 행동한다. 원한다면 가기도 하고, 앉기도 하고, 머물러 있기도 한다. 뒤에 남아 있는 것들에 개의치 않고 떠나갈 수도 있다. 상위자는 이러한 상하 관계의 상징을 계속 유지하려는 강한 성향을 가지고 있다. 인간은 네 발 달린 의자를 고수한다. 다른 새로운 것에는 계속 앉아 있기가 불편하다. 상하 관계를 유지하려는 인간의 의도를 잘 구체화시켜주는 그런 의자에 비하면 승마가 지니는 의미조차도 금방 퇴색해버릴 정도이다.

앉아 있다는 것이 풍기는 위엄은 앉아 있기가 지속될 때 특히 두드러진다. 서 있는 사람은 여러 가지 종류의 자세로 나아갈 수 있다. 서 있는 사람의 기민성과 활력은 잠재되어 있는 수많은 가능성 때문에 더욱 중시된다. 그러나 우리가 앉아 있는 사람에게서 기대할 수 있는 것은 그가 계속 앉아 있을 것이란 점뿐이다. 그의 체중이 의자를 누르는 압력은 그의 권위를 확고하게 해준다. 의자에 압력을 가하면서 오래 앉아 있을수록 그의 위치는 더욱 확실한 것으로 보여진다. 인간이 만든 제도 치고 앉기의 이런 성질을 이용하지 않는 것은 없다. 모든 제도는 그 유지와 강화를 위해 이러한 앉기를 이용한다.

사람이 앉아 있을 때 그가 과시하는 것은 그의 육체적인 중량이다. 좀더 효과적이기를 원할 때는 높은 의자 위에 앉을 필요가 있다. 의자의 가느다란 다리와 비교해볼 때 그의 체중은 참으로 무거운 것이라는 인상을 준다. 그가 만약에 땅바닥에 앉아 있다면 인상은 아주 달라진다. 땅은 다른 어떤 것보다도 훨씬 무겁고 단단한 것이므로 그가 누르는 압력이란 상대적으로 아주 보잘것없다. 권력의 가장 단순한 형태는 다름 아닌 인간의 신체 그 자체에서 나오는 권력이며, 그것은 섰을 경우엔 키로 표현되고, 앉은 자리에 압력을 가하고 있을 경우엔 체중으로 표현된다. 자리에서 일어난다는 것은 바로 이 두 가지를 연속적으로 표현한다. 이런 경우를 가장 현저하게 나타내주는 예가 재판관이다. 그는 재판이 진행되는 도중에는 꼼짝 않고 앉아 있다가 선고를 내릴 때가 되면 벌떡 일어선다.

앉는 방식의 차이란 기본적으로 모두 압력을 가하는 방식의 차이 그 자체이다. 쿠션이 있는 의자는 푹신할 뿐만 아니라 앉아 있는 사람에게 은연중 살아있는 물체를 누르고 있는 듯한 느낌을 준다. 쿠션의 이완과 팽창은 살아있는 육체의 그것처럼 느껴진다. 많은 사람들이 푹신한 의자를 싫어하는 것은 그런 느낌 때문일지도 모른다. 그러나 다른 어떤 사람들은 그런 푹신한 의자에 앉아야 비로소 안락감을 느낀다. 이런 사람들은 지배하는 것이 제2의 천성이 되어버린 사람들이다. 이들은 푹신한 의자에 앉음으로써 상징적이고 완화된 형식으로 매일 즐겁게 자신의 지배욕을 표현한다.

눕기

눕는다는 것은 한 인간의 무장 해제를 뜻한다. 서 있을 때의 그를 특징지워주는 숱한 행동과 자세들이 옷처럼 벗겨져버린다. 그의 노고를 덜어주던 그 행동과 자세들도 이제 그와 별 관계가 없는 것처럼 보인다. 눕기의 이러한 외적인 과정은 잠잘 때의 내적인 과정과 비슷하다. 잠잘 때, 우리는 깨어 있을 때면 꼭 필요한 것들(이를테면 정신의 옷이라고 할 수 있는 고정된 사고방식)까지도 벗어서 밀쳐놓는다. 누워 있는 사람은 너무나 철저하게 무장 해제를 하기 때문에 인간이 잠을 자고도 어떻게 살아남을 수 있었는지 도무지 이해가 가지 않을 정도다. 원시 시대의 인간은 동굴에서 살기도 했지만 동굴도 안전한 곳이 아니었다. 나뭇가지와 잎사귀로 빈약한 움집을 짓고 밤을 편히 보내기도 했지만 움집은 전혀 피신처가 되지 못한다. 그런데도 아직 인간이 존재하는 것은 놀라운 사실이다. 인간은, 자기 파멸을 위해 대오를 정비하기 훨씬 이전, 아직 그 수가 얼마 되지 않았을 때 일찌감치 전멸되었어야 했다고 생각하는 게 오히려 자연스러울 것이다. 무방비 상태로 매일 장시간 되풀이되는 잠이라는 하나의 사실만 보더라도 환경적응이론(불가해한 여러 현상들을 설명하기 위해 이 이론은 한결같이 거짓 학설만 반복하려 한다)의 공허함을 명백히 알 수 있다.

그러나 여기서 우리의 관심사는 인간이 잠을 자고도 어떻게 살아남을 수 있었는가 하는 심각하고 어려운 문제가 아니라, 눕기와 그것이 함축하고 있는 권력의 정도(다른 자세와 비교해서)이다. 우리가 이미 보았듯이 권력의 한쪽 끝에는 키와 독립성으로 권력을 나타내는 서 있는 사람과 체중과 지속으로 권력을 나타내는 앉아 있는 사람이 있다. 그리고 다른 한쪽 끝에는 누워 있는 사람이 있다. 누워 있는 사람은 특히 잠을 잘 때 완벽한 무력함을 보여준다. 이 경우 능동적인 무력함이란 없으며, 이것은 눈에 보이지도 않고 아무런 실제적 활동도 하지 않는다. 누워 있는 사람은 자신의 주위 세계로부터 자꾸만 떨어져 나가서 자기 자신 속으로 들어가 자취를 감춘다. 극적인 일은 결코 없다. 남의 눈에 뜨이지 않아야 약간의 안전이나마 보장되기 때문이다. 할 수만 있다면, 그는 자신의 온 몸이 다른 어떤 물체와 닿게 한다. 그는 두 다리를 쭉 뻗고 눕는다. 그러면 그의 온 몸이, 또는 몸의 가능한 한 많은 부위들이 다른 물체와 맞부딪친다. 서 있는 사람은 자유롭고 아무것에도 의지하지 않는다. 앉아 있는 사람은 어떤 물체에 압력을 가한다. 하지만 누워 있는 사람은 어디에서도 자유롭지 못하며, 그를 지탱해주는 모든 물체에 의지하고 있다. 그리고 그가 그 물체에 가하는 압력은 거의 느낄 수 없을 정도로 분산되어버린다.

낮은 곳에서 높은 곳으로 도약할 수 있는 능력은 확실히 인상적이고 매혹적이다. 이런 능력을 가진 사람은 자신이 아직 살아 있으며 잠에 별로 구애받지 않는다는 것, 그리고 자면서도 중요한 말은 알아듣기 때문에 아무것도 그를 습격하지 못한다는 것을 보여준다. 수많은 권력자들은 누워 있는 자세에서 서 있는 자세로의 이와 같은 이행을 중요시한다. 그들은 자신들이 그런 자세 변화를 번개처럼 해치웠다는 이야기를 유포시킨다. 여기에는 일정한 나이가 지나면 더 자라지 않는 키가 계속 자랐으면 하는 소망도 작용하고 있다. 모든 권력자는 자기들의 키가 실제보다 크기를 갈망한다. 그들은 키를 크게 하는 능력이 자신들의 권력에 포함되어 있어서 필요할 때마다 써먹을 수 있기를 바란다. 갑자기 키를 크게 해서 다른 사람들을 깜짝 놀라게 하고 그들을 압도한 다음, 그들이 보지 않을 때 슬그머니 원상태로 돌아와 다음 기회를 노릴 수 있게 되기를 그들은 원한다. 모태(母胎) 속에 있을 때처럼 구부리고 잠을 자다가 침대 위로 벌떡 일어나는 사람은, 이런 돌발적 행동으로 자신의 성장 과정 전체를 되풀이하는 것이다. 그는 유감스럽게도 실제보다 더 커질 수는 없다 하더라도 적어도 현재의 자기 키만큼은 커 볼 수 있을 것이다.

휴식을 위해 눕는 사람들도 있지만, 부상을 당해 일어설 수가 없기 때문에 어쩔 수 없이 누워 있는 사람들도 있다. 이런 사람들은, 서 있는 사람들이 총알에 맞아 쓰러진 짐승을 머리에 떠올릴 정도로, 큰 불행을 당한 사람들이다. 그들을 쓰러뜨린 명중탄은 하나의 치욕이다. 이것이 그들을 죽음으로 향하는 급경사의 내리막길로 밀어버린다. 총알에 맞은 자는 죽을 수밖에 없다. 그가 만약 생전에 위험스런 인물이었다면 죽어서도 증오의 대상이 된다. 그가 완전한 무방비 상태가 되면 사람들은 그를 짓밟고 밀어 던져버린다. 죽은 자가 길을 막고 있는 것은 기분 나쁜 일이기 때문이다. 빈 껍데기 같은 시체란 도대체 존재할 필요가 없는 것이다.

인간이 쓰러질 때는 짐승이 쓰러질 때보다도 훨씬 더 심한 경멸과 혐오의 감정이 유발된다. 총알에 맞아 쓰러진 사람들을 보는 서 있는 사람은, 쓰러진 짐승에 대한 본능적이고 습관적인 승리감과 쓰러진 인간에 대한 괴로운 감정을 동시에 느낀다. 여기서 중요한 것은 서 있는 사람이 무엇을 느껴야 하는가가 아니고, 실제로 어떤 감정을 제일 먼저 느끼는가 하는 것이다. 서 있는 사람은 실제로 항상 승리감을 느끼며 이 승리감은 어떤 상황에 처하게 되면 더욱 강렬해진다. 수없이 많은 사람들이 쓰러져 있는 것을 볼 때 그는 큰 충격에 휩싸인다. 그는 마치 자기 혼자서 그들 모두를 쓰러뜨린 것처럼 생각한다. 권력 감정(Machtgefühl)이 걷잡을 수 없이 비약적으로 자라난다. 그는 시체더미가 온통 자기 것이라고 여긴다. 그만이 홀로 살아있고 나머지 모든 것은 그의 전리품이다. 이보다 더 위태로운 승리감은 없다. 이런 승리감을 한번 맛보았던 사람은 그것을 다시 한 번 맛보기 위해 무슨 일이든 저지르게 될 것이다.

누워 있는 사람과 서 있는 사람의 숫자상의 차이는, 이 점과 관련해서, 매우 중요한 의미를 갖는다. 누워 있는 사람과 서 있는 사람이 어떤 상황에서 서로 마주치는가 하는 것도 또한 무시할 수 없다. 군중 사건으로서 이미 다루어진 바 있는 전쟁이나 전투는 각각 그 나름의 의식을 가지고 있다. 전쟁이나 전투가 벌어지는 곳에서 사람들은 이미 말한 그 난폭한 성향(Tendenz)을 적에 대하여 마음대로 발산할 수 있다. 적을 쓰러뜨리기 위해 굳이 허락을 받을 필요가 없다. 적을 상대로 자신의 동물적 본능을 마음껏 즐겨도 된다.

평화시의 대도시에서라면, 쓰러져 일어나지 못하는 사람은 주위의 사람들에게 또 다른 느낌을 준다. 때와 장소에 따라 정도의 차이는 있지만 그들은 모두 그를 자신들과 동일시한다. 어떤 사람은 지나쳐 가더라도 속으로는 양심의 가책을 느끼기도 하고 또 어떤 사람은 그를 도우려고 애를 쓰기도 한다. 그가 만약 즉시 일어선다면 모든 구경꾼들은 자신들과 다름없는 그의 재기(再起)에 대해 즐거운 마음을 갖는다. 그가 만약 일어서지 못한다면 그는 관계 기관에 넘겨진다. 아주 교양 있는 사람조차 이 지경에 처한 사람에 대해서는 약간의 경멸감을 가지기 마련이다. 사람들은 그 사람에게 필요한 도움을 제공해주긴 하지만 동시에 그를 서 있는 사람의 집단에서 제외시킨다. 그는 더 이상 어른으로 대우받지 못하게 된다.

가부좌

　가부좌는 더 이상 필요한 것이 없어서 자족(自足)하고 있는 그런 인상을 준다. 가부좌를 하고 있는 사람은 몸을 가능한 한 원만하게 하고, 다른 사람들로부터 아무것도 기대하지 않는다. 그는 다른 사람과의 상호관계를 유발시킬지도 모를 일체의 행동을 포기한다. 반작용을 야기할 만한 일은 전혀 생기지 않는다. 가부좌를 하고 있는 사람은 평안하고 만족스러워 보인다. 그가 누구를 공격하는 일은 없다. 필요한 모든 것을 소유하고 있는 것처럼, 더 이상 요구할 게 없는 것처럼, 그는 만족하고 있다. 가부좌를 하고 있는 거지는 무엇을 받든 만족스런 표정을 짓는다. 그에겐 차별이 없다.

　부자들이 방문객을 맞을 때 취하는 동양식 가부좌는 재산에 대한 독특한 태도를 나타낸다. 그렇게 앉음으로써 부자들은 재산을 모두 안전하게 몸에 지니고 다닌다는 인상을 준다. 가부좌를 하고 있는 동안에는 재산을 도둑맞거나 잃어버릴 염려가 겉으로 드러나지 않는다. 부자들은 섬김을 받고 있다. 그러나 섬김을 받고 있는 것은 재산인 것처럼 보인다. 그래서 주인과 종의 딱딱한 관계는 완화된다. 가부좌를 하고 있는 사람은 의자에 앉아 있는 사람처럼 동료 인간들에게 압력을 가하고 있는 모습이 아니다. 가부좌를 하고 있는 사람은 아름답게 옷을 입은 보따리와 같다. 그 보따리에는 그의 모든 재산이 간직되어 있다. 종들이 와서 시중을 드는 것은 바로 이 보따리인 것이다.

　이와 같은 종류의 가부좌는 또한 장차 일어날 수 있는 일에 대한 체념까지 함축하고 있다. 부자가 거지로 되어 같은 식으로 앉아 있을 수도 있다. 그래도 그는 여전히 같은 사람이라고 말한다. 가부좌는 소유와 공(空)을 동시에 함축한다. 소유를 버리고 공에서 출발할 때 가부좌는 명상의 기본자세가 된다. 이것은 동양을 아는 사람이라면 누구나 아는 것이다. 가부좌를 하고 있는 사람은 다른 사람들로부터 해방되어 있다. 그는 아무도 괴롭히지 않고 자기 자신 안에서 편히 쉬고 있다.

무릎 꿇기

눕기에서 보았던 수동적 형태의 무력함 외에도 매우 능동적인 형태의 무력함도 있다. 능동적인 형태의 무력함이란 자리를 함께 한 강자(强者)와 직접 관련되어 있는 것으로, 자신의 무력함이 강자의 권력을 더욱 크게 해주는 그런 무력함을 말하는데, 즉 무릎 꿇기가 여기에 속한다. 무릎을 꿇는 자세는 자비를 베풀어달라고 탄원하는 것으로 해석할 수 있다. 사형 선고를 받은 자가 자신의 머리를 내민다. 죽여도 좋다는 의사 표시다. 그는 저항을 하지 않고 죽이기 쉽도록 자세를 취해준다. 그러나 그는 두 손을 공손하게 마주잡고 최후의 순간, 강자에게 자비를 간청하기도 한다. 무릎 꿇기는 언제나 최후의 순간을 예고하는 서곡이다. 하지만 실제로는 무릎 꿇기가 극단적인 아첨으로 주목을 끄는 따위의 전혀 다른 어떤 일로 대체되기도 한다. 상대방 앞에서 무릎을 꿇은 채 죽임을 당해도 좋다는 모습을 보이는 자는 그 상대방에게 가장 막강한 권력, 즉 죽이고 살리고를 마음대로 할 수 있는 생살여탈권을 바치고 있는 것이다. 이처럼 막강한 자는 어떤 일이든 허용할 수 있는 권한을 갖고 있어야 한다. 탄원을 듣는 이 강자의 자비는 무릎 꿇고 있는 사람의 무방비 상태와의 간격을 보충할 수 있는 정도가 되어야 한다. 그런데 그 간격이 아주 커서 그 간격을 메울 수 있는 것은 오직 그 강자의 큰 신장밖에 없는 것처럼 속여서 믿게 만들고 있다. 만약 그의 키가 그 간격을 메우는 일을 하지 못하면 자기 혼자 있을 때 그의 키는 다른 사람들이 그 앞에 무릎 꿇고 있을 때보다도 더 작아 보이게 될 것이다.

지휘자

지휘자의 활동 이상으로 명백하게 권력을 표현하고 있는 것은 없다. 그의 공개적 동작 하나하나가 모두 분명하며, 그의 몸짓 하나하나가 모두 권력의 성질을 명백히 해준다. 권력에 관해 아무것도 몰랐던 사람일지라도 지휘자를 주의깊게 관찰함으로써 권력의 모든 특질을 계속 발견해낼 수 있을 것이다.

이러한 시도가 전혀 행해지지 않았던 이유는 명백하다. 즉, 지휘자가 이끌어내는 음악만이 가치 있는 유일한 것이라고 생각되고 있는 것이다. 사람들은 자기가 연주회에 가는 것은 심포니를 듣기 위해서라는 것을 지극히 당연시하고 있다. 또 그 누구에게도 결코 뒤떨어지지 않을 만큼 그것을 확신해 마지않는 것이 실은 지휘자 자신인 것이다. 그는 음악에 봉사하고 자기의 해석에 의해 정확하게 음악을 전달하는 것이 자기 임무임을 믿고 있다.

지휘자는 음악에의 봉사자들 가운데 제1인자임을 자처한다. 그의 마음은 음악으로 가득 차 있기 때문에 그의 활동이 다른 비음악적 의미를 지닌다는 생각은 결코 떠오르지 않는다. 그에 관한 다음과 같은 해석에 대해 그 누구보다도 깜짝 놀랄 사람은 바로 지휘자 자신일 것이다.

지휘자는 서 있다. 인간이 최초로 직립했을 때 그것이 의미했던 것에 관한 고대의 기억은, 권력의 갖가지 표출 가운데서 여전히 중요한 역할을 하고 있다. 지휘자는 서 있는 유일한 인물이다. 그의 앞에는 오케스트라가, 그의 뒤에는 청중이 앉아 있기 때문에 그 혼자만 서 있는 것이 유난히 눈에 띈다. 그는 높은 단 위에 서서 앞에서도 뒤에서도 볼 수 있도록 하고 있다. 그의 동작은 앞쪽의 오케스트라와 뒤쪽의 청중에게 동시에 영향을 준다. 실제로 지휘를 할 때 그는 자기 손만을, 또는 손과 지휘봉만을 사용한다. 그는 아주 미세한 동작으로 이런저런 악기에 마음대로 생명을 불어넣기도 하고 침묵시키기도 한다. 이처럼 그는 소리를 살릴 수도 있고 죽일 수도 있는 권력을 가지고 있다. 오랫동안 죽어 있던 어떤 소리도 그의 명령에 의해 부활될 수 있다. 악기의 다양함, 그것은 바로 인간들의 다양함을 나타낸다. 오케스트라는 이질적인 유형의 인간들의 집합과 비슷하다. 오케스트라 단원들의 순종이 지휘자로 하여금 그들을 하나의 단위로 변신시킬 수 있게끔 한다. 이때 지휘자는 그들 대신 바로 이 단위를 세상 사람들의 눈앞에 내놓는다.

그가 연주하는 작품은 언제나 복잡하기 때문에 그는 항상 신경을 곤두세우고 조심을 해야 한다. 침착함과 민첩함은 그의 본질적 특성의 일부이다. 법률 위반자들은 전광석화처럼 구속되어야만 한다. 그 법률은 총보(總

譜)라고 하는 형태로 그의 수중에 있다. 다른 사람들이 이 총보를 가지고 지휘자의 지휘를 체크할 수도 있다. 그러나 지휘자 혼자서 무엇이 법률인가를 결정하고 혼자서 범법자를 즉석에서 처벌한다. 이러한 일이 모두 다 공공연하게 행해지고, 아무리 미세한 점이라도 전부 모든 사람의 눈에 비친다는 사실은 지휘자에게 어떤 독특한 자신감을 부여한다. 그는 언제나 주목받는 것에 점점 익숙해져서 주목받지 않고는 견디기가 힘들어진다.

청중의 부동성(不動性), 그것은 오케스트라의 순종과 마찬가지로 지휘자가 목표로 하는 것의 일부이다. 청중은 가만히 있도록 강요받는다. 지휘자가 모습을 나타낼 때까지는, 즉 연주회가 시작될 때까지는, 그들은 서로 자유롭게 이야기를 나누거나 움직일 수 있다. 이미 무대에 나와 있는 단원들에 대해 신경을 쓰는 사람은 아무도 없다. 이때 지휘자가 나타나고, 실내는 조용해진다. 그는 단상에 올라 기침을 두세 번 하고서 지휘봉을 집어든다. 모든 사람들은 입을 다물고 딱딱하게 굳어버린다. 그가 지휘하고 있는 한 그들은 몸을 움직여서는 안 된다. 지휘가 끝나면 지체 없이 박수를 보내야만 한다. 음악에 자극받고 강화된, 움직이고 싶어하는 그들의 모든 욕망은 연주가 끝날 때까지 억압되어야 한다. 연주가 끝나야 비로소 그 욕망을 풀 수 있다. 지휘자는 박수를 치는 손에 대해 절을 한다. 손이 원할 때마다 그는 몇 번이고 손을 위해 단상으로 되돌아온다. 지휘자는 손에게만 굴복한다. 그의 진정한 생활은 이 손을 위해 있다. 지휘자가 받는 박수는 고대의 승리자에 대한 환호성 바로 그것이며, 그의 승리의 크기는 그 음량에 의해 측정된다. 승리와 패배 이외의 그 어떤 것도 무가치하다. 다른 사람들의 생활에 포함되어 있는 일체의 것이 그에게는 승리와 패배로 변신된다.

연주를 하는 동안 내내 지휘자는 연주회장에 모여든 수많은 사람들의 지도자이다. 그는 그들에게 등을 보인 채 그들의 선두에 서 있다. 그들이 따르는 것은 바로 그 지휘자이다. 최초의 일보를 내딛는 자가 바로 지휘자이기 때문이다. 하지만 그들을 이끄는 것은 지휘자의 발이 아니라 손이다. 그의 손이 불러일으키는 음악의 흐름은 그의 발이 밟아갈 길을 뜻한다. 그는 연주회장의 사람들을 꾀어서 데리고 간다. 하나의 작품이 연주되고 있는 동안 그들은 결코 지휘자의 얼굴을 볼 수 없다. 그는 냉혹하기 이를 데 없다. 즉, 그는 숨 돌릴 틈조차 주지 않는 것이다. 그들은 자기들 앞의 지휘자의 등을, 흡사 자기네의 목적지이기라도 한 듯 줄곧 보고 있다. 만약 그가 단 한 번이라도 뒤를 돌아보거나 하게 되면 그 마력은 상실되고 말 것이다. 이제껏 걸어왔던 길은 갑자기 사라져버리고, 그들은 환멸에 찬 채 무감동한 연주회장에 앉아 있게 될 것이다. 그러나 청중은 지휘자가 뒤돌아볼 리가 없음을 믿을 수 있다. 왜냐하면 청중들이 뒤에서 따르고 있는 동안, 지휘자는 자기 앞에 있는 직업 연주가들의 작은 부대를 스스로 통제하지 않으면 안 되기 때문이다. 이때도 지휘자는 자기의 손을 사용하지만, 이런 경우에 손은 지휘자 배후에 있는 사람들에 대해서처럼 길을 지시할 뿐 아니라 명령을 내리기도 한다.

 극도로 강렬한 지휘자의 눈초리는 오케스트라 전체를 휘어잡는다. 단원들은 모두 지휘자가 자기를 보고 있으며 더 나아가 자기가 내는 음을 듣고 있다는 느낌을 갖는다. 악기의 음은 지휘자가 극히 신경을 곤두세워 주의를 기울이는 단원들의 의견이며 신념이다. 그는 무엇이든 다 알고 있다. 왜냐하면 단원들은 자기들 파트밖에 보고 있지 않는 반면에 지휘자는 총보 전체를 암기하고 있거나 보면대(譜面台) 위에 펼쳐놓고 있기 때문이다. 어떤 순간에도 지휘자는 각 단원이 무엇을 해야 하는지를 정확하게 알고 있다. 지휘자의 주의가 단번에 모든 장소에 다다른다고 하는 사실이 그에게 편재성(遍在性)이라는 외관을 부여한다. 그는 이른바 모든 단원의 마음속에 존재한다. 지휘자는 각 단원이 당연히 해야 할 일뿐만 아니라 실제로 그들이 무엇을 하고 있는지조차도 알고 있다. 그는 살아 있는 육법전서이며 도덕계의 선과 악 두 면을 모두 지배한다. 그의 손은 모든 해야 할 일을 명령하고 해서는 안 될 일을 저지한다. 그의 귀는 금지된 짓을 하려는 아주 작은 기색에도 열리게 된다. 이리하여 지휘자는 오케스트라를 위해서 작품 전체를, 그 작품의 동시성과 연속성을 현상으로 나타낸다. 그리고 연주가 진행되는 동안 세계에는 그 작품 이외의 다른 어떤 것도 존재하지 않는다. 그 동안만은 지휘자가 세계의 지배자가 되는 것이다.

명성

누구의 입이 퍼뜨렸느냐 하는 것은 명성에서 대수롭지 않은 문제이다. 명성은 이 문제에 개의치 않는다. 중요한 것은 그 이름이 소리내어진다고 하는 사실뿐이다. 발설자의 신원에 대한 무관심, 그리고 특히 명성 추구자들 사이의 평등, 이런 사실들은 명성 추구의 원인이 군중 조작에 있음을 말해 준다. 명성을 추구하는 자의 이름이 군중을 모은다. 인간 자체와는 별 상관이 없는 부수적인 것에 불과한 이름이 독립적이고 탐욕스런 삶을 영위한다.

명성 추구자가 마음속에 그리는 군중은 그림자의 군중이다. 다시 말해, 어떤 특정의 이름을 반복하는, 단 하나의 일만 가능하다면 생명을 가질 필요조차 없는 그런 사람들로 이루어진 군중이다. 명성 추구자는 그들이 종종 그것을 반복하기를 원하며, 가능한 한 많은 사람들이 그것을 듣고 자기 나름대로 부르는 법을 배우도록 다른 사람들 앞에서 반복하기를 바란다. 그러나 이 그림자들이 추구하는 그 밖의 것들, 즉 그들의 위대함, 그들의 외관, 그들의 생활 방법 및 일하는 태도 따위는 그 명성 추구자에게는 전혀 상관없는 문제인 것이다. 자기 이름을 입 밖에 내는 사람들 개개인에게 신경을 쓰고 있는 한, 그들을 설득하거나 매수하거나 격려·편달하는 한, 그 명성 추구자는 아직 진정으로 유명하다고 할 수 없다. 그가 하고 있는 일은 모두 장차 형성될 그림자들의 군대를 위한 간부 훈련인 것이다. 그에게 그들 전원을 방치해버릴 여유가 생길 때야말로 그가 명실공히 명성을 얻게 되는 때이다.

부자와 권력자 및 명사(名士)의 차이는 아마 다음과 같이 이해될 수 있을 것이다.

부자는 가축떼나 산더미 같은 곡물, 혹은 그것들을 입수하는 데 도움이 되는 화폐를 모은다. 그에게 인간들의 일 따위는 아무래도 상관없다. 자기가 인간들을 돈으로 살 수 있다는 사실만으로 그는 충분하다.

권력자는 인간들을 모은다. 산더미 같은 곡물이나 가축떼는 그가 인간을 모을 때 필요로 하는 분량을 제외하고는 그에게는 아무런 의미도 없다. 더욱이 그가 원하는 것은 자기보다 먼저 죽음의 길로 가게 할 수 있는, 또는 자기의 죽음의 여행에 길동무로 데려갈 수 있는 살아있는 인간이다. 그는 자기보다 앞서 살았던 사람들이나 자기보다 나중에 태어난 사람들과는 간접적으로밖에 관계하지 않는 것이다.

명사는 합창대를 모은다. 그가 바라는 것은 그들이 자기 이름을 반복하는 것을 듣는 것이다. 그들이 많이 모여 있고 그의 이름에 정통해 있는 한, 그들이 죽었든 살았든 또는 아직 태어나지 않았든 아무래도 상관없는 일이다.

시간의 질서

어느 정도 이상의 규모를 지닌 정치적 조직이라면 질서라는 것을 무시할 수 없다.

시간의 질서는 인간들의 모든 공동 활동을 규제한다. 시간의 질서를 조정하는 것, 그것은 모든 지배의 가장 중요한 속성이라고 해도 과언은 아닐 것이다. 스스로의 지위를 유지하고자 하는 새로운 권력은 시간의 새로운 질서를 시행하지 않으면 안 된다. 새로운 권력은 어디까지나 그 권력과 더불어 시간이 시작되었던 것처럼 가장하지 않으면 안 된다. 모든 새로운 권력에 더 한층 중요한 것은 자신이 소멸하지 않는다는 점이다. 미래 시간에 대한 저들의 권리 주장을 보면 저들이 자신의 권력을 얼마나 위대하게 평가하고 있는지 알 수 있다. 히틀러가 원했던 제국은 최소한 천년 제국이었다. 카이사르가 제정했던 율리우스력은 천년 이상 계속되었으며, 더 오래 오늘날까지 계속되고 있는 것은 아우구스투스의 이름을 따서 명명된 달 이름이다. 역사상의 인물들 중에서 그만이 직접 자신의 이름을 달 이름(8월)에 붙이는 데 성공했을 뿐이다. 다른 사람들도 자기네의 이름을 월명에 부여하려고 시도해보았지만, 그들의 이름은 자기네들의 입상(立像)과 더불어 사라져갔다.

시간 계산에 지극히 커다란 영향을 미친 것은 그리스도였다. 이 경우에 그는 신 자신(유태력은 신의 천지창조를 기점으로 했다)조차도 업신여겼다. 로마인들은 그들의 도시 창설을 출발점으로 하여 거기에서부터 시간을 계산했는데, 이것은 에트루리아인들로부터 이어받은 방법이었다. 이 방법은 세계사적인 규모를 가진 로마의 강대한 운명에 대해 적지 않은 역할을 한 방법이기도 했다. 자기 이름을 달력의 어딘가에 삽입함으로써 만족해 하는 정복자도 많다. 예를 들어 나폴레옹은 8월 15일을 몹시 희망했다고 한다(그는 1769년 8월 15일 태어났다-역주). 사람의 이름을 정기적으로 순환하는 날짜와 연결시킨다고 하는 생각에는 저항하기 어려운 매력이 있다. 이런 식으로 자신을 영속화시키려는 강한 욕망을 지닌 권력자는 항상, 아직도 너무나 많은 사람들이 시간에 붙어 있는 명칭의 기원을 모르고 있다고 여기기 마련이다. 왕조 이름에 의해 알려져 있는 일련의 세기(世紀)는 있지만, 한 계절에 스스로의 이름을 부여하는 데 성공했던 인간은 없었다. 사실, 중국의 역사는 왕조를 기준으로 하여 씌어져 있다. 즉, 한(漢)대나 당(唐)대라는 왕조가 언급되는 것이다. 잊혀지는 편이 오히려 행복할 것 같은 단명의 가련한 왕조조차도 이러한 왕조의 후광을 입고 있다. 중국인들 사이에서는 그것이 극히 긴 시간 계산의 일반적인 방법이 되었지만 그것이 무한하게 전해지는 것은 개인보다도 오히려 가문에 의해서이다.

그렇지만 권력자와 시간의 관계는 스스로의 이름에 대한 자만심으로 끝나는 것이 아니다. 그는 기존의 단위에 스스로의 이름을 부여하는 것뿐 아니라 시간의 조정에도 구애를 받는다. 중국의 역사는 이러한 조정과 더불어 시작된다. 전설적인 고대 통치자들의 위신은 대부분 사람들이 그들 통치자가 만들어냈다고 믿는 시간의 효과적인 구분에 기인한다. 특별한 관원들이 이것을 감시하기 위해 임명되었는데, 만약 임무를 소홀히 할 경우 그들은 처벌당했다. 중국인들이 최초로 하나의 국민이 되었던 것은 통일적인 력(曆)을 완성했을 때였다.

여러 가지 문명은 각각의 시간의 질서에 의해 가장 잘 구별될 것임이 틀림없다. 문명은 전통을 지속시킬 수 있는 능력에서 그 존망이 결정된다. 문명이 더 이상 자기의 전통을 계승시키지 못할 때 그 문명은 붕괴된다. 문명이 그 자체의 시간의 질서를 진지하게 생각하지 않게 될 때 종말을 고한다. 이 한 가지 점에 관한 한, 이것은 개인의 생(生)과 유사하다. 자기가 몇 살이나 됐는지에 대해 더 이상 알려고 하지 않는 인간은 스스로의 생에 대한 관심을 지니지 않게 되었음을 뜻한다. 그것을 알 수 없게 되었을 때, 그는 이미 죽은 것이나 다름없다. 개인에서와 마찬가지로, 어떤 문명에서 시간에 대한 의식이 상실된 시대라고 하는 것은 가능한 한 빨리 잊어버리고 싶은 치욕의 시대인 것이다.

시간의 조정이 그렇게 중요하게 된 데에는 몇 가지의 명백한 실천적 이유가 있다. 그것은 멀리 떨어져 생활하고 서로 얼굴을 대할 수도 없는 인간들의 꽤 큰 집단들을 결합시킨다. 50명 정도의 작은 집단에서는 누구나 자기 이외의 다른 모든 사람들이 무엇을 하고 있는지를 항상 알고 있다. 그들이 공동 활동에 참가하는 것은 참으로 쉬운 일이다. 그들의 생활 리듬은 무리 내부에서 만들어진다. 그들은 다른 많은 것들이 춤을 추듯이, 무리의 지속을 춤춘다. 어떤 무리의 활동과 다른 무리의 활동과의 시간적 엇갈림은 중요하지 않다. 왜냐하면 사람들이 긴밀하게 접하여 생활하고 있기 때문에 필요한 경우에는 언제나 서로 전달할 수 있기 때문이다. 연락 범위가 확대되면 정확한 시간에 대해 신경을 쓰는 것이 한층 중요해진다. 멀리 떨어진 거리를 극복하는 데 북소리나 불에 의한 신호는 도움이 된다.

꽤 큰 집단들 사이에 최초의 시간적 통일을 부여했던 것은 소수 개인들의 생활이다. 즉, 각 시대에 살았던 왕들은 자기의 통치 기간에 해당하는 시간의 간격을 모든 사람에게 구체적으로 보여주었다. 그들의 죽음은(기력의 쇠약으로 인한 죽음이든, 천수를 다한 죽음이든) 언제나 시간의 단절을 나타냈다. 그들은 시간 자체였다. 어떤 왕과 다음 왕 사이에서 시간은 정지하고 있었다. 그래서 사람들은 권력의 공백 상태인 이러한 중간 시기, 즉 과도기를 가능한 한 짧게 하려고 노력했던 것이다.

궁정

궁정은 무엇보다도 우선 중심, 사람들이 그것에 비추어 스스로의 위치를 정하는 중심점이라고 생각되고 있다. 중심점 주위를 도는 경향은 참으로 오래 된 것으로서 사실 침팬지에서조차도 볼 수 있다. 그러나 원래는 이 중심점 자체가 유동적이었다. 그것은 어떤 곳에나 존재할 수 있었으며, 그 주위를 움직이고 있는 사람들과 더불어 방랑했던 것이다. 서서히 이루어진 일이긴 하지만 이 중심점은 고정되었다. 암석과 수목은 그 장소에서 단 한 걸음도 물러날 수 없는 모든 것들의 원형이며, 그렇기 때문에 대단히 견고한 군주의 수도가 최초로 건설됐을 때의 재료는 암석과 수목이었다. 이런 종류의 중심을 쌓는 일의 곤란함, 즉 멀리서 석재를 운반하는 곤란함, 이 공사에 참가했던 사람들의 수, 그 완성에 걸렸던 시간 그 자체, 이것들 모두가 영속성에 의해, 중심이 획득하는 위신을 높이는 데 공헌했다.

그러나 하나의 조그마한 세계의 이 고정된 중심점은(이 중심점은 그 세계에 일종의 질서를 부여하고 있다) 아직 궁정은 아니었다. 궁정은 마치 그 건물의 일부로 착각될 정도로 단 한 치의 오차도 없이 궁정에 짜맞춰 들어가 있는 사람들의 존재를 필요로 한다. 그들은 마치 방 그 자체이기나 한 듯이 갖가지 간격과 높이에 배치되어 있다. 그들의 임무는 정확하게 처음부터 끝까지 결정되어 있다. 그들은 정해진 만큼의 일만 깨끗이 해내면 되는 것이며 그 이상의 일을 해서는 안 된다. 그리고 그들은 때때로 집합해야만 하며, 자기 분수를 알고 또 자기네에게 부과된 제약을 충분히 의식하면서 지배자에 대해 충성을 맹세한다.

그들의 충성의 맹세란 이런 것이다. 궁정에 있으면서, 그들은 얼굴을 지배자 쪽으로 향하고 그의 주변에 모여들되 너무 가까이 그 지배자에게 접근하지 않고, 그에게 마음을 빼앗기고, 그를 두려워하고, 그에게 모든 기대를 건다. 광휘(光輝)와 공포, 총애에 대한 가능성이 평등하게 섞여 있는 이 독특한 분위기 속에서 그들은 일생을 보낸다. 그들에게 그 외에 다른 것은 거의 존재하지 않는다. 그들은 이른바 태양 그 자체에로 이주했던 것이다. 그들은 다른 사람들에게 태양도 역시 거주 가능한 곳임을 보여준다.

신하들은 흡사 주문에라도 홀린 듯이 눈길을 계속 지배자에게 쏟고 있다. 그 이외에 그들 전원에게 공통되는 것은 전혀 없다. 그러나 그 점에 관해서는 신분의 고하를 막론하고 그들 모두가 평등하다.

응시 방향의 불변 동일성이란 점에서 그들은 어떤 군중적 성질을 지니고 있지만 그것은 기껏 싹트는 단계에 지나지 않는다. 왜냐하면 그들의 응시는 그들 각자에게 다른 신하와는 구별되는 자신의 고유한 의무를 생각하게 하기 때문이다.

신하의 태도는 다른 피지배자들에게 전염된다. 신하들이 항상 하고 있는 일을 때때로 그들은 해야만 한다. 여러 가지 특정한 기회에, 예를 들어 왕이 어떤 도시로 들어갈 때, 백성들 모두는 왕의 신하들이 일상적으로 궁정에서 하고 있는 것과 마찬가지로 왕을 받들지 않으면 안 된다. 또한 그들의 충성의 맹세는 오랜만에 하는 것인 만큼 더 한층 열광적으로 일제히 왕에게 바쳐져야만 한다. 궁정이란 존재는 모든 피지배자들을 수도로 바싹 끌어당겨야만 하고 그들은 신하들의 작은 원 주위에 커다란 동심원을 그리듯 집합해야만 한다. 수도는 궁정 주위에 세워진다. 수도의 즐비한 집들은 궁정에 대한 충성을 맹세하는 변함없는 표시이다. 왕은 이것을 아주 당연하게 여기며, 이에 보답이라도 하듯이 자기가 거처하는 궁궐을 더욱 화려하게 치장한다.

궁정은 군중결정체의 좋은 예이다. 궁정을 구성하는 사람들은 각자 전혀 별개의 기능을 지니며 서로가 완전히 이질적인 것처럼 보인다. 그러나 그들 이외의 사람들에게 그들은 신하로서 모두 평등하게 공통의 충성심을 방사(放射)하는 하나의 동일한 단위에 속하는 것처럼 보인다.

비잔틴 황제의 성장하는 옥좌

갑작스런 성장은 언제나 인간들에게 강렬한 인상을 주어왔다. 인간은 자기의 키를 변하게 하지 않고서도 의자에서 갑자기 일어남으로써 우리들을 놀라게 한다. 그러나 그보다 한층 더 우리를 놀라게 하는 것은 지켜보는 사람의 눈앞에서 갑자기 거대해지는 작은 물체이다.

물론 이러한 종류의 것은 여러 민족의 신화나 동화에 의해 잘 알려져 있으나, 10세기의 비잔틴에서 크기의 변화가 권력을 위해 의식적으로 이용된 예가 있다. 오토 1세의 사절을 지냈던 리우트프란트 폰 크레모나(Liudprand von Cremona)는 비잔틴의 황제 알현에 관해 다음과 같은 기록을 남기고 있다.[1]

"황제의 옥좌 앞에는 나무가 한 그루 서 있었다. 그 나무는 금박을 입힌 청동으로 만든 것이었으며, 그 가지에는 역시 금박 입힌 청동 새들이 가득 앉아 있었다. 그 새들은 각각 종류에 따라 갖가지 울음소리를 냈다. 그러나 황제의 옥좌는 극히 정교하게 만들어졌기 때문에 어떤 순간에는 낮게, 다음 순간에는 크게, 그리고 또 그 후에는 공중으로 높이 상승하는 것처럼 보였다. 그 옥좌는 놀라울 만큼 거대했으며 사자들이 호위하고 있었다. 사자들은 금박을 입힌 청동 및 목재로 만들어져 있었는데, 그 꼬리로 바닥을 치며 입을 크게 벌리고 혀를 떨면서 울부짖는 형상이었다. 나는 두 환관의 부축을 받으며 황제의 면전으로 안내되었다. 내가 나타나자 사자들은 포효했고 새들은 온갖 소리를 내며 지저귀기 시작했다. 그러나 나는 두려워하지도 않았으며 놀라지도 않았다. 나는 미리 이런 모든 것에 대해 잘 알고 있는 사람으로부터 듣고 온 터였기 때문이다.

이렇게 하여 나는 바닥에 세 번 얼굴을 대고 황제에 대한 경의를 표한 후 머리를 들었다. 이게 어찌 된 일인가, 방금 보기 좋을 정도 높이의 의자에 앉아 있었던 황제가 이번에는 다른 옷을 입고 홀의 천정에 닿을 만한 높이에 앉아 있는 것이었다. 틀림없이 그는 포도 압착기에 사용되는 것과 같은 종류의 장치에 의해 위로 들어 올려진 것이리라. 그렇지 않다면 나로서는 어떻게 해서 이런 일이 일어날 수 있는지 전혀 짐작조차 할 수 없었다. 그 때 그는 내게 친근하게 말을 걸거나 하지 않았다. 설령 그가 그렇게 하기를 원했다 하더라도 그와 내가 이토록 멀리 떨어진 상태로는 이야기를 나누기가 불가능했을 것이다. 그러나 그는 궁내관(宮內官)을 통해서 나의 주군(主君)의 근황과 건강상태를 물었다. 나는 적당히 답변을 하고서 통역이 고개를 끄덕여 신호하자 어전을 물러나 지정된 숙소로 돌아왔다."

이 사절이 바닥에 이마를 대고 있는 사이에 황제의 옥좌는 위를 향해 늘어났다. 한편을 낮게 하는 것이 다른 한편을 높이는 데 이용된다. 사절의 알현이라는 사실에 의해 너무나도 압축되어 있던 두 사람 사이의 거리는 이렇게 해서 수직적으로 회복된다. 지저귀는 인공 새들이나 포효하는 인공 사자들도 계속 성장하는 옥좌의 구조 앞에서는 그 존재가 희미해진다. 이 성장은 모든 권력에 고유한 증대에의 충동을 상징하고 있다. 그것이 다른 나라의 권력으로부터 보내진 사자(使者)에 대한 권력의 협박임은 명백하다.

진행성마비 환자의 위대함이라는 관념

우리들은 '위대함'이라고 하는 말을 실제로 어떻게 이해하고 있는 것일까? 이 말이 참으로 다양한 의미로 사용되고 있기 때문에 사람들은 그것에 명확한 의미를 붙여보려는 시도에 대해 절망할지도 모른다. 일찍이 '위대한'이라고 불리지 않았던 것이 어디에 있을 것인가! '위대한'이라는 말 속에는 인간의 존엄성을 일깨워주는 위엄과 더불어 그와 정반대의 것, 즉 우스꽝스런 소행도 함께 표현된다.

이 '위대함'이란 말이 인간들이 그것 없이는 더 이상 살아갈 수 없는 어떤 것을 나타내는 것은 바로 이러한 상반되는 두 요소의 혼재 때문이다. 우리들은 그것을 그 애매함 자체 속에서 파악하도록 노력하지 않으면 안 된다. 그렇게 하기 위한 절호의 기회는 '위대함'이 가장 알기 쉬운 평범한 형태로 나타나는 경우, 즉 특별한 천부적 재능을 지닌 것도 아닌 단순한 인간들의 마음속에 있는 '위대함'에 접근할 경우임에 틀림없다.

계속 연구되어 왔던 일반적 질병의 예, 즉 진행성마비가 이 문제에 접근하는 데는 안성맞춤이다. 진행성마비는 그 형태가 다양한데, 특히 그 고전적인 병례(病例)에서는, '위대함이라는 관념'이 대량으로 생성된다는 점이 그 특징이다. 이 관념은 극히 어수선하게 번갈아가며 나타나고, 외적인 사태에 의해 발생되기 쉽다. 모든 진행성마비에 이 관념이 다 인정되는 것은 아니다. 이 관념이 비소(卑小)함의 관념에 의해 치환되는 억울증(抑鬱症)적 형태도 존재한다. 또한 두 관념이 동시에 나타나는 형태도 많이 존재한다. 그러나 우리는 여기에서 병 그 자체를 대상으로 하는 것은 아니다. 우리에게 흥미있는 것은 사실로 기록되어 있는 특정 병례에 나타나는 구체적인 위대함에 관한 관념의 집적(集積)이다. 이들 관념은 바로 이들 관념의 풍부함, 소박함, 그리고 자극에 대한 경솔한 반응(이런 것들은 정상적인 사람들, 즉 진행성마비에 걸리지 않은 사람들에게 기이한 느낌을 준다) 등등의 점에서 '위대함'의 해명에 놀랄 만한 도움을 준다. 독자들은 잠시 동안 이하의 긴 열거에 대해 좀더 인내해야 할 것이다. 이들 관념의 진정한 의미는 이 관념들이 가능한 한 완전한 형태로 주어지지 않으면 이해 불가능하다. 여기에서 이야기되는 두 사람의 환자가 모두 빌헬름 황제 시대의 독일, 즉 그들 관념의 많은 부분에 영향을 준 상황 아래에 살았던 사실을 부언해두어야 하겠다.

크레펠린의 병원에 실려왔던 한 중년 실업가는 자기 자신에 관해 다음과 같이 말했다고 기록되어 있다.[2]

"그는 예전에 피로와 피해망상으로 발작했던 적이 있으나 지금은 정신상태도 완전히 정상을 회복했고, 다만 약간 신경질적인 데가 있을 뿐이었다. 그의 사업 능력은 그가 병원에서 받은 간호 덕택에 현저히 좋아져서 이제는 여러 가지 일을 하려고만 하면 할 수 있었고, 그의 앞날에는 빛나는 미래가 있었다. 그는 곧 퇴원할 수 있었는데, 그러면 커다란 제지공장을 세울 예정이었다. 어떤 친구가 그에게 필요한 자금을 제공하게 되어 있었다. 게다가 이 친구가 잘 알고 있던 크루프는 메츠 근방에 있는 땅을 그가 임의로 쓰도록 맡겼으며, 그는 이것을 대규모 원예에 이용할 계획이었다. 이 지방은 여전히 포도원에 적합한 지방이기도 했다. 또 그는 더 나아가서 경작 작업용 말을 14필 구입할 것이고, 큰 이익을 남길 수 있는 거대한 제재소를 만들 것이다. 누군가가 이러한 사업이 모두 생각대로 잘 진행된다고는 단정할 수 없으며 많은 자금을 필요로 하는 일이라고 지적하면, 그는 자기처럼 사업에 관해 위대한 능력을 구비한 인간은 갖가지 곤란을 극복하는 방법을 알고 있으며, 그 사업은 수익성이 높기 때문에 금전적으로 어려워질 리가 없다고 확신을 갖고 답변했다. 그러면서 그는 덧붙여 황제가 자기에게 관심을 가지고 있어서 옛날 그의 조부가 반환했던 귀족의 지위를 다시금 기꺼이 수여할 것이라고 상대방에게 넌지시 암시했다. 실제로 그는 이미 귀족의 칭호를 이용할 권리를 취득하고 있었는데도 말이다. 이러한 모든 보고가 조용하고 사무적인 어조로 행해졌으며, 그때의 그의 태도는 아무리 봐도 정상적인 것이었다."

그 계획을 확대시키도록 그를 부추기는 것은 쉬운 일이었다. "만약 누군가가 가금(家禽) 사육이 이익을 볼지도 모른다고 넌지시 암시하면 그는 당장 상대방에게 자기는 칠면조, 닭, 공작, 비둘기를 사육하고 꿩 사육장을 만들 예정이라고 확신에 차서 말했다."

그의 병이 처음으로 사람들의 눈을 끌게 된 것은 이에 대한 계획과 대규모 구입 때문이었다. 그를 병원에 데려가자, "그는 일하고 싶어했고 또 정신적, 육체적으로도 전에 없이 건강함을 느끼고 있었다. 그는 병원에 관계 있는 것 모두를 마음에 들어 했고, 병원에서는 괴테나 실러, 하이네를 능가할 훌륭한 시를 쓰고 싶어했다. ……그는 셀 수 없을 정도의 신식 기계를 발명하고 병원 주위를 새로운 건물로 둘러싸고 쾰른 대성당보다도 높은 대성당을 세우며 병원 전체를 방탄유리로 덮기를 원했다. 그는 온 세상의 모든 언어를 말하는 천재였다. 그는 황제로부터 최고 훈장을 받고, 바보를 관리하는 방법을 발견하며, 연구소와 도서관에 철학 서적만 1,000권을 기증할 생각이었다. 그의 모든 생각은 신의 생각과 비슷했다. 이들 위대함의 관념은 끊임없이 변화하고 순식간에 생겨나 재빨리 새로운 관념에 의해 대치되는 것이었다. ……이 병자는 끊임없이 지껄이고 썼으며 신문 광고에서 본 모든 물건(식료품, 별장, 의류, 가구 등등)을 즉석에서 주문했다. 그는 어떤 때는 백작이었으며 또 어떤 때는 육군 중장이었다. 그는 황제에게 야전포병 1개 연대를 몽땅 증정했다. 그는 또 병원을 어떤 산꼭대기로 옮길 것을 요청했다."

이 어수선한 기록을 일단 정리해보도록 하자. 제일 먼저 고소 지향(高所志向)이라고나 해야 할 것이 엿보인다. 즉, 그는 쾰른 대성당보다도 높은 대성당을 세우고 병원을 산꼭대기로 옮길 것을 바라고 있다. 그가 완수한 상승은 다음에 사회적 등급의 용어로 번역된 그 자신이 된다. 즉, 그의 조부는 귀족이었으며, 그 자신은 백작이고, 군대의 위계질서로 볼 때는 육군 중장인 것이다. 황제는 그에게 관심을 가지고 있어서 그가 말한 그대로 훈장을 수여한다. 최후로, 그는 황제에게 1개 연대를 몽땅 증정하는데, 이것은 그가 황제보다도 훨씬 높은 지위에 이르려고 함을 의미한다.

똑같은 충동이 정신의 영역에서도 나타나 있다. 즉, 그는 천재이기 때문에 온 세계의 말을 다 할 수 있다. 마치 그가 모든 언어의 지배자이고, 모든 언어는 그의 신하들인 듯하다. 그는 자기가 알고 있는 괴테나 실러, 하이네를 능가할 것이다. 우리들은 이 고소 지향이 고소(高所)에 있는 상태에 관한 것이 아니라, 그곳에 신속하게 도달하는 과정에 관한 것이라는 인상을 받는다. 상승은 기회가 있으면 언제나 몇 번이든 간에 갑자기 신속하게 행해지지 않으면 안 된다. 이제까지 도달할 수 있는 가장 위대한 것이라고 생각되었던 고소가 사실은 참으로 간단히 능가당해 새로운 고소 기록이 수립됨이 명백해진다. 우리들은 고소 기록 경쟁의 진정한 목표는 성장에 있는 게 아닐까 하고 생각할 수밖에 없다.

두번째 성향도 적잖게 눈에 띄는 현저한 특징인데, 바로 획득욕이다. 그는 제지 공장, 제재소, 대규모 원예, 포도원, 말에 관해서 이야기하고 있다. 그러나 가끔 가금(家禽) 사육 암시를 받아들이는 그의 방법은, 그의 마음속에서 획득욕이 아직 원시적인 특징을 갖고 있음을 나타낸다. 그것은 모든 종류의 증대, 특히 원래 스스로 증대를 바라는 살아있는 것들의 증대에 대한 욕망을 의미한다. 칠면조나 닭, 공작, 비둘기, 꿩 등은 모두 각각 종류별로 헤아려졌으며, 모든 경우에 그것들이 사육에 의해 번식하여 셀 수 없을 정도로 많아진다고 하는 관념이 작용하고 있다. 여기에서 획득은 아직은 본래적인 의미, 즉 자연적인 군중이 영향을 미쳐 사람들에게 유익한 증식의 결과를 가져온다는 의미로 사용되고 있다.

세번째는 낭비하려는 성향이다. 그는 신문에 광고된 모든 것(식료품, 별장, 의류, 가구류 등)을 주문한다. 만약 그가 자유의 몸으로 실제 돈을 지니고 있었다면 그는 이 모든 것을 구입했을 것이다. 하지만 그가 이런 종류의 것들을 모아두지는 않을 것이다.

그는 돈 쓰는 솜씨가 좋은 것과 마찬가지로 이런 종류의 물건에 대해서도 선심을 쓸 것임이 확실하며, 자기가 만나는 어떤 사람에게도 그냥 그것을 줘버리고 말 것이다. 소유와 마찬가지로 축적은 그와 무관하다. 사고 싶은 여러 물건이 산처럼 그의 앞에 쌓여 있을 것임은 확실하다. 하지만 그가 그 물건들을 소유하지 않는다고 하는 전제에서만 그렇다. 그에게 부(富)의 유동성은 부 그 자체보다도 중요하다. 그에게는 하나 가득 움켜쥠과 함께 버린다고 하는 두 가지 전형적인 행위가 있으나 사실은 하나의 행위나 마찬가지이다. 그것은 위대함의 행위, 바로 그것이다.

그럼, 제2의 예로 눈을 돌려보도록 하자.[3] 이 환자 역시 중년 실업가이지만, 진행성마비의 증상으로 보아서는 처음 환자보다도 훨씬 더 자극적이다. 그의 경우에도 일체가 다 장대한 여러 가지 계획과 더불어 시작됐다. 아무런 자금의 뒷받침도 없이 그는 갑자기 3만 5,000마르크로 목욕탕을 사고, 레스토랑을 개점하기 위해 1만 6,000마르크 상당의 샴페인과 1만 6,000마르크 상당의 화이트 와인을 주문했다. 입원 중, 그는 끊임없이 자랑을 해댔다.

"그는 자기 몸을 200킬로그램이 될 때까지 크게 해 자기 양팔에 강철 막대를 끼우게 하고서 100킬로그램이나 되는 철로 된 훈장을 몸에 달기를 바라고 있다. 그는 철제 기계를 지니고 그것을 이용하여 자기 전용으로 50명의 흑인 여자를 제조, 그녀들을 상대로 42세 남성의 한창 때를 과시할 것이다. 그는 교황으로부터 금제(金製) 장미 훈장을 수여받은 일이 있는, 6억 마르크를 지참금으로 지닌 16세 백작 딸과 결혼할 것이다. 그는 귀리를 먹지 않는 말과, 방탄용 갑철(甲鐵)로 만들어진 백조 및 고래가 있는, 금으로 된 성을 100개나 지니고 있다. 그는 위대한 발명가이며, 자기와 말을 트는 사이인 황제를 위해 1억 마르크를 들여 성을 지어주었다. 그는 대공(大公)에게서 124개의 훈장을 수여받았으며, 국내의 모든 가난한 사람들에게 일인당 50만 마르크를 준다."

그와 동시에 그에게는 피해망상이 있었다.

"그의 생명을 앗으려는 시도가 다섯 번이나 행해졌으며, 매일 밤 양동이 두 개 분량의 피가 그의 엉덩이로부터 빠져나가고, 그 보복으로 그는 간호인들의 목을 치고 그들이 개에게 갈기갈기 찢겨 먹히도록 한다. 그는 또

증기식 단두대를 제작하고 있다."

모든 것이 훨씬 더 조야(粗野)하고 더 명백하다. 중요한 것은 오로지 성장, 성장 그 자체이며, 성인의 체중 200킬로그램이 성장 여부를 측정하는 기준이다. 중요한 것은 힘으로, 그는 강철 막대를 자기 양팔에 끼우게 한다. 중요한 것은 가장 무겁고 가장 오래 가는 훈장으로, 그는 100킬로그램이나 되는 무게의 철제 훈장을 달고 다녀도 끄떡없을 정도로 힘이 충분히 강하다. 그리고 마지막으로 그의 관심은 정력과 시간을 저지하는 능력으로 향해진다. 즉, 그의 50명의 흑인 여자들에 대해 그는 언제까지나 42세 남성으로서 관계를 계속할 것이며, 유달리 젊고 큰 재산가인데다가 지극히 정결한 신부만이 그에게 충만한 만족을 준다. 귀리는 그의 말들에게는 너무 진부한 것이다. 금으로 된 성에 있는 100개나 되는 백조들도 아마 틀림없이 여자일 것이다. 그리하여 그는 자기의 흑인 여자들과 비교해가면서 즐길 수 있을 것이다. 또 고래도 지니고 있는데, 그건 고래가 가장 큰 생물이기 때문이다. 또한 자기가 불사신이기를 원한다. 방탄용 갑옷은 물론이려니와 그밖에 금속에 대해서도 아주 많이 이야기되고 있는데, 물론 고래와 연관시켜 이야기되고 있다. 그가 주무르는 수조 마르크는 황제가 거처할 성을 지을 수 있는 거액으로, 이런 거액의 돈 덕분에 그는 황제와 서로 터놓고 막역한 친구처럼 지낸다. 불쌍한 가난뱅이들은 수백만이나 된다. 그들은 이른바 반쪽짜리 인간이며, 아마도 이런 이유 때문에 그들에게 일인당 50만 마르크씩을 주게 되는 것이다.

그에게는 당연히 많은 적이 있어야 하며 그의 생명을 앗으려는 시도가 단 한 번밖에 없었다면 오히려 유력한 인물로서의 그 체면이 손상될 것이다.

그는 자기 피를 빼내가는 간호인들(그들이 뒤에서 그런 행위를 한다는 것은 그들의 신분이 비천함을 나타낸다)을, 그 범죄를 문책하여 목을 치고 개들로 하여금 그들을 갈기갈기 찢어 먹도록 할 권리를 가지고 있다. 그러나 개떼를 사용하는 것은 시간이 걸리는 고통스런 방법이며, 따라서 그는 대량 처형용의 증기식 단두대를 건설하는 것이다.

어떤 것의 비용이 많아지면 많아질수록, 그 가격이 오르면 오를수록, 그리고 그것을 많은 사람이 입에 올리면 올릴수록 그것은 더욱더 그를 매혹시킨다. 화폐는 그 본래의 군중적 특징을 되찾아 점점 율동적으로 증식을 계속해, 드디어는 그 액수가 수백만에 이르게 된다. 일단 그렇게 되면 이 수백만이란 것이 결정적으로 위력을 발휘한다. 이 수백만이라는 개념은 애매해서 인간의 숫자로도 쓰이고 화폐의 액수로도 쓰인다. 이 경우에 화폐가 인간의 군중으로부터 그 가장 중요한 속성인 증식 충동을 이어받음이 확실하다. 위대한 인간은 수백만을 마음대로 처리하는 인간이다.

우리가 이미 본 것처럼 획득과 낭비는 동일한 운동의 두 가지 국면이다. 사는 것과 그냥 주는 것은 인간이 행하는 그 밖의 모든 다른 것과 마찬가지로 자기 자신의 확장을 위한 수단이다. 이 경우의 그의 관심은 우리들이 이미 논한 바 있는 고소 지향과 구별해서 횡적(橫的) 성장이라고나 해야 할 것을 지향하고 있다. 그는 사는 것과 주는 것을 구별하지 않는다. 그는 자기의 수백만이나 되는 돈으로 많은 것을 자기 것으로 만들어버린다. 돈과 물건에 의해서 그는 인간들을 유혹해 자기편으로 끌어들이는 것이다.

왕들의 전통적인 특징 가운데 하나인 관대함을 우리는 동화나 역사를 통해 익히 잘 알고 있다. 그 관대함이 여기에 소박하게, 그리고 소박하기 때문에 특히 설득력이 있게 다시 나타나고 있다. 14세기 서아프리카의 어느 흑인 왕의 메카 순례 도중, 카이로 시를 통째로 매점했다고 하는, 잊혀지지 않는 공적에 관한 보고가 전해지고 있다. 허세를 과시하는 매점이라고 하는 것은 오늘날에도 여전히 만연하고 있으며, 허세를 과시하는 낭비 역시 이에 못지않게 흔하다. 여러 가지 점에서 의혹을 가지게 하는 현대의 부호라는 이름의 왕들이 그 위대함을 과시해도 원한을 사는 일이 가장 적은 방법은 공공을 위해 거액을 기부하는 일이다. 앞에서 나온 환자는 1억 마르크나 하는 성을 흩뿌리고, 황제는 그것을 주우려고 달려든다.

그의 위대함의 관념은 확실히 끊임없이 변화하고 있으나 우리들은 그가 그 관념들과 함께 변화하고 있다는 인상을 받지는 않는다. 설령 그의 체중이 200킬로그램에 도달하더라도, 또는 16세의 순결한 백작 딸과 결혼하더라도, 그리고 황제와 너, 나 하는 사이가 되더라도 그는 언제나 그 자신 이외의 아무것도 아니다. 그뿐만 아니라 외부로부터 그에게 도달하는 것은 모두 그 자신을 위해 이용된다. 그는 우주의 확고부동한 중심점이다. 그는 먹고 성장함으로써 우주를 정복하지만, 그는 언제나 계속 동일한 인물이다. 그는 자기의 여러 가지 망상의 증식을 식량으로 하여 살고 있으며, 그들 망상의 다양성은 확실히 그에게 중요하다. 그는 어떤 수단을 써서라도 성장하고 싶어하기 때문이다. 그러나 그 다양성은 기만이고, 기본적으로는 음식물의 다양함에 지나지 않으며 음식물의 다양성은 식욕의 다양성에 지나지 않는 것이다.

그의 위대함의 관념의 다양성은 어떠한 관념도 고집할 필요가 없다는 이유에 의해서만 가능하다. 그 어떤 관념도 머리에 떠오르자마자 실현된다. 이처럼 빨리 목적을 성취할 수 있다면 목적을 자꾸 바꾸어보는 것도 무리가 아니다. 그러나 그가 자신의 제 관념에 대한 어떠한 반감도 느끼지 않는 이유는 무엇일까? 무슨 말이든 한 마디만 들으면 그는 그 말에 함축된 권력, 부(富) 및 개인적인 확장의 모든 가능성이 실제로 있으며, 자기 손이 닿는 곳에 존재한다고 믿어버린다. 이토록 쉽게 믿어버리는 것은 군중이 언제나 자기편이라고 하는 감정과 관련이 있는 듯하다. 등장하는 군중은 가지가지이지만 그의 신부 지참금이 6억 마르크이든, 100개나 되는 금으로 된 성이든, 그가 철제 기계로 만든 50명의 흑인 여자든 군중은 누구나 다 그의 편이다. 그가 무엇엔가, 예를 들어 병원의 간호원들에 대해서 화를 내고 있을 때조차 그는 곧장 그의 명령에 따라 그들을 습격해 갈기갈기 물어뜯는 한 무리의 개 떼를 불러모을 수 있다. 목을 치고자 하는 생각이 머리에 떠오르자마자 그들을 대량으로 처리하는 증기식 단두대를 발명한다. 군중은 언제나 그와 더불어 있으며 결코 그에게 반항하지 않는다. 예외적으로 그에게 반항하는 군중이 있다면 이미 목이 쳐진 자들로 구성된 군중뿐이다.

우리들은 첫번째 예에서 병자의 모든 계획이, 특히 농업 관계의 계획이

지금이라도 곧 열매를 맺을 듯한 모습임을 보았다. 모든 종류의 새들은 그를 위해 이제나저제나 하고 증식을 기다리고 있으며, 그가 갑자기 연구소와 도서관을 위해 무엇인가 하고 싶다고 생각하면 곧 1,000권의 책이 손아귀에 준비되어 있음을 알았다. 이들 두 병자의 경우, 그들이 사고자 하는 것이든 그냥 주고자 하는 것이든 모든 종류의 천 단위, 백만 단위의 것이 언제나 그들 마음대로 되었다.

진행성마비 환자의 위대함의 관념에서, 군중이 떠맡고 있는 적극적이고 우호적 역할을 강조해두는 것이 중요하다. 군중은 그에게 적대적이기는커녕 자진해서 그의 여러 가지 계획의 소재가 되고 그를 위해 그의 머리에 떠오른 모든 욕망을 실현시켜 준다. 그의 욕망은 아무리 크다 해도 지나치지 않는다. 왜냐하면, 군중의 성장 능력은 그 자신의 성장 능력과 마찬가지로 끝을 알 수 없기 때문이다. 그 어떤 지배자도 이제까지 이토록 충성을 바치는 신하를 가졌던 예가 없다. 나중에 살펴보겠지만, 편집증 환자들의 경우에 군중은 완전히 모양을 달리하여 적대적인 태도를 드러낸다. 사실, 편집증 환자들이 상상하는 위대함은 훨씬 더 공격적이며, 점점 경직화되는 경향을 지닌다. 적의를 지닌 군중이 우세해지면 그들의 관념은 피해망상으로 변한다.

우리들이 진행성마비 환자들의 과대망상으로부터 배운 것을 단순화시켜 요약해보자. 그들의 위대함의 관념은 성장에 중심을 두고 있다. 따라서 우리는 성장이란 끊임없이 지속하면서 거듭 반복하는 것이라고 말할 수 있다. 그런데 성장에는 두 가지 방향이 있다. 첫번째 방향은 인간 자신을 지향하는 것이다. 환자는 자기 몸이 좀더 크고 무겁게 되기를 바라고, 자기가 육체적 한계에 달했다는 사실을 인정하지 않는다. 그는 모든 특수 능력도 마찬가지로 성장하기를 바란다. 두번째 방향은 수백만을 지향하는 것이다. 마치 군중처럼 숫자를 비약적으로 증대시키는 경향을 지니는 것은 모두 다 수백만에 속한다. 이 수백만은 위대한 인간이 원하고 뜻하는 대로 그가 이끄는 대로 사방으로 흘러가며, 오직 그의 말만 들을 뿐이다.

인간들이 꿈꾸는 위대함이라는 관념에는 개인적, 생물학적 성장이라는 느낌과 군중을 특징짓는 비약적 증대라는 느낌이 함께 들어 있다. 이 경우 군중은 종속적이고 부차적인 것이며, 군중의 종류는 중요하지 않다. 그리고 군중을 대체하는 어떤 것도 이 경우에는 군중과 동일한 목적을 이룰 수 있다.

지배와 편집증
Herrschaft und Paranoia

편집증 환자는 자기를 쫓고 있는 적들의 무리에 에워싸여 있다고 느낀다.
이것이 그의 기본적인 경험이다.
그것은 '눈(眼)의 환상'에 가장 분명하게 표현되어 있다.
그는 도처에서 그리고 사방에서 눈들을 본다.
그 눈들은 오직 그에게만 관심이 있으며
그 관심은 극단적인 경우에는 위협을 의미하기도 한다.

아프리카의 왕들[1]

아프리카의 왕들에 대한 고찰을 하게 되면 앞에서 따로 떼어 살펴보았던 권력의 여러 양상과 요소 사이에 서로 연관관계가 있음이 드러나게 될 것이다. 이 왕들을 둘러싼 모든 일은 너무나 이상하고 낯설기 때문에 유럽인은 처음에는 그것을 이국적인 진기한 일이라고 일축해버리고 싶은 생각이 들며, 아래에 소개할 보고들로부터 영향을 받게 되는 경우에는 자신들이 고상하다는 느낌에 빠질 수도 있다. 그러나 그 기록들에 대해 좀더 알게 될 때까지는 약간은 겸손한 마음으로 참으며 기다리는 편이 좋을 것이다. 자신들이 야만인보다 더 고상하다고 여기는 것은 20세기의 유럽인에게는 도대체가 어울리지 않는 일이다. 유럽 권력자들이 사용한 수단들이 어쩌면 더 효과적일 수도 있지만, 그들의 의도와 목적은 아프리카 왕들의 그것과 전혀 다르지 않은 경우가 자주 있다.

다음의 글은 두 체일루(Du Chaillu)[2]가 가봉의 늙은 왕의 죽음과 후계자 선정을 묘사한 것이다.

"내가 가봉에 머무는 동안 늙은 왕 글래스(Glass)가 죽었다. 이 부족은 그들의 왕에 대해 염증을 느끼고 있었다. 실제로 그들은 왕이 가장 신통하면서도 악한 기질을 가진 마술사라고 생각했다. 그래서 공공연히 이야기되지는 않았지만, 한밤중에 왕의 집을 지나가려고 하는 원주민은 거의 없었다. 마침내 그가 병이 들자 모두가 크게 유감으로 여기는 듯이 보였다. 그러나 나의 친구 중 몇 사람은 도읍 전체가 그가 죽기를 바라고 있다고 내게 귀띔을 했다. 그런데 그가 죽었다. 나는 어느 날 아침 비통한 울음소리와 흐느낌 소리에 잠을 깼다. 도읍 전체가 눈물에 잠겨 있는 것 같았다. 애도와 흐느낌은 엿새 동안 계속되었다. 죽은 지 이틀째에 늙은 왕은 부족 중에서 가장 믿을 만한 몇 사람에 의해, 그들만이 알고 있으며 다른 사람들에게는 영원히 알려지지 않을 곳에 비밀리에 매장되었다. 애도의 기간 동안에 그 부족의 노인들은 새 왕을 선정하느라고 바삐 움직였다. 이 일 역시 비밀 작전이었다. 선정은 은밀하게 이루어졌으며 제7일에야 비로소 주민들에게 알려졌다. 새 왕은 이 날 대관식을 갖게 된다. 그러나 왕 자신은 마지막까지도 자신의 행운을 전혀 모르고 있었다.

우연히도 나의 친한 친구인 조고니가 선정되었다. 그는 좋은 가문 출신인데다 사람들한테 인기가 좋았던 탓에 가장 많은 표를 얻었던 것이다. 내가 생각하기에 조고니는 자기가 등용되리라고는 전혀 예상하지 않았던 것 같다. 그가 제7일 아침에 해변을 걷고 있는데, 갑자기 주민 전체가 그를 덮쳤다. 그들은 대관식의 예비 행사인 한 의식을 시작했다. 그런데 이 의식은 가장 야심적인 남자들 말고는 그 누구도 왕관을 쓰겠다는 생각을 품지 못하게 만들 것이 분명했다. 그들은 밀집된 군중 형태로 그를 빽빽이 에워싸더니 가장 흉악한 폭도들이나 생각해낼 수 있는 온갖 종류의 욕지거리를 그에게 퍼붓기 시작했다. 그의 얼굴에 침을 뱉은 사람들이 있는가 하면 몇 사람은 주먹으로 그를 때리고 몇 사람은 발로 찼으며, 또 다른 사람들은 구역질나는 물건을 그에게 던졌다. 그를 에워싼 원 바깥에 너무 멀리 떨어져 있어서 그 가엾은 친구를 안타깝게도 직접 때리지 못하고 목소리로 혼내줄 수밖에 없는 불쌍한 사람들은 그는 물론이고 그의 아버지, 어머니, 형제, 자매 그리고 가장 먼 세대까지 거슬러 올라가 그의 모든 조상들에게 욕을 퍼부었다. 낯선 사람이 보았다면 곧 대관식을 갖게 될 그의 목숨이 위태롭게 느껴졌을 것이다.

온갖 잡음과 다툼의 와중에서 나는, 이 험악한 사태의 진상을 깨닫게 해주는 말을 들었다. 특히 지독하게 때리고 발길질을 하던 어떤 친구가 몇 분마다 한 번씩 이렇게 외치곤 했다. '넌 아직 우리 왕이 아니야. 잠깐 동안 우린 네게 하고 싶은 짓을 하겠어. 머지않아 우린 네 뜻을 따라야만 될 거야.'

조고니는 사내답게 그리고 왕이 될 사람답게 견뎌냈다. 그는 화를 억누르면서 웃음 띤 얼굴로 온갖 욕설을 받아들였다. 이런 일이 반시간 가량이나 계속된 뒤에 그들은 그를 옛날 왕의 집으로 데려갔다. 여기서 그는 자리에 앉혀지더니 다시 잠깐 동안 사람들이 퍼붓는 욕지거리의 희생자가 되었다.

그리고 나서 모두가 조용해졌다. 사람들 가운데 연장자들이 일어나서 엄숙하게 말했다. 사람들은 그들의 말을 복창했다. '이제 우리는 그대를

우리의 왕으로 선택하노라. 우리는 그대의 말을 경청하고 그대에게 복종하겠다고 약속하노라.'

 침묵이 따랐다. 그리고 나서 곧 왕권의 상징인 비단 모자를 가져와 조고니의 머리에 씌웠다. 그는 이어 붉은 가운을 입고서 조금 전까지도 그에게 욕을 했던 모든 사람들로부터 최대의 경의를 표하는 인사를 받았다.

 그 뒤 엿새 동안의 잔치가 있었다. 직위와 함께 선왕의 이름까지도 물려받은 가엾은 왕은 이 기간 동안 자기 집에서 백성들을 맞이해야만 했으며 밖으로 나가는 일은 허용되지 않았다. 이 엿새는 말로 다 할 수 없이 많은 음식으로 포식하고 독한 럼주를 마시고 나서 짐승처럼 취해서 떠드는 잔치의 기간이었다. 수많은 외지인들이 주위의 촌락에서 몰려와 경의를 표했다. 모든 사람이 럼주와 과실주와 음식을 더 가져왔다. 잔치에 나오는 것은 무엇이나 대접했으며 찾아오는 사람은 누구나 환영을 받았다.

 사람들이 엿새 동안 끊임없이 눈물을 쏟으며 애도했던 옛날의 왕 글래스는 이제 잊혀졌다. 가엾은 친구인 새로운 왕 조고니는 밤이나 낮이나 찾아오는 사람을 모두 접대할 준비를 하고 정중하게 대해야 했기 때문에 녹초가 되었다.

 마침내 럼주가 동이 나고 할당된 날짜가 끝났다. 그리고 다시 한 번 침묵이 흐르기 시작했다. 이제 새로운 왕은 처음으로 밖으로 나가서 그의 영토를 살펴보도록 허용되었다."

 군중 내부에서 일어나는 사건의 연속이 여기서 특히 중요하다. 모든 일은 선왕을 향한 '애도 무리'에서 시작된다. 이 일은 엿새 동안 계속된다. 그리고 나서 제7일에 돌연히 새로운 왕으로 선출된 사람에 대한 공격이 나타난다. 선왕이 일으킨 적개심이 그의 후계자에게 발산되는 것일 뿐이다. 후자의 주위에 모여 있는 '추적 군중'은 '역전 군중'이기도 하다. 그런데 그 군중은 후계자를 겨냥하고 있는 게 아니라 죽은 왕을 겨냥하고 있다. 그 군중은 너무나 오랫동안 통치한 사람, 그래서 결국에는 공포의 대상에 불과하게 된 사람에 대한 증오심으로부터 자신을 해방시키고 있는 사람들이다. 새로운 체제는 모든 통치자가 가장 두려워하는 상황, 다시 말하면 그에게 육박하는 반항적인 백성들에게 에워싸인 상황 속에서 출발한다. 그러나 이런 상황에도 불구하고 조고니는 침묵을 지킨다. 왜냐하면 그는 그 모든 것이 '전이(轉移)된' 적대감임을 알고 있기 때문이다. 그 적대감은 개인으로서의 그를 겨냥하고 있는 것은 아니다. 그럼에도 불구하고 그의 통치의 고통스런 시초는 언제라도 그에게 무슨 일이 일어날 수 있는가에 대한 암시로 그의 기억에 남을 것이다. 여기서 왕은 혁명의 한가운데서 직위를 차지한다. 그러나 그것은 사후의 혁명으로서, 앞에서 보았듯이 후계자가 아니라 이미 죽은 왕을 겨냥하고 있다.

세번째의 중대한 사건은 애도와 마찬가지로 엿새 동안 계속되는 잔치이다. 음식과 술을 분배하고 제한 없이 모두가 즐기게 하는 것은 새로운 통치자가 가져다주리라고 예상되는 증식을 표현한다. 그의 치세가 시작되는 지금, 그의 땅에 럼주와 과실주가 넘쳐흐른다면 나중에도 역시 그럴 것이다. 그때에 모든 사람은 지금처럼 자기가 필요로 하는 것보다 더 많이 먹게 될 것이다. 그런 증식을 성취하리라는 기대 속에서 새로운 왕은 즉위한다. 새로운 치세의 시작으로서의 축제 군중은 미래의 증식을 보증하는 것이다.

두 체일루의 보고는 100년 전의 것이다. 이 보고는 외부에서 바라본 객관적인 시각에 의해 이루어졌으며, 부담스러울 정도로 세세한 사정을 이야기하고 있지는 않다는 장점을 지니고 있다. 그러나 현재 우리는 아프리카의 왕들에 대해 훨씬 더 많은 것을 알고 있으므로 더 최근의 기록 가운데 하나를 보는 것도 도움이 될 것이다.

나이지리아에 있는 주쿤족의 왕[3]은 신성한 존재로 여겨졌으며, 그의 전 생애는 엄격하게 제한된 한계 안에 갇혀 있었다. 전투에서 백성을 이끄는 것도, 그의 나라를 현명하게 통치함으로써 이름을 떨치는 것도 그의 임무가 아니었다. 그는 위대한 인물이 되리라는 기대를 받은 것이 아니라 오히려 땅을 비옥하게 하고 씨앗을 자라게 하고 그럼으로써 사람들에게 생명과 행복을 가져다주는 힘의 살아있는 저장고로 여겨졌던 것이다. 이 힘의 보존은 왕의 일정을 결정하는 의식들에 의해 보장되었다.

왕은 공개 석상에 거의 나타나지 않았다. 그의 맨발은 땅에 닿아서는 결코 안 되는 것이었다. 왜냐하면 만약 그렇게 될 경우 작물이 말라죽을 것이기 때문이었다. 그는 땅에서 무엇인가를 먹는 일도 금지당했다. 종전에는 왕이 말에서 떨어지면 재빨리 죽여버렸다. 왕이 병들었다는 말은 결코 나오지 않았다. 만약 왕이 중병에 걸리면, "병을 앓고 있는 왕의 신음소리가 들리면 백성들 사이에 혼란이 일어날 것"이라는 이유로 그를 조용히 교살했다. 재채기는 허용되었다. 왕이 재채기를 하면 그 자리에 있던 모든 사람이 공손한 태도로 자기들의 허벅다리를 두드렸다. 왕의 몸에 대해 언급하거나, 그도 역시 보통 인간의 육체를 가졌다고 넌지시 말하는 일은 예의 바른 짓이 아니었다. 그 대신에 왕의 인격을 나타내는 특별한 단어가 사용되었다. 이러한 단어는 그의 모든 행동과 그의 입에서 나오는 모든 명령을 묘사하는 데 쓰였다.

왕이 식사를 하려고 할 때 특별한 관리들은 큰 소리로 고함을 쳤고, 다른 사람들은 허벅다리를 열두 번 두드렸다. 이때 왕궁 안에서는 어디서나 완전한 침묵이 지켜져야 했으며 실제로는 도읍 전체가 그랬다. 모든 대화는 중단되었으며 모든 가내 노동도 중지되었다. 왕의 음식은 신성한 것으로 여겨졌으므로 신 앞에 바칠 때처럼 복잡한 의식과 함께 그의 앞에 놓여졌다. 그가 식사를 마치면, 외전(外殿)에 있는 관리들이 새로이 고함을 치고 허벅다리를 두드리는 소리로 일과 대화가 다시 허용된다는 것을 알렸다.

왕이 벌컥 화를 내거나 손가락으로 사람을 가리키거나 분노해서 땅을 치는 일은 재난을 부른 것이었다. 만약 왕이 그렇게 하면 온 땅이 재앙을 당할 것이므로 즉시 그를 진정시키기 위해 가능한 온갖 수단이 사용되어야만 했다. 그의 침은 신성했고, 그 자신이 자기의 머리칼과 깎은 손톱을 가방에 보존했는데, 이것들은 그가 죽으면 함께 묻혔다. 사람들은 그의 다산(多産)의 권능을 말할 때 "우리의 팥수수(아프리카에서 나는 수수의 일종-역주)여! 우리 땅콩이여! 우리의 콩이여!"라고 엄숙하게 그를 불렀다. 그는 비와 바람을 다스릴 수 있다고 믿어졌다. 잇따른 가뭄과 흉작은 그의 힘이 쇠퇴하는 것을 의미하기 때문에 그는 밤에 은밀히 교살당했다.

새로 선출된 왕은 작은 둔덕의 둘레를 세 차례 뛰게 되어 있었다. 그러는 동안에 그는 고관들에게 주먹질을 당했다. 나중에 그는 노예를 한 사람 죽이거나 때로는 상처만을 입혀야 했다. 상처만 입히는 경우에는 다른 사람이 왕의 창과 칼로 그 노예를 죽이게 되어 있었다.

그가 대관식을 할 때는 왕족의 지도자가 그에게 이렇게 말했다. "오늘 우리는 당신께 당신 아버지의 집을 주었습니다. 전 세계는 당신의 것입니다. 당신은 우리의 팥수수이며 우리의 콩이며 우리의 정신이며 우리의 신입니다. 이제부터 당신에게는 아버지나 어머니가 없습니다. 그러나 당신은 만인의 아버지이며 어머니입니다. 당신 조상의 발자국을 따르고 아무에게도 해를 끼치지 마십시오. 그러면 당신의 백성은 당신과 함께 있고 당신은 치세의 마지막에 이를 때까지 건강할 것입니다." 그러고 나면 모든 사람이 새 왕 앞에 엎드려 자기들의 머리에 흙을 던지면서 "우리의 비여, 우리의 작물이여, 우리의 건강이여, 우리의 부(富)여!"라고 말했다.

왕은 절대적인 권력을 갖고 있었으나, 지나친 전제에 대한 안전장치들이 있었다. 왕은 고문들, 즉 종신직 수상인 아보(Abo)가 이끄는 귀족 계급의 조언을 참작해야만 했다. 통치자의 과도한 행동이 나라에 해를 끼칠 위험이 있는 경우나 흉작 또는 국가적 재난이 일어나는 경우에는, 수없이 많은 왕의 제례(祭禮) 임무의 수행 과정 속에서 그가 어긴 금기를 찾아냄으로써 그의 도에 넘친 행동을 견제하는 일이 언제나 가능했다. 아보는 언제라도 왕을 알현할 수 있도록 허용 받았다. 아보는 왕에게 경고를 할 수도 있었고, 상당히 오랫동안 궁전에 나가지 않음으로써 왕을 아주 곤혹스럽게 만들 수도 있었다.

왕은 보통 군사적인 원정에는 참가하지 않았다. 그러나 모든 전리품은 명목상 그의 재산이었다. 그러나 실제로 왕은 어떤 전리품이든 간에 절반 또는 3분의 1을 그것을 노획한 사람에게 돌려주었다. 이것은 그 사람에 대한 존경의 표시인 동시에 앞으로도 계속해서 잘 해주기를 바란다는 기대의 표현이었다.

옛날에는 왕이 자기의 가치를 입증하면, 그 왕은 7년 동안 통치하고 나서 추수감사제 때 살해되었다.

아프리카 왕에 관한 최초의 본격적인 연구인 『아프리카 역사』에서 베스터만(Westermann)[4]은 "이 왕국들의 구조와 제도는 놀랄 만큼 유사하다"고 말하면서 왕국들이 공통으로 갖고 있는 특징들을 열거한다. 나는 이 특징들 중에서 가장 중요한 것을, 사실 그대로의 요점만을 추려 인용하고 우리가 이 책에서 도달한 일반적인 결론에 비추어 그것을 해석해보고자 한다.

"왕은 흙을 비옥하게 만드는 힘을 갖고 있다. 작물이 잘 자랄 것인가의 여부는 그에게 달려 있다. 그는 흔히 비를 만드는 사람이기도 하다." 여기서 왕은 '증식시키는 사람'으로 나타난다. 이것이 그의 기본적인 자질이다. 실제로 왕권 제도는 이 자질을 살리기 위해 발전되었다고 말할 수 있을 것이다. 모든 종류의 명령은 왕으로부터 나온다. 그러나 가장 큰 특징은 이 증식의 실현이다. 주쿤족의 백성들은 "당신은 만인의 아버지이며 어머니"라고 말하는데, 이 말은 왕이 그들 모두를 먹이는 것을 의미할 뿐 아니라, 그들과 그 밖의 모든 것을 자라게 만드는 사람은 왕임을 의미하기도 한다. 여기서 왕의 권력은 증식 무리의 권력이다. 그 복합적인 실체의 모든 목적과 내용은 단 한 사람의 개인에게 이전된다. 그런데 그 개인은 혼자라는 바로 그 이유 때문에 무리가 할 수 없는 방식으로 지속성을 확보할 수 있다. 무슨 말인가 하면 많은 개인들로 이루어진 집단은 자주 분산될 수밖에 없다는 것이다. 왕은 자기 안에 증식의 온갖 힘을 담고 있는, 살아있는 그릇이다. 그 힘이 빠져나가지 못하게 하는 것은 그의 신성한 의무이다. 이 의무 덕분에 그는 다음과 같은 특성을 갖기도 한다.

"증식력을 보존하고 자신을 해악으로부터 지키기 위해 그의 몸은 엄청나게 많은 규칙과 금기의 규제를 받는다. 때로 이것들은 그가 실제로 행동을 할 수 없게 만들기도 한다." 왕의 몸의 귀중함은 사실상 그가 담고 있는 것의 소중함이다. 그리고 그를 꼼짝 못하게 만드는 것은 바로 이것이다. 그는 가득 차 있는 그릇이며, 이 그릇으로부터 아무것도 쏟아져서는 안 된다.

"그는 결코 눈에 띄지 않으며 특정 시기에만 그를 볼 수 있다. 그는 결코 궁전의 울타리를 벗어나지 않음이 분명하며 밤이나 특별한 경우에만 벗어난다. 그가 먹거나 마시는 모습은 결코 보이지 않는다." 그의 고립은 그를 해칠 수도 있는 모든 것으로부터 그를 보호한다. 그의 출현이 드문 것은 그가 아주 특별한 목적을 위해서만 존재함을 의미하는 것이다. 먹고 마시는 일은 그가 증식시키리라고 여겨지는 것을 감소시키기 때문에 부적합하다고 생각될 것이다. 그는 자신의 내부에 있는 힘에만 의지해서 살 수 있어야 한다.

왕에게 중요한 것은 그의 유일무이성(Einzigkeit)이다. 많은 신들을 가질 수 있는 백성도 한 사람의 왕만을 갖는다. 우리가 살펴보았듯이 왕이 고립되는 것은 중요하다. 왕과 그의 백성 사이에 인위적인 간격이 만들어져서 가능한 모든 수단에 의해 그것이 유지된다. 그는 좀처럼 자신을 보이지 않거나 그의 몸을 완전히 또는 대부분 숨기는 모종의 위장을 하고 타인 앞에 나타난다. 그의 귀중함은 가능한 모든 방법(첫째는 값진 물건들로 그를 덮거나 에워싸고 다음에는 그가 드물게 출현하는 방법)을 통해 강조된다. 그는 자기에게 맹목적으로 헌신하는 호위병과 갈수록 넓어지는 공간에 의해 보호된다. 왕궁의 울타리를 넓히고 그 안에 더 큰 방들을 만드는 것은 그를 보호하는 데는 물론이고 간격을 확보하는 데도 도움이 된다.

유일무이성, 고립, 간격, 그리고 귀중함 같은 특징은 이처럼 첫 눈에 확정될 수 있는 중요한 특징들이다.

"왕의 신체적 표현들, 예컨대 기침, 재채기, 코를 푸는 것 등은 모방되거나 박수를 받는다." 모노모타파5)의 왕이 좋은 특징을 가졌든 나쁜 특징을 가졌든 간에, 그의 악덕, 미덕, 결점 또는 육체적 결함이 무엇이든 간에, 그의 측근들과 하인들은 그것을 흉내내느라고 애를 먹었다. 왕이 절름발이인 경우에는 측근들도 발을 절뚝거렸다. 고대 에티오피아의 왕들 중 한 사람의 신체 어느 부분이 불구가 되면 모든 신하가 똑같이 불구가 되는 고통을 겪어야만 했다는 사실을 우리는 스트라보(Strabo, 그리스의 지리학자이자 역사가—역주)와 디오도루스(Diodorus)를 통해 알고 있다. 지난 세기 초에 다르푸르(수단의 서부지방—역주)의 궁정을 방문한 아랍의 한 여행가는 신하들의 의무를 다음과 같이 전하고 있다. "술탄이 말을 꺼내려고 기침을 하면 유모가 아기를 달랠 때 그렇듯이 모든 신하가 '츠츠' 소리를 낸다. 술탄이 재치기를 하면 모인 사람 전원이 도마뱀의 울음을 흉내내는데, 그 소리는 말을 몰아대는 사람의 소리와 비슷하다. 술탄이 말을 타다가 우연히 말에서 떨어지면 뒤따르던 사람들 모두가 똑같이 해야만 한다. 안장에 그대로 앉아 있는 사람은, 그의 직위가 아무리 높다 하더라도 땅에 엎어져 매를 맞는다. 우간다의 궁정에서는 왕이 웃으면 모두 웃었다. 왕이 재채기를 하면 모두 재채기를 했다. 왕이 감기에 걸리면 다른 사람들도 감기에 걸렸다고 말했다. 왕이 이발을 하면 다른 사람들도 그렇게 했다. 이처럼 왕을 흉내내는 것은 아프리카에 국한된 일은 아니다. 셀레베스 섬에 있는 보니의 궁정에서는 왕이 하는 일이면 무엇이든지 모든 신하가 똑같이 해야만 하는 것이 규칙이다. 왕이 일어서면 그들도 일어서야 한다. 왕이 앉으면 그들도 앉는다. 왕이 말에서 떨어지면 그들도 마찬가지로 떨어져야 한다. 왕이 목욕을 하면 신하들과 행인들도 좋은 옷을 입었든 나쁜 옷을 입었든 간에 물에 들어가야 한다." 어느 프랑스 선교사가 보고했듯이 중국에서는 "천자가 웃으면 좌중의 관리들도 웃는다. 천자가 웃음을 그치면 그들도 그친다. 천자가 슬퍼하면 그들의 얼굴도 침울해진다. 그들의 얼굴은 천자가 마음대로 손을 대서 움직일 수 있는 용수철 위에 있다는 생각이 들 것이다."

　이처럼 왕을 본보기로 삼는 것이 보편적이다. 때로 그것은 감탄과 존경을 불러일으키기도 한다. 왕이 하는 일 중에 중요하지 않거나 무의미한 것은 없다. 그러나 때로 이것이 정도가 지나치면 백성들은 왕의 모든 움직임과 말을 '명령'으로 간주한다. 왕이 재채기를 하면 그것은 "재채기 하라!"는 명령이다. 그가 말에서 떨어지면 그것은 "떨어지라!"는 명령이다. 그는 명령의 힘으로 충만해 있기 때문에 어떤 일도 우연히 이루어지는 법이 없다. 이 경우 명령은 말로 하달되는 것이 아니라 본보기가 되는 행동을 통해 하달되는 것이다. 게다가 그의 모든 삶의 주요 관심사는 증강(增强)이기 때문에, 이미 말한 바대로, 증식이 그의 국시(國是)인 셈이다. 따라서 그의 모든 언동은 그 언동을 증대시키는 결과를 가져오는 경향이 있다. 이 경우 궁전의 신하들이 그를 모방할 때 신하들은 일종의 증식 무리가 된다고 말할 수도 있을 것이다. 이들이 내적인 감정에 따라 그런 것이 아니라 겉으로 드러나는 행동을 볼 때 그렇다는 이야기이다. 왕이 맨 먼저 어떤 일을 하면 모든 사람이 똑같은 일을 따라 한다. 군중결정체가 된 궁정은 이렇듯 자기의 근원, 즉 증식 무리로 돌아가게 된다.

환호와 갈채도 증식 의지의 표현으로 간주될 수 있다. 말하자면, 본보기로 받아들여지는 동작과 언어는 갈채에 의해 강화되었으며, 갈채에 의해 반복될 가능성이 높아졌다. 1,000명이 소리 맞춰 치는 박수의 강압을 견뎌낼 수 있는 사람은 거의 없다. 갈채를 받는 행동은 되풀이되기 마련이다.

"왕이 나이가 들면 그의 마력은 위협을 받는다. 마력은 약화되거나 사라질지 모르며 사악한 권능이 그것을 정반대의 것으로 변모시킬 수 있다. 그러므로 나이가 들어가는 왕의 생명을 뺏어야 하며 그의 마력은 후계자에게 전승되어야 한다. 왕의 육체는 손상되지 않는 한에서만 중요성을 갖는다." 그 육체는 완전한 그릇일 때에만 증식의 힘을 담을 수 있다. 사소한 결함만 있어도 왕은 백성의 의혹을 사게 된다. 왜냐하면 그 결함은 왕이 그에게 위임된 실체의 일부를 잃음으로써 백성의 복지를 위태롭게 만들 수도 있음을 의미하기 때문이다. 이 왕국들의 헌법은 왕 자신의 육체적 헌법이다. 말하자면 그는 힘과 건강을 조건으로 즉위를 하게 된다. 백발을 보이거나 시력이 악화되거나 치아를 잃거나 무기력해지는 왕은 살해당하거나 자살해야 한다. 그는 사약을 받거나 교살당한다. 이런 것들이 보통 사용되는 죽음의 형식이다. 왕의 피를 흘리는 일은 금지되어 있기 때문이다. 때로 왕의 치세 기간은 처음에 결정된다. 우리가 보았듯이 주쿤족의 왕들은 원래 7년간 통치했다. 밤바라족[6] 사이에서는 전통적으로 새로 선출된 왕 자신의 치세 기간을 정했다. "솜으로 꼰 끈을 그의 목 언저리에 두르고 두 남자가 정반대 방향으로 잡아당기는 동안에 그 자신은 호리병 밖으로 그가 손에 쥘 수 있는 만큼의 돌멩이를 꺼낸다. 이 숫자는 그가 군림할 횟수를 가리킨다. 그 기간이 끝나면 그는 교살당한다."

그런데 왕의 목숨을 인위적으로 단축하는 것은, 귀중한 증식의 실체를 보호하는 일뿐만 아니라 제2의 목적에도 도움이 된다. 인위적인 단축 때문에 생존에 대한 그의 열정(단축을 하지 않으면 이 열정이 그의 치세 기간에 위험할 정도로 커질지도 모른다)은 처음부터 둔화되고 억제된다. 왕은 자기가 언제 죽을지를 언제나 뚜렷이 알고 있다. 이 시기는 그의 백성들 중 다수가 죽는 시기보다 빠르다. 이 점에서 왕은 자기가 통치하는 사람들에 대해 엄청난 열등감을 느낄 것이 틀림없다. 왕은 백성들과 일종의 계약을 맺는다. 그는 직위를 수락할 때 어떤 대가를 치르더라도 살아남겠다는 폭군의 주장을 포기하는 통치자이다. 그가 물려받는 위엄은 사실 하나의 짐이다. 그는 특정 기간이 지나면 그의 목숨을 선뜻 바치겠다고 선언한다.

그가 왕위에 오르기 전에 받는 모욕과 매질은 마지막에 무엇이 그를 기다리고 있는가에 대한 암시이다. 그는 모욕과 매질에 굴복하기 때문에 그의 궁극적인 운명에도 굴복할 것이다. 그의 죽음은 예정되어 있다. 언제나 일어날 가능성이 있는 일인 죽음으로 그를 위협함으로써, 또는 죽음은 사실상 미리 결정되어 있는 것이라고 간주함으로써, 그의 둘레에 모여 있는 추적 군중은, 그가 통치하게 되는 것은 그 자신을 위해서가 아니라는 점을 그에게 고통스러울 정도로 분명하게 밝혀준다. 요루바족(아프리카 서부의 노예 해안 동부 일대에 사는 종족—역주)의 왕 후보자들 중 매를 맞고 묵묵히 고통을 견디지 못하는 사람은 우선 거부당했다고 한다. 조용히 살아가면서 왕위에 대해서는 전혀 생각이 없던, 더 가엾은 왕자들 중의 한 사람이 선택되었을지도 모른다. 그는 나타나라는 명령을 받은 뒤에 짐승같이 학대를 받고는 놀랐을 것이다. 시에라레온[7]의 왕 후보자는 왕으로 즉위하기 전에 사슬에 감기고 매질을 당했다. 여러분은 가봉의 왕 선출에 대한 두 체일루의 묘사를 떠올릴 수 있을 것이다.

한 왕이 죽고 새 왕이 취임하는 사이에 무법의 기간이 나타난다. 우리가 보았듯이 이 기간의 무법 행위는 왕으로 선출된 자에 대한 학대로 나타난다는 점에 깊은 의미가 있다. 그러나 똑같은 무법 행위가 약자와 무력한 자들에게도 적용되었을 것이다. 와가두구의 모시족[8] 사이에서는 왕이 죽은 뒤에 모든 죄인이 감옥에서 석방되었다. 살인과 강도 및 온갖 종류의 방종도 허용되었다. 아샨티(서부 아프리카의 황금 해안에 있는 가나의 한 지방—역주)에서는 왕족들이 무정부 상태로 이득을 보았다. 그들은 모든 평민을 죽이고 강탈할 수 있었다. 우간다에서 왕의 죽음은 처음에는 비밀에 붙여졌다. 이틀쯤 지난 뒤에 왕궁의 입구에서 타오르던 신성한 불이 꺼지면 엄청난 통곡이 시작되었다. 북들이 죽음의 리듬을 울리면 백성들은 무슨 일이 일어났는가를 알았다. 그러나 아무도 그 죽음에 대해 이야기할 수 없었다. 그들은 "불이 꺼졌다"고만 말했다. 뒤를 이어 무정부 상태의 난폭한 시기가 나타났다. 모든 사람이 남을 강탈하려고 했으며, 강력한 일단의 부하들을 거느린 추장들만이 안도감을 느낄 수 있었다. 열등한 추장들은 더 강한 추장들에게 살해당하는 위험에 처했다. 강한 추장들은 짧은 공백 기간 동안 마음대로 행동을 했다. 새로운 왕과 더불어 질서가 회복되었다. 새 왕은 실제로 그 자신의 몸속에 질서를 구현하고 있었다.

왕위 후계자가 언제나 명백히 규정돼 있지는 않았다. 명백히 규정된 경우에조차도 백성들은 어쩔 수 없을 때 그것을 인정했을 뿐이다. 히마(Hima)[9]의 여러 나라에는 왕위 계승의 독특한 개념이 존재했다. 이 개념은 앙콜레(Ankole) 왕국에 대한 탁월한 연구를 했던 오버그(Oberg)에 의해 명백하게 설명되어진다.[10]

여기서도 왕은, 왕비들이나 신하들이 왕에게 허약함의 징후가 나타난 것을 눈치채자마자 독약을 마셔야만 했다. 왕의 힘에 가장 큰 비중이 주어졌다. 왕의 힘은 후계자 선택에서도 결정적인 요소였다. 히마의 통치 계급에게 왕의 많은 아들 중에서 가장 강한 자가 왕위를 계승한다는 것은 중요한 문제였다. 누가 가장 힘이 센가에 대한 결정은 오로지 전쟁을 통해 이루어질 수밖에 없었다. 그러나 불가피한 왕위 계승 전쟁 동안에도 앙콜레 왕국은 공식적으로 왕이 없이는 존재할 수 없었다. 고인이 된 통치자를 기리는 장례식이 끝난 후에 크라알(Kraal)에서 평범한 목자들 사이에 전투가 벌어졌고 승자는 일종의 조롱거리 왕으로 선포되었다. 적출(嫡出)의 왕자들은 이 전투를 구경하다가 승부가 결판난 뒤에 각자 자신의 부하들을 모아 왕의 북들을 찾으러 나갔다. 그들이 도중에서 서로 마주치면 전투가 벌어졌다. 한 형제가 다른 형제보다 적은 부하를 갖고 있으면 그는 대개 살해되거나 다른 나라로 달아났다. 전쟁에 이기기 위한 모든 계략이 총동원되었다. 형제들은 밤에 담을 넘어가 상대가 눈치 채지 못하는 틈에 해치우려고 서로 염탐을 했다. 그들은 다른 형제의 음식에 독약을 넣거나, 잠을 자는 틈을 이용해 찔러 죽였다. 마술의 약을 쓰거나 외부의 도움도 이용했다. 왕자들 각자 자기 어머니와 누이의 지원을 받았다. 이 여인들은 자기가 지원하는 왕자의 적들에게 마술을 걸고 살해당한 적들의 귀신으로부터 그를 보호하고자 했다. 선왕이 살아있을 때 후계자로 선택해서 가장 총애하던 아들은 싸움이 벌어지는 동안에 계속 숨어 있었다.

왕위 계승 전쟁은 몇 달 동안 계속될 수도 있었으며, 이 기간 동안에는 온 나라가 혼란 상태에 빠졌다. 모든 사람은 보호를 받으려고 혈족에 의지했다. 많은 가축을 도둑맞았으며 불만을 품은 사람들이 나라의 혼란 상태를 이용해서 적에게 복수를 했다. 그러나 앙콜레의 국경을 지키던 대추장들은 계승 전쟁에 참가하지 않았다. 그들은 가능한 한 국내의 질서를 유지하고 외부의 침략자들로부터 나라를 지키려고 애썼다.

왕자들이 한 사람씩 차례차례로 살해되거나 추방되고 나서 마침내 한 왕자만 남게 되었다. 선왕이 총애하던 아들은 숨어 지내다 이때 은신처에서 나와 형제들 가운데 승리한 자와 싸웠다. 그 싸움의 진짜 목적은 왕의 북들을 차지하는 것이었다. 총애받던 아들이 언제나 이긴 것은 아니었지만, 평상시에 가장 강력한 마술사들을 자기편으로 두고 있었으며 큰 추종 세력을 거느리고 있었다. 그의 모든 형제들이 죽었을 때, 그 살아남는 자는 왕의 북들 및 어머니와 누이를 데리고 왕의 부락으로 돌아갔다. 모의 왕은 살해되고 승리한 왕자가 새로운 왕으로 선포되었다.

그의 모든 경쟁자는 몰살되었다. 승리자로서 살아남는 자는 최강자로 여겨졌고 만인의 갈채를 받았다. 히마의 다른 나라들에서도 역시 똑같은 원칙이 있었다고 생각할 수 있다. 백성들은 '살아남는 자'가 자기들의 왕이 되기를 원했다. 그들이 보기에, 그가 그토록 많은 적들을 죽였다는 사실이야말로 그들이 그가 갖고 있기를 바라는 권능을 타고났다는 것을 알려주는 것이었다.

그런데 왕위 계승을 위한 실제의 경쟁이, 살아남는 자의 힘을 왕에게 불어넣는 유일한 수단은 아니었다. 앙콜레의 북부 국경에 있는 키타라(Kitara) 왕국[11]에서는 왕위 계승을 위한 싸움이 새로운 왕의 대관식의 일부를 이루는 기이한 의식에서 재연되었다. 그것이 마지막으로 연출된 것은 1871년에 카바레가(Kabarega) 왕이 즉위한 때였다. 다음은 당시 일어난 일을 묘사한 것이다.

　왕자들 중에는 언제나 너무 어려서 싸움에 참가할 수 없는 몇 사람이 있었다. 그래서 그들은 형들이 승리자 이외의 모든 사람을 서로 몰살시킨 뒤에도 여전히 살아있었다.

　일종의 임시 왕 역할을 하고 있던 추장이 이런 어린 형제들 중 한 사람을 데리고 와서 그가 왕으로 선출되었다고 말했다. 그 자리에 있던 모든 추장들도 동의했다. 그러나 그 소년은 무슨 의도에서 그러는지를 알았으므로 이렇게 말했다. "나를 속이려고 하지 말아요. 난 왕이 아니에요. 당신들이 날 죽이고 싶은 것일 뿐이라고요." 그러나 그는 어쩔 수 없이 굴복하고는 왕좌에 앉았다. 추장들이 와서 그에게 선물을 주고 경의를 표했다. 그들과 함께 승리자인 카바레가가 왔다.

　그것은 실제로는 그의 대관식이었다. 그는 단순한 왕자처럼 옷을 입고 선물로 암소를 가져왔다. 임시 왕 역할을 하는 추장이 그에게 물었다. "내 암소 어디 있지요?" 카바레가는 이렇게 대답했다. "내가 그 암소를 합법적인 인물인 왕에게 가져왔소." 추장은 이 말을 자기에 대한 모욕으로 받아들이는 척하면서 새끼줄로 카바레가의 팔을 쳤다. 그러자 카바레가는 화가 나서 밖으로 나가더니 그의 전사들을 모아 돌아왔다. 추장은 그들이 오는 것을 보고는 왕좌에 앉은 소년에게 말했다. "카바레가가 싸우러 왔습니다." 이 말을 듣고 소년은 달아나려고 했다. 그러자 추장이 그를 잡아 어전의 뒤쪽으로 데려가 목 졸라 죽였다. 소년은 그 건물 안에 묻혔다.

　임시 왕과 새로운 통치자 사이의 말다툼은 속임수였다. 소년 왕의 운명은 미리 정해져 있었다. 대관식 기간에는 언제나 한 사람의 소년 왕이 선택되어 살해되었는데, 이것이 이른바 '속여서 죽이기'였다. 이미 전쟁은 치러지고 결판이 났다. 그의 경쟁자들은 모두 죽었다. 그러나 새로운 왕은 그의 대관식 기간에 한 형제를 이기고 살아남아야만 했다. 그리고 그 희생자는 왕궁의 가장 깊숙한 방에 묻혔다. 그곳에는 왕자의 왕의 북들이 있었다.

　바로 이 키타라 왕국에서 왕의 '활'[12]은 상징적인 의미를 갖고 있었다. 대관식 때마다 이 활에 다시 시위를 매야만 했다. 한 남자가 이 일을 위해 자신의 몸에서 힘줄을 제공하도록 선발되었다. 그는 이것을 영광으로 여기면서 그의 오른쪽 옆구리에서 힘줄을 떼어내는 일을 스스로 지휘했다. 그런 사람은 언제나 수술 직후에 죽었다고 한다.

새로 시위를 댄 활은 화살 넉 대와 함께 왕에게 전달되었다. 왕은 지구의 사방으로 화살 한 대씩을 쏘면서 이렇게 말했다. "나는 여러 나라들을 이기기 위해 그 나라들을 향하여 쏘노라." 그리고 그는 화살 한 대를 쏠 때마다 그 방향에 있는 나라들의 이름을 덧붙였다. 그리고 화살들을 찾아내어 가져와서는 다시 사용하곤 했다. 매년 초에 왕은 이 '여러 나라를 향해 쏘는 일'을 되풀이했다.

인접한 왕국들 중에 가장 강력하고, 언제나 키타라와 전쟁을 하던 나라는 우간다였다. 우간다에서는 왕이 즉위하면 그가 "우간다를 먹었다"거나 "북들을 먹었다"고 말했다. 북의 소유는 직위와 권한의 표시였다. 왕이나 추장은 각자의 북들이 있어서 각개의 직위는 북소리로 판별될 수 있었다. 대관식 기간 동안에 왕은 "나는 우간다의 왕이다. 나는 나의 조상들보다 더 오래 살아 여러 나라를 다스리고 반란을 진압할 왕이다"[13]라고 말했다.

새로운 왕의 첫번째 의무는 선왕에 대한 애도였다. 애도의 기간이 끝나면 그는 북을 울렸고 이튿날에는 사냥이 벌어졌다. 가젤을 한 마리 잡아와서 풀어주고는 왕이 그 짐승을 쫓아야만 했다. 이때 두 사람이 잡히는데, 그들은 우연히 길을 가던 행인이었다.[14] 그 중 한 사람은 교살당하고, 다른 사람은 목숨을 부지했다.

같은 날 저녁에 왕이 해묵은 왕좌에 올라앉으면 한 고관이 그에게 서약을 했다. 그리고 나서 힘센 두 남자가 왕을 어깨에 메고 온 영내를 돌면 백성들이 왕에게 경의를 표했다. 그리고 나서는 눈을 가린 두 남자를 왕 앞에 데려왔다. 왕은 그 중 한 남자에게 화살로 가벼운 상처를 입힌 뒤 일종의 희생양으로 키타라의 적에게 보낸다. 다른 남자는 자유의 몸이 되어 왕의 내정(內定) 감독관 겸 왕비들의 호위관으로 임명되었다. 8명의 죄수와 함께 새로운 감독관은 희생의 장소로 이끌려갔다.

여기서 그의 눈이 가려진 뒤, 죄수의 죽음만을 보도록 허용되었다. 이 죽음들은 왕에게 힘을 주는 것으로 생각되었다. 그것은 감독관에게 확실히 힘과 충성심을 주었다.

왕이 2년이나 3년을 통치했을 때 다시 두 남자가 그 앞에 끌려왔다. 왕은 그 중 한 사람에게는 상처를 입혔고 나머지는 목숨을 부지하게 했다. 부상당한 사람은 왕궁의 정문 바깥에서 살해되었다. 다른 사람은 조수로 임명되었는데, 그의 첫번째 임무는 살해당한 남자의 시체를 거두어 제일 가까운 강에 버리는 일이었다.

이 두 남자 역시 왕을 강하게 만들기 위해 살해된 것이었다. 왕이 치세에 들어갔음을 보이려는 살인이 있었으며, 거듭거듭 왕이 살아남는 자가 될 수 있도록 새로운 살인이 되풀이되었다. 왕에게 권능을 부여하는 것은 존속의 실제적인 과정이었다.

여기서 두드러진 점, 그리고 아마도 우간다에서만 유별나게 나타나는 점은, 희생자를 한 쌍씩 대령시키는데 그 중 한 사람은 살해당하고 한 사람은 목숨을 부지한다는 것이다. 왕은 자기의 두 가지 권리를 동시에 행사한다. 그는 한 남자의 죽음으로부터 힘을 얻고 다른 남자를 용서함으로써 이익을 얻기도 한다. 왜냐하면 이 남자는 동료의 운명에 대한 증인이기 때문이다. 그 자신은 살아남는 자로서 강해지고 자비를 받도록 선택된 자로서 더욱 충성스런 왕의 충복이 된다.

이 모든 일을 치르고도 우간다의 왕이 언제나 죽기 마련이라는 것은 놀라운 일이다. 목숨이 왕에게 재물로 바쳐지는 또 다른 경우도 있었다. 왕이 살아남음을 통해 권력을 증대시킬 수 있다는 생각은 정례적인 인간 제물을 채택하게 만들었다. 그러나 이것은 여러 왕의 개인적인 기호와는 무관한 종교적 제도였다. 각각의 왕은 자신의 기분과 변덕을 갖고 있었을 것이고, 이런 일이 위험하다고 여기는 것도 각 왕의 본성의 일부였다.

아프리카 왕의 주요한 속성 가운데 하나는 삶과 죽음에 대한 그의 절대적인 권력이었다. 그에 대해 사람들이 느끼는 공포는 엄청났다. "당신은 지금 아타(왕)입니다. 당신은 삶과 죽음에 대한 권력을 갖고 계십니다. 당신을 두려워하지 않는다고 말하는 자들을 모조리 죽이십시오."[15] 이것은 이가라의 왕이 즉위할 때 바치는 헌사였다.

왕은 자기 마음대로 사람들을 죽이고도 이유를 대지 않았다. 그가 희망하기만 하면 그만이었다. 그는 그것에 대한 설명을 할 필요가 없었다. 많은 경우에 그가 몸소 피를 흘리게 하는 일은 결코 허용되지 않았다. 왕을 위해 그 일을 하던 사형 집행인은 궁정에 없어서는 안 되는 관리였다. 다호메이(Dahomey)에서처럼 그 직위를 차지하는 일부터 시작한 사람이 결국 수상이 되든, 아샨티(Ashanti)에서처럼 수백 명의 사형 집행자가 일종의 계급을 형성하든, 처형이 자주 있든 때때로 있든 간에, 사형 선고는 언제나 논란의 여지없는 왕의 권리였으며 왕이 그 권리를 행사하지 않은 채 상당한 시간이 지나게 되면 그의 권력의 본질인 공포는 사라졌다. 그러므로 그는 더 이상 공포의 대상이 못 되거나 경멸을 받았다.

왕은 사자나 표범으로 여겨졌다. 그 짐승이 왕의 조상이라고 생각되거나, 왕이 그 짐승의 직접적인 후손이 아니더라도 그 자질을 갖고 있다고 간주되었기 때문이다.

사자(또는 표범)의 본성은 그가 이 짐승들처럼 살육을 해야만 함을 의미했다. 죽이는 것, 그리고 이 짐승들처럼 공포를 주는 것은 옳은 일이며 정당한 일이었다. 그의 이러한 성향은 타고난 것이었다.

우간다의 왕은 혼자 식사를 했으며 아무도 그가 식사하는 것을 보도록 허용되지 않았다. 그의 아내들 중 한 사람이 그에게 음식을 건네주고 그가 먹는 동안에 등을 돌리고 있어야만 했다. "사자는 혼자서 먹는다"[16]고 이야기되었다. 만약 음식이 그의 구미에 맞지 않거나 제때에 바쳐지지 않으면 그는 죄를 지은 자를 불러 창으로 찔러 죽였다. 그의 시중을 드는 아내가 그의 식사 중에 기침을 하면 그녀 역시 살해당했다. 그는 언제나 손에 창 두 자루를 쥐고 있었다. 누군가가 왕이 식사하는데 들어가 그를 놀라게 하면 즉석에서 창에 찔러 죽었다.

이때 사람들은 "사자가 식사를 하다가 아무개를 죽였다"고 말했다. 그 어떤 인간도 왕이 남긴 음식에 손대는 것이 허용되지 않았다. 찌꺼기는 그가 사랑하는 개들에게 주어졌다.

키타라의 왕은 요리사가 넣어주는 음식을 먹었다. 요리사는 음식을 가져와서 포크에 고기 조각을 찍어 왕의 입에 넣었다. 그는 이것을 네 차례 했다. 그런데 그가 우연히 왕의 이빨을 포크로 건드리면 그는 사형에 처해졌다.[17]

키타라의 왕은 매일 아침 암소 젖을 먹은 뒤에 왕좌에 앉아서 보고하는 사건들을 들었다.

그가 궁정 안에 있으면서 정숙을 요구할 때 이야기 소리가 나면 그는 양날의 칼을 잡았다. 이 칼은 그를 시중드는 시종이 언제나 갖고 있었다. 시종은 오른쪽 어깨에 사자 가죽을 두르고 머리를 앞으로 숙인 채 칼을 숨기고 있었다. 왕이 칼을 원할 때 그저 손을 내밀면 시종이 칼을 손에 쥐어 주었고 왕은 궁정 안의 누군가를 베어버렸다. 그가 약식 재판을 하는 경우들도 있었다. 그가 왕궁 안을 걸어갈 때도 언제나 칼을 든 시종이 수행을 했다. 무엇인가가 왕을 불쾌하게 만들면 그는 손을 내밀었고 칼이 손에 얹혀지면 죄 지은 자를 현장에서 베어버렸다.[18]

그의 모든 명령에 절대적으로 복종해야만 했다. 명령 중 어느 것이라도 무시하는 것은 죽음을 의미했다. 여기서 명령은 가장 순수하고 가장 오래된 형식, 그러니까 끊임없이 사자의 위협을 받고 있는 모든 약한 짐승들에게 내리는 사자의 사형 선고와도 같은 그런 형식으로 나타나고 있다.

말하자면, 왕이 적으로 여기는 자들은 모조리 왕 앞에서 영원히 도망쳐 버려야 했으며, 신하인 경우에는 그에게 봉사하지 않을 수 없었다. 그는 자기 마음대로 백성들에게 명령했고 그들이 자기에게 복종하는 한에서만 그들에게 목숨을 허용했다. 그러나 본질적으로 그는 언제나 사자였다. 그는 자기가 원할 때는 항상 공격했다.

델리의 술탄 : 무하마드 투글락

이 델리의 술탄에 대한 예리한 인물평이 우리에게 전해지게 된 것은 정말 행운이었다. 이 인물평은 동양의 통치자들에 대해 평소 우리가 갖고 있는 지식보다 더 정확하다. 모로코로부터 중국에 이르기까지 당대의 회교 세계 전체를 방문한 아랍의 유명한 여행가 이븐 바투타[19]는 투글락의 궁정에서 일하며 7년을 보냈다. 그는 이 술탄의 성격과 궁정, 그리고 행정 조치에 관해 생생하게 묘사한 글을 남겼다. 그는 상당한 기간 동안 술탄의 총애를 받았으며, 나중에 총애를 잃었을 때는 술탄에 대한 지독한 공포 속에서 살았다. 당시의 관습에 따라 처음에는 입에 발린 말로 아첨하여 술탄의 환심을 샀지만, 나중에는 술탄의 분노로부터 자신의 목숨을 부지하기 위해 금욕적인 생활을 했다.

"모든 사람 중에서 이 왕은 선물을 하는 일과 피 흘리는 일을 제일 좋아한다." 이븐 바투타는 이 궁정에서 권력의 두 얼굴을 식별하는 법을 배웠다. 그는 전에는 거의 아무도 모르던 이 궁정의 후한 인심과 살인 사이의 벽을 알았다. 그의 기록의 심리학적 정확성은 의심할 여지가 없다. 왜냐하면 그의 기록과는 무관한 제2의 기록이 있어서 그것과 비교될 수 있기 때문이다. 그 기록은 무하마드가 죽은 뒤 오래지 않아 그 시대의 역사가 지아우드 딘 바라니(Ziau-d din Barani)에 의해 페르시아어로 씌어졌다. 그는 술탄의 궁정에서 17년 이상이나 산 고관이었다. 이런 종류의 것 중에서는 가장 훌륭한 업적에 속하는 이 기록은 저자가 술탄과 나눈 세 차례의 대화 외에도 많은 것을 담고 있다. 그 대화 속에서 술탄은 통치와 그의 백성들에 대한 자신의 생각을 밝히고 있다. 다음의 기록은 이 전거(典據)들에 바탕을 두고 있는데 그것을 완전히 인용하기도 하고 더러는 요약해서 인용한 것이다.[20]

무하마드 투글락은 당대의 가장 교양 있는 군주였다. 아랍어와 페르시아어로 쓴 그의 편지들은 그 우아함 때문에 그의 사후에도 오랫동안 계속 찬탄의 대상이 되었다. 그의 문체와 마찬가지로 그의 서예도 이 예술에 가장 통달한 선생들을 능가하는 것이었다. 그는 상상력이 풍부했고 은유의 사용에도 정통했다. 그는 페르시아어 시대에도 조예가 깊었으며 그의 비범한 기억력 덕분에 많은 시들을 외워 적절하게 그것을 인용했다. 그는 다른 페르시아 문학에 대해서도 완벽한 지식을 갖고 있었다. 수학, 물리학, 논리학, 그리고 그리스 철학은 모두 그를 사로잡았다. "마음의 대범함과 견고함을 낳는 철학자들의 교의(教義)는 그에게 강력한 영향을 미쳤다." 그런데 그는 내과 의사가 갖는 호기심도 있어서 환자들이 그의 관심을 끄는 심상치 않은 징후를 보이면 그들을 스스로 간호하곤 했다. 자신의 전공에 대해 토의할 때조차도 그 어떤 학자, 서예가, 시인 또는 내과 의사도 술탄에 맞설 수 없었으며 맞설 엄두를 내지 못했다. 그는 신앙심이 깊고 자기 종교의 가르침을 엄격히 지켰으며 술을 삼갔다. 그의 신하들은 기도 시간을 존중하는 것이 현명한 일임을 알았다.

그렇게 하지 않는 신하들은 엄한 벌을 받았다. 그는 정의를 아주 중히 여겼다. 그는 예배 의식뿐 아니라 회교의 도덕적인 가르침을 진지하게 받아들였고 남들도 똑같이 하기를 기대했다. 전쟁에서 그는 용기와 진취적 기상으로 이름을 떨쳤다. 그가 아직 부왕(父王) 및 부왕의 선왕의 휘하에 있을 때 세운 공으로 그는 세계적인 명성을 얻었다. 그가 천부적으로 다재다능했다는 사실을 지적하는 것은 중요한 의미가 있다. 당대인이 그를 끔찍하고 납득할 수 없는 사람으로 여겼던 모든 특징과 대조적으로, 그들은 그가 끝까지 간직한 총명한 자질에 대해 탄복했다.

이 공정하고 고도의 교양을 갖춘 군주의 궁정은 어떻게 보였는가? 사람들이 내전에 이르려면 세 개의 문을 통과해야만 했다. 첫번째 문 밖에는 다수의 수비 대원과 나팔수 및 피리 부는 사람들이 있었다. 귀족이나 그 밖의 저명한 인물들이 도착하면 이 사람들이 자기의 악기를 불고는 "아무개가 왔습니다. 아무개가 왔습니다"라고 말했다. 또 이 문 밖에는 사형 집행자들이 앉는 단이 있었다. 술탄이 어떤 사람을 처형하라고 명령하면 그 선고가 이곳에 전달되었으며 시체는 사흘 밤낮 동안 버려진 채로 있었다. 이래서 궁전에 접근하는 사람은 누구나 맨 처음에 시체들을 보게 되어 있었다. 시체의 무더기가 언제나 그곳에 널려 있었다. 선고받은 사람들을 끌어내어 사형에 처해야만 하던 청소부들과 사형 집행자들은 힘겹고 끝없는 노동으로 녹초가 되었다. 두번째 문과 세번째 문 사이에는 일반인을 위한 큰 접견실이 있었다. 세번째 문 밖에는 '문의 서기들'이 앉는 단이 있었다. 술탄의 특별한 허락 없이는 아무도 이 문을 통과할 수 없었다. 누군가가 오면 서기들은 "아무개가 제일 먼저 왔다"거나, 경우에 따라서는 두번째, 세번째로 왔다고 기록했다. 이 보고서는 저녁 기도 후에 술탄에게 바쳐졌다. 구실이 있든 없든 간에 사흘 이상 궁전에 나오지 않은 사람은 누구나 술탄의 분명한 허락 없이는 그 이후로 궁전에 들어가지 못했다. 그가 아팠다거나 다른 구실이 있는 경우에는 그의 지위에 맞는 선물을 술탄에게 보냈다. 세번째 문 뒤에는 천주랑(千柱廊)이라고 불리는 거대한 접견실이 있었다. 접견실의 나무로 된 지붕에는 경이로운 조각과 뛰어난 그림이 있었다.

접견은 대개 오후에 이루어졌으나 때로는 새벽에도 있었다. 술탄은 흰 양탄자를 깐 단 위에 놓인 왕좌에 다리를 꼬고 앉아 있었다. 그의 뒤에는 커다란 쿠션이 하나 있었고 팔걸이용의 쿠션이 둘 있었다. 서열 순으로 수상이 그의 정면에 서고 수상 뒤에 대신들이, 그리고 그 뒤에 시종들이 섰다. "술탄이 앉으면 시종들과 대신들이 가장 큰 목소리로 '비스밀라!(신의 이름으로!)' 라고 말한다. 무장 병사들이 좌우 양쪽에 각각 100명씩 방패와 칼과 활을 들고 서 있다. 나머지 다른 대소신료들은 접견실의 양쪽에 정렬한다. 그런 뒤에 왕실의 마구(馬具)를 단 60마리의 말을 들여와, 왕이 볼 수 있도록, 반은 오른쪽에 반은 왼쪽에 정렬시킨다. 다음에는 50마리의 코끼리를 들여오는데, 이 코끼리들은 비단천으로 장식되어 있으며 범죄자들을 보다 능률적으로 죽일 수 있도록 어금니에 쇠가 박혀 있다. 각 코끼리의 목에는 부리는 사람이 앉아 있다. 이들은 일종의 무쇠 도끼를 들고서 코끼리를 어르기도 하고 코끼리가 해야 할 일을 지시하기도 한다. 각 코끼리는 그 크기에 따라, 20명 가량의 전사를 실을 수 있는 거대한 상자를 등에 얹고 있다. 이 코끼리들은 술탄에게 경의를 표시하면서 고개를 숙이도록 훈련되어 있다. 코끼리들이 이렇게 할 때 시종들은 큰소리로 '신의 이름으로!' 라고 외친다. 코끼리들 역시 서 있는 사람들의 뒤쪽에 반은 왼쪽, 반은 오른쪽에 정렬한다. 거기에 입장하는 사람은 모두 자리를 지정받는데, 지정된 자리로 들어갈 때, 시종들이 있는 곳에 이르면 절을 한다. 그러면 시종들은 해당 인물의 지위에 따라 소리의 강약을 조절해서 '신의 이름으로!' 라고 말한다. 그러면 입장한 사람은 지정된 자리로 다시 돌아가는데 결코 이 자리를 넘어서지 않는다. 경의를 표하러 온 사람이 신앙이 없는 인도 사람이면 시종들은 그에게 '신께서 그대를 인도할지어다'라고 말한다."

우리는 이븐 바투타를 통해 술탄이 그의 수도에 들어가는 모습을 생생하게 볼 수 있다.

"술탄이 여행에서 돌아오면 코끼리들은 장식이 된다. 코끼리 중 16마리에 양산을 씌우는데 어떤 양산에는 아름다운 무늬가 짜여 있고 어떤 양산에는 보석이 박혀 있다. 높이가 여러 층이 되는 목재 정자(亭子)들이 세워져 비단 천으로 덮인다. 정자의 각 층에는 찬란한 의상과 장신구로 치장한 노래하는 여인들이 있는데 그 중에는 무녀(舞女)들도 섞여 있다. 각 정자의 중앙에는 가죽으로 만들어진 대형 통이 있고 그 통에는 꿀물이 가득 들어 있다. 원주민이든 나그네든 간에 모든 사람이 이 통의 꿀물을 마실 수 있는 동시에, 인도산 후추나무의 잎사귀와 빈랑나무(종려나뭇과의 상록 교목-역주)의 열매를 받기도 한다. 각 정자 사이의 공간에는 비단이 깔려 있어서 술탄의 말은 그 위를 밟고 간다. 그가 도시의 문으로부터 궁전의 문까지 지나가는 거리의 벽에는 비단천이 걸려 있다. 그의 앞에는 그의 노예들로 구성된 종복들이 행군하는데 그 수는 수천 명이며 그들의 뒤를 군중과 군인들이 따른다. 언젠가 나는 그가 수도에 입성할 때 코끼리들 위에 서너 개의 적은 투석기를 얹고, 도시에 들어가는 순간부터 궁전에 이르기까지 백성들에게 금화와 은화를 뿌리는 것을 본 적이 있다."

무하마드는 외국인들에게 특히 인심이 후했다. 그의 정보부서는 제국의 국경 도시에 도착하는 모든 사람에 대한 정보를 즉각 그에게 제공했다. 그의 전령(傳令) 조직은 모범적이었다. 여행자들이 50일 걸리는 거리를 그의 전령들은 5일에 주파했다. 300미터마다 새로운 전령이 인수했다. 이런 식으로 전달되는 것은 그의 편지들뿐이 아니었다. 호라산(이란 북동부의 주-역주)으로부터 온 특별한 과일들이 싱싱한 상태로 그의 식탁에 놓여졌으며, 정치범들은 짐꾼들이 머리에 얹어 옮기는 들것에 실려 편지나 과일처럼 신속하게 그에게 보내졌다. 국경을 넘는 외국인들에 대한 보고서는 아주 자세했다. 정보원들은 최대한 주의를 기울여 나그네 각자의 외모와 복장, 그 일행의 수, 노예들, 하인과 짐승, 행동할 때와 휴식할 때의 형태 및 그 밖의 모든 행동거지를 묘사해 보고했으며, 빠뜨리는 것이 전혀 없었다. 무하마드는 이 보고서들을 조심스럽게 검토했다. 모든 외국인은, 무하마드로부터 더 이상 여행을 해도 좋으며 어떤 예우를 받도록 하라는 명령이 올 때까지 국경에 있는 주(州)의 수도에서 기다려야만 했다. 각 외국인은 전적으로 그의 행동을 바탕으로 판별되었다. 왜냐하면 멀리 떨어진 인도에서는 그 외국인의 가문이나 혈통에 대해 아무것도 알 수 없었기 때문이다. 무하마드는 외국인들에게 특히 관심이 커서 관례적으로 그들에게 지사의 직위를 수여했으며 국가의 고위직을 주었다. 그의 정신(廷臣), 왕궁의 관리, 대신 및 법관의 대다수는 외국인이었다. 그들 전원은 특별 칙령에 따라 '각하'라는 호칭을 부여받았다. 그는 그들의 생활비로 거액을 지급했으며 그들에게 멋진 선물을 주었다. 그들은 그의 후한 인심에 대한 명성을 전 세계에 퍼뜨렸다.

그러나 세인들에게 더욱 회자된 것은 그의 가혹함이었다. "그는, 학식이나 신심이나 지위 고하를 막론하고 크고 작은 실수들을 모조리 처벌했다. 매일 수백 명이 사슬에 묶이거나 두 팔을 결박당하거나 족쇄에 묶여 그의 접견실에 끌려왔다. 사형 선고를 받은 사람들은 처형당했고 고문 선고를 받은 사람들은 고문을, 태형을 선고받은 사람들은 매질을 당했다. 금요일을 제외하고는 날마다 그의 감옥에 있는 모든 사람을 접견실에 끌어오는 것이 그의 관례였다. 금요일은 그들에게 유예를 주는 날로서 이날 그들은 몸을 깨끗이 하고 편안한 마음으로 쉬었다."

무하마드에 대한 가장 커다란 비난의 하나는, 그가 델리의 주민들을 그들의 도시에서 강제로 떠나게 했다는 것이었다. 그는 그들을 처벌할 정당한 이유를 갖고 있다고 생각했다. 주민들은 그에게 편지를 보내는 습관이 있었는데 그들은 이 편지 속에서 그를 모욕하고 욕했다. 그들은 이런 편지들을 봉해서 "세계의 지배자에게. 그 말고는 아무도 이 편지를 읽지 말 것"이라고 겉봉에 써서는 밤에 접견실에 던졌다. 무하마드가 봉함을 뜯어보면 모욕과 욕설 말고는 아무것도 없었다. 마침내 그는 델리를 폐허로 만들기로 결심했다. 그는 델리 주민들의 집과 거처를 모조리 사들인 뒤에 그가 수도로 만들고 싶어하던 다울라타바드(Daulatabad)로 모두 이사하라고 명령했다. "그들은 거부했다. 그러자 그의 전령이 파견되어 어떤 사람도 사흘 밤 뒤에는 그 도시에 머물러 있어서는 안 된다고 선포했다. 대다수는 이 명령에 따랐으나 주민의 일부는 집에 숨어 있었다. 무하마드는 도시에 남아 있는 사람을 모조리 찾아내라고 명령했다. 그런데 그의 노예들이 거리에서 두 남자를 발견했다. 한 사람은 절름발이였고 다른 사람은 장님이었다. 그들은 그의 앞에 끌려갔다. 그는, 절름발이는 투석기에 넣고 쏘아버리고, 장님은 델리로부터 다울라타바드까지 땅바닥에 끌고 가라고 명령했다. 그것은 40일 동안 여행해야 하는 거리였다. 장님은 도중에 산산조각이 났고 그의 몸뚱이 중에서 다울라타바드에 도착한 것은 다리뿐이었다. 무하마드가 이런 짓을 하자 모든 사람은 가구와 재산을 버리고 그 도시를 떠났다. 그래서 그 도시는 완전히 버림받은 상태로 남게 되었다. 내가 믿고 있던 한 사람은 내게 이렇게 전했다. 술탄이 어느 날 밤 궁전의 지붕에 올라가 델리를 내려다보았는데 불도 연기도 등불도 없는 것을 보고는 '이제 짐의 마음은 평온하다. 짐의 분노는 가라앉았다'고 말했다는 것이다. 그 뒤에 그는 다른 소도시들의 주민들에게 편지를 보내 델리로 이사해서 그 도시가 다시 사람이 사는 곳이 되도록 하라고 명령했다. 그 결과 그들의 도시들은 폐허가 되었다. 그렇지만 델리는 그 거대함 때문에 여전히 텅텅 비어 있는 채로 남아 있게 되었다. 왜냐하면 델리는 세계 최대의 도시 가운데 하나였기 때문이다. 이런 상태 속에서 우리가 도착했을 때 우리는 그 도시가 몇 사람을 빼면 텅 비어 있으며 주민도 거의 없다는 사실을 알았다."

자기의 신민(臣民)에 대한 무하마드의 격노는 장기간의 통치에서 나온 결과가 아니었다(델리를 비우라는 명령은 그의 치세 2년째 되던 해의 일이었다). 애초부터 술탄과 신민 사이에는 긴장이 있었는데 그것이 시간의 흐름에 따라 고조된 것이다. 그의 접견실에 던져진 편지들의 내용에 대해서는 추측에 의존할 수밖에 없다. 그러나 그 내용이 그가 왕위에 오른 방식에 대해 언급했다는 믿을 만한 근거들이 있다. 무하마드의 아버지 투글락 샤는 겨우 4년을 통치하고는 사고를 당해 목숨을 잃었다. 음모에 가담한 극소수를 빼고는 아무도 실제로 무슨 일이 일어났는가를 알 수 없었지만 의혹은 불가피했다. 전왕인 투글락 샤는 원정에서 돌아와, 잔치를 벌일 정자를 준비하라고 아들에게 명령했다. 정자는 사흘 만에 준비되었는데 통상 그랬듯이 나무로 만들어졌다. 그러나 그 정자는 어떤 부분을 한번 밀면 당장 쓰러지도록 지어졌다. 투글락 샤가 가장 총애하는 나이 어린 아들을 데리고 정자에 자리 잡자 무하마드는 코끼리 행진을 허락해 달라고 요청했다. 그가 허락을 받자 코끼리들은 목조 건물 아래를 지나면서 민감한 부분을 밀쳤다. 정자는 무너졌고 투글락 샤와 그가 가장 총애하던 아들은 묻혀버렸다. 무하마드는 구조 작업을 지연시켜 때가 너무 늦어지게 만들었다. 마침내 희생자들이 발견되었을 때 그 두 사람은 죽어 있었다. 아니, 어쩌면 어떤 사람들이 주장하듯이 투글략 샤는 아들 위에 엎어져 있을 때만 해도 숨이 붙어 있었는데, 그 뒤에 소위 두번째 순간에 살해되었을 수도 있다. 무하마드는 아무 저항도 받지 않고 왕위에 올랐지만, 자기를 나쁘게 이야기하는 사람들의 혀를 제압할 권력은 전혀 없었다. 그는 치세의 맨 처음부터 아버지를 죽인 자라는 혐의를 받았다.

무하마드 투글락의 치하에서 델리의 술탄 령(領)은 최대 규모로 확장되었다. 그런 상황은 악바르(Akbar)의 치하에서 인도의 대부분이 1인 통치하에 다시 통일되기까지 200년 동안 지속되었다. 그러나 무하마드는 자기에게 돌아온 대략 24개 정도의 주(州)로는 전혀 만족하지 않았다. 그는 사람이 살 수 있는 모든 세계를 그의 지배하에 두고 싶어했으며, 이 계획을 실현하기 위해 여러 가지 야심적인 책략을 세웠다. 그의 친구들과 자문 가운데 그 누구에게도 이 책략의 비밀은 알려지지 않았다. 그는 그것을 혼자서 생각해내고 혼자서만 간직했다. 그 자신의 구상은 무엇이나 그를 즐겁게 했다. 그는 자신이나 자신의 목표를 결코 의심하지 않았다. 그에게는 그 목표가 자명한 듯이 보였으며 그 목표를 달성하기 위해 자기가 사용하는 수단만이 유일하고도 적절한 것으로 여겨졌다.

그의 가장 야심적인 정복 계획은 호라산과 이라크에 대한 공격 및 중국에 대한 공격을 위한 것이었다. 호라산 및 이라크 정복을 위해서 37만의 기병

대가 소집되었으며 위협을 받던 도시들의 고관들로부터 거액의 뇌물을 제공받았다. 그러나 이 공격은 결국 시작되지 못한 채 초기 단계에서 실패하고 말아 군대는 해산되었다. 무하마드가 보기에도 엄청난 것으로 여겨졌을 액수의 돈이 완전히 허비되었다. 또 하나의 계획인 중국 정복은 히말라야 산맥을 넘음으로써 실행하기로 되어 있었다. 10만의 기병이 가장 높은 산악지대에 파견되어 중앙 산괴(山塊) 전역과 그곳의 미개한 주민을 굴복시키고 중국으로 가는 통로를 확보할 계획이었다. 10명을 제외하고 이 부대는 전멸했다. 델리로 돌아온 10명은 실망한 무하마드에 의해 처형되었다.

세계 정복은 거대한 군대를 필요로 했고 군대는 갈수록 더 많은 돈을 필요로 했다. 무하마드의 세입이 엄청났던 것은 사실이다. 속국인 힌두 왕들의 조공이 사방에서 들어왔고, 무엇보다도 그는 아버지로부터 금덩어리가 가득 찬 보고를 물려받았다. 그러나 그는 곧 돈이 궁해지자 적자를 단번에 메우기 위해 필요한 수단과 방법을 강구했다. 그는 중국의 지폐에 관한 이야기를 듣고는 구리로 화폐 비슷한 것을 만들어내겠다는 구상을 했다. 그는 다수의 동전을 주조해서 그 가치를 은화의 가치와 같게 임의적으로 정한 뒤 금화와 은화 대신에 동전을 사용하라고 명령했다. 곧 동전으로 모든 것을 사고팔게 되었다. 이 칙령의 결과 모든 힌두인의 집이 사설 조폐국이 되었다. 모든 주에서 동전 수백만 개가 만들어졌고 사람들은 이 동전들로 조공을 바쳤으며 말과 온갖 종류의 마음에 드는 물건들을 사기도 했다. 토후들, 촌장들, 그리고 지주들은 이 구리돈을 통해 부유해졌으나 국가는 가난해졌다. 이윽고 새 돈의 가치가 급속히 떨어진 데 비해, 아주 희귀해진 옛날의 주화들은 종전의 가치보다 4~5배나 나가게 되었다. 결국 동전은 돌멩이와 똑같은 가치를 가졌다. 사람들이 재화를 사장했으므로 거래가 정체 상태에 빠졌다. 술탄은 그의 칙령이 빚어낸 결과를 깨닫자 격분해서 칙령을 철회하는 한편, 모든 동전을 국고에 사들여 옛날 유형의 돈과 교환해주라고 명령했다. 그러자 동전을 업신여겨 버리던 방방곡곡으로부터 수천 명이 동전을 갖고 와 국고에 모여들어 그것과 교환해 금화와 은화를 받았다. 산더미 같은 동전이 투글라카바드(투글락의 도시라는 뜻-역주)에 쌓였다. 국고는 거액을 잃었고 돈의 부족은 더 심해졌다. 동전이 자기의 국고에 어떤 대가를 치르게 만들었는가를 평가할 수 있게 되자 술탄은 훨씬 더 백성들을 등지게 되었다.

돈을 구하는 또 하나의 방법은 과세였다. 이미 선왕들의 치하에서도 세금은 매우 높았는데, 이때는 세금이 무자비하게 징수되고 있었다. 농민들은 거지가 되었다. 토지를 소유한 힌두인은 누구나 토지를 떠나서 밀림으로 달아나 반도(叛徒)들에 합세했다. 도처에 대소의 반도 집단이 있었다. 토지는 경작되지 않은 상태로 있었다. 곡물 재배는 갈수록 적어졌다. 중앙의 주들에서 기근이 일어났다. 특별히 긴 가뭄이 끝난 뒤에 기근은 제국 전역에 퍼졌다. 기근이 여러 해 동안 계속되자 가족은 흩어지고 모든 도회가 굶주렸으며 수많은 사람이 죽었다.

나라의 운명에 실질적인 전환을 가져온 것은 아마도 이 기근이었던 것 같다. 반란이 더 잦아졌으며 한 주에 이어 다른 주가 델리와 결별했다. 무하마드는 계속 현장에 나가 반란을 진압하고 있었다. 그의 잔인함은 더 심해졌다. 그는 모든 지역을 황폐화시켰다. 밀림은 포위당했고 거기서 생포되는 사람은 남자든 여자든 어린이든 상관없이 모조리 살육당했다. 그가 퍼뜨린 공포는 너무나 컸으므로 일찍이 도망하지 못한 사람들은 그가 나타나면 장소를 불문하고 어디에서나 엎드렸다. 그러나 그가 어느 지역인가를 평정하고 초토화하자마자 나라 안의 다른 지역에서 다시 반란이 터졌다. 그는 자기로부터 떨어져나간 주지사들의 가죽을 벗겼다. 그 가죽에 짚을 넣은 뒤 공포를 일으키기 위해 이 무시무시한 꼭두각시들을 시골로 들고 다녔다.

무하마드는 자기의 잔인함에 대해 전혀 양심의 가책을 느끼지 않았다. 그는 자기의 모든 조치가 정당화된다는 굳은 확신을 갖고 있었다. 그가 이 주제에 관해 역사가인 지아 바라니와 나눈 대화는 이 문제에 대해 밝혀주는 바 크므로 여기에 인용하고자 한다.

무하마드는 바라니에게 말했다. "그대는 얼마나 많은 반란이 일어나는가를 알고 있소. 사람들은 그 모든 반란이 짐의 지나친 가혹함 때문에 일어났다고 말하겠지만, 짐은 그 반란들을 유쾌하게 여기지 않소. 그런데 짐은 이야기가 돌거나 반란이 일어난다고 해서 사형을 회피하지는 않겠소.

그대는 많은 역사를 읽었소. 그대는 왕들이 특정의 상황 아래서는 사형을 가한다는 사실을 알고 있소?"

바라니는 대답으로 회교 권위자의 말을 인용했다. 그 권위자는 일곱 가지 상황에서는 사형이 허용될 수 있다고 여겼다. 그 밖의 경우에는 사형이 소란과 말썽과 봉기를 빚어내고 나라에 해를 가한다는 것이었다. 이 일곱 가지 상황은 다음과 같다.

진정한 종교에 대한 배교(背敎), 고의적인 살인, 기혼 남자와 유부녀의 간음, 왕에 대한 음모, 반란의 주도, 왕의 적들에 가담해서 그들에게 정보를 전하는 일, 국가에 해를 가하는 불복종(단, 그 밖의 불복종은 제외한다). 예언자(마호메트를 가리킴-역주) 자신은 이 범죄 가운데 특히 세 가지, 즉 배교, 회교도 살해, 그리고 유부녀와의 간음을 비난했다. 기타 네 가지 범죄에 대한 처벌은 정책과 선정의 문제라는 성격이 강했다. 그러나 바라니는 권위자들이 다음과 같은 사실도 강조했다고 말했다. 왕들은 관리들을 임명해서 그들을 고위직까지 승진시키고, 그들이 법규를 만들 수 있도록 하여 그들의 수중에 왕국의 관리를 맡겨, 왕이 인간의 피로 손을 더럽힐 필요가 없는 훌륭한 질서 속에 나라를 유지하도록 한다는 것이다.

이 말에 무하마드는 이렇게 대답했다. "당시의 규정된 처벌은 세계의 초기 시대에 적합한 것이었소. 그러나 현재는 더 시끄럽고 사악한 사람들이 있소. 짐은 그들의 반란 기도나 대역(大逆)의 기도에 대한 의혹이나 추측이 있을 때는 그들에게 응징을 가하며 가장 사소한 항명 행위도 사형으로 처벌하오. 짐은 짐이 죽을 때까지, 또는 백성들이 정직하게 행동하고 반란과 항명을 포기할 때까지 이 일을 하겠소. 짐은 피 흘리는 일을 회피하려 드는 고관은 그 자리에 두지 않을 것이오. 짐은 백성들이 갑자기 짐의 적이나 반대자가 되기 때문에 그들을 처벌하오. 짐은 그들 사이에 막대한 부를 분배했소. 그러나 그들은 우호적이 되지도 않았고 충성스러워지지도 않았소. 짐은 그들의 기질을 잘 알고 있으며 그들이 짐에 대해 불평과 적의를 품고 있음도 알고 있소."

그 이후의 대화에서 그는 나중에 반란을 통해 자기를 크게 괴롭힌 사람들 모두를 즉시 죽이지 않은 것을 후회했다. 가장 중요한 도시들 가운데 하나(델리의 모든 주민은 이곳으로 강제 이주했다)를 잃고 나서 금방, 그는 바라니를 불러오게 해서 옛날의 왕들이 이런 경우 어떤 치유책을 썼는가 물었다. 그의 왕국은 심한 병에 걸려 그 어떤 치료법으로도 고칠 수 없었다. 바라니는 이렇게 대답했다. "어떤 왕들은 자기들이 백성의 신뢰를 얻지 못하고 있으며 일반적인 혐오의 대상임을 깨달았을 때는 퇴위해서 아들 가운데 가장 자격 있는 자에게 정무를 인계했습니다. 다른 왕들은 일체의 국사를 고관들과 관리들에게 맡기고는 사냥, 쾌락 및 술에 매달렸습니다. 백성들이 여기에 만족하고 왕이 복수의 기회를 부여받지 못하는 경우에는 국가의 무질서가 치유될 수 있었습니다. 모든 정치적 재난 가운데 가장 대단하고 가장 끔찍스런 것은 모든 계층의 백성들 사이에 퍼진 일반적인 혐오감과 신뢰의 결여입니다." 그러나 이 용감하고 노골적인 바라니의 충고조차도 무하마드에게는 효과가 없었다. 그는 자기가 바라는 대로 왕국의 일을 해결할 수 있는 경우에만 3인에게 정부를 양도하고 자신은 메카 순례를 가겠다고 말했다. "그러나 현재 짐은 짐의 백성들에 대해 화가 나 있으며 그들은 짐에게 불만을 품고 있소. 백성들은 짐의 기분을 익히 알고 있고 짐은 그들의 고통과 비참함을 알고 있소. 그러나 짐이 사용하는 치료법은 아무런 소용이 없소. 반도들, 봉기자들, 적대자들 및 불만을 품은 자들에 대한 짐의 치료법은 칼이요. 짐은 고통에 의해 치료의 효과가 나도록 처벌을 하고 칼을 사용할 것이오. 백성이 저항하면 할수록 짐은 더욱 응징을 가할 것이오."

그러나 수많은 반란, 그리고 나라 방방곡곡에 퍼진 일반적인 불만은 무하마드의 마음에 '하나의' 효과만을 미쳤다. 즉, 그는 궁전 앞과 그가 방문한 모든 주와 도시에 쌓인 시체더미에 대해서가 아니라, 그의 통치의 정당성에 대해 회의를 느끼기 시작했다. 이제는 아주 분명히 밝혀졌지만, 그는 경건하고 곧은 사람이었으며 왕으로서의 그의 지위를 회교 최고의 정신적 권위자에 의해 승인받기를 원했다. 이보다 앞선 수세기 동안에 바그다드에 본거지를 두고 있던 아바시드(마호메트의 숙부 아바스에서 시작되어 750년부터 1258년까지 계속된 왕조-역주)의 칼리프들이 그런 사람으로 간주되었다. 그러나 그들의 왕국은 더 이상 존재하지 않았다. 1258년에 바그

다드는 몽골인들에게 정복당했고 마지막 칼리프는 살해되었다. 1325년에 왕위에 올랐고 그의 제국의 주가 차례로 그로부터 떨어져나가기 시작하자 1340년경에 회의를 품게 된 무하마드 투글락이 왕위 수여권이 어디에 있는가를 알아내는 일은 결코 쉽지 않았다. 그는 신중한 조사를 하도록 시켰다. 서방의 회교 국가들로부터 그의 궁정에 도착한 모든 여행자에게 열심히 물은 끝에, 마침내 그는 이집트의 칼리프가 그의 '교황'이라는 결론에 이르렀다. 그는 칼리프와의 협상에 들어갔다. 칙사들이 오고갔는데, 그가 칼리프에게 보내는 편지들에는 너무 심한 아첨이 담겨 있어서 이런 방식에 아주 익숙했을 바라니조차도 그 편지들을 다시 읽을 엄두가 나지 않을 정도였다. 칼리프의 칙사가 도착하자 무하마드는 모든 귀족과 학자를 거느리고 그를 맞으러 나갔는데 칙사의 앞까지 상당한 거리를 맨발로 걸어갔다. 그는 주화에서 자신의 이름을 지우고 칼리프의 이름을 새겼으며 칼리프를 회교의 최고 통치자로 간주했다. 금요일의 기도에서는 칼리프의 이름이 언급되었다. 그러나 이것은 무하마드를 만족시키기에 충분하지 못했다. 칼리프의 승인을 받지 못한 그의 모든 선왕의 이름은 기도에서 제외되었고 그들의 권위는 무효라고 소급해서 선언되었다. 칼리프의 이름이 높은 건물들에 새겨졌으며 다른 이름을 그 옆에 새기는 일은 허용되지 않았다. 여러 해 동안 통신이 계속된 끝에 이집트로부터 엄숙한 문서가 도착했다. 이 문서를 통해 무하마드는 인도의 칼리프 대리인이라는 명칭을 받았다. 이 문서가 무하마드에게 너무나 큰 기쁨을 주었으므로 그는 궁정의 시인들로 하여금 이 문서를 예술적인 운문으로 바꾸게 했다.

그는 이 밖의 모든 면에서는 마지막까지도 똑같았다. 그의 가혹함은 그의 실패와 더불어 심해졌다. 그는 살해자의 손에 죽지는 않았다. 26년을 통치한 뒤에, 응징 원정에서 걸린 열병으로 세상을 떠났다.

그는 편집증적 권력자의 가장 순수한 예이다. 그가 살던 방식은 유럽인이 보기에는 이상하고 낯설 것이다. 그를 둘러싼 모든 것은 두드러지기 때문에 그를 전체적으로 보기가 더 쉽다. 그의 본성의 일관성이 확연히 드러난다.

그의 정신은 네 종류의 군중, 즉 그의 군대, 그의 보화, 그의 시체들 및 그의 궁정(그리고 궁정과 함께 그의 수도)의 지배를 받았다. 그는 이것들을 가지고 끊임없이 재주를 부렸으나 하나를 희생한 대가로 다른 하나를 얻는 데 성공했을 뿐이다. 그는 엄청난 군대를 모집하지만 그렇게 함으로써 그의 보화를 탕진한다. 그는 수도의 전 인구를 추방하고는 거대한 도시에 자기 혼자 있음을 갑자기 발견하며 궁전의 지붕에서 텅 빈 수도를 내려다보고 분노를 가라앉힌다. 그는 살아남는 자의 기쁨을 만끽했다.

그가 무슨 일을 하던 간에 거기에는 언제나 그가 가까스로 유지하는 '하나의' 군중이 있었다. 그는 어떤 환경 속에서도 결코 죽이는 일을 멈추지 않았다. 그의 죄수 전원은 매일 그의 앞에 끌려갔다. 그들은 처형의 후보자들로서 그의 가장 귀중한 재산이었다. 그의 치세 26년 동안에 기근과 열병이 그를 도와 시체더미가 제국의 모든 주에 쌓였다. 세입의 결과적인 손실은 분명히 그를 짜증나게 했겠지만 그의 희생자들의 수가 늘어나는 한, 무엇도 그의 자신감을 근본적으로 뒤흔들 수는 없었다.

그는 최고조에 이른 자기 명령의 힘(그것은 사형 선고에 불과했다)을 유지하기 위해 더 높은 권위에 의해 자기의 지위를 승인받으려고 애썼다. 독실한 회교도로서 그가 믿던 신만으로 그는 흡족하지 못했다. 그는 신의 합법적인 대표로부터 승인을 받고 싶기도 했다.

무하마드 투글락은 근대 인도의 역사가들에 의해 옹호되어 왔다.[21] 권력은 예찬가를 갖지 못하는 일이 결코 없다. 이런 사실은 권력에 전문적으로 사로잡혀 있는 역사가들이 '시대'(그들의 아첨을 학문 정신이라고 위장하면서)나 필연성(이것은 그들의 손안에서 온갖 형태를 다 취할 수 있다)을 빌어 무엇이나 설명할 수 있다는 것을 의미한다.

우리는 무하마드 투글락보다 우리에게 더 가까이 있는 통치자들의 경우에 똑같은 일이 일어나리라고 예상해야만 한다. 따라서 한 인간(그가 권력을 단지 망상 속에서만 지니고 있었다는 것은 세상을 위해 다행스러운 일이었다)의 내부에서 권력이 어떻게 진행되는가, 그 과정을 폭로하는 일은 사전예방 조치로서 도움이 될 것이다.

쉬레버의 병례. 제1부

한때 드레스덴(Dresden, 동부 독일의 엘베 강가에 있는 도시-역주)의 고등 법원장을 지낸 다니엘 파울 쉬레버(Daniel Paul Schreber)의 『회고록』보다 더 풍부하고 교훈적인 기록은 없을 것이다.[22] 그는 정확한 어휘를 사용하는 직업을 통해 훈련된 교양 있고 지적인 사람이었다. 그는 편집광으로서 정신병원에서 7년을 보낸 뒤에 세상이 망상의 체계라고 부를 것이 틀림없는 내용을 아주 자세하게 쓰기로 결심했다. 그가 쓴 '나의 신경질환의 회고록'은 완전한 책이 되었다. 그는 자기가 스스로 창시한 종교의 정당성과 중요성을 아주 굳게 확신하고 있었으므로 금치산(禁治産) 선고가 해제된 후 그 책을 출간했다. 그가 자유자재로 구사할 수 있었던 언어적 수단은 매우 독특한 사상적 형상들을 묘사하는 데 안성맞춤이었으며, 본질적으로 중요한 문제가 불분명한 상태로 남는 일이 없도록 아주 세심한 부분까지 많은 고려를 했다. 그는 자기를 변호하고 있으나 다행스럽게도 그는 시인이 아니다. 따라서 우리는 그의 생각을 모든 방향에서 추적해갈 수 있으면서도 그의 망상으로부터 안전하게 보호받고 있다.

나는 제한된 지면으로 가능한 범위 내에서 쉬레버의 망상 체계의 가장 현저한 특성 중 몇 가지를 고찰해보고자 한다. 나는 이것을 통해 편집증에 대해 좀더 이해할 수 있게 될 것이라고 확신한다. 만약 이 『회고록』을 연구하는 다른 사람들이 다른 결론을 내린다면, 이것은 오히려 그 자료가 풍부하다는 증거가 될 수도 있을 것이다.

쉬레버가 제시하는 주장의 범위는 그가 이 범위를 제한하는 것처럼 보일 때 가장 명백해진다. 그는 서두에서 이렇게 말했다. "결국은 나도 인간에 불과하므로 인간의 이해력의 한계에 의해 제약을 받는다. 그러나 나는 한 가지 일, 다시 말하면 신의 계시를 받지 않은 인간들보다는 내가 분명히 진리에 더 가까이 갔음을 확신한다." 그렇기 때문에 그는 즉각 '영원'으로 넘어간다. 영원에 대한 사고는 그의 책 전체에 깔려 있다. 영원은 보통 사람들보다 그에게서 훨씬 많은 의미를 갖는다. 그는 영원 속에서 평안함을 느끼며 영원은 당연히 자기에게 속하는 그 무엇일 뿐 아니라 그의 일부를 이루는 그 무엇이라고 여긴다. 그는 시간의 엄청난 영역 안에서 생각한다. 그의 경험은 여러 세기에 걸쳐 있다. "마치 단 며칠 밤이 수백 년이나 계속되는 것과 같았다. 그래서 그 시간 속에서 인류 전체와 지구 자체, 그리고 태양계 전체에 가장 깊은 변화가 족히 일어날 수 있을 것 같았다." 그는 영원 속에 있을 때와 마찬가지로 우주의 공간 속에 있을 때도 평안함을 느낀다. 카시오페이아, 베가(거문고좌의 직녀성-역주), 카펠라(마부좌의 主星으로 일등성-역주), 플레이아데스 성단(황소 좌의 일곱별-역주) 등의 성좌나 별들은 특히 그와 가깝다. 그는 마치 이 별들이 길모퉁이의 버스 정류장이나 되는 것처럼 그것들에 대해 이야기한다. 그러나 그는 지구로부터 그 별에 이르기까지의 실제 거리를 잘 알고 있다. 즉, 그는 천문학에 대해 약간의 지식을 가지고 있어서 우주의 크기를 줄이려고 들지는 않는다. 그와는 반대로, 천체들이 그를 매혹시키는 것은 그것들이 아주 멀리 떨어져 있기 때문이다. 우주의 거대함은 그의 마음을 끈다. 그는 우주 전역에 뻗어나갈 수 있도록 자신이 우주처럼 넓어지기를 바라는 것이다.

그에게 중요한 것은 성장의 과정이 아니라 실제적인 확장일 것이라는 인상이 풍긴다. 그는 우주 안에서 자기의 지위를 확립하고 이를 유지하기 위해 우주를 필요로 한다. 그는 이 지위를 중요시하며 그 지위가 아무리 높고 아무리 영원해도 결코 만족해하는 일이 없다. 그에게 최고의 원칙은 '세계의 질서'이며, 이것을 신보다 중요하게 여긴다. 만약 신이 그것에 어긋나는 행동을 하려고 한다면 그는 곤란에 봉착하게 되는 것이다. 쉬레버는 흔히 자신의 육체를 하나의 천체인 것처럼 이야기한다. 그리고 그는 다른 사람들이 가족의 관리에 열중하듯이 자기는 혹성계의 관리에 열중한다고 말한다. 그는 혹성계의 일부가 되어 그곳에 닻을 내리기를 바란다. 수천 년에 걸친 성좌들의 불변성이 그로 하여금 특히 그것들에 매력을 느끼게 만든 것 같다. 성좌 중의 한 자리는 영원을 위한 자리인 것이다.

개인의 자리 또는 지위에 대한 이 감각은 편집광에게 기본적인 중요성을 갖는다. 지키고 확보해야 할 고상한 지위가 언제나 있는 법이다. 권력의 본질 자체 때문에, 똑같은 말이 권력자에게도 해당된다. 지위에 대한 권력자의 감각은 결코 편집광의 그것과 다르지 않다. 가능한 경우에 권력자는 군대로 자신을 에워싸고 요새 안에 스스로를 가두려고 한다. 역시 여러 면으로 위협을 받고 있다고 느끼는 쉬레버는 재빨리 자신을 별들에 밀착시킨다. 우리가 알게 되겠지만 그의 세계는 혼란 상태에 있다. 그를 위협하는 위험들을 설명하려면 그의 세계의 주민들에 대해 말할 필요가 있을 것이다.

쉬레버에 따르면 인간의 영혼은 육체의 '신경'에 담겨 있다고 한다. 인간은 살아 있는 동안에는 육체인 동시에 영혼이다. 그러나 인간이 죽으면 신경이 영혼으로서 남는다. 신은 결코 육체가 아니라 신경인 것이다. 따라서 인간의 영혼과 유사하지만 그것보다는 엄청나게 우월하다. 왜냐하면 신의 신경의 수는 무한하고 그것은 영원하기 때문이다. 신의 신경은, 예를 들면 태양이나 별들의 광선으로 자신을 변형시키는 능력을 갖고 있다. 신은 자기가 창조한 세계를 기쁘게 여기지만 이 세계의 운명에 직접 간섭하지 않는 것이 관례이다. 신은 창조 이후 이 세계로부터 물러나서 현재는 대체로 먼 거리에 떨어져 있다. 신은 인간에게 너무 접근해서는 '안 된다.' 왜냐하면 살아있는 인간의 신경은 그를 끌어당기는 강한 힘을 갖고 있어서 그는 다시는 인간으로부터 해방될 수 없을 것이고, 그렇게 되면 자신의 존재가 위태로워질 것이기 때문이다. 그는 이래서 언제나 살아있는 것들을 경계한다. 만약 특히 열렬한 기도나 영감을 받은 시인이 신을 매우 가까이 접근하도록 유혹하는 일이 벌어지면 그는 때가 너무 늦기 전에 신속히 다시 물러간다.

"신과 인간 영혼 사이의 규칙적인 교류는 죽은 후에야 비로소 일어났다. 신은 아무런 위험 없이 시체에 접근할 수 있었다. 시체에 접근하는 것은 신이 인간의 육체로부터 꺼낸 신경들을 하늘에 있는 자신에게 끌어올려 새로운 하늘나라의 생활을 하도록 각성시키기 위함이었다." 그러나 이런 목적을 달성하기 위해서는 그 전에 일단 인간의 신경들은 '걸러지고 순화되지' 않으면 안 되었다. 오직 순수한 인간의 신경만이 신에게 쓸모가 있었다. 왜냐하면 신에게 결부되어 궁극적으로 '하늘나라의 앞마당'으로서 신의 일부가 되는 것이 그들의 운명이었기 때문이다. 복잡한 순화의 과정이 필요했는데, 쉬레버조차도 이것을 정확하게 표현하지 못했다. 이 과정을 통해 순화된 영혼들은 하늘에 올라가 자기들이 지구에서 어떤 사람이었던가를 차츰 잊었다. 모든 영혼이 똑같이 빨리 잊지는 않았다. 괴테나 비스마르크 같은 위대한 인간들의 영혼은 그들의 자의식(自意識)을 아마도 수백 년 동안 간직했을 것이다. 그러나 그 누구도, 심지어는 가장 위대한 사람들조차도 그 지식을 영원히 간직하지는 못했다. 오히려 '다른 영혼들과 하나로 융합되어 더 높은 단위 속에 통합되고' 신의 일부(하늘나라의 앞마당)가 되는 일만을 아는 것이 모든 영혼의 궁극적인 운명이었다.

모든 영혼은 단일 군중으로 합치되는 것이 최고 형식의 축복으로 규정되어 있으며, 이것은 구름처럼 때로는 실제로 구름으로서 함께 몰려다니는, 기독교식으로 표현된 수많은 천사들과 성자들을 연상시킨다. 조심스럽게 살펴보아야 이들 각자의 머리가 구별될 수 있다. 이 이미지는 너무나 낯익은 것이어서 우리는 그 의미를 결코 곰곰이 생각해보지 않으려 한다. 그것은, 축복은 신 가까이에 있다는 데에서만 나오는 것이 아니라 평등한 사람들 가까이 모여 있는 데에서도 나옴을 의미한다. '하늘나라의 앞마당'이라는 표현은 이 축복받은 영혼들의 군중에게 있는 견고한 안정성을 훨씬 더 크게 높이려는 시도에서 나온 것이다. 그들은 실제로 '더 높은 단위들' 속에 통합되어 있다.

신은 살아있는 인간들에 대해서는 거의 아무런 지식도 갖고 있지 않다. 『회고록』의 뒷부분에서 쉬레버는 "유기체로서의 살아있는 인간을 이해하거나 그의 사고를 정확하게 판단하는 능력이 없다"고 신을 거듭 비난한다. 그는 신의 맹목과 인간의 본성에 대한 지식의 결여를 이야기한다. 신은 시체와 교제하는 데만 익숙하고, 살아있는 인간에게 너무 가까이 가지 않으려고 크게 조심한다는 것이다. 신의 영원한 사랑은 전체적인 창조물을 위한 것일 뿐이다. 신은 대부분의 종교인들이 그에게 부여하는 것 같은 절대적인 완전성을 가진 존재가 아니다. 만약 완전성을 가졌다면 신은 쉬레버의 질병의 진짜 원인인 순진한 인간에 대한 음모에 끼어들지 않았을 것이다. 방금 기술했듯이 '세계의 불가사의한 구조'는 '최근에 분열을 겪었다.' '신의 영역'에서 이처럼 갑자기 터진 위기는 쉬레버 개인의 운명과도 밀접하게 연결되어 있다.

참으로 문제가 되는 것은 영혼 살해의 경우이다. 쉬레버는 전에 한번 병을 앓은 적이 있으며, 라이프치히의 정신과 의사인 플레히지히(Flechsig) 교수에게 치료를 받았다. 그는 1년 뒤에 완치되어 퇴원해서 직장에 돌아갈 수 있었다. 그 당시 그는 의사에게 최고의 감사를 표시했으며 그의 아내는 훨씬 더 그랬다. "아내는 남편을 자기에게 되돌려준 사람으로서 플레히지히 교수를 존경했다. 이런 이유 때문에 아내는 여러 해 동안 그의 사진을 책상 위에 얹어두고 지냈다." 그때 쉬레버는 건강하고 행복하고 분주한 8년을 아내와 함께 보냈다. 이 기간 내내 그는 아내의 책상 위에 있는 플레히지히의 사진을 볼 기회가 자주 있었으므로 그 사진은 그도 모르는 사이에 그의 마음속에 큰 몫을 차지했을 것이 분명하다. 이런 이유로, 그가 두번째 발병했을 때 당연히 다시 플레히지히를 찾아갔는데(그가 전에 성공했기 때문에) 그 의사의 영상이 쉬레버의 마음속을 위험할 정도로 사로잡아 버린 것은 사실이었을 것이다.

법관으로서 상당한 권위를 갖고 있던 쉬레버는 1년 내내 정신과 의사의 지배하에 있었다는 데 분개했을 것이다. 의사가 다시 그를 지배하게 되었으므로 이제 그는 분명히 그를 증오했다. 그는 플레히지히가 자기에 대해 '영혼 도둑질'이나 '영혼 살해'를 하고 있다고 확신했다. 다른 사람의 영혼을 차지하는 일이 가능하다는 생각은 널리 퍼져 있으며 매우 오래된 것이라고 그는 말한다. 이런 방식으로 사람들은 희생자의 지적인 힘을 획득하거나 다른 영혼을 희생시키는 대가로 자기의 생명을 연장시킨다. 야심과 권력욕에 불탄 플레히지히는 신과 음모를 꾸미면서 '쉬레버라는 자의 영혼은 그다지 대수롭지 않다고 신을 설득하려고' 애쓰고 있었다. 그는 두 가문 사이에 이미 경쟁 관계가 있었을지도 모른다고 덧붙인다. 플레히지히라는 사람은 쉬레버 가문의 어떤 사람이 자기를 능가했다고 갑자기 느꼈을지도 모른다는 것이다. 그래서 플레히지히는 '신의 영역에 있는 분자들과 음모를' 꾸며 '신과 더 긴밀한 관계를 가질 수 있는 전문직업, 예를 들면 신경과 의사의 전문직 같은 것을 쉬레버 가문의 사람들이 선택하지 못하게 만드는 방향으로' 일을 벌이고 있을지 모른다는 것이다. 신경은 신과 그 밖의 모든 영혼을 구성하고 있는 실체이므로 신경과 전문 의사가 너무나 큰 권력을 갖는다는 것은 분명했다. 이 결과로 플레히지히라는 사람은 정신과 의사가 된 데 비해 쉬레버 가문의 그 누구도 그렇게 되지 못했다. 영혼 도둑질을 하는 방법은 음모자들에게 공개되어 있었다. 쉬레버는 그의 영혼 살해자들의 지배하에 있었다.

이 시점에서 모의와 음모가 편집광에게 갖는 중요성을 강조해야 할 것 같다. 모의와 음모는 끊임없이 편집광을 따라다니며 그것과 조금이라도 비슷한 것이라면 당장에 그를 사로잡는다. 편집광은 '포위되어 있다'고 느낀다. 그의 적은 혼자서 그를 공격하는 데 결코 만족하지 않고 언제나 적절한 시기에 원한을 품은 '무리'를 부추겨 그를 공격하게 만들려고 애쓴다. 처음에 이 무리의 구성원들은 계속 숨어 있으며 도처에 산재되어 있을 수도 있다. 또 그들은 잠복한 채 그 무엇도 기다리지 않고 있다는 듯한 태도로 무해하고 순결한 척할 것이다. 그러나 편집광의 예리한 지성은 언제나 그들의 가면을 벗긴다. 음모자를 끌어내리려면 그는 손을 뻗기만 하면 된다. 그 무리는 그 순간에 실제로 시끄럽게 굴지 않는다 할지라도 항상 거기에 있다. 그리고 그 무리의 적의는 변함이 없다. 일단 적에게 잡히면 그 무리들은 적의 충실한 사냥개가 된다. 그래서 적은 그 무리들과 함께 하고 싶은 일을 무엇이나 할 수 있다. 그 적은 멀리서도 자기의 사악한 목적을 위해 그 무리들을 계속 지배하며 자기에게 적합한 방향으로 그들을 몰고 갈 수 있다. 그 적은 자신의 무리가 사방에서 수적인 우세를 유지하면서 모든 측면에서 희생자를 공격할 수 있도록 하기 위해 무리들을 선별한다.

쉬레버에 대한 음모가 시작되었을 때 그에 대한 실제의 공격은 어떤 형태를 취했던가? 음모자들의 목표는 무엇이었으며 그들은 그 목표를 달성하기 위해 어떤 수단을 사용했는가? 유일하지는 않지만 가장 중요한 그들의 진정한 목표는 쉬레버의 이성을 파괴하는 일이었다. 그래서 그들은 여러 해 동안 이것을 끈덕지게 시도했다. 그들은 그를 백치로 만들고 싶어 했으며 그가 영원히 불치가 될 정도까지 그의 신경 질환을 몰고 가려고 했다. 고도의 재능을 타고났다고 스스로 생각하는 한 인간에게 이보다 더 끔찍한 일이 있을 수 있겠는가?

쉬레버의 병은 괴로운 불면증으로 시작되었다. 그리고 이것을 치료하기 위해 할 수 있는 일은 전혀 없었다. 잠을 자지 못하게 하고, 그렇게 함으로써 그의 정신을 쇠약하게 만들려는 명백한 의도가 처음부터 있었다고 쉬레버는 주장했다. 이 목적을 위해 수많은 '광선'이 그를 겨냥하고 있었다. 처음에 이 광선들은 플레히지히 교수로부터 나왔으나 나중에는 아직 자기들의 순화를 완성하지 못한 죽은 자의 영혼들(쉬레버는 그들을 '시험당한 영혼들'이라고 부른다)이 그에 대해 점점 관심을 갖고 광선이 되어 그를 꿰뚫기 시작했다. 신도 친히 이 작업에 참가했다. 이 모든 광선들이 그에게 '이야기를 했다.' 그러나 다른 사람들은 들을 수 없도록 이야기했다. 그것은 사람이 큰 소리로 외치지 않은 채 묵묵히 되풀이하는 기도와 같았다. 그런데 사람이 기도 속에서 말하는 것은 자신의 내면세계의 선택인 데 반해서, 이 광선들은 외부로부터 자기를 강요하면서 '그 광선들이' 말하겠다고 선택한 것을 계속 말한다는 점에 고통스런 차이가 있었다.

"나는 영혼으로서 나의 신경과 접촉하던 사람들의 이름을, 수천 명은 못 들겠지만 수백 명은 들 수 있다. ……이 모든 영혼들은 거의 동시에 '목소리'로서 나에게 말했는데 한 영혼은 다른 영혼들의 존재를 전혀 모른 채 말을 했다. 그들이 내 머릿속에 일으킨 불경스런 혼란을 누구나 감지할 수 있을 것이다……"

"점차 심해지는 나의 신경과민과 그 결과로 커지는 흡인력 때문에 나에게로 끌려드는 죽은 자의 영혼들의 수가 갈수록 늘어났다. 그런데 그들은 나의 머리나 나의 육체 안에서 분해되었다. 이 과정은 결국에는 사라져버리고 마는 것이지만 자주 '왜소한 사람들(키가 몇 밀리미터밖에 안 되는 인간의 형태를 가진 아주 작은 인간의 모습들)'의 형태로 내 머릿속에 짧은 순간 동안에 결국에는 그와 관련된 영혼의 형태로 나타났다가 끝이 나버리고 말았다. ……나는 그들이 그로부터 출발했거나 그 밑을 통과했던 별들이나 성군(星群)의 이름들에 대해 자주 들었다. ……어떤 날 밤에는 마침내 영혼들이, 말하자면 물방울이 떨어지듯이 '작은 인간들'로서 수천 명씩은 아니겠지만 수백 명씩 나의 머리 위에 떨어졌다. 나는 전에 일어났던 일 때문에 내 신경의 흡인력이 엄청나게 커졌음을 알게 되었으므로 나에게 접근하지 말라고 언제나 그들에게 경고했다. 그러나 그 영혼들은 내가 그토록 위험한 흡인력을 가졌다는 것을 처음에는 믿지 않았다."

"영혼의 언어로 나는 '영(靈)을 보는 사람', 다시 말하면 영이나 죽은 자의 영혼들을 보고 그들과 교신을 하고 있는 사람이라고 불렸다. 특히 플레히지히의 영혼은 나에게 '모든 세기의 영을 보는 가장 위대한 사람'이라고 말하곤 했다. 이 말에 대해 나는 더 넓은 관점에서 때로 다음과 같이 대답했다. '사람은 마침내 모든 천년기(千年期)의 영을 보는 가장 위대한 사람에 대해 이야기해야만 한다.' 사실상 세계의 여명기 이래 나 같은 경우는 거의 있을 수 없었다. 나의 경우에는 각각의 죽은 자의 영혼들과는 물론이고 모든 영혼들의 총체 및 신의 전능 그 자체와도 부단한 접촉을 하기에 이르렀다."

쉬레버가 기술하는 이 모든 현상은 군중과 어떤 관련을 가졌음이 분명하다. 멀리 떨어진 별들에 이르기까지 우주에는 죽은 자의 영혼들이 살고 있다. 만인은 낯익은 이런저런 별 위에 자기에게 할당된 자리를 갖고 있다. 쉬레버는 병을 통해서 갑자기 그들의 중심이 된다. 그의 경고에도 불구하고 그들은 가까이 몰려와 저항도 못한 채 그에게 흡인된다. 그는 그들을 하나의 군중으로서 자기 주변에 모으며, 그가 주장하듯이 그들은 모든 영혼의 총체이기 때문에 상상할 수 있는 가장 큰 군중을 대표한다고 말할 수 있을 것이다. 그러나 그들은 집합한 군중, 다시 말하면 지도자의 주위에 모인 사람들처럼 그의 주위에 계속 머무르고 있지만은 않다. 그들은, 여러 해에 걸쳐 사람들에게 점차적으로 일어날 일을 즉각, 그리고 동시적으로 경험한다. 그들은 그와 접촉함으로써 점점 더 왜소해진다. 그들은 그에게 도달하자마자 급히 줄어들어 마침내는 키가 몇 밀리미터에 불과해진다. 그들간의 진정한 관계는 여기에서 아주 분명하게 드러난다. 거인인 한 영혼과 왜소한 피조물인 다른 영혼들이 그의 주위에서 소란을 피우는 것이다. 그러나 그것이 끝은 아니다. 거인이 난장이들을 삼킨다. 즉, 그들은 문자 그대로 그의 속으로 들어가서 완전히 사라진다. 그가 그들에게 미치는 효과는 치명적이다. 그는 그들을 흡인해서 자기의 주위에 모은 뒤 그들의 크기를 줄여 결국에는 없애버린다. 이때 그들이 갖추고 있는 모든 것은 그의 육체로 흡수된다. 그들은 그를 이롭게 할 의도에서 온 것은 아니다. 그들의 목적은 실제로는 적대적이었다. 원래 그들은 그의 이성을 혼란시키고, 그럼으로써 그를 파괴하려고 보내졌다. 그러나 그에게 성장의 힘을 준 것이 바로 이 위협이었다. 그리고 그는 일단 그들을 정복하는 방법을 알게 되면 자기의 흡인력에 자부심을 느낀다.

  망상에 빠져 있는 쉬레버는, 언뜻 보면 영에 대한 믿음이 보편적이었고 죽은 자들의 영혼이 살아있는 자들의 귓가를 박쥐처럼 날아다니던 옛 시대의 인간으로 여겨질 수도 있다. 그는 영의 세계를 속속들이 알고 그들과 직접 교신할 수 있으며 인간의 온갖 목적을 위해 그들을 이용할 수 있는 샤먼인 것 같다. 그러나 샤먼의 힘은 쉬레버의 힘만큼 크지 못하다. 샤먼은 자기 안에 때로 영들을 가두지만 영들은 그곳에서 결코 분해되지 않는 것이 사실이다. 영들은 결코 정체성을 잃지도 않으며 샤먼이 그들을 다시 내보내는 것이 흥정의 한 부분을 이룬다. 이와 반대로 쉬레버의 경우에는 영들이 줄어들어, 자기들의 타고난 권리로 존재한 적이 결코 없다는 듯이 완전히 사라져버린다. 영들의 존재를 전제로 하는 우주의 오랜 개념 가운데 하나로 위장하고 있는 그의 망상은 실제로는 '정치적' 권력, 즉 군중을 먹이로 삼고 군중으로부터 양분을 끌어내는 권력의 정확한 원형인 것이다. 권력을 개념적으로 분석하려는 시도는 쉬레버의 직관의 명료함을 흐리게 할 뿐이다. 쉬레버의 직관은 현실적인 상황의 모든 요소들을 포함하고 있다. 모든 요소란 군중을 형성하도록 개개인에게 강요된 강력하고도 지속적인 흡인력, 이러한 개개인의 애매모호한 태도, 몸의 크기가 줄어들면서 생긴 개개인의 종속적인 몸짓, 그들이 자기 스스로, 즉 자신의 육체로부터 정치권력을 상징하고 있는 권력자에 대하여 매몰된다는 점, 이것에 의해서 위대함 그 자체를 끊임없이 새롭게 해야 한다는 사실, 그리고 끝으로 지금까지 언급되지 않은 중요한 것으로서 권력자의 위대함과 연결된 대파국의 감정과 갑작스럽고 급속한 증대, 예기치 못한 자력(磁力)으로부터 야기되는 세계 질서에 대한 위기의식 등이다.

『회고록』에는 이 파국의 감정에 대한 증거가 풍부하게 있다. 이제 내가 인용하려는 구절(이 구절은 영혼을 끌어들이는 그의 힘을 직접 다루고 있다)에서 보겠지만 세계의 몰락에 대한 쉬레버의 환상에는 언제나 어떤 장엄함이 있다. 영혼들이 별들로부터 군중처럼 떼를 지어 쉬레버에게 방울방울 떨어져 내려오는데, 이렇게 함으로써 자기들이 떠나온 천체들을 위태롭게 만든다. 별들은 실제로 영혼들로 구성되어 있어서, 그들이 다수를 이루어 쉬레버를 향해 떠나면 우주 전체가 붕괴의 위험에 빠지는 것으로 보인다.

"이런저런 별, 또는 이런저런 별자리를 포기할 수밖에 없다는 흉보가 도처에서 날아왔다. 언젠가는 금성조차도 '범람했다'는 말이 있었다. 또 언젠가는 태양계 전체를 분리해야 하며 카시오페이아(별들의 완전한 집단)를 단일의 태양으로 끌어 모으고 오직 플레이아데스 성단만이 구원받을 수 있을 것이라는 말이 있었다."

그러나 천체들이 계속 존재할 것인가에 대한 불안은, 파국이 임박해 있다고 느끼는 쉬레버의 감정의 한 측면이었다. 훨씬 더 중요한 것은 그가 발병을 시작할 때 함께 나타난 그의 상상이었다. 이 상상은, 우리가 아는 바와 같이, 그가 끊임없이 교신을 하고 있던 죽은 자의 영혼들과는 관련이 없고 그의 동료들과 관련이 있었다. 이 동료들은 더 이상 존재하지 않았다. 즉 '전 인류가 멸망해 버린 것이었다.' 의사, 정신병원의 간호원 등 그가 여전히 보고 있던 소수 인물들의 외모를 그는 오인하고 있었다. 즉, 그들은 오로지 그를 혼란시킬 목적으로 조작된 인간들, 다시 말하면 '즉흥적으로 만들어진 덧없는 인간들'이었던 것이다. 그들은 그림자나 영상처럼 왔다가 사라졌다. 그래서 그는 당연히 그들을 진지하게 받아들이지 않았다. 실존하던 모든 사람은 멸망했다. '그는 살아남은 유일한 인간이었다.' 그는 이 사실을 폭로한 특별한 환상을 겪었을 뿐 아니라 언제나 그 사실을 확신하고 있었다. 그는 그 사실을 여러 해 동안 믿었다. 세계의 종말에 대한 그의 모든 환상은 그 사실로 채색되어 있었던 것이다.

그는 플레히지히의 정신병원 전체, 그리고 그 병원과 함께 라이프치히 시도 '파내어져서' 어떤 다른 천체로 옮겨질 수 있다고 생각했다. 그에게 말을 한 목소리는 때때로 라이프치히 시가 아직 그대로 있는가를 물었다. 그가 본 어떤 환상 속에서 그는 승강기를 타고 땅 속 깊이까지 내려가서, 말하자면 '인류와 지구의 전체 역사를 역순(逆順)으로' 다시 체험했다. "더 높은 지역에는 아직도 잎이 무성하게 자라 있는 나무숲이 있었다. 아래쪽의 지역들도 갈수록 어두워지거나 캄캄해지지는 않았다. 나는 잠시 탈 것에서 떠나 큰 공동묘지를 가로질러 걸었다. 그 묘지에서 나는 라이프치히의 주민들이 묻혀 있는 곳을 지나, 내 아내의 무덤을 보았다." 그의 아내는 이 시기에 살아있었으며 병원으로 자주 그를 찾아왔음을 부언해두고자 한다.

　쉬레버는 인류의 멸망을 초래했을지도 모르는 다양하고 상이한 방식들을 그려보았다. 그는 태양이 지구로부터 더 멀리 움직여 나갔고 그 결과로 전반적인 빙하 작용이 일어났기 때문에 태양열이 감소되었다고 생각했다. 그는 지진에 대해 생각했다. 그는 1755년의 리스본 대지진은 자기와 마찬가지로 영을 보는 사람과의 관련 속에서 일어났다는 소식을 들었다. "나아가서 나는 다음과 같은 일도 가능하다고 생각했다. 즉 '현대 세계에 마술사의 성질을 띤 무엇인가가 플레히지히 교수 개인 속에 갑자기 나타났다는 소식과 결국은 더 높은 범위 내에서 알려진 인물인 나 자신이 갑자기 사라졌다는 소식이 퍼졌을 수 있다. 또 이 일이 사람들 사이에 공포와 두려움을 퍼뜨리는 한편, 종교의 바탕을 파괴하고 일반적인 신경과민과 부도덕을 야기했을 수도 있다.' 그에 잇따라 끔찍한 전염병이 갑자기 인류에게 나타났다. 유럽에는 아직 거의 알려지지 않은 나병과 페스트라는 두 질병에 대한 이야기가 있었다." 그는 자신의 몸에서 페스트의 징후들을 보았다. 여러 종류의 페스트가 있었다. 파랑, 갈색, 하양, 그리고 검은 페스트가 있었다.

　그런데 다른 모든 사람이 이 무시무시한 병으로 죽어가고 있는데 쉬레버 자신은 인정 많은 광선에 의해 치유되었다. 두 종류의 광선, 즉 '시들게 하는' 광선과 '축복하는' 광선 사이에는 차이가 있었다. 시들게 하는 광선에는 시체나 그 밖의 부패한 물질이 담겨 있었으므로 육체에 병균을 옮기거나 그 밖의 어떤 손상을 입혔다. '축복하는' 광선 또는 순수한 광선은 이 손상을 치유했다.

우리는 이 재난들이 쉬레버의 의지를 거역하고 인류에게 다가왔다고는 느끼지 않을 것이다. 오히려 그는, 플레히지히 교수 때문에 자기가 당하게 된 박해가 그처럼 끔찍한 결과를 빚었다는 사실에 대해 어떤 만족을 표시할 것이다. 자기와 맞서는 누군가가 있다고 쉬레버가 생각하기 때문에 인류 전체가 고통을 받고 말살되는 것이다. 오직 그만이 축복하는 광선의 작용으로 전염병 속에서 보호를 받는다.

쉬레버는 유일한 살아남는 자가 되는데, 그 까닭은 이것이 그 자신이 바라는 일이기 때문이다. 그는 살아남는 유일한 사람이 되어 시체의 거대한 들판에 있기를 원한다. 그리고 그는 자신을 제외한 모든 자가 들판의 시체가 되어 있기를 원한다. 그가 여기서 정체를 드러내는 것은 편집광으로서만은 아니다. 살아남는 최후의 인간이 되는 것은 진정으로 권력을 추구하는 모든 사람의 가장 깊은 욕구일 것이다. 이런 인간은 다른 사람들을 죽음으로 보낸다. 그는 자기의 죽음을 면하기 위해, 죽음을 남들에게 전가한다. 그는 그들의 죽음에 완전히 무관심할 뿐 아니라, 그의 내면에 있는 모든 것이 그들의 죽음을 야기하라고 충동질한다. 특히 살아있는 자들에 대한 그의 지배권이 도전을 받을 때 그가 대량 살육이라는 이 과격한 편법에 의지할 가능성은 매우 크다. 일단 그 자신이 위협당한다고 느끼면 '모든 사람이' 자기 앞에 죽어 넘어져 있는 것을 보고 싶어하는 격렬한 욕구가 이성에 의해 제어될 수 없게 된다.

쉬레버에 대한 이 '정치적' 해석은 받아들이기 어렵다. 그의 묵시록적인 환상은 종교적이며 그는 살아있는 자들에 대한 지배권을 주장하지도 않는다. '영을 보는 사람'의 힘은 본질적으로 정치권력과 다르다. 그리고 그의 망상은 모든 인간이 죽었다는 생각에서 출발하기 때문에 그가 세속적인 권력에 조금이라도 관심을 가졌다고 주장하는 일은 정당화되지 못한다는 등의 반론이 제기될 수 있다.

이 반론의 오류는 곧 분명해질 것이다. 우리는 쉬레버에게서 우리에게 아주 낯익은 느낌을 주는 하나의 정치체제를 발견하게 될 것이다. 그러나 그것을 논의하기 전에 우리는 신의 통치에 대한 그의 개념에 관해 무엇인가를 알아야만 한다.

"나에게 불리하게 취해진 모든 정책을 결정한 사람은 신 자신임이 틀림없다"고 그는 말한다. "신은 곤혹스런 인간에게 치명적인 병에 걸리게 하거나 벼락을 내림으로써 언제라도 그를 말살시킬 수 있었을 것이다. ……개별적인 인간, 국가(예를 들면 소돔과 고모라), 또는 한 혹성의 전체 인구와 이해관계가 충돌하자마자, 살아있는 모든 것이 그렇듯이 신에게도 자기 보존의 본능이 일어났음이 분명하다…… '하늘나라의 앞마당'이 커질 때마다, 신의 권력을 증대하는 데 도움이 되고 그에게 접근해오는 인류의 위험과 맞서는 방어 수단을 강화하는 데 도움이 될 뿐이기 때문에, 신이 축복 상태 속에 있는 모든 인간에게 그들이 차지할 자리를 주지 않았을 것이라고는 전혀 생각할 수 없다. 개개의 인간들이 '세계 질서'에 따라 행동하는 한, 신과 그들 사이에서 이해관계의 충돌은 일어날 수 없다. 그럼에도 불구하고 나의 경우에 이해관계의 충돌이 일어난다면…… 이것은 오직 사건들이 아주 놀랍게도 집중적으로 일어난 데(이런 일은 이전의 세계 역사에는 결코 없었을 것이고 나는 다시 일어나기를 전혀 바라지 않는다) 원인이 있을 것이다." 그는 '하늘에 있는 신의 유일한 권력의 회복' 및 플레히지히의 영혼이 신과 함께 자기에 맞서 결성한 일종의 적대적인 동맹에 대해 이야기한다. "당사자들의 관계에서 일어난 이 변화는 오늘날까지도 거의 변하지 않은 채 끈질기게 유지되었다." 그는 '신의 전능 쪽에 있는 거대한 권력과 자신 쪽에 있는 무력한 저항'에 대해 언급한다. 그는 "신의 여러 주(州) 가운데 한 곳의 주지사인 플레히지히 교수의 권력이 미국까지 뻗쳤음이 틀림없다"고 추측한다. 교수는 영국도 통치하는 것 같았다. 그는 비엔나의 신경과 전문의가 "신의 다른 주, 오스트리아의 슬라보니아 지방(현재 크로아티아 북동부 다뉴브 강과 사바 강의 중간 지역—역주)에 있는 신의 이익 관리인인 것 같다"고 말한다. "이 이익 때문에 누가 그곳을 지배할 것인가의 문제로 한때 신과 플레히지히 교수 사이에 싸움이 벌어졌다."

『회고록』의 여러 부분에서 인용한 이 발췌문들은 신의 모습을 아주 명백하게 제시하고 있다. 신은 폭군 이외의 그 무엇도 아니다. 그의 영역은 주(州)들과 당파들을 포함하고 있다. 솔직하고도 간결하게 명명된 '신의 관심'은 그의 권력의 증대를 갈망하는 것이다. 이것, 오직 이것만이 인간이 받아야 할 축복의 몫을 신이 그 어떤 인간에게도 기부하지 않는 이유이다. 신을 방해하는 인간은 처치당한다. 이같이 거미처럼 자신의 정책의 거미줄 속에 앉아 있는 자가 바로 신이라는 사실은 누구도 부정할 수 없다. 이것과 쉬레버 자신의 정책은 매우 근접되어 있다.

쉬레버는 작센(동부 독일의 주. 수도는 드레스덴-역주)의 오랜 프로테스탄트 전통 속에서 성장했기 때문에 가톨릭 교도와 남을 개종시키려는 그들의 열의에 대해 강한 의혹을 품고 있었다는 것을 이 시점에서 언급해야겠다. 독일인들에 대한 그의 첫번째 언급은 1870~71년 전쟁(독일과 프랑스 사이에 있었던 보불전쟁-역주)의 승리와 연관되어 있다.

그는 '1870~71년의 혹독한 겨울은 전쟁의 운이 독일인들에게 유리해지도록 신에 의해 결정된 것'이라는 아주 분명한 암시를 받았다고 말했다. 신 역시 독일인들의 언어를 매우 좋아하고 있었다. 순화되어야 할 영혼들은 순화기간 동안에 신 자신이 사용하는 언어인 이른바 '기본 언어', 다시 말하면 약간 구식임에도 불구하고 강력한 힘이 있는 독일어를 배웠다⋯⋯ 하지만 이 사실을 축복이 독일인들만을 위해서 마련된 것이라고 해석해서는 안 될 것이다. 그럼에도 불구하고 독일인들은 근대(아마도 종교 개혁 이후, 그리고 민족 대이동 이후에조차도)에 신에 의해 선택된 백성들이었으며 신은 그들의 언어를 사용하는 쪽을 더 좋아했다. 이런 의미에서 역사상 신에게 선택된 백성들(특정의 시대에 가장 도덕적인 사람들을 의미한다)을 차례로 들어보면 고대의 유태인, 고대의 페르시아인, 그리스-로마인, 그리고 마지막으로 독일인이었다.

선택받은 백성인 독일인은 당연히 각종의 위험에 봉착했다. 그 위험 가운데 첫번째는 가톨릭 교도의 음모였다. 쉬레버가 언급할 수 있었던, 수천 명은 아니지만 수백 명의 이름들, 다시 말하면 그의 신경과 접촉하면서 그에게 계속 이야기하던 모든 영혼들을 독자는 기억할 것이다. 그 이름들의 주인공 중 다수는 종교에 특히 관심이 있었다. 그 중 다수는 예상되는 그의 행동 방식을 근거로 가톨릭을 조장하는, 특히 작센과 라이프치히의 가톨릭화를 기대하는 가톨릭 교도였다. 그들 가운데는 라이프치히의 St. 신부와 가톨릭 교도 14인(아마도 가톨릭 단체였던 것 같다), 드레스덴의 예수회 신부 S, 프라하를 관할하는 대주교, 주교파 성당의 수석 사제 무팡, 추기경들인 람폴라, 갈림베르티, 카사티 및 교황 자신이 있었다. ……마지막으로 수많은 수사와 수녀가 있었다. 한때는 240명의 베네딕트 회 수사들이 한 신부의 지휘 아래 "갑자기 영혼으로 그의 머리에 들어와서 거기서 소멸한 적도 있었다." 그리고 다른 영혼들도 있었다. 그 중에는 비엔나의 신경과 전문의와 세례받은 유태인이며 친 슬라브파인 사람이 있었다. 이 사람은 쉬레버를 통해 독일을 슬라브화시키기를 바라는 동시에 그곳에 유태교의 통치를 확립하기를 원했다.

　쉬레버는 가톨릭의 완벽한 한 단면을 인용한다. 이 단면 속에는 불길한 인상을 풍기는 라이프치히의 단체들에 가입하는 단순한 신자들뿐만 아니라 가톨릭 전체의 위계(位階)가 표현되어 있다. 예수회의 신부(그는 술책과 음모의 환상을 불러일으킨다)가 있고, 교회의 고위 성직자로는 듣기 좋은 이름을 가진 세 명의 이태리인 추기경이 있으며, 마지막으로 교황 자신이 있다. 수사(修士)와 수녀 다수가 나타난다. 쉬레버가 살고 있는 건물에조차도 그들이 벌레처럼 몰려든다. 내가 인용하지 않은 한 환상 속에서 쉬레버는, 대학 신경과 병원의 여자 입원실이 수녀원으로 이용되고, 또 다른 경우에는 가톨릭의 예배실로 이용되고 있음을 본다. 정신병원의 지붕 아래 있는 방들에서 그는 자선 수녀들을 본다. 그러나 모든 일 중에서 가장 두드러진 것은 한 신부의 지도 아래 이루어지는 베네딕트 회 수사 240명의 행렬이다. 가톨릭을 설명하는 데 이 행렬보다 더 적합한 것은 없다. 여기서 수사들의 닫힌 집단은 카톨릭 신자 전체를 대표해서 군중결정체로서 행동한다. 행렬의 광경은 구경꾼들이 지닌 잠재적인 믿음을 되살리므로, 그들은 행렬의 뒤에 가담하고 싶은 욕구를 갑자기 느끼게 된다. 이래서 행렬은 그것이 통과하는 것을 보는 모든 사람에 의해 불어나기 마련이다. 이상적으로 말하면 행렬은 끝이 없어야 한다. 쉬레버는 자기가 보는 행렬을 삼킴으로써 가톨릭 전체를 상징적으로 처치해버린다.

흥분된 상태에 빠졌던 그의 병의 초기(그는 이때를 '신성한 시간'이라고 불렀다)에, 그 환상은 그가 당시 겪은 긴장으로 인해 특히 2주 동안 두드러지게 나타난다. 이것은 '첫번째 신의 심판'의 기간이었다. '첫번째 신의 심판'은 밤낮으로 계속되는 일련의 환상이었는데, 그 모든 환상은 그가 말하듯이 하나의 일반적인 관념에 바탕을 두고 있었다. 이 관념의 긴박성은 메시아적이기는 했지만 그 핵심은 본질적으로 정치적이었다.

플레히지히 교수와 쉬레버 간의 싸움을 통해 신의 영역에 위험을 주는 위기가 발생한 뒤에 독일인들, 특히 프로테스탄트들은 신의 선택된 백성들로서 더 이상 지도권을 갖고 있을 수 없었다. 그리고 한 전사(戰士)가 나타나 그들의 지속적인 가치를 입증하지 않았다면, 다른 천체들(사람이 사는 혹성들?)이 점령되었을 때 독일인들은 완전히 배제당할 수밖에 없었을 것이다. 한때는 쉬레버 스스로가, 그 전 그리고 다른 때에는 그가 선택한 인물이, 그 전사가 되기로 되어 있었다. 그런데 신경 접촉을 통해 그에게 이야기를 한 목소리들의 집요함 때문에 그는 그런 투쟁에 적합하다고 여겨지는 탁월한 사람들을 다수 지명했다. 앞에서 언급한 바 있는 첫번째 신의 심판이라는 기본적인 관념과 연결된 것은 전술한 가톨릭, 유태교, 슬라브주의의 조장이었다.

"그 당시 나의 사상의 영역에 상당한 영향을 미친 것 중에는, 내가 미래의 영혼들의 윤회(輪廻) 속에서 무엇이 될 것인가에 관한 여러 가지 정보도 있었다. 나에게는 잇따라 여러 역할이 주어졌다. …… '오세그(체코의 보헤미아 북부에 있는 도시-역주)의 예수회 수련 수사' '클라타우의 시장' '승리한 프랑스의 장로에 맞서 자기의 명예를 지켜야만 했던 알자스의 소녀', 그리고 마지막으로 '몽골의 군주'였다. 이 모든 예언을 통해 나는 다른 환상들로 장식된 전체적인 영상(映像)과의 어떤 연관을 깨달을 수 있다고 생각했다. ……위에 열거한 상황 속에서 내가 오세그의 예수회 수련 수사나 클라타우의 시장, 또는 알자스의 소녀로까지 되기로 운명지어져 있다는 것을 나는, 프로테스탄트 교회가 이미 가톨릭에 굴복하거나 굴복하려 한다는 예언으로, 그리고 독일군들이 이웃의 로마인들과 슬라브인들에 굴복하려 한다는 예언으로 받아들였다. 내가 '몽골의 군주'가 된다는 예언은,

모든 아리안족이 신의 영역을 지키기에 부적합하다는 것이 입증되었다는 징후, 그리고 마지막 피난처는 이제 비(非)아리안족에서 구해야 할 것이라는 징후로 받아들였다."

쉬레버의 '신성한 시간'은 1894년에 끝났다. 그는 시간과 장소의 정확함을 기하는 데 열심이어서 '첫번째 신의 심판' 기간의 정확한 날까지 제시한다. 6년 뒤, 즉 그의 망상이 명료해지고 체계가 잡힌 때인 1900년에 그는 전에 작성한 속기록을 이용해서 『회고록』을 집필하기 시작했다. 『회고록』은 1903년에 발간되었다. 그의 정치 체계에 관한 견해가 수십 년 동안 높이 평가되었다는 사실은 결코 부인될 수 없을 것이다. 비록 조잡하고 문학성이 불충분한 형태이긴 하지만 이 책은 '몽골의 군주(히틀러를 지칭함-역주)' 아래서 유럽을 정복하고 세계 정복의 일보 직전까지 간 위대한 국민의 신앙이 되었다. 이처럼 쉬레버의 주장은 부지불식간에 그의 제자가 된 사람들에 의해 사후에 그 정당성이 입증되었다. 우리는 그와 똑같은 인식을 갖고 있었다고 할 수는 없다. 그러나 논쟁의 여지가 없는 두 체제(정치체제와 편집증) 간의 유사성은, 우리가 이 같은 편집증의 단 하나의 사례에 바친 시간이 헛된 것이 아니었음을 입증하는 데 도움이 될 것이다.

몇 가지 점에 있어서 쉬레버는 그의 세기를 훨씬 앞서 있었다. 사람이 사는 다른 혹성들의 점령은 아직 가능성에 불과하며, 선택된 백성들이 그런 모험에 나섰다가 실패한 사례는 아직 나타나지 않았다. 그런데 우리는 그가 이름을 대지 않은 '후대의 전사'를 이미 보았다. 이 전사는 쉬레버가 환상 속에서 체험했던 것처럼 적대적인 군중들인 가톨릭 교도, 유태인 및 슬라브인을 경험했으며 그들의 존재 자체 때문에 그들을 증오했다. 그들은 군중의 고유한 특성인 증식의 충동을 두드러지게 갖고 있었다. 동일한 실체(현재는 이 점이 더 쉽게 인정되겠지만)인 편집광 혹은 폭군보다 더 군중의 속성에 대해 날카로운 눈을 가진 사람은 아무도 없다. 그러나 쉬레버(편집광과 폭군의 양자를 대표하는 인물로서)가 관심을 두는 유일한 군중은 그가 공격하거나 통치하기를 원하는 군중이다. 이 모든 일들은 같은 특징을 갖고 있다.

쉬레버가 자기 스스로 선택한 미래의 존재는 주목할 가치가 있다. 그가 언급하는 다섯 가지 중에서 첫번째(나는 이것을 생략했다)는 비정치적인 특성을 갖고 있다. 다음의 세 가지 존재는 하나하나가 폭력적인 갈등에 초점을 두고 있다. 그는 자신을 예수회의 수련 수사라고 암시한다. 그는 독일인과 슬라브인 사이에 싸움이 일어난, 보헤미아에 있는 한 도시의 시장이 된다. 그리고 그는 알자스의 소녀로서 승리한 프랑스군의 장교에 맞서 그의 명예를 지킨다. 이 '명예'는 그의 후계자의 '인종적 명예'처럼 들린다. 그러나 모든 것 중에서 가장 의미심장한 일은 '몽골의 군주'로서의 그의 환상이다. 그는 이 '비(非)아리안적' 존재 자체에 대해 수치심을 가지고 있다는 듯이 이것에 대해 약간 변명을 하며, 이른바 아리안족의 실패를 빌어 그것을 정당화하려고 애쓴다. 실제로 그가 염두에 두고 있는 몽골의 군주는 바로 칭기즈칸이다. 그는 몽골의 해골 피라미드들에 매혹되어 있다(여러분은 그가 시체더미에 몰두했음을 기억할 것이다). 그는 적을 몰아서 처치하는 그들의 솔직한 방법에 찬사를 보낸다. 자기의 적들을 몰살시키는 사람은 두려움이 없는 사람이며, 무방비 상태의 시체들을 흡족한 마음으로 바라볼 수 있다. 쉬레버가 환상으로 본 네 가지 중에서 가장 성공적이었던 것은 몽골의 군주로서였다.

편집광의 망상에 대한 이 면밀한 검토로부터 하나의 즉각적인 결론, 즉 그 망상 속에서 종교와 정치는 불가분의 관계에 있으며, '세계의 구세주'와 '세계의 통치자'는 하나이며, 같은 인물이라는 결론이 나온다. 그 망상의 가운데 있는 것은 오직 권력욕뿐이다. 엄밀한 의미로 볼 때 편집증은 '권력의 병'이며, 이 병에 대한 탐구는 권력의 본질을 밝히는 데 그 밖의 어떤 방법으로 얻을 수 있는 실마리보다 더 명백하고 완벽한 실마리를 제공해준다. 쉬레버와 같은 경우에 편집광이 자기가 갈망하던 엄청난 지위를 실제로는 결코 얻지 못했다는 사실 때문에 우리가 혼란에 빠져서는 안 된다. 다른 편집광들은 그 지위를 '얻었다.' 이들 중 일부는 그들이 등장한 자취를 은폐하고 그들의 완성된 체제를 비밀로 유지하는 데 성공했다. 그 밖의 편집광들은 운이 덜 좋았거나 시간이 너무 없었다. 다른 일들에서와 마찬가지로 여기서도 성공은 전적으로 우연의 사건들에 좌우된다. 이 우연의 사건들이 법칙에 의해 지배된다는 환상 아래 이 사건들을 재구성하려는 시도를 역사라고 부른다. 역사상의 위대한 모든 인물은 100명의 다른 이름으로 대치될 수 있었을 것이다. 재능 있는 동시에 사악한 인간들은 결코 부족함이 없다. 우리는 모두 먹는다는 것, 그리고 우리 각자는 무수한 동물의 육체를 먹고 강해졌다는 것을 부정할 수 없다. 이 점에 있어서 우리 각자는 시체더미에서의 왕이다. 권력에 대한 양심적인 연구를 하려면 성공과는 무관해야만 한다. 우리는 권력의 속성을 탐구해야 하며, 그 속성이 나타날 때마다 그것이 어떻게 곡해되는가를 알아보고 그 다음에는 그 속성을 비교해야 한다. 무기력하고 버림받고 경멸당한 채 어떤 정신병원에서 황혼의 삶을 질질 끌어가는 미친 사람이, 인류의 재난과 인류의 지배자들을 조명하면서 우리에게 제공하는 통찰을 통해, 히틀러나 나폴레옹보다 더 중요한 의미를 가질 수도 있다.

쉬레버의 병례. 제2부

쉬레버에 대한 적의 음모는 영혼 살해뿐 아니라 그의 이성의 파괴에도 목적이 있다. 그의 적들은 그에게 이 밖의 다른 일도 하기를 원했는데 이 일은 앞의 것과 마찬가지로 그를 경멸의 대상으로 만들었다. 즉, 그들은 그의 육체를 여성의 육체로 변화시키자고 제안했던 것이다.

여성으로서 그는 "성적으로 학대받은 뒤에 그저 '버림받을' 것이다. 다시 말하면 타락하도록 방치될 것이다." 여성으로 변신한다는 생각은 그가 병을 앓고 있던 동안 계속 그를 사로잡았다. 그는 여성의 신경이 광선으로 그의 육체 속에 들어와 차츰 우세해짐을 느꼈다.

병 초기에 그는 너무나 끔찍한 육체의 퇴화를 피하기 위해 여러 가지 방법으로 자신의 목숨을 끊으려고 노력했다. 그는 목욕을 할 때마다 빠져 죽을 생각을 했는가 하면 여러 차례나 독약을 구하기도 했다. 그런데 그가 여성으로 변신하기로 예정되어 있다는 데 대한 그의 절망이 무한정하게 지속되지는 않았다. 여성으로 되는 것이 인류의 영원한 생존을 보장하는 최선의 방법이 될 것이라는 확신이 마음속에서 차츰 싹트기 시작했던 것이다. 우리가 알다시피 그는, 모든 인간이 어떤 끔찍한 파국 속에서 멸망했으며 자신을 살아남은 유일한 인간이라고 생각했다. 만약 그가 여성이라면 새로운 세대를 낳게 되리라는 것이다. 한편 그의 자식들의 아버지가 될 수 있는 유일한 존재는 신이었다. 따라서 그는 신의 사랑을 얻어야만 했다. 신과 결합되는 일은 높은 명예였다. 신을 위해서 점점 더 여성으로 변하고 신을 매혹시킬 수 있도록 옷치장을 하며 여성다운 매력으로 신을 유혹하는 일이, 한때 고등법원장이었던 이 수염 난 남자에게는 더 이상 수치나 타락으로 여겨지지 않았다. 게다가 그는 그것이 플레히지히의 음모를 좌절시킬 것이라고 생각했다. 즉 그는 신의 총애를 받을 수 있을 것이며, 전능한 신은 아름다운 여성인 쉬레버에게 갈수록 매혹되어 그에게 의지하게 될 것이라고 생각했다. 쉬레버가 인정하듯이, 이런 수단이 남들에게 아무리 구역질나게 여겨질지라도, 신이 수치스러운 이 운명에 저항 없이 굴복한 것은 아니었지만, 그는 그 수단을 통해 '신의 육체를 사로잡는' 데 성공했다. 신은 거듭거듭 쉬레버로부터 물러나려 했을 것이며, 의심할 나위 없이 쉬레버로부터 자신을 완전히 해방시키기를 원했을 것이다. 그러나 쉬레버의 매력은 너무나 강력해져 신은 이미 그렇게 할 수 없었다.

이 주제에 관한 언급은 『회고록』의 많은 부분에서 찾아볼 수 있다. 처음에 독자는, 그가 여성으로 변신한다는 생각은 그의 망상적 체계의 한가운데서 나온 신화라고 생각하고 싶을 것이다. 이것은 그의 특수한 병과 일반적인 편집증의 근원을 억압된 동성애에서 발견하려는 유명한 시도와 함께 가장 큰 관심을 끈 부분임이 확실하다. 그러나 그러한 시도는 너무나 큰 오류를 범하고 있는 것이다. 편집증은 무엇에 의해서나 일어날 수 있다. 그러나 편집증에서는 망상적인 세계의 '구조'와 편집증이 사람들에게 침투되는 방식이 중요하다. 권력의 과정은 편집증에서 언제나 결정적인 역할을 한다. 어떤 요소들이 내가 언급한 해석과 걸맞은 것처럼 보이는 쉬레버의 경우에조차도 더 면밀한 검토를 해보면 그 점에 대해 상당한 의문이 제기된다. 그러나 우리가 쉬레버의 동성애 성향을 입증된 것으로 받아들이려 한다 하더라도, 그가 자기의 체계 속에서 그것을 특수하게 이용한 일이 사실 그 자체보다 훨씬 더 중요할 것이다. 쉬레버의 체제의 핵심을 이루는 것은 자신의 이성(理性)이 공격당한다는 느낌이었다. 그가 생각하고 행한 모든 일은 이 공격에 대한 방어였다. 그가 자신을 여성으로 변신시키기를 원한 것은 신을 무장해제시키기 위해서였다. 신을 위해서 여성이 되는 것은 신의 비위를 맞추고 신에게 복종하기 위한 것이었다. 다른 사람들이 신 앞에 무릎을 꿇는 것과 마찬가지로 쉬레버는 신이 즐기도록 자기를 제공했다. 그는 신을 자기 편으로 끌어들이고, 손아귀에 넣기 위해 신이 접근하도록 유혹했으며, 그런 뒤에는 신이 자기에게 머물게 하려고 온갖 수단을 사용했다.

"인간의 경험에는 유사한 것이 없고, 그런 상황을 처리하는 규정이 '세계 질서' 속에는 없다는 것이 중요하다. 그런 환경 속에서 누가 미래를 예언하고 싶어하겠는가? 내가 절대적인 확신을 가지고 말할 수 있는 것은 신이 나의 이성을 파괴하겠다는 그의 목적을 결코 이루지 못하리라는 것이다. 나는 이 점을 여러 해 동안 절대적으로 분명하게 깨닫고 있었다. 이 깨달음과 함께 나의 병의 초기에 나를 위협하는 것처럼 보이던 주된 위험도 사라졌다."

이 진술은 『회고록』의 마지막 장에 나타난다. 쉬레버는 이 구절을 쓰면서 대체로 마음의 평화를 되찾은 듯이 보인다. 그가 이 책의 집필을 마쳤다는 것, 그리고 원고를 읽은 사람들이 깊은 인상을 받았다는 것이 마침내 자신의 이성에 대한 그의 믿음을 회복시켰던 것이다. 그가 할 일이란 그의 저서를 출판함으로써 반격을 개시하는 일뿐이었다. 그렇게 함으로써 그는 그 책에 일반 대중이 접근하도록 만들 것이며, 그가 확실히 바라는 바대로 일반 대중이 그의 믿음에 대해 거듭 읽도록 할 것이다.

쉬레버의 이성을 파괴하기 위한 공격은 실제로 어떻게 진행되었던가? 그는 모두가 자기에게 말을 거는 무수한 광선들에 에워싸여 있었음을 우리는 알고 있다. 그런데 그 광선들은 그의 지적인 능력과 방어력 중에 어느 것을 파괴하려고 했던가? 그것들은 무슨 내용을 말했으며 그 공격의 정확한 목적은 무엇이었던가? 이것은 더 면밀하게 알아볼 가치가 있다. 쉬레버는 최대한 완강하게 그의 적들과 맞서 자신을 방어했다. 적들과 자기의 방어에 대한 그의 묘사는 극히 철두철미한 것이었다. 우리는 그가 스스로 창조한 세계인 그의 '망상'(우리는 이런 현상을 습관적으로 이렇게 부른다)의 맥락 속에서 그것을 뽑아내어 더 평범한 우리 자신의 언어로 옮겨야만 한다. 그 독특한 특질 중 일부가 옮기는 과정 속에서 불가피하게 상실될 수도 있다.

첫번째로 언급하고자 하는 것은, 그 자신의 용어를 빌면 그의 '강제적인 사고'이다. 오직 그가 큰 소리로 이야기할 때만 '그의 머릿속에 평화가' 있었다. 그러고 나면 그 밖의 모든 것은 죽은 듯이 고요해졌다. 그는 환상 속에서 걸어다니는 시체들 사이로 걸어간 때가 여러 번 있었는데 이때 그의 주위에 있던 사람들, 즉 간호원들과 동료 환자들은 말하는 능력을 잃은 것이 아주 분명한 듯이 보였다. 그러나 그가 큰 소리로 이야기하는 것을 멈추자마자 그의 내면에 있는 목소리들이 다시 울리면서 그의 '강제적인 사고'를 또 일깨웠다.

이 점에서 그들의 목표는 쉬레버의 수면과 휴식을 방해하는 일이었다. 그 목소리들은 끊임없이 그에게 이야기했으므로 그것을 듣지 않거나 무시할 수 없었다. 그는 그들에 의해 좌우되었으며, 그들이 말하는 모든 것에 면밀한 주의를 기울이지 않을 수 없었다. 목소리들은 서로 다른 방식을 갖고 그 방식을 번갈아 사용했다. 가장 좋아하는 방식은 그에게 직접 묻는 것이었다. "너는 지금 무엇을 생각하고 있는가?" 그는 이 질문들에 대답하고 싶지 않았다. 그러나 그가 침묵을 지키면 그들은, 예를 들면 "너는 '세계의 질서'에 대해 생각해야 한다"고 말하면서 그가 무슨 대답을 해야 하는가를 알려주곤 했다. 그가 보기에 이것은 '그의 사상을' 고의적으로 '왜곡시키는' 체제 같았다. 그 목소리들은 심문하는 투로 그에게 물었을 뿐 아니라 그의 사고를 일일이 지시하려고 들기도 했다. 그들이 그의 은밀한 사고를 꿰뚫어 보려고 던진 질문들조차도 그의 반감을 일으켰으며 이미 지시된 대답들은 더욱 불쾌했다. 질문이나 명령이나 모두가 그의 개인적 자유에 대한 침해였다. 이 둘은 권력에서 흔히 보는 수단으로, 그 자신도

판사로서 그 수단을 자주 사용한 바 있었다.

쉬레버가 재판을 받은 방식은 다양하고도 교묘했다. 우선 그는 심문을 받았다. 그런 뒤에 여러 가지 사고가 그에게 지시되었다. 그 다음에는 그 자신의 어휘와 문장들로 또 하나의 교리 문답이 구성되었다. 그의 온갖 사고는 통제되었다. 그들이 모르고 지나가는 사고는 하나도 없었다. 그가 사용하는 모든 단어는 그것이 그에게서 정확히 무엇을 의미하는가를 판단하기 위해 검토되었다. 그 목소리들과 관계된 그의 사생활은 완벽하게 결여되었다. 모든 것이 수색당하고 모든 것이 밝혀졌다. 그는 모든 사람이 전지전능한 실체라고 주장하는 권력의 목표였다. 그는 이 모든 일에 복종했지만 결코 진정으로 항복하지는 않았다. 그의 방어 수단 중 하나는 그 자신의 지식을 복습하는 것이었다. 그는 자기의 기억력이 얼마나 훌륭하게 기능을 발휘하는가를 스스로에게 입증하려고 시(詩)들을 암기했으며 프랑스어로 크게 숫자를 세고 '러시아의 정부들' 과 '프랑스의 현(縣)들' 의 이름을 모조리 되뇌어 보았다.

쉬레버는 이성을 보존함으로써 주로 그의 기억 속에 저장된 모든 것을 보호할 작정이었다. 그에게 가장 중요한 일은 '말' 의 안전이었다. 그에게 들리는 소리는 목소리가 전부였다. 우주는 말로 가득 차 있었다. 철도, 새들, 그리고 외륜(外輪) 기선들이 이야기를 했다. 그 자신이 말하지 않을 때는 즉각 남들로부터 말이 나왔다. 말과 말 '사이에는' 아무것도 없었다. 그가 이야기하고 갈망하던 평화는 '말로부터의 자유' 였을 것이다. 그러나 이 평화를 발견하지 못했다. 그에게 일어난 일은 무엇이든 간에 동시에 말로 그에게 전달되었다. 자비로운 광선, 해로운 광선 모두가 말의 재능을 타고났으며 그 자신과 마찬가지로 광선도 그 재능을 강제로 사용해야만 했다. "그 광선들이 말을 해야만 한다는 것을 잊지 말라!" 편집광에게 말이 갖는 중요성은 너무나 크다. 말들은 자신의 바깥에는 아무것도 남기지 않는 세계 질서를 구축하려고 결합한다. 아마도 편집증의 가장 두드러진 추세는, 언어는 주먹이며 세계가 그 안에 들어 있기라도 한 것처럼, 말을 통해 세계를 완전히 장악하려는 태도이다.

그것은 다시는 펴지지 않는 주먹이다. 그런데 그 주먹은 어떻게 해서 움커쥐게 되는가? 편집광은 인과관계를 발견(결국에는 이 자체가 목적이 된다)하는 데 대해 열광을 보인다는 것을 여기서 지적하고자 한다. 그에게 일어나는 일 중에 우연, 또는 우연의 일치는 없다. 언제나 이유가 있는데 그 이유는 찾기만 하면 발견될 수 있다. 알려지지 않은 모든 것은 알려진 그 무엇으로까지 연원을 찾아 올라갈 수 있다. 접근해오는 모든 낯선 물체는, 사람이 이미 소유하고 있는 그 무엇과 마찬가지로, 가면이 벗겨지거나 정체가 드러날 수 있다. 모든 새로운 가면은 낯익은 것을 숨기고 있으므로 그 가면을 들여다보고 그것을 대담하게 찢어버릴 용기만 있으면 된다. '이유'를 발견하는 일은 하나의 정열이 되어 모든 것을 향해 발산된다. 쉬레버는 시종일관 그의 강제적 사고의 이러한 측면에 대해 밝히고 있다. 그는 앞에서 묘사한 모든 사건들에 대해서는 지독하게 불평을 하면서 이유를 알려는 욕구를 자신에게 가해진 악에 대한 일종의 보상이라고 본다. '그의 신경 속에 던져진' 미완성의 문장들 중에는 인과관계를 표현하는 끊어진 접속사들, 즉 '단지 ……이라서' '왜, ……이기 때문에' '왜, 내가 ……이기 때문에' 등이 자주 등장한다. 그는 자기가 듣는 이 밖의 모든 말들과 마찬가지로 이것들을 완결해야만 하므로 이 말들 역시 그에게 강제의 역할을 한다. "그런데 그 말들은 나로 하여금 인간이 보통 흘려버리는 많은 일들을 곰곰이 생각하지 않을 수 없게 만들었으며, 그 때문에 나는 더 깊이 생각하게 되었다." 이처럼 쉬레버는 인과관계에 대한 자신의 열광을 대체로 시인하고 있다. 실제로 그것은 그에게 확실한 기쁨을 주므로 그는 그것을 정당화하기 위한 그럴듯한 논거를 찾는다. 그는 근원적인 창조의 활동은 신에게 일임하지만, 세상을 다루는 그 밖의 모든 일은 그의 사적인 이유의 그물 속으로 끌려들어와 그 자신의 것이 된다고 여긴다.

그런데 이 욕구가 언제나 아주 합리적인 것은 아니다. 쉬레버는 자기가 자주 보던 한 남자를 만나 그가 슈나이더 씨라고 당장에 알아본다. 슈나이더 씨는 모른 체하지 않는 사람이어서 순진하게도 자기는 일반적으로 아무개라고 여겨지는 바로 그 사람이라는 태도를 보인다. 그러나 이 단순한 판별의 과정은 쉬레버를 만족시키지 못한다. 그는 슈나이더 씨의 '이면에'

무엇인가가 있기를 원하기 때문에 그 이면에 아무것도 없다는 생각에는 승복할 수 없다. 가면을 벗기는 일은 그의 습관이 되어 있어서, 그 습관을 실행할 사람이나 물건이 없을 때 그는 허탈감을 느낀다. 가면을 벗기는 과정은 편집광에게 근본적인 중요성이 있는데, 편집광에게만 국한된 이야기는 아니다. 왜냐하면 그 과정으로부터 원인을 구분하는 일에 대한 열광이 나오며, 원래 모든 원인은 '인간들 속에서' 찾아지기 때문이다. 가면을 벗기는 과정은 이미 여러 차례 언급되었지만 바로 지금이 이것을 더 자세하게 분석할 최선의 기회인 것 같다.

우리 모두는 간혹 (아마 거리에서) 낯선 사람들의 얼굴 중에서 낯익어 보이는 한 얼굴을 갑자기 찾아내는 경우가 있다. 흔히 우리가 잘못 본 것으로 판명되는 경우가 많다. 아는 사람이라고 생각한 장본인이 다가오거나 우리가 그에게 가보면 그는 우리가 전에 본 일도 없는 사람이다. 아무도 이 실수에 대해 많은 생각을 하지 않는다. 그의 걸음걸이나 머리 모양이나 그가 이마를 만지는 방식 등이 우연히 닮을 수가 있을 것이고 이것이 그런 착각에 대한 설명이 된다. 그러나 그런 혼동이 커지는 경우가 많다. 우리는 특정한 한 사람을 어디서 본 듯한 느낌을 가질 때도 있다. 그는 우리가 들어가려고 하는 식당 앞에 서 있거나 번잡한 길모퉁이에 서 있다. 그런 경우는 하루가 지나는 동안에 여러 차례 나타날 것이다. 말할 것도 없이 그는 우리의 마음속에 있는 그 누구이거나, 우리가 사랑하는 그 누구, 그리고 이런 경우가 더 많겠지만 우리가 미워하는 그 누구와 닮은 사람이다. 우리는 그가 다른 도시로 이사 갔거나 외국에 나간 것을 알지도 모른다. 그러나 우리는 그럼에도 불구하고 우리가 그를 보고 있다고 생각한다. 그리고 그런 실수를 되풀이하고 끈덕지게 그것에 집착한다. 우리가 보는 모든 얼굴의 이면에서 이 한 사람을 발견하기를 '원하는' 것이 분명하다. 우리는 다른 얼굴들은 속임수라고 생각하면서 숨어 있는 실체를 찾는다. 이런 과정을 당하는 얼굴들은 많이 있을 수 있으며 우리는 그 모든 얼굴의 이면에 우리와 관계가 있는 얼굴이 있다고 생각한다. 거기에는 집요함이 있다. 100의 얼굴 이면에서 하나의 얼굴이 나타나도록 하기 위해

100의 얼굴이 가면처럼 벗겨진다. 이 한 얼굴과 다른 100의 얼굴 간의 주된 차이가 무엇이냐는 질문을 받으면 우리는 100의 얼굴은 우리에게 낯설고 한 얼굴은 낯익다고 대답할 수밖에 없다. 우리는 낯익은 얼굴만을 알아볼 수 있는 것처럼 보인다. 그러나 그 얼굴은 자신을 숨겼으므로 우리는 낯선 사람들 속에서 그 얼굴을 찾아야만 한다.

편집광에게는 이 과정이 집중적이면서도 날카롭게 나타난다. 그는 변신 기능의 쇠퇴 때문에 고통을 받는다. 변신 기능의 쇠퇴는 그 자신의 몸속에서 시작되어, 거기에서 가장 두드러지지만, 차츰 전 세계에 영향을 미친다. 그는 실제로 서로 다른 것들조차도 똑같다고 보는 경향이 있다. 그는 무수한 인물들 속에서 똑같은 적을 본다. 그가 가면을 찢을 때마다 가면 뒤에 숨어 있는 적을 발견한다. 가면을 벗기는 일 자체 때문에 모든 것은 그에게 가면이 된다. 그러나 그는 기만당하지 않는다. 그는 모든 것을 꿰뚫어보며, 그에게 다수는 하나이다.

그의 정신적 체제의 경직성이 커짐에 따라 세계의 실제 모습은 갈수록 빈약해져서 결국 그의 망상 속에는 수행할 역할이 있는 사람들만이 남는다. 그는 모든 것의 바닥에 이를 수 있으며, 모든 것을 해명해버림으로써 끝을 낸다. 마침내 그는 오직 자신 및 자신이 지배하는 것과 함께 남게 된다. 여기서 일어나는 일은 변신의 과정과는 정반대이다. 가면을 벗김으로써 어떤 사람은 자신의 내부로 쫓겨 들어가 단 하나의 위치에 한정되어 특별한 한 가지의 태도를 취하게 된다. 그 뒤 이 태도는 그 사람의 진짜 태도로 여겨진다. 어떤 사람들은 단지 구경꾼으로서만 시작한다. 보고 있는 사람들은 자신도 모르는 사이에 다른 사람들로 변신된다. 그 사람은 얼마 동안 이렇게 지내면서, 가면무도회에 찬성하거나 그것을 즐기지는 않으면서도 구경은 할 것이다. 그러나 그 다음에 그가 갑자기 "멈추라"고 소리치면 모든 일이 멎는다. "가면을 벗으라"는 것이 다음의 명령이다. 무도회 참석자들은 모두 정체를 드러낸 채 멈춰 서서 다시는 변신을 하지 않는다. 극은 끝났다. 가면들은 그 정체가 드러났다. 변신을 '원상태로 되돌리는' 이 과정은 순수한 형태로는 거의 발견되지 않는다. 일반적으로 그 과정은 적을 발견한다는 기대에 물들어 있다. 가면은 속이기 위한 것이었으며, 변신은 하나의 목적을 갖고 있었다. 배우들에게 가장 중요한 것은 은폐였으며 그들의 변한 모습이나 그들이 나타내려고 했던 것은 이차적인 중요성을 가졌을 뿐, 그들의 주요 관심사는 자신을 알아볼 수 없도록 만드는 일이었다고 편집광은 생각한다. 그들이 위협을 가하고 있다고 느껴지기 때문에 그들에 대한 대응, 즉 가면들을 찢는 일은 거칠고 원한에 찬 것이 된다. 그리고 편집광에게 그 대응의 난폭함이 너무나 충격적이므로 사람들은 그러한 난폭함을 야기한 변신에 대해서는 간과하기 마련이다.

이 점에서 쉬레버의 『회고록』은 우리를 문제의 핵심에 아주 가까운 곳까지 이끌어간다. 그는 자기 병의 초기에 자기 안의 모든 것이 아직도 유동적 상태에 있던 때를 기억한다. 첫번째 해, 다시 말하면 그의 '신성한 시간'에 그는 조그만 개인 정신병원에서 한두 주일을 보냈는데, 그에게 말하던 목소리들은 그 병원을 '악마의 부엌'이라고 불렀다. 이것은 '기적들을 통해 가장 난폭한 장난이 저질러진' 때라고 그는 말한다. 그의 망상이 더 명료해지고 확고해지기 오래 전인 이 기간에 변신과 가면을 벗기는 일에 대해 겪은 그의 경험은 나의 논거를 완벽하게 예증하고 있다.

"낮 시간에 나는 대개 일반 휴게실에서 시간을 보냈다. 그 방 안에서는 가상의 환자들이 끊임없이 오가고 있었다. 우연이었겠지만 나는 나를 특별히 감시하기 위해 고용되었음이 분명한 한 간호원에게서 지방 법원 고용원의 모습을 찾을 수 있었다. 그는 내가 드레스덴에서 전문직에 종사하던 6주 동안 나의 집으로 서류철을 가져오곤 했다. 나는 당연히 그를 내가 본 모든 인간의 모습과 같다고, '잠시 즉흥적으로 꾸민 모습에' 불과하다고 생각했다. 이 '지방 법원의 고용원'은 간혹 나의 옷을 입는 버릇이 있었다. 간혹 한 신사가 (대개 저녁 시간에) 나타났는데 그는 정신병원의 진료실장이라고 짐작되는 사람으로서 그 역시 어떤 유사함 때문에, 내가 진찰받은 바 있는 드레스덴의 어떤 박사를 상기시켰다······. 나는 정신병원의 정원에 단 한 차례 들어간 적이 있는데 그것은 내가 입원한 날이었다. 그때 나는 정원을 한 시간 가량 산책했다. 나는 거기서 몇 사람의 부인을 보았다. 그 중에는 목사 아내인 W 부인과 나의 어머니가 있었다. 몇 사람의 신사가 있었는데 그 중에는 지방 법원의 판사로서 보기 흉하게 커진 머리를 가진 드레스덴의 K가 있었다. ……나는 두서너 번 나타난 이런 유사함은 이해할 수 있었지만 '정신병원 안의 거의 모든 환자들', 다시 말하면 적어도 수십 명의 인간이 나의 생활 속에서 나와 얼마쯤 가까웠던 사람들처럼 보이는 사실은 도저히 이해할 수 없었다."

그는 환자들 가운데서 "이상한 형상들을 보았다. 환자들 중에는 검댕으로 뒤덮인 린넨 작업복을 입은 친구들도 있었다. ……그들은 한 사람씩 차례로 말없이 휴게실에 들어왔다가 말없이 그 방을 나갔는데 서로를 주목하지 않음이 분명했다. 동시에 나는 그들 중 몇 사람이 휴게실에 머무는 동안 '머리 모양을 바꾸었음'을 목격했다. 다시 말하면 그들은 그 방을 떠나기 전에, 내가 그들을 관찰하는 동안, 갑자기 다른 머리를 갖고 뛰어다녔다."

"내가 관찰할 수 있었던 한, 정신병원의 크기와 '외양간'(이것은 환자들이 신선한 공기를 마시려고 나가는 정원에 대해 그가 붙인 이름이었다) 밑 휴게실에서 때로는 동시에, 때로는 연속적으로 본 환자의 수 사이에는 아무런 관계가 없었다. 그때나 지금이나 나는 다음과 같은 확신을 갖고 있다. 나와 동시에 외양간에 처넣어졌다가 돌아오라는 신호가 울릴 때마다 그 집의 문을 밀치고 들어오던 40~50명의 사람이 그날 밤 그 집에서 잠자리를 구하는 일은 불가능했다는 것이다. ……마루바닥에는 거의 언제나 인간의 형상을 한 것들로 가득 차 있었다."

그가 외양간에 있었다고 기억하는 모습들 중에는 '일찍이 1887년에 총으로 자살한' 자기 아내의 사촌, 그리고 '허리를 굽히고 경건하게 기도하는 듯한 자세로 꼼짝 않고 있던' 검사장 B가 있었다고 그는 말한다. 그가 알아본 다른 사람들은 '어느 법원장' '어느 지방 법원 판사' 그의 어릴 적 친구인 '라이프치히 출신의 변호사' 그의 조카 프리츠, 그리고 '바르네뮌네 출신으로서 여름에 잠깐 알고 지내던 사람' 등이었다. 언젠가 그는 정신병원에 이르는 차도에 있는 그의 장인을 창 너머로 본 적도 있었다.

"나는 이 사람들 모두를 거듭 보기도 했는데, 언젠가는 몇 사람이나 되는 부인이 휴게실을 지나 구석 방들 안으로 들어갔다. 그녀들은 그 방들 안에서 사라졌음이 분명하다. 휴게실을 통하는 것 말고는 다른 출구가 없었기 때문이다. 내가 열린 문을 통해 그 방들을 보니 그 안에는 아무도 없었다. 이런 일에는 '잠시 즉흥적으로 만들어 낸 인간들'을 데려가는 것(그들을 해체시키는 일)과 관련된, 임종 때의 독특한 꼬르륵 소리가 거듭 뒤를 이었다."

"인간의 형태뿐 아니라 생명 없는 물체들에게도 기적 같은 일이 발생했다. 나의 기억을 음미해보면서 지금 내가 아무리 회의적인 태도를 가지려고 해도 나는 나의 기억으로부터 어떤 인상들을 지울 수 없다. 나는 식사 시간에 나의 접시에 있던 음식(예를 들면 돼지고기가 송아지 고기로 변신되거나 그 정반대의 경우도 일어났다)은 물론이고 인간의 육체에 있던 옷가지들까지도 '변신되는' 것을 보았던 기억이 지금도 생생하다."

이 기록에는 몇 가지의 두드러진 일들이 있다. 쉬레버는 병원이 수용할 수 있는 수보다 많은 사람이 입원해 있음을 깨닫는다. 그런데 그들은 모두 외양간으로 몰려 들어간다. 그는 그들과 더불어 (외양간이라는 단어가 보이듯이) 짐승으로 격하된 것을 느낀다. 이것은 그가 군중 체험(Massenerlebnis)에 가장 가까이 접근한 것을 의미한다. 그러나 물론 외양간에서조차도 그는 다른 환자들과 완전히 합치되지 않는다. 그는 면밀하게 참으로 비판적으로, 그러나 실체적인 적의는 품지 않고 변신의 연극을 지켜본다. 심지어는 음식과 옷까지도 변신을 한다. 그런데 그의 마음을 가장 사로잡는 것은 그의 '인식' 행위이다. 모든 사람은 그가 잘 알던 그 어떤 사람으로 생각된다. 그는 장차 그곳에 진짜 낯선 사람은 전혀 없게 되도록 주의를 기울인다. 그런데 그의 가면 벗기는 일은 아직은 온건하다. 그가 증오를 품고 이야기하는 유일한 사람은 수간호원이다. 그는 아직은 다른 사람들 다수를 알아본다. 그의 '체제'는 아직 경직되거나 배타적으로 되지 않았다. 사람들은 자기들의 가면을 벗는 대신에 머리모양을 바꾸는데, 이것은 상상이 가능한 모든 가면 벗기는 방법들 중에 가장 멋지고 즐거운 것이다.

그러나 쉬레버의 체험 중에서 이렇게 즐겁고 자유를 맛보게 하는 종류의 것은 아주 드물다. 그의 '신성한 시간' 동안에 그는 완전히 다른 종류의 환상을 거듭 갖는데, 이것은 편집증의 원형적인 상황 속으로 우리를 곧장 이끌어가리라고 생각된다.

편집광은 모두가 자기를 추적하는 적들의 무리에 에워싸여 있다고 느낀다. 이것이 편집광의 기본적인 느낌이다. 그것은 '눈(眼)의 환상'에 가장 분명하게 표현되어 있다. 그는 도처에서 그리고 사방에서 눈들을 본다. 그 눈들은 오직 그에게만 관심이 있으며 그 관심은 극단적인 경우에는 위협을 의미하기도 한다. 그 눈들의 임자인 피조물들은 그에게 복수를 하려고 한다. 오랫동안 그는 아무런 처벌도 받지 않은 채 그것들을 혹사해왔던 것이다. 만약 그들이 짐승인 경우 그는 사정없이 사냥을 했을 것이다. 그래서 그들은 몰살의 위협에 처하자 이제 갑자기 그에 맞서 일어선 것이다. 이것, 즉 편집증의 원형적인 상황은, 위대한 짐승 사냥꾼들에 대한 많은 사람들의 전설 속에 박진감 있게 그려져 있다.

그런데 짐승들은 사람들이 먹이임을 알아채도록 자신의 모습을 언제나 똑같이 유지하지는 않는다. 그들은 인간이 항상 두려워해 온 더 위험한 형상으로 변한다. 그래서 그들이 인간을 향해 밀고 들어와 그의 방을 가득 채우고 그의 침대를 점령할 때 그의 공포는 극에 이른다. 쉬레버는 밤에 곰들에게 포위당했다.

이 기간에 그는 자주 침대를 벗어나 셔츠 바람으로 방바닥에 앉았다. 등 뒤의 마루를 짚고 있는 그의 두 손이 때로 곰 같은 형체들, 즉 '검은 곰들'이 위로 들어올려지는 듯한 느낌이 들었다. 더 크거나 더 작은 다른 '검은 곰들'도 이글거리는 눈을 하고 그의 둘레에 앉아 있었다. 그의 침대 시트는 '흰 곰들'로 보였다. 때로 그는 깨어 있는 동안조차도 정신병원 정원의 나무들에서 이글거리는 눈을 가진 고양이들을 보았다.

그러나 '짐승'의 무리들만 있었던 것은 아니었다. 쉬레버의 숙적인 정신과 의사 플레히지히는, 그를 공격하는 데 '천체(天體)'의 무리들을 구성할 수 있는 아주 교묘하고 위험한 수단을 갖고 있었다. 이것은 쉬레버가 '영혼의 분열'이라고 부른 과정에 의해 행해졌다. 플레히지히의 영혼 분열은 하늘 전체가 '영혼의 부분들'로 들어차고 신성한 광선이 사방에서 저항에 부딪히게 하도록 만들기 위한 것이라고 쉬레버는 말했다. 하늘 전역에 신경들이 퍼져 있어 신성한 광선이 넘을 수 없는 기계적인 장벽을 구축했다는 것이다. 그 장벽들은 적의 기습에 대비해 성벽과 도랑으로 보호되어 있는, 포위당한 요새와 같았다. 이것이 플레히지히의 영혼이 다수의 '영혼의 부분들'로 분열된 이유였다(얼마 동안은 40~60개가 있었는데 그 중에는 미세한 것이 많았다).

그 밖의 '시험당한 영혼들'도 플레히지히를 본보기로 삼아 그 후에 분열되기 시작한 것 같다. 그 부분들은 점점 더 많아져서 무리의 본성에 따라 기습과 매복의 생활을 영위했다. 그들 대부분은 '방해 활동,' 다시 말하면 순진하게 접근하는 신성한 광선들을 배후로부터 공격을 가함으로써 강제로 항복시키는 데 목적을 둔 기동작전에 거의 전적으로 몰두했다. 이 '시험당한 영혼의 부분들' 중 대부분은 결국 '신의 전능함 자체'에 대해 귀찮은 존재가 되었다. 어느 날 쉬레버가 상당수의 영혼을 끌어들이는 데 성공하자 신의 전능함이 그들에게 공격을 가해 그들을 모조리 파괴했다.

'영혼의 분열'이 있을 때 쉬레버의 머릿속에서는 세포의 분열을 통한 증식(그는 물론 이것에 대해 알고 있었다)이 어른거렸을 것이다. 이런 식으로 생기는 다수를 천체의 무리로 채택하는 것은 그의 망상의 가장 특징적인 개념들 가운데 하나이며, 편집증의 구조를 밝히는 데 '적대적인 무리'의 중요성이 이보다 명백하게 표현된 것은 어느 곳에서도 찾아볼 수 없을 것이다.

쉬레버와 신의 관계, 그리고 그와 '영혼정책(Seelenpolitik)'(그는 자기가 이 정책의 희생자라고 느꼈다)의 관계가 복잡하고 모호하다고 해서 그가 바깥으로부터 그리고 하나의 전체적인 것으로서, 신의 전능함을 광채로 경험하는 일이 완전히 방해받지는 않았다. 그런데 그가 병을 앓던 모든 기간 중에서 그는 잇따른 며칠 밤낮 동안에만 이 경험을 했을 뿐이다. 따라서 그는 그것의 소중함과 희귀함을 완전히 알고 있었다.

어느 날 밤 단 한 번 신이 나타났을 뿐이다. "내가 잠들지 않은 채 깨어서 침대에 누워 있는 동안에 신의 빛나는 광선의 영상이 나의 내면의 눈에 비쳤다. 동시에 나는 그의 목소리를 들었다. 그런데 그것은 부드러운 속삭임이 아니었다. 그 목소리는 나의 침실 창문 바로 앞에서 나는 것처럼 힘

찬 베이스 음성으로 울렸다."

　이튿날 그는 자신의 육안으로 신을 보았다. 그것은 보통의 외양을 가진 태양이 아니라 하늘의 여섯번째 부분인 목성천 또는 여덟번째 부분인 항성천[恒星天, 지구를 중심으로 태양이 돈다는 소위 천동설(天動說)을 주장한 프톨레마이오스의 우주계(宇宙界)에서 가장 바깥쪽 천구—역주]을 덮은 광선의 은빛 바다에 둘러싸인 태양이었다. 그 광경은 너무나 압도적인 광채와 찬란함을 띠고 있어서 그는 그것을 감히 계속해서 바라보지 못하고 그 현상으로부터 눈길을 돌리려고 애썼다. 그 빛나는 태양이 자기에게 '말을 했던 것이다.'

　때때로 그는 이와 같은 광채가 신으로부터뿐만 아니라 자기 자신으로부터도 나오는 것을 체험했는데, 이것은 자신의 중요성이나 신과 자신의 가까운 관계로 보자면 그리 놀랄 만한 일이 아니었다. "나의 머리는 엄청난 양의 빛이 흘러 들어왔기 때문에, 마치 성화(聖畵)에 묘사된 그리스도의 성스러운 후광과 비슷하게, 희미한 빛의 줄기로 에워싸이는 일이 매우 자주 일어났으니, 비할 바 없이 장려하고 환하게 빛나는 나의 머리는 소위 빛의 왕관이었던 것이다."

　그런데 쉬레버는 다른 곳에서도 권력의 신성한 면을 훨씬 더 이상적으로 기술하고 있다. 권력에 대한 그의 경험은 그가 부동(不動, Regungslosigkeit)의 기간이라고 부르는 때에 절정에 이르렀다.

　이 기간 동안에 그의 외면적인 생활은 극히 단조로웠다. 날마다 두 번씩 하는 정원에서의 산책을 빼면, 그는 온종일 탁자에 꼼짝도 않고 앉은 채, 창 밖을 내다보려고 움직이는 일조차 없었다. 정원에서조차도 그는 한 자리에 계속 앉아 있기를 더 좋아했다. 그는 이 절대적인 수동성을 일종의 종교적 의무로 여겼다.

　그 생각은 그에게 이야기를 한 목소리들에 의해 유발되었다. 그 목소리들은 "꼼짝도 하지 말라!"고 거듭거듭 말했다. 쉬레버는 다음과 같은 사실을 빌어 이 명령을 설명하고 있다. 신은 시체를 다루는 일에만 익숙해 있어서 살아있는 인간을 다루는 방법을 모른다는 것이다. 따라서 쉬레버 자신이 시체인 것처럼 계속 행동해야 한다는 괴상한 생각을 하게 된 것이다.

"나는 이 부동이야말로, 자기 보존과 신을 위해 나에게 지워진 의무라고 생각했으며, 그리고 이 의무는 신이 '시험당한 영혼들' 때문에 처한 곤경으로부터 신을 해방시키도록 나에게 지워진 것이라고 여겼다. 나는 나 자신이 이리저리 움직이면(외풍이 방을 지나가도 마찬가지이다) 더 많은 광선이 상실될 것이라는 견해(전혀 근거가 없지는 않을 것이다)를 갖게 되었다. 나는 그 때까지도 신성한 광선의 고결한 목적 때문에 그 광선에 대해 기록한 외경심에 가득 차 있었고, 영원은 존재하는지, 그 광선의 창고가 갑자기 고갈될 것인지에 대해서도 확신을 품지 못했으므로 광선의 낭비를 막는 일이 나의 권한에 속하는 한 그렇게 하는 것이 나의 임무라고 생각했다." 만일 그가 가만히 있기만 한다면 '시험당한 영혼들'을 끌어내려서 그의 육체 속에서 소멸되게 만드는 일이 훨씬 더 쉬웠을 것이라고 그는 덧붙였다. 오직 이런 방법으로만 하늘에 있는 신의 유일한 권력이 회복될 수 있었다. 그래서 그는 여러 주, 여러 달 동안 모든 움직임을 포기하는 믿을 수 없는 희생을 강행했던 것이다. '시험당한 영혼들'은 대개 자는 동안에 도착하리라고 예상되기 때문에 그는 밤에 침대에서조차도 그의 위치를 바꾸려 들지 않았다.

여러 달 동안 계속된, 자기를 돌처럼 만드는 이 일은 쉬레버가 열거하는 것 중에서 가장 특이한 일에 속한다. 그것에 대한 그의 이유는 이중적이다. 즉, 그것은 신과 자신 모두를 위한 일이다. 그가 신을 위해서 시체처럼 가만히 있어야 했다는 것은 현대의 유럽인들 귀에도 실제의 사실 이상으로 이상하게 들릴 것이다. 이것은 주로 시체에 대한 우리의 청교도적 자세 때문이다. 우리의 관습은 시체를 빨리 치우라고 요구한다. 우리는 시체 자체에 대해서는 크게 주의를 기울이지 않는다. 그리고 우리는 그것이 얼마나 빨리 썩을 것인가를 알면서도 이것을 막기 위해 거의 아무 일도 하지 않는다. 우리는 시체에 약간의 옷을 입히고 잠시 동안 사람들이 보게 놓아두지만 나중에는 그것에 접근할 수 없게 만든다. 장례식의 화려함이 어떠하든 간에 시체 자체는 전혀 나타나지 않는다. 장례식은 시체를 은폐하고 숨기는 잔치이다. 쉬레버를 이해하려면 우리는 이집트인들의 미라를 생각해야만 한다. 이집트인들 사이에서는 시체의 인격이 보호되고, 소중히 여겨지고, 숭배되었다. 쉬레버가 여러 달 동안 신의 사랑을 위해 행동하려고 애쓴 것은 실제로 시체가 아닌 미라로서였다. 이 경우에 그가 사용한 시체라는 단어는 엄격한 의미에서는 정확하지 않다.

그의 두번째 동기는 신성한 광선의 허비에 대한 두려움 때문이었다. 그가 느끼는 이러한 공포로부터 권력을 신성시하는 근원을 찾아볼 수 있다. 이런 사실은 전 세계에 산재한 여러 문명권에서 나타나고 있다. 그는 신성한 정수(精髓)가 천천히 모이는 그릇으로서의 자신을 체험했다. 조금이라도 움직이면 그 정수의 일부를 그가 쏟을 것이기 때문에 그는 전혀 움직이지 말아야만 했다. 여기서 권력자는 가장 철저한 의미로 권력을 쥐고 있는 것이며 그 권력을 고수한다. 이렇게 되는 이유는, 권력은 사용함으로써 소모될 수 있는 실체라고 그가 느끼기 때문이며, 더 높은 권력자가 자신에 대한 존경의 행동으로서 권력을 아껴주기를 기대하기 때문이다. 그는 자기의 소중한 실체를 보존해줄 가능성이 가장 큰 자세를 취하고 천천히 화석화한다. 그 어떤 변화도 위험할 것이므로 모든 변화는 그를 불안에 휩싸이게 만든다. 오직 모든 움직임을 양심적으로 피함으로써만 권력은 보호될 수 있다. 몇몇 경우에 이 보존의 자세는 여러 세기를 일관한 그 동일성 덕분에 사회의 형태를 결정하게 되었다. 여러 나라 국민의 정치 구조의 핵심은, 경직되고 세심하게 체계화된 한 개인의 자세인 것이다.

쉬레버는 '한 국민'의 왕이 아니라 오히려 그들의 '국민적 성자(聖者)'로서 '한 국민'을 보살펴주었다. 그는 '쉬레버 정신'으로 새로운 인간 세계를 창조하기 위해 멀리 떨어진 별에서 실제로 어떤 시도가 있었는가를 기술한다. 이 새로운 인간들은 지구상의 인간들보다 훨씬 키가 작았다. 그들은 꽤 높은 수준의 문화를 이룩했으며 그들 자신의 크기에 비례하는 소규모의 가축을 기르고 있다는 말을 들었다. "그의 육체적 자세가 그들의 신앙에 대해 어떤 중요성을 갖기라도 한다는 듯이, 그가 그들의 '국민적 영웅'으로서 존경을 받는다"는 이야기도 들었다.

여기서 우리는 하나의 전형적인 자세가 얼마나 구체적으로 이해될 수 있는가를 분명히 알게 된다. 이 인간들은 쉬레버의 실체로부터 창조되었을 뿐 아니라 그들의 종교 또한 그의 자세에 의존하고 있다.

그가 병을 앓는 동안에 온갖 교묘한 공격에 부딪힌 것은 그의 이성만이 아니었다. 그의 육체 역시 필설로 다할 수 없을 만큼 간섭을 받았다. 육체의 어떤 부분도 용서받지 못했다. 광선들은 아무것도 간과하지 않았으며 차례로 모든 부분에 엄습해왔다. 광선들이 간섭한 효과는 너무나 갑작스럽고 예기치 못한 것이어서 그는 그 효과를 '기적'으로 여길 수밖에 없었다.

그가 의도적으로 여성으로 변신하는 현상이 있었다. 그는 일단 여성으로 변신해야 한다는 사실을 받아들인 후에는 저항을 멈추었다. 그러나 그에게 일어난 다른 일들은 거의 믿을 수가 없었다. 폐충이 그의 폐 속으로 보내졌다. 그의 갈비뼈들이 잠깐 동안 강타당했다. 앞서 언급한 빈의 신경과 전문의는 그의 건강하게 타고난 위 대신에 아주 열등한 '유태인의 위'를 끼워넣었다. 그의 위의 변화는 아주 놀라웠다. 그는 위 없이 살아야만 했으며, 자기는 위가 없기 때문에 먹을 수 없다고 간호원에게 말하곤 했다. 그가 먹으면 음식이 뱃속으로 쏟아져 들어간 뒤 허벅다리 사이로 내려갈 뿐이었다. 그러나 그는 이런 사태에 익숙해졌으므로 위 없이도 태연하게 계속 먹었다. 그의 식도와 내장이 더러 찢어지거나 없어져버려서 그는 여러 차례나 자기의 후두의 일부를 삼키곤 했다.

그의 척수를 뽑아내기 위해 '작은 인간들'이 그의 발밑에 배치되었다. 그가 정원을 산책할 때면 척수가 그의 입으로부터 작은 구름들처럼 솟아나왔다. 그는 자기의 두개골 전체가 엷어졌다는 기분을 흔히 느끼곤 했다. 피아노를 치거나 글을 쓸 때는 그의 손가락들을 마비시키려는 시도가 있는 것 같았다. 어떤 영혼들은 키가 몇 밀리미터밖에 안 되는 미세한 인간의 모습을 하고서 안팎에서 그의 육체를 파괴했다. 이들 가운데 일부는 그의 눈썹에 자리 잡고는 부지런히 그의 눈을 열고 닫았으며 거미줄처럼 가는 실로 자기들 멋대로 눈꺼풀을 끌어당겼다. 항상 그의 머리에는 다수의 작은 인간들이 몰려 있었다. 그들은 머리 위를 걸어 다니면서 새로운 상처가 났는가를 알아보려고 법석을 떨었다. 그들은 그가 먹는 것이면 무엇이나(당연히 적은 양이겠지만) 한몫씩 마음대로 집어먹음으로써 그의 식사를 나뉘 먹기까지 했다. 그는 발꿈치와 미골(尾骨) 부분의 카리에스(骨瘍, 뼈의 괴사-역주) 때문에 상당한 통증을 겪었다. 이것은 그가 걷고 서고 앉고 눕는 것을 모두 불가능하게 만들려는 의도에서 나온 것이었다. 그는 한 곳에 머물거나 한 가지 일에 오랫동안 몰두하는 것이 허용되지 않았다. 그가 걸어다니면 그를 눕게 만들려는 시도가 있었으며, 그가 누우면 침대로부터 다시 그를 쫓아내려고 했다. "실제로 존재하는 하나의 인간은 '어딘가에 자리 잡고 있어야만 한다'는 사실을 그 광선들은 모르는 것 같았다."

이 시점에서 우리는 이 모든 현상들이 공통으로 갖고 있는 한 가지 사실, 즉 그 현상들은 모두 그의 육체를 '관통'하는 것과 관계가 있다는 점에 주목해야만 한다. 물질을 관통할 수 없다는 원칙은 여기에서는 더 이상 적용되지 않는다. 그 자신이 확장하기를 원하고 어느 곳에나(땅속까지도 곧바로) 뚫고 들어가기를 원하는 것과 꼭 마찬가지로 모든 것이 같은 방식으로 그에게 뚫고 들어와 그의 외면에서는 물론이고 그의 '내면'에서도 장난질을 한다. 그는 때로 자기가 곧 천체인 것처럼 자기에 대해 이야기한다. 그러나 그는 자기의 평범한 인간의 육체에 대해서는 확신을 갖지 못한다. 그의 확장의 기간, 다시 말하면 그가 자신의 주장들을 내세우고 있던 바로 그 시간은 그의 관통의 시간이기도 했던 것 같다. 그에게 '위대함'과 '박해'는 긴밀하게 연결되어 있으며 이 둘은 그의 육체를 통해 표현된다.

그러나 그는 자기에 대한 그 모든 공격을 무릅쓰고 계속 살고 있었기 때문에 바로 이 광선들이 자기를 '치유했다'는 결론에 이르렀다. 그 광선은 그의 육체 안에 있는 불순한 물질을 모조리 흡수했다. 그가 위가 없는데도 먹을 수 있었던 이유는 바로 그것 때문이었다. 그 광선들은 그에게 병균들을 심었으나 다시 그것들을 제거하기도 했다.

따라서 쉬레버의 육체에 대한 공격의 진정한 목적은 자신의 불사신(不死身)을 입증하는 데 있었다고 생각할 수밖에 없다. 그 공격은, 그가 얼마나 많이 극복할 수 있는가를 그에게 보이기 위한 것이었다. 그가 상처를 입으면 입을수록 그리고 흔들리면 흔들릴수록 궁극적으로 그는 더 튼튼해졌다.

그는 자기도 결국 죽어야 하는가 어떤가에 대해 의문을 품기 시작했다.

그가 극복한 상처들과 비교해볼 때 가장 강력한 독소는 무엇인가? 그가 물에 빠져 익사하면 그의 순환 작용과 심장의 활동이 다시 시작되어 그는 살아날 것이다. 그가 자기의 머리에 탄환을 쏘면, 탄환이 파괴한 내부의 기관들과 뼈들이 회복될 것이다. 요컨대 그는 중요한 여러 기관들(이것들은 나중에 모두 다시 생겨났다)을 잃어도 오랫동안 살지 않았는가? 그 어떤 질병도 그를 위태롭게 할 수 없었다. 많은 통증과 고통 및 많은 의문이 있은 뒤에 불사신에 대한 그의 격렬한 갈망은 결국 그것을 획득하는 결과를 빚어냈다.

불사신에 대한 갈망과 살아남는 것에 대한 열정이 어떻게 합치되는가를 나는 이미 고찰한 바 있다. 이 점에서도 편집광은 권력자의 정확한 모습이다. 양자 사이의 유일한 차이는 세계 속에서 그들이 차지하는 위치뿐이다. 내면적인 구조에서 그들은 동일하다. 편집광은 자신에 대해 만족하고 실패에 동요되지 않기 때문에 양자 가운데서 편집광이 인상적이라고 생각할 수도 있을 것이다. 세상의 견해는 그에게 아무것도 아니다. 인류 전체를 상대로 하는 것은 그의 망상이다.

쉬레버는 이렇게 말한다. "일어나는 모든 일은 나와 관련되어 있다. 나는 신을 위해 유일한 인간이 되었다. 또 모든 것이 나 자신으로부터 시작되고, 일어나는 모든 일이 나와 관련되어야만 하고, 그러므로 나 자신의 관점으로부터 일어나는 모든 일을 나에게 관련시켜야만 하는 인간이 된 것이다."

자기 이외의 모든 인간이 멸망했다는 생각은 여러 해 동안 그를 지배했는데, 이것은 물론 그가 자신을 유일한 인간이라고 생각했음을 의미한다. 그러나 차츰 이 생각은 덜 극단적인 그 무엇으로 대치되었다. 그는 살아 있는 유일한 인간으로부터, 중요한 의미를 갖는 유일한 인간이 되었다.

모든 권력의 이면과 마찬가지로 편집증의 이면에도 똑같이 깊은 욕구, 다시 말하면 자기가 유일한 인간이 되도록 하기 위해 다른 인간들을 처지하고 싶은 욕구, 또는 더 온건하면서도 실제로는 어떤 공인된 형식을 빌려 남들로 하여금 자기가 유일한 인간이 '되도록' 돕게 만들고 싶은 욕구가 있다는 의혹을 떨쳐버리기는 어렵다.

에필로그
Epilog

인간은 자신의 신을 훔친 것이다.
인간은 신을 사로잡아,
신이 입었던 파멸과 공포의 갑옷을
자신의 것으로 만들었다.

살아남는 자의 소멸

편집광의 망상(이것에 대해서는 오직 한 사람, 다름 아닌 편집광 본인만이 지지하고 있다)에 대해 이렇게 자세한 검토를 했으니 이제 우리는 권력 일반에 대해 무엇을 알아야 할 것인가를 다시 생각해볼 필요가 있다. 모든 개별적인 경우는, 그것이 아무리 가치 있는 실마리를 제공한다 할지라도, 우리의 마음속에 똑같은 의문을 일으키기 마련이다. 우리가 그것에 대해 더 많이 알면 알수록 우리는 그 일회성을 더욱 분명하게 깨닫게 될 것이다. 즉, 오직 이 경우에만 사물이 그렇게 보이며 다른 경우들에서는 전혀 다르게 보일 것이라는 기대이다. 이런 기대는 특히 정신병자들의 경우에 적용된다. 우리가 정신병자들에 대해 확고부동한 오만함을 버리지 못하는 것은 그들이 외적으로 실패한 자라는 생각과 결부되어 있다. 쉬레버의 머릿속에 가득 차 있는 모든 관념이, 공포의 대상인 어떤 통치자가 품고 있는 관념과 동일하다는 것을 입증할 수 있다 할지라도, 우리는 어떤 방법으로든 어느 부분으로 비교해보든 간에, 둘 간의 근본적인 차이는 분명히 있으리라고 생각해야 한다. 세상의 '위대한' 사람들에 대한 존경심은 쉽사리 버려지지 않는다. 그리고 숭배에 대한 인간의 욕구는 무한하다.

다행히도 우리는 쉬레버 한 사람에만 국한해서 이러한 것을 고찰하지는 않았다. 비록 어떤 점들은 손만 댄 데 불과하고, 아주 중요할 수도 있는 다른 점들은 전혀 언급하지 않았지만, 실제로 어떤 사람들은 이 연구에 관해서 너무나 많은 범위를 대상으로 해서 다루었다고 생각할 수도 있을 것이다. 나는 여기에서 생략한 점들을 추후에 보충할 수 있기를 바란다. 이 책의 마무리 단계인 지금 이 시점에서 여러분이 확실한 것으로 통용되는 것이 무엇인가를 알고 싶어하는 것은 좀 성급하다는 생각이 들지만 그렇다 하더라도 여러분을 잘못했다고 할 수는 없을 것이다. 우리는 네 유형의 상이한 무리 가운데서 어느 것이 우리의 시대를 지배하는가는 분명히 말할 수 있다. 위대한 애도 종교의 권력은 쇠퇴하고 있다. 이러한 종교는 지나치게 비대해져서 '증식'에 의해 질식당했다. 근대의 산업 생산에서 증식 무리의 해묵은 실체는 엄청난 팽창을 겪었기 때문에, 거기에 비하면 생활의 기타 모든 요소들은 쇠퇴하고 있는 것처럼 보인다. 생산은 여기, 이 생활 속에서 일어난다. 생산은 언제나 가속적으로 커지고 증식되기 때문에 우리에게는 한 순간도 곰곰이 생각할 시간이 주어지지 않는다. 끔찍스런 전쟁들도 생산을 중단시키지 않았으며, 다양한 적대 진영의 본질이 무엇이든 간에 생산은 그 모든 진영 속에서 맹렬히 번지고 있다. 현재 하나의 신앙이 있다면 그것은 생산에 대한 신앙, 즉 증식에 대한 근대의 열광이다. 그리고 세계의 모든 국민은 잇달아 그것에 굴복하고 있다.

이 생산 증가의 여러 결과 가운데 하나는, 갈수록 더 많은 사람들이 결핍 상태에 빠진다는 것이다. 우리는 더 많은 재화를 생산하면 할수록 더 많은 소비자를 필요로 한다. 기업의 요점은 가능한 한 많은 구매자를 획득하는 일이다. 이상적으로 말하면 만인을 획득하는 일이다. 이 점에서 비록 피상적이기는 하지만 기업은 모든 영혼이 자기 것이라고 주장하는 세계종교들과 비슷하다. 기업은 자발적이고도 지불 능력이 있는 구매자의 평등을 기대한다. 그러나 실제로 그것만으로는 충분하지 못할 것이다. 왜냐하면 모든 잠재적 고객이 구매하도록 유도된 후에도, 생산은 여전히 증가하려는 추세를 보일 것이기 때문이다. 이처럼 생산이 궁극적으로 원하는 것은 더 많은 인간이다. 생산은 재화의 증식을 통해 증식의 원래 의미, 즉 인간 자신의 증식으로 돌아가는 길을 발견하게 되는 것이다.

생산은 평화적일 수밖에 없다. 전쟁과 파괴는 감소를 의미하며, 생산에 악영향을 미치는 것이다. 이 점에서 자본주의와 사회주의는 동일한 방향을 지향하고 있으며 같은 신앙을 가진 쌍둥이 경쟁자이다. 양자 모두에게 생산은 그들의 주요 관심사이다. 그들의 경쟁 관계 자체는 급속한 발전에 기여한 바 크다. 그들은 갈수록 비슷해지고 있으며, 비록 생산에서의 성공에만 국한된 것이기는 하지만 서로가 상대방을 존경하는 태도가 눈에 띄게 커지고 있다. 그들이 서로 파괴하기를 원한다는 것은 이미 과거의 사실이다. 그들이 원하는 것은 상대방을 '능가하는' 일이다.

오늘날에는 매우 큰 증식의 중심지들이 있는데, 그 중심지들은 모두가 고도로 능률적인 동시에 급속히 성장하고 있다. 그 중심지들은 상이한 언어와 문화 사이에 분포되어 있다. 그 중 어느 것도 권력을 독점할 정도로 강력하지 못할 뿐 아니라, 혼자서는 다른 중심지들의 작은 결합에도 대항할 엄두를 내지 못한다. 지구의 전역, 즉 '동과 서'의 이름을 따서 엄청나게 큰 이중 군중을 결성하려는 명백한 추세가 있다. 이들은 자신 내부에 너무나 많은 것을 포함하고 있기 때문에 그들의 외부에 남는 것은 갈수록 줄어든다. 그래서 외부에 남는 것은 무력해 보인다. 이 적대하는 이중 군중의 경직성, 서로가 상대방에 주는 매력, 양자 모두 빈틈없이 무장하고 있으며 우주를 향한 경쟁자라는 사실 등은 세계에 묵시록적인 공포를 불러 일으켰다. 그것은 양자 간의 전쟁이 인류의 종말이 될 수 있다는 공포였다. 그러나 현재는 증식을 지향하는 추세가 너무나 강력해져서, 이것이 전쟁을 지향하는 추세보다 우세함이 명백하다. 오늘날 전쟁은 분명히 귀찮은 일에 불과하다. 신속한 증식의 수단으로서 전쟁의 역할은 끝났다. 나치스가 휩쓸던 독일은 원시적인 형태를 띤 전쟁이 마지막으로 터진 현장이었다. 전쟁이 이런 목적을 위해서는 결코 다시 벌어지지 않을 것이라고 생각해도 틀림없을 것이다.

오늘날 여러 국가에서는 국민보다는 생산성을 보호하기 위해 더 많은 노력을 한다. 그 어떤 것도 생산성 이상으로 정당화되지 않으며 그 이상 확실하게 일반적인 승인을 받을 수도 없다. 금세기에조차도 인간이 사용할 수 있는 것보다 더 많은 재화가 생산되려 하고 있다. 전쟁은 서로 다른 체제를 가지고 있는 이중 군중으로 대치될 수 있다. 우리는 이중 군중의 활동으로부터 죽음을 모면할 수 있으며, 여러 국가 사이에서 평화적이고도 정규적인 권력의 유사한 순환이 확립될 수 있다는 것을 각국의 의회에서 익히 보아왔다. 스포츠가 군중 현상으로서 전쟁을 상당한 정도까지 대치할 수 있다는 사례를 우리는 이미 고대 로마에서 보았다. 스포츠는 오늘날에도 똑같은 중요성을 되찾으려 하고 있는데 이번에는 세계적인 범위에서 그렇다. 전쟁은 확실히 사라지고 있으며 그 종말이 임박했다고 예언할 수 있다. 단, 우리가 '살아남는 자'를 여전히 고려해야 한다는 사실만이 남는다.

한편 애도의 종교에서는 무엇이 남는가? 이제까지 금세기를 특징지어

온 파괴와 생산이라는 맹목적인 양극 현상 속에서 애도의 종교는, 그들이 의연하게 조직적인 형태로 존재하는 한, 거의 무기력함을 보이고 있다. 더러는 반대자들이 있겠지만, 애도의 종교들은 마지못해서 또는 기꺼이 일어나는 모든 일에 축복을 보낸다.

그럼에도 불구하고 그들의 유산은 생각보다 크다. 거의 2,000년 동안이나 기독교인들이 그의 죽음을 애통해온 사람(예수)의 이미지는 모든 인류의 의식의 일부가 되었다. 그는 죽어야만 하는 인간인 동시에 죽어서는 안 되는 인간이다. 세계의 세속화가 확대됨에 따라 그의 신성(神性)은 중요한 의미를 점점 상실해 갔으나 그는 고통을 받다가 죽어간 개인으로서 계속 남아 있다. 그의 신성이 지배하던 여러 세기는 그 '인간'에게 일종의 세속적인 불멸성을 부여했다. 그 세기들은 그를 강하게 만들었으며 그 안에서 그 자신을 보는 모든 사람을 강하게 만들었다. 어떤 이유로 박해를 당하든 간에, 박해를 당하는 사람들 중에 자기 영혼의 한 부분에서 자신을 그리스도라고 보지 않는 사람은 아무도 없다. 죽을 운명인 양편의 적들은 사악하고 비인간적인 명분을 위해 싸우고 있을 때조차도, 사태가 그들에게 불리해지자마자 앞서와 똑같은 감정을 경험한다. 누가 이기고 누가 지는가에 따라, 죽음에 처한 수난자의 이미지가 이 사람으로부터 저 사람으로 전달되며, 최후에 이르러 약자로 입증된 사람은 자신을 더 나은 사람으로 여길 것이다. 그러나 진정한 적을 갖기에는 늘 너무나 약했던 사람조차도 그 이미지를 자기 것이라고 주장할 권리를 갖는다. 그는 사실 헛된 죽음에 직면할 수도 있으나 죽음 자체가 그를 의미 있는 사람으로 만든다. 그리스도는 그에게 애도하는 마음을 불러일으킨다. 증식(여기에는 인간도 포함된다)에 대한 우리의 온갖 열광의 와중에 개인의 가치는 줄어든 것이 아니라 오히려 커졌다. 우리 시대의 사건들은 이와 정반대의 현상을 입증한 듯이 보인다. 그러나 그 사건들조차도 인간의 자아상을 실제로 변경시키지 못했다. 인간의 영혼에 부여된 가치는 인간이 자기의 세속적인 가치를 확보하는 데 도움을 주었다. 인간은 파괴당하지 않는 능력을 갖고 싶다는 자기의 욕구가 정당한 것임을 발견한다. 개개 인간은 자기가 가치 있는 애도의 대상이라고 느끼며 자기는 죽으면 안 된다는 완강한 확신을 갖는다. 이 때문에 기독교의 유산은 소진될 수 없을 정도이며, 약간 방식은 다르지만 불교의 유산도 그렇다.

그런데 우리 시대에 와서 근본적으로 변한 것은 살아남는 자의 상황이다. 살아남는 자들에 대한 장(章)을 혐오감을 느끼지 않은 채 다 읽을 수 있었던 독자는 거의 없었을 것이다. 그러나 나의 의도는 모든 은신처로부터 살아남는 자를 찾아내서, 그는 지금 어떠하며 과거에는 어떠했는가를 보자는 것이었다. 그는 영웅으로 찬미되었고 통치자로서 타인을 복종시켰으나, 근본적으로는 항상 동질성을 잃지 않았다. 그의 가장 멋진 승리는 우리 자신의 시대에 인간성이라는 관념을 아주 중히 여기는 사람들 사이에서 나타났다. 그는 아직 멸망하지 않았으며, 그가 어떤 위장을 하고 그의 영광의 후광이 어떤 것이든 간에 우리가 그를 분명하게 볼 힘을 갖게 될 때까지는 결코 멸망하지 않을 것이다. 살아남는 자는 인류의 가장 나쁜 악이고 재난이며 아마도 인류의 숙명인 것 같다. 지금 이 최후의 순간에나마 우리가 그를 피하는 일이 가능할까?

오늘의 세계 속에서 그의 활동은 매우 끔찍해졌기 때문에 우리는 그를 감히 쳐다보지 못한다. 단 한 사람의 개인이 인류의 선량한 부분을 쉽사리 파괴할 수 있다. 이런 파괴를 초래하기 위해 그는 자기가 이해하지 못하는 기술적인 수단을 사용할 수도 있다. 그 자신은 완전히 숨어 있을 수 있다. 그리고 그는 이 과정 속에서 그 어떤 개인적 위험 부담도 떠맡으려고 하지 않는다. 그의 유일성과 그가 파괴할 수 있는 수적인 개념 사이의 차이가 너무나 현격하므로 하나의 비유만 가지고는 그 차이를 결코 파악할 수 없는 지경에 이르렀다. 오늘날에는 단 한 사람이, 그의 조상들의 모든 세대가 이기고 살아남을 수 있었던 것보다 더 많은 인간을 단번에 이기고 살아남을 수 있는 가능성이 있다. 옛날 권력자들이 사용했던 방법들이 잘 알려져 있으므로 그것들을 이용하기도 어렵지 않다. 권력자들은 마치 우리의 모든 발견들이 자기들을 위해 이루어진 것이 분명하다는 듯이 그 발견들로부터 이득을 얻는다. 오늘날 위험부담은 엄청나게 더 크다. 왜냐하면 이제까지보다 더 많은 사람들이 동원되고 그들은 모두 훨씬 더 긴밀한 관계에 있기 때문이다. 그 때문에 지배 수단은 1,000배로 늘었다. 희생자들도 유순하지는 않겠지만, 근본적으로는 여전히 무방비 상태이다.

인류를 벌하고 파괴하기 위해 나타나는 초자연적인 폭력에 대한 공포는 이제 폭탄이라는 개념과 결부되었는데, 이것은 한 개인이 조작할 수 있는 것이다. 그것은 그의 손에 달려 있다. 지상의 권력자는, 신이 이집트인들을 괴롭혔던 그 모든 역병을 능가하는 파괴를 지금 자행할 수 있다. 인간이 자신의 신을 훔친 것이다. 인간은 신을 사로잡아, 신이 입었던 파멸과 공포의 갑옷을 자신의 것으로 만들었다.

살아남으려는 욕망이 정열과 악습이 되었던 과거의 권력자들의 가장 대담한 꿈조차도 오늘날에는 빈약해 보인다. 되돌아보면, 역사는 깨끗하고 안락한 듯이 보인다. 그때에는 모든 것이 미지의 세계 속에 오랫동안 머물렀기 때문에 파괴당할 것이 없었다. 오늘날에는 결정과 그 결정에서 발생할 효과 사이의 기간은 극히 짧아 순간에 불과하다. 그래서 우리의 잠재 능력에 비추어 보면 칭기즈칸, 티무르, 히틀러는 보잘것없는 아마추어처럼 보인다.

이토록 엄청나게 급성장해 있는 살아남는 자를 다루는 방법이 도대체 있는가의 여부가 오늘날 가장 중요한 문제이다. 그것이 유일한 문제라고 말하고 싶을 정도이다. 현대 생활의 전문화 및 유동성 때문에 우리는 이 하나의 근본적인 문제가 갖는 단순함과 긴박함을 제대로 보지 못하고 있다. 이제까지 살아남고자 하는 인간의 열정적인 욕망에 대해 유일한 해답이 되어온 것은 불멸성을 획득하는 창조적인 고독이었다. 그러나 그것은 그 본질상 소수를 위해서만 해결책이 될 수 있을 뿐이다.

우리 모두가 뼈저리게 느끼고 있는 이 증대되는 위험에 대처하려면 또 하나의 새로운 사실을 기억해야만 한다. 오늘날에는 살아남는 자 자신이 두려워하고 있다. 그는 언제나 두려워했다. 그러나 그의 엄청나고도 새로운 잠재력과 더불어 그의 두려움도 커져서 마침내는 그 두려움이 거의 견딜 수 없는 정도가 되었다. 그가 승리했을 경우, 승리감은 몇 시간 또는 몇 분 동안만 지속될 뿐이다. 그에게는 세계의 그 어느 곳도 안전하지 않다. 그 자신이 어떤 피신처를 만들든 간에, 새로운 무기들이 도달할 수 없는 곳은 아무 데도 없다. 그의 신장과 불사신이 서로 싸우고 있다. 그의 키가 너무 커져버린 것이다. 오늘날 권력자들은 종전처럼 그들이 권력자이기 때문에 떨고 있는 것이 아니라 만인과 동등한 사람이기 때문에 떨고 있는 것이다. 권력의 아주 오랜 구조, 즉 권력의 심장부이자 핵심부는 바로 권력자가 자기 이외의 모든 사람들의 목숨을 대가로 자기 자신을 보존하는 것이었다. 그런데 이 해묵은 권력구조가 스스로 불합리함을 증명함으로써 이제 산산조각이 나 있다. 권력은 그 어느 때보다도 더 크지만 다른 한편 더 덧없기도 하다. 모두가 살아남게 되거나 아니면 아무도 살아남지 못할 것이다.

그런데 진정으로 필요한 것은 살아남는 자 자신을 다루는 일이다. 그래서 이 일을 위해 우리는 그의 활동이 가장 자연스럽게 보이는 때에조차 그의 정체가 무엇인가를 꿰뚫어볼 수 있는 방법을 배워야만 한다. 그가 하는 일 중에 가장 문제되지 않는 것, 그러므로 가장 위험한 것은 명령을 내리는 일이다. 어떤 공동체에서 발견되는 순화된 형태로 내려지는 명령일지라도 그것은 집행이 유예된 사형 선고에 불과하다는 것을 우리는 보았다. 그리고 우리는 엄격하고 효과적인 명령 체계가 어디에서나 효력을 발휘하고 있음을 알고 있다. 지나치게 빨리 최상층까지 올라가는 사람이나 다른 수단을 통해 그런 체계에 대한 통제권을 갑자기 장악하는 사람이면 누구나 명령에 대해 비정상적인 불안을 품게 되어 어쩔 수 없이 그 불안을 제거하려고 애쓸 것이다. 그가 계속 사용하는 위협, 즉 명령 체계의 진정한 본질을 구성하는 위협이 결국에 가서는 그 자신을 거역한다. 그가 실제로 적으로부터의 위협에 처해 있든 않든 간에, 그는 언제나 자기가 위협을 받고 있다고 느낀다. 가장 위험한 위협은 그 자신의 국민들, 다시 말하면, 그가 습관적으로 명령을 내리는 대상이며 가까이 있어서 그를 잘 아는 측근들로부터 온다. 그가 결코 완전히 포기하지 않는 자기 구출의 최후 수단(그가 그것을 사용하기를 주저할지 모르지만)은 갑작스런 대량 학살 명령이다. 그는 전쟁을 시작하고 사지(死地)로 국민들을 보낸다. 그러나 국민의 다수가 거기에서 죽어도 그는 그들을 가엾게 여기지 않을 것이다.

그가 아무리 시치미를 뗀다 할지라도, 그는 자기 국민의 대열이 엷어지는 것을 보고 싶은, 깊이 감추어진 욕구로부터 결코 해방되지 못한다. 그를 명령에 대한 불안으로부터 해방시키기 위해 정말로 필요한 것은, 그의 적들뿐 아니라 그를 위해 싸우는 사람들 다수가 죽는 것이다. 그의 공포의 숲은 너무나 울창해졌기 때문에 그는 숨을 쉴 수가 없어서 그 숲이 듬성듬성해지기를 갈망한다. 만약 그가 너무나 오래 기다리면 그의 시야가 흐려져서 그는 자기의 지위를 심각하게 약화시키는 어떤 일을 할 수도 있다. 명령에 대한 불안이 그의 마음속에서 커져서 마침내는 파국을 초래한다. 그러나 파국은 그를 덮치기 전에 무수한 다른 사람들을 삼켜버릴 것이다.

명령 체계는 어디에서나 인정되어 있다. 그것은 아마도 군대에서 가장 명료할 것이다. 명령이 이르지 않는 문명 생활의 영역은 거의 없으며 우리 중에 명령의 주목을 받지 않는 사람은 아무도 없다. 명령에 따라 오는 죽음의 위협은 권력의 화폐이다. 그리고 이런 이유 때문에 화폐에 화폐를 더해 거부(巨富)를 축적하기는 너무나 쉽다. 만약 우리가 권력을 지배하려면 우리는 공공연하고 대담하게 명령을 직시해야 하며 명령으로부터 가시를 제거하는 수단을 찾아야만 한다.

원주(原註)

군중

1) J. S. Polack, *New Zealand, A Narrative of Travels and Adventure* (London, 1838), vol. I, pp. 81-4

2) M. Gaudefroy-Demombynes, *Le Pélerinage à la Mekke* (Paris, 1923), pp. 241-55.

3) S.S. Dornan, *Pygmies and Bushmen of the Kalahari* (London, 1925), p. 291.

4) Weeks, *Among Congo Cannibals* (London, 1913), p. 261.

5) Trilles, *Les Pygmees de la Forêt Equatoriale*, Anthropos (Paris, 1931).

6) A. Ohlmarks, *Studien zun Problem des Schamanismus* (Lund, 1939), S. 176.

7) Rasmussen, *Thulefahrt* (Frankfurt, 1926), S. 448-49.

8) Carmichael, *Carmina Gaidelica*, vol. Ⅱ, p.357.

9) O. Höfler, *Kultische Geheimbünde der Germanen* (Frankfurt, 1934), S. 241-42

10) M.J. bin Gorion, *Die Sagen der Juden* (Frankfurt, 1919), Bd. I, S. 348.

11) J. Darmesteter, *The Zend-Avesta* (Oxford, 1883), vol. Ⅱ, p. 49.

12) Casarius von Heisterbach: Dialogus Miraculorum(Scott와 Bland가 공동으로 번역한 영어 완역본이 *The Dialogue on Miracles*라는 제목으로 1929년 런던의 Routledge에서 출간되었다. 인용은 영역본에서 한 것이며, 이 부분은 영역본 제1권의 322-3쪽과 328쪽, 그리고 제2권의 294-5쪽에서 인용한 것이다.

13) Cäsarious, vol. Ⅱ, p. 343.

14) A. Waley, *The Book of Songs*, Allen and Unwin (London, 1937), p. 173.

15) 1791년 8월 2일자 편지. G. Landauer, *Briefe aus der Französischen Revolution* (Frankfurt, 1919), Bd. 1, S. 339.

16) Landauer, Bd. I, S. 144.

17) 특히 미국에서 부활에 관한 훌륭한 보고로는 F.N. Davenport, *Primitive Traits in Religious Revivals* (New York, 1905)가 있다. 유명한 설교자가 자신의 생애를 이야기한 것으로는 카트라이트(Peter Cartwright)의 자서전 *The Backwoods Preacher. An Autobiography* (London, 1858)를 들 수 있다.

18) Davenport, p. 67.

19) Davenport, pp. 73-77.

20) Davenport, pp. 78-81.

21) Andre Dupeyrat, *Jours de Fête chez les Papous* (Paris, 1954). 이 책은 파푸아족 축

제의 모든 면에 관해 놀랍도록 생생하게 기술하고 있다.

22) Jean de Léry *Le Voyage au Brésil*, 1556-58 (新版 Payot, Paris 1927), pp. 223-24.

23) W. Crooke, *Things Indian* (London, 1906), p. 124.

24) R. Karsten, *Blood Revenge, War and Victory Feasts among the Jibaro Indians of Eastern Ecuador* (Washington, 1922), p. 24.

25) R. Decary, *Moeurs et Coutumes des Malgaches* (Paris, 1951), pp. 178-79.

26) 구약 「예레미아」 제25장 제33절.

27) 마호메트의 생애에 관한 전승된 이야기들을 편찬한 역사학자 이븐 이스하크(Ibn Ishak)의 저서가 1864년 봐일(Gustav Weil)에 의해 독일어로 번역되어 나왔다. 그 후 현대에 이르러 독일어 번역본을 능가하는 기욤(A. Guillaume)의 영어 번역본 *The Life of Muhammad: A translation of Ibn Ishaqs Sirat Rasul Allah* (Oxford, 1955)가 나왔다. 죽은 적들에게 의기양양하게 행하는 마호메트의 설교는 이 영역본 305-6쪽에서 인용한 것이다.

28) A. Erman, *Ägypten und Ägyptisches Leben im Altertum* (Tübingen, 1885), S. 689.

29) A. Erman, *Die Literatur der Ägypter* (Leipzig, 1923), S. 324.

30) Erman, *Die Literatur der Ägypter*, S. 333.

31) Erman, *Ägypten und Ägyptisches Leben im Altertum*, S. 710-11.

32) Erman, 위의 책, S. 711.

33) 앗수르바니팔 왕 시대의 부조(浮彫)는 G. Maspero, *Au Temps de Ramsés et d'Assourbanipal*(Paris, 1927) 370쪽에 도식적으로 묘사되어 있다.

34) H. Oldenberg, *Die Religion des Veda* (Stuttagrt, 1917), S. 43.

35) W. D. Hambly, *Tribal Dancing and Social Development* (London, 1926), pp. 338-39.

36) E. Kräpelin, *Einführung in die Psychiatrische Klinik* (Leipzig, 1921), Bd. II, 병례 62, S. 235-240.

37) A.A. Macdonnell, *Hymns from the Rigveda* (Calcutta), pp. 56-7.

38) Plutarch, *The Parallel Lives*, 제11장.

무리

1) E. Lot-Falck, *Les Rites de Chasse chez les Peuples Sibériens* (Gallimard, Paris, 1953), pp. 179-83.

2) T. Koch-Grünberg, *Vom Roroima zum Orinoco, Ethnographie*, Bd. III (Stuttgart, 1922), S. 102-105.

3) B. Spencer and F.J. Gillen, *The Northern Tribes of Central Australia* (Macmillan, London, 1904), pp. 516-22.

4) 상당히 오래 전에 나온 스펜서와 길렌의 공저, 그리고 슈트레로우(C. Strehlow)의 저서 외에 특히 중요한 문헌으로는 Elkin이 쓴 *The Australian Aborigines* (1943)와 *Studies in Australian Totemism* (The Oceania Monographs, No.2, 1923)이 있다.

5) George Catlin, *The North American Indians* (Edinburgh, 1926), vol. 1, pp. 143-44.

6) Spencer and Gillen, *The Arunta* (Macmillan, London, 1927), p. 169.

7) *Arunta*, pp. 170-71.

8) *Arunta*, pp. 192-93.

9) *Arunta*, p. 160.

10) *Arunta*, 273쪽과 그 밖의 여러 곳.

11) *Arunta*, p. 280, figure 100.

12) *Arunta*, pp. 261-62.

13) *Arunta*, pp. 182.

14) *Arunta*, pp. 278.

15) *Arunta*, pp. 286, 290, 292.

16) *Arunta*, p. 294.

17) *Arunta*, pp. 279, 289.

18) *Arunta*, p. 210.

무리와 종교

1) Mary Douglas, *The Lele of Kasai*, in *African Worlds*, edited by C. Daryll Forde (Oxford Universisty Press, 1954), pp. 1-26.

2) M. Douglas, *African Worlds*, p. 4.

3) M. Douglas, pp. 15-16.

4) R. Karsten, *Blood Revenge, War and Victory Feast among The Jivaro Indians of Eastern Ecuador* (Washington, 1920). 이보다 새로운 연구로는 M.W. Stirling, *Historical and Ethnographical Material on the Jivaro Indian* (Washington, 1938).

5) Ruth Benedict, *Patterns of Culture* (Houghton Mifflin, Boston, 1934), pp. 57-130. 독일어판은 *Urformen der Kultur* (Rowohlts Enzyklopädie, 1955), S. 48-104.

6) *Urformen der Kultu*, S. 53.

7) Dalzel, *The History of Dahomey* (London, 1793). 이 귀중한 고전은 해마다 열리는 축제에 대해 매우 상세하게 묘사한 최초의 책이다.

8) R. Burton, *A Mission to Gelele, King of Dahomey* (London, 1864); A.B. Ellis, *The Ewe-Speaking Peoples of the Slave Coast of West Africa* (London, 1890); A. Le Herisse, *L'Ancien Royaume du Dahomey* (Paris, 1911); M.J. Herskovits, *Dahomey, An*

Ancient West African Kingdom (New York, 1938).

9) *The Travels of Ibn Jubayr*, R.J.C. Broardhurst 역 (Cape, London, 1952).

10) I. Goldziher, *Vorlesungen über den Islam* (Heidelberg, 1910), S.22, 25.

11) 코란 제9장 제5절.

12) Lukian, *Göttrgespräche*, 12, Gespräch (Wieland 역).

13) Erman, *Religion der Ägypter* (Berlin, 1909), S. 39.

14) 다음의 여러 문헌을 이용했다.

Gobineau, *Religion et Philosophies dans l' Asie Centrale*, 1865 (신판은 Paris, 1933); G.E. von Grunebaum, *Muhammadan Festivals* (AbelardSchuman, London, 1958); C. Virolleaud, *Le Théâtre Person* (Paris, 1950); Titayna, *La Caravane des Morts* (Paris, 1930).

15) Donaldson, pp. 79-87.

16) Goldziher, S. 212-13.

17) Goldziher, S. 213-14.

18) Donaldson, pp. 88-100.

19) Grunebaum, pp. 85-94.

20) Gobineau, pp. 334-38.

21) Gobineau, pp. 353-56.

22) Grunebaum, p. 94.

23) Titayna, *La Caravane des Morts* pp. 110-13.

24) A.P. Stanley, *Sinai and Palestine* (London, 1864), pp. 354-58.

25) R. Curzon, *Visits to Monasteries in the Levant* (London, 1850), pp. 230-50.

군중과 역사

이 장은 하나의 예외(이 장 마지막 글인 '크소사족의 자멸')를 제외하고는 모두 현대적인 상황과 연관되어 있는 몇 개의 글로만 이루어져 있다. 권력 연구에 바친 이 책의 후반부의 결과들을 독자들이 아직 잘 모르고 있는 상태이기 때문에 여기에서 너무 많은 것을 제공하는 것은 좀 이르다는 생각이 든다. 따라서 이 장의 제목을 '군중과 역사'라고 한 것은 너무 지나치게 표현한 것 아니냐는 이의가 당연히 제기될 수 있을 것이다. 군중과 무리에 관해 얻은 통찰들을 과거의 역사적 사건들에 적용하는 작업은 추후로 미루어야 할 것이다.

1) 크소사족에서 일어난 사건들에 대한 보고는 원래의 내용을 약간 간단하게 줄인 것으로 출처는 다음과 같다. Mc-Call Theal, *History of South Africa*, vol. Ⅲ, pp.198-207. 그 사건들을 직접 목격한 독일인 선교사 크로프는 자신이 받은 인상을 짧고 아주 생생하게 기록한 글을 남겼다. A. Kropf, *Die Lügenpropheten des Kaffernlandes* (Neue Missionsschriften, 2. Auflage, Nr.11, Berlin, 1891) (이 자료는 입수해서 이용하기 어렵다는 단점이 있다). Katesa

Schlosser, *Propheten in Afrika* (Braunschweig, 1949) 35–41쪽에는 이 사건들이 간명하게 소개되고 있다. 이 책에는 크로프가 쓴 글에서 가장 중요한 부분들은 모두 인용되고 있다. 현대에 이르러 새로운 자료와 함께 가장 상세하게 서술하고 있는 것은 유럽에는 알려지지 않은 한 남아프리카의 지방 작가가 쓴 다음의 책이다. Burton, *Sparks from the Border Anvil* (King Williams Town, 1950), pp.1–102.

권력의 내장

1) Zuckermann, *The Social Life of Monkeys and Apes* (Keganpaul, London, 1932), pp. 57–58, 268–69, 300–04.

살아남는 자

1) B. Vladimirzov, *The Life of Chingis-Khan* (Routledge, London, 1930), p. 168.

2) Plutarch, *Leben des Cäsar* 15장.

3) Dio Cassius, *Romische Geschichte*, Epitome von Buch LXVIII, 9장.

4) Josephus, *Geschichte des Judischen Krieges*, 3권 8장.

5) "결국 마지막으로 살아남은 것은, 우연히 운이 좋아서였든 아니면 신의 섭리였든 간에, 요세푸스 자신과 동료 한 사람뿐이었다. 유대전쟁에 관한 슬라브어로 된 텍스트(일부 학자들의 견해에 따르자면, 이 텍스트는 훨씬 이전에 나온 그리스어 텍스트에 의거한 것이다)에는 이 문장 대신 사건의 진상을 숨김없이 곧이곧대로 밝히고 있는 다른 문장이 나온다. "그(요세푸스)는 이 말을 하고 난 다음에, 간교하게 숫자를 미리 조작하는 술책을 씀으로써 그들 모두를 속였다." Penguin Books에서 나온 새로운 영역본을 보라. Josephus, *The Jewisch War*, translated by G. A. Williams, p.403. Appendix: The Slavonic Additions.

6) '지배와 편집증' 장에 나오는「델리의 술탄」참조.

7) Sewell, *A Forgotten Empire*, p. 34.

8) Hakim, P. Woff, *Die Drusen und ihre Vorläufer*.

9) 무굴 황제 이야기에 대해 간략한 개관을 하려면 다음 책을 보라. Smith, *The Oxford History of India*, 321–468쪽.

10) Du Jarric, *Akbar and the Jesuits*, C.H. Payne 번역 (Routledge, London, 1926), p. 182.

11) 동시대인들의 글 가운데 샤카족에 관해 가장 뛰어난 묘사를 한 것은 영국 여행가 핀(Herry Fynn)의 글이다. 아주 일찍부터 다양하게 이용되었던 그의 일기는 100여년이 지난 후 책의 형식으로도 출간되었다. *The Diary of Herry Francis Fynn*, Edited by J. Stuart and D. Mck. Malcom(Pietermartitzburg, Shuter and Shooter, 1950). 샤카족에 관해 모든 문헌 출처뿐만 아니라 구전 전통에도 의거해서 쓴 가치 있는 현대의 전기는 한 권밖에 없다. Ritter, *Shaha*

Zulu (London, Longmans Green, 1955).

12) A. Grenier, *Les Religions Etrusque et Romaine* (Paris, 1948), p. 26.

13) Handy, *Polynesian Religion*, p. 31.

14) Warner, *A Black Civilisation* (Harper and Brothers, 1958) 163-65쪽. 1937년에 초판이 나온 이 책은 오스트레일리아 종족에 관해 서술한 책 가운데 가장 포괄적이고 가장 중요한 책이다.

15) Lorimer Fison, *Tales from Old Fiji*, pp. 51-53, ⅩⅩⅠ.

16) K. T. Preuss, *Religion und Mythologie der Uitoto* (Gottingen, 1921), S. 220-29.

17) Koch-Grünberg, *Indianermärchen aus Südamerika*, S. 109-110.

18) Boas, Kutenai Tales, No. 74, *The Great Epidemic* (Washington, 1918), pp. 269-70.

19) Smith and Dale, *The Ila-speaking People of Northern Rhodesia* (London, 1920), vol. I, p. 20.

20) Humboldt, *Reise in die Äquinotial-Gegenden des neuen Continents*, Bd. V, S. 63.

21) Roth, *An Enquiry into the Animism and Folklore of the Guiana Indians* (Washington, 1915), p. 155.

22) Callaway, *The Religious System of the Amazulu* (1870), pp. 146-59.

23) N.K Chadwick, *Poetry and Prophecy*.

24) Granet, *La Civilisation Chinoise* (Paris, 1929), pp.300-02. 그밖에도 Henry Maspéro, *La Chine Antique* (Paris, 1955), pp. 146-155; Jeanne Cuisinier, *Sumangat L'âme et son culte en Indochine et en Indonésie* (Gallimard, Paris, 1951), pp. 74-85 참조.

25) Thukydides, *Geschichte des Pelo ponnesischen Krieges*, 제2권, pp. 47-54.

권력의 요소

1) "칭기즈칸의 선조는 높은 하늘에서 점지되어 태어난 회색 늑대이다."『원조비사(元朝秘史)』는 이 문장으로 시작되고 있다. 『원조비사』의 독일어 편역은 Haenisch에 의해 이루어졌다. Haenisch, *Die Geheime Geschichte der Mogolen* (Leipzig, 1948)

2) "로마 황제의 영혼이 독수리가 되어 하늘로 날아간다"는 것은 로마 황제의 신격화를 표현한 것이다. 셉티미우스 세베루스 황제(재위 193-211)의 신격화에 관한 뛰어난 묘사는 다음 책을 보라. Herodian, *Geshcichte des romischen Kaisertums seit Mark Aurel*, Buch IV, Kap. 2.

3) *Contemporaries of Marco Polo*, ed. by M. Komroff (London, 1928), p. 91.

4) A. Grenier, *Les Relligions Etrusque et Romaine* (Paris, 1948), pp. 18-19.

5) Franz Kuhn, *Altchinesische Staatsweicheit* (Zurich, 1954), S. 105.

6) Livius의 로마사 Romische Geschichte 제1권에는 로마시의 건설자이자 초대 황제인 로물루스 대제 외에도 툴루스 호스틸리우스 황제 등이 벼락에 맞아 죽은 이야기가 실려 있다.

7) O. Jespersen, *Language, its Nature, Development an Origin* (Allen and Unwin, London, 1949), p. 137.

8) *Wendische Sagen*, F. von Sieber (Jena, 1925), S. 17.

9) Spencer and Gillen, *The Arunta*, vol. II, pp. 391-420.

10) Candido Decembrio, *Leben des Filippo Maria Visconti*, Funk에 의해 번역 (Jena, 1913), Kap. 43, S. 29-30.

11) Ch. Pellat에 의해 번역된 *Le Livre de la Couronne* (Paris, 1954) 118-120쪽 참조.

명령

1) M. Gaudefroy-Demombynes, *Le Pèlerinage à la Mekke* (Paris, 1923), pp. 235-303.

2) Lukian, *Von der Syrischen Göttin*, Bd. IV, Wieland 번역 (Munchen, 1911).

3) 스콥치 종파에 대해 다룬 약간 난해하기는 하지만 가장 상세한 책으로 Grass, *Die russischen Sekten*, Band. II : *Die weißen Tauben oder Skopzen* (Leipzig, 1914)을 들 수 있다. 그는 스콥치 종파에 관한 번역서도 낸 바 있다. Grass, *Die geheime heilige Schrift der Skopzen* (Leipzig, 1904). 유익한 자료가 실린 비교적 새로운 책으로는 Rapaport, *Introduction a la Psychopathologie Collective. La Secte mystique des Skoptzy* (Paris, 1948)가 있다.

4) 이에 관한 과거의 문헌을 상당 부분 능가하는 것으로 허즈슨의 비판적인 저서를 들 수 있다. Hodgson, *The Order of Assassins* (Haag, 1955).

5) Krapelin, *Psychiatrie*, Band III, S. 723.

6) Krapelin, *Psychiatrie*, Band III, S. 673-74.

7) 1950년에 '저승의 브리구Bhrigu im Jenseits' (Paideuma, 제4권에 실림)라는 제목으로 출간된 한 중요한 논문에서 롬멜(Hermann Lommel)은, 내가 앞에서 이용한 『샤타파타-브라마나』의 편력담을 요약해서 제시했다. 그는 고대 인도문헌에서 저승을 다룬 모든 사례들을 모아 1952년 나온 'Paideuma, 제5권'의 추가본에 보충했으며, 이 사례들을 죽은 자들의 '전도(顚倒)된 세계'에 대한 다른 여러 민족들의 관념과 연관시켜 고찰했다. 비록 내가 인도 문헌에 대한 그의 해석 방향을 전적으로 따를 수도 없고 그와는 다른 결론에 도달하고는 있지만, 그의 노작에 깊이 감사할 의무가 있다는 생각에는 변함이 없다. 롬멜의 저서에서 인용할 때, 역전의 연구와 관련해 불필요하게 여겨진 것은 모두 생략했다.

8) *The Law of Manu*, Bühler 번역 (Oxford, 1886), v. 55. p. 177.

변신

1) Bleek and Lloyd, *Specimens of Bushman Folklore* (London, 1911). 부시먼족의 예감에 관한 부분은 330-339쪽에 실려 있다.

2) C. Strehlow, *Die Aranda- und Loritja-Stämme in Zentral-Australien* (Frankfurt, 1910), Ⅱ, S.2-3 및 Lévy-Bruhl, *La Mythologie Primitive* (Paris, 1955)를 참조하라. 레비-브룰의 이 탁월한 저서는 변신의 여러 가지 양상을 연구하는 데 매우 특별한 자극을 준다. 내용을 주로 오스트레일리아와 파푸아의 신화세계에 한정시키고 있으며, 신화세계의 영역을 다룬 가장 뛰어난 저작물들로부터 아주 상세하게 인용하고 있다. 저자의 판단을 제시하기보다는 많은 것을 독자 자신의 판단에 맡겨 두는 책이다. Levy-Bruhl의 저서들 가운데 가장 문제가 없는 저서라고 할 수 있다.

3) A. Dirr, *Kaukasische Märchen* (Jena, 1992)

4) *Odyssee*, Ⅳ, pp. 440-60.

5) Kräpelin, *Psychiatrie*, Band Ⅳ, S. 1547-1606; E, Bleuler, *Lehrbuch der Psychiatrie*, S. 392-401; Kretschemer, *Über Hysterie* (Leipzig, 1927),

6) Czaplicka, *Aboriginal Siberia* (Oxford, 1914); A. Ohlmarks, *Studien zum Problem des Schmanismus* (Lund, 1939); M. Elliade, *Le Chamanisme* (Paris, 1951); H. Findeisen, *Schamanentum* (Stuttgart, 1957).

7) Kräpelin, *Psychiatrie*, Band Ⅲ, Das manisch-depressive Irresein, S. 1183-1395; Bleuler, *Lehlrbuch der Psychiatrie*, S. 330-51.

8) T.G.H. Strehlow, *Aranda Traditions* (Melbourne University Press, 1947),

9) Strehlow, pp. 7-10.

10) Strehlow, pp. 15-16.

11) Strehlow, p. 17.

12) Strehlow, p. 12.

13) Kräpelin, *Psychiatrie*, Band Ⅱ, S. 132ff.

14) Bleuler, *Lehrbuch der Psychiatrie*, S. 227-28, S. 233.

15) Kräpelin, *Einführung in die Psychiatrische Klinik*, Bd. Ⅱ, 병례 43, S. 157-61.

16) Bleuler, *Lehrbuch der Psychiatrie*, S. 234-35.

17) J. Hertel, *Indische Märchen*, *Diedrischs* (Jena, 1921), S. 61-62.

권력의 양상

1) Liudprand von Cremona, *Das Buch der Vergeltung*, 5장, Ⅳ.

2) Kräpelin, *Einführung in die Psychiatrische Klinik*, Bd. Ⅱ, 병례 26, S. 93-97.

3) 앞의 책, 병례 28, S. 101-102.

지배와 편집증

1) D. Westermann, *Geschichte Afrikas* (Koln, 1952). 실로 방대한 자료를 바탕으로 아프리카의 역사를 다루고 있는 이 책을 나는 여기에서 많이 이용했다.

2) Du Chaillu, *Explorations and Adventures in Equatorial Africa*, (London, 1861), pp. 18-20.

3) Meek, *A Sudanese Kindom* (London, Kegan Paul 1931), 120-77쪽과 332-53쪽. Westerman의 상게서(149-50쪽)에도 간략하게 언급되어 있다.

Westerman에도 간단한 언급이 있다 (pp. 149-50).

4) Westermann, pp. 34-43.

5) Westermann, pp. 413-14; Ethopia, *Diodor us Siculus*, Ⅲ; Darfur, *Travels of an Arab Merchant in Soudan* (London 1854), p. 78; Frazer의 *The Dying God*, p. 39-40 참조.

6) Monteil, *Les Bambara du Ségou* (Paris, 1924), p. 305.

7) Westermann, p. 40.

8) Westermann, p. 185와 p. 222. 그 밖에도 Roscoe의 우간다에 관한 *The Baganda* (London, 1911), pp. 103-04 참조.

9) 정복을 통해 생겨난 히마의 여러 왕국은 오늘날의 우간다 및 그 남쪽 지역에 있었다. 하미트족(히마라고도 불렸다)의 후예로서 북쪽으로부터 이주해온 이 호전적인 유목민들은, 당시 농경 생활을 하고 있던 흑인 원주민들을 정복하여 자신들의 농노로 예속시켰다. 이 왕국들은 아프리카에서 가장 흥미로운 왕국의 하나로, 특징적인 점으로는 주인과 농노 사이의 엄격한 카스트 제도를 들 수 있다.

10) Oberg, *The Kingdom of Ankole in Uganda* (Fortes와 Evans-Pritchard가 편저한 *African Political Systems* (Oxford University Press, 1954) 121-62쪽에 있음. 후계자에 관한 내용은 이 책 157-61쪽에 있음.) 이 책보다 덜 간명하지만 읽어볼 만한 가치가 있는 책으로는 더 오래 전에 나온 Roscoe의 *The Banyankole* (Cambridge, 1923)가 있음. 남쪽 히마 왕국의 Ruanda에 관해 새로 나온 뛰어난 연구로는 Maquet의 The Kindom of Ruanda (Daryll Forde에 의해 편찬된 *African Worlds*, 164-89쪽에 있음)가 있다.

11) Roscoe, *The Bakitara* (Cambridge, 1934), pp. 129-30.

12) Roscoe, *The Baganda*, p. 188.

13) 앞의 책, p. 194, p. 197, p. 200 참조

14) 앞의 책, p. 210.

15) Westermann, *Geschichte Africas*, p. 39.

16) Roscoe, *The Baganda*, p. 207.

17) Roscoe, *The Bakitara*, p. 103.

18) 앞의 책, p. 61과 p. 63.

19) H. v. Mzik에 의해 번안된 『아랍인 바투타의 인도 및 중국 기행 Reiase des Arabers Ibn Batuta durch Indien und China』(1911). 이 기록 외에 H.A.R. Gibb에 의해 편역된 『이븐 바투타, 아시아와 아프리카 기행 Ibn Batuta, Travels in Asia and Africa』(Routledge, London, 1929)가 있다. 인용문은 영국판에 의한 것이다.

20) 바라니(Ziau-d din Barana) 이야기는 엘리엇(Elliot)과 도슨(Dawson)이 함께 저술한 The History of India as told by its own Historians (1867-77년 출간)의 제3권에 들어 있다. 바라니 이야기는 '델리의 후대 왕' 편으로 따로 인도 캘커타의 S. Cupta 출판사에서 출간되었는데, 투글락은 이 책 159-192쪽에서 다루어지고 있다.

21) 근대에 이 술탄을 옹호한 예로 우리는 인도의 역사가 프라사드(Ishwari Prasad)를 들 수 있다. 그의 책 『7세기-16세기의 인도인 L' Inde du VIIe au XVIe Siecle』(세계 역사 시리즈의 일부로 1930년 파리에서 출간됨) 270-300쪽 참조. 그는 이 술탄을 "가장 불행한 이상주의자" "의심의 여지 없이 중세의 가장 유능한 인간"이라고 부르고 있다.

22) Dr. Juri & Daniel Paul Schreber, Denkwürdigkeiten eines Nervenkranken (Leipzig, 1903).

참고문헌

이 작품의 형성에 수년간에 걸쳐 영향을 미친 책들을 하나도 빼놓지 않고 모두 다 열거할 수는 없다. 참고문헌 선정은 세 가지 관점에 따라 이루어졌다. 첫번째, 이 책에서 인용된 원전(原典)은 모두 열거했다. 두번째, 필자의 사상 형성에 결정적인 역할을 한 책들을 소개했는데, 대부분 신화, 종교, 역사, 인종학, 전기, 정신병리학 등 매우 다양한 분야에 관한 이 책들이 없었다면 필자의 몇 가지 인식은 아마도 불가능했을 것이다. 자명한 이야기이지만 첫번째 관점에서 선정된 책들과 중복되는 경우가 많다. 세번째, 여러 외국 문화를 훌륭하게 개관할 수 있는 최근의 몇몇 저서들을 선정해 열거했다. 필자에게 도움이 된 이 책들이 독자에게도 도움을 줄 수 있을 것으로 생각한다.

Albert von Aachen, Geschichte des ersten Kreuzzugs. Übersetzt von H. Hefele. 2 Bde. Jena 1923
Ammianus Marcellinus, 3 vols. Loeb Classical Library. London 1950
Appian, Roman History. 4 vols. Loeb Classical Library. London 1933
Arabshah, Ahmed Ibn, Tamerlane, translated by Sanders. London 1936
Baumann, H., Thurnwald, R., und Westermann, D., Völkerkunde von Afrika. Essen 1940
Benedict, Ruth, Patterns of Culture. Boston 1934
—, Deutsch als Urformen der Kultur. Hamburg 1955
Bernier, F., Travels in the Moghul Empire 1656–1668. London 1914
Bezold, F. v., Zur Geschichte des Hussitentums. München 1874
Bland and Backhouse, China under the Empress Dowager. Boston 1914
Bleek and Lloyd, Bushman Folklore. London 1911
Bleuler, E., Lehrbuch der Psychiatrie. Berlin 1930
Boas, F., Kutenai Tales. Washington 1918
Bouvat, L., L'Empire Mongol (2ème phase). Paris 1927
Brandt, O. H., Die Limburger Chronik. Jena 1922
—, Der große Bauernkrieg. Jena 1925
Browne, E. G., A Literary History of Persia. vols. I–IV. Cambridge 1951
Brunel, R., Essai sur la Confrérie Religieuse des Aissoua au Maroc. Paris 1926
Bryant, A., Olden Times in Zululand and Natal. London 1929
Bücher, K., Arbeit und Rhythmus. Leipzig 1909
Bühler, G., The Laws of Manu. Oxford 1886
Burckhardt, Jacob, Griechische Kulturgeschichte Bd. I–IV.
—, Die Kultur der Renaissance in Italien.
—, Die Zeit Konstantins des Großen.
—, Weltgeschichtliche Betrachtungen.
Burton, A. W., Sparks from the Border Anvil. King Williams' Town 1950
Burton, Richard, A Mission to Gelele, King of Dahomey. London 1864
Bury, J. B., History of the Later Roman Empire. 2 vols. New edition. New York 1958
Cabeza de Vaca, Naufragios Y Comentarios. Buenos Aires 1945
Callaway, H., The Religious System of the Amazulu. Natal 1870

Calmeil, L. F., De la Folie. 2 vols. Paris 1845

Carcopino, J., Daily Life in Ancient Rome. London 1941

Cartwright, Peter, The Backwoods Preacher. An Autobiography. London 1858

Cäsarius von Heisterbach, The Dialogue on Miracles. 2 vols. London 1929

Casalis, E., Les Bassoutos. Paris 1860

Catlin, George, The North American Indians. 2 vols. Edinburgh 1926

Chadwick, N. K., Poetry and Prophecy. Cambridge 1942

Chantepie de la Saussaye, Lehrbuch der Religionsgeschichte. 4. Aufl. 2 Bde. Tübingen 1925

Chamberlain, B. H., Things Japanese. London 1902

Cieza de Leon, Cronica del Peru. Buenos Aires 1945

Codrington, R. H., The Melanesians. Oxford 1891

Cohn, Norman, The Pursuit of the Millenium. London 1957

Contenau, G., La Divination chez les Assyriens et les Babyloniens. Paris 1940

Constantin VII. Porphyrogénète, Le Livre des Cérémonies. Traduit par A. Vogt. Tomes I. et II. Paris 1935 bis 1939

Commynes, Ph. de, Mémoires, vols. I–III. Paris 1925

Cortes, Hernando, Five Letters 1519 to 1526, translated by Morris. London 1928

Coxwell, C. F., Siberian and Other Folk-Tales. London 1925

Crooke, W., Things Indian. London 1906

Cuisinier, Jeanne, Sumangat. L'Âme et son Culte en Indochine et Indonésie. Paris 1951

Cunha, Euclides da, Rebellion in the Backlands, translated by Putnam. Chicago 1944

Cumont, Franz, The Mysteries of Mithra. New York 1956

—, Oriental Religions in Roman Paganism. New York 1956

Curzon, Robert, Visits to Monasteries in the Levant. London 1850

Czaplicka, M. A., Aboriginal Siberia. Oxford 1914

Dalzel, A., The History of Dahomey. London 1793

Darmesteter, J., The Zend-Avesta. Part. II. Oxford 1883

Davenport, F. N., Primitive Traits in Religious Revivals. New York 1905

Decary, R., Moeurs et Coutumes des Malgaches. Paris 1951

Decembrio, Pier Candido, Leben des Filippo Maria Visconti. Übersetzt von Funk. Jena 1913

Depont et Coppolani, Les confréries Religieuses Musulmanes. Algers 1897

Dhorme, Éd., Les Religions de Babylonie et d'Assyrie Mana, Tome 1. II. Paris 1945

Díaz, Bernal, Historia Verdadera de la Conquista de Nueva España. Mexico 1950

Dio, Cassius, Roman History. Loeb Classical Library. 9 vols. London 1955

Dirr, A., Kaukasische Märchen. Jena 1922

Donaldson, D. M., The Shiite Religion. London 1933

Dornan, Pygmies and Bushmen of the Kalahari. London 1925

Douglas, Mary, The Lele of Kasai, in African Worlds, edited by Daryll Forde. Oxford 1954

Dubois, Abbé, Hindu Manners, Customs and Ceremonies. Oxford 1906

Du Chaillu, Explorations and Adventures in Equatorial Africa. London 1861
Du Jarric, Akbar and the Jesuits, translated by Payne. London 1926
Dumézil, Georges, Mitra-Varuna. Paris 1948
—, Mythes et Dieux des Germains. Paris 1939
Dupeyrat, André, Jours de Fête chez les Papous. Paris 1954
Eisler, R., Man into Wolf. London 1951
Éliade, M., Le Chamanisme. Paris 1951
—, Traité d'Histoire des Religions. Paris 1953
Elkin, A. P., Studies in Australian Totemism. Oceania Monographs No. 2. Sidney 1933
—, The Australian Aborigines. Sidney 1943
Elliot and Dowson, The History of India as told by its own Historians. 8 vols. London 1867-1877
Ellis, A. B., The Ewe-speaking Peoples of the Slave Coast of West Africa. London 1890
Erman, Ad., Ägypten und ägyptisches Leben im Altertum. Tübingen 1885
—, Die ägyptische Religion. Berlin 1909
—, Die Literatur der Ägypter. Leipzig 1923
Evans-Pritchard, Witchcraft, Oracles and Magic among the Azande. Oxford 1937
Félice, Philippe de, Foules en Délire. Extases Collectives. Paris 1947
Findeisen, H., Schamanentum. Stuttgart 1957
Fison, Lorimer, Tales from Old Fiji. London 1904
Florenz, Karl, Geschichte der japanischen Literatur. Leipzig 1909
Forde, Daryll C., Habitat, Economy and Society. London 1950
—, Editor: African Worlds. London 1954
Fortes and Evans-Pritchard, African Political Systems. Oxford 1940
Fortune, R. G., Sorcerers of Dobu. London 1932
Fox, George, The Journal. Cambridge 1952
Franke, O., Studien zur Geschichte der konfuzianischen Dogmas und der chinesischen Staatsreligion. Hamburg 1920
—, Geschichte des chinesischen Reiches. 5 Bde. Berlin 1930-1952
Frankfort, Henri, Kingship and the Gods. Chicago 1948
Friedländer, L., Darstellungen aus der Sittengeschichte Roms. Bd. I-IV. Leipzig 1922
Frazer, J. G., The Golden Bough. Vols. I-XI. London 1913 ff.
—, The Fear of the Dead in Primitive Religion. I, II und III. London 1933-1936
—, The Belief in Immortality and the Worship of the Dead. Vols. I-III. London 1913-1924
Frobenius, Leo, Atlantis, Volksmärchen und Volksdichtungen Afrikas. Bd. I-XII. Jena 1921-1928
—, Kulturgeschichte Afrikas. Wien 1933
Fung Yu-Lan, A History of Chinese Philosophy, vols. I-II. Princeton 1952-1953
Fynn, The Diary of Henry Francis Fynn. Pietermaritzburg 1950
Garcilasso de la Vega, Comentarios Reales. Buenos Aires 1942
Gaudefroy-Demombynes, M., Le Pèlerinage à la Mekke. Paris 1923
—, Les Institutions Musulmanes. Paris 1921
Gesell, A., Wolf Child and Human Child. London 1941

Gobineau, Religions et Philosophies dans l'Asie Centrale. 1865. Neue Auflage. Paris 1957

Goeje, de, Mémoire sur les Carmathes du Bahrein. Leiden 1886

Goldenweiser, A., Anthropology. New York 1946

Goldziher, J., Vorlesungen über den Islam. Heidelberg 1910

Gorion, bin, Die Sagen der Juden: besonders I · Von der Urzeit. Frankfurt 1919

Granet, M., La Civilisation Chinoise. Paris 1929

—, La Pensée Chinoise. Paris 1934

Grass, K., Die russischen Sekten. 2 Bde. Leipzig 1907 u. 1914

—, Die geheime heilige Schrift der Skopzen. Leipzig 1904

Gregor von Tours, Zehn Bücher Fränkischer Geschichte. Übersetzt von Giesebrecht. Berlin 1851

Grenier, A., Les Religions Étrusque et Romaine. Mana. Tome 2. III. Paris 1948

Grey, G., Polynesian Mythology. London 1855

Grousset, R., L'Empire des Steppes. Paris 1939

—, L'Empire Mongol. 1ère phase. Paris 1941

Grube, W., Religion und Kultus der Chinesen. Leipzig 1910

Grunebaum, von, Muhammadan Festivals. London 1958

Guillaume, A., The Life of Muhammad. A translation of Ibn Ishaq's Sirat Rasul Allah. Oxford 1955

Guyard, St., Un Grand Maître des Assassins au temps de Saladin. Paris 1877

Haenisch, Erich, Die Geheime Geschichte der Mongolen. Leipzig 1948

Hambly, W. D., Tribal Dancing and Social Development. London 1946

Handy, E. S. C., Polynesian Religion. Honolulu 1927

Harris, Sarah, The Incredible Father Divine. London 1954

Hecker, J. C. F., Die großen Volkskrankheiten des Mittelalters. 1865

Hefele, H., Alfonso I. und Ferrante I. von Neapel. Schriften von Caracciolo, Beccadelli und Porzio. Jena 1912

Hepding, Hugo, Attis, seine Mythen und sein Kult. Gießen 1903

Herodian, Geschichte des römischen Kaisertums seit Mark Aurel. Deutsch von Adolf Stahr.

Herodot, Neun Bücher der Geschichte. 2 Bde. München 1911

Herskovits, M. J., Dahomey, an Ancient West African Kingdom. 2 vols. New York 1938

Hertel, Joh., Indische Märchen. Jena 1921

Histoire Anonyme de la Première Croisade. Traduite par L. Bréhier. Paris 1924

Historiae Augustae Scriptores. 3 vols. Loeb Classical Library. London 1930

Hitti, Ph. K., History of the Arabs. London 1951

Hodgson, M. G. S., The Order of Assassins. Haag 1955

Höfler, O., Kultische Geheimbünde der Germanen. Frankfurt 1939

Hofmayr, W., Die Schilluk. Mödling 1925

Humboldt, A. v., Reise in die Äquinoctial-Gegenden des neuen Continents. Stuttgart 1861

Hutton, J. H., Caste in India. Cambridge 1946

Huizinga, J., Herbst des Mittelalters. München 1931

—, Homo Ludens. Hamburg 1956

Ibn Batuta, Die Reise des Arabers Ibn Batuta durch Indien und China.

Bearbeitet von H. v. Mžik. Hamburg 1911
Ibn Batuta, Travels in Asia and Africa 1325–1354, translated and selected by Gibb. London 1939
Ibn Ishaq, The Life of Muhammad, translated by G. Guillaume. Oxford 1955
Ibn Jubayr, The Travels of I. Jub., translated by Broadhurst. London 1952
Ideler, K. W., Versuch einer Theorie des religiösen Wahnsinns. 1. Teil. Halle 1848
James, William, The Varieties of Religious Experience. London 1911
Jeanne des Anges, Soeur: Autobiographie d'une Hystérique Possédée. Paris 1886
Jeanmaire, H., Dionysos. Histoire du Culte de Bacchus. Paris 1951
Jensen, Ad. E., Hainuwele. Volkserzählungen von der Molukken-Insel Ceram. Frankfurt 1939
—, Mythus und Kult bei Naturvölkern. Wiesbaden 1951
Jespersen, O., Language, its Nature, Development and Origin. London 1949
Ježower, J., Das Buch der Träume. Berlin 1928
Josephus, Flavius, Geschichte des Jüdischen Krieges. Übersetzt von Clementz. Wien 1923
—, The Jewish War, translated by Williamson. Penguin Classics. London 1959
Joset, P. E., Les Sociétés Secrètes des Hommes Léopards en Afrique Noire. Paris 1955
Junod, H. A., The Life of a South African Tribe. 2. vols. London 1927
Juvaini, The History of the World Conqueror. Translated from the Persian by J. A. Boyle. 2 vols. Manchester 1958

Kalewala, Das National-Epos der Finnen. Übersetzung von Schiefner. München 1922
Karsten, R., Blood Revenge, War, and Victory Feasts among the Jibaro Indians of Eastern Ecuador. Washington 1922
Kautilya, Arthashastra. Translated by R. Shamasastry. Mysore 1929
Koch-Grünberg, Th., Vom Roroima zum Orinoco. Bd. I–V. Stuttgart 1917–1928
—, Zwei Jahre unter den Indianern Nordwest-Brasiliens. Stuttgart 1923
—, Indianermärchen aus Südamerika. Jena 1921
Komroff, M., Contemporaries of Marco Polo. London 1928
Kräpelin, E., Psychiatrie. 8. Auflage. Bd. I–IV. Leipzig 1910–1915
—, Einführung in die psychiatrische Klinik. Bd. II und III. Leipzig 1921
Kremer, A. v., Culturgeschichte des Orients unter den Chalifen. 2 Bde. Wien 1875
Kretschmer, E., Über Hysterie. Leipzig 1927
—, Der sensitive Beziehungswahn. Berlin 1918
Krickeberg, W., Indianermärchen aus Nordamerika. Jena 1924
—, Märchen der Azteken und Inkaperuaner, Maya und Muisca. Jena 1928
Kropf, A., Das Volk der Xosa-Kaffern. Berlin 1889
—, Die Lügenpropheten des Kaffernlandes. Neue Missionsschriften. 2. Aufl. Nr. 11. Berlin 1891
Kuhn, F., Altchinesische Staatsweisheit. Zürich 1954
Kunike, H., Aztekische Märchen nach dem Spanischen des Sahagun. Berlin 1922
Landa, Fr. D. de, Relacion de las cosas de Yucatan. Paris 1864

Landauer, Gustav, Briefe aus der Französischen Revolution. 2 Bde. Frankfurt 1919
Landtman, G., The Origins of the Inequality of the Social Classes. London 1938
Lane, E. W., Manners and Customs of the Modern Egyptians. London 1895
Lane-Poole, St., A History of Egypt in the Middle Ages. London 1901
O'Leary, De Lacy, A Short History of the Fatimid Khalifate. London 1923
Leenhardt, M., Gens de la Grande Terre. - Nouvelle Calédonie. Paris 1937
Lefebure, G., La Grande Peur de 1789. Paris 1932
—, La Révolution Française. Paris 1957
—, Études sur la Révolution Française. Paris 1954
Legge, J., The Sacred Books of China. Part. I: The Shu-King. Oxford 1899
Le Hérissé, A., L'Ancien Royaume du Dahomey. Paris 1911
Leiris, Michel, La Possession et ses Aspects Théâtraux chez les Éthiopiens de Gondar. Paris 1958
Léry, Jean de, Le voyage au Brésil 1556-1558. Paris 1927
Lévy-Bruhl, L., La Mythologie Primitive. Paris 1935
Lewis, B., The Origins of Ismailism. Cambridge 1940
Lindner, K., Die Jagd der Vorzeit. Berlin 1937
Liudprand von Cremona, Das Buch der Vergeltung. Berlin 1853
Livius, Titus, Römische Geschichte.
Löffler, Kl., Die Wiedertäufer in Münster. Jena 1923
Lommel, H., Bhrigu im Jenseits. Paideuma 4. Bamberg 1950
Nachtrag dazu: Paideuma 5. Bamberg 1952
Lot-Falck, É., Les Rites de Chasse chez les peuples sibériens. Paris 1953
Lowie, R. H., Primitive Society. London 1920
—, Primitive Religion. London 1924
Ludwig II. von Bayern, Tagebuch-Aufzeichnungen. Liechtenstein 1925
Lukian, Göttergespräche. Bd. II der Sämtlichen Werke. München 1911
—, Von der Syrischen Göttin. Bd. IV der Sämtlichen Werke. Übersetzung von Wieland. München 1911
Machiavelli, Niccolò, Gesammelte Schriften. 5 Bde. München 1925
Macdonell, A. A., Hymns from the Rigveda. The Heritage of India Series. Calcutta
Malinowski, Br., Magic, Science and Religion. New York 1955
Maquet, J. J., The Kingdom of Ruanda, in: African Worlds, edited by Daryll Forde. London 1954
Marco Polo, The Travels of M. P. London 1939
Mason, J. A., The Ancient Civilisations of Peru. London 1957
Maspéro, Georges, Au Temps de Ramsès et d'Assourbanipal. Paris 1927
Maspéro, Henri, La Chine Antique. Paris 1955
—, Les Religions Chinoises. Paris 1950
Mas'udi, Les Prairies d'Or. Texte et traduction par Barbier de Meynard et Pavet de Courteille. 9 vols. Paris 1861-1877
Mathiez, A., La Révolution Française. I–III. Paris 1922-1927
Mathieu, P. F., Histoire des Miraculés et Convulsionnaires de Saint-Médard. Paris 1864
Meek, C. K., A Sudanese Kingdom. London 1931

Meier, Jos., Mythen und Erzählungen der Küstenbewohner der Gazelle-Halbinsel (Neupommern). Münster 1909
Misson, Maximilien, Le Théâtre Sacré des Cévennes. London 1707
Mooney, J., The Ghost-Dance Religion. Washington 1896
Nadel, S. F., A Black Byzantium. The Kingdom of Nupe in Nigeria. London 1946
Nihongi, Chronicles of Japan, translated by W. G. Aston. London 1956
Oberg, K., The Kingdom of Ankole in Uganda. In: African Political Systems, edited by Fortes and Evans-Pritchard. Oxford 1940
Ohlmarks, A., Studien zum Problem des Schamanismus. Lund 1939
D'Ohsson, C., Histoire des Mongols. 4 vols. Haag 1834–1835
Oldenberg, H., Die Religion des Veda. Stuttgart 1917
Olmstead, A. T., History of the Persian Empire. Chicago 1948
Pallottino, M., The Etruscans. London 1955
Pan-Ku, The History of the Former Han-Dynasty. Translated by Homer H. Dubs, vol. I–III. 1938–1955
Paris, Matthew, Chronicles. 5 vols. London 1851
Pellat, Ch., Le Livre de la Couronne, attribué a Ġahiz. Paris 1954
Pelliot, P., Histoire Secrète des Mongols. Paris 1949
Plutarch, Lebensbeschreibungen, 6 Bde. München 1913
Polack, J. S., New Zealand, A Narrative of Travels and Adventure. 2 vols. London 1838
Polybius, The Histories. 6 vols. Loeb Classical Library. London 1954
Porzio, C., Die Verschwörung der Barone des Königreichs Neapel gegen Ferrante I., in: Hefele, Alfonso I. und Ferrante I. von Neapel. Jena 1912
Prasad, Ishwari, L'Inde du VIIe au XVIe Siècle. Paris 1930
Preuss, K. Th., Religion und Mythologie der Uitoto. 2 Bde. Göttingen 1921
Pritchard, J. B., The Ancient Near East. An Anthology of Text and Pictures. Princeton 1958
Procopius, History of the Wars. 5 vols. The Anecdota or Secret History, 1 vol. Loeb Classical Library. London 1954
Psellos, Michael, Chronographie ou Histoire d'un Siècle de Byzance (976–1077). Traduit par É. Renauld. 2 vols. Paris 1926
Puech, H., Le Manichéisme. Paris 1949
Radin, P., Primitive Man as a Philosopher. New York 1927
—, Primitive Religion. New York 1937
—, The Trickster. London 1956
Radloff, W., Aus Sibirien. 2 Bde. Leipzig 1884
Rambaud, A., Le Sport et L'Hippodrome à Constantinople. 1871. In: Études sur l'Histoire Byzantine. Paris 1912
Rapaport, J., Introduction a la Psychopathologie Collective. La Secte mystique des Skoptzy. Paris 1948
Rasmussen, Knud, Rasmussens Thulefahrt. Frankfurt 1926
Rattray, R. S., Ashanti. Oxford 1923
—, Religion and Art in Ashanti. Oxford 1927
Recinos, A., Goetz, D. and Morley, S. G., Popol Vuh. The Sacred Book of the ancient Quiché Maya. London 1951
Ritter, E. A., Shaka Zulu. London 1955
Roeder, G., Urkunden zur Religion des alten Ägypten. Jena 1915
Roscoe, J., The Baganda. London 1911
—, The Bakitara. Cambridge 1923

Roscoe, J., The Banyankole. Cambridge 1923
Roth, W. E., An Inquiry into the Animism and Folk-Lore of the Guiana-Indians. Washington 1915
Runciman, St., The Medieval Manichee. Cambridge 1947
Sacy, S. de, Exposé de la Religion des Druses. 2 vols. Paris 1836
Salimbene von Parma, Die Chronik des S. v. P., bearbeitet v. A. Doren. 2 Bde. Leipzig 1914
Sahagun, Bern. de, Historia General de las Cosas de Nueva España. 5 vols. Mexico 1938
—, Einige Kapitel aus dem Geschichtswerk des Fray Bernardino de Sahagun. Übersetzt von Eduard Seler. Stuttgart 1927
Sansom, G., Japan. A Short Cultural History. London 1936
Schlosser, Katesa, Propheten in Afrika. Braunschweig 1949
Schmidt, K., Histoire et doctrine de la secte des Cathares ou Albigeois. 2 vols. Paris 1848–1849
Schnitzer, J., Hieronymus Savonarola. Auswahl aus seinen Predigten und Schriften. Jena 1928
Schreber, Daniel Paul, Denkwürdigkeiten eines Nervenkranken. Leipzig 1903
Seligman, C. G. and B. C., The Veddas. Cambridge 1911
Sénart, É., Caste in India. Translated by E. Denison Ross. London 1930
Sewell, A Forgotten Empire (Vijayanagar). London 1900
Shapera, J., The Khoisan Peoples of South Africa. London 1930
—, Editor: The Bantu-Speaking Tribes of South Africa. London 1937
Sighele, Sc., La Foule Criminelle. Paris 1901
Singh, T. A. L., and Zingg, R. M.,
Wolf Children and Feral Man. Denver 1943
Sjoestedt, M. L., Dieux et Héros des Celtes. Paris 1940
Smith, V. A., The Oxford History of India. Oxford 1923
Smith, E. W., and Dale, A. M., The Ila-Speaking Peoples of Northern Rhodesia, 2 vols. London 1920
Spencer, B., and Gillen, F. J., The Arunta. London 1927
—, The Northern Tribes of Central Australia. London 1904
Sprenger und Institoris, Der Hexenhammer. Übersetzt v. Schmidt. Berlin 1923
Stählin, K., Der Briefwechsel Iwans des Schrecklichen mit dem Fürsten Kurbsky (1564–1579). Leipzig 1921
Stanley, A. P., Sinai and Palestine. London 1864
Steinen, K. von den, Unter den Naturvölkern Zentral-Brasiliens. Berlin 1894
Stirling, M. W., Historical and Ethnographical Material on the Jivaro Indians. Washington 1938
Stoll, O., Suggestion und Hypnotismus in der Völkerpsychologie. Leipzig 1904
Strehlow, C., Die Aranda- und Loritja-Stämme in Zentral-Australien. I–III. Frankfurt 1908–1910
Strehlow, T. G. H., Aranda Traditions. Melbourne 1947
Sueton, Die Zwölf Cäsaren. Übersetzt von A. Stahr. München 1912
Tabari, Chronique de Tabari, traduit par H. Zotenberg, 4 vols. Paris 1867–1879
Tacitus, Annalen und Historien. Übersetzung von Bahrdt. 2 Bde. München 1918
Talbot, P. A., In the Shadow of the Bush. London 1912

Tavernier, J. B., Travels in India. 2 vols. London 1925

Tertullian, De Spectaculis, Loeb Classical Library. London 1931

Titayna, La Caravane des Morts. Paris 1930

Theal, G. McCall, History of South Africa from 1795–1872, besonders vol. III. London 1927

Thukydides, Geschichte des Peloponnesischen Krieges. Deutsch von Heilmann. 2 Bde. München 1912

Thurnwald, R., Repräsentative Lebensbilder von Naturvölkern. Berlin 1931

Tremearne, A. J. N., The Ban of the Bori. London 1914

Trilles, R. P., Les Pygmées de la Forêt Équatoriale. Paris 1931

Trotter, W., The Instincts of the Herd in Peace and War. London 1919

Turi, Johann, Das Buch des Lappen Johann Turi. Frankfurt 1912

Turner, G., Samoa. London 1884

Tylor, E. B., Primitive Culture. London 1924

Ungnad, A., Die Religionen der Babylonier und Assyrer. Jena 1921

Vaillant, G. C., The Aztecs of Mexico. London 1950

Vedder, H., Die Bergdama, 2 Bde. Hamburg 1923

Vendryès, J., Tonnelat, É., Unbegaun, B. O., Les Religions des Celtes, des Germains et des Anciens Slaves. Mana Tome 2, III. Paris 1948

Virolleaud, Ch., Le Théâtre Persan ou le Drame de Kerbéla. Paris 1950

Volhardt, E., Kannibalismus. Stuttgart 1939

Waley, Arthur, The Travels of an Alchemist. London 1931

—, The Book of Songs. London 1937

—, The Analects of Confucius. London 1938

Waley, Arthur, Three Ways of Thought in Ancient China. London 1939

—, The Real Tripitaka. London 1952

Waliszewski, K., Ivan le Terrible. Paris 1904

—, Peter the Great. London 1898

Warneck, Joh., Die Religion der Batak. Göttingen 1909

Warner, W. Ll., A Black Civilisation. New York 1958

Weeks, J. H., Among Congo Cannibals. London 1913

Weil, Gustav, Geschichte der Chalifen. Bd. I–III. Mannheim 1846–1851

Wendische Sagen, herausgegeben von Fr. Sieber. Jena 1925

Wesley, John, The Journal. London 1836

Westermann, D., The Shilluk People. Berlin 1912

—, Die Kpelle. Göttingen 1921

—, Geschichte Afrikas. Köln 1952

Westermarck, E., Ritual and Relief in Morocco. 2 vols. London 1926

Wilhelm, Richard, Li Gi. Das Buch der Sitte. Neue Ausgabe. 1958

—, Kung Futse. Gespräche. Jena 1923

—, Mong Dsi. Jena 1921

—, Frühling und Herbst des Lü Bu We. Jena 1928

Williams, F. E., Orokaiva Magic. London 1928

—, The Vailala Madness and the Destruction of Ceremonies. Port Moresby 1923

—, The Vailala Madness in Retrospect, in: Essays Presented to Ch. G. Seligman. London 1934

Winternitz, M., Geschichte der Indischen Literatur. 3 Bde. Leipzig 1909–1922

Wirz, Paul, Die Marind – anim von Holländisch – Süd – Neu-Guinea, Band I und II. Hamburg 1922 und 1925

Wladimirzov, The Life of Chingis-Khan. London 1930

Wolff, O., Geschichte der Mongolen oder Tataren, besonders ihres Vordringens nach Europa. Breslau 1872

Wolff, Ph., Die Drusen und ihre Vorläufer. Leipzig 1845

Worsley, P., The Trumpet Shall Sound: A Study of ›Cargo‹ Cults in Melanesia. London 1957

Zuckerman, S., The Social Life of Monkeys and Apes. London 1932

작가연보

1905 7월 25일 불가리아의 루스추크(Rustschuk)에서 상인이었던 아버지 Jacques Canetti와 어머니 Mathilde 사이에서 태어나다. 그의 가문은 유태인 박해가 심하던 1492년 스페인의 카네테(Canete)라는 마을에서 빠져나와 수백 년 동안 터키에서 살던 스페인계 유태인 혈통으로, 불가리아에 정착해 살게 된 것은 할아버지 대부터였다.

1911 가족이 영국의 맨체스터로 이주하다. 할아버지와 달리 아버지와 어머니가 중부 유럽 문화와 자유를 동경하고 있었던 것이 이주를 결정하는 데 크게 작용하였다.

1912 아버지의 갑작스런 죽음으로 가족이 빈으로 이사하다. 가족 모두에게 매우 큰 충격을 준 아버지의 죽음은 이후 카네티의 삶과 사상에 결정적으로 영향을 미쳤다.

1913 스페인어, 영어, 프랑스어에 이어 네번째 언어로 독일어를 처음 배우다. 이후 카네티는 모든 창작 활동을 독일어로 했다.

1916 1차 대전 중 오스트리아인들이 보여준 지나친 애국심 때문에 가족이 빈을 떠나 스위스로 이주, 취리히에서 학교에 다니다. 전쟁의 소용돌이가 직접 휘몰아치지 않은 중립국 스위스에서 그는 전원적이고 행복한 생활을 하며 보냈다.

1921 독일로 이주, 마인 강변의 프랑크푸르트에서 김나지움에 다니다. 1924년까지 김나지움에 다니면서 1차 대전 이후 독일의 사회적 혼란상과 인플레이션, 그리고 대규모의 군중 사건을 체험했다.

1924 김나지움을 졸업한 후 빈 대학에 입학하여 자연과학을 전공하다. 하지만 그의 주된 관심은 문학과 철학이었다.

1925 군중 연구에 관한 구상을 시작하다.

1927 빈에서 오스트리아 법무성 건물 방화 사건을 목격하고 시위 군중들로부터 강렬한 인상을 받다.

1928 방학 중에 베를린의 말릭(Malik) 출판사에서 번역일을 하다. 잠시 번역일을 쉬다가 1년 후인 1929년 화학박사 학위를 취득한 후 다시 번역일을 떠맡았다. 번역서 『고통스런 사랑의 길 Leidweg der Liebe』(원저자는 Upton Sinclair) 출간.

1930 이때부터 저작에 전념하다. 8권의 연작소설 "정신병자의 인간희극 Comedie Humain an Irren"을 구상했다.

1931 고립된 정신과 그로테스크한 현실 사이의 갈등을 그린 소설 『현혹 Die Blendung』을 이 연작소설과의 연관 속에서 집필하다.

1932 최초의 희곡 『결혼 Die Ehe』 출간.

1934 베차(Veza Taubner-Calderon)와 결혼하다.

1935 『현혹』이 빈에서 출간되어 토마스 만(Thomas Mann), 브로흐(Hermann Broch) 등 저명한 작가들로부터 호평을 받다. 그 후 체코어(1936), 영어(1946), 불어(1949) 등으로 번역되는데, 유럽의 거의 모든 국가에서 출간된 영역본은 『화형 Auto-da-Fe』(1946), 『바벨탑 Tower of Babel』(1947)이라는 제목으로 번역되었다가 1964년에 다시 『화형』이라는 제목으로 출간되었다.

1938 오스트리아의 합병과 더불어 3월에 히틀러가 빈에 입성하자 가을에 부인과 함께 빈을 떠나 파리를 거쳐 런던으로 망명하다. 그 후 50여 년 동안 런던에 거주했다.

1950 희곡 『허영의 희극 Komodie der Eitelkeit』 출간.

1954 영화 촬영팀을 따라 모로코 마라케시로 여행을 다녀온 후 『마라케시의 목소리. 여행 기록 Die Stimme von Marrakesch. Aufzeichnungen einer Reise』를 집필하다.

1956 옥스퍼드 극장에서 『시한부 인생들 Die Befriesten』 초연.

1960 20여 년을 매달린 그의 이론적 주저(主著) 『군중과 권력 Masse und Macht』이 마침내 출간되다. 이 책은 방대한 자료와 정교한 분석을 토대로 한 사회학적, 정치학적, 인류학적 연구서일 뿐만 아니라 탁월한 문학 작품으로서의 가치를 아울러 지니고 있다.

1963 아내의 죽음.

1965 브라운슈바이크 극장에서 『결혼』이 초연되다. 이 드라마는 결혼에 대해 인습에 얽매이지 않은 생각을 담은 탓에 상연 스캔들을 일으켰다.

1969 에세이 『다른 소송. 펠리체에게 보낸 카프카의 편지들 Der andere Prozess. Kafkas Briefe an Felice』 출간.

1971 Hera Buscher와 재혼. 그녀와의 사이에 한 명의 자녀가 태어나다.

1972 독일의 대표적인 문학상 가운데 하나인 뷔히너(Georg Buchner) 상 수상.

1974 인물평을 담은 『증인 - 50명의 인물 Der Ohrenzeuge-Funzig Charaktere』 출간.

1975 『말의 양심 Das Gewissen der Worte』이라는 제목으로 에세이 모음집 출간.

1976 『시인의 사명 Der Beruf des Dichters』 출간.

1977 자전적 회고록 제1권 『구제된 혀. 청춘의 이야기 Die gerettete Zunge. Geschichte einer Jugend』 출간.

1978 자신의 비망록을 토대로 〈수기 1942-72 Aufzeichnung 1942-72〉(1978) 출간.

1980 자전적 회고록 제2부 『귓속의 횃불 Die Fackel im Ohr』(1921-1931년의 전기) 출간. 엄청난 서사적 힘으로 자신의 유년기와 청년기를 이야기하고 있다. 두 권의 회고록에는 1900년대 초엽 중부 유럽 정치와 문화생활의 각양각색의 모습들이 잘 반영되어 있다. 또한 스페인계 유태인으로서 가문의 전통, 영국으로의 이주와 아버지의 갑작스런 죽음, 빈으로 이주한 후 처음 배우게 된 독일어에 대한 강렬한 체험, 일찍이 말과 글에 매혹된 이래로 겪은 다양한 문학적 체험과 항상 보편적 지식을 목표로 걸어온 자신의 독특한 교육 과정, 그리고 1차 대전을 전후한 동구 유태인의 생활상, 1910년 핼리 혜성의 출현을 둘러싼 군중 현상, 1911년 영국의 호화 여객선 타

이타닉 호 침몰 사건과 관련된 센세이셔널한 군중적 흥분 상태, 1차 대전이 터진 후 빈에서 체험한 군중의 환호와 열광 등 카네티 자신이 직접 목격한 그 시대의 특수한 환경들과 인간의 운명이 간결하고 명료한 문체로 뛰어나게 그려져 있다. 이 두 회고록은 카네티의 삶과 사상을 이해하는 데 중요한 실마리가 된다.

1981 노벨문학상 수상. 수상소감을 밝히는 연설에서 자신이 작가가 된 데 큰 영향을 미친 작가로 크라우스(Karl Kraus), 브로흐(Hermann Broch)와 무질(Robert Musil), 그리고 카프카(Franz Kafka)를 언급했다.

1983 서독 정부로부터 공로십자훈장을 받다. 카네티의 작품들이 25개 이상의 언어로 번역 출간되다.

1985 자전적 회고록 제3부 『눈장난 Das Augenspiel』(1931-1937년의 전기) 출간. 1부와 2부보다는 사적인 성격이 덜하며, 특히 타고난 뛰어난 관찰력으로 일련의 문학적 인물평을 쓰고 있다.

1987 『시계의 비밀 심장 Das Geheimherz der Uhr』(1973-1985년의 수기) 출간.

1994 8월 14일 취리히에서 사망.

옮긴이의 말
카네티의 삶과 문학, 그리고 『군중과 권력』

1. 카네티의 삶과 문학

 엘리아스 카네티(Elias Canetti)는 1905년 7월 25일 불가리아의 도나우 강변에 위치한 작은 도시 루스추크(Rustschuk)에서 상인이었던 아버지 자크(Jacques Canetti)와 어머니 마틸데(Mathilde Canetti)사이에서 태어나 1994년 8월 14일 취리히에서 사망했다.
 카네티의 문학과 사상을 이해하는 데 매우 중요한 실마리를 제공하는 그의 출신 배경과 성장 과정, 그리고 그가 체험한 시대 상황을 우선 살펴보기로 하자.
 그의 집안은 스페인계 유태인 혈통이다. 스페인계 유태인은 15세기 말부터 16세기 초 사이에 스페인의 유태인 박해를 피해 발칸제국을 비롯한 동유럽으로 망명한 사람들이다. 카네티 집안 역시 1492년 유태인 박해사건을 피해 스페인의 카네테(Canete)라는 마을에서 터키로 이주한 후 수백 년 동안 그곳에 살다가, 카네티의 할아버지 대에 이르러 불가리아로 이주했다. 카네티가 어린 시절을 보낸 고향 루스추크는 합스부르크 왕국의 정치적·문화적 영향하에서, 한편으로는 신성로마제국의 종교적 기반인 로마 가톨릭의 뿌리가 깊었으며 다른 한편으로는 러시아 정교의 영향도 받고 있었던 곳으로 게르만, 슬라브, 헤브라이, 그리고 라틴적인 생활 정서가 혼합된 일종의 코스모폴리탄적인 공간이었다.
 어린 시절을 이렇듯 서로 다른 민족 문화와 여러 가지 언어의 틈바구니에서 보낸 후, 여섯 살이 되던 1911년, 자유와 서유럽의 문화를 동경해온 부모의 결정에 따라 카네티 가족은 영국 맨체스터로 이주하게 된다. 그런데 바로 그해 아버지가 세상을 떠나는 충격적인 사건이 일어난다. 아버지의 갑작스런 죽음은 그의 사상 형성 과정에서 죽음에 대한 일종의 고정관념을 형성하는 계기가 된다. 돌아가신 아버지가 살아있는 사람 이상으로 카네티의 유년 생활을 지배한다. 『군중과 권력 Masse und Macht』에서 군중과 권력의 본질을 죽음이라는 현상으로부터 끌어내고, 죽은 자를 산 자와 연관시켜 고찰한 것도 어린 시절의 이 체험과 결코 무관하지는 않을 것이다.

아버지의 죽음에 충격을 받은 가족은 1912년에 빈으로 이주한다. 그리고 1913년에 독일어를 배우게 된다. 카네티가 스페인어, 영어, 프랑스어에 이어 네번째로 습득한 언어인 독일어는 그 후 평생 동안 카네티의 집필 언어, 사고 언어가 된다. 영국, 스위스, 오스트리아, 독일 등지를 떠돌며 한 나라에 정착하지 않고 살아온 세계시민 카네티의 조국이 있다면 그것은 바로 독일어이다. 그는 괴테로 대표되는 독일의 고전 문화에 대한 사랑을 자주 공개적으로 고백했으며, 심지어는 나치스가 동유럽에 진주한 1938년 영국으로 망명해 그곳에서 50여 년을 생활하면서도 독일어를 포기한 적이 결코 없었다.

제1차 세계대전이 한창이던 1916년, 전쟁이 그의 어린 마음에 미칠 영향을 겁낸 집안 식구들은 그를 중립국인 스위스로 보냈다. 아무도 전쟁에 관심이 없는 천국 같은 스위스에서 보낸 5년은 훗날 그의 정신세계의 기반을 형성해주었다. 그러나 어머니의 강요로 열여섯 살 되던 해, 다시 독일 프랑크푸르트로 옮겼다. 스위스에서의 평화로운 생활과는 대조적으로 패전 독일은 기아와 궁핍이 만연하고, 불안과 동요가 들끓고 있었다.

그는 1922년 국수주의자들에 의한 독일 외상 라테나우 암살 사건이 있은 후 이에 항의하기 위해 프랑크푸르트에서 노동자들이 벌이는 대규모 시위운동을 목격하게 된다. 그 전까지 군중을 위협적인 존재로만 생각해왔던 그는 그 순간 군중을 피부로 느꼈고, 스스로가 그 군중의 일원이 된 것 같은 느낌을 받는다. 그리고 시위가 끝나 군중이 해산하고 각자 집으로 뿔뿔이 흩어지자, 그는 자신이 무언가 소중한 것을 잃은 듯한 기분에 사로잡혔다. 이 순간부터 군중의 이미지는 그의 뇌리를 떠나지 않았다.

1924년 김나지움을 졸업하고 빈 대학에 입학한 그는 자연과학을 전공하면서도 시인, 철학자가 되려고 결심하고 언제나 글을 쓰며 지냈다. 그러던 어느 날, 거리에서 군중이라는 사회-심리학적 현상을 연구하고자 하는 생각이 마치 영감처럼 뇌리를 스쳐갔다.

그러던 중 1927년 7월 15일에 사회민주당원들의 집회가 있은 후 노동자들과 시민들이 대규모 시위운동을 벌이며 그 당시 권력의 상징으로 보였던 빈의 법무성에 들어가 서류에 불을 지르고 건물을 방화하는 사건이 일어났다.

그때, 그는 군중 연구에 평생을 바치기로 결심했다. 그는 장기간에 걸친 끈기 있는 연구가 필요하다는 사실을 알고 있었다. 이 연구는 권력에 대한 포괄적이고도 철저한 연구에 의해 보충되지 않으면 안 되었다. 군중과 권력은 서로 극히 밀접하게 관련되어 있어서 둘 중 어느 한편이 결핍되면 나머지를 이해할 수 없기 때문이었다.

이 시기에 그는 군중에 관한 연구 외에도 학문 연구와 창작 활동도 활발히 했다. 1929년 에는 화학박사학위를 받았으며, 시인으로서의 자부심을 갖고 고립된 정신과 그로테스크한 현실 사이의 갈등을 그린 소설 『현혹 Die Blendung』을 1931년에 집필하기 시작하여 1935년에 출간했다. 1932년에는 최초의 드라마 『결혼 Die Ehe』도 출간했다.

일체의 문학 작업을 포기하도록 심경 변화를 일으키게 한 계기는 1938년 히틀러의 빈 입성이었다. 그 무렵 전 세계가 일찍이 경험한 바 없는 가장 무서운 전쟁이 곧 터질 것이라는 것은 확실했다. 하지만 그는 가능한 한 오랫동안 빈에 남아 있었다. 그것은 나치즘을 직접 눈으로 보고 연구하기 위해서였다. 그러나 11월 7일 파리에 망명 중인 한 유태인 소년이 독일 대사관의 3등 서기관을 사살함으로써 나치가 들어선 이후 독일 내에서 최대 규모의 유태인 학살이 행해졌기 때문에 더 이상 그곳에 머무는 것이 불가능해졌다. 그는 파리를 거쳐 영국으로 망명한다. 그때부터 20여 년간 그는 대부분의 시간을 군중과 권력의 기원과 본질 등을 파헤치는 일에 바친다.

저서 출간 시점을 기준으로 한 순서와는 일치하지 않지만 편의상 군중 현상을 문학적으로 형상화한 소설『현혹』과 권력 현상을 다룬 에세이『다른 소송』을 먼저 살펴보고『군중과 권력』은 맨 마지막에 살펴보기로 하자.

『현혹』과 군중 현상

카네티는 자신이 목격한 군중의 광기를 1930년에는 원래 '정신병자의 인간희극 Comedie Humain an Irren'이라는 8권의 연작소설에 담아낼 구상을 했으나 이를 실행에 옮기지는 못하고, 이 연작소설과의 연관 속에서 한 권으로 된 소설 『현혹』을 1931년부터 집필하여 1935년에 발표한다. 『현혹』이 출간되자 토마스 만(Thomas Mann), 브로흐(Hermann Broch) 등 저명한 작가들로부터 호평을 받았으며, 체코어(1936), 영어(1946), 불어(1949) 등으로 번역되었다. 특히 영역본은 유럽의 거의 모든 국가에서 출간될 만큼 독자들로부터 좋은 반응을 얻었다.

이 소설은 어느 도시의 기괴한 지하세계에서 주인공 페터 킨의 삶이 파멸해가는 과정을 그리고 있다. 킨은 스스로 선택한 고립 상태에서 일반 군중과는 격리된 채 연구에 전념하며 살아가는 중국학의 권위자이다. 무려 2만 5,000권의 책으로 채워진 그의 연구실은 속물적인 군중과의 접촉을 막는 장벽 구실을 한다. 이러한 그의 세계에 물욕과 소유욕으로 가득한 속물적인 군중의 일원인 테레제가 끼어든다. 킨이 처음에 가정부로 고용한 테레제와 나중에 결혼까지 하게 된 것은 순수한 사랑 때문이 아니라, 자신의 정신세계를 보호하고 서재를 잘 관리하려는 이기적인 목적에서였다. 하지만 육체적인 면, 본능적인 면이 완전히 쇠퇴하고 비현실적인 정신만이 극단적으로 발달되어 있는 킨은 물욕과 소유욕에 눈먼 테레제의 현실적 음모에 기만당하며, 결국 그녀의 간계와 폭력에 의해 집에서 쫓겨나게 된다. 군중의 속성을 경멸하며 군중과 담을 쌓고 살아온 한 개인의 정신적 우주가 본능적인 힘에 의해 제압당한 것이다. 정신이 하나의 소유물로 전락하고 인간의 본성과는 동떨어진 지식의 도구가 되어버렸음에도 불구하고 그 사실을 깨닫지 못한 채 지식, 이성이라는 정신적 소유물에 대한 욕심으로 눈먼 킨의 세계는 현실과 격리되고 소외된 정신적 세계, 즉 '세계 없는 머리'(Kopf ohne Welt)이다. 반면에 테레제를 비롯한 군중의 세계는 소유욕과 폭력 그리고 동물적 성욕에 눈먼 세계, 즉 '머리 없는 세계'(Welt ohne Kopf)이다. 군중의 세계인 길거리로 내몰려 배회하던 킨은 마침내 심한 편집증 상태에서 자기 자신의 서재에 불을 지르고 그 속에서 질식한다. 테레제를 비롯한 군중의 세계를 태워버린다고 망상한 킨은 실제로는 자기의 장서와 자신을 불타 죽게 한 것이다.

이 소설은 그로테스크한 작중 현실의 묘사와 이런 파괴적인 결말을 제시함으로써 인간소외가 만연된 서구산업사회의 불구성을 문제삼고 그 비극적 종말을 경고하는 시대비판적 성격을 띠게 된다.

하지만 주인공이 자신과 몸과 책을 불태우는 결말을 반드시 부정적인 것으로만 해석할 수는 없다. 불의 모티브는 소설의 처음부터 등장한다. 군중을 두려워하듯 불을 두려워하는 킨은 화재를 예방하고 책을 잘 보관하도록 테레제를 가정부로 고용하지만 결과적으로는 테레제의 개입으로 불이 당겨지기 시작한 것이다. 불과 군중은 서로 대체될 수 있는 성질의 것이다. 킨의 불에 대한 공포는 언제 불붙어 과열되어 달려들지 모르는 군중에 대한 공포를 의미한다. 따라서 결말의 방화는 결국 군중과의 접촉을 통해 개인의 정신이 오만한 격리에서 벗어나 다시 군중과 하나가 되는 단일체(單一體)로 되돌아갈 수 있는 가능성을 보여주는 것으로 해석할 수도 있다.

『다른 소송』과 권력의 형상화

카프카(Franz Kafka)는 독일어권 작가 중 세계적으로 가장 높은 평가를 받고 있는 작가이다. 카네티도 "카프카와 더불어 세상에 새로운 것이 생겨났다"고 할 정도로 카프카의 문학세계를 아주 높게 평가했으며, 스스로가 카프카로부터 많은 영향을 받았음을 여러 곳에서 밝힌 바 있다. 1969년에 출간된 『다른 소송. 펠리체에게 보낸 카프카의 편지들 Der andere Prozeß. Kafkas Briefe an Felice』은 카프카의 『소송 Der Prozeß』과 달리 소설이 아니라 에세이 형식을 빈 카프카론이라 할 수 있다. 카네티는 1912년 9월 20일부터 1917년 10월 16일까지 5년여 동안 두 사람 사이를 오간 편지들을 통해 펠리체가 카프카의 삶과 문학에 미친 영향을 독특한 시각으로 분석하고 나아가 카프카의 사적인 체험과 생각이 『소송』을 비롯한 그의 작품들에 어떻게 반영되어 있는가를 파헤치고 있다.

카네티는 펠리체가 카프카가 보낸 모든 편지를 읽고 답장을 한 것이 카프카에게 강력한 창조적 충동을 불러일으킨 것으로 보고 있다. 하지만 펠리체를 카프카 문학의 산실로만 보는 것이 아니라 카프카의 삶을 파멸로 이끈 근원으로도 보고 있다. 즉 이 에세이는 카프카의 삶의 상실과 문학의 획득이라는 역함수 관계를 밝힌 독특한 카프카론인 것이다.

카프카는 펠리체를 1912년 8월 중순 친구 브로트(Max Brod) 집에서 처음 만난다. 그 후 약혼과 파혼의 악순환을 반복한다. 처음에는 1913년 카프카가 펠리체에게 먼저 청혼했으나 거절당했고, 같은 해 여름에는 펠리체가 약혼을 제안했으나 카프카는 강압적인 요구라고 느껴 도망친다. 1914년 6월 1일 베를린의 아스카니셔 호프 호텔에서 약혼식을 올린 뒤 한 달 만에 파혼을 한다. 카프카는 이 호텔의 분위기를 법정에 비유하고 있다. 같은 해 10월에 다시 접촉이 시작된다. 펠리체는 접촉을 시도하고 카프카는 도피하는 태도를 취하면서도 이따금씩 만난다. 1916년 5월 휴양지 마리엔바트(Mareienbad)에서 극적으로 만나게 되고 이듬해인 1917년 7월 다시 정식으로 약혼을 하지만 그해 9월 카프카가 각혈을 함으로써 결국 두 사람은 헤어진다.

카네티는 둘 사이의 약혼과 파혼으로 이어지는 사건의 전개과정을 『소송』에 전개되는 사건 진행과 대비해서 관찰하고 있다. 두 사람의 약혼은 『소송』의 서두에 나오는 도무지 이유를 알 수 없는 주인공의 체포로 비유되고, 그 후 파혼은 소설 마지막에 나오는 주인공의 처형으로 해석되고 있다. 아스카니셔 호프 호텔에서 약혼식을 공개적으로 했다는 사실이 카프카에게 큰 충격과 모욕감을 준 것으로 보고, 이 굴욕적인 수치심의 체험이 처형의 공개성에 대한 소설의 주인공 K의 굴욕적인 수치심에 투영되고, "수치심이 마치 그보다 더 오래 살아남아 있어야 할 것 같았다"는 구절로 소설이 끝나는 것은 이런 사실에 바탕을 둔 것이라고 해석한다.

카네티가 이 에세이에서 분석한 카프카의 모습과 작품의 중심 테마는 이렇다.

카프카는 선천적으로 허약한 자신의 체질에 대해 열등감을 지니고 있으며, 특히 거대한 체구를 지닌 아버지에 대한 콤플렉스가 심하다. 카프카가 타인에게 갖는 기본 감정은 공포와 냉담함이다. 카프카의 이러한 대인관계의 특성이 작중인물들에게 투영되어 있다. 카프카는 예민한 감수성과 소심한 성격의 소유자이다. 이처럼 신체적으로나 정신적으로 유약한 카프카는 외부로부터의 위험에 대처하는 수단으로 은밀한 변신술을 체득한다. 카프카의 변신술은 권력의 횡포에 직면했을 때 굴욕감을 줄이기 위한 것이다. 그가 결혼을 회피하는 것은 결혼 생활의 횡포에 맞서 자기 자신을 작은 형체로 변신하여 종적을 감출 수 없다고 생각하기 때문이다. 권력 앞에서 느끼는 굴욕감이 카프카 작품의 중심 테마다. 고독의 3부작이라 불리는 그의 세 장편 『소송 Der Prozeß』『성 Das Schloß』『아메리카 Amerika』 그리고 대표적인 중단편인 「변신Die Verwandlung」과 「유형지에서 In der Strafkolonie」등은 모두 권력 앞에서 느끼는 주인공의 굴욕 문제를 중심적으로 다루고 있다.

여기서 특히 우리의 주목을 끄는 것은 카네티가 『군중과 권력 Masse und Macht』의 중요한 한 부분을 이루는 '변신술'과 '권력' 문제에 대해 분석하고 있다는 점이다.

2. 『군중과 권력』

히틀러가 빈에 입성한 이후 유태인이라는 이유로 생명의 위험을 느낄 수밖에 없었던 카네티는 영국으로 망명한다. 이때부터 20여 년 동안 군중과 권력이라는 사회적 현상에 대한 연구에 전념하게 되는데, 장기간에 걸친 피나는 노력 끝에 맺은 첫 결실이 1960년에 출간된 그의 사상적 주저(主著)인 『군중과 권력』이다.

보편적 지식의 소유자인 카네티는 이 책에서 신화와 전설을 중심으로 한 원시문화, 세계종교의 원전, 동서고금의 수많은 권력자에 대한 전기와 기록, 심지어는 환자의 병례에 이르기까지 실로 광범위한 자료를 폭넓게 이용함으로써 작가이자 철학자, 자연과학자이자 사회과학자를 넘어서 탁월한 인류학자로서의 자질과 재능을 유감없이 발휘하고 있다.

특히 주목할 것은 군중과 권력 현상을 바라보는 카네티의 독특한 시각, 그리고 독창적인 사고를 언어로 나타내는 그의 표현 방식이다. 그는 규범과 범주에 얽매인 경직되고 도식적인 사고방식의 틀에서 벗어나 세계와 사물을 바라보고 있다. 이는 실증주의적 합리주의에 대한 비판으로 이해될 수 있다. 일체의 개념적 체계와 고정관념을 배제하고 일상적 삶의 구체적 사실을 직관적으로 바라봄으로써 사물의 본질에 다가서는 그의 작업방식은 인식과 감성이 이상적으로 결합된 조화로운 사유의 전형이라 할 만하다. 이 책에 변화와 관련된 단어, 특히 정반대의 방향으로 변화하는 의미의 단어인 역전, 전회, 전도 등이 자주 사용되는 것도 그의 유동적인 사유 체계와 무관하지 않다. 그의 특유한 사유 체계를 표현하는 언어는 간결하고 명료하다. 특히 군중이나 민족에 대한 상징적 표현, 또는 명령을 화살이나 가시와 연관시켜 고찰한 비유적 표현법은 카네티의 작가로서의 탁월한 언어능력이 없다면 불가능했을 것이다. 따라서 이 책은 방대한 자료와 정교한 분석을 토대로 한 사회학적, 정치학적, 인류학적 연구서일 뿐만 아니라 탁월한 문학 작품으로서의 가치를 아울러 지닌 문학적 사상서라 할 수 있을 것이다.

카네티는 군중 행동의 기원을 탐구하기 위해 무리(Meute)에 대한 연구에서 출발한다. 무리는 부족이나 씨족 등 통상적인 사회학적 개념들과는 전혀 다른 개념의 단위이다. 부족이나 씨족은 정태적(靜態的)인 것인 반면에 무리는 동태적(動態的)인 행동의 단위이며, 그 실체는 구체적이다. 무리는 군중의 가장 오래 된 형태이다. 카네티는 무리를 기능에 따라 네 가지 로 나누고 있다.

자연발생적이고 가장 순수한 무리 형태는 사냥 무리(Jagdmeute)이다. 이 무리는 한 사람 만으로는 포획하기가 매우 위험한 맹수를 포획 목표물로 하는 인간들이 있는 곳이면 어디서나 형성된다. 무리의 둘째 형태는 전투 무리이다. 이 무리는 사냥 무리와 많은 공통점이 있다. 그리고 그것이 다른 형태의 무리로 전이하는 경과 상태에서는 더욱 더 사냥 무리와 밀접한 관계를 가진다. 전투 무리는 당연히 적대적인 제2의 무리가 존재할 것이라고 전제하고 있다. 특히 자신의 제물이 누구인가를 확실히 아는 상태에서 전투 무리는 사냥 무리와 유사하다. 셋째 형태는 애도 무리이다. 이 무리는 구성원 중의 하나가 죽음으로 인해 한 집단에서 떨어져나갔을 때 형성된다. 이 집단은 소규모이므로 단 한 명의 손실도 만회 불능의 중대한 것으로 느끼게 된다. 이 무리는 주로, 죽어가는 자를 되살리려는 데, 다시 말해서 그 자가 완전히 죽어 없어지기 전에 그 자로부터 가능한 한 많은 생명력을 빼내 섭취하는 데 관심이 있다. 넷째 형태는 증식 무리이다. 증식 무리에는 다양성에도 불구하고 하나의 공통성 즉, 증식되려는 욕망을 가진 일련의 현상들이 나타난다.

이 무리는 그 자체 또는 의도하는 각종 생물들이 더 늘어나게 하기 위해서 형성된다. 이런 의미에서 카네티는 현대 군중의 기본적 속성 중의 하나인 성장 욕구가 대단히 일찍, 그 자체로서는 성장 능력이 없는 무리의 상태에서부터 나타났다고 보고 있다.

군중 내부에서 일어나는 가장 중요한 사건은 '방전'(Entladung)이다. 방전은 "구속 상태로부터의 해방, 에너지의 폭발과 방출" 현상을 포괄적으로 함의하고 있다. 방전이 있어야만 비로소 군중이 생성된다. 방전의 순간에 군중의 모든 구성원은 그들 간의 차이를 제거하고 평등을 느끼게 된다. 여기서 차이란 주로 외부로부터 주어진 것들, 즉 계급, 신분, 재산 따위의 차이를 말한다. 개별적 존재로서의 인간은 항상 이런 차이를 의식한다. 이 차이는 개개인들에게 중압감을 주고 그들이 상호 고립되도록 강요한다. 군중은 네 가지 중요한 특징을 갖고 있다.

1. 군중은 언제나 성장하기를 원한다. 군중의 분출현상은 언제고 일어날 수 있으며 또 가끔은 실제로 일어난다.

2. 군중의 내부에는 평등이 지배하고 있다. 이것은 근본적으로 중요하다. 군중이 형성되는 것은 사실은 바로 이 평등을 얻기 위해서이다. 그들은 이 평등으로부터 벗어난 어떤 것에도 관심을 갖지 않으려는 경향이 있다.

3. 군중은 밀집 상태를 사랑한다. 그 어느 것도 군중의 내부 틈새로 끼어들거나 군중을 갈라놓을 수 없다. 모든 것은 군중 그 자체이어야 한다. 밀집감은 방전의 순간에 가장 강하다.

4. 군중은 하나의 방향을 필요로 한다. 군중은 항상 동적이다. 군중은 어떤 목표를 향해 움직인다. 모든 구성원에게 공통인 이 방향은 군중의 평등감을 강화시킨다. 군중은 늘 와해를 두려워하므로 어떤 목표라도 받아들이려 한다.

군중에 따라 정도의 차이가 있지만, 어떤 군중이든 모두 이 네 가지 속성을 지닌다. 네 가지 중 어느 속성이 더 강하냐에 따라서 군중의 분류가 이루어진다. 카네티는 또 군중이 품고 다니는 마음과 감정 상태에 따라 다섯 가지 형태로 구분하고 있다.

가장 오래 된 형태는 추적 군중(Hetzmasse)과 도주 군중(Fluchtmasse)이다. 이 두 형태는 인간만이 아니라 동물에게서도 발견된다. 이에 비해 금지 군중(Verbotsmasse)과 역전 군중(Umkehrungsmasse) 그리고 축제 군중(Festmasse)은 인간에게만 고유한 군중 형태이다.

추적 군중은 재빨리 얻어질 수 있는 목표를 고려함으로써 형성된다. 이 군중은 살생을 위해 출현한 군중이며, 그들이 죽이고자 하는 자가 누구인가를 이미 알고 있다. 이 군중은 확고한 결의를 가지고 이 목표를 향해간다. 추적 군중이 급속하게 성장하는 중요한 이유의 하나는 이러한 기도에 아무런 위험이 따르지 않기 때문이다. 제물은 군중의 파괴욕을 만족시키기 위한 숙명적인 희생물일 뿐이다. 여기서 주목할 것은, 인간은 누구나 죽음의 위협을 느끼며, 죽음이 어떤 모습을 띠고 나타나든 간에 심지어 죽음이 망각되고 있을 때조차 인간은 죽음의 영향을 받는다는 사실이다. 그러므로 인간은 죽음을 타인에게 전가시키려는 필요성을 느낀다. 추적 군중의 형성은 이러한 필요성에 부응한 것이다. 그를 처형함으로써 군중 전원이 일거에 각자의 죽음을 영원히 벗어나려 한다. 그러나 실제로 생기는 결과는 예상했던 바와는 정반대이다. 살생을 하고 나면, 군중은 오히려 전보다도 죽음의 위협을 느낀다. 그리고 군중은 와해되어 흩어진다. 이것은 일종의 도주이다.

도주 군중은 위협을 느끼는 데서 생겨난다. 동일한 위험에 직면한 모든 사람이 함께 도망한다. 그것이 가장 좋은 도주 방법이기 때문이다. 그들은 모두 같은 흥분을 느끼고 있으며, 어떤 한 사람의 에너지는 다른 사람의 에너지를 상승시켜 준다. 사람들은 서로서로 동일한 방향을 향해 밀어붙인다. 함께 달아나는 한, 그들은 위험이 분산된다고 느낀다. 전에는 조금도 서로 가깝지 않았던, 낯설고 어느 모로나 상이한 개체들이 갑자기 일체화된다. 도주하는 가운데 그들 상호간의 차별이 없어지는 것은 아니지만, 그들 사이의 간격은 해소된다. 그가 자기만을 생각하고 자기 주변의 타인들을 순전히 장애물로 여기기 시작하면 군중 도주의 성격은 완전히 뒤바뀌고 만다. 각자가 길을 가로막는 다른 모든 사람을 상대로 싸움을 벌이고 있다는 공포감이 생긴다. 도주는 목적지에 도달하면 자연적으로 종료된다. 도주 군중은 안전을 확보했으므로 다시금 와해된다.

금지 군중은 특수한 종류의 군중이다. 수많은 사람들이 지금까지 개별적으로 해왔던 일을 하지 않겠다고 집단적으로 거부한다. 어떤 것이든, 이 금지는 엄청난 강제력을 가지고 작용한다. 이것은 절대적인 명령으로서, 부정적인 성격이 결정적인 역할을 한다. 겉으로 보이는 것과는 달리 이것은 외부로부터 가해지는 것이 아니라, 이것을 따르게 되는 자의 내적 필요에 의해서 생겨나는 것이다. 이 금지가 선언됨과 동시에 군중이 형성되기 시작한다. 우리 시대의 부정적 군중, 다시 말해 금지 군중의 가장 단적인 본보기는 동맹 파업이다. 파업이 일어나면, 노동자들이 계속 일하기를 거부하는 가운데 그들을 결합시키는 평등이 확장된다. 일손을 놓고 있는 순간은 위대한 순간이다. 텅 비고 고요한 일터는 이제 성스러운 어떤 곳이다. 일을 하겠다는 의도를 가지고 오는 자는 적이나 배신자로 취급된다. 그러나 이 군중은 이와 같은 상태를 그대로 유지하기가 쉽지 않다. 사태가 악화되거나 궁핍이 참을 수 없을 지경에 이르게 되면, 특히 습격당하거나 포위당하게 되면, 이 부정적 군중은 적극적이고 공격적인 군중으로 변하는 경향이 있다. 그들은 자기들의 일체성이 위협받는다고 생각하는 즉시 파괴로 기운다.

역전 군중은 계급화된 사회를 전제로 한다. 한 계급이 다른 계급보다 더 많은 권리를 향유하는 그런 계급 구분이 한동안 계속되고, 이것이 일상생활 속에서도 감지되다가 상황을 역전시켜야 할 필요성이 대두한다. 상습적으로 명령을 받으며 살아온 자는 가시로 뒤덮여 있다. 그리고 이 가시를 뽑아버리고 싶은 강렬한 충동을 느낀다. 이들은 두 가지 방법으로 이 가시로부터 해방될 수 있다. 하나는 자기가 하달받은 명령을 남에게 전가하는 것이다. 다른 하나는 자기의 상위자에게 그때까지 자기가 그로부터 받은 수모를 몽땅 되돌려주는 것이다. 개인적으로는 무력하지만 모여 군중을 형성하면 개인적으로는 불가능했던 일을 성취할 수 있다. 혁명적 상황이란 이런 역전의 상황이라고 말할 수 있다. 그리고 명령이라는 가시로부터 집단적으로 방전하는 데서 해방이 일어나는 이 군중을 가리켜 역전 군중이라고 부를 수 있을 것이다.

다섯째 형식의 군중은 축제 군중이다. 제한된 어떤 공간에는 먹을 것이 풍부하게 있고 근처에 있는 자는 누구나 낄 수 있다. 개개인이 느끼는 분위기는 방전이 아니라 이완된 분위기다. 모든 사람이 함께 협동해서 도달해야 할 공동의 목표 같은 것은 없다. 축제 자체가 목표이며, 그들은 이미 그 목표에 도달한 것이다. 밀도는 매우 높지만, 평등은 대체로 방종과 향락의 평등이다. 사람들은 일정한 방향으로 함께 나아가지 않고 제멋대로 뒤섞여 있다. 축제는 축제를 부르며, 사물들과 사람들의 밀도에 의해 축제의 생명력이 커진다.

한편 카네티는 권력 현상을 주로 살아남음의 문제와 연관시켜 다루고 있다.

모든 권력은 살아남으려는 인간의 본성으로부터 나온다. 살아남는 순간이야말로 권력의 순간이다. 죽음을 목격하며 느꼈던 공포는 죽은 사람이 자신이 아니라 다른 사람이라는 만족감으로 변한다. 살아남기 위한 투쟁에서 모든 인간은 타인의 적이며, 어떠한 비통함도 이 같은 본질적인 승리에 비해볼 때 별로 중요하지 않다. 모든 인간이 불멸의 존재가 되기를 원한다는 것은 곧 생존에 대한 강한 욕망을 의미하는 것이다. 인간은 항상 존재하고 싶어 할 뿐만 아니라 다른 사람은 아무도 존재하지 않을 때 자기만은 존재하고 싶어한다. 세계역사상의 권력자는 가능한 한 많은 수의 인간을 죽일 수 있는 자이다.

권력 현상과 관련하여 주목할 만한 사실은 종교도 근본적으로는 권력의 본질과 관련된다는 주장이다. 종교의 권력은 영원불멸의 유일자인 신의 개념에 바탕을 두고 있다. 종교는 죽음과 내세를 담보로 죽음의 공포를 느끼는 인간의 약점을 이용하여 벌이는 장사이며, 종교인은 그런 종교의 권력을 확고히 하고 증대시키는 죽음의 관리자에 불과하다.

기본적으로 무역사적인 분석에서 그가 군중의 기원과 본성을 천착함으로써 폭로하고 공격하고자 한 것은 결국 권력의 종교이다. 모든 명령과 권력 행사의 저 깊숙한 이면에는 죽음의 위협이 있다. 살아남음 그 자체가 권력의 핵이 된다. 결국, 불구대천의 원수는 바로 죽음 그 자체이다. 이 책의 가장 중요한 테마는 바로 이것이다.

번역 대본으로는 『Masse und Macht』(Classen Verlag, 3. Auflage 1973)를 사용하였다. 카네티의 사상이 매우 독창적일 뿐만 아니라 그 사상을 표현하기 위해 사용하는 용어 또한 독특해서 우리말로 옮기는 데 많은 어려움이 있었다. 카네티가 전하고자 하는 뜻을 제대로 전달하기 위해 노력했으나 한계가 있을 것이다. 좀더 시간을 두고 꼼꼼히 검토해서 개정판을 낼 때는 더 나은 번역을 선보일 것을 약속드린다.

한편 국내에서 번역 출판된 카네티의 다른 저작으로는 『현혹 Die Blendung』(김형섭, 국제문화출공사 1981), 『귓속의 햇불 Die Fackel im Ohr』(이정길, 심설당 1982), 『구제된 혀. 청춘의 이야기 Die gerettete Zunge. Geschichte einer Jugend』(양혜숙, 심설당 1982), 『카프카의 고독한 방황』(원제: 『다른 소송. 펠리체에게 보낸 카프카의 편지들 Der andere Prozess. Kafkas Briefe an Felice』)(허창운. 홍성사 1983), 그리고 『말의 양심 Das Gewissen der Worte』(반성완, 한길사 1984)이 있다.

카네티의 삶과 작품세계에 대해 더 깊이 알고 싶은 독자들에게는 H. G. Gopert의 『Canetti lesen. Erfahrungen mit seinen Buchern』(Munchen 1975), D. Barnouw의 『Elias Canetti』(Stuttgart 1979), Manfred Durzak의 편저 『Zu Elias Canetti』(Stuttgart 1983)를 권해 드리고 싶다.

옮긴이

강두식(姜斗植)

서울대학교 문리대 독어독문학과 및 대학원을 졸업하고, 독일 하이델베르크 대학에서 독문학을 연구했다. 서울대학교 인문대학 학장, 호원대학교 총장을 역임하였고, 현재 서울대학교 명예교수로 있다.

주요 논문으로는 「R. M. Rilke의 후기 시 연구」「G. Benn의 세계」 등이 있고, 주요 역서로는 『파우스트』(펜클럽 번역문학상 수상), 『말테의 수기』, 『인간적인, 너무나 인간적인』 등이 있다.

박병덕(朴秉德)

서울대학교 인문대 독어독문학과 및 대학원을 졸업하였다. 현재 전북대학교 사범대학 독어교육과 교수로 있으며, 전국국공립대학교수회연합회 상임회장을 맡고 있다. 주요 논문으로는 「카프카의 '변신' 연구」「귄터 그라스의 '넙치'에 나타난 현실과 환상의 변증법」 등이 있고, 주요저서로는 『귄터 그라스의 문학세계』, 『독일현대작가와 문학이론』(공저), 주요역서로는 『싯다르타』, 『소유냐 존재냐』, 『파우스트 박사』(공역) 등이 있다.

군중과 권력

초판 1쇄 발행 2002년 12월 5일
개정판 1쇄 발행 2010년 10월 4일
개정판 3쇄 발행 2024년 12월 5일

지은이 엘리아스 카네티
옮긴이 강두식 · 박병덕

펴낸곳 바다출판사
주소 서울시 마포구 성지1길 30 3층
전화 02-322-3675(편집), 02-322-3575(마케팅부)
팩스 02-322-3858
이메일 badabooks@daum.net
홈페이지 www.badabooks.co.kr

ISBN 978-89-5561-548-7   03300

「이 도서의 국립중앙도서관 출판시도서목록(CIP)은 e-CIP 홈페이지 (http://www.nl.go.kr/ecip)에서 이용하실 수 있습니다.(CIP제어번호: CIP2010002899)」